스마트한
공탁신청과 절차방법

저자 이 창 범
감수 김 태 균

*부록첨부
전자공탁시스템 사용자설명서

법문 북스

머 리 말

공탁이란 공탁자가 법령에 따른 공탁원인에 따라 금전, 유가증권, 그 밖의 물품을 공탁소에 맡기고 피공탁자 등 일정한 자가 공탁물을 받게 하여 공탁근거법령에서 정한 목적을 달성하게 하는 제도를 말합니다. 공탁을 하는 이유에는 채무를 갚으려고 하나 채권자가 이를 거부하거나 혹은 채권자를 알 수 없는 경우, 상대방에 대한 손해배상을 담보하기 위하여 하는 경우, 타인의 물건을 보관하기 위하여 하는 경우 등이 있습니다. 국세기본법상 금전 또는 유가증권을 납세담보로 제공하고자 하는 자는 이를 공탁하고 그 공탁수령증을 세무서장에게 제출해야 합니다.

공탁의 연혁으로 보면 「로마법대전」에 의하면 한 개소에, 포도주 매수인이 수령을 거절하였을 때, 매수인 주소지에 지참하여 수령을 최고(催告)하고 이를 내던져버릴 수 있게 하여 채무를 면할 수 있도록 하였습니다. 이를 포척(抛擲)이라 하는데, 별개의 개소에는 포도주의 매도인은 그것을 판 대금을 관고 등 확실한 곳에 임치하여, 매수인을 위하여 안전한 보관방법을 강구하는 것이 바람직하다고 하였습니다. 이것은 일종의 사무관리라고 생각됩니다. 오늘날 포척을 인정하는 입법례는 없으며, 포척과 사무관리를 결합시킨 공탁을 인정하고 있는 것이 보통입니다.

공탁사무는 법원이 관장합니다. 공탁소라는 관청이 따로 있는 것이 아니고, 지방법원 본원 및 지원(시·군법원의 사무에 관해서는 시·군법원)이 공탁소가 됩니다. 그러나, 법원에서 공탁물을 직접 맡아 주기까지 하는 것은 아니며, 실제 보관은 지정된 공탁물보관자(은행, 창고업자)가 합니다. 요컨대, 공탁을 할 때에는 공탁관에게 공탁신청을 하여 신청이 수리되면 공탁물보관자에게 공탁을 납입하고, 공탁물을 지급받을 때에는 공탁관에게 출급·회수청구를 하여 청구가 인가되면 공탁물보관자로부터 공탁물을 수령합니다. 2012년 5월부터는 인터넷이 상용화 되면서 공탁소의 공탁사무를 전산정보처리조직을 이용한 전자문서로 처리할 수 있도록 하여 온라인 공탁제도 도입을 위한 기반을 마련하였습니다.

이 책에서는 공탁소에 공탁, 즉 변제공탁, 담보공탁, 집행공탁, 보관공탁, 혼합공탁 등을 신청하는 방법, 공탁소에서 공탁물을 출급하는 방법 및 공탁물 회수방법 등 공탁에 관해 궁금해 하는 국민들이 알아두면 유용한 법령정보를 제공하고 있습니다.

이러한 자료들은 대법원의 전자공탁과 최신 판결례, 법원행정처 발행 공탁실무편람, 법제처의 생활법령, 대한법률구조공단의 상담사례 및 서식과 한국민족문화대백과사전 등을 참고하였으며, 이를 종합적으로 정리·분석하여 일목요연하게 편집하였습니다. 여기에 수록된 상담사례들은 개인의 법률문제 해결에 도움을 주고자 게재하였으며, 개개의 문제에서 발생하는 구체적 사안은 동일하지는 않을 수 있으므로 참고자료로 활용하시기 바랍니다.

이 책이 공탁제도를 잘 몰라서 억울하게 피해을 받으신 분이나 손해를 당한 분, 또 이들에게 조언을 하고자 하는 실무자에게 큰 도움이 되리라 믿으며, 열악한 출판시장임에도 불구하고 흔쾌히 출간에 응해 주신 법문북스 김현호 대표에게 감사를 드립니다.

2020년 1월
편저자 드림

목 차

제1장 공탁제도란 무엇인지요?

제2장 공탁의 신청 및 성립은 어떤 절차로 하나요?

제3장 공탁물은 어떤 경우에 지급되나요?

제4장 변제공탁은 어떤 절차로 해야 하나요?

제1절 변제공탁제도

제2절 변제공탁 관련 서식

제3절 토지수용보상에 대한 공탁

제5장 담보공탁은 어떤 절차로 해야 하나요?

제6장 집행공탁은 어떤 절차로 신청하나요?

제7장 보관공탁 · 몰취공탁은 어떻게 신청하나요?

제8장 혼합공탁은 어떤 절차로 신청하나요?

제9장 기타 공탁 관련 서식

제10장 전자공탁은 어떤 절차로 신청하나요?

부록1 - 관련법령 및 용어

부록2 - 전자공탁시스템 사용자설명서

제1장

공탁제도란 무엇인지요?

제1장 공탁제도란 무엇인지요?

1. 공탁의 기본구조

1-1. 공탁의 의의

"공탁"이란 공탁자가 법령에 따른 공탁원인에 따라 금전, 유가증권, 그 밖의 물품을 공탁소에 맡기고 피공탁자 등 일정한 자가 공탁물을 받게 하여 공탁근거법령에서 정한 목적을 달성하게 하는 제도를 말합니다.

1-2. 공탁의 기본구조

1-2-1. 공탁의 구조

공탁은 공탁관이 공탁소가 되어 공탁자의 공탁신청에 의해 공탁물을 받아 보관·관리하고 적법한 지급청구권자의 지급청구에 의해 공탁물을 내주는 기본구조로 되어 있습니다.

< 공탁의 기본구조 >

1-2-2. 공탁 신청 및 공탁 성립

공탁자가 공탁서를 작성한 후 공탁관에게 공탁신청을 하면 공탁절차가 개시되고, 공탁관이 공탁신청서를 접수·심사하여 수리한 후 공탁자가 공탁물을 납입하면 공탁이 성립합니다.

1-2-3. 공탁물 지급

① 공탁이 성립하면 그 효과로 공탁물 지급청구권(피공탁자의 공탁물 출급청구권, 공탁자의 공탁물 회수청구권)이 발생하고, 공탁물 지급청구권자의 공탁물 지급청구권 행사에 의해 공탁관이 보관 중인 공탁물을 공탁물 지급청구권자에게 지급하면 공탁관계는 종료하게 됩니다.

② 공탁물의 지급에는 피공탁자에게 내주는 공탁물 출급과 공탁자에게 돌려주는 공탁물 회수가 있습니다.

③ 공탁 본래의 목적에 따라 피공탁자가 공탁소로부터 공탁물을 받는 것을 출급이라고 합니다.

④ 공탁물 회수 요건에 따라 공탁자가 공탁소로부터 공탁물을 되돌려 받는 것을 회수라고 합니다.

2. 공탁의 종류

2-1. 공탁원인에 의한 분류

2-1-1. 변제공탁

① "변제공탁"이란 채무자가 변제를 하려해도 채권자가 변제를 받지 않거나, 변제를 받을 수 없는 경우 또는 과실 없이 채권자가 누구인지 알 수 없는 경우에 채무자가 채무이행을 하는 대신 채무의 목적물을 공탁소에 공탁하고 그 채무를 면할 수 있는 공탁을 말합니다.

② 변제공탁의 예시

ⓐ 예를 들면, 음식점 운영자금이 필요한 '갑'이 사채업자에게 돈을 빌리고 자신 소유의 아파트에 근저당권을 설정해주었는데, 가까운 은행에 대출상담을 받아보니 사채업자 '을'에게 설정해준 근저당권설정등기를 말소하면 은행대출을 받을 수 있다고 하여 친지에게 돈을 빌려 사채업자 '을'에게 빌린 돈을 갚고 근저당권설정등기를 말소하려 하였으나, 사채업자 '을'이 약정한 이자보다 터무니없이 많은 이자를 요구하며 변제 받기를 거절한 경우 '갑'은 사채업자 '을'의 요구를 들어주지 않으면 은행에서 대출을 받을 수 없는 손해를 입게 됩니다.

ⓑ 이 경우 '갑'은 「민법」 제487조에 따라 사채업자 '을'이 정당한 이유 없이 변제를 받지 않는 것을 이유로 '을'의 주소지를 관할하는 법원에 변제 목적물인 채무원금과 공탁할 때까지 발생한 이자를 모두 변제공탁하여 사채업자 '을'에 대한 채무를 면한 다음, 일정한 절차를 거쳐 근저당권설정 등기를 말소할 수 있습니다.

ⓒ 이를 '변제공탁'이라 하며, 변제공탁에서는 채권자의 수령거절 외에 채권자의 수령 불능, 채무자의 과실 없이 채권자를 알 수 없는 경우에 변제공탁을 할 수 있습니다.

2-1-2. 담보공탁

① "담보공탁"이란 피공탁자가 앞으로 받을 수 있는 손해를 담보하기 위한 공탁을 말하며, 담보공탁에는 재판상 담보공탁, 영업보증공탁, 납세담보공탁이 있습니다.

② 담보공탁의 예시

ⓐ 예를 들어, '갑'이 '을'에 대해 금전채권이 있다고 주장하면서 '을'의 부동산에 대해 가압류 신청을 하는 경우 법원에서는 '갑'이 제출하는 소명자료만으로 '을'의 부동산에 가압류명령을 하게 합니다.

ⓑ 그러나, 만약 '갑'이 '을'에 대해 아무런 금전채권이 없는데도 '을'의 부동산에 대해 '갑'이 가압류명령을 받았다면, '을'은 자신의 부동산이 부당하게 가압류되었기 때문에 그 부동산을 처분하지 못하는 손해를 입게 됩니다.

ⓒ 따라서, 이 경우 법원은 '갑'과 '을'의 이해를 조절하기 위해 '갑'이 제출하는 소명자료만으로 '을'의 부동산을 가압류명령을 하는 대신, '갑'의 가압류로 인해 '을'에게 발생할 수 있

는 손해를 담보하기 위하여 공탁하도록 명할 수 있습니다.

ⓓ 이를 "가압류 담보공탁"이라고 하며, 담보공탁에는 가압류 담보공탁 외에도 가처분 담보
공탁, 가압류취소 담보공탁, 가처분취소 담보공탁, 강제집행정지 담보공탁, 강제집행취소
담보공탁, 소송비용 담보공탁, 가집행 담보공탁, 가집행을 면하기 위한 담보공탁 등 재판
상 담보공탁 외에 영업보증공탁, 납세담보공탁 등 여러 가지 담보공탁이 있습니다.

2-1-3. 집행공탁

① "집행공탁"이란 강제집행 또는 보전처분절차에서 집행기관이나 집행당사자 또는
제3채무자가 「민사집행법」에 따른 권리·의무로서 집행목적물을 공탁소에 공탁하
여 그 집행목적물의 관리와 집행법원의 지급위탁에 의한 공탁물 지급을 공탁절차
에 따라 하는 것을 말합니다.

② 집행공탁의 예시

ⓐ 예를 들어, '갑'이 '을'에 대해 500만원의 대여금 채권이 있는데, '갑'에 대해 각각 500만
원, 1,000만원의 채권을 가지고 있는 '병'과 '정'이 그들의 채권을 확보하기 위해 '갑'의
'을'에 대한 500만원의 채권 전액에 대해 채권압류를 하였고 위 두 채권압류명령이 '을'에
게 송달되었을 경우, '을'은 누구에게 얼마의 돈을 주어야 할지 판단하기가 어려울 것입
니다.

ⓑ 이 경우 '을'은 「민사집행법」 제248조제1항에 따라 변제기에 '갑'에 대한 채무 500만원을
법원에 공탁하여 법원에서 배당절차를 거쳐 정당한 권리자에게 나누어주게 하여 자기의
책임을 면할 수 있습니다.

ⓒ 이를 집행공탁 중 권리공탁이라 하며, 권리공탁 외에도 「민사집행법」에는 집행공탁을 할
수 있는 여러 규정이 있습니다.

2-1-4. 보관공탁

① "보관공탁"이란 공탁근거법령에 따라 목적물을 단순히 보관하기 위한 공탁을 말하
며, 보관공탁은 다른 공탁과는 달리 피공탁자가 존재하지 않는다는 특징이 있습
니다.

② 보관공탁의 예시
보관공탁의 예로는, 무기명사채권자 집회의 소집청구 또는 의결권 행사를 위해
무기명사채권을 가진 자가 그 사채권을 공탁하는 경우 등이 있습니다.

2-1-5. 몰취공탁(沒取供託)

① "몰취공탁"이란 소명을 대신하는 선서 등의 진실성 확보 또는 상호가등기제도의

적절한 운용을 확보하기 위해 일정한 사유가 발생하였을 때 공탁물을 몰취(沒取)하는 공탁을 말합니다.

② "몰취(沒取)"란 민사소송에서 법원이 일정한 물건의 소유권을 박탈하여 국가에 귀속시키는 결정을 말합니다.

③ 몰취공탁의 예

몰취공탁의 예로서는 법원이 당사자 또는 법정대리인에게 보증금을 공탁하여 소명을 대신하게 한 후 당사자 또는 법정대리인이 거짓 진술한 경우에는 법원이 그 보증금을 몰취할 수 있도록 하는 것 등이 있습니다(「민사소송법」 제299조 및 제300조).

2-1-6. 혼합공탁

"혼합공탁"이란 공탁원인 및 공탁근거법령이 다른 실질상 두개 이상의 공탁을 공탁자의 이익보호를 위해 하나의 공탁절차에 따라 하는 공탁을 말합니다.

2-2. 공탁물에 의한 분류

공탁은 공탁물의 종류에 따라 금전공탁, 유가증권공탁, 물품공탁으로 분류됩니다.

2-3. 공탁의 시간적 단계에 의한 분류

2-3-1. 기본공탁

보통 최초에 하는 공탁, 즉 일반적으로 하는 본래 의미의 공탁을 기본공탁이라고 합니다.

2-3-2. 대공탁

"대공탁"이란 공탁유가증권이 상환기에 이른 경우에 공탁자 또는 피공탁자의 청구에 의해 공탁소가 공탁유가증권의 상환금을 수령하여 이를 종전의 공탁유가증권 대신 보관하여 종전 공탁의 효력을 지속하게 하는 공탁을 말합니다.

2-3-3. 부속공탁

"부속공탁"이란 공탁유가증권의 이자 또는 배당금이 지급기에 이른 때 공탁자 또는 피공탁자의 청구에 의해 공탁소가 그 이자 또는 배당금을 지급받아 종전의 공탁유가증권에 부속시켜 공탁하여 기본공탁의 효력을 그 이자 또는 배당금에 의한 금전공탁에도 모두 미치도록 하는 공탁을 말합니다.

3. 공탁당사자와 공탁물

3-1. 공탁당사자 등

3-1-1. 공탁당사자의 의의

① 공탁당사자는 공탁자와 피공탁자가 있습니다.

② "공탁자"란 자기 이름으로 공탁을 신청하는 자를 말합니다.

③ "피공탁자"란 공탁자에 의해 공탁물을 수령할 자로 지정된 자를 말합니다.

3-1-2. 공탁당사자능력

① "공탁당사자능력"이란 공탁절차에서 공탁자·피공탁자가 될 수 있는 일반적인 자격을 말합니다.

② 사법상의 권리능력자인 자연인, 법인, 권리능력 없는 사단·재단은 공탁당사자능력을 가집니다.

3-1-3. 공탁행위능력

① "공탁행위능력"이란 공탁당사자가 공탁절차에서 단독으로 유효한 공탁행위를 할 수 있는 일반적인 능력을 말합니다(

② 미성년자는 원칙적으로 미성년후견인의 동의를 받아야 공탁행위를 할 수 있습니다(「민법」 제5조).

③ 피한정후견인에 대해서는 가정법원이 동의를 받아야 하는 행위의 범위를 정하므로, 가정법원이 공탁행위를 동의를 받아야 하는 행위로 정하지 않았다면 피한정후견인 단독으로 공탁행위를 할 수 있습니다(「민법」 제13조).

④ 피성년후견인의 공탁행위는 원칙적으로 취소할 수 있습니다. 다만, 가정법원이 취소할 수 없는 피성년후견인의 법률행위 범위에 공탁행위를 포함시킨 경우에는 그렇지 않습니다(「민법」 제10조).

⑤ 미성년후견인이 친권자인 부모인 경우에는 부모가 공동으로 공탁행위를 해야 하며(「민법」 제909조제2항), 대리권을 증명할 수 있는 가족관계증명서 등을 첨부해야 합니다(「공탁규칙」제21조제2항 및 제38조제1항).

3-1-4. 공탁당사자적격

① "공탁당사자적격"이란 공탁사건의 정당한 당사자로서 공탁절차를 수행하기 위해 필요한 자격을 말합니다.

② 공탁의 종류에 따라 공탁당사자적격을 갖는 공탁당사자는 다음의 표와 같습니다.

구분	공탁자	피공탁자	제3자의 공탁 가능 여부
변제공탁	채무자	채권자	가능(물상보증인, 담보부동산의 제3취득자, 연대채무자, 보증인 등)
담보공탁	담보제공의무자 납세자 (납세담보공탁) 영업자 (영업보증공탁)	담보권리자 과세관청(납세담보공탁) 없음(영업보증공탁)	가능 불가능(납세담보공탁) 불가능(영업보증공탁)
집행공탁	집행기관 집행당사자 제3채무자	없음(단, 가압류를 원인으로 한 공탁 등 예외 있음)	불가능
보관공탁	무기명채권 소지인 등	없음	불가능
몰취공탁	소송당사자 법정대리인 상호가등기신청인	국가	불가능

3-2. 「공탁규칙」에서의 이해관계인

① 「공탁규칙」에서는 "이해관계인"이란 용어를 사용하고 있는데, 이해관계인의 의미는 「공탁규칙」의 각 규정마다 다릅니다.

② 「공탁규칙」 제33조제1호 및 제34조제1호의 이해관계인

ⓐ 변제공탁물을 출급청구 또는 회수청구할 때의 첨부서류 중 하나인 공탁서 또는 공탁통지서를 첨부하지 못한 때에는 그 대신 이해관계인의 승낙서를 첨부할 수 있습니다(「공탁규칙」 제33조제1호 및 제34조제1호).

ⓑ 여기서 이해관계인은 피공탁자의 출급청구 또는 공탁자의 회수청구에 대해 직접 이해관계를 갖는 공탁자 또는 피공탁자를 의미합니다.

③ 「공탁규칙」 제59조제1항의 이해관계인

ⓐ 공탁당사자 및 이해관계인은 공탁관에게 공탁관계서류의 열람 및 사실증명을 청구할 수 있습니다(「공탁규칙」 제59조제1항).

ⓑ 여기서 공탁관계서류의 열람이나 사실증명의 발급청구를 할 수 있는 공탁당사자 외의 이해관계를 가진 자는 법률상 이해관계인에 한정되므로, 해당 공탁기록에 나타난 압류채권자, 양수인 등 특정승계인, 상속인 등의 일반승계인만 이행관계인이 될 수 있고, 공탁물 지급청구권에 대해 가압류나 압류하려는 자는 이해관계인이 될 수 없습니다.

3-3. 대리인

3-3-1. 법정대리인

① 미성년자의 공탁행위는 취소할 수 있으므로, 법정대리인의 동의를 얻거나 법정대리인의 대리에 의해서 유효한 공탁행위를 할 수 있습니다(「민법」제5조)

② 피한정후견인은 가정법원이 정한 한정후견인의 동의를 받아야 하는 행위 외에는 유효하게 할 수 있으므로, 가정법원이 정한 범위에 공탁행위가 있지 않다면 단독으로 유효하게 할 수 있습니다(「민법」제13조)

③ 피성년후견인의 공탁행위는 취소할 수 있으므로 성년후견인의 대리에 의해 유효한 공탁행위를 할 수 있습니다(「민법」제10조)

④ 이 경우 법정대리인 및 후견인은 그 대리권을 증명하는 서면으로 가족관계증명서 등을 첨부해야 합니다(「공탁규칙」 제21조제2항 및 제38조제1항).

3-3-2. 임의대리인

① 행위능력자라도 본인이 직접 공탁신청 또는 공탁물지급청구 등의 공탁행위를 할 수 없는 사정이 있는 경우에는 다른 사람에게 공탁을 대리시킬 수 있는데, 이 때 다른 사람을 임의대리인이라고 하며 임의대리인은 대리권증명서면으로 위임장을 첨부해야 합니다(「공탁규칙」 제21조제2항 및 제38조제1항).

② 임의대리인은 가족, 친지, 친구 등 누구나 될 수 있지만, 공탁업무의 전문성을 갖춘 자격자대리인(변호사, 법무사 등)을 임의대리인으로 하여 공탁업무를 처리하는 편이 안전합니다.

3-4. 공탁물(공탁의 목적물)

3-4-1. 공탁의 종류

공탁은 공탁물의 종류에 따라 금전공탁, 유가증권공탁, 물품공탁으로 나누어집니다.

3-4-2. 금전

① 금전은 강제통용력이 인정된 우리나라 통화만을 공탁할 수 있습니다.

② 외국의 통화는 금전공탁의 목적물은 될 수 없으나, 물품공탁의 목적물은 될 수 있습니다.

③ 은행의 자기앞수표를 공탁물로 공탁소에 납입(納入)하는 경우 수표 그 자체가 공탁물이 되는 것은 아니고, 수표가 통화로 교환된 금전이 공탁물이 됩니다.

3-4-3. 유가증권

① "유가증권"이란 사법상의 재산권을 나타내는 증권으로서 증권에 기재된 권리의 행사·이전 등을 하는 경우 증권의 소지 또는 교부를 필요로 하는 것을 말합니다.

② 약속어음, 환어음, 수표, 양도성예금증서(CD) 등이 유가증권에 해당 합니다.

③ 은행권인 지폐, 수입인지, 우표, 차용증서, 은행예금증서 등은 재산상의 권리를 나타내는 것이 아니거나 재산상의 권리가 포함되어 있는 것이 아니므로 유가증권이 아닙니다.

④ 금액의 표시가 없는 유가증권(화물상환증, 창고증권 등)도 공탁의 목적물이 될 수 있으며, 이 경우 액면금(額面金)이 없다는 취지를 공탁서상의 "공탁유가증권의 총액면금"란에 기재해야 합니다(「공탁규칙」 제20조제2항제2호).

⑤ 기명식 유가증권을 공탁하는 경우에는 공탁물을 수령하는 자가 즉시 권리를 취득할 수 있도록 배서(背書)를 하거나 양도증서를 첨부해야 합니다(「공탁규칙」제24조).

⑥ "배서"란 어음의 표면이나 이면 또는 등본(「어음법」 제67조제3항) 또는 보전(補箋)에 배서를 받는 사람(피배서인)을 기재하고 배서인이 기명날인 또는 서명하는 것을 말합니다(「어음법」 제13조제1항 및 「수표법」 제16조제1항).

3-4-4. 물품

"물품"이란 인간이 지배할 수 있는 유체물로서 금전공탁의 목적물인 금전과 유가증권공탁의 목적물인 유가증권을 제외한 것을 말합니다.

4. 공탁소

4-1. 공탁소의 의의

4-1-1. 공탁소란?

"공탁소"란 공탁사무를 관장하는 기관을 말합니다.

4-1-2. 공탁사무의 관장

① 공탁에 관한 사무는 법원이 관장 또는 감독합니다(「법원조직법」 제2조).

② 「법원조직법」 제2조는 공탁사무는 법원이 관장한다고 정하고 있으나, 「공탁법」에서는 지방법원, 지방법원지원 및 시·군법원의 공탁관이 공탁소로서 공탁사무를 처리하는 것으로 되어 있습니다.

③ "공탁소"란 공탁관계법령상의 명칭이고 등기소와 같이 국가행정조직상 공탁소라는 명칭의 관서(官署)가 있는 것은 아닙니다.

4-1-3. 공탁사무의 처리

① 공탁사무는 지방법원장이나 지방법원지원장이 소속 법원서기관 또는 법원사무관 중에서 지정하는 공탁관이 처리합니다(「공탁법」 제2조제1항 본문).

② 다만, 시·군법원은 지방법원장이나 지방법원지원장이 소속 법원주사 또는 법원주사보 중에서 지정하는 공탁관이 처리할 수 있습니다(「공탁법」 제2조제1항 단서).

③ 법원행정처장이 지정·고시하는 공탁소의 공탁사무는 전산정보처리조직을 이용한 전자문서로 처리할 수 있습니다(「공탁법」 제2조제2항).

4-1-4. 공탁관의 심사(형식적 심사)

공탁관은 공탁자 또는 공탁물 지급청구권자가 제출한 공탁서 또는 지급청구서와 첨부서면에 나타난 사항에 대해서만 심사하여 공탁신청, 공탁물지급청구 등의 수리 또는 불수리결정을 합니다.

4-1-5. 공탁관의 책임

공탁관이 직무를 집행하면서 고의 또는 과실로 법령을 위반하여 다른 사람에게 손해를 입힌 경우에는 국가가 그 손해를 배상해야 합니다(「국가배상법」 제2조제1항).

(관련판례)

① 공탁자가 '갑'·'을' 중 누가 진정한 채권자인지를 확인할 수 있는 확정판

결을 가진 자를 공탁금의 출급청구권자로 한다는 취지의 반대급부의 조건을 붙여 공탁을 하였음에도 공탁관이 「공탁법」 제10조, 「공탁규칙」 제33조 등의 규정을 위반하여 위와 같은 확정판결에 해당하지 않는 가집행선고부 '갑' 승소의 판결을 첨부하였음에 불과한 '갑'에 대해 공탁금의 출급인가를 하였다면 직무상의 중과실이 있다고 할 것이다(대법원 1968. 7. 23. 선고 68다1139 판결).

② 해방공탁금의 회수청구권에 대해 압류·추심명령이 경합한 경우 공탁관이 집행법원에 사유신고를 하지 않고 공탁금 출급청구를 한 압류채권자 1인에게 공탁금 전액을 지급하였다면 공탁관에게 과실이 있다(대법원 2002. 8. 27. 선고 2001다73107 판결).

4-2. 공탁소의 관할

4-2-1. 공탁소 관할의 의의

① "공탁소의 관할"이란 다수의 공탁소 사이에 공탁사무집행을 어떻게 분배하여 행사할 것인가 즉, 특정 공탁소가 특정 공탁사건을 처리할 수 있는 권한이 있는가의 문제를 말합니다.

② 관할의 존재는 공탁사건을 접수·처리하는데 전제가 되는 기본요건입니다.

4-2-2. 직무관할

공탁소(공탁관)는 공탁의 종류를 불문하고 모든 공탁 관련 사무를 처리할 수 있지만, 시·군법원 공탁소(공탁관)는 「공탁규칙」 제2조에 따른 직무만 처리할 수 있습니다.

4-2-3. 토지관할

① "공탁의 토지관할의 문제"란 전국의 공탁소 중 어느 공탁소에 공탁할 것인가를 말합니다.

② 변제공탁의 토지관할

변제공탁은 채무이행지의 공탁소에 해야 합니다(「민법」 제488조제1항). 위 규정은 다른 법률의 규정에 의한 변제공탁에 대해서도 특별한 규정이 없는 한 원칙적으로 유추적용됩니다.

③ 재판상 담보공탁 또는 집행공탁의 토지관할

재판상 담보공탁과 집행공탁의 토지관할은 법률에 특별한 제한이 없습니다.

④ 영업보증공탁의 토지관할

ⓐ 영업보증공탁의 토지관할은 각 근거법령에 따라 관할 공탁소가 법정되어 있습니다.

ⓑ 「여신전문금융업법」에 따른 보증공탁은 선불카드를 발행한 신용카드업자의 본점 또는 주된 사무소 소재지의 공탁소에 공탁해야 합니다(「여신전문금융업법」 제25조제2항).

ⓒ 「원자력손해배상법」에 따른 보증공탁은 원자력사업자의 주된 사무소를 관할하는 공탁소에 공탁해야 합니다(「원자력손해배상법」 제11조).

4-3. 공탁물보관자의 지정

① 대법원장은 법령에 따라 공탁하는 금전, 유가증권, 그 밖의 물품을 보관할 은행이나 창고업자를 지정합니다(「공탁법」 제3조제1항).

② 공탁금 보관은행이나 공탁물품 보관 창고업자는 그의 영업 부류(部類)에 속하는 것으로서 보관할 수 있는 수량 범위에서 보관하며 선량한 관리자의 주의(注意)로써 보관해야 합니다(「공탁법」 제3조제3항).

■ 자조매각금의 공탁은 어떤 경우에 할 수 있나요?

Q 저는 甲에게 제 소유의 사무실을 임대하였습니다. 그런데 甲은 어느 날부터인가 사무실 문을 닫아버리고 잠적을 해 버렸습니다. 甲의 사무실 안에는 甲이 쓰던 집기가 그대로 있고 문은 자물쇠로 잠겨 있는 상태이며, 수 개월 간의 월세도 밀려 있는 상태입니다. 甲의 사무실을 비우고 새로 세를 놓고 싶은데 건물명도 소송에서 승소하게 되어도 문이 잠겨있어 어떻게 해야 하는지 모르겠습니다.

A 건물명도소송에서 승소하였는데 임차인이 연락이 닿지 않을 경우, 임대인은 건물명도집행절차에서 집행관이 임차인의 집기(동산)를 집행관으로 하여금 임차인의 비용으로 보관하게 하거나(민사집행법 제258조 제5항)하거나, 임차인소유의 물건을 공탁절차를 밟아 공탁소에 보관할 수 있습니다(민법 제488조). 다만, 공탁방법을 이용하는 경우 임차인의 집기가 공탁장소에 보관함이 적당하지 않거나, 부패 등의 훼손의 염려가 있거나, 공탁비용이 과다하게 발생하는 경우에는 법원의 허가를 얻어 그 물건을 경매하거나 시가로 방매하여 대금을 공탁할 수도 있습니다(민법 제490조). 따라서 甲에게 건물명도소송을 제기하고 승소하게 되다면, 임차인 소유의 물건을 공탁절차를 통하여 공탁소에 보관하거나, 집기가 공탁장소에 보관함이 적당하지 않거나, 부패 등의 훼손의 염려가 있거나, 공탁비용이 과다하게 발생하는 경우에는 법원의 허가를 얻어 그 물건을 경매하거나 시가로 방매하여 대금을 공탁하는 방법이 있습니다.

(관련판례)

[다수의견] 공탁제도는 공탁공무원의 형식적 심사권, 공탁 사무의 기계적, 형식적인 처리를 전제로 하여 운영되는 것이어서 피공탁자가 특정되어야 함이 원칙이고, 또한 피공탁자가 특정되었다고 하려면 피공탁자의 동일성에 대하여 공탁공무원의 판단이 개입할 여지가 없고 그 공탁통지서의 송달에 지장이 없는 정도에 이르러야 한다(대법원 1997. 10. 16. 선고 96다11747 전원합의체 판결).

Q A와 B 사이의 매매계약이 해제되고, A의 매매대금반환채권을 甲이 양수하였습니다. 甲은 매매대금반환채권의 채무자인 B로부터 양도채권을 공탁의 방법으로 지급받기로 약정하는 합의서를 작성하였습니다. 甲은 B에게 그 공탁을 구할 수 있는지요?

A 민법 제487조에서는 '채권자가 변제를 받지 아니하거나 받을 수 없는 때에는 변제자는 채권자를 위하여 변제의 목적물을 공탁하여 그 채무를 면할 수 있으며, 변제자가 과실없이 채권자를 알 수 없는 경우에도 같다'라고 하여 변제공탁의 요건과 효과를 규정하고 있습니다.

판례는 공탁은 반드시 법령에 근거하여야 하고 당사자가 임의로 할 수 없는 것이므로, 금전채권의 채무자가 공탁의 방법에 의한 채무의 지급을 약속하더라도 채권자가 채무자에게 이러한 약정에 기하여 공탁할 것을 청구하는 것은 허용되지 않는다고 판시하였습니다. 추가적으로 이러한 법리는 채무자에게 민사집행법 제248조에서 정한 집행공탁의 요건이 갖추어져 있는 경우라도 다르지 않다고 하여 약정에 의한 공탁을 인정하지 않고 있습니다 (대법원 2014. 11. 13. 선고 2012다52526 판결).

따라서 채무자 B가 공탁의 방법에 의한 채무의 지급을 약속하였더라도 甲은 채무자에게 공탁을 구할 수 없습니다.

■ 공탁법이 정한 절차를 거치지 않고 국가를 상대로 직접 민사소송으로 공탁금지급청구를 할 수 있는지요?

Q 채권자 甲의 채무자 乙이 적법하게 공탁을 하였습니다. 그런데 공탁관 丙이 甲이 채권자임을 알 수 없다는 이유로 공탁금의 지급을 거부하고 있습니다. 이러한 경우, 甲은 국가를 상대로 직접 민사소송을 제기하여 공탁금지급청구를 할 수 있나요?

A 공탁관의 처분에 대하여 불복이 있는 때에는 공탁법이 정한 바에 따라 이의신청과 항고를 할 수 있고, 공탁관에 대하여 공탁법이 정한 절차에 의하여 공탁금지급청구를 하지 아니하고 직접 민사소송으로써 국가를 상대로 공탁금지급청구를 할 수는 없습니다(대법원 2013.07.25. 선고 2012다204815 판결). 따라서 甲이 민사소송으로써 국가를 상대로 직접 공탁금의 지급을 구한다면 이는 부적법한 소로서 각하판결을 받을 것으로 예상됩니다.

■ 공탁법이 정한 절차를 거치지 않고 국가를 상대로 직접 민사소송으로 공탁금지급청구를 할 수 있는지요?

Q 채권자 甲의 채무자 乙이 적법하게 공탁을 하였습니다. 그런데 공탁관 丙이 甲이 채권자임을 알 수 없다는 이유로 공탁금의 지급을 거부하고 있습니다. 이러한 경우, 甲은 국가를 상대로 직접 민사소송을 제기하여 공탁금지급청구를 할 수 있나요?

A 공탁관의 처분에 대하여 불복이 있는 때에는 공탁법이 정한 바에 따라 이의신청과 항고를 할 수 있고, 공탁관에 대하여 공탁법이 정한 절차에 의하여 공탁금지급청구를 하지 아니하고 직접 민사소송으로써 국가를 상대로 공탁금지급청구를 할 수는 없습니다(대법원 2013.07.25. 선고 2012다204815 판결). 따라서 甲이 민사소송으로써 국가를 상대로 직접 공탁금의 지급을 구한다면 이는 부적법한 소로서 각하판결을 받을 것으로 예상됩니다.

■ 여러 공탁자가 공동으로 하나의 공탁금액을 기재하여 공탁하였을 경우 균등한 비율로 공탁한 것으로 보아야 하나요?

Q 저를 포함한 여러 공탁자가 공동으로 하나의 공탁금액을 기재하여 공탁하였습니다. 이 경우 균등한 비율로 공탁한 것으로 보아야 하나요?

A 이러한 경우 판례는 '공탁자가 공탁한 내용은 공탁의 기재에 의하여 형식적으로 결정되므로 수인의 공탁자가 공탁하면서 각자의 공탁금액을 나누어 기재하지 않고 공동으로 하나의 공탁금액을 기재한 경우에 공탁자들은 균등한 비율로 공탁한 것으로 보아야 하고, 공탁자들 내부의 실질적인 분담금액이 다르다고 하더라도 이는 공탁자들 내부 사이에 별도로 해결하여야 할 문제이다. 이러한 법리는 강제집행정지의 담보를 위하여 공동 명의로 공탁한 경우 담보취소에 따른 공탁금회수청구권의 귀속과 비율에 관하여도 마찬가지로 적용된다.' 고 판시하고 있습니다. 그러므로 균등한 비율로 공탁한 것으로 보아야 할 것입니다. 또한 '따라서 제3자가 다른 공동공탁자의 공탁금회수청구권에 대하여 압류 및 추심명령을 한 경우에 압류 및 추심명령은 공탁자 간 균등한 비율에 의한 공탁금액의 한도 내에서 효력이 있고, 공동공탁자들 중 실제로 담보공탁금을 전액 출연한 공탁자가 있다 하더라도 이는 공동공탁자들 사이의 내부관계에서만 주장할 수 있는 사유에 불과하여 담보공탁금을 전액 출연한 공탁자는 압류채권자에 대하여 자금부담의 실질관계를 이유로 대항할 수 없다.'는 것이 판례의 태도입니다. [대법원 2015.9.10, 선고, 2014다29971, 판결]

■ 경합이 있는 채권의 추심채권자가 공탁 및 사유신고를 하지 않은 경우, 추심금 이외에 지연손해금도 추가 공탁하여야 하는지요?

Q 저는 甲에 대한 대여금청구소송 승소판결에 기초하여 甲이 乙에게 가지고 있는 공사대금채권에 압류 및 추심명령을 받았습니다. 그런데 이 공사대금채권에는 甲의 다른 채권자인 丙도 압류 및 추심명령을 받은 상태였습니다. 그러던 중 丙은 이 공사대금채권 전액에 대하여 추심하였음에도 불구하고, 공탁을 하지 않고 있습니다. 이러한 경우 제가 丙에게 지연손해 등을 청구할 수 있나요?

A 추심명령을 얻은 추심채권자는 집행법원의 수권에 기하여 일종의 추심기관으로서 채무자를 대신하여 추심의 목적에 맞도록 채권을 행사하여야 하고, 특히 압류 등의 경합이 있는 경우에는 압류 또는 배당에 참가한 모든 채권자를 위하여 제3채무자로부터 채권을 추심하여야 합니다. 또한 경합하는 압류·가압류 또는 배당요구가 있었을 때에는 채권자는 추심한 금액을 바로 공탁하고 그 사유를 신고하여야 합니다(민사집행법 제236조 제2항).

민사집행법상 이러한 의무가 명시되어 있음에도 불구하고 추심채권자가 추심 후 해당 금액을 개인적으로 사용하거나, 공탁 및 신고를 지체하는 경우 손해배상에 대한 문제가 생기게 됩니다.

이에 대하여 대법원은 "추심채권자는 피압류채권의 행사에 제약을 받게 되는 채무자를 위하여 선량한 관리자의 주의의무를 가지고 채권을 행사하고, 나아가 제3채무자로부터 추심금을 지급받으면 지체 없이 공탁 및 사유신고를 함으로써 압류 또는 배당에 참가한 모든 채권자들이 배당절차에 의한 채권의 만족을 얻도록 하여야 할 의무를 부담한다 할 것인바, 이는 구 민사소송법(2002. 1. 26. 법률 제6626호로 전문 개정되기 전의 것) 제569조 제2항 이 채권을 추심한 추심채권자가 그 사유를 법원에 신고하기 전에 다른 압류, 가압류 또는 배당요구가 있는 때에는 추심한 금액을 '지체 없이' 공탁하고 그 사유를 신고하여야 한다고 규정하고 있는 점에 비추어 당연하다고 할 것이므로, 만일 추심채권자가 추심을 마쳤음에도 지체 없이 공탁 및 사유신고를 하지 아니한 경우에는 그로 인한 손해배상으로서, 제3채무자로부터 추심금을 지급받은 후 공탁 및 사유신고에 필요한 상당한 기간을 경과한 때부터 실제 추심금을 공탁할 때까지의 기간 동안 금전채무의 이행을 지체한 경우에 관한 법정지연손해금 상당의 금원도 공탁하여야 할 의무가 있다."고 판시하였습니다(대법원 2005. 7. 28. 선고 2004다8753 판결).

따라서 사안과 같은 경우 丙은 손해배상으로서 공탁 및 사유신고에 필요한 상당한 기간이 경과한 이후부터 실제 추심금을 공탁할 때까지의 기간 동안 이에 관한 법정지연손해금 상당의 금원을 추가하여 공탁해야 합니다.

5. 공탁 법제 개관

5-1. 공탁근거법령

5-1-1. 공탁근거법령의 의의

① "공탁근거법령"이란 공탁의 권리 또는 의무를 규정하고 있는 법령을 말합니다.

② 공탁근거법령에는 ⓐ "이러 이러한 경우에는 공탁할 수 있다(공탁해야 한다)."는 전형적인 규정 외에 ⓑ "이러 이러한 경우에는 담보(또는 보증)를 제공할 수 있다 (담보를 제공해야 한다)."는 담보제공규정과 "제0조의 담보제공은 공탁의 방법에 의한다"는 공탁규정이 합쳐져 공탁근거법령이 됩니다.

5-1-2. 공탁근거법령 예시

공탁근거법령은 다음과 같이 여러 법령에서 확인할 수 있습니다.
- 「민법」, 「상법」, 「어음법」 등의 민사실체법
- 「민사소송법」, 「민사집행법」, 「가사소송법」, 「채무자회생및파산에관한법률」 등 민사절차법
- 「국세기본법」, 「국세징수법」, 「관세법」, 「상속세및증여세법」, 「지방세법」 등 세법
- 「공익사업을위한토지등의취득및보상에관한법률」, 「도시및주거환경정비법」 등 토지 이용·관리에 관한 법령
- 「신탁법」, 「담보부사채신탁법」 등 신탁에 관한 법령
- 「공인중개사법」 등 그 밖의 법령

5-2. 공탁절차법령

5-2-1. 「공탁법」

① 「공탁법」은 공탁의 절차를 정하기 위해 제정된 절차법입니다.

② 「공탁법」은 다른 법령에 공탁절차에 관한 특별규정이 없는 경우에 적용되는 일반 법입니다.

③ 「공탁법」은 제1장 총칙, 제2장 공탁절차, 제3장 이의신청 등, 제4장 공탁금관리위원회로 구성되어 있습니다.

5-2-2. 「공탁규칙」

① 「공탁규칙」은 「공탁법」의 시행세칙으로 구체적인 공탁절차를 규정하고 있습니다.

② 「공탁규칙」은 제1장 총칙, 제2장 공탁절차, 제3장 출급 또는 회수절차, 제4장 이자, 제5장 보칙, 제6장 외국인 등을 위한 공탁사무처리 특례로 구성되어 있습니다.

5-2-3. 「공탁금의 이자에 관한 규칙」

「공탁금의 이자에 관한 규칙」은 「공탁법」의 시행세칙으로 공탁금의 이자에 관해 규정하고 있습니다.

5-2-4. 공탁절차에 관한 특별규정

① 공탁은 공탁근거법령에 따라 공탁의 내용이 달라지는데, 이러한 공탁근거법령 중에는 공탁의 내용뿐만 아니라 공탁절차에 관한 특별규정을 정하고 있는 경우가 있습니다.

② 공탁근거법령에 공탁절차에 관한 특별규정이 있는 경우 해당 규정은 「공탁법」에 우선하여 적용됩니다.

③ 공탁절차에 관한 특별규정에는 「민법」 제488조제2항, 「비송사건절차법」 제53조 및 제55조와 「민사소송법」 제122조, 제123조, 제126조 및 제502조 등이 있습니다.

공탁의 신청과 성립은 어떤 절차로 하나요?

제2장 공탁의 신청 및 성립은 어떤 절차로 하나요?

1. 공탁 신청 및 성립 개관

1-1. 공탁 신청절차도

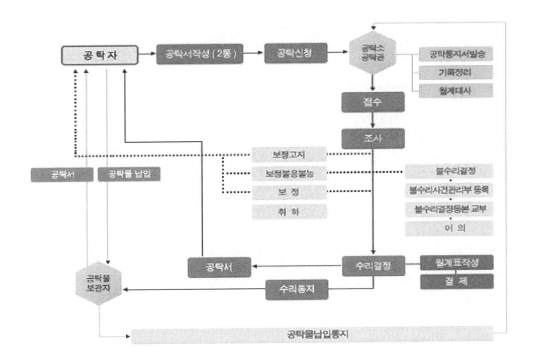

1-2. 공탁 신청 및 성립

공탁자가 공탁서에 첨부서류를 첨부하여 공탁관에게 공탁신청을 하면 공탁절차가 개시되고, 공탁관이 공탁서를 접수·심사해 수리한 후 공탁자가 공탁물보관자에게 공탁물을 납입하면 공탁이 성립합니다.

1-3. 공탁 신청(공탁서 및 첨부서류 제출)

① 공탁자는 공탁서 2통에 자격증명서, 주소 소명서면, 공탁통지서 등을 첨부하여 공탁관에게 제출해야 합니다(「공탁규칙」 제20조제1항, 제21조 및 제23조)

② 공탁서 작성

공탁자는 공탁서에 공탁자의 성명·주소, 공탁금액 또는 유가증권번호·공탁물품의 명칭, 공탁원인사실, 공탁근거법령, 피공탁자의 성명·주소 등을 적고 공탁자가 기명날인(記名捺印)해야 합니다(공탁관에게 제출하는 서면에 날인하여야 할 경우에는 서명으로 갈음할 수 있음. 단, 서면에 인감을 날인한 경우에는 제외).

③ 공탁첨부서류

ⓐ 공탁첨부서류에는 자격증명서, 주소 소명서면, 공탁서 외에 공탁금 회수제한신고서(인감증명서 첨부), 기명식유가증권양도증서, 채권압류결정문 또는 채권가압류결정문 사본 등이 있습니다.

ⓑ 공탁자가 공탁관에게 제출하는 관공서에서 발급받은 자격증명서, 관공서에서 발급받은 주소 소명서면, 인감증명서는 발급일로부터 3월 이내인 것이어야 합니다(「공탁규칙」 제16조).

1-4. 공탁 성립(공탁관의 접수·심사 및 공탁물 납입)

① 공탁관이 공탁신청서를 접수·심사하여 공탁을 수리한 후 공탁자가 공탁물보관자에게 공탁물을 납입하면 공탁이 성립됩니다.

② 공탁관의 접수·심사

공탁관은 공탁자가 제출한 공탁서와 첨부서면에 나타난 사항에 대해서만 심사하여 공탁신청의 수리 또는 불수리결정을 합니다.

③ 공탁물 납입

ⓐ 공탁자는 공탁소로부터 공탁서(물품공탁의 경우에는 공탁서와 공탁물품납입서)를 교부받아 공탁서에 기재된 공탁물보관자에게 공탁물 납입기일까지 공탁물을 납입해야 합니다.

ⓑ 공탁자가 공탁물 납입기일까지 공탁물을 납입하지 않는 경우 공탁 수리결정은 효력을 상실합니다(「공탁규칙」 제26조제3항).

2. 공탁서 작성 및 제출

2-1. 공탁서 제출

① 공탁을 하려는 자는 공탁관에게 공탁서 2통을 제출해야 합니다(「공탁규칙」 제20조 제1항).

② 공탁신청은 우편으로 할 수 없습니다[「공탁선례1-1」(1979. 8. 23. 법정 제234호)].

2-2. 공탁서 작성

2-2-1. 공탁자가 자연인, 법인 등인 경우 작성방법

① 공탁서에는 다음의 사항을 적고 공탁자가 기명날인(記名捺印)해야 합니다(「공탁규칙」 제20조제2항 전단, 제11조).

ⓐ 공탁자의 성명(상호, 명칭)·주소(본점, 주사무소)·주민등록번호(법인등록번호)

ⓑ 공탁자가 자연인인 경우에는 성명, 주소, 주민등록번호(외국인이나 재외국민인 경우에는 여권번호, 등록번호, 거소신고번호)를 기재해야 합니다.

ⓒ 공탁관에게 제출하는 서면에 날인해야 할 경우에는 서명으로 갈음할 수 있습니다. 다만, 서면에 인감을 날인한 경우에는 제외합니다.

【공탁자가 자연인 경우 공탁자란 기재 예시】

공탁자	성명 (상호, 명칭)	최 O O
	주민등록번호 (법인등록번호)	610111 - OOOOOOO
	주소 (본점, 주사무소)	전라남도 고흥군 OO면 OO리 00번지
	전화번호	061 - OOO - OOOO

② 공탁자가 법인인 경우에는 명칭(상호), 주소, 법인등록번호를 기재해야 합니다.

【공탁자가 법인인 경우 공탁자란 기재 예시】

공탁자	성 명 (상호, 명칭)	주식회사 OO 건설
	주민등록번호 (법인등록번호)	110111 - OOOOOOO
	주 소 (본점, 주사무소)	경상남도 진주시 OO동 00번지
	전화번호	055 - OOO - OOOO

③ 공탁자가 법인 아닌 사단이거나 재단인 경우 명칭과 주사무소를 기재합니다.

【공탁자가 종중(법인 아닌 재단)인 경우 공탁자란 기재 예시】

공탁자	성 명 (상호, 명칭)	OOO씨 OOO파 종중
	주민등록번호 (법인등록번호)	
	주 소 (본점, 주사무소)	경기도 화성시 OO면 OO번지
	전화번호	031 - OOO - OOOO

④ 공탁자가 제3자인 경우에는 제3자의 성명, 주소 등을 기재해야 하고, 이 경우 변제공탁은 공탁원인사실란에, 재판상 담보공탁은 비고란에 제3자로서 공탁한다는 취지를 각각 기재해야 합니다「공탁선례 1-210」(2001. 11. 26. 법정 3302-470호 질의회답)].

【공탁자가 제3자인 변제공탁의 공탁원인사실란 기재 예시】

공탁 원인 사실	공탁자 최OO는 채무자 김OO과 채권자 황OO철의 금전소비대차에 있어 저당권설정자인바, 채무변제기간이 도과하였음에도 불구하고 채무자 김OO의 채권자 황OO에 대한 변제가 이루어지지 않아 공탁자의 재산에 대해 경매가 진행될 우려가 있어, 채권자 황OO에게 채무액 전부를 변제제공하였으나 수령을 거절하므로 피공탁자를 황OO로 하여 공탁합니다.
비고 (첨부 서류 등)	제3자에 의한 공탁(공탁통지서, 부동산의 등기사항증명서, 피공탁자의 주민등록초본, 위임장 계좌납입신청

【공탁자가 제3자인 재판상 보증공탁의 비고란 기재 예시】

공탁 원인 사실	1. 가압류보증 6. 강제집행 취소의 보증 2. 가처분보증 7. 강제집행 속행의 보증 3. 가압류 취소보증 8. 소송비용 담보 4. 가처분 취소보증 9. 가집행 담보 5. 강제집행 정지의 보증 10. 가집행을 면하기 위한 담보 11. 기타( )
비고 (첨부 서류 등)	공탁자 최 OO 는 피신청인을 김 OO 으로 한 황 OO 의 강제집행정지신청에 있어 담보제공명령을 받은 황 OO 을 대신하여 공탁함. (담보제공명령서 사본 1통) 계좌납입신청

2-2-2. 공탁금액, 공탁유가증권의 명칭·장수·총 액면금(액면금이 없는 경우에는 그 뜻)·기호·번호·부속이표·최종상환기, 공탁물품의 명칭·종류·수량

① 공탁물이 금전인 경우 공탁금액을 한글과 아라비아 숫자로 함께 적어야 합니다.

【금전공탁의 공탁물 표시란 기재 예시】

공 탁 금 액	한글 오백만원
	숫자 5,000,000 원

② 공탁물이 유가증권인 경우 유가증권의 명칭·장수·총 액면금·기호·번호·최종상환기를 적어야 합니다.

【유가증권공탁의 공탁물 표시란 기재 예시】

공탁유가증권			
명 칭	주식회사 OO전자 주권		계
장 수	10매		4매
총액면금	한글 일천만원 숫자 10,000,000원		일천만원 10,000,000원
액면금 기호번호	금 일백만원 아 제 OOO호 ~ 제 OOO호		
부속이표			
최종 상환기			

③ 공탁물이 물품인 경우 공탁물품의 명칭·종류·수량을 적어야 합니다.

【물품공탁의 공탁물 표시란의 기재 예시】

공탁물품		
명칭	종류	수량
매도용인감증명서	소유권이전등기관련서류	1통
매도인주민등록초본	소유권이전등기관련서류	1통
등기권리증	소유권이전등기관련서류	1통
소유권이전등기위임장	소유권이전등기관련서류	1통
	이하여백-	

2-2-3. 공탁원인사실

① "공탁원인사실"이란 공탁을 하게 된 이유를 말합니다.

- 변제공탁을 예로 들면, "채무의 내용에 따른 적법한 변제의 제공을 했음에도 불구하고 채권자가 이유 없이 수령을 거부한다." 등이 공탁원인사실이 됩니다.

- 공탁원인사실은 그 공탁의 근거법령에 따라서 달라지므로 이를 면밀히 살펴서 그것이 요구하는 공탁원인에 맞도록 기재해야 하며, 다른 사실과 식별할 수 있을 정도로 기재해야 적법한 공탁이 될 수 있습니다.

② 공탁원인사실의 기재 예시는 다음과 있습니다.

ⓐ 변제공탁

법률 관계	공탁사유	공탁원인사실
임 대 차	수령거절	**(수개월분의 임료)** 공탁자는 피공탁자로부터 서울 서초구 서초동 ○○번지의 점포 1동을 임차료 100만원, 지급기일 매월 말일, 지급장소 피공탁자의 주소지로 정하고 임차하였던바, 2000년 4월부터 동년 6월분까지의 3개월분 임차료를 각 지급일에 현실제공하였으나 수령을 거부하므로 공탁함.
		(임료의 증액청구에 대하여 하는 상당임료의 공탁) 공탁자는 피공탁자로부터 서울 강남구 논현동 ○○번지의 점포 1동 50평방미터를 월 임차료 100만원, 지급기일 매월 말일, 지급장소 피공탁자의 주소지로 정하고 임차하였던 바, 피공탁자는 종전의 임료에 20만원을 증액 청구하므로 공탁자는 상당하다고 생각되는 임료의 증액 분 10만원을 임료에 가산하여 2000년 3월분을 현실 제공하였으나, 수령거부되어 공탁함.
	수령하지 않은 것이 명백한 경우	**(임대차 종료를 이유로 하는 경우)** 공탁자는 피공탁자로부터 부산 중구 광북동 ○○○번지의 점포 1동을 월 임차료 50만원, 지급 기일 매월 말일, 지급장소 피공탁자의 주소지로 정하고 임차하였는바, 공탁자는 2000년 5월분의 임료를 현실제공하려 하였으나, 기간 만료에 대한 법정 갱신을 거절하고 갱신조건으로 다액의 임대료 증액을 요구하였으므로 공탁자의 현실제공을 수령하지 않을 것이 명백하므로 공탁함.
	수령불능	**(임대인이 소재불명인 경우)** 공탁자는 피공탁자의 인천 계양구 계산동 ○○번지의 사무실 50평을 월 임차료 120만원, 지급기일 매월25일, 지급장소 피공탁자의 주소지로 정하고 임차하였는바, 공탁자는 2000년 5월분 임료 120만원을 지급기일에 지급장소에서 현실 제공하려 하였으나, 피공탁자의 현주소 불명으로 인하여 수령불능이므로 공탁함.

매매	수령거절	**(매도인이 매매대금 수령을 거부하는 경우)** 공탁자는 피공탁자와 2000. 5. 1. 대구 남구 대명동 ○○번지 대 100평을 대금 2억 7천만원, 지급기일 2000. 6. 1. 지급장소 피공탁자의 주소지로 정하여 매매계약을 체결하였는바, 공탁자는 계약에 따라 지급기일에 채무이행지인 피공탁자의 주소지에서 매매대금 2억 7천만원을 현실제공하였으나 그 수령을 거부하므로 공탁함.
		(매매계약 취소로 인한 매매대금반환의 경우) 공탁자는 피공탁자와 2000. 5. 1. 공탁자 주소지 소재 대지 300평방미터를 매매대금 1억5천만 원으로 정하여 동일 계약금으로 5천만 원을 수령하였는바, 동 매매계약은 피공탁자의 사기로 인한 것이었으므로 공탁자는 동월 15일 동 매매의사 표시를 취소한다는 뜻의 내용증명우편을 발송하여 동월 16일 피공탁자에게 도달되었다. 그래서 동월 16일 피공탁자에게 도달되었다. 그래서 동월 17일 수령한 계약금 5천만 원을 피공탁자 주소지에서 반환하기 위하여 현실 제고하였으나 수령을 거부하므로 공탁함.
		(계약금의 배액을 상환하고 계약을 해제하는 경우) 공탁자는 피공탁자와 2000. 2. 1. 대전광역시 동구 가양동 ○○번지 목조 기와지붕 평가건주택 1동 건평 25평에 대하여 매매계약을 체결하고 동일 계약금 2천만 원을 수령하였으나 사정에 의하여 그 이행을 할 수 없어 공탁자는 2000. 4. 1. 계약금의 배액인 금 4천만 원을 상환하기 위하여 피공탁자의 주소지에서 피공탁자에게 현실 제공하고 위 매매계약해제의 뜻을 통고하였으나 그 수령을 거부하므로 공탁함.
고용	수령거절	**(급여)** 공탁자는 2000. 4. 30. 공탁자 사무소에서 공탁자의 피용자인 피공탁자에 대하여 2000. 4월분 급여 금 150만원의 지급을 위하여 현실 제공하였으나 피공탁자는 승급액에 불복하며 그 수령을 거부하므로 공탁함.
		(퇴직금) 피공탁자는 2000. 5. 20. 공탁자 ○○통신주식회사를 퇴직하였으므로 공탁자는 같은날 지급 장소인 공탁자 사무소에서 피공탁자에게 퇴직금 1,500만원을 지급하기 위하여 현실 제공하였으나, 그 수령을 거부하므로 공탁함.
도급	수령거절	**(수급인이 공사대금을 수령을 거부하는 경우)** 공탁자는 피공탁자와 2000. 2. 20. 공탁자 회사 제3공장 건설의 도급계약을 체결하고 공사대금을 1억 5천만 원으로 정하여 계

		약체결 당시 5000만원을 지급하고 잔금을 2000. 8. 30. 지급하기로 약정하였던 바, 공탁자는 약지에 따라 2000. 8. 30. 금 1억원을 지급장소인 피공탁자 사무소에서 변제를 위하여 현실 제공하였으나, 그 수령을 거부하므로 공탁함.
	채권자 불확지 (債權者不 確知)	**(양도금지 특약이 있고 도급 보수금 채권이 양도된 경우)** 피공탁자 환경건설(주)는 공탁자에 대하여 금 5,000만원의 공사 대금채권이 있는 바, 당해 채권에 대하여 공탁자에게 2000. 7. 10. 아래와 같은 채권양도통지서가 송달되었음. 그러나 위의 채권은 양도금지특약부채권이므로 양수인인 피공탁자 박○○은 당해 특약에 있어 선의·악의가 불명하여 채권자를 확지할 수 없으므로 도급대금 5,000만원을 공탁함. ＜아래＞ 양도금 5,000만원, 양도인 피공탁자 환경건설(주) 양수인 피공탁자 박○○
금전 소비 대차	수령거절	**(대주가 대여금 수령을 거부하는 경우)** 공탁자는 1998. 1. 10. 피공탁자로부터 아래의 약정으로 금 1,000만원을 차용하였다. ①변제방법-1999. 1. 10.에 800만원 이후 매년 1. 10.에 100만원씩 지급함. ②이자 및 지급기-이자는 연 1할, 각 원금 지급기에 그때까지 분을 지급함. ③지급장소-피공탁자의 주소지 -공탁자는 1999. 1. 10. 원금 100만원과 그때까지의 이자를 지급하고 2000. 1. 10. 잔금 100만원과 이에 대한 약정이자 10만원을 피공탁자의 주소지에서 현실 제공하였으나 그 수령을 거부하므로 위 채무액 금 110만원을 공탁함.
	채권자불 확지 (債權者不 確知)	**(대여금 채권의 양도에 관하여 다툼이 있는 경우)** 공탁자는 1999. 4. 1. 피공탁자 ○○주식회사로부터 금 1천만원을 변제기 2000. 3. 31.로 정하여 차용하였는 바, 1999. 1. 15. 동 주식회사로부터 동 대여금채권을 피공탁자 김○○에게 채권양도 하였다는 뜻의 통지를 받았다. 그러나 위 양도에 관하여 다툼이 있다 하여 2000. 2. 10. ○○주식회사는 김○○를 상대로 서울지방법원에 대여금채권존재확인청구의 소를 제기하여 현재 계속 중에 있다. 그러므로 공탁자는 채권자를 확지할 수 없어 원금 1천만 원과 이에 대한 상사법정이율 연 6푼의 이자 60만원을 공탁함.

불법 행위	수령거절	**(불법행위로 인한 치료비 등)** 공탁자는 2000. 5. 10. 택시운전을 하다가 서울특별시 종로구 종로2가 ○○백화점 앞 노상에서 도로를 횡단 중인 피공탁자를 들이받아 우측발목에 전치 3주일을 요하는 상해를 입혔는바, 그 후 공탁자와 피공탁자는 손해배상액에 대하여 합의를 보려고 하였으나 합의가 이루어지지 않으므로 공탁자는 2000. 6. 10. 공탁자가 상당하리라고 생각되는 손해배상금 360만원 및 사고일로부터 같은 날까지 년 5푼에 의한 지연손해금 15,000원, 합계금 3,615,000을 현실제공하였으나 수령을 거부하므로 공탁함.
수용 보상	수령거절	공탁자는 반월지구 토지구획정리사업의 사업시행자로서, 공익사업을 위한 토지 등의 취득 및 보상에 관한 법률의 규정에 의하여 반월토지수용위원회가 재결한 토지수용보상금을, 피공탁자에게 여러 차례에 걸쳐 지급하여 하였으나 피공탁자가 이 돈의 수령을 거절하므로 이 공탁에 이르렀습니다.
	채권자 불확지 (債權者不 確知)	공탁자는 소반지구 토지구획정리사업의 사업시행자로서, 공익사업을 위한 토지 등의 취득 및 보상에 관한 법률의 규정에 의하여 소관 토지 수용위원회가 재결한 토지수용보상금을 지급하려고 하였으나, 피공탁자를 전혀 알 수 없으므로 이 공탁에 이르렀습니다.

ⓑ 집행공탁 등

공탁종류	공탁사유	공탁원인사실
집행공탁	제3채무자의 권리공탁	제3채무자인 공탁자는 피공탁자(채권자)로부터 금 20,000,000원을 이자를 연 20%, 변제기를 2010년 5월 8일로 하여 빌린 사실이 있는데, 이 금액(이자포함)에 대해 아래와 같이 채권자인 피공탁자들의 채권자로부터 압류가 있어 공탁하기에 이르렀습니다. 아 래 1. 서울지방법원 2010카단111호 채권자 허균 서울시 강동구 암사동 258, 채무자 심청이 서울시 강북구 돈암동 459, 제3채무자 공탁자로 된 채권액 금 일천만원의 채권압류명령, 2010년 6월 18일 송달
	제3채무자의 의무공탁	제3채무자인 공탁자는 심청이로부터 금22,000,000원을 이자를 연 19%, 변제기를 2010년 5월 8일로 하여 빌린 사실이 있는바, 이 돈(이자 포함)에 대하여 아래와 같이 심청이 채권에 대해 압류명령이 송달되었고 압류채권자들의 청구가 있으므로 이에 공탁하기에 이르렀습니다. 아 래 1. 서울중앙지방법원 2010카단293호 채권자 지○○ 서울시 중구 필동 125, 채무자 심청이 서울시 종로구 수송동 146-1, 제3채무자 공탁자로 된 채권액 금22,000,000원의 채권압류명령. 2010년 8월 7일 송달 2. 서울남부지방법원 2010카단337호 채권자 박○○ 서울시 종로구 옥인동 111, 채무자 심청이 서울시 종로구 수송동 146-1, 제3채무자 공탁자로 된 채권액 금30,000,000원의 채권압류명령. 2010년 8월 9일 송달
	가압류를 원인으로 하는 공탁	제3채무자인 공탁자는 심청이로부터 금 22,000,000원을 빌렸는 바, 채권자 변학도(서울시 중구 필동 125)와 채무자 심청이(서울시 종로구 수송동 146-1) 사이의 서울중앙지방법원 2010카단293호 채권가압류 신청사건에 의해 같은 법원이 2010년 9월 30일 위 제3채무자의 채권 중 금 10,000,000원을 가압류 집행하였으므로 그 압류된 채무를 공탁합니다.

	매각허가결정에 대한 항고보증공탁	채권자 공탁자, 채무자 공탁자 사이의 서울지방법원 2010타경 112호 부동산강제경매사건에 관하여 2010년. 10월 10일자 같은 법원이 한 경락허가결정에 대하여 공탁자가 항고하고자 경락대금의 10분의 1에 해당하는 금액을 공탁합니다.
보관 공탁	무기명사채권자 (無記名 社債權者)의 사채권자 집회 소집을 위한 무기명사채권의 보관공탁	공탁자는 무기명식 채권을 가지고 있는 자로서 회사에 대한 사채권자집회의 소집을 청구하기 위해 공탁자가 소유하고 있는 사채권을 공탁합니다.
	무기명사채권자 (無記名 社債權者)의 의결권 행사를 위한 무기명사채권의 보관공탁	공탁자는 무기명식 채권을 가지고 있는 자로서 2010년 9월 30일 오후 2시에 개최되는 사채권자 집회에 참석하여 의결권을 행사하기 위해 공탁자가 가지고 있는 무기명식 사채권을 공탁합니다.
몰취 공탁	상호가등기 공탁	봉래찜닭주식회사를 설립하고자 하나 자금 등의 준비 관계로 봉래찜닭주식회사를 가등기하고자 공탁합니다.
혼합 공탁	채권양도와 채권압류의 경합	1. 공탁자는 피공탁자 최○길(갑)에 대해 공사대금채무 5,000 만원이 있는데, 채권자 최○길로부터 박○남(을)에게 채권 양도통지를 받은 후 양도에 관한 다툼이 있어 채무자로서는 채권자가 위 최○길인지 양수인 박○남인지 알 수 없어 변제공탁을 하려고 하나 2. 위 채권양도 통지가 있은 후 채권자 강○길(병)으로부터 별지와 같이 채권압류명령이 송달되었으므로 채무자로서는 위 채권양도의 유무효 및 채권압류명령의 우선순위 등을 판단할 수 없으므로 변제공탁과 집행공탁을 겸하여 공탁합니다.

2-2-4. 공탁근거법령

① 공탁을 하게 된 관계법령 조항란에는 공탁의 권리 또는 의무를 규정한 공탁근거법령을 기재해야 합니다.

② 변제공탁의 대부분은 「민법」 제487조가 공탁근거법령이 됩니다.

【변제공탁의 공탁근거법령 기재 예시】

법령조항	민법 제487조

③ 수 개의 법조항이 하나의 공탁근거법령을 이루고 있는 경우에는 이를 모두 기재해야 합니다.

④ 예를 들어 가압류보증공탁의 경우에는 「민사집행법」 제280조(기본규정 또는 담보규정) 외에 「민사소송법」 제122조를 준용한다는 「민사집행법」 제19조제3항(연결규정)과 그 담보는 금전 또는 유가증권으로 공탁할 수 있다는 「민사소송법」 제122조(공탁규정)를 모두 기재해야 합니다.

2-2-5. 피공탁자의 성명(상호, 명칭)·주소(본점, 주사무소)·주민등록번호(법인등록번호)

① 피공탁자가 자연인인 경우에는 피공탁자의 성명, 주민등록번호(주민등록번호를 확인할 수 있는 경우만 기재), 주소를 적어야 합니다.

② 피공탁자가 법인 또는 법인 아닌 사단 또는 재단인 때에는 법인 등의 명칭, 법인등록번호(법인등록번호를 확인할 수 있는 경우만 기재)와 주사무소를 적어야 합니다.

③ 변제자의 과실 없이 채권자가 '갑' 또는 '을' 중 누구인지 알 수 없는 때(채권자 상대적 불확지)에는 피공탁자를 '갑' 또 는 '을'로 적습니다.

④ 채권자가 사망하여 그 상속인에게 변제하려 하였으나 상속인이 누구인지 모르는 경우에는 피공탁자를 '망 (주소 병기)의 상속인'으로 적습니다.

⑤ 재판상 담보공탁 및 납세담보공탁은 담보권자(가압류담보공탁의 경우 가압류 채무자, 납세담보공탁에서의 국가 등)를 피공탁자로 적습니다. 다만 영업보증공탁은 피공탁자를 적지 않습니다.

2-2-6. 공탁으로 소멸하는 질권, 전세권, 저당권의 표시

① 채무자가 소유하는 부동산에 근저당권을 설정하고 금전을 빌린 다음 채권자가 변제를 수령하지 않는 등의 변제공탁 사유로 채무자가 변제공탁을 하게 되면, 채무자의 변제공탁으로 변제의 효과가 발생하여 채무가 소멸하게 되므로 근저당권은 그 목적을 상실하여 변제공탁과 동시에 소멸(담보물권 부종성)합니다.

② 이 경우 채무자가 변제공탁을 하여 채권자의 근저당권이 소멸되었는데도 채무자가 변제공탁물을 되찾아간다면 채권자에게 예상하지 못한 손해를 발생하게 하므로 「민법」 제489조제2항은 "질권 또는 저당권이 공탁으로 인하여 소멸한 때에는 공탁물을 회수할 수 없다"고 정하고 있으며, 또한 공탁서에도 공탁으로 인해 질권, 전세권 또는 저당권이 소멸하는 경우에는 이를 표시하도록 하고 있습니다.

【공탁으로 인해 소멸하는 저당권 기재 예시】

1. 공탁으로 인하여 소멸하는 질권, 전세권 또는 저당권	공탁원인사실에 기재된 부동산에 관한 수원지방법원 평택지원 평택등기소 2008. 4. 5. 접수 제1588호 순위 제1번의 근저당권 소멸

2-2-7. 반대급부를 받아야 할 경우에는 그 반대급부의 내용

① "반대급부"란 공탁자와 피공탁자가 동시에 서로에게 이행해야 하는 채무가 있는 경우 피공탁자가 공탁자에게 이행해야 하는 채무를 말합니다.

② 반대급부가 있는 경우에는 "공탁원인사실에 기재한 부동산의 소유권이전등기에 필요한 일체의 서류" 또는 "공탁 원인 사실에 기재한 물품의 인도" 등의 예에 따라 반대급부 내용을 적습니다.

【반대급부를 받아야 하는 경우 반대급부 기재 저당권 기재 예시】

2. 반대급부 내용	소유권이전등기에 필요한 일체의 서류(등기권리증, 인감증명서, 위임장 등)를 교부할 것

2-2-8. 공탁물의 출급·회수에 관해 관공서의 승인, 확인 또는 증명 등을 필요로 하는 경우에는 해당 관공서의 명칭

해당 관공서의 명칭은 관공서의 증명서 또는 승인서를 제출해야만 공탁자가 공탁물을 회수할 수 있는 영업보증공탁을 하는 경우에 공탁신청서에 적습니다.

【해당 관공서의 명칭 기재 예시】

관공서의 명칭, 건명(허가번호 등)	금융감독위원회 (2010 금융 10587)

2-2-9. 재판상의 절차에 따른 공탁의 경우에는 해당 법원의 명칭과 사건명

이는 재판상의 담보공탁에서 담보공탁을 명한 법원의 명칭과 사건명 및 사건번호를 적는 것으로서 "서울중앙지방법원 2003카단 100 부동산가압류"등의 예에 따라 적습니다.

【재판상 담보공탁에서의 법원의 명칭과 사건명 기재 예시】

법원의 명칭과 사건	수원지방법원 평택지원 2009카기 강제집행정지사건				
	당사자	원고 **신청인** 채권자	최 OO	피고 **피신청인** 채무자	김 OO

【가압류 해방공탁에서의 법원의 명칭과 사건명 기재 예시】

법원의 명칭과 사 건	수원지방법원 평택지원 2009카단 부동산가압류사건				
	당 사 자	채 권 자	이 OO	채 무 자	황 OO

2-2-10. 공탁법원의 표시

공탁서를 현실로 제출하는 법원의 명칭을 기재합니다.

2-2-11. 공탁신청 연월일

공탁서의 공탁신청연월일란에는 공탁서를 공탁법원에 현실로 제출하는 연월일을 기재해야 합니다.

2-2-12. 첨부서면 등의 표시

① 공탁서에는 첨부서면 등을 비고란에 적습니다.

② 계좌입금으로 공탁금을 납입하려는 공탁자는 공탁서의 계좌납입신청 여부를 묻는 란에 ✓ 표시를 합니다.

【첨부서면 등의 표시 예시】

비고 (첨부서류 등)	법인의 등기사항증명서, 피공탁자주민초본, 위임장 각 1통 계좌납입신청

2-3. 기명날인

① 대표자나 관리인 또는 대리인이 공탁하는 경우에는 대표자나 관리인 또는 대리인의 주소를 적고 기명날인해야 하며, 공무원이 그 직무상 공탁하는 경우에는 소속 관서명과 그 직을 적고 기명날인(이름 쓰고 도장 찍기)을 해야 합니다(「공탁규칙」 제20조제2항 후단).

② 날인의 제도가 없는 국가에 속하는 외국인은 서명만으로 공탁서 및 위임장의 기명날인을 대신할 수 있습니다(「외국인 등을 위한 공탁신청에 관한 지침」(대법원 행정예규 제1083호 2016. 6. 16. 발령 2016. 7. 1. 시행) 제1조].

③ 공탁서에 공탁자 또는 대리인 등이 날인하는 인영(印影)은 「인감증명법」이나 「비송사건절차법」에 따라 신고 또는 제출된 인감이 아니어도 됩니다.

2-4. 공탁서의 기재방식

2-4-1. 공탁서의 기재문자

공탁서에 적는 문자는 자획(字劃)을 명확히 해야 합니다(「공탁규칙」 제12조제1항).

2-4-2. 기재문자의 정정 등

① 공탁서에 적은 금전에 관한 숫자는 정정(訂正), 추가나 삭제하지 못합니다(「공탁규칙」 제12조제2항 전단).

② 그러나 공탁서의 공탁원인사실에 적은 금전에 관한 숫자는 정정(訂正), 추가나 삭제할 수 있습니다(「공탁규칙」 제12조제2항 후단).

③ 정정, 추가나 삭제를 할 때에는 한 줄을 긋고 그 위쪽이나 아래쪽에 바르게 적거나 추가하고, 그 글자 수를 난외(欄外)에 적은 다음 도장을 찍어야 하며, 정정하거나 삭제한 문자는 읽을 수 있도록 남겨두어야 합니다(「공탁규칙」 제12조제3항).

④ 공탁서를 정정한 경우에는 공탁관은 작성자가 도장을 찍은 곳 옆에 인감도장을 찍어 확인해야 합니다(「공탁규칙」 제12조제4항).

2-4-3. 계속 기재

① 공탁관에게 제출하는 서류의 양식과 용지의 크기가 정해져 있는 경우에 한 장에

모두 적을 수 없는 경우에는 해당 용지와 같은 크기의 용지에 적당한 양식으로 계속 적을 수 있습니다(「공탁규칙」 제13조제1항).

② 계속 기재를 하는 경우에는 계속 용지임을 명확히 표시해야 합니다(「공탁규칙」 제13조제2항).

③ 계속 용지임을 명확히 표시하기 위해 본 용지의 해당란에는 '별지와 같음', 계속 용지에는 '별지'라고 적는 등의 조치를 해야 합니다.

2-4-4. 날인을 대신하는 서명 등

공탁서의 날인은 서명으로 대신할 수 있고, 날인이나 서명을 할 수 없을 때에는 무인(拇印, 엄지도장)으로 할 수 있습니다(「공탁규칙」 제11조제1항).

2-4-5. 서류의 간인

① 공탁관에게 제출하는 공탁서가 두 장 이상인 경우에는 작성자는 간인(間印, 종이 사이마다 찍는 도장)을 해야 합니다(「공탁규칙」 제14조제1항).

② 공탁서 작성자가 여러 사람인 경우에는 그 중 한 사람이 간인을 하면 됩니다(「공탁규칙」 제14조제2항).

③ 공탁관에게 제출하는 공탁서가 두 장 이상인 경우에는 공탁관이 인감도장으로 간인을 하여 확인해야 합니다(「공탁규칙」 제14조제3항).

3. 첨부서면 제출

3-1. 제출서류

① 공탁자는 공탁서 2통에 당사자관계를 증명하는 서면, 주소 소명서면, 공탁통지서 등을 첨부하여 공탁관에게 제출해야 합니다(「공탁규칙」 제20조제1항, 제21조 및 제23조).

② 공탁관에게 제출하는 관공서에서 발급받은 자격증명서, 관공서에서 발급받은 주소 소명하는 서면은 발급일로부터 3월 이내의 것이어야 합니다(「공탁규칙」 제16조제1항).

3-2. 자격증명서(공탁자, 대리인의 자격을 증명하는 서면) 첨부

3-2-1. 공탁자의 자격을 증명하는 서면

① 공탁자가 자연인인 경우에는 공탁자의 자격을 증명하는 서면을 첨부하지 않아도 됩니다.

② 공탁자가 법인인 경우에는 대표자 또는 관리인의 자격을 증명하는 서면을 공탁서에 첨부해야 합니다(「공탁규칙」 제21조제1항).

③ 대표자 또는 관리인의 자격을 증명하는 서면에는 법인등기부등본·초본 또는 등기소의 증명서 등이 있습니다.

④ 공탁자가 법인 아닌 사단이나 재단일 경우에는 정관 또는 규약과 대표자 또는 관리인의 자격을 증명하는 서면을 공탁서에 첨부해야 합니다(「공탁규칙」 제21조제1항).

3-2-2. 대리인 자격을 증명하는 서면

① 대리인이 공탁하는 경우 대리인의 권한을 증명하는 서면을 첨부해야 합니다(「공탁규칙」 제21조제2항).

② 법무사 등 임의대리인이 공탁하는 경우에는 권한 위임을 증명하는 위임장을 첨부해야 하고, 회사의 지배인 등 법정대리인이 공탁하는 경우에는 법인등기사항증명서 등을 첨부해야 합니다.

③ 친권자나 후견인은 미성년자의 기본증명서를 첨부하고, 법원의 선임에 의한 후견인의 경우 아직 후견개시신고를 하지 않아 가족관계등록부(피후견인의 기본증명서)에 후견인으로 등재되지 않았다면 선임심판서등본을 첨부합니다.

④ 성년에 대하여 후견이 개시된 경우(성년후견, 한정후견, 특정후견, 임의후견) 후견인은 후견등기사항증명서를 제출함으로써 그 자격을 증명할 수 있습니다.

3-3. 주소 소명서면 등

3-3-1. 주소 소명서면

① 변제공탁을 하는 경우에 피공탁자의 주소를 표시하는 때에는 그 주소를 소명하는 서면을 첨부해야 합니다(「공탁규칙」 제21조제3항).

② 피공탁자의 주소를 소명하는 서면은 원칙적으로 피공탁자의 현재의 주민등록등본·초본입니다[「공탁선례1-7」(1994. 3. 29. 법정 3302-146호, 1994. 4. 22. 법정 3302-171호)].

③ 토지수용보상공탁에서 재결서나 판결문에 피공탁자의 주소가 표시되어 있고 표시된 주소가 주민등록표등본·초본상의 주소와 일치되거나 그 주소지로 판결정본 등이 송달된 적이 있었더라도 그 재결서나 판결문은 주소 불명을 소명하는 서면으로 볼 수는 있어도 직접 주소를 소명하는 서면으로 볼 수 없습니다[「공탁선례1-7」(1994. 3. 29. 법정 3302-146호, 1994. 4. 22. 법정 3302-171호)].

④ 채권자 상대적 불확지 공탁을 하는 경우에는 피공탁자로 기재된 자 모두의 주소를 소명하는 서면을 첨부해야 합니다(출처: 『공탁실무편람』, 법원행정처).

3-3-2. 주소불명사유 소명서면

① 피공탁자의 주소가 불명인 경우에는 ⓐ 피공탁자의 최종주소를 소명하는 서면과 ⓑ 그 주소지에 공탁자가 거주하지 않는다는 것을 소명하는 서면을 첨부해야 합니다(「공탁규칙」 제21조제3항).

② 피공탁자의 최종주소를 소명하는 서면에는 변제공탁의 직접 원인이 되는 계약서·재판서·재결서 등과 등기부등본, 토지대장, 공탁서, 말소된 주민등록표등본·초본 및 주소지에 피공탁자가 거주하지 않는다는 것을 소명하는 자료 등이 있습니다[「공탁선례1-7」(1994. 3. 29. 법정 3302-146호, 1994. 4. 22. 법정 3302-171호)].

③ 피공탁자가 최종주소에 거주하지 않는다는 것을 소명하는 자료에는 피공탁자가 최종주소에 거주하지 않는다는 내용의 통장·반장 또는 피공탁자의 최종주소에 주민등록을 한 거주민의 확인서, 피공탁자의 최종주소에 주민등록이 되어 있지 않았다는 내용의 동장확인서, 피공탁자의 최종주소로 발송한 우편물이 이사불명 또는 수취인부재 등으로 반송되었다는 취지가 기재된 최근의 우편송달통지서 또는 배당증명서 등이 있습니다[「공탁선례1-6」(1993. 4. 23. 법정 제804호)].

④ 피공탁자가 외국인이거나 재외국민으로 주소가 분명하지 않는 경우 공탁의 직접 원인이 되는 서면(계약서, 재판서, 재결서, 등기사항증명서, 토지대장, 말소된 주민등록표 등·초본 등)에 나타난 주소지를 최종주소지로 기재하고, 그 최종주소지

에 피공탁자가 거주하지 않았다는 것을 소명하는 서면(발송된 우편물이 이사불명 등으로 반송되었다는 취지가 기재된 최근의 배달증명서 등)을 제출해야 합니다 『외국인 등을 위한 공탁신청에 관한 지침』(대법원 행정예규 제1083호, 2016. 6. 16. 발령 2016. 7. 1. 시행) 제4조].

3-4. 공탁통지서 등

① 공탁자가 피공탁자에게 공탁통지를 해야 하는 변제공탁 등에서는 피공탁자의 수만큼 공탁통지서를 첨부해야 합니다(『공탁규칙』 제23조제1항).

② 공탁통지서

금전공탁, 유가증권공탁, 물품공탁의 공탁통지서 서식은 아래에서 확인할 수 있습니다.

1. 금전공탁통지서
2. 유가증권공탁통지서
3. 물품공탁통지서

③ 공탁통지서를 첨부하는 경우 배달증명을 할 수 있는 우편료를 납입해야 합니다(『공탁규칙』 제23조제2항).

④ 공탁관은 공탁통지서를 발송하기 위한 봉투 발신인란에 공탁소의 명칭과 그 소재지 및 공탁관의 성명을 적어야 합니다(『공탁규칙』 제23조제3항).

⑤ 공탁통지는 본래 공탁자가 해야 하지만(『민법』 제488조제3항), 공탁통지를 확실하게 하기 위해 공탁자가 공탁신청을 할 때 공탁통지서를 제출하도록 하고, 공탁물이 납입된 후에 공탁관이 공탁자를 대신해서 피공탁자에게 공탁통지서를 발송하도록 하고 있습니다(『공탁규칙』 제29조제1항).

3-5. 그 밖의 첨부서면

3-5-1. 공탁금 회수제한신고서

① 변제공탁자는 공탁신청과 동시에 또는 공탁을 한 후에 "피공탁자의 동의가 없으면 특정 형사사건에 대하여 불기소결정(단, 기소유예는 제외)이 있거나 무죄판결이 확정될 때까지 회수청구권을 행사하지 않겠다."는 내용을 기재한 서면[금전공탁서(형사사건용) 또는 공탁금 회수 제한 신고서]을 제출할 수 있습니다[『변제공탁자가 회수청구권의 행사에 조건을 붙이는 경우의 처리지침』(대법원 행정예규 제1014호, 2014. 5. 16. 발령, 6. 1. 시행)].

② 공탁금 회수제한신고서가 제출된 경우 공탁자의 회수청구권에 대해 압류통지서가

접수된 경우에 준하여 처리하고, 공탁금을 납입한 공탁자가 공탁금 회수제한신고서 부본(副本)을 제출하여 요구하면 그 부본에 공탁금 회수제한신고서의 접수사실을 확인하고 기명날인하여 교부합니다.

③ 공탁금 회수제한신고서의 제출은 임의적인 것이기 때문에 형사사건의 가해자가 피해자 앞으로 공탁소에 회수제한신고서는 제출하지 않고 변제공탁만 한 후 형사재판부에 변제공탁서만 양형자료로 제출하여 유리한 형의 선고를 받은 후 공탁금을 회수하는 등 형사사건의 가해자가 변제공탁을 악용하는 경우가 있었습니다.

④ 이에 따라 법원은 형사재판에서 공탁금 회수제한신고서가 첨부된 경우에만 공탁사실을 양형에 참작하도록 하고 있습니다「정상자료로 공탁서가 제출된 경우의 유의사항」(대법원 재판예규 제772호 2000. 5. 16 발령, 2000. 5. 19 시행)].

3-5-2. 기명식 유가증권의 양도증서

기명식(記名式)유가증권을 공탁하는 경우에는 공탁물을 수령하는 자가 즉시 권리를 취득할 수 있도록 유가증권에 배서(背書)를 하거나 양도증서를 첨부해야 합니다(「공탁규칙」 제24조).

3-5-3. 채권압류 또는 가압류결정문 사본 및 담보제공명령서

① 제3채무자가 권리공탁·의무공탁(「민사집행법」 제248조)을 신청하는 경우 가압류·압류결정문 사본을 첨부해야 합니다.

② 가압류해방공탁의 경우 가압류결정문 사본을 첨부해야 합니다.

③ 재판상 담보공탁의 경우 담보제공명령서 사본을 첨부해야 합니다.

3-6. 여러 건의 공탁을 신청하는 경우 첨부서면 생략

① 같은 사람이 동시에 같은 공탁법원에 여러 건의 공탁을 하는 경우 첨부서면의 내용이 같을 때에는 1건의 공탁서에 1통만을 첨부합니다(「공탁규칙」 제22조 전단).

② 이 경우 다른 공탁서에는 그 뜻을 적어야 합니다(「공탁규칙」 제22조 후단).

③ 첨부서면이 생략된 다른 공탁서의 비고란에는 "법인등기부등본은 00년 금 제00호 공탁서에 첨부한 것을 원용함"이라고 기재합니다.

4. 공탁 성립(공탁관의 심사 및 공탁물 납입)

4-1. 공탁의 성립

① 공탁관이 공탁신청서를 접수·심사해 공탁을 수리한 후 공탁자가 공탁물보관자에게 공탁물을 납입하면 공탁이 성립합니다.

② 공탁의 성립 시기는 공탁관의 수리처분이 있을 때가 아니라, 공탁자가 공탁서에 기재된 공탁물을 공탁물보관자에게 납입한 때입니다.

4-2. 공탁관의 심사

4-2-1. 공탁관의 접수·심사

① 공탁관이 공탁신청서류를 접수한 때는 상당한 사유가 없는 한 지체 없이 모든 사항을 조사해 신속하게 처리해야 합니다(「공탁규칙」 제25조).

② 공탁관은 공탁자가 제출한 공탁서와 첨부서면에 나타난 사항에 대해서만 심사하여 공탁신청의 수리 또는 불수리결정을 합니다.

4-2-2. 공탁의 수리 및 불수리

① 공탁의 수리

공탁관이 심사결과 적법한 공탁신청으로 인정하여 공탁신청을 수리할 때에는 공탁서에 다음의 사항을 적고 기명날인한 다음 1통을 공탁자에게 내주어 공탁물을 공탁물보관자에게 납입하게 해야 합니다(「공탁규칙」 제26조제1항).

1. 공탁을 수리한다는 뜻
2. 공탁번호
3. 공탁물 납입기일
4. 납입기일까지 공탁물을 납입하지 않을 경우에는 수리결정의 효력이 상실 된다는 뜻

② 공탁의 불수리

공탁관이 공탁신청을 불수리할 경우에는 이유를 적은 결정으로 해야 합니다(「공탁규칙」 제48조제1항). 공탁관이 불수리 결정을 한 경우 불수리결정등본을 공탁자에게 내어주거나 배달증명우편으로 보내줘야 합니다.

③ 불수리 결정에 대한 이의신청

공탁관의 공탁 불수리결정에 불복하는 자는 공탁소에 이의신청서를 제출할 수 있습니다(「공탁법」 제12조제1항·제2항).

4-3. 공탁물 납입

4-3-1. 공탁물 납입

① 공탁자는 공탁소로부터 공탁서(물품공탁의 경우에는 공탁서와 공탁물품납입서)를 교부받아 공탁서에 기재된 공탁물보관자에게 공탁물 납입기일까지 공탁물을 납입해야 합니다.

② 공탁자가 공탁물 납입기일까지 공탁물을 납입하지 않는 경우 공탁 수리결정은 효력을 상실합니다(「공탁규칙」 제26조제3항).

③ 공탁물보관자가 공탁물을 납입받은 때에는 공탁서에 공탁물을 납입받았다는 뜻을 적어 공탁자에게 내주고, 그 납입사실을 공탁관에게 전송해야 합니다(「공탁규칙」 제27조 본문). 다만, 물품을 납입 받은 경우에는 공탁물품납입통지서를 공탁관에게 보내야 합니다(「공탁규칙」 제27조 단서).

4-3-2. 계좌입금에 의한 공탁금 납입

① 공탁관은 금전공탁에서 공탁자가 자기의 비용으로 계좌납입을 신청한 경우 공탁금보관자에게 가상계좌번호를 요청하여 그 계좌로 공탁금을 납입하게 해야 합니다(「공탁규칙」 제28조제1항).

② 계좌입금에 의한 방법으로 공탁금이 납입된 경우 공탁금보관자는 공탁관에게 공탁금이 납입된 사실을 전송해야 합니다(「공탁규칙」 제28조제2항).

③ 공탁금이 납입된 사실을 전송받은 공탁관은 공탁서에 공탁금이 납입되었다는 뜻을 적어 공탁자에게 내주거나 배달증명 우편으로 보내야 합니다(「공탁규칙」 제28조제3항).

4-4. 공탁통지서의 발송

공탁관은 공탁물보관자로부터 공탁물납입사실을 전송받거나 공탁물품납입통지서를 받은 때에는 공탁통지서를 피공탁자에게 발송해야 합니다(「공탁규칙」 제29조제1항).

5. 공탁사항의 변경

5-1. 대공탁의 의의

"대공탁"이란 공탁유가증권이 상환기에 이른 경우에 공탁자 또는 피공탁자의 청구에 따라 공탁소가 공탁유가증권의 상환금을 수령해 이를 종전의 공탁유가증권 대신 보관하여 종전 공탁의 효력을 지속하게 하는 공탁을 말합니다(「공탁법」 제7조 및 「공탁규칙」 제31조).

5-2. 대공탁의 청구권자

① 공탁물을 수령할 자는 대공탁을 청구할 수 있습니다(「공탁법」 제7조).
② "공탁물을 수령할 자"란 공탁물에 대해 출급청구권 또는 회수청구권을 행사하여 지급받을 수 있는 권리를 갖는 자를 말합니다.

5-3. 대공탁의 청구절차

5-3-1. 대공탁 청구

① 공탁유가증권 상환금의 대공탁을 청구하려는 자는 대공탁청구서 2통을 제출해야 합니다(「공탁규칙」 제31조제1항).
② 대공탁은 기본공탁과 동일성을 유지하면서 단지 공탁유가증권을 공탁금으로 변경하는 절차이므로, 대공탁에서는 당사자가 공탁물을 출급 또는 회수하는 절차와는 달리 공탁서 원본은 첨부할 필요가 없습니다.

5-3-2. 대공탁 청구 시 첨부서면

① 대공탁을 청구하는 자가 법인인 경우에는 대표자 또는 관리인의 자격을 증명하는 서면을 첨부해야 합니다(「공탁규칙」 제21조제1항 및 제31조제4항).
② 대공탁을 청구하는 자가 법인 아닌 사단이나 재단인 경우에는 정관이나 규약과 대표자 또는 관리인의 자격을 증명하는 서면을 공탁서에 첨부해야 합니다(「공탁규칙」 제21조제1항 및 제31조제4항)..
③ 대리인이 대공탁을 청구하는 경우에는 대리인의 권한을 증명하는 서면을 첨부해야 합니다(「공탁규칙」 제21조제2항 및 제31조제4항).
④ 같은 사람이 동시에 같은 공탁법원에 여러 건의 대공탁을 청구하는 경우에 첨부서면의 내용이 같을 때에는 1건의 공탁서에 1통만을 첨부하면 됩니다(「공탁규칙」 제22조 전단 및 제31조제4항).
⑤ 이 경우 다른 대공탁청구서에는 그 뜻을 적어야 합니다(「공탁규칙」 제22조 후단

및 제31조제4항).

⑥ 만약, 공탁유가증권이 기명식인 때에는 청구인은 대공탁청구서에 공탁물보관자 앞
으로 작성한 상환금 추심 위임장을 첨부해야 합니다(「공탁규칙」 제31조제5항).

5-3-3. 대공탁과 부속공탁의 동시 청구

유가증권공탁에 관해 대공탁과 부속공탁을 동시에 청구하는 경우에는 하나의 청
구서로 할 수 있습니다(「공탁규칙」 제31조제2항 전단).

5-4. 대공탁의 수리 및 상환금(償還金) 추심

5-4-1. 대공탁 청구의 수리

공탁관이 대공탁의 청구를 수리할 때에는 대공탁청구서에 그 뜻과 공탁번호를 적
고 기명날인한 다음, 그 중 1통을 유가증권출급의뢰서와 함께 청구인에게 내주어
야 합니다(「공탁규칙」 제31조제3항).

5-4-2. 상환금 추심 및 추심비용

① 대공탁청구인이 공탁관으로부터 발급받은 대공탁청구서 및 유가증권출급의뢰서
등을 공탁물보관자에게 제출한 경우 공탁물보관자는 그 대공탁청구서 끝 부분에
영수인을 찍어 청구인에게 반환하고, 공탁유가증권을 출급하여 그 유가증권 채무
자로부터 상환금의 추심을 받아 공탁관의 계좌에 상환금을 대공탁금으로 거둬들
이는 절차를 밟아야 합니다

② 대공탁 청구절차의 추심비용은 청구인이 부담합니다(「공탁규칙」 제31조제6항).

6. 부속공탁

6-1. 부속공탁의 의의

"부속공탁"이란 공탁유가증권의 이자 또는 배당금이 지급기에 이른 때 공탁자 또는 피공탁자 등의 청구에 따라 공탁소가 공탁유가증권의 이자 또는 배당금을 지급받아 종전의 공탁유가증권에 부속시켜 공탁해 기본공탁의 효력이 그 이자 또는 배당금에도 모두 미치도록 하는 공탁을 말합니다(「공탁법」 제7조 및 「공탁규칙」 제31조).

6-2. 부속공탁의 청구권자

① 공탁물을 수령할 자는 부속공탁을 청구할 수 있습니다(「공탁법」 제7조).
② "공탁물을 수령할 자"란 공탁물에 대해 출급청구권 또는 회수청구권을 행사하여 지급받을 수 있는 권리를 갖는 자를 말합니다.

6-3. 부속공탁의 청구절차

6-3-1. 부속공탁 청구

공탁유가증권의 이자 또는 배당금의 부속공탁을 청구하려는 자는 부속공탁청구서 2통을 제출해야 합니다(「공탁규칙」 제31조제1항).

6-3-2. 부속공탁 청구 시 첨부서면

① 부속공탁을 청구하는 자가 법인인 경우에는 대표자 또는 관리인의 자격을 증명하는 서면을 첨부해야 합니다(「공탁규칙」 제21조제1항 및 제31조제4항).
② 부속공탁을 청구하는 자가 법인 아닌 사단이나 재단인 경우에는 정관이나 규약과 대표자 또는 관리인의 자격을 증명하는 서면을 공탁서에 첨부해야 합니다(「공탁규칙」 제21조제1항 및 제31조제4항).
③ 대리인이 부속공탁을 청구하는 경우에는 대리인의 권한을 증명하는 서면을 첨부해야 합니다(「공탁규칙」 제21조제2항 및 제31조제4항).
④ 같은 사람이 동시에 같은 공탁법원에 여러 건의 부속공탁을 청구하는 경우에 첨부서면의 내용이 같을 때에는 1건의 공탁서에 1통만을 첨부하면 됩니다(「공탁규칙」 제22조 전단 및 제31조제4항).
⑤ 이 경우 다른 부속공탁청구서에는 그 뜻을 적어야 합니다(「공탁규칙」 제22조 후단 및 제31조제4항).
⑥ 만약, 공탁유가증권이 기명식인 때에는 청구인은 부속공탁청구서에 공탁물보관자 앞으로 작성한 이자·배당금 추심위임장을 첨부해야 합니다(「공탁규칙」 제31조제5항).

6-3-3. 대공탁과 부속공탁의 동시 청구

① 유가증권공탁에 관해 대공탁과 부속공탁을 동시에 청구하는 경우에는 하나의 청구서로 할 수 있습니다(「공탁규칙」 제31조제2항 전단).

② 이 경우 공탁관은 대공탁과 부속공탁을 별건으로 접수·등록하되 1개의 기록을 만듭니다(「공탁규칙」 제31조제2항 후단).

6-4. 부속공탁의 수리 및 이자 또는 배당금 추심

6-4-1. 부속공탁 청구의 수리

공탁관이 부속공탁의 청구를 수리할 때에는 부속공탁청구서에 그 청구를 수리한다는 뜻과 공탁번호를 적고 기명날인한 다음, 그 중 1통을 이표출급의뢰서와 함께 청구인에게 내주어야 합니다(「공탁규칙」 제31조제3항).

6-4-2. 이자 또는 배당금 추심 및 추심비용

① 공탁물보관자는 부속공탁청구인이 제출한 이표출급의뢰서에 따라 공탁유가증권상의 채무자에 대해 추심(推尋)하고 그 추심금을 유가증권공탁에 부수한 금전공탁금으로 거둬들이는 절차를 밟아야 합니다.

② 부속공탁 청구절차의 추심비용은 청구인이 부담합니다(「공탁규칙」 제31조제6항).

7. 담보물 변경

7-1. 담보물 변경의 의의

① "담보물 변경"이란 담보의 목적으로 금전 또는 유가증권을 공탁한 자가 법원의 승인을 받아 종전의 공탁을 그대로 둔 채 새로 별개의 공탁을 한 후 종전 공탁은 공탁원인소멸을 이유로 회수하여 공탁물을 변경하는 것을 말합니다(「민사소송법」 제126조).

② 담보물 변경은 유가증권이 상환기에 이른 경우에 주로 이용되지만 법원의 담보제공명령에 의해 현금공탁을 한 후 이를 유가증권으로 변경하는 것도 허용될 수 있습니다.

③ 공탁한 담보물이 금전인 경우에 유가증권으로 담보물을 변환하는 것은 법원의 재량에 속합니다(대법원 1977. 12. 15. 선고 77그27 결정).

7-2. 담보물 변경절차

① 담보제공명령을 한 법원은 담보제공자의 신청에 따라 결정으로 공탁한 담보물을 바꾸도록 명할 수 있습니다(「민사소송법」 제126조 본문).

② 다만, 당사자가 계약에 의해 공탁한 담보물을 다른 담보로 바꾸겠다고 신청한 때에는 그에 따릅니다(「민사소송법」 제126조 단서).

③ 법원의 담보물변경명령에 따라 새로운 공탁을 할 때에는 공탁서의 공탁원인사실란에 "00년 0월 0일 00법원 담보물변경결정에 의해 공탁번호 00년 증(또는 금) 제00호 공탁물과 변경하기 위해 공탁함"이라고 기재하면 됩니다.

④ 종전공탁물을 회수할 때에는 공탁물 회수청구서의 청구사유란에 "공탁물의 변경으로 인한 공탁원인의 소멸"이라고 기재하고, 공탁물 회수청구권의 증명서면으로 구공탁의 공탁서 원본, 담보물변경 결정정본 및 그 결정에 따라 새로운 공탁을 한 공탁서 사본(같은 공탁소일 경우에는 공탁물 회수청구서의 비고란에 공탁소 보관 공탁서를 원용한다는 취지를 기재하면 됨)을 첨부하면 됩니다.

■ 강제집행정지 신청 시 공탁보증보험증권 제출로 담보제공할 수 있는지요?

Q 저는 甲으로부터 3,000만원을 차용하면서 제 소유 부동산에 근저당권을 설정하고 약속어음공증도 해주었으나, 그 후 수차에 걸쳐 차용금 전액을 변제하였고 부동산에 설정된 근저당권등기는 말소하였습니다. 그런데 甲은 제가 약속어음공정증서정본을 회수하지 않은 것을 기화로 저희 부동산에 강제경매신청을 하여 강제경매절차가 개시되었습니다. 그러므로 저는 甲을 상대로 청구이의의 소를 제기하려고 하는데, 강제경매절차는 계속 진행된다고 하므로 강제집행정지신청을 하려고 합니다. 이 경우 강제집행정지신청을 하면서 담보제공은 현금공탁이 아닌 공탁보증보험증권의 제출로 갈음할 수 있도록 할 수는 없는지요?

A 소송비용의 담보제공방식에 관하여 「민사소송법」제122조는 "담보의 제공은 금전 또는 법원이 인정하는 유가증권을 공탁(供託)하거나, 대법원규칙이 정하는 바에 따라 지급을 보증하겠다는 위탁계약을 맺은 문서를 제출하는 방법으로 한다. 다만, 당사자들 사이에 특별한 약정이 있으면 그에 따른다."라고 규정하고 있으며, 이 규정은 「민사집행법」제19조 제3항에 의하여 「민사집행법」에 규정된 담보제공에 관하여도 준용됩니다.

그리고 「민사소송규칙」제22조 제1항은 "법 제122조의 규정에 따라 지급보증위탁계약을 맺은 문서를 제출하는 방법으로 담보를 제공하려면 미리 법원의 허가를 받아야 한다."라고 규정하고 있습니다.

그런데 법원의 「지급보증위탁계약체결문서의 제출에 의한 담보제공과 관련한 사무처리요령」(재민 2003-5, 보증서예규) 제5조는 '①가집행선고 있는 판결에 대하여 상소제기가 있는 때의 강제집행의 일시정지를 위한 담보 ②청구이의의 소의 제기가 있는 때의 강제집행의 일시정지를 위한 담보 ③민사소송법 제299조 제2항의 규정에 따른 소명에 갈음한 보증 ④매각허가결정에 대한 항고에 있어서의 보증(민사집행법 제130조 제3항, 제268조, 제269조) ⑤가압류해방금액(민사집행법 제282조) ⑥그 밖에 담보제공의 성질상 제1호 내지 제5호에 준하는 경우'에는 보증서 제출에 의한 담보제공을 허용하지 않고 있습니다.

다만 대법원은 재판예규 제1144호로 위 사무처리요령 제5조 본문에 "제1호, 제2호 및 이에 준하는 경우로서 이미 압류의 효력이 발행하여 강제집행의 확실성 등이 확보됨에 따라 강제집행의 일시정지에 따른 손해액만을 담보할 필요가 있을 때에는 그러하지 아니하다"는 단서를 추가하여, 강제집행의 확실성 등이 확보된 경우에는 지급보증위탁계약체결문서의 제출에 의한 담보제공의 허용여부를 재판부가 재량으로 판단하도록 하였습니다.

따라서 청구이의소송을 전제로 한 위 사안의 경우 지급보증위탁계약체결문서의 제출에 의한 담보제공허가를 신청은 일단 가능하다고 보이고, 강제집행의 확실성 등이 확보됨에 따라 강제집행의 일시정지에 따른 손해액만을 담보하여도 충분하다고 담당재판부가 판단하여 허가할 경우에는 지급보증위탁계약체결문서에 의한 담보제공도 가능할 여지가 있습니다. 한편, 지급보증위탁계약체결문서의 제출에 의한 담보제공허가를 받은 경우에도 그 금액이 다액일 경우에는 보험회사가 지급보증위탁계약체결에 있어서 보증을 요구하는 점에서 현실적인 어려움이 있다 할 것입니다.

(관련판례)

법원은 담보제공자의 신청에 의하여 상당하다고 인정할 때에는 공탁한 담보물의 변환을 명할 수가 있는 것이고 신담보물을 어떠한 종류와 수량의 유가증권으로 할 것인가는 법원의 재량에 의하여 정하여지는 것이라 할 것이나, 법원은 이로 인하여 담보권리자의 이익이나 권리가 침해되지 않도록 원래의 공탁물에 상당한 합리적인 범위 내에서 결정하여야 할 것인바, 공탁할 유가증권은 담보로 하여야 할 성질상 환가가 용이하지 아니하거나 시세의 변동이 심하여 안정성이 없는 것은 부적당하다고 할 것이다(대법원 2000. 5. 31. 자 2000그22 결정).

■ 담보로 공탁된 현금을 담보제공자 발행의 당좌수표로 변환이 허용되는지요?

Q 甲은 乙이 제기한 금전청구소송에서 패소하여 항소제기 하여 항소심진행 중인데, 乙은 가집행이 선고된 제1심 판결에 기하여 甲의 부동산에 강제경매신청을 하였습니다. 이에 甲은 강제경매를 정지시키기 위하여 집행정지신청을 하여 현금을 공탁하고 강제집행정지명령을 받아 경매절차를 정지시켰습니다. 그런데 이 경우 甲발행의 당좌수표로 담보물을 변경할 수는 없는지요?

A 소송비용의 담보물의 변환에 관하여 「민사소송법」제126조는 "법원은 담보제공자의 신청에 따라 결정으로 공탁한 담보물을 바꾸도록 명할 수 있다. 다만, 당사자가 계약에 의하여 공탁한 담보물을 다른 담보로 바꾸겠다고 신청한 때에는 그에 따른다."라고 규정하고 있고, 「민사집행법」제19조 제3항은 「민사소송법」제126조의 규정을 특별한 규정이 있는 경우를 제외하고는 「민사집행법」에 규정된 담보제공에도 준용하도록 규정하고 있습니다.

그런데 법원이 공탁담보물의 변환을 명함에 있어 새로운 담보물의 종류 및 수량에 대한 재량의 한계에 관하여 판례는 "법원은 담보제공자의 신청에 의하여 상당하다고 인정할 때에는 공탁한 담보물의 변환을 명할 수가 있는 것이고, 신 담보물을 어떠한 종류와 수량의 유가증권으로 할 것인가는 법원의 재량에 의하여 정하여지는 것이라 할 것이나, 법원은 이로 인하여 담보권리자의 이익이나 권리가 침해되지 않도록 원래의 공탁물에 상당한 합리적인 범위 내에서 결정하여야 할 것인바, 공탁할 유가증권은 담보로 하여야 할 성질상 환가가 용이하지 아니하거나 시세의 변동이 심하여 안정성이 없는 것은 부적당하다고 할 것이다."라고 하였으며, 담보로 공탁된 현금을 담보제공자 발행의 당좌수표로 변환하는 것이 허용되는지에 관하여 판례는 "본래의 현금공탁에 대신하여 공탁담보물의 변환을 구하는 담보제공자 발행의 당좌수표는 금융기관 발행의 수표와는 달리 그 지급여부가 개인의 신용에 의존하는 것으로서 환가가 확실하다고 볼 수 없으므로 공탁할 유가증권이 되기에 적절하지 못하다."라고 하였습니다(대법원 2000. 5. 31.자 2000그22 결정).

따라서 위 사안에 있어서도 甲은 甲발행의 당좌수표로 담보물을 변경할 수는 없을 것으로 보입니다.

(관련판례)

■ 담보제공명령으로 금전을 공탁한 후 파산선고를 받은 경우, 가처분채무자가 공탁금회수청구권에 관하여 파산절차에 의하지 아니하고 담보권을 실행할 수 있는지요?

Q 가처분채권자 甲이 가처분으로 가처분채무자 乙이 받게 될 손해를 담보하기 위하여 담보제공명령으로 금전을 공탁한 후 파산선고를 받은 경우, 가처분채무자 乙이 공탁금회수청구권에 관하여 파산절차에 의하지 아니하고 담보권을 실행할 수 있는지요?

A 가처분채권자가 가처분으로 인하여 가처분채무자가 받게 될 손해를 담보하기 위하여 법원의 담보제공명령으로 일정한 금전을 공탁한 경우에, 피공탁자로서 담보권리자인 가처분채무자는 담보공탁금에 대하여 질권자와 동일한 권리가 있습니다(민사집행법 제19조 제3항, 민사소송법 제123조).
한편 가처분채권자가 파산선고를 받게 되면 가처분채권자가 제공한 담보공탁금에 대한 공탁금회수청구권에 관한 권리는 파산재단에 속하므로, 가처분채무자가 위 공탁금회수청구권에 관하여 질권자로서 권리를 행사한다면 이는 별제권을 행사하는 것으로서 파산절차에 의하지 아니하고 담보권을 실행할 수 있습니다(대법원 2015. 9. 10. 선고 2014다34126 판결 참조).

■ 담보권실행 경매절차정지를 위한 보증공탁의 담보적 효력이 미치는 범위는?

Q 甲은 乙의 부동산에 대하여 물품대금채권을 담보하는 근저당권실행을 위한 경매를 신청하여 경매개시 되었습니다. 그런데 乙은 물품대금채권이 모두 변제되어 위 근저당권이 말소되어야 한다는 이유로 위 경매절차의 정지신청을 하면서 그 담보로 보증공탁을 하였습니다. 그러나 乙이 甲을 상대로 제기한 근저당권말소청구의 소송은 기각되어 확정되었으므로, 甲은 소송비용액확정결정을 받아 그 결정에 기하여 乙의 위 공탁금회수청구권에 대한 채권압류 및 전부명령을 받은 후 乙을 대위하여 담보취소신청을 함과 동시에 채권자로서 위 담보취소에 동의하여 담보취소결정을 받았습니다. 그런데 甲의 채권압류 및 전부명령이 있기에 앞서 乙의 다른 채권자 丙이 乙의 위 공탁금회수청구권에 대하여 채권압류 및 추심명령을 받았으며, 그 후 위 공탁금이 집행공탁 되었습니다. 이 경우 배당절차에서 甲이 위 공탁금에서 丙보다 우선배당을 받게 되는지요?

A 「민사소송법」제123조는 소송비용의 담보제공에 관하여 피고에게 '질권자와 동일한 권리'를 인정하고 있고, 「민사집행법」제19조 제3항은 민사집행법에 규정된 담보에는 특별한 규정이 있는 경우를 제외하고는 민사소송법 제123조를 준용한다고 규정하고 있습니다.

그런데 근저당권에 기한 경매절차의 정지를 위한 보증공탁의 담보적 효력이 미치는 범위에 관하여 판례는 "근저당권에 기한 경매절차의 정지를 위한 보증공탁은 그 경매절차의 정지 때문에 채권자에게 손해가 발생할 경우에 그 손해배상의 확보를 위하여 하는 것이므로, 그 담보적 효력이 미치는 범위는 위 손해배상청구권에 한하고, 근저당권의 피담보채권이나 근저당권설정등기말소소송의 소송비용에까지 미치는 것은 아니다."라고 하였으며, 근저당권설정등기말소등기청구사건에 관하여 소송비용액확정결정신청을 하였다는 내용의 권리신고서와 접수증명만을 제출한 경우 소송비용액확정결정신청을 하였다고 하여 담보권리자로서 적법한 권리행사를 한 것이라고는 볼 수 없다고 하였습니다(대법원 1992. 10. 20.자 92마728 결정).

따라서 위 사안에서 甲의 전부명령은 丙의 압류 후에 행해진 것이므로 무효이지만, 압류의 효력은 유효한데, 甲의 위 소송비용채권은 근저당권에 기한 경매절차의 정지를 위한 보증공탁의 담보적 효력이 미치는 범위에 포함되지 않으므로 甲이 질권자와 동일한 권리를 가지지는 못할 것이고, 甲과 丙은 채권액에 비례하여 안분배당을 받을 것으로 보입니다.

8. 공탁서 정정

8-1. 공탁서 정정

"공탁서 정정(訂正)"이란 공탁신청이 수리된 후 공탁서의 착오(錯誤) 기재를 발견한 경우에 공탁자의 신청에 의해 공탁의 동일성(同一性)을 해하지 않는 범위에서 그 착오를 시정하는 것을 말합니다(「공탁규칙」 제30조제1항조).

8-2. 공탁서 정정이 허용되는 경우

다음의 경우에는 공탁서 정정이 허용됩니다.

1. 공탁원인사실란의 법령조항의 정정
2. 반대급부 조건 철회를 위한 정정
3. 공탁 당사자 표시의 정정
4. 압류명령 송달사실을 추가하는 정정
5. 피공탁자를 지정하는 정정

8-3. 공탁서 정정이 허용되지 않는 경우

다음의 경우에는 공탁서 정정이 허용되지 않습니다.

1. 피공탁자를 변경하는 정정
2. 공탁자를 변경하는 정정
3. 공탁원인을 추가하는 정정
4. 반대급부 조건을 추가하는 정정
5. 공탁물을 변경하는 정정

8-4. 공탁서 정정 절차

8-4-1. 공탁서 정정신청

① 공탁신청이 수리된 후 공탁서의 착오(錯誤) 기재를 발견한 공탁자는 공탁의 동일성(同一性)을 해하지 않는 범위에서 공탁서 정정(訂正)을 신청할 수 있습니다(「공탁규칙」 제30조제1항).

② 공탁서 정정신청을 하려는 자는 공탁서 정정신청서 2통과 정정사유를 소명하는 서면을 공탁관에게 제출해야 합니다(「공탁규칙」 제30조제2항).

③ 공탁서 정정신청서 작성 예시는 다음과 같습니다.

[서식 예] 공탁서 정정신청서

공 탁 사 건	공 탁 번 호	2009년 금제 589호	공 탁 종 류	집행공탁
	공 탁 자	최○래	피 공 탁 자	
	공 탁 목 적 물	금전	공탁수리연월일	2010. 8. 25.
정 정 할 사 항		2010년 8월 25일 2009 금제 589호로 공탁한 공탁서 별지 공탁원인사실의 기재사항 중 아래 3.의 수원지방법원 2003타채3432호로 채권압류 및 추심명령된 사항을 누락하여 별지 기재의 내용과 같이 누락된 사항을 추가한 공탁원인사실의 별지로 정정함		
비고(첨부서류 등)		누락된 압류 및 추심결정문 사본, 위임장 인감증명서 각1통		

위와 같이 공탁서 정정신청을 합니다.

                 2010 년　　8 월　　23 일

신청인 성명　　최○래 인(서명)　　　　대리인 주소

                           성명　　　　　　인(서명)

위 정정신청을 수리합니다.

                 2010 년　　8 월　　23 일

              수원지방법원 공탁관　정 정 원 (인)

※ 1. 도장을 날인하거나 서명을 하되, 대리인이 공탁할 때에는 대리인의 주소, 성명을 기재하고 대리인의 도장을 날인(서명)하여야 합니다.
   2. 정정할 사항의 기재례 : 공탁서 기재사항 중 ○○○란 "△△△"을 "□□□"로 정정

[별지] 공탁원인 사실

공탁원인 사실
  공탁자는 채무자 김○관에게 지급할 공사대금채무가 있는바 아래와 같이 압류 등의 경합이 있어 공사대금을 지급할 수 없으므로, 민사집행법 제248조 제1항에 따라 공사대금 10,000, 0000원을 공탁합니다.

아래
1. 수원지방법원 2009타채2987호 채권압류 및 추심명령
   채권자: 갑산건설주식회사
  채무자: 이○철
  제3채무자: 최○래
  압류 및 추심금액: 8,000,000원
  송달일: 2010년 4월 8일

2. 수원지방법원 2009카단 3022호 채권가압류
   채권자: 김○현
   채무자: 이○철
   제3채무자: 최○래
   압류 및 추심금액: 4,000,000원
   송달일: 2010년 6월 28일
3. 수원지방법원 2009타채3580호 채권압류 및 추심명령
   채권자: 김○경
   채무자: 이○철
   제3채무자: 최○래
   압류 및 추심금액: 7,000,000원
   송달일: 2010년 7월 25일
                                        - 이 상 -

8-4-2. 공탁서 정정신청 시 첨부서면

① 자격증명서

ⓐ 정정신청을 하려는 자가 법인인 경우에는 대표자 또는 관리인의 자격을 증명하는 서면을 첨부해야 합니다.

ⓑ 정정신청을 하려는 자가 법인 아닌 사단이나 재단일 경우에는 정관이나 규약과 대표자 또는 관리인의 자격을 증명하는 서면을 공탁서에 첨부해야 합니다(「공탁규칙」 제21조제1항 및 제30조제3항).

ⓒ 대리인이 정정신청을 하는 경우에는 대리인의 권한을 증명하는 서면을 첨부해야 합니다 (「공탁규칙」 제21조제2항 및 제30조제3항).

② 인감증명서

위임에 따른 대리인이 정정신청을 하는 경우에는 대리인의 권한을 증명하는 서면에 인감도장을 찍고 인감증명서를 첨부해야 합니다(「공탁규칙」 제30조제3항 및 제59조제2항).

③ 첨부서면 생략

같은 사람이 동시에 같은 공탁법원에 여러 건의 정정신청을 하는 경우에 첨부서면의 내용이 같을 때에는 1건의 공탁서에 1통만을 첨부하면 됩니다(「공탁규칙」 제22조 전단 및 제30조제3항). 이 경우 다른 정정신청서에는 그 뜻을 적어야 합니다(「공탁규칙」 제22조 후단 및 제30조제3항).

8-4-3. 피공탁자의 주소 정정 시 공탁통지서 등 첨부

공탁자가 피공탁자의 주소 정정을 청구하는 경우에는 피공탁자의 수만큼 공탁통지서를 제출하고 배달증명을 할 수 있는 우편료를 납입해야 합니다(「공탁규칙」 제23조제1항, 제2항 및 제30조제6항).

8-4-4. 공탁서 정정의 수리

① 공탁관이 공탁서 정정신청을 수리한 때에는 공탁서 정정신청서에 그 뜻을 적고 기명날인한 후 그 신청서 1통을 신청인에게 내어줍니다(「공탁규칙」 제30조제4항 전단).

② 이 경우 공탁관은 원장의 내용을 정정·등록해야 합니다(「공탁규칙」 제30조제4항 후단).

③ 공탁서 정정 수리의 뜻이 기재된 공탁서 정정신청서는 공탁서의 일부로 봅니다(「공탁규칙」 제30조제5항).

④ 공탁관이 피공탁자의 주소를 정정하거나 피공탁자를 지정하는 공탁서 정정신청을 수리한 경우에는 첨부된 공탁통지서를 정정된 주소 또는 지정된 피공탁자에게 발송해야 합니다.

8-5. 공탁서 정정의 효력

① 원칙

공탁서 정정신청이 적법하게 수리된 경우에는 그 정정의 효력은 공탁한 때로 소급합니다[「공탁선례1-77」(1995. 6. 14. 법정 3302-290호)].

② 예외

반대급부 조건을 철회하는 공탁서 정정신청을 수리한 때에는 그때부터 반대급부 조건이 없는 변제공탁으로서의 효력을 갖는 것이므로, 반대급부 조건을 철회하는 공탁서 정정의 효력은 공탁한 때로 소급하지 않습니다(대법원 1986. 8. 19. 선고 85누280 판결).

(관련판례)

공탁서의 정정은 공탁신청이 수리된 후 공탁서의 착오 기재가 발견된 때에 공탁의 동일을 해하지 아니하는 범위 내에서만 허용되는 것인데, '갑' 1인으로 되어 있는 피공탁자 명의를 '갑' 또는 '을'로 정정하는 것은 단순한 착오 기재의 정정에 그치지 아니하고 공탁에 의하여 실체관계의 변경을 가져오는 것으로서 공탁의 동일성을 해하는 내용의 정정이므로 허용될 수 없다(대법원 1996. 10. 2. 자 96마1369 결정).

(관련판례)

[1] 「민법」상의 신의성실의 원칙은 법률관계의 당사자는 상대방의 이익을 배려하여 형평에 어긋나거나 신의를 저버리는 내용 또는 방법으로 권리를 행사하거나 의무를 이행하여서는 안 된다는 추상적 규범을 말하는 것으로서, 신의성실의 원칙에 위배된다는 이유로 그 권리행사를 부정하기 위해서는 상대방에게 신의를 공여하였다거나 객관적으로 보아 상대방이 신의를 가짐이 정당한 상태에 이르러야 하고, 이와 같은 상대방의 신의에 반하여 권리를 행사하는 것이 정의관념에 비추어 용인될 수 없는 정도의 상태에 이르러야 한다.

[2] 공탁서의 정정은 공탁신청이 수리된 후 공탁서의 착오 기재가 발견된 때에 공탁의 동일성을 해하지 아니하는 범위 내에서만 허용되는 것인데, '갑' 및 '을' 2인으로 되어 있는 피공탁자 명의를 '갑' 1인으로 정정하는 것은 단순한 착오 기재의 정정에 그치지 아니하고 공탁에 의하여 형성된 실체관계의 변경을 가져오는 것으로서 공탁의 동일성을 해하는 내용의 정정이므로 허용될 수 없다(대법원 1995. 12. 12. 선고 94다42693 판결).

공탁물은 어떤 경우에
지급되나요?

제3장 공탁물은 어떤 경우에 지급되나요?

1. 공탁물 지급절차 개관

1-1. 공탁물 지급절차 표

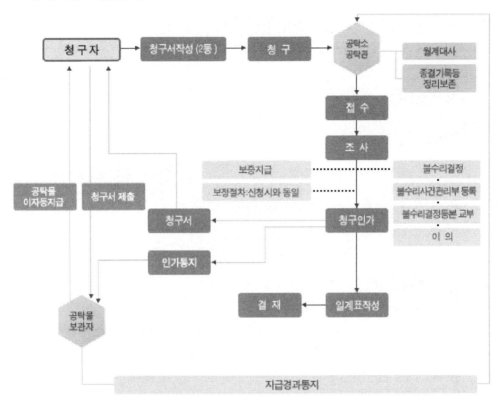

1-2. 공탁물 지급

공탁서가 수리된 후 공탁자가 공탁물을 납입하여 공탁이 성립하면, 피공탁자에게는 공탁물 출급청구권, 공탁자에게는 공탁물 회수청구권이 생기고, 피공탁자의 공탁물 출급청구 또는 공탁자의 공탁물 회수청구에 따라 공탁관이 보관 중인 공탁물을 지급하면 공탁관계는 종료됩니다.

1-3. 공탁물 출급청구권과 공탁물 회수청구권

① "공탁물 출급청구권"이란 공탁성립 후 피공탁자가 공탁소에 대해 공탁물을 출급할 수 있는 권리를 말합니다.

② "공탁물 회수청구권"이란 공탁물을 공탁자가 일정한 요건을 갖춘 경우 공탁물을 회수할 수 있는 권리를 말합니다.

1-4. 공탁물 지급청구

피공탁자가 공탁물을 찾아가려면 공탁물 출급청구를 해야 하고, 공탁자가 공탁물을 되찾아가려면 공탁물 회수청구를 해야 합니다.

1-5. 공탁물 출급청구

공탁물을 출급하려는 자는 공탁물 출급청구서 2통에 공탁통지서, 출급청구권을 증명하는 서면, 인감증명서 등을 공탁관에게 제출해야 합니다(「공탁규칙」 제32조, 제33조 및 제37조).

1-6. 공탁물 회수청구

공탁물을 회수하려는 자는 공탁물 회수청구서 2통에 공탁서, 회수청구권이 있음을 증명하는 서면, 인감증명서 등을 첨부하여 공탁관에게 제출해야 합니다(「공탁규칙」 제32조, 제34조 및 제37조).

1-7. 공탁물보관자의 공탁물 지급

① 공탁물 출급·회수청구를 접수한 공탁관은 공탁물 출급·회수청구가 이유가 있다고 인정되는 경우에는 인가의 뜻을 적고 기명날인한 공탁물 출급·회수청구서 1통을 공탁물 출급·회수 청구인에게 내어줍니다(「공탁규칙」 제39조제2항).
② 위에 따라 청구인가의 뜻을 적은 공탁물 출급·회수청구서를 받은 자가 공탁물보관자로부터 공탁물을 지급받으면 공탁관계는 종료됩니다.

2. 공탁물 출급청구

2-1. 공탁물 출급청구서 제출

공탁물을 출급하려는 자는 공탁관에게 공탁물 출급청구서 2통을 제출해야 합니다 (「공탁규칙」 제32조제1항).

2-2. 공탁물 출급청구서 작성 방법

① 공탁물 출급청구서에는 다음의 사항을 적고 청구인이 기명날인해야 합니다(「공탁규 칙」 제32조제2항 본문). 다만, 대표자나 관리인 또는 대리인이 청구하는 경우에는 그 사람의 주소를 적고 기명날인해야 하며, 공무원이 직무상 청구하는 경우에는 소속 관서명과 그 직을 적고 기명날인해야 합니다(「공탁규칙」 제32조제2항 단서).

1. 공탁번호
2. 출급하려는 공탁금액, 유가증권의 명칭·장수·총 액면금·액면금(액면금이 없는 경우에는 그 뜻)·기호·번호, 공탁물품의 명칭·종류·수량
3. 출급청구 사유
4. 이자의 지급을 동시에 받으려는 경우 그 뜻
5. 청구인의 성명(상호, 명칭)·주소(본점, 주사무소)·주민등록번호(사업자등록번호)
6. 청구인이 공탁자나 피공탁자의 권리승계인인 경우 그 뜻
7. 공탁통지서를 첨부할 수 없어 보증서 등을 첨부하여 공탁물 출급청구하는 경우 그 서류를 첨부한 뜻(비고란에 기재)
8. 공탁법원의 표시
9. 출급청구 연월일

② 출급청구 사유 기재 예시

출급사유	기재예시
공탁원인사실을 전면 수락하고 출급하는 경우	공탁수락
채권액의 일부로 출급하는 등 이의를 유보하고 출급하는 경우	이의유보, 채권액의 일부로 수령
담보공탁의 피공탁자가 담보권의 실행으로 출급하는 경우	담보권 실행
집행공탁에서 채권자가 배당을 받아 출급하는 경우	배당
몰취공탁에서 국가가 몰취하는 경우	몰취결정

2-3. 첨부서류

2-3-1. 공탁서 및 출급청구권 증명서면

① 공탁물을 출급하려는 자는 공탁물 출급청구서에 다음의 서류를 첨부해야 합니다 (「공탁법」 제9조, 제10조 및 「공탁규칙」 제33조).

1. 공탁통지서(「공탁규칙」 제33조제1호 본문)

2. 출급청구권이 있음을 증명하는 서면(「공탁규칙」 제33조제2호 본문) 다만, 공탁 서의 내용으로 그 사실이 명백한 경우에는 출급청구권이 있음을 증명하는 서 면을 첨부하지 않아도 됩니다(「공탁규칙」 제33조제2호 단서).

② 공탁통지서를 첨부하지 않아도 되는 경우

다음 중 어느 하나의 사유가 있는 경우에는 공탁통지서를 첨부하지 않아도 됩니 다(「공탁규칙」 제33조제1호 단서).

1. 출급청구하는 공탁금액이 5,000만원 이하인 경우(유가증권의 총 액면금액이 5,000 만원 이하인 경우를 포함)

2. 청구인이 관공서, 법인 아닌 사단 또는 재단인 경우에는 출급청구하는 공탁금 액이 1,000만원 이하인 경우

3. 공탁서나 이해관계인의 승낙서를 첨부한 경우

4. 강제집행이나 체납처분에 따라 공탁물 출급청구를 하는 경우

5. 공탁통지서를 발송하지 않았음이 인정되는 경우

③ 공탁통지서를 첨부할 수 없는 경우 첨부서류

1. 공탁물 출급청구서에 공탁통지서를 첨부할 수 없는 경우에는, 공탁관이 인정하 는 2명 이상이 연대해서 그 사건에 관해 손해가 생기는 때에는 이를 배상한다 는 자필서명한 보증서와 그 재산증명서(등기사항증명서 등) 및 신분증 사본을 제출해야 합니다(「공탁규칙」 제41조제1항).

2. 공탁물 출급청구인이 관공서인 경우에는 청구하는 공무원의 공탁물 출급용도 의 재직증명서를 위의 자필서명한 보증서 대신 제출할 수 있습니다(「공탁규칙」 제41조제2항).

3. 공탁물 출급청구를 자격자대리인이 대리하는 경우에는 보증서 대신 손해가 생기 는 경우에는 이를 배상한다는 자격자대리인이 기명날인한 보증서를 작성하여 제 출할 수 있습니다(「공탁규칙」 제41조제3항). 여기서 "자격자대리인"이란 변호사나 법무사[법무법인·법무법인(유한)·법무조합·법무사법인·법무사법인(유한)을 포함] 를 말합니다(「공탁규칙」 제38조제3항).

2-3-2. 반대급부이행 증명서면

① 공탁물 출급을 위해 반대급부를 해야 하는 경우에는 다음의 어느 하나에 해당하는 반대급부이행 증명서면을 제출하지 않으면 공탁물을 지급받지 못합니다(「공탁법」 제10조).

1. 공탁자의 서면
   - "공탁자의 서면"이란 반대급부를 수령하였다는 공탁자 작성 반대급부영수증 또는 반대급부채권포기서·면제서 등을 말합니다.

2. 판결문
   - "판결문"이란 반대급부 이행사실이나 반대급부채권 포기 또는 면제가 판결의 주문 또는 이유 중에 명백히 기재된 판결문을 말합니다.

3. 공정증서(公正證書)
   - "공정증서"란 반대급부 이행사실이나 반대급부채권 포기 또는 면제 등이 기재된 공증인이나 공증인가 합동법률사무소 또는 법무법인에서 작성한 문서를 말합니다.

4. 그 밖의 관공서에서 작성한 공문서 등
   - "그 밖의 관공서에서 작성한 공문서 등"이란 반대급부 목적물을 변제공탁한 경우의 물품 공탁서 등이 이에 해당 합니다.

2-3-3. 인감증명서

① 공탁물 출급청구를 하려는 사람은 공탁물 출급청구서 또는 위임에 따른 대리인의 권한을 증명하는 서면에 찍힌 인감의 인감증명서를 제출해야 합니다(「공탁규칙」 제37조제1항).

② 법정대리인, 지배인, 그 밖의 등기된 대리인, 법인·법인 아닌 사단이나 재단의 대표자 또는 관리인이 공탁물 출급청구를 하는 경우에는 그 법정대리인, 지배인, 그 밖의 등기된 대리인, 대표자나 관리인의 인감증명서를 제출해야 합니다(「공탁규칙」 제37조제2항).

③ 종중 등 법인 아닌 사단이나 재단이 공탁물 출급청구를 하는 경우에는 대표자나 관리인 개인의 인감증명서를 제출해야 합니다.

④ 인감증명서의 유효기간은 발급일로부터 3개월 이내의 것이어야 합니다(「공탁규칙」 제16조제3호).

⑤ 인감증명서를 제출하지 않아도 되는 경우
   다음의 경우에는 인감증명서를 제출하지 않아도 됩니다(「공탁규칙」 제37조제3항).

1. 본인이나 법정대리인, 지배인, 그 밖의 등기된 대리인, 법인·법인 아닌 사단이나 재단의 대표자 또는 관리인이 공탁금을 직접 출급청구하는 경우로서 그 금

액이 1,000만원 이하(유가증권의 총 액면금액이 1,000만원 이하인 경우를 포함)이고, 공탁관이 신분에 관한 증명서(주민등록증·여권·운전면허증 등을 말함. 이하 "신분증"이라 함)로 본인이나 법정대리인, 지배인, 그 밖의 등기된 대리인, 법인·법인 아닌 사단이나 재단의 대표자 또는 관리인임을 확인할 수 있는 경우

2. 관공서가 공탁물 출급청구를 하는 경우

2-3-4. 자격증명서 등

① 공탁물 출급청구인이 법인인 경우

공탁물 출급청구인이 법인인 경우에는 대표자 또는 관리인의 자격을 증명하는 서면을 공탁서에 첨부해야 합니다(「공탁규칙」 제21조제1항 및 제38조제1항).

② 공탁물 출급청구인이 법인 아닌 사단 또는 재단인 경우

ⓐ 공탁물 출급청구인이 법인 아닌 사단이나 재단일 경우에는 정관이나 규약과 대표자 또는 관리인의 자격을 증명하는 서면을 공탁서에 첨부해야 합니다(「공탁규칙」 제21조제1항 및 제38조제1항).

ⓑ 이 경우 대표자 또는 관리인의 자격을 증명하는 서면에 그 사실을 확인하는데 상당하다고 인정되는 성년 2명 이상이 사실과 같다는 뜻과 성명을 적고 자필서명한 다음 신분증 사본을 첨부해야 합니다(「공탁규칙」 제38조제2항).

ⓒ 자격자대리인이 대리하여 청구하는 경우에는 자격자대리인이 대표자 또는 관리인의 자격을 증명하는 서면에 사실과 같다는 뜻을 적고 기명날인하는 것으로 갈음할 수 있습니다(「공탁규칙」 제38조제3항).

③ 공탁물 출급청구인이 대리인인 경우

대리인이 피공탁자를 대리하여 공탁물 출급청구를 하는 경우에는 대리인의 권한을 증명하는 서면을 첨부해야 합니다(「공탁규칙」 제21조제2항 및 제38조제1항).

2-3-5. 주소 소명서면

공탁물 출급청구서에는 원칙적으로 주소를 소명하는 서면을 첨부할 필요가 없으나, 공탁서상 피공탁자의주소와 인감증명서상 피공탁자의 주소가 공탁 이후 변경되어 서로 다른 경우에는 주소 소명서면을 첨부해야 합니다.

2-3-6. 승계사실 증명서면

① 공탁물 출급청구인이 피공탁자의 권리승계인인 때에는 출급청구권 증명서면과 승계사실 증명서면을 함께 첨부해야 합니다.

② 피공탁자로부터 공탁물 출급청구권을 상속받은 상속인들은 상속증명서면(제적등본, 가족관계증명서 등)을 첨부해야 합니다.

③ 피공탁자로부터 공탁물 출급청구권을 양도받은 공탁물 출급청구권 양수인은 그 양도사실을 증명하는 서면을 첨부해야합니다.

④ 공탁물 출급청구권에 대한 전부채권자는 전부명령정본 및 확정증명서를 첨부해야 합니다.

2-3-7. 첨부서면 생략

① 같은 사람이 동시에 같은 공탁법원에 여러 건의 공탁물 출급청구를 하는 경우에 첨부서면의 내용이 같을 때에는 1건의 공탁서에 1통만을 첨부하면 됩니다(「공탁규칙」 제22조, 제38조제1항 전단).

② 이 경우 다른 공탁물 출급청구서에는 그 뜻을 적어야 합니다(「공탁규칙」 제22조, 제38조제1항 후단).

③ 법인등기사항증명서를 예로 든다면, 다른 공탁물 출급청구서의 비고란에 "법인등기사항증명서는 2010년 금 제000호 공탁물 출급청구서에 첨부한 것을 원용함"이라고 기재하면 됩니다.

2-4. 예금계좌 입금신청

예금계좌 입금신청을 하려는 자는 공탁금계좌입금신청서를 공탁관에게 제출해야 합니다(「공탁규칙」 제40조제2항).

2-5. 공탁물 출급의 일괄청구

① 같은 사람이 여러 건의 공탁에 관해 공탁물의 출급을 청구하려는 경우 그 사유가 같은 경우에는 공탁종류에 따라 하나의 청구서로 할 수 있습니다(「공탁규칙」 제35조).

② 공탁물 출급 일괄청구서는 통상 쓰이는 서식인 공탁사무 문서양식에 관한 공탁금출급청구서, 공탁유가증권출급청구서, 공탁물품출급청구서를 사용합니다.

③ 공탁물 출급 일괄청구서의 공탁번호·공탁금액·공탁자·피공탁자란에는 '별지 일괄청구목록과 같음'으로 적고 그 내역을 일괄청구목록(별지1-1, 1-2, 1-3 양식)에 적으며, 청구내역란에는 '별지 청구내역 목록과 같음'으로 적은 다음 청구내역을 청구내역목록(별지 2-1, 2-2, 2-3 양식)에 적습니다.

■ 공탁금수령에 관한 이의유보의 의사표시는 누구에게 하여야 하는지요?

Q 저의 11세 된 딸은 마을입구에 있는 얼음판에서 썰매를 타고 있었는데, 18세 된 甲이 그 썰매를 빼앗으려다가 쇠꼬챙이로 딸의 오른쪽 눈을 찔러 실명시키고 말았습니다. 甲의 아버지는 이에 대한 손해배상액으로 800만원을 변제공탁 하였으나, 이것으로는 치료비도 부족하여 공탁금을 수령하면서 손해배상금의 일부로 수령한다는 이의유보를 하려고 하는데, 이러한 이의유보의사표시는 누구에게 하여야 하는지요?

A 민법에서 채권자가 변제를 받지 아니하거나 받을 수 없는 때에는 변제자는 채권자를 위하여 변제목적물을 공탁하여 그 채무를 면할 수 있고, 변제자가 과실 없이 채권자를 알 수 없는 경우에도 같다고 규정하고 있습니다(민법 제487조).

그런데 채권자가 채권일부로서 수령한다는 이의유보 없이 한 공탁금수령효과에 관한 판례를 보면, 채무액수에 관하여 다툼이 있는 경우 채무자가 채무전액의 변제임을 공탁원인 중에 밝히고 공탁을 하였는데, 채권자가 그 공탁금을 수령하면서 공탁공무원(현재는 공탁관)이나 채무자에게 채권일부로 수령한다는 등 이의유보 의사표시를 한 바 없다면, 채권자는 그 공탁취지에 따라 이를 수령하였다고 보아야 한다고 하였습니다(대법원 1997. 11. 11. 선고 97다37784 판결). 그러므로 귀하가 딸의 법정대리인으로서 미성년자인 甲의 법정대리인이 손해배상액으로 변제공탁 한 800만원을 수령하고도 추가로 손해배상을 청구하고자 할 경우에는 반드시 '손해배상금의 일부로서 수령한다'는 이의유보의사표시를 하여야 할 것입니다. 다만, 채권자가 채무의 액수뿐만 아니라 그 내용에 대해서도 이의를 유보한 채 공탁금을 수령한 경우에 관한 판례를 보면, 채권자가 단지 채무액에 대해서만 이의를 유보한 것이 아니라 채무자의 공탁원인인 부당이득반환채무금과 다른 손해배상채무금으로서 공탁금을 수령한다는 이의를 유보한 때에는, 그 공탁금수령으로 채무자의 공탁원인인 부당이득반환채무의 일부소멸의 효과가 발생하지 않음은 당연하고, 채권자가 공탁금을 수령함에 있어 유보한 취지대로 손해배상채무가 인정되지도 않는 이상 그 공탁의 하자가 치유되어 손해배상채무의 일부변제로서 유효하다고 할 수도 없고, 따라서 채권자의 그 공탁금수령은 법률상 원인 없는 것이 되고 이로 인하여 채무자는 그 공탁금을 회수할 수 없게 됨으로써 같은 금액 상당의 손해를 입었다고 할 것이므로 채권자는 채무자에게 위 출급한 공탁금을 반환하여야 한다고 하였습니다(대법원 1996. 7. 26. 선고 96다14616 판결).

그런데 이러한 이의유보의 의사표시는 누구에게 하여야 하는지 문제되는데 판례를 보면, 공탁된 토지수용보상금수령에 관한 이의유보 의사표시의 상대방은 반드시 공탁공무원(현재 공탁관)에 국한할 필요가 없고 보상금지급의무자인 기업자도 상대방이 된다고 하였습니다(대법원 1993. 9. 14. 선고 93누4618 판결).

따라서 귀하는 공탁관에게 이의유보 의사표시를 하려면 공탁물출급청구서의 '청구 및 이의유보 사유'란에 손해배상금의 일부로서 수령한다는 이의유보의 취지를 기재하면 되고, 공탁자에게 이의유보 의사표시를 하려면 공탁자에게 손해배상금의 일부로서 수령한다는 이의유보취지의 통지를 내용증명우편으로 한 후 그 서면을 공탁물출급청구서에 첨부하면 될 것입니다(공탁선례 1-92 1991. 7. 10. 제정).

(관련판례)

공탁물을 수령하려고 하는 사람이 공탁자에게 공탁서에 기재된 반대급부의 이행을 제공하였으나 공탁자가 그 수령을 거절하는 때에는 그 반대급부를 변제공탁하고 공탁공무원으로부터 교부받은 공탁서를 「공탁법」 제9조 소정의 반대급부가 있었음을 증명하는 공정서면으로 첨부하여 공탁물 출급청구를 할 수 있고, 이 경우에 반대급부이행채무는 반대급부의 공탁 시에 즉시 소멸하고 반대급부를 공탁한 자가 공탁물을 회수한 경우에 한하여 채무소멸의 효과가 소급하여 없어지는 것이므로, 반대급부의 공탁자가 공탁물을 회수하였다는 소명이 없는 한 공탁공무원은 위 공탁물 출급청구에 응하여 공탁물의 출급을 하여야 한다(대법원 1990.3.31. 자 89마546 결정).

■ 매도인이 계약해제를 원인으로 공탁한 금원을 매수인이 이의 없이 수령한 경우 매매계약이 합의해제되었다고 볼 수 있는지요?

Q 매도인 甲과 매수인 乙은 A 부동산에 관하여 매매계약을 체결했습니다. 甲은 계약해제를 원인으로 금원을 공탁했고, 乙은 위 금원을 이의 없이 수령한 경우, 위 매매계약이 합의해제되었다고 볼 수 있는지요?

A 계약이 합의해제되기 위하여는 일반적으로 계약이 성립하는 경우와 마찬가지로 계약의 청약과 승낙이라는 서로 대립하는 의사표시가 합치될 것을 그 요건으로 하는 것이지만, 계약의 합의해제는 명시적인 경우뿐만 아니라 묵시적으로도 이루어질 수 있는 것이므로 계약 후 당사자 쌍방의 계약 실현 의사의 결여 또는 포기가 쌍방 당사자의 표시행위에 나타난 의사의 내용에 의하여 객관적으로 일치하는 경우에는, 그 계약은 계약을 실현하지 아니할 당사자 쌍방의 의사가 일치됨으로써 묵시적으로 해제되었다고 해석하여야 할 것입니다(대법원 2002. 1. 25. 선고 2001다63575 판결 참조).

그러므로 위 사안의 경우처럼 매도인 甲이 잔대금 지급기일 경과 후 계약해제를 주장하여 이미 지급받은 계약금과 중도금을 반환하는 공탁을 하였을 때, 매수인 乙이 아무런 이의 없이 그 공탁금을 수령하였다면 위 매매계약은 특단의 사정이 없는 한 합의해제된 것으로 보아야 할 것입니다(대법원 1979. 7. 24. 선고 79다643 판결 , 1979. 10. 10. 선고 79다1457 판결 , 1979. 10. 30. 선고 79다1455 판결 등 참조).

(관련판례)

채권자가 아무런 이의 없이 공탁금을 수령하였다면 이는 공탁의 취지에 의하여 수령한 것이 되어 그에 따른 법률효과가 발생하는 것이므로 채무자가 변제충당할 채무를 지정하여 공탁한 것을 채권자가 아무런 이의 없이 수령하였다면 그 공탁의 취지에 따라 변제 충당된다(대법원 1987.4.14. 선고 85다카2313 판결).

3. 공탁물 회수청구

3-1. 공탁물 회수청구서 제출

3-1-1. 공탁물 회수청구서 제출

공탁물을 회수하려는 자는 공탁관에게 공탁물 회수청구서 2통을 제출해야 합니다 (「공탁규칙」 제32조제1항).

3-1-2. 공탁물 회수청구서 작성 방법

공탁물 회수청구서에는 다음의 사항을 적고 청구인이 기명날인해야 합니다(「공탁규칙」 제32조제2항 본문). 다만, 대표자나 관리인 또는 대리인이 청구하는 경우에는 그 사람의 주소를 적고 기명날인해야 하며, 공무원이 직무상 청구하는 경우에는 소속 관서명과 그 직을 적고 기명날인해야 합니다(「공탁규칙」 제32조제2항 단서).

1. 공탁번호
2. 회수하려는 공탁금액, 유가증권의 명칭·장수·총 액면금·액면금(액면금이 없는 경우에는 그 뜻)·기호·번호, 공탁물품의 명칭·종류·수량
3. 회수청구 사유
4. 이자의 지급을 동시에 받으려는 경우 그 뜻
5. 청구인의 성명(상호, 명칭)·주소(본점, 주사무소)·주민등록번호(사업자등록번호)
6. 청구인이 공탁자나 피공탁자의 권리승계인인 경우 그 뜻
7. 공탁서를 첨부할 수 없어 보증서 등을 첨부하여 공탁물을 회수청구하는 경우 그 서류를 첨부한 뜻(비고란에 기재)
8. 공탁법원의 표시
9. 회수청구 연월일

3-2. 첨부서류

3-2-1. 공탁서 및 회수청구권 증명서면

① 공탁물을 회수하려는 자는 공탁물 회수청구서에 공탁서와 회수청구권이 있음을 증명하는 서면을 첨부해야 합니다(「공탁규칙」 제34조).
1. 공탁서(「공탁규칙」 제34조제1호 본문)
2. 공탁물 회수청구권이 있음을 증명하는 서면(「공탁규칙」 제34조제2호 본문). 다만, 공탁서의 내용으로 그 사실이 명백한 경우에는 회수청구권이 있음을 증명하는 서면을 첨부하지 않아도 됩니다(「공탁규칙」 제34조제2호 단서).

② 공탁서를 첨부하지 않아도 되는 경우

다음 중 어느 하나의 사유가 있는 경우에는 공탁서를 첨부하지 않아도 됩니다 (「공탁규칙」 제34조제1호 단서).

1. 회수청구하는 공탁금액이 5,000만원 이하인 경우(유가증권의 총 액면금액이 5,000만원 이하인 경우를 포함)

2. 청구인이 관공서, 법인 아닌 사단 또는 재단인 경우에는 회수청구하는 공탁금 액이 1,000만원 이하인 경우

3. 이해관계인의 승낙서를 첨부한 경우

4. 강제집행이나 체납처분에 따라 공탁물 회수청구를 하는 경우

③ 공탁서를 첨부할 수 없는 경우의 첨부서류

1. 공탁물 회수청구서에 공탁서를 첨부할 수 없는 때에는 공탁관이 인정하는 2명 이상이 연대해서 그 사건에 관해 손해가 생기는 때에는 이를 배상한다는 자필 서명한 보증서와 그 재산증명서(등기사항증명서 등) 및 신분증사본을 제출해야 합니다(「공탁규칙」 제41조제1항).

2. 공탁물 회수청구인이 관공서인 경우에는 청구하는 공무원의 공탁물 회수용도 의 재직증명서를 위의 자필서명한 보증서 대신 제출할 수 있습니다(「공탁규칙」 제41조제2항).

3. 공탁물 회수청구를 자격자대리인이 대리하는 경우에는 보증서 대신 손해가 생 기는 때에는 이를 배상한다는 자격자대리인이 기명날인한 자격자대리인 명의 의 보증서를 작성하여 제출할 수 있습니다(「공탁규칙」 제41조제3항). 여기서 "자격자대리인"이란 변호사나 법무사[법무법인·법무법인(유한)·법무조합·법무 사법인·법무사법인(유한)을 포함]를 말합니다(「공탁규칙」제38조제3항).

3-2-2. 인감증명서

① 공탁물 회수청구를 하는 사람은 공탁물 회수청구서 또는 위임에 따른 대리인의 권한을 증명하는 서면에 찍힌 인감의 인감증명서를 제출해야 합니다(「공탁규칙」 제37조제1항).

② 법정대리인, 지배인, 그 밖의 등기된 대리인, 법인·법인 아닌 사단이나 재단의 대표자 또는 관리인이 공탁물 회수청구를 하는 경우에는 그 법정대리인, 지배인, 그 밖의 등기된 대리인, 대표자나 관리인의 인감증명서를 제출해야 합니다(「공탁 규칙」 제37조제2항).

③ 종중 등 법인 아닌 사단이나 재단이 공탁물 회수청구를 하는 경우에는 대표자나

관리인 개인의 인감증명서를 제출해야 합니다.

④ 인감증명서의 유효기간은 발급일로부터 3개월 이내의 것이어야 합니다(「공탁규칙」 제16조제3호).

⑤ 인감증명서를 제출하지 않아도 되는 경우

다음의 경우에는 인감증명서를 제출하지 않아도 됩니다(「공탁규칙」 제37조제3항).

1. 본인이나 법정대리인, 지배인, 그 밖의 등기된 대리인, 법인·법인 아닌 사단이나 재단의 대표자 또는 관리인이 공탁금을 직접 회수청구하는 경우로서 그 금액이 1,000만원 이하(유가증권의 총 액면금액이 1,000만원 이하인 경우를 포함한다)이고, 공탁관이 신분에 관한 증명서(주민등록증·여권·운전면허증 등을 말함. 이하 "신분증"이라 함)로 본인이나 법정대리인, 지배인, 그 밖의 등기된 대리인, 법인·법인 아닌 사단이나 재단의 대표자 또는 관리인임을 확인할 수 있는 경우

2. 관공서가 공탁물의 출급·회수청구를 하는 경우

3-2-3. 자격증명서 등

① 공탁물 회수청구인이 법인인 경우

공탁물 회수청구인이 법인인 경우에는 대표자 또는 관리인의 자격을 증명하는 서면을 공탁서에 첨부해야 합니다(「공탁규칙」 제21조제1항, 제38조제1항).

② 공탁물 회수청구인이 법인 아닌 사단 또는 재단인 경우

ⓐ 공탁물 회수청구인이 법인 아닌 사단이나 재단일 경우에는 정관이나 규약과 대표자 또는 관리인의 자격을 증명하는 서면을 공탁서에 첨부해야 합니다(「공탁규칙」 제21조제1항, 제38조제1항).

ⓑ 이 경우 대표자 또는 관리인의 자격을 증명하는 서면에 그 사실을 확인하는데 상당하다고 인정되는 성년 2명 이상이 사실과 같다는 뜻과 성명을 적고 자필서명한 다음 신분증 사본을 첨부해야 합니다(「공탁규칙」 제38조제2항).

ⓒ 자격자대리인이 대리하여 청구하는 경우에는 자격자대리인이 대표자 또는 관리인의 자격을 증명하는 서면에 사실과 같다는 뜻을 적고 기명날인하는 것으로 갈음할 수 있다(「공탁규칙」 제38조제3항).

② 공탁물 회수청구인이 대리인인 경우

대리인이 공탁자를 대리하여 공탁물 회수청구를 하는 경우에는 대리인의 권한을 증명하는 서면을 첨부해야 합니다(「공탁규칙」 제21조제2항, 제38조제1항).

3-2-4. 주소 소명서면

공탁물 회수청구서에는 원칙적으로 주소를 소명하는 서면을 첨부할 필요가 없으나, 공탁서상 공탁자의 주소와 인감증명서상 공탁자의 주소가 공탁 이후의 변경으로 서로 다른 경우에는 주소 소명서면을 첨부해야 합니다.

3-2-5. 승계사실 증명서면

① 공탁물 회수청구인이 공탁자의 권리승계인인 때에는 공탁물 회수청구권 있음을 증명하는 서면과 승계사실 증명서면을 함께 첨부해야 합니다.

② 공탁자로부터 공탁물 회수청구권을 상속받은 상속인들은 상속증명서면(제적등본, 가족관계증명서 등)을 첨부해야 합니다.

③ 공탁자로부터 공탁물 회수청구권을 양도받은 공탁물 회수청구권 양수인은 그 양도를 증명하는 서면을 첨부해야 합니다.

④ 공탁물 회수청구권에 대한 전부채권자는 전부명령정본 및 확정증명서를 첨부해야 합니다.

3-2-6. 첨부서면 생략

① 같은 사람이 동시에 같은 공탁법원에 여러 건의 공탁물 출급·회수청구(일괄청구)를 하는 경우에 첨부서면의 내용이 같을 때에는 1건의 공탁서에 1통만을 첨부하면 됩니다(「공탁규칙」 제22조 전단, 제38조제1항).

② 이 경우 다른 공탁서에는 그 뜻을 적어야 합니다(「공탁규칙」 제22조 후단, 제38조제1항).

③ 법인등기사항증명서를 예로 든다면, 다른 공탁물 회수청구서의 비고란에 "법인등기사항증명서는 2010년 금 제000호 공탁물 회수청구서에 첨부한 것을 원용함"이라고 기재하면 됩니다.

3-3. 예금계좌 입금신청

예금계좌 입금신청을 하려는 자는 공탁금계좌입금신청서를 공탁관에게 제출해야 합니다(「공탁규칙」 제40조제2항).

3-4. 공탁물 회수의 일괄청구

3-4-1. 여러 건의 공탁물을 회수하는 경우

같은 사람이 여러 건의 공탁에 관해 공탁물 회수를 청구하려는 경우 그 사유가 같은 때에는 공탁종류에 따라 하나의 청구서로 할 수 있습니다(「공탁규칙」 제35조).

3-4-2. 공탁물 회수 일괄청구서 작성

① 공탁물 회수 일괄청구서는 통상 쓰이는 서식인 「공탁사무 문서양식에 관한 예규」 (대법원 행정예규 제1153호, 2018. 7. 27. 발령, 2018. 8. 27. 시행)의 문서양식 중 공탁금 출급·회수 청구서, 공탁유가증권 출급·회수 청구서, 공탁물품 출급·회수 청구서를 사용합니다.

② 공탁물 회수 일괄청구서의 공탁번호·공탁금액·공탁자·피공탁자란에는 '별지 일괄청구목록과 같음'으로 적고 그 내역을 일괄청구목록(별지1-1, 1-2, 1-3양식)에 적으며, 청구내역란에는 '별지 청구내역 목록과 같음'으로 적고 그 내역을 청구내역목록(별지 2-1, 2-2, 2-3 양식)에 적습니다.

4. 공탁물 지급

4-1. 공탁관의 심사 및 지급청구 인가

4-1-1. 공탁관의 접수·심사

① 공탁관이 공탁물 출급·회수청구서류를 접수한 때에는 상당한 사유가 없는 한 지체 없이 모든 사항을 조사하여 신속하게 처리해야 합니다(「공탁규칙」 제39조제1항).

② 공탁물 출급·회수청구를 받은 공탁관은 그 청구서와 첨부서면에 의해 해당 청구 가 적법한 것인가를 심사합니다.

4-1-2. 지급청구의 인가 및 불수리

① 지급청구의 인가

ⓐ 공탁관은 공탁물 출급·회수청구가 이유가 있다고 인정되는 경우 공탁물 출급·회수청구 인가의 뜻을 적고 기명날인한 공탁물 출급·회수청구서 1통을 공탁물 출급·회수 청구인 에게 내어줍니다(「공탁규칙」 제39조제2항).

ⓑ 이 경우 공탁관은 공탁물 출급·회수 청구인으로부터 공탁물 출급·회수청구서 수령인(受 領印)을 받아야 합니다(「공탁규칙」 제39조제3항).

② 지급청구의 불수리

ⓐ 공탁관이 공탁물 출급·회수청구를 수리하지 않는 경우에는 불수리 결정서에 이유를 적은 결정으로 해야 합니다.

ⓑ 공탁관은 공탁물 출급·회수청구가 불수리 결정된 경우 공탁물 출급·회수청구인에게 불수 리 결정등본을 내주거나 배달증명우편으로 불수리 결정등본을 보내야 합니다(「공탁규칙」 제48조제2항 및 「공탁 신청 및 출급·회수에 대한 불수리결정 업무처리지침」 제3조제1 항).

③ 불수리결정에 대한 이의신청

ⓐ 공탁관의 공탁물 출급·회수청구 불수리 결정에 불복하는 자는 관할 지방법원에 이의신청 을 할 수 있습니다(「공탁법」 제12조제1항).

ⓑ 이의신청서는 공탁소에 제출해야 합니다(「공탁법」 제12조제2항).

4-2. 공탁물 지급 절차

4-2-1. 공탁물보관자의 공탁물 지급

① 공탁물보관자는 공탁물 출급·회수청구가 있는 때에는 공탁관이 전송한 내용과 대 조하여 청구한 공탁물과 그 이자나 이표(利票)를 청구인에게 지급하고 그 청구서 에 수령인을 받습니다(「공탁규칙」 제45조).

② 공탁물보관자는 공탁물을 지급한 후에 지급사실을 공탁관에게 전송합니다(「공탁규

칙」제46조 본문).

③ 다만, 물품공탁의 경우 지급결과통지서에 지급한 내용을 적어 공탁관에게 보냅니다(「공탁규칙」제46조 단서).

4-2-2. 예금계좌 입금에 의한 공탁금 지급

공탁금 출급·회수청구인이 공탁금을 자기의 비용으로 자신의 예금계좌에 입금하여 줄 것을 공탁관에게 신청한 경우에는 공탁금을 신고된 예금계좌에 입금하여 지급해야 합니다(「공탁규칙」제40조제1항).

4-2-3. 공탁물 일부 지급

① 공탁물 일부를 지급하는 경우 공탁관은 공탁금 출급·회수청구인이 제출한 공탁통지서나 공탁서에 지급인가한 공탁물의 내용을 적고 기명날인한 후 청구인에게 반환해야 합니다(「공탁규칙」제42조제1항).

② 공탁물의 일부를 지급하는 경우에는 공탁물 출급·회수청구서의 여백에 공탁통지서나 공탁서를 반환한 뜻을 적고 수령인(受領印)을 받아야 합니다(「공탁규칙」제42조제2항).

4-2-4. 배당 등에 의한 지급

① 집행공탁, 혼합공탁 등에서 집행법원이 배당절차에 따라 공탁물을 지급하려는 경우 집행법원은 공탁관에게 지급위탁서를 보내고 공탁물을 지급(출급·회수)받을 자에게는 그 자격에 관한 증명서를 주어야 합니다(「공탁규칙」제43조제1항).

② 집행법원의 배당절차에 따라 공탁물을 지급(출급·회수)받으려는 자는 공탁물 출급·회수청구서 2통에 공탁물을 지급받을 자격에 관한 증명서 등을 첨부하여 공탁관에게 제출해야 합니다(「공탁규칙」제32조 및 제43조제2항).

③ 「공탁규칙」제43조제2항은 제33조 및 제34조에 대한 특칙이므로 공탁서나 공탁통지서 또는 출급·회수청구권 증명서면은 첨부할 필요가 없습니다. 그러나 인감증명서와 자격증명서는 첨부해야 합니다(「공탁규칙」제21조제1항·제2항, 제22조, 제37조, 제38조).

④ 다만, 배당이나 그 밖의 관공서의 지급위탁에 의해 그 금액이 1,000만원 이하이고, 공탁관이 신분에 관한 증명서(주민등록증 등)로 본인이나 공탁규칙 제37조제2항에서 말하는 사람임을 확인할 수 있는 경우에는 인감증명서를 제출하지 않아도 됩니다(「공탁규칙」제37조제3항제1호).

4-2-5. 인가받은 공탁금 회수청구서를 분실한 경우 지급 절차

① 공탁금 회수청구서를 분실한 자는 공탁물 지급청구에 대해 인가한 사실이 있는지 여부에 대한 증명을 청구한다는 취지를 명확히 기재한 사실증명신청서 2통과 공탁물지급청구서 사본 및 청구인의 신분증 사본을 첨부해 공탁관에게 제출해야 합니다.

② 공탁관이 사실증명서에 그 신청사실을 증명하는 뜻을 적고 기명날인해 청구인에게 1통을 내주면 청구인은 이를 공탁물보관자에게 제출한 후 공탁물을 지급받을 수 있습니다.

4-3. 공탁물 지급 효과

① 공탁관계는 공탁물 지급(출급·회수)으로 종료됩니다.

② 일단 공탁관의 공탁금 지급인가 처분이 있고 그에 따라 공탁금이 지급되었다면, 만일 공탁금을 지급받은 자가 진정한 지급청구권자가 아니라도 「공탁법」상 공탁절차는 종료되며, 따라서 원래의 진정한 공탁금 지급청구권자라도 공탁사무를 관장하는 국가를 상대로 하여 민사소송으로 그 공탁금의 지급을 청구할 수 없습니다(대법원 1992. 7. 28. 선고 92다13011 판결, 대법원 1993. 7. 13. 선고 91다39429 판결 참조).

■ 피공탁자가 공탁금출급청구권의 확인을 구할 필요있는지요?

Q 甲은 하천시설로 편입되는 乙소유의 토지상의 주택을 점유하고 있는데, 관할지방자치단체장이 甲과 협의하여 보상금을 지급하려고 하자 乙이 위 주택이 자신의 소유임을 주장하면서 이의를 제기하여 보상에 관한 협의가 성립되지 아니하자 관할지방토지수용위원회에 재결신청을 하였고, 수용위원회는 위 물건의 소유자를 甲으로 표시한 수용재결을 하였으며, 관할지방자치단체장은 피공탁자를 甲으로 하여 위 수용재결에 따른 보상금을 공탁하였습니다. 이 경우 甲이 위 공탁금을 수령하기 위해서 乙을 상대로 공탁금출급청구권의 확인을 구하여야 하는지요?

A 확인의 소에 있어서 권리보호요건 중 하나인 확인의 이익에 관하여 판례는 "확인의 소에 있어서는 권리보호요건으로서 확인의 이익이 있어야 하고 그 확인의 이익은 원고의 권리 또는 법률상의 지위에 현존하는 불안·위험이 있고 그 불안·위험을 제거함에는 피고를 상대로 확인판결을 받는 것이 가장 유효·적절한 수단일 때에만 인정되므로 확인의 소의 피고는 원고의 권리 또는 법률관계를 다툼으로써 원고의 법률상의 지위에 불안·위험을 초래할 염려가 있는 자이어야 하고 그와 같은 피고를 상대로 하여야 확인의 이익이 있다."라고 하였습니다(대법원 1991. 12. 10. 선고 91다4420 판결).

또한 기업자가 수용보상금을 절대적 불확지 공탁한 경우, 수용토지의 소유자가 공탁금출급을 위해 기업자를 상대로 공탁금출급청구권이 자신에게 있다는 확인을 구하는 소송이 확인의 이익이 있는지에 관하여 위 판례는 "기업자가 보상금 수령권자의 절대적 불확지를 이유로 수용보상금을 공탁한 경우 자기가 진정한 보상금 수령권자라고 주장하는 자의 입장에서 보면 기업자가 적극적으로 그에게 공탁금출급청구권이 없다고 '부인(否認)'하지는 아니하고 단순히 '부지(不知)'라고 주장하더라도 이는 보상금 수령권자의 지위를 다툰 것이고 언제 다른 사람이 진정한 권리자라고 주장함에 대하여 기업자가 이를 긍정할지 알 수 없는 것이므로 그 법률상의 지위에 불안·위험이 현존하는 것으로 보아야 할 것이고, 또한 공탁제도상으로도 수용토지의 원소유자가 기업자를 상대로 절대적 불확지의 공탁이 된 공탁금에 대한 출급청구권이 자신에게 귀속되었다는 확인판결을 받아 그 판결이 확정되면 그 확정판결정본은 공탁사무처리규칙 제30조 제2호(현행 공탁규칙 제30조 제2호)에 정한 '출급청구권을 갖는 것을 증명하는 서면'에 해당하여 수용토지의 원소유자는 위 판결정본을 공탁금출급청구서에 첨부하여 공탁소에 제출함으로써 공탁금을 출급받을 수 있으므로, 수용토지의 원소유자가 기업자를 상대로 하는 공탁금출급청구권확인의 소는 절대적 불확지공탁의 공탁금출급을 둘러싼 법적 분쟁을 해결하는 유효·적절한 수단이어서 그 확인의 이익이 있다."라고 하였습니다(대법원 1997. 10. 16. 선고 96다11747 전원합의체 판결).

그러나 "지장물건에 대하여 소유권분쟁이 있어 그 수용보상금이 공탁된 경우, 공탁서상 피공탁자로 기재된 자는 직접 공탁공무원에 대하여 공탁금의 출급청구권을 행사하여 이를 수령하면 되는 것이고, 구태여 피공탁자가 아닌 위 소유권분쟁 당사자를 상대로 공탁금의 출급청구권이 자신에게 있다는 확인을 구할 필요는 없다."라고 하였습니다(대법원 2001. 6. 26. 선고 2001다19776 판결).

따라서 위 사안에서 甲도 관할지방자치단체장이 불확지공탁을 한 것이 아니라 피공탁자를 甲으로 공탁을 한 것이므로, 乙을 상대로 공탁급출금청구권확인의 소를 제기할 필요 없이 곧바로 공탁금출급청구를 하면 될 것으로 보입니다.

(관련판례)

일단 공탁공무원의 공탁금 출급인가처분이 있고 그에 따라 공탁금이 출급되었다면 설사 이를 출급받은 자가 진정한 출급청구권자가 아니라 하더라도 이로써 공탁법상의 공탁절차는 종료되었다 할 것이고, 따라서 원래의 진정한 공탁금 출급청구권자라 하더라도 공탁사무를 관장하는 국가를 상대로 하여 민사소송으로 그 공탁금의 지급을 구할 수는 없다2. 공탁물 회수청구권이 있음을 증명하는 서면(「공탁규칙」 제34조제2호 본문). 다만, 공탁서의 내용으로 그 사실이 명백한 경우에는 회수청구권이 있음을 증명하는 서면을 첨부하지 않아도 됩니다(「공탁규칙」 제34조제2호 단서).

■ 양도금지특약 있는 채권양도의 경우 채무자가 채권자불확지공탁 가능한지요?

Q 甲은 乙에게 점포를 임대하면서 임대차보증금반환청구채권의 양도를 금지하는 특약을 하였는데, 임차인 乙은 그의 채권자 丙에게 임대차보증금반환청구채권을 양도하였고, 乙은 계약기간이 만료되자 위 점포를 甲에게 명도 하였습니다. 그런데 甲으로서는 양도금지특약의 효력이 어떻게 되는지 알 수 없고, 乙과 丙 누구에게 보증금을 반환하여야 할 것인지 알 수 없는바, 이 경우 甲이 변제공탁을 할 수 있는지요?

A 채권의 양도에 관하여 민법에서 채권은 양도할 수 있으나, 채권의 성질이 양도를 허용하지 아니하는 때에는 그러하지 아니하고, 채권은 당사자가 반대의 의사를 표시한 경우에는 양도하지 못하지만, 그 의사표시로써 선의의 제3자에게 대항하지 못한다고 규정하고 있습니다(민법 제449조). 그리고 변제공탁의 요건 및 효과에 관해서, 채권자가 변제를 받지 아니하거나 받을 수 없는 때에는 변제자는 채권자를 위하여 변제의 목적물을 공탁하여 그 채무를 면할 수 있고, 변제자가 과실 없이 채권자를 알 수 없는 경우에도 같다고 규정하고 있습니다(민법 제487조).

그런데 양도금지특약이 붙은 채권이 양도된 경우, 채무자가 민법 제487조 후단의 채권자불확지를 원인으로 하여 변제공탁을 할 수 있는지 판례를 보면, 민법 제487조 후단의 '변제자가 과실 없이 채권자를 알 수 없는 경우'란 객관적으로 채권자 또는 변제수령권자가 존재하고 있으나 채무자가 선량한 관리자의 주의를 다하여도 채권자가 누구인지를 알 수 없는 경우를 말하는데, 채권양도금지특약에 반하여 채권양도가 이루어진 경우, 그 양수인이 양도금지특약이 있음을 알았거나 중대한 과실로 알지 못하였던 경우에는 채권양도는 효력이 없게 되고, 반대로 양수인이 중대한 과실 없이 양도금지특약의 존재를 알지 못하였다면 채권양도는 유효하게 되어 채무자로서는 양수인에게 양도금지특약을 가지고 그 채무이행을 거절할 수 없게 되어 양수인의 선의, 악의 등에 따라 양수채권의 채권자가 결정되는바, 이와 같이 양도금지특약이 붙은 채권이 양도된 경우에 양수인의 악의 또는 중과실에 관한 입증책임은 채무자가 부담하지만(대법원 1999. 12. 28. 선고 99다8834 판결), 그러한 경우에도 채무자로서는 양수인의 선의 등의 여부를 알 수 없어 과연 채권이 적법하게 양도된 것인지에 관하여 의문이 제기될 여지가 충분히 있으므로 특별한 사정이 없는 한 민법 제487조 후단의 채권자 불확지를 원인으로 하여 변제공탁을 할 수 있다고 하였습니다(대법원 2000.

12. 22. 선고 2000다55904 판결).

그리고 양도금지특약이 기재된 채권증서의 존재만으로 곧바로 그 특약의 존재에 관한 채권양수인의 악의나 중과실을 추단할 수 있는지 판례를 보면, 양도금지특약이 기재된 채권증서가 양도인으로부터 양수인에게 교부되어 양수인이 그 특약의 존재를 알 수 있는 상태에 있었고 그 특약도 쉽게 눈에 띄는 곳에 알아보기 좋은 형태로 기재되어 있어 간단한 검토만으로 쉽게 그 존재와 내용을 알아차릴 수 있었다는 등의 특별한 사정이 인정된다면 모르되, 그렇지 아니하는 한 양도금지특약이 기재된 채권증서의 존재만으로 곧바로 그 특약의 존재에 관한 양수인의 악의나 중과실을 추단할 수는 없다고 하였습니다(대법원 2000. 4. 25. 선고 99다67482 판결).

따라서 위 사안의 경우 甲도 채권자 불확지를 원인으로 하여 변제공탁을 할 수 있을 것으로 보입니다.

(관련판례)

채권자(피공탁자)를 불확지로 한 공탁의 경우 공탁금을 지급받기 위해서는 먼저 「공탁법」과 「공탁사무처리규칙」이 정하고 있는 절차에 따라 공탁공무원에게 공탁물출급청구를 하고 그에 대한 공탁공무원의 불수리처분 등에 관하여 불복이 있는 때에는 「공탁법」 소정의 항고 및 재항고절차를 통하여 다투어야 하며 이러한 절차를 거침이 없이 국가를 상대로 직접 민사소송으로서 공탁금지급청구를 함은 허용되지 아니한다(대법원 1992.7.28. 선고 92다13011 판결).

■ 공탁공무원의 공탁금회수청구 불수리처분에 대한 이의신청이 가능한지요?

Q 甲은 乙의 공탁금회수청구권에 대하여 채권압류 및 전부명령을 받은 후 관할 공탁관에게 전부금액에 해당하는 공탁금회수청구를 하였습니다. 그런데 관할 공탁관은 위 채권압류 및 전부명령보다 선행된 위 공탁금회수청구권에 대하여 채권가압류가 있었다는 이유로 위 공탁금에 대한 사유신고를 하였습니다. 이러한 경우 공탁금회수청구불수리처분에 대한 이의를 할 수 있는지요?

A 「공탁규칙」제58조 제1항은 "공탁금 출급·회수청구권에 대한 압류의 경합 등으로 사유신고를 할 사정이 발생한 때에는 공탁관은 지체 없이 사유신고서 2통을 작성하여 그 1통을 집행법원에 보내고 다른 1통은 해당 공탁기록에 편철한다."라고 규정하고 있습니다.

그런데 위 사안과 같은 경우 공탁관의 처분에 대한 이의신청을 할 수 있을 것인지에 관하여 판례는 "공탁사무의 처리와 관련한 공탁공무원(현행 공탁관)의 처분에 대한 이의에 있어서는 즉시항고와 같은 신청기간의 제한은 없으나, 이의의 이익이 있고 또한 존속하고 있는 동안에 신청하여야 하므로, 공탁공무원의 처분에 대한 이의에 의하여 그 처분의 취소 등 상당한 처분을 명하여 줄 것을 구하는 경우, 공탁공무원이 당해 공탁사무와 관련하여 더 이상 어떠한 처분을 할 수 없게 된 경우에는 이미 그 이의의 이익이 없어 이의의 신청을 할 수 없다."라고 하면서 "공탁금회수청구권에 대한 압류·전부채권자가 공탁공무원(현행 공탁관)에게 전부금액에 해당하는 공탁금회수청구를 하였으나 공탁공무원이 선행하는 가압류가 존재한다는 이유로 이를 불수리하고 민사소송법 제581조(현행 민사집행법 제248조), 공탁사무처리규칙(현행 공탁규칙) 제58조에 따라 압류의 경합을 이유로 사유신고를 한 경우, 특단의 사정이 없는 한 집행법원은 배당절차를 개시하게 되고, 그 이후에는 공탁공무원으로서는 집행법원의 배당절차에 따라 공탁금을 각 채권자들에게 분할 지급할 수 있을 뿐 당해 공탁사건에 관하여 더 이상 어떠한 처분을 할 지위에 있지 않게 되는 것이므로 이 경우 공탁공무원의 처분에 대한 이의신청은 그 이익이 없어 부적법하게 된다."라고 하였습니다(대법원 2001. 6. 5.자 2000마2605 결정).

따라서 위 사안과 같은 경우에는 집행법원의 배당절차에 따라서 배당을 받고 그에 관하여 이의가 있으면 배당이의를 제기하여 다투어야 할 것으로 보이고, 공탁관의 불수리처분에 관한 이의로 다툴 수는 없다고 할 것입니다.

5. 공탁금 이자 등의 지급

5-1. 공탁금 이자지급 절차

① 공탁금 이자율

공탁금에는 연 1만분의 35의 이자를 붙일 수 있습니다.

② 공탁금 이자지급

ⓐ 공탁금 이자는 원금과 함께 지급하는 하는 것이 원칙입니다(「공탁규칙」 제52조 전단).

ⓑ 공탁금 이자는 공탁금 출급·회수청구서에 의해 공탁금보관자가 계산하여 지급합니다(「공탁규칙」 제53조제1항).

ⓒ 이자를 별도로 청구하려는 자는 공탁관에게 공탁금이자청구서 2통을 제출해야 합니다(「공탁규칙」 제53조제2항).

5-2. 공탁 유가증권 이표(利票)지급 절차
5-2-1. 변제공탁의 이표지급

① 공탁물 보관자는 공탁물을 수령할 자가 청구하는 경우에는 공탁의 목적인 유가증권의 상환금, 이자 또는 배당금을 수령하여 이를 보관합니다(「공탁법」 제7조 본문).

② 「공탁법」 제7조의 해석에 따라 변제공탁에 있어서는 공탁유가증권의 지급 전에 그 이표만 지급을 청구할 수 없고, 공탁소에 대하여 이표를 지급받아 이표를 추심한 금전을 본래의 유가증권에 부수하여 보관하여 줄 것을 청구하는 부속공탁만 허용됩니다.

5-2-2. 담보공탁의 이표지급

① 담보공탁의 담보제공으로 유가증권을 공탁한 경우에는 공탁자가 그 이자나 배당금을 청구할 수 있습니다(「공탁법」 제7조 본문).

② 여기서 "이자나 배당금을 청구할 수 있다"란 이자나 배당금이라는 금전의 지급을 청구할 수 있다는 의미가 아니고 법률상 본권(本券)과 독립하여 이자나 배당금의 지급청구권을 표창한 유가증권으로서의 이표(利票)의 지급을 청구할 수 있다는 의미입니다.

③ 이표청구

공탁유가증권의 이표를 받으려는 사람은 공탁관에게 공탁유가증권이표청구서 2통을 제출해야 합니다(「공탁규칙」 제54조제1항).

■ **권리자임을 판결을 통해 인정받아 공탁금을 회수하려고 하는데 그간 쌓인 이자도 받을 수 있는 건가요?**

Q 저는 A에게 받을 돈이 있어 A의 채권을 양도받았으나 문제가 생겨 혼합공탁이 되어 있었습니다. 추후 제가 권리자임을 판결을 통해 인정받아 공탁금을 회수하려고 합니다. 그런데 그간 쌓인 이자도 받을 수 있는 건가요?

A 네 받을 수 있습니다.

◇ 공탁금의 이자

① 공탁금에는 연 1만분의 35의 이자를 붙일 수 있습니다.

② 공탁금 이자는 원금과 함께 지급하는 하는 것이 원칙입니다.

③ 공탁금 이자는 공탁금 출급·회수청구서에 의해 공탁금보관자가 계산해 지급합니다.

◇ 공탁금의 신청방법

이자를 별도로 청구하려는 자는 공탁관에게 공탁금이자청구서 2통을 제출해야 합니다.

6. 공탁물 지급청구권 양도

6-1. 공탁물 지급청구권 양도의 의의

① "공탁물 지급청구권의 양도"란 공탁물 지급청구권의 동일성을 유지하면서 공탁물 지급청구권을 계약 등 법률행위로 다른 사람에게 이전하는 것을 말합니다(「민법」 제499조 참조).

② 공탁물 지급청구권은 법률에서 양도를 제한하거나 양도금지특약이 없는 한 원칙적으로 양도할 수 있습니다.

6-2. 공탁물 지급청구권 양도 통지

6-2-1. 공탁물 지급청구권 양도의 대항요건

① 공탁물 지급청구권의 양도는 양도인이 국가(소관 공탁관)에 통지하거나 국가(소관 공탁관)가 승낙하지 않으면 국가(소관 공탁관) 그 밖의 제3자에게 대항하지 못합니다(「민법」 제450조제1항).

② 공탁물 지급청구권의 양도통지나 승낙은 확정일자 있는 증서로 하지 않으면 국가(소관 공탁관) 외의 제3자에게 대항하지 못합니다(「민법」 제450조제2항).

③ 공탁관은 공탁물 지급청구권의 양도통지를 받은 때에 양도통지서에 접수연월일, 시, 분을 적고 기명날인해야 합니다(「공탁규칙」 제44조제1항).

④ 이는 공무소가 사문서인 양도통지서에 기입한 일자이므로 확정일자로 볼 수 있고 [「민법」 부칙(제487호, 1958. 2. 22) 제3조제4항], 따라서 확정일자 없는 양도통지서라도 공탁관의 접수 시부터 국가(소관 공탁관) 외의 제3자에게 대항할 수 있습니다.

법령용어해설

※ "채무자 이외의 제3자", "확정일자"란?
  ① "채무자 이외의 제3자"란 채권을 이중으로 양수한 자 등 채권에 관해 채권양수인과 양립할 수 없는 지위를 취득한 자를 말합니다(대법원 1983. 2. 22. 선고 81다134·135·136 판결).
  ② "확정일자"란 증서에 대해 그 작성한 일자에 관한 완전한 증거가 될 수 있는 것으로 법률상 인정되는 일자를 말합니다(대법원 2000. 4. 11. 선고 2000다2627 판결).
  ③ "확정일자 있는 증서"의 예시로는 공증인가 합동법률사무소의 확정일자 인증을 받은 사문서, 또는 내용증명우편 등이 있습니다.

6-2-2. 공탁물지급청구권 양도통지의 당사자

① 양도인의 양도통지

공탁물 지급청구권 양도 통지는 양도인이 채무자인 국가(소관 공탁관)에게 해야 하며, 양수인 자신이 통지하거나 양도인을 대위해서 통지할 수는 없습니다(대법원 2004. 2. 13. 2003다43490 판결 참조). 다만, 양수인이 양도인의 사자 또는 대리인의 자격으로 통지할 수는 있습니다(대법원 2004. 2. 13. 2003다43490 판결 참조).

② 국가에 대한 양도통지

ⓐ 공탁물 지급청구권의 채무자는 국가이고 그 대표자는 법무부장관이므로, 양도통지의 상대방 표시방법은 "대한민국 위 법률상 대표자 법무부장관(소관: 00법원 공탁관)이라고 쓰는 것이 실무상 관행입니다.

ⓑ 이 경우 양도통지서가 법무부장관에게 도달된 때에 양도통지의 효력(대항력)이 생기는 것이 원칙이나, 법무부장관에게 도달되지 않고 공탁관에게 직접 도달된 경우에도 유효한 양도통지가 있는 것으로 봅니다.

6-2-3. 공탁물지급청구권 양도통지의 방법

① 양도통지서의 기재 내용

양도통지서는 특별한 형식이 필요하지 않으나 양도목적물을 특정하기 위해 공탁번호, 공탁물의 표시, 양도인과 양수인의 성명·주소를 적습니다.

② 인감증명서 첨부

ⓐ 국가(소관 공탁관)에게 공탁물 지급청구권의 양도통지를 하는 경우에는 공탁물 지급청구권의 양도통지서에 날인된 양도인 인영(印影)의 인감증명서를 첨부해야 하나 양도인의 인감증명서를 첨부하지 않은 경우라도 공탁관은 적법한 양도통지가 있는 것으로 취급해야 합니다.

ⓑ 따라서, 양도인의 인감증명서가 첨부되지 않았다고 하더라도 양도인은 공탁물 지급청구를 할 수 없으나 양수인이 공탁물 지급청구를 할 때 양도인의 인감증명서를 제출해야 합니다.

6-3. 공탁물 지급청구권 양도의 효과
6-3-1. 공탁물 지급청구권의 동일성 유지

공탁물 지급청구권이 양도된 경우 그 공탁물 지급청구권은 동일성을 유지하면서 이전합니다.

6-3-2. 공탁수락 의사표시 간주

변제공탁의 경우 공탁관에게 도달된 공탁물 출급청구권의 양도통지서에 공탁수락 의사표시가 명시적으로 기재되어 있지 않더라도 적극적인 불수락의 의사표시가 없는 한 그 양도통지서의 도달과 동시에 공탁수락 의사표시가 있는 것으로 보아 「민법」 제489조제1항에 따른 공탁물 회수청구권은 소멸합니다(「공탁금지급청구권의 양도통지가 있는 경우 주요업무처리지침」 1.).

6-3-3. 양도계약의 해제·취소의 효력

① 공탁물 지급청구권의 양도계약이 적법하게 해제된 경우에는 그 해제통지를 양수인이 채무자인 국가(소관 공탁관)에게 해야만 국가(소관 공탁관) 그 밖의 제3자에게 대항할 수 있습니다(대법원 1993. 8. 13. 선고 92다4178 판결 참조).

② 양도인이 공탁관에 대해 공탁물 지급청구권의 양도통지를 한 후 양도인이 다시 일방적으로 양도계약을 해제한 뜻의 통지를 하여도 양수인이 양도인의 위 채권양도 통지철회에 동의하였다고 볼 증거가 없으므로 그 효력이 생기지 않습니다(대법원 1993. 8. 13. 선고 92다4178 판결 참조).

6-4. 양도된 공탁물 지급청구권 행사(양수인의 지급청구)
6-4-1. 양수인의 공탁물 지급청구 시 첨부서면

양수인이 공탁물의 지급을 청구할 때에는 공탁물 출급·회수청구권이 있음을 증명하는 서면, 양수사실을 증명하는 서면 등을 첨부해야 합니다.

6-4-2. 공탁물 양도통지서에 인감증명서가 첨부되지 않은 경우

① 공탁물 지급청구권의 양도통지서에 날인된 인영에 대해 양도인의 인감증명서가 첨부되지 않은 경우에 공탁물을 지급청구할 때에는 양도인의 인감증명서를 제출해야 합니다[「공탁금지급청구권의 양도통지가 있는 경우 주요업무처리지침」 2. 나. (1)].

② 양도증서를 공증받아 제출하는 경우에는 양도인의 인감증명서 제출 없이도 양수인은 공탁물 지급청구를 할 수 있습니다[「공탁금지급청구권의 양도통지가 있는 경우 주요업무처리지침」 2. 나. (2)].

6-5. 공탁물 지급청구권이 이중 양도된 경우의 공탁물 지급
① 공탁물 지급청구권자

공탁이 성립된 후 공탁물지급으로 공탁관계가 종료하기까지 공탁물 지급청구권이 확정일자 있는 양도통지가 경합하는 경우 확정일자 있는 양도통지가 채무자인 국가(소관 공탁관)에 먼저 도달한 자가 공탁물을 지급받을 수 있습니다(대법원 1994. 4. 26. 선고 93다24223 판결 참조).

③ 확정일자 있는 양도통지와 확정일자 없는 양도통지가 경합하는 경우

확정일자 있는 양도통지와 확정일자 없는 양도통지가 경합하는 경우 확정일자 있는 양도통지를 한 자가 공탁물 지급청구권을 갖습니다(대법원 1972. 1. 31. 71다2697 판결).

④ 확정일자 없는 양도통지가 경합하는 경우

확정일자 없는 양도통지가 경합하는 경우 공탁소에 대한 통지가 먼저 도달한 자가 공탁물 지급청구권을 갖습니다(대법원 1971. 12. 28. 선고 71다2048).

7. 공탁물 지급청구권에 대한 질권 설정

7-1. 공탁물 지급청구권에 대한 질권의 의의

"공탁물 지급청구권에 대한 질권"이란 채권자(질권자)가 자기 채권의 담보로 공탁서 원본이나, 공탁통지서를 점유하여 공탁물 지급청구권자가 변제를 하지 않는 경우 그 공탁물 지급청구권에서 다른 채권자보다 우선하여 변제를 받을 수 있는 권리를 말합니다.

법령용어해설

※ "지명채권", "채권에 대한 질권"이란?
  ① "지명채권"이란 증권적 채권(지시채권·무기명채권)에 대비되는 채권으로 채권자가 특정되어 있는 보통의 채권을 말합니다.
  ② "채권에 대한 질권"이란 채권자(질권자)가 자기 채권의 담보로서 채무자 또는 제3자의 채권을 점유하고 그 채권에서 다른 채권자에 우선하여 자기 채권을 변제받을 수 있는 권리를 말합니다.

7-2. 공탁물 지급청구권에 대한 질권 설정

7-2-1. 질권 설정계약의 요물성

① 질권 설정은 당사자의 계약에 의해 성립하나 채권을 질권의 목적으로 하는 경우에 채권증서가 있는 때에는 질권의 설정은 그 증서를 질권자에게 내주어야 그 효력이 생깁니다(「민법」제347조).

② 따라서 공탁물 회수청구권에 질권을 설정한 경우 공탁서 원본을, 공탁물 출급청구권에 질권을 설정한 경우 공탁통지서를 위 채권증서에 준하는 것으로 보아 질권자에게 내주어야 효력이 생깁니다.

7-2-2. 지명채권에 대한 질권의 대항요건(질권설정통지)

① 지명채권을 목적으로 한 질권 설정은 질권설정자가 「민법」제450조에 따라 국가(소관 공탁관)에 질권 설정 사실을 통지하거나 국가(소관 공탁관)가 질권 설정을 승낙하지 않으면 국가(소관 공탁관), 그 밖의 제3자에게 대항하지 못합니다(「민법」제349조제1항).

② 공탁물 지급청구권에 대한 질권 설정 통지나 질권 설정 승낙은 확정일자 있는 증서로 하지 않으면 국가(소관 공탁관) 외의 제3자에게 대항하지 못합니다(「민법」제349조, 제450조제2항).

③ 다만, 공탁관이 질권 설정 통지서를 받은 때에는 양도통지를 받은 경우와 마찬가지로 그 통지서에 접수연월일, 시, 분을 적고 기명날인해야 합니다(「공탁규칙」 제44조제1항).

④ 이는 공무소가 사문서인 질권 설정 통지서에 기입한 일자이므로 확정일자로 볼 수 있고[「민법」 부칙(제487호, 1958. 2. 22) 제3조제4항], 따라서 확정일자 없는 질권 설정 통지라도 공탁관의 접수 시부터 제3자에게 대항할 수 있습니다.

7-3. 질권의 목적이 된 공탁물 지급청구권의 실행

7-3-1. 직접청구

① 공탁물이 금전인 때에는 질권자는 자기채권의 한도에서 직접 청구할 수 있습니다(「민법」 제353조제2항).

② 공탁물이 유가증권인 때에는 유가증권을 인도받아 집행관에게 제출하면 집행관이 강제집행규정을 준용하여 이를 경매하고, 그 매각대금에서 우선변제를 받을 수 있습니다(「민법」 제353조제4항, 제338조 및 「민사집행법」 제271조).

③ 질권자가 직접 청구하는 경우 공탁서 또는 공탁통지서를 첨부해야 합니다.

7-3-2. 강제집행

① 질권자는 「민사집행법」에 따른 집행방법에 의해 질권을 실행할 수 있습니다(「민법」 제354조).

② 질권자는 질권의 존재를 증명하는 서류를 첨부하여 질권의 목적인 공탁물 출급청구권 또는 공탁물 회수청구권에 대해 압류 및 추심명령 또는 전부명령을 받아 공탁물의 출급 또는 회수를 청구할 수 있습니다(「민사집행법」 제273조).

③ 강제집행에 의해 공탁물을 출급 또는 회수할 경우에는 공탁서 또는 공탁통지서는 첨부하지 않아도 됩니다(「공탁규칙」 제33조, 제34조).

8. 공탁금 지급청구권의 소멸시효

8-1. 공탁금 지급청구권의 소멸시효

"공탁금 지급청구권의 소멸시효"란 공탁금의 출급청구권 또는 회수청구권을 행사할 수 있는데도 이를 일정 기간 행사하지 않는 경우에 그 권리를 소멸시키는 제도를 말합니다.

8-2. 공탁금 지급청구권의 소멸시효 기간

① 공탁금 및 그 이자의 출급청구권 및 회수청구권은 10년간 행사하지 않으면 소멸시효가 완성됩니다.

② 공탁유가증권 및 공탁물품에 대해서는 소유권에 관한 청구가 가능하므로 소멸시효가 완성되지 않습니다(「공탁금 지급청구권의 소멸시효와 국고귀속절차」 1.나.).

③ 공탁유가증권상의 상환청구권이 시효 소멸된 경우의 조치

ⓐ 공탁유가증권의 상환금청구권이 시효로 소멸된 경우에도 그 소유권에 기한 반환청구는 인정됩니다.

ⓑ 공탁유가증권의 상환금청구권이 시효로 소멸된 경우 공탁관은 그 시효완성을 이유로 유가증권 보관은행 등에 대해 매년 1회 이상 시효로 소멸된 해당 유가증권의 회수청구를 할 수 있습니다.

ⓒ 보관은행 등으로부터 유가증권을 회수한 경우 공탁관은 공탁서 및 공탁기록 표지 비고란에 그 취지를 기재하고 날인한 다음 전산시스템('사건메모'란 등)에 이를 입력하고, 그 사건은 완결된 것으로 처리하며, 당해 유가증권은 공탁기록에 편철하여 5년간 공탁기록과 같이 보관합니다.

ⓓ 위의 보관절차를 마친 경우에도 공탁기록에 편철된 유가증권이 5년 간의 보존기간을 넘겨 폐기되기 전에는 해당 공탁유가증권의 소유권에 기한 반환청구는 인정됩니다.

8-3. 공탁금 지급청구권의 소멸시효 기산일

8-3-1. 변제공탁의 경우

① 공탁금 회수청구권은 "공탁일"부터, 공탁금 출급청구권은 "공탁통지서 수령일"부터 기산하는 것이 원칙이나, 다음의 경우에는 그 기산일에 주의해야 합니다.

② 공탁의 기초가 된 사실관계에 대해 공탁자와 피공탁자 사이에 다툼이 있는 경우에는 공탁물 출급청구권 및 회수청구권 모두 그 분쟁이 해결된 때부터 기산합니다.

③ 채권자의 수령불능을 원인으로 한 공탁과 절대적 불확지 공탁의 공탁금 출급청구권은 공탁서 정정 등을 통한 공탁통지서의 수령 등에 의해 피공탁자가 공탁사실을 안 날(공탁통지서 수령일)부터 기산합니다.

④ 상대적 불확지 공탁의 공탁금 출급청구권은 공탁금 출급청구권을 가진 자가 확정된 때부터 기산합니다.

⑤ 공탁에 반대급부의 조건이 있는 경우에는 반대급부가 이행된 때부터, 공탁이 정지조건 또는 시기부 공탁인 경우에는 조건이 성취된 때 또는 기한이 도래된 때부터 기산합니다

8-3-2. 재판상 담보공탁의 경우

① 담보권리자(피공탁자)의 공탁금 출급청구권의 기산일은 담보권을 행사할 수 있는 사유가 발생한 때부터 기산합니다.

② 담보제공자(공탁자)의 공탁금 회수청구권의 기산일은 다음의 어느 하나에 해당하는 날부터 기산합니다.

③ 담보제공자가 본안소송[화해, 인락(認諾) 및 포기 포함]에서 승소한 때에는 "재판확정일 또는 종국일"부터, 패소한 때에는 "담보취소결정 확정일"부터 기산합니다.

④ 본안소송 종국 전에 담보취소결정을 한 경우 또는 재판(결정)이 있은 후 그 재판(결정)을 집행하지 않았거나 집행불능인 경우 담보취소결정 확정일부터, 재판(결정) 전에 그 신청이 취하된 경우에는 취하일부터 기산합니다.

8-3-3. 집행공탁의 경우

① 배당, 그 밖에 관공서의 결정에 의해 공탁물의 지급을 하는 경우에는 그 증명서 교부일부터 기산합니다.

② 경매절차에서 채무자에게 교부할 잉여금(剩餘金)을 공탁한 경우 또는 배당받을 채권자의 불출석으로 인하여 「민사집행법」 제160조제2항에 따라 공탁한 경우에는 공탁일부터 기산합니다.

8-3-4. 그 밖의 경우

① 위에서 정해지지 않은 공탁사건의 공탁금 지급청구권의 소멸시효는 원칙적으로 공탁금의 지급청구권을 행사할 수 있는 때부터 기산합니다.

② 공탁원인이 소멸된 경우 공탁금 회수청구권의 소멸시효는 공탁원인이 소멸된 때부터 기산합니다.

③ 착오공탁의 경우 공탁금 회수청구권의 소멸시효는 공탁일부터 기산합니다.

8-3-5. 공탁금 이자의 경우

공탁금 이자의 지급청구권은 공탁금 원금 지급일부터 기산합니다.

8-4. 공탁금 지급청구권의 소멸시효 중단

8-4-1. 소멸시효 진행이 중단되는 경우

① 시효기간 중에 공탁사실 증명서를 교부한 경우
② 공탁관이 공탁자 또는 피공탁자 등 정당한 권리자에 대해 공탁사건의 완결 여부의 문의서를 발송한 경우
③ 공탁금의 지급청구에 대해 첨부서면의 불비를 이유로 불수리한 경우
④ 공탁관이 공탁자 또는 피공탁자에 대해 해당 사건의 공탁금을 지급할 수 있다는 취지를 구두로 답한 경우
⑤ 공탁의 확인을 목적으로 공탁관계서류를 열람시킨 경우
⑥ 일괄 공탁한 공탁금의 일부에 대해 출급 또는 회수청구를 인가한 경우(나머지 잔액에 대해서도 시효 중단).
⑦ 불확지 공탁을 하였다가 공탁물을 수령할 자를 지정하거나 공탁원인 사실을 정정하는 공탁서 정정신청을 인가한 경우(공탁금 회수청구권에 한함)

8-4-2. 소멸시효 진행이 중단되지 않는 경우

① 변제공탁에 대해 피공탁자로부터 제출된 수락서를 공탁관이 받았다 해도 그것만으로 출급청구권의 시효가 중단되지 않습니다.
② 공탁금 지급청구권에 대한 압류, 가압류, 가처분은 피압류채권 즉 공탁금 지급청구권의 시효중단사유가 되지 않습니다.
③ 피공탁자가 수인인 경우 그 1인에 대한 시효중단사유는 다른 출급청구권자의 시효진행에 영향을 미치지 않습니다.
④ 공탁금 회수청구권에 대한 시효중단은 공탁금 출급청구권의 시효진행에 영향을 미치지 않습니다.
⑤ 공탁금 출급청구권에 대한 시효중단은 공탁금 회수청구권의 시효진행에 영향을 미치치 않습니다.
⑥ 공탁관이 피공탁자의 요구에 대해 지급절차 등에 대해 일반적인 설명을 한 것만으로는 시효 중단사유가 되지 않습니다.

8-4-3. 소멸시효 중단 후의 시효진행

소멸시효가 중단된 때에는 중단까지 경과한 시효기간은 이를 새로 진행하는 시효기간에 포함하지 않고 중단사유가 종료한 때부터 시효기간이 새로 진행합니다(「민법」 제178조제1항).

8-5. 공탁금 지급청구권의 소멸시효 완성

① 소멸시효의 완성

공탁물 지급청구권의 소멸시효가 완성되면 공탁물 지급청구권은 소멸합니다(「민법」
제162조제1항 및 대법원 1991. 7. 26. 선고 91다5631 판결).

② 소멸시효 완성 후의 공탁금

소멸시효가 완성된 공탁금에 대해 출급·회수청구가 있는 경우 공탁관은 국고수입
납부 전이라도 출급·회수청구를 인가해서는 안됩니다(「공탁규칙」 제61조).

③ 소멸시효 완성 여부가 불분명한 경우

변제공탁을 한 후 10년을 경과한 공탁금에 대해서 출급 또는 회수청구가 있는 경
우 공탁서, 지급청구서 및 그 밖의 첨부서류, 전산시스템에 입력된 사항 등에 의해
소멸시효의 완성 여부가 불분명한 경우에는 공탁물 출급 또는 회수청구를 인가해
도 됩니다.

④ 시효이익의 포기 간주

공탁금 지급청구권에 대한 소멸시효가 완성된 후 공탁사실증명서의 교부청구가 있
는 경우에는 그 증명서를 발급해서는 안 되나, 착오로 이를 발급한 경우에는 시효
이익을 포기한 것으로 처리합니다.

8-6. 공탁금의 편의적 국고귀속 조치

① 편의적 국고귀속 조치

공탁일로부터 15년이 경과된 미제(未濟) 공탁사건의 공탁금은 편의적으로 소멸시
효가 완성된 것으로 보아 「공탁규칙」 제62조에 따라 국고귀속조치를 취하되, 그 후
소멸시효가 완성되지 않은 사실을 증명하여 공탁금지급청구를 한 경우에는 착오
국고귀속 공탁금의 반환절차에 따라 처리합니다.

② 착오 국고귀속 공탁금의 반환절차

공탁금 지급청구권의 소멸시효가 완성되지 않았음에도 불구하고 공탁관이 착오로
공탁금의 국고귀속조치를 취한 경우에는 공탁관을 과오납부자로 보아 「공탁규칙」
제64조(「국고금 관리법 시행령」 제17조, 제17조의2, 제18조, 제28조 및 「국고금 관
리법 시행규칙」 제29조, 제30조)에 따라 처리합니다.

(관련판례)

[1] 채권의 소멸시효가 완성된 경우 이를 원용할 수 있는 자는 시효로 인하여 채무가
소멸되는 결과 직접적인 이익을 받는 자에 한정되고, 그 채무자에 대한 채권자는 자

기의 채권을 보전하기 위하여 필요한 한도 내에서 채무자를 대위하여 이를 원용할 수 있을 뿐이므로 채무자에 대하여 무슨 채권이 있는 것도 아닌 자는 소멸시효 주장을 대위 원용할 수 없다(대법원 2007.3.30. 선고 2005다11312 판결).

[2] 공탁금 출급청구권은 피공탁자가 공탁소에 대하여 공탁금의 지급, 인도를 구하는 청구권으로서 위 청구권이 시효로 소멸한 경우 공탁자에게 공탁금 회수청구권이 인정되지 않는 한 그 공탁금은 국고에 귀속하게 되는 것이어서(「공탁사무처리규칙」 제55조 참조) 공탁금 출급청구권의 종국적인 채무자로서 소멸시효를 원용할 수 있는 자는 국가이다(대법원 2007.3.30. 선고 2005다11312 판결).

[3] 구 「토지수용법」(2002. 2. 4. 법률 제6656호 「공익사업을 위한 토지 등의 취득 및 보상에 관한 법률」 부칙 제2조로 폐지) 제61조제2항에 의하여 기업자가 하는 손실보상금의 공탁은 같은 법 제65조에 의해 간접적으로 강제되는 것이고, 이와 같이 그 공탁이 자발적이 아닌 경우에는 「민법」 제489조의 적용은 배제되어 피공탁자가 공탁자에게 공탁금을 수령하지 아니한다는 의사를 표시하거나 피공탁자의 공탁금 출급청구권의 소멸시효가 완성되었다 할지라도 기업자는 그 공탁금을 회수할 수 없는 것이어서, 그러한 공탁자는 진정한 보상금수령권자에 대하여 그가 정당한 공탁금 출급청구권자임을 확인하여 줄 의무를 부담한다고 하여도 공탁금 출급청구권의 시효소멸로 인하여 직접적인 이익을 받지 아니할 뿐만 아니라 채무자인 국가에 대하여 아무런 채권도 가지지 아니하므로 독자적인 지위에서나 국가를 대위하여 공탁금 출급청구권에 대한 소멸시효를 원용할 수 없다(대법원 2007.3.30. 선고 2005다11312 판결).

(관련판례)

가. 소멸시효에 있어서 그 시효기간이 만료되면 권리는 당연히 소멸하지만 그 시효의 이익을 받는 자가 소송에서 소멸시효의 주장을 하지 아니하면 그 의사에 반하여 재판할 수 없고, 그 시효이익을 받는 자는 시효기간 만료로 인하여 소멸하는 권리의 의무자를 말한다(대법원 1991.7.26. 선고 91다5631 판결).

나. '갑'이 그 소유 임야를 '을'에게 매도하고 '을'은 '병'에게, '병'은 원고에게 각 증여하였는데 위 임야의 지적공부가 멸실되자 '정'이 근거 없이 그 명의의 소유권보존등기의 회복등기를 경료한 후 사망하여 피고 앞으로 상속을 원인으로 한 소유권이전등기가 마쳐진 경우, 원고가 '병', '을', '갑'을 순차 대위하여 피고에게 원인무효인 위 소유권보존등기와 소유권이전등기의 말소를 구하는 소송에서 피고는 '을'의 '갑'에 대한, 또 '병'의 '을'에 대한 각 소유권이전등기청구권이 시효소멸하였다는 항변을 할 수 없다(대법원 1991.7.26. 선고 91다5631 판결).

제4장

변제공탁은 어떤 절차로 해야 하나요?

제4장 변제공탁은 어떤 절차로 해야 하나요?

제1절 변제공탁제도

1. 변제공탁 둘러보기

1-1. 변제공탁의 의의

"변제공탁"이란 채무자가 변제를 하려고 하여도 채권자가 변제를 받지 않거나, 변제를 받을 수 없는 경우 또는 과실 없이 채권자가 누구인지 알 수 없는 경우에 채무자가 채무이행을 하는 대신 채무의 목적물을 공탁소에 공탁하고 그 채무를 면할 수 있는 제도를 말합니다.

1-2. 변제공탁의 종류

1-2-1. 「민법」 제487조에 따른 변제공탁

변제공탁의 대부분은 채권자가 변제를 받지 않거나 받을 수 없는 때 또는 변제자가 과실 없이 채권자를 알 수 없는 경우 채무를 면할 목적으로 변제의 목적물을 공탁하는 「민법」 제487조에 따른 변제공탁입니다.

1-2-2. 그 밖의 변제공탁

① 「민법」 제487조에 따른 변제공탁 외에 주요 변제공탁은 다음과 같습니다.

1. 질권의 목적이 된 채권의 변제기가 질권자의 채권의 변제기보다 먼저 도래한 제3채무자의 공탁(「민법」 제353조제3항)

2. 매매목적물에 대해 다른 권리주장자가 있어 권리의 전부나 일부를 잃을 염려가 있는 매수인에게 담보를 제공한 매도인이 매수인에게 요구하는 매매대금 공탁(「민법」 제588조 및 제589조)

3. 수탁보증인의 사전구상권 행사에 대한 주채무자의 배상할 금액의 공탁(「민법」 제443조)

4. 토지수용절차에서의 토지수용보상금의 공탁(「공익사업을 위한 토지 등의 취득 및 보상에 관한 법률」 제40조제2항)

1-3. 변제공탁의 당사자

1-3-1. 변제공탁의 공탁자

① 채무의 변제는 제3자도 할 수 있으므로 제3자도 변제공탁을 할 수 있으나, 채무

의 성질 또는 당사자의 의사표시로 제3자의 변제를 허용하지 않은 때에는 제3자가 변제공탁하지 못합니다(「민법」 제469조제1항).

② 이해관계 없는 제3자는 채무자의 의사에 반해 변제공탁하지 못하지만(「민법」 제469조제2항), 이해관계 있는 제3자는 채무자의 의사에 반해서도 변제공탁할 수 있습니다.

③ 이해관계 있는 제3자에는 물상보증인, 담보부동산의 제3취득자, 연대채무자, 보증인 등이 있습니다.

1-3-2. 변제공탁의 피공탁자

① 채권자의 수령불능 또는 수령거절을 원인으로 한 변제공탁의 피공탁자는 채권자입니다.

② 채무자의 과실 없이 '갑' 또는 '을' 중 누가 진정한 채권자인지 알 수 없는 경우에 하는 상대적 불확지 변제공탁의 피공탁자는 '갑' 또는 '을'입니다.

③ 채권자가 누구인지 전혀 알 수 없는 절대적 불확지 변제공탁의 경우에는 피공탁자를 지정하는 공탁서 정정절차를 거쳐 사후적으로 정해집니다.

④ 절대적 불확지 공탁의 허용 여부

ⓐ 변제공탁을 비롯한 공탁은 공탁자가 피공탁자를 지정해야 하기 때문에, 채권자가 상대적으로도 특정되지 못하는 절대적 불확지 변제공탁은 허용되지 않습니다.

ⓑ 그러나 예외적으로 토지수용보상금의 공탁에서는 토지수용의 주체인 사업시행자가 과실 없이 토지수용보상금을 받을 자를 알 수 없을 때에는 절대적 불확지 공탁을 할 수 있습니다.

1-4. 변제공탁의 목적물

① 금전, 유가증권, 물품

변제공탁의 공탁물은 채무의 내용에 해당 채무의 목적물로 정해진 금전, 유가증권, 물품이 됩니다.

② 부동산(변제공탁 불가능)

부동산의 공탁은 법원으로부터 공탁물보관자의 선임을 받아 그 자에게 공탁을 한다고 하더라도 공탁자의 협력 없이 공탁물 보관자가 부동산에 관한 일체의 본권 및 점유를 피공탁자에게 이전할 수 있게 하는 것은 법기술상 곤란하고, 또한 목적 부동산의 점유를 공탁물보관자에게 이전하더라도 그 보관료와 보관자의 사용료와의 문제도 매우 곤란하게 되기 때문에 부동산의 공탁은 허용되지 않습니다「공탁선례

1-41」(1999. 2. 27. 법정 3302-65호 질의회답)].

③ 자조매각

변제 공탁은 변제 목적물 그 자체를 공탁물로 제공해야 하는 것이 원칙이나, 변제의 목적물이 폭발물 등과 같이 공탁에 적합하지 않거나, 채소, 어육 등과 같이 멸실 또는 훼손될 염려가 있거나, 소, 말 등과 같이 보관비용이 과다한 경우에는 예외적으로 변제자는 채무이행지를 관할하는 지방법원의 허가를 받아 그 물건을 경매하거나 시가로 팔아서 그 대금을 공탁할 수 있습니다(「민법」 제490조, 「비송사건절차법」 제55조, 제53조).

1-5. 변제공탁의 관할 공탁소

① 공탁소 관할

변제공탁은 채무이행지의 공탁소에 해야 합니다(「민법」 제488조제1항). 여기서 "채무이행지"란 채무가 현실적으로 이행되어야 할 장소를 말합니다.

② 금전공탁의 특칙

금전변제공탁은 공탁자의 생활근거지가 피공탁자의 주소지 등의 관할공탁소와 멀리 떨어져 있어 관할공탁소에 가서 공탁업무를 처리하는데 따른 불편을 덜어주기 위해 관할공탁소 외의 공탁소에 공탁서를 제출할 수 있는 특칙이 마련되어 있습니다.

1-6. 변제공탁의 공탁통지

1-6-1. 공탁통지

① 변제공탁자는 지체 없이 채권자에게 공탁통지를 해야 합니다(「민법」 제488조제3항).
② 공탁통지(공탁통지서 제출 및 발송)는 변제공탁 만의 특유한 제도입니다.

1-6-2. 공탁자의 공탁통지서 제출 및 공탁소의 공탁통지서 발송

① 변제공탁자가 피공탁자에게 공탁통지를 해야 한다는 「민법」 제488조제3항에도 불구하고, 「공탁규칙」 제23조 및 제29조제1항에서는 공탁통지를 보다 확실하게 하기 위해 공탁자가 공탁을 신청하는 때에 공탁통지서를 공탁소에 제출하게 하고, 공탁물이 납입된 후에 공탁관이 공탁자 대신 피공탁자에게 공탁통지서를 발송하고 있습니다.
② 「민법」 제487조에 따른 변제공탁 뿐만 아니라 다른 법령에 따른 변제공탁도 원칙적으로 공탁소에 공탁통지서를 제출해야 합니다.

③ 피공탁자가 특정되어 있는 확지공탁 뿐만 아니라 피공탁자가 상대적으로 특정되어 있는 상대적불확지 공탁의 경우에도 공탁소에 공탁통지서를 제출해야 합니다.

④ 피공탁자를 알 수 없는 절대적불확지 공탁의 경우 공탁신청 시에는 공탁신청 시에 공탁통지가 불가능하므로 공탁소에 공탁통지서를 제출하지 않습니다.

⑤ 다만, 나중에 피공탁자를 알게 되거나 피공탁자의 주소를 알게 되어 공탁서 정정 신청을 하는 경우에는 공탁소에 공탁통지서를 제출해야 합니다(「공탁규칙」 제30조제6항).

1-6-3. 공탁통지가 되지 않은 경우의 효과

① 공탁통지는 공탁이 성립된 경우에 공탁자가 피공탁자에게 공탁물 출급청구권이 발생하였음을 알려 주어 피공탁자가 공탁물 출급청구권을 행사하는데 편의를 제공하기 위한 것일 뿐 공탁의 유효요건은 아니므로 공탁통지가 되지 않은 변제공탁도 원칙적으로 유효합니다(대법원 1976. 3. 9. 선고 75다1200 판결).

② 따라서 공탁통지서를 피공탁자의 주소로 발송한 이상 그 통지서가 수취인부재로 반송된 경우에도 채무소멸이라는 변제공탁의 효과는 발생합니다.

③ 다만, 공탁자 과실로 피공탁자의 주소표시가 잘못 되어 공탁통지가 이루어지지 않았다면 공탁자에게 그에 따른 손해배상책임이 발생할 수도 있습니다.

■ 채권자가 사망하였고 상속인을 알 수 없는 경우 변제공탁을 할 수 있는지요?

Q 甲은 乙에게 채무를 부담하고 있는데, 乙이 사망하였습니다. 甲은 빨리 채무를 변제하고 싶으나 乙의 상속인을 알 수 없는 상황입니다. 이런 경우 甲은 변제공탁을 할 수 있을까요?

A 채권자가 사망하고 과실 없이 그 상속인을 알 수 없는 경우 채무자는 민법 제487조 후문에 따라 변제공탁을 할 수 있고, 피공탁자인 상속인은 가족관계증명서, 제적등본 등 상속을 증명하는 서류를 첨부하여 공탁관에게 공탁물출급을 청구할 수 있습니다(대법원 2014.4.24.선고 2012다40592, 판결). 따라서 甲은 과실없이 채권자를 알 수 없는 상황임을 주장하며 변제공탁을 할 수 있습니다.

(관련판례)

변제공탁제도는 채무자가 채무의 목적물을 공탁소에 공탁함으로써 채무를 면하게 하는 변제자를 위한 제도로서 그 공탁이 국가의 후견적 관여 하에 이루어진다고 하더라도 본질적으로는 사인 간의 법률관계를 조정하기 위한 것이므로, 우리 공탁제도는 채무자(공탁자)가 공탁을 함에 있어서 채권자(피공탁자)를 지정할 의무를 지며(「공탁사무처리규칙」 제19조제2항바목, 제20조제3항, 제27조의2) 공탁공무원은 형식적 심사권만을 갖고 채무자가 지정해 준 채권자에게만 공탁금을 출급하는 등의 업무를 처리하는 것(「공탁사무처리규칙」 제29조, 제30조)을 그 기본 원리로 삼고 있다(대법원 1997. 10. 16. 선고 96다11747 전원합의체 판결).

[다수의견] 우리 공탁제도상 채권자가 특정되거나 적어도 채권자가 상대적으로나마 특정되는 상대적 불확지의 공탁만이 허용될 수 있는 것이고 채권자가 누구인지 전혀 알 수 없는 절대적 불확지의 공탁은 허용되지 아니하는 것이 원칙이지만, 「토지수용법」 제61조제2항제2호는 토지수용의 주체인 기업자가 과실 없이 보상금을 받을 자를 알 수 없을 때에는 절대적 불확지의 공탁이 허용됨을 규정하여, 기업자는 그 공탁에 의하여 보상금 지급의무를 면하고 그 토지에 대한 소유권을 취득하도록 하고 있는바, 이와 같이 절대적 불확지의 공탁을 예외적으로 허용하는 것은 공익을 위하여 신속한 수용이 불가피함에도 기업자가 당시로서는 과실 없이 채권자를 알 수 없다는 부득이한 사정으로 인한 임시적 조치로서 편의상 방편일 뿐이므로, 기업자는 공탁으로 수용보상금 지급의무는 면하게 되지만, 이로써 위에 본 공탁제도상 요구되는 채권자 지정의무를 다하였다거나 그 의무가 면제된 것은 아니다(대법원 1997. 10. 16. 선고 96다11747 전원합의체 판결).

■ 채권자가 변제받기를 거부할 경우 채무자의 변제공탁방법은?

Q 저는 6개월 전 사채업자 甲으로부터 5,000만원을 차용하면서 저의 부동산에 근저당권을 설정하였는데, 형편이 어려워 이자를 제때 지급하지 못하였고 변제기에 이르러 그 동안 지급하지 못한 이자와 원금을 변제하려고 하였으나, 甲은 터무니없는 금액을 요구하며 수령하기를 거절하였습니다. 이후에도 甲과 여러 차례 만나려고 시도하였으나, 그 때마다 甲은 만나주지 않고 있습니다. 이 경우 저는 어떻게 대처해야 되는지요?

A 일부 채권자 중에는 담보물을 헐값에 취득할 목적으로 변제기일에 일부러 만나주지 않거나 무리한 요구를 내세우는 등의 수법으로 채무자로 하여금 변제기일을 넘기게 하여 담보물을 처분하는 경우도 있는데, 민법에서 채권자가 변제를 받지 아니하거나 받을 수 없는 때에는 변제자는 채권자를 위하여 변제목적물을 공탁하여 그 채무를 면할 수 있고, 변제자가 과실 없이 채권자를 알 수 없는 경우에도 같다고 변제공탁제도에 관하여 규정하고 있습니다(민법 제487조). 또한, 변제목적물이 공탁에 적당하지 아니하거나 멸실 또는 훼손될 염려가 있거나 공탁에 과다한 비용을 요하는 경우 변제자는 법원의 허가를 얻어 그 물건을 경매하거나 시가로 방매하여 대금을 공탁할 수 있는데(민법 제490조), 채무변제 약정내용에 따른 부동산변제공탁은 공탁에 적당하지 아니한 경우에 해당하므로, 민법 제490조에 의하여 변제자가 법원의 허가를 얻어 당해 부동산을 경매하거나 시가로 방매하여 그 대금을 공탁하는 절차를 취해야 할 것입니다(공탁선례 1-41 1999. 2. 27. 제정). 변제공탁은 채무이행지의 공탁소에 하여야 하고(민법 제488조 제1항), 변제공탁의 효력발생 시기는 변제공탁이 적법한 경우 채권자가 공탁물출급청구를 하였는지 여부와 관계없이 그 공탁을 한 때에 변제효력이 발생합니다(대법원 2002. 12. 6. 선고 2001다2846 판결).

그리고 공탁원인사실이 어느 것인지의 판단기준에 관한 판례를 보면, 공탁은 공탁자가 자기의 책임과 판단 아래 하는 것으로서 공탁자는 누구에게 변제해야 할 것인지를 판단하여 그에 따라 변제공탁이나 집행공탁 또는 혼합공탁을 선택하여 할 수 있을 뿐만 아니라, 변제공탁을 함에 있어서도 민법 제487조 전단과 후단 중 어느 사유를 공탁원인사실로 할 것인지 선택하여 할 수 있는데, 변제공탁이 민법 제487조 전단의 '수령불능을 원인으로 한 변제공탁'인지, 같은 조 후단의 '상대적 불확지 변제공탁'인지 아니면 두 가지 성격을 모두 가지고 있는지는 공탁서의 '법령조항'란의 기재와 '공탁원인사실'란의 기재 등에 비추어 객관적으로 판단해야 한다고 하였습니다(대법원 2008. 10. 23. 선고 2007다35596 판결). 또한, 채무액일부 변제공탁의 효력에 관한 판례를 보면, 채무자가 공탁원인이 있어서 공탁에 의하여 그 채무를 면하려면 채무액전부를 공탁해야 할 것이고, 일부공탁은 그 채무를 변제함에 있어서 일부제공이 유효한 제공이라고 시인될 수 있는 특별한 사정이 있는 경우를 제외하고는 채권자가 이를 수락하지 아니하는 한 그에 상응하는 효력을 발생할 수 없다고 하였으며(대법원 2008. 7. 10. 선고 2008다10051 판결), 채무액일부 변제공탁의 경우 채권자가 공탁금을 채권일부에 충당한다는 유보의 의사표시를 하고 이를 수령한 때에는 그 공탁금은 채권일부변제에 충당되고, 그 경우 유보의 의사표시는 반드시 명시적으로 해야 하는 것은 아니라고 하였으나(대법원 2009. 10. 29. 선고 2008다51359 판결), 채권자에 대한 변제자의 공탁금액이 채무총액에 비하여 아주 근소하게 부족한 경우에는 당해 변제공탁은 신의칙상 유효한 것이라고 보아야 한다고 하였습니다(대법원 2002. 5. 10. 선고 2002다12871, 12888 판결). 조건부변제공탁도 채권자가 조건이행의무가 있는 경우에는 유효합니다. 예컨대, 동시이행관계에 있는 반대급부를 조건으로 하는 변제공탁은 유효하고(대법원 1992. 12. 22. 선고 92다8712 판결), 이 경우 공탁물수령자가 그 출급을 받으려면 붙여진 조건을 이행하였음을 증명하여야 공탁물출급을 청구할 수 있습니다(민법 제491조, 공탁법 제10조). 그러나 채권자에게 반대급부 기타 조건의 이행의무가 없음에도 불구하고 채무자가 이를 조건으로 공탁한 때에는 채권자가 이를 수락하지 않은 한 그 공탁은 무효입니다(대법원 2002. 12. 6. 선고 2001다2846 판결).

변제공탁의 효과로는 변제가 있었던 것과 같이 채무는 소멸하고, 채권자는 공탁물인도청구권을 취득합니다. 그리고 질권·저당권이 공탁으로 인하여 소멸한 때를 제외하고는 채권자가 공탁을 승인하거나 공탁소에 대하여 공탁물을 받기를 통고하거나 공탁유효의 판결이 확정되기까지 변제자는 공탁물을 회수할 수 있고(민법 제489조), 착오로 공탁을 한 때나 공탁원인이 소멸한 때에도 공탁물을 회수할 수 있습니다(공탁법 제9조 제2항).

따라서 위 사안의 경우 甲이 변제 받기를 거부하고 있으므로, 귀하는 원금, 약정이자, 변제기 이후의 지연손해금 등을 채무이행지, 즉 지참채무이므로 甲의 주소지를 관할하는 법원에 설치된 공탁소에 공탁하여 甲에 대한 채무를 면할 수 있을 것입니다(민법 제488조). 그리고 채무가 소멸하면 근저당권도 당연히 소멸하나(근저당권의 부종성) 귀하의 부동산에 마쳐진 근저당권설정등기가 자동적으로 말소되는 것은 아니므로, 귀하는 甲을 상대로 우선 근저당권처분금지가처분을 한 후 근저당권설정등기 말소등기청구의 소를 제기해야 할 것입니다.

참고로 '관할공탁소 이외의 공탁소에서의 공탁사건처리지침'(행정예규 제887호 2011. 2. 7. 개정)에서 금전변제공탁신청 및 공탁금지급청구에 관하여 공탁당사자의 생활근거지가 관할공탁소와 멀리 떨어져 있는 경우 관할공탁소를 방문해서 공탁업무를 처리해야 하는 불편을 덜어주기 위해 관할공탁소 이외의 공탁소(접수공탁소)에 공탁서 등을 제출할 수 있는 특칙이 마련되어 있습니다. 또한, 국내에 주소나 거소가 없는 외국인이나 재외국민을 위한 변제공탁은 지참채무의 경우에 다른 법령의 규정이나 당사자의 특약이 없는 한 서울중앙지방법원 공탁관에게 공탁할 수 있습니다(공탁법 제5조, 공탁규칙 제66조).

(관련판례)

채무자가 변제공탁을 하였을 경우에 공탁자가 채권자에게 공탁통지를 하는 것은 공탁의 유효요건이 아니므로 공탁통지를 하지 않았어도 채무는 소멸된다(대법원 1976.3.9. 선고, 75다1200 판결).

■ 합의가 않되면 공탁을 제도가 있다고 하는데 어떻게 하면 되나요?

Q 합의를 할려고 하는데 합의가 않되면 공탁을 계도가 있다고 하는데 어떻게 하면 되나요?

A ① 공탁제도란 법령의 규정에 따라 원인에 의하여 금전, 유가증권, 물품을 법원의 공탁소에 임치하여 법령에 정한 일정한 목적을 달성하는 제도로 반드시 해당법령에 따른 공탁사유가 있어야 합니다. 공탁원인에 따라 여러 종류로 분류됩니다.

② 종류

- 변제공탁

  채무자가 변제를 하려고 하여도 채권자가 변제를 받지 아니하거나 변제를 받을수 없는 경우 또는 과실없이 채권자가 누구인지 알 수 없는 경우에 채무자는 채무이행에 갈음하여 채무의 목적물을 공탁하여 그 채무를 면할 수 있는 공탁을 말합니다

- 보증공탁

  특정의 상대방이 받을 수 있는 손해를 담보하기 위한 공탁을 말하며 손해 담보공탁이라고 하기도 합니다.

- 보관공탁

  목적물을 단순히 보관하기 위하여 하는 공탁입니다.

- 몰취공탁

  일정한 사유가 발생하였을 때 공탁물을 몰취할 수 있도록 하기 위하여 인정되 공탁이고 이는 상대방의 손해를 담보하기 위해서가 아니라 국가에 대하여 자기의 주장이 허위인 때에는 몰취의 제재를 당하여도 이를 감수한다는 취지의 공탁입니다

〈유의사항〉

공탁물이 금전일 경우 피공탁자 또는 공탁자가 공탁물의 출금청구 또는 회수청구를 할 수 있을 때로 부터 10년간 이를 행사하지 아니하면 위 출급청구권 또는 회수청구권의 시효소멸로 국고에 귀속됩니다.

(관련판례)

[다수의견] 공탁제도는 공탁공무원의 형식적 심사권, 공탁 사무의 기계적, 형식적인 처리를 전제로 하여 운영되는 것이어서 피공탁자가 특정되어야 함이 원칙이고, 또한 피공탁자가 특정되었다고 하려면 피공탁자의 동일성에 대하여 공탁공무원의 판단이 개입할 여지가 없고 그 공탁통지서의 송달에 지장이 없는 정도에 이르러야 한다(대법원 1997. 10. 16. 선고 96다11747 전원합의체 판결).

2. 변제공탁의 요건

2-1. 현존하는 확정채무일 것

① 변제공탁의 목적인 채무는 현존하고 확정된 채무이어야 합니다. 따라서 장래의 채무나 불확정채무는 변제공탁의 목적이 되지 못합니다.

② 예를 들면, 정지조건부(停止條件附) 채무나 시기부(始期附) 채무는 그 조건이 성취되거나 기한이 도래하여 채무가 현실적으로 발생해야 공탁을 할 수 있습니다.

③ 그러나, 금전소비대차 등과 같이 채무가 이미 발생되어 있고 단지 채무이행에 관해서만 기한을 붙인 경우에는 변제기 전이라도 채무자가 기한의 이익을 포기하고 변제기까지의 이자를 붙여서 공탁할 수 있습니다.

④ 예를 들면, '갑'이 사채업자 '을'로부터 100만원을 빌리면서 3개월 후에 변제하기로 하고 이자는 월 2%의 이율에 따라 지급하기로 하는 금전소비대차계약을 체결하였는데 1개월 후에 '갑'이 변제를 하려는 경우 '갑'은 기한의 이익을 포기하고 변제기까지의 2개월분 이자 4만원(그때까지 이자를 전혀 지급하지 않았다면 3개월분 6만원이 될 것임)을 붙여서 공탁할 수 있습니다.

2-2. 변제공탁의 원인이 있을 것

2-2-1. 변제공탁의 원인

① 채무자는 다음 중 어느 하나에 해당하는 경우에는 변제의 목적물을 공탁하여 채무를 면할 수 있습니다(「민법」 제487조).

   1. 채권자가 변제를 받지 않는 경우(수령거절)

   2. 채권자가 변제를 받을 수 없는 경우(수령불능)

   3. 채무자가 과실 없이 채권자를 알 수 없는 경우(채권자 불확지)

2-2-2. 채권자의 수령거절에 해당되기 위한 요건

① 채무자(변제자)가 채무의 내용에 따른 변제의 제공을 하였는데도 채권자가 변제를 수령하지 않는 경우에는 수령거절에 해당하여 채무자는 변제공탁을 할 수 있습니다.

② "채무의 내용에 따른 변제의 제공"이란 채권자와 채무자가 약정한 내용에 따른 변제를 말하며, 다음의 사항을 주의해야 합니다.

③ 변제의 제공은 계약에서 정한 날짜(변제기)에 해야 합니다.

  - 기한의 이익을 포기 또는 상실한 경우(「민법」 제153조 및 제388조), 채무이행이 유예된 경우, 쌍무계약에서 동시이행의 항변권을 가질 경우(「민법」 제536조)에는

변제기가 아닌 때에 변제를 할 수 있습니다.

- 변제기가 지난 후의 변제제공이라도 채권자가 그 수령을 거절하는 것이 신의칙에 반하는 경우에는 그 변제제공은 유효합니다. 다만, 이 경우에는 채무자는 지연배상도 함께 변제제공해야 합니다.

④ 변제의 제공은 약정한 장소에서 해야 합니다.

- 변제장소가 당사자의 의사표시나 채무의 성질 또는 법률의 규정에 따라 정해지지 않는 경우에는 특정물인도채무는 채권이 성립하였을 때 그 물건이 있었던 장소가 변제장소입니다(『민법』제467조제1항).

- 변제장소에 관한 특약이 없으면 금전채무는 지참채무가 원칙이므로 채권자의 현주소 또는 현영업소에서 변제제공을 해야 합니다.

⑤ 변제 제공은 채무의 전부에 대해 해야 합니다.

- 일부의 제공은 분할지급의 특약 등 일부의 제공이 유효한 것이라고 인정될 수 있는 특별한 근거가 없으면 부적법한 변제의 제공이 됩니다.

- 다만, 그 부족분이 아주 근소한 경우 신의칙상 이는 유효한 변제의 제공이 된다는 대법원의 판례(대법원 1988. 3. 22. 선고 86다카909 판결)가 있습니다. 채무 원금과 이자를 합하여 10,001,000원을 변제해야 할 경우 1,000원이 부족한 10,000,000원을 제공하였으나 채무자가 수령을 거절한 경우가 그 예입니다.

⑥ 변제의 제공은 원칙적으로 채권자 본인에게 해야 합니다.

- 채권자가 미성년자 등 행위능력에 제한이 있는 자이면 친권자 및 그 후견인에게 변제의 제공을 해야 하고, 채권자가 사망한 때에는 그 상속인에게 변제의 제공을 해야 합니다.

⑦ 변제의 제공은 동시이행항변권 등이 있는 경우가 아니면 조건을 붙일 수 없습니다.

- 채무자가 변제를 하는 동시에 채권자가 반대급부를 해야 하는 동시이행관계에 있는 채무가 아닌데도 채무자가 조건을 붙여 변제를 제공한 경우에는 그 변제제공은 무효입니다.

법령용어해설

※ 동시이행항변권
- 동시이행 관계에 있기 때문에 반대급부의 조건을 붙여도 되는 경우
  ① 매매대금채무의 지급확보를 위해 발행 교부한 약속어음 반환의무(대법원 1992. 12. 22. 선고 92다8712 판결)
  ② 부동산매매의 경우 매수인의 잔금 채무와 매도인의 소유권이전등기서류 교부의무(대법원 1995. 9. 15. 선고 94다55071 판결)

③ 전세금반환채무와 전세권등기 말소서류 교부의무[「민법」 제317조 및 「공탁선례 1-167」(1991. 3. 19. 법정 제498호)]

④ 부동산 매매의 경우 매수인의 잔금 채무와 소유권 외의 권리관계 일체 말소 의무[「민법」 제586조 및 「공탁선례 2-126」(1990. 8. 28. 발령·시행)]

■ 동시이행관계가 부정되기 때문에 조건을 붙일 수 없는 경우

① 근저당권채무의 변제와 근저당권설정등기 말소서류의 교부의무

② 채무변제와 경매의 취하

③ 임차보증금 반환과 임차권등기 말소

⑧ 변제는 채무내용에 좇은 현실제공으로 해야 합니다(「민법」 제460조).

— "현실제공"이란 변제가 완료되기 위해 필요한 채권자의 행위가 변제수령뿐이거나 또는 채무자의 변제와 동시에 협력해야 할 경우에 채무자가 채무이행에 필요한 모든 준비를 하여 채권자에게 사실상 제시하는 것을 말합니다.

— 변제의 제공은 현실로 해야 하는 것이 원칙이지만 채권자가 미리 변제받기를 거절하거나 채무의 이행에 채권자의 행위를 요하는 경우에는 변제의 준비가 되어 있음을 통지하고 그 수령을 최고(催告) 하는 방법(구두의 제공)으로도 할 수 있습니다(「민법」 제460조 단서).

— 채권자의 수령거절의사가 명백하여 전에 한 수령거절 의사를 번복할 가능성이 보이지 않는 경우에는 채무자는 구두의 제공조차 할 필요가 없이 바로 변제공탁할 수 있습니다(대법원 1976. 11. 9. 선고, 76다2218 판결).

2-2-3. 채권자의 수령불능에 해당되기 위한 요건

① 채권자가 변제를 받을 수 없는 경우에는 사실상 수령불능이든 법률상 수령불능이든 관계없이 채무자는 변제공탁할 수 있습니다.

② "수령불능"이란 채무자가 채무의 이행을 하려고 하여도 채권자 측의 사정으로 채권자가 수령할 수 없는 경우를 말하며, 다음과 같은 경우가 수령불능의 예가 될 수 있습니다(출처: 대한민국 법원 전자공탁 사이트, 이용안내, 공탁개요).

1. 채무자가 변제를 하기 위해 채권자의 주소지에 찾아갔으나 채권자가 없는 경우

2. 변제기에 교통이 두절되어 채권자가 변제장소에 나타나지 못하는 경우

3. 채권자의 주소불명

4. 채권자가 무능력자(미성년자, 피성년후견인, 피한정후견인 등)임에도 그 법정대리인이 없는 경우

2-2-4. 채권자 불확지에 해당되기 위한 요건

① 변제자의 과실 없이 채권자를 알 수 없는 경우(채권자 불확지)에 해당하므로 채무자는 변제공탁을 할 수 있습니다.

② "채권자 불확지"란 객관적으로 채권자 또는 변제수령권자가 존재하고 있으나 채무자가 선량한 관리자의 주의를 다해도 채권자가 누구인지를 알 수 없는 경우를 말합니다(대법원 1996. 4. 26. 선고 96다2583 판결).

③ 채권자 불확지의 예는 다음과 같습니다.

1. 채권자가 사망하여 상속이 개시되었으나 그 상속인이 누구인지 모르는 경우

2. 하나의 채권에 대해서 채권자라고 주장하는 자가 여러 명이 있는 경우

3. 채권의 귀속에 관해 법률상 다툼이 있어 소송이 진행 중인 경우

■ 사채업자에게 돈을 갚으려 했으나, 사채업자가 변제 받기를 거절하고 있는데 어떻게 해야 하나요?

Q 저는 급하게 돈이 필요해 아파트에 근저당권을 설정해주고 사채업자에게 돈을 빌렸습니다. 그런데 근저당권설정등기만 말소하면 은행에서 대출을 받을 수 있다고 하여 급히 사채업자에게 돈을 갚으려 했으나, 사채업자가 변제 받기를 거절하고 있는데 어떻게 해야 하나요?

A 이런 경우에는 변제공탁을 하시면 됩니다.
　◇ 변제공탁의 요건
　　① 확정채권일 것
　　　- 채무가 이미 발생되어 있고 단지 채무이행에 대해 기한을 붙인 경우, 변제기 전이라도 채무자는 변제기까지의 이자를 붙여서 공탁할 수 있습니다.
　　② 변제공탁의 원인이 있을 것
　　　- 채무자는 다음의 어느 하나에 해당하는 경우에는 변제의 목적물을 공탁해 채무를 면할 수 있습니다.
　　　1. 채권자가 변제를 받지 않는 경우(수령거절)
　　　2. 채권자가 변제를 받을 수 없는 경우(수령불능)
　　　3. 채무자가 과실 없이 채권자를 알 수 없는 경우(채권자 불확지)
　◇ 변제공탁의 신청방법
　　① 변제공탁을 하려면 공탁관에게 공탁서 2통을 제출하면 됩니다.
　　② 변제공탁은 공탁관이 공탁신청서를 접수·심사해 공탁을 수리한 후 공탁자에게 통지하고 공탁자가 공탁물을 납입하면 성립합니다.
　◇ 변제공탁의 효력
　　공탁관이 공탁을 수리하고 공탁자가 공탁물보관자에게 공탁물을 납입한 때에 채무는 소멸됩니다.

(관련판례)

「주택임대차보호법」 제3조의3에 따른 임차권등기는 이미 임대차계약이 종료하였음에도 임대인이 그 보증금을 반환하지 않는 상태에서 경료되게 되므로, 이미 사실상 이행지체에 빠진 임대인의 임대차보증금의 반환의무와 그에 대응하는 임차인의 권리를 보전하기 위하여 새로이 경료하는 임차권등기에 대한 임차인의 말소의무를 동시이행관계에 있는 것으로 해석할 것은 아니고, 특히 위 임차권등기는 임차인으로 하여금 기왕의 대항력이나 우선변제권을 유지하도록 해 주는 담보적 기능만을 주목적으로 하는 점 등에 비추어 볼 때, 임대인의 임대차보증금의 반환의무가 임차인의 임차권등기 말소의무보다 먼저 이행되어야 할 의무이다(대법원 2005. 6. 9. 선고 2005다4529 판결).

■ 변제공탁물 회수의 효과는 어떠합니까?

Q 甲은 乙에 대한 금전대여 채무를 변제할 생각으로 공탁하였지만, 채권자 乙이 공탁을 승인하기 이전에 甲은 다른 항변사유가 있어 회수하려고 합니다. 변제공탁물 회수의 효과는 어떠합니까?

A 「민법」 제489조에 따라 채권자가 공탁을 승인하거나 공탁소에 대해 공탁물을 받기를 통고하거나 공탁유효의 판결이 확정되기까지는 변제자는 공탁물을 회수할 수 있습니다(「민법」 제489조 제1항 전단). 제489조 제1항에 따른 공탁물 회수의 효과는 공탁이 소급적 실효합니다. 즉 공탁자가 공탁물을 회수한 경우에는 공탁하지 않은 것으로 봅니다(「민법」 제489조제1항 후단). 대법원은 공탁물의 회수는 해제조건의 성취이므로, 공탁물의 회수에 의해 공탁은 소급적으로 효력을 상실하고 채권은 소멸하지 않는 것으로 된다고 보고 있습니다(대법원 1981. 2. 10. 선고 80다77 판결). 또한 이자가 부활하여 공탁물 회수에 의해 공탁으로 인해 정지되었던 이자는 공탁 한 때로 소급하여 부활합니다(출처: 『공탁실무편람』, 법원행정처 참조). 따라서 甲은 공탁을 회수함으로써 공탁은 소급적으로 실효하고 금전대여 채무의 이자는 공탁하였던 시점으로 소급하여 부활하게 됩니다.

(관련판례)

변제공탁의 경우 채권자가 반대급부 또는 기타 조건의 이행을 할 의무가 없음에도 불구하고 채무자가 이를 조건으로 공탁한 때에는 채권자가 이를 수락하지 않는 한 그 변제공탁은 효력이 없으며 그 뒤 채무자의 공탁에 붙인 조건의 철회정정청구에 따라 공탁공무원으로부터 위 정정청구의 인가결정이 있었다 하더라도 그 변제공탁은 인가결정 시부터 반대급부조건이 없는 변제공탁으로서의 효력을 갖는 것으로서 그 효력이 당초의 변제공탁 시로 소급하는 것은 아니다(대법원 1986.8.19. 선고 85누280 판결).

■ 채무의 일부인 채권최고액과 지연손해금 및 집행비용만을 변제공탁 하였을 경우 공탁의 효과로서 변제가 되었다고 볼 수 있습니까?

Q 채무자 甲의 채무액은 근저당권을 초과합니다. 甲은 그 채무의 일부인 채권최고액과 지연손해금 및 집행비용만을 변제공탁 하였습니다. 공탁의 효과로서 변제가 되었다고 볼 수 있습니까?

A 채무자가 변제공탁을 하여 그 채무를 면하려면 채무액 전부를 공탁해야 하므로, 일부공탁은 일부의 채무이행이 유효하다고 인정될 수 있는 특별한 사정이 있는 경우를 제외하고는 채권자가 일부공탁을 수락하지 않는 한 채무의 일부 소멸 효과도 주장할 수 없습니다(대법원 1983. 11. 22. 83다카161 판결, 대법원 1981. 11. 10. 선고 80다2712 판결). 한편 유효한 일부공탁 그러나 변제공탁 금액이 채무의 총액에 대해 아주 근소하게 부족한 경우에는 그 변제공탁은 신의 칙상 유효한 것이라고 판시한 판결도 있습니다(대법원 1988. 3. 22. 선고 86다카909 판결). 또한 일부변제의 충당 채무금액에 다툼이 있는 채권에 관해 채무자가 채무전액의 변제임을 공탁원인 중에 밝히고 공탁한 경우에 채권자가 그 공탁금을 수령할 때 채권의 일부로서 수령한다는 등 별단의 이의유보 의사표시를 하지 않는 이상 채권전액에 대한 변제공탁의 효력이 인정될 수도 있습니다(대법원 1983. 6. 28. 선고 83다카88, 89 판결). 그러나 채권자가 공탁금을 채권의 일부에 충당한다는 이의유보의 의사표시를 하고 이를 수령한 때에는 그 공탁금은 채권의 일부의 변제에 충당됩니다(대법원 1996. 7. 26. 선고 96다14616 판결). 일부공탁에 대한 추가공탁 채무자가 채무액의 일부만 변제공탁하였으나 그 후 부족분을 추가로 공탁하였다면 그 때부터는 채무액 전액에 대해 공탁물 수령의 의사표시를 하기 전이라면 추가공탁을 하면서 제1차 공탁 시에 지정된 공탁의 목적인 채무의 내용을 변경하는 것도 허용됩니다(대법원 1991. 12. 27. 선고 91다35670 판결).

따라서 채무자 甲은 채무액이 근저당권을 초과하지만 그 채무의 일부인 채권최고액과 지연손해금 및 집행비용만을 변제공탁하였다면, 채권전액의 변제가 있을 때까지 근저당권은 잔존채무에 미치는 것이므로 이러한 변제공탁은 채무일부의 변제이기 때문에 채무자(근저당권설정자)는 근저당권의 말소를 청구할 수 없습니다(대법원 1981. 11. 10. 선고 80다2712 판결).

■ 잔금을 수령하기를 거절할 경우 소유권이전등기에 필요한 서류의 교부를 조건으로 잔금을 공탁할 수 있습니까?

Q 乙의 토지에 대하여 甲과 乙은 매매계약을 체결하였고 잔금지급과 동시에 소유권이전등기에 필요한 일체의 서류를 교부하기로 하였습니다. 甲은 乙에게 계약금과 중도금을 지급하고 乙은 이를 수령하였지만, 甲은 잔금을 지급하려고 하지만 乙은 계속하여 잔금을 수령하기를 거절합니다. 甲은 소유권이전등기에 필요한 서류의 교부를 조건으로 잔금을 공탁할 수 있습니까?

A 변제공탁의 목적인 채무가 조건 없는 채무인 경우에는 그 변제 공탁도 조건을 붙일 수 없습니다(대법원 1970. 9. 22. 70다1061 판결). 그러나 채무자(공탁자)가 채권자(피공탁자)에 대한 본래의 청구권에 선이행 또는 동시이행의 항변권을 가지는 경우에는 채권자의 반대급부의 이행을 공탁물 수령의 조건으로 하여 공탁을 할 수 있습니다(대법원 1970. 9. 22. 70다1061 판결). 반대급부 조건부 공탁의 효력 본래의 채권에 붙이지 않은 조건을 붙여서 한 공탁은 채권자가 이를 수락하지 않는 한 조건뿐만 아니라 공탁 그 자체가 무효가 됩니다(대법원 1970. 9. 22. 70다1061 판결). 따라서 매수인 甲의 잔금채무와 매도인 乙의 소유권이전등기이행채무는 특약이 없는 한 동시이행관계에 있으므로, 매수인이 잔금을 변제공탁하면서 소유권이전등기에 필요한 일체의 서류의 교부를 반대급부 조건으로 한 것은 유효합니다.

매도인이 매매계약을 해제하면서 그가 받은 중도금을 변제공탁하였고 매수인이 이를 아무 이의 없이 수령하였다면 이는 공탁의 취지에 따라 수령한 것이 되어 공탁사유에 따른 법률효과가 발생한다(대법원 1980.7.22. 선고 80다1124 판결).

매매계약 해제를 위하여 계약금의 배액인 금원을 변제공탁하고 그 공탁금을 수령한 이상 피공탁자인 원고가 공탁공무원에 대하여 유보를 붙인 환부청구를 한 것이 아닌한 공탁서에 기재된 대로의 공탁원인으로 채무소멸의 효과가 발생하는 것이며, 위 수령 즉시 원고가 피고에게 특단의 유보의 의사표시를 하였다 하여도 위 법률적 효과에 아무런 영향도 미칠 수 없다(대법원 1973.11.13. 선고 72다1777 판결).

■ 채무를 변제하지 못하면 이자가 계속 늘어나는 데 어떻게 해야 합니까?

Q 얼마 전 대부업자로부터 금전을 빌려 사용하던 중 변제기가 되어 돈을 갚으려 하는데, 대부업자는 애초에 약정한 원금과 이자보다 훨씬 많은 금액을 요구하며, 저를 만나주지 않고 연락도 되지 않고 있습니다. 채무를 변제하지 못하면 이자가 계속 늘어나는 데 어떻게 해야 합니까?

A 채권자가 채무변제를 요구하지 않거나 정당한 사유없이 채무변제를 받지 않는다 하여 자동적으로 변제의무가 소멸되는 것이 아니므로, 사채업자의 주소지를 관할하는 법원에 변제하고자 하는 채무금액(이자 및 원금)을 공탁함으로써 사채업자에 대한 채무를 면할 수 있습니다.

특히, 변제기일이 지났음에도 채권자가 변제를 요구하지 않는다는 이유로 채무변제에 소극적일 경우 향후 많은 이자를 부담할 수 있음을 유념해야 합니다.

채권양도의 통지와 가압류 또는 압류명령이 제3채무자에게 동시에 송달되었다고 인정되어 채무자가 채권양수인 및 추심명령이나 전부명령을 얻은 가압류 또는 압류채권자 중 한 사람이 제기한 급부소송에서 전액 패소한 이후에도 다른 채권자가 그 송달의 선후에 관하여 다시 문제를 제기하는 경우 기판력의 이론상 제3채무자는 이중지급의 위험이 있을 수 있으므로, 동시에 송달된 경우에도 제3채무자는 송달의 선후가 불명한 경우에 준하여 채권자를 알 수 없다는 이유로 변제공탁을 함으로써 법률관계의 불안으로부터 벗어날 수 있다(대법원 1994.4.26. 선고 93다24223 전원합의체 판결).

3. 변제공탁의 신청 및 성립

3-1. 변제공탁 신청

3-1-1. 공탁서 제출

① 변제공탁을 하려는 자는 공탁관에게 공탁서 2통을 제출해야 합니다(「공탁규칙」 제 20조제1항).

② 공탁신청은 우편으로 할 수 없습니다[.

③ 변제공탁서 작성 예시는 다음과 같습니다.

[서식 예] 금전 공탁서(변제 등)

공 탁 번 호		년 금 제 호	년 월 일 신청		법령조항	민법 제487조
공 탁 자	성 명 (상호, 명칭)	최 ○ 래	피 공 탁 자	성 명 (상호, 명칭)	김 ○ 영	
	주민등록번호 (법인등록번호)	651007-1111111		주민등록번호 (법인등록번호)	620703-2111111	
	주 소 (본점, 주사무소)	서울시 종로구 수송동 146-1		주 소 (본점, 주사무소)	서울시 종로구 옥인동 55	
	전화번호	(02) 2048-1234		전화번호	(02) 2011-1234	
공 탁 금 액		금삼천만원 30,000,000원	보 관 은 행		○○은행 ○○지점	
공탁원인사실			공탁자는 2010년 1월 11일 피공탁자의 소유인 서울시 종로구 옥인동 55 지상 주택에 대하여 그 매매대금을 80,000,000원으로 하고, 계약금을 10,000,000원으로 하되 중도금 30,000,000원은 지급기일을 2010년 4월 1일로 잔금기일은 2010년 6월 1일로 하는 주택매매계약을 체결하고 그 매매대금을 수령하였으나, 매매대금에 대한 다툼으로 인해 공탁자는 매매계약을 해제통지하고 받은 중도금을 반환하려고 피공탁자를 찾아 갔더니 피공탁자가 위 돈의 수령을 거부하였을 뿐만 아니라 그 뒤로도 수차에 걸친 공탁자의 이행제공을 거절하므로 이를 공탁합니다.		
비고(첨부서류 등)		1. 주택매매계약서 사본 1부 2. 해제통지내용증명 사본 1부 □ 계좌납입신청 3. 주민등록등본 1부				
1. 공탁으로 인하여 소멸하는 질 권, 전세권 또는 저당권 2. 반대급부 내용						
위와 같이 신청합니다. 대리인 주소 전화번호 공탁자 성명 최 ○ 래 인(서명) 성명 인(서명)						
위 공탁을 수리합니다. 공탁금을 년 월 일까지 위 보관은행의 공탁관 계좌에 납입하시기 바랍니다. 위 납입기일까지 공탁금을 납입하지 않을 때는 이 공탁 수리결정의 효력이 상실됩니다. 년 월 일 법원 지원 공탁관 (인)						
(영수증) 위 공탁금이 납입되었음을 증명합니다. 년 월 일 공탁금 보관은행(공탁관) (인)						

[서식 예] 유가증권 공탁서(변제 등)

공 탁 번 호		년 증 제 호		년 월 일 신청	법령조항	민법 제487조
공탁자	성 명 (상호, 명칭)	김 ○ 현	피공탁자	성 명 (상호, 명칭)		최 ○ 래
	주민등록번호 (법인등록번호)	701205-2111110		주민등록번호 (법인등록번호)		651007-1111111
	주 소 (본점, 주사무소)	서울시 성북구 종암동 123-4		주 소 (본점, 주사무소)		서울시 종로구 수송동 146-1
	전화번호	(02) 873-0000		전화번호		(02) 2048-1111

공탁유가증권			공탁원인사실	공탁자이자 채무자인 김○현은 피공탁자이자 채권자 최○래에게 금사천만원을 갚을 날 2010년 8월 10일로 변제방법은 권면액에 해당하는 유가증권으로 하는 채무가 있는바, 공탁자는 갚을 날인 2010년 8월 10일에 위 유가증권을 가지고 피공탁자인 채무자의 주소지에 이르러 수령을 촉구하였으나 그 수령을 거절하였을 뿐만 아니라 그 뒤로도 수차례에 걸쳐 수령을 촉구하였으나 이를 수령하지 아니하므로 왼쪽의 유가증권을 공탁합니다.
명 칭	주택채권	계		
장 수	40	40		
총액면금	40,000,000	40,000,000		1. 공탁으로 인하여 　소멸하는 질권, 　전세권 또는 저당권 2. 반대급부 내용
액면금 기호번호	1,000,000 0101~0140			
부속이표			보 관 은 행	나라 은행 서초 지점
최종 상환기			비 고	1. 주민등록표등본 1부 2. 유가증권 양도증서 1부

위와 같이 신청합니다.　　　　　　　　대리인 주소
　　　　　　　　　　　　　　　　　　　전화번호
　　　공탁자 성명　김 ○ 현 인(서명)　　성명　　　　인(서명)

위 공탁을 수리합니다.
공탁유가증권을　　 년　월　 일까지 위 보관은행의 공탁관 계좌에 납입하시기 바랍니다.
위 납입기일까지 공탁유가증권을 납입하지 않을 때는 이 공탁 수리결정의 효력이 상실됩니다.
　　　　　　　　　　　　　　년　　　　월　　　　일
　　　　　　　　　　　　법원　　　　지원 공탁관　　　　　　　　　　(인)

(영수증) 위 공탁유가증권이 납입되었음을 증명합니다.
　　　　　　　　　　　　　　년　　　　월　　　　일
　　　　　　　　　공탁금 보관은행(공탁관)　　　　　　　　　(인)

[서식 예] 물품 공탁서

공 탁 번 호	년 물 제 호	년 월 일 신청	법령조항	상법 제143조제1항 ·142조제1항

공탁자	성 명 (상호, 명칭)	이 ○ 근	피공탁자	성 명 (상호, 명칭)	이 ○ 팔
	주민등록번호 (법인등록번호)	201-87-00225		주민등록번호 (법인등록번호)	831007-XXXXXXX
	주 소 (본점, 주사무소)	서울시 중구 황학동 125		주 소 (본점, 주사무소)	서울시 종로구 수송동 146-1
	전화번호	(02) 873-1111		전화번호	(02) 2048-1111

공 탁 물 품			공탁 원인 사실	공탁자는 화물운송업체로 서울시 종로구 종로3가 12번지 최○래로부터 수하인이 피공탁자로 된 건어물 70상자를 보관 중인데, 피공탁자에게 이의 수령을 최고하여도 그 수령을 거부하므로 이를 공탁합니다.
명 칭	종 류	수 량		
건어물		20kg들이 70상자		
			1. 공탁으로 인하여 소멸하는 질권, 전세권 또는 저당권 2. 반대급부 내용	
			보 관 자	
			비 고	1. 건어물운송 계약서 사본 1부 2. 주민등록등본 1부

위와 같이 신청합니다.　　　　　　　　　대리인　주소
　　　　　　　　　　　　　　　　　　　　　　　　전화번호
　공탁자 성명　주식회사 형근 운송 인(서명)　성명　　　　　　　　인(서명)

위 공탁을 수리합니다.
공탁물품을　　년　월　일까지 위 보관자에게 납입하시기 바랍니다.
위 납입기일까지 공탁물품을 납입하지 않을 때는 이 공탁 수리결정의 효력이 상실됩니다.
　　　　　　　　　　　　　　　년　　　월　　　일
　　　　　　　　　　　법원　　　지원 공탁관　　　　　　(인)

(영수증) 위 공탁물품이 납입되었음을 증명합니다.
　　　　　　　　　　　　　　　년　　　월　　　일
　　　　　　　　　　　공탁물보관자　　　　　　(인)

④ 공탁서에는 다음의 사항을 적고 공탁자가 기명날인(記名捺印)해야 합니다(「공탁규칙」 제20조제2항 전단). 다만, 대표자나 관리인 또는 대리인이 공탁하는 때에는 대표자나 관리인 또는 대리인의 주소를 적고 기명날인해야 합니다(「공탁규칙」 제20조제2항 후단).

1. 공탁자의 성명(상호, 명칭)·주소(본점, 주사무소)·주민등록번호(법인등록번호)

2. 공탁금액, 공탁유가증권의 명칭·장수·총 액면금(액면금이 없는 경우에는 그 뜻)·기호·번호·부속이표·최종상환기, 공탁물품의 명칭·종류·수량

3. 공탁원인사실

4. 공탁근거법령 조항

  – 변제공탁의 대부분은 「민법」 제487조가 공탁근거법령이 됩니다(출처: 대한민국 법원 전자공탁 사이트, 이용안내, 공탁개요, 공탁근거법령).

  – 「민법」 제487조 외에 변제공탁근거법령은 「민법」 제353조, 「민법」 제443조, 「민법」 제589조, 「공익사업을 위한 토지 등의 취득 및 보상에 관한 법률」 제40조제2항이 있습니다.

5. 피공탁자의 성명(상호, 명칭)·주소(본점, 주사무소)·주민등록번호(법인등록번호)

6. 공탁으로 인하여 질권, 전세권, 저당권이 소멸하는 때는 그 질권, 전세권, 저당권의 표시

7. 반대급부를 받아야 할 경우에는 그 반대급부의 내용

8. 공탁법원의 표시

9. 공탁신청 연월일

3-1-2. 첨부서면 제출

① 자격증명서 등

ⓐ 공탁자가 법인인 경우에는 대표자 또는 관리인의 자격을 증명하는 서면, 법인 아닌 사단이나 재단일 경우에는 정관이나 규약과 대표자 또는 관리인의 자격을 증명하는 서면을 공탁서에 첨부해야 합니다(「공탁규칙」 제21조제1항).

ⓑ 대리인이 공탁하는 경우에는 대리인의 권한을 증명하는 서면을 첨부해야 합니다(「공탁규칙」 제21조제2항).

② 피공탁자의 주소 소명서면

피공탁자의 주소를 표시하는 때에는 그 주소를 소명하는 서면을, 피공탁자의 주소가 불명인 경우에는 이를 소명하는 서면을 첨부해야 합니다(「공탁규칙」 제21조제3항).

3-1-3. 첨부서면 생략

① 같은 사람이 동시에 같은 공탁법원에 여러 건의 공탁을 하는 경우에 첨부서면의 내용이 같을 때에는 1건의 공탁서에 1통만을 첨부하면 됩니다(「공탁규칙」 제22조 전단).

② 첨부서면을 생략하는 경우 다른 공탁서에는 그 뜻을 적어야 합니다(「공탁규칙」 제22조 후단).

3-1-4. 공탁통지서 등 첨부

① 공탁자가 피공탁자에게 공탁통지를 해야 할 경우에는 피공탁자의 수만큼 공탁통지서를 첨부해야 합니다(「공탁규칙」 제23조제1항).

② 공탁통지서를 첨부하는 경우 배달증명을 할 수 있는 우편료를 납입해야 합니다(「공탁규칙」 제23조제2항).

③ 변제공탁서통지서 작성 예시는 다음과 같습니다.

[서식 예] 금전 공탁통지서(변제 등)

공 탁 번 호	년금제 호	년 월 일 신청	법령조항 민법 제487조
공탁자 성 명 (상호, 명칭)	최 ○ 래	**피공탁자** 성 명 (상호, 명칭)	김 ○ 영
주민등록번호 (법인등록번호)	651007-1111111	주민등록번호 (법인등록번호)	620703-2111111
주 소 (본점, 주사무소)	서울시 종로구 수송동 146-1	주 소 (본점, 주사무소)	서울시 종로구 옥인동 55
전화번호	(02) 2048-1111	전화번호	(02) 2011-4444

공 탁 금 액	금삼천만원 30,000,000원	보 관 은 행	○○은행 ○○지점

공탁원인사실	공탁자는 2010년 1월 11일 피공탁자의 소유인 서울시 종로구 옥인동 55 지상 주택에 대하여 그 매매대금을 80,000,000원으로 하고, 계약금을 10,000,000원으로 하되 중도금 30,000,000원은 지급기일을 2010년 4월 1일로 잔금기일은 2010년 6월 1일로 하는 주택매매계약을 체결하고 그 매매대금을 수령하였으나, 매매대금에 대한 다툼으로 인해 공탁자는 매매계약을 해제통지하고 받은 중도금을 반환하려고 피공탁자를 찾아 갔더니 피공탁자가 위 돈의 수령을 거부하였을 뿐만 아니라 그 뒤로도 수차에 걸친 공탁자의 이행제공을 거절하므로 이를 공탁합니다.

비고(첨부서류 등)	1. 주택매매계약서 사본 1부 2. 해제통지내용증명 사본 1부 3. 주민등록등본 1부	□ 계좌납입신청

1. 공탁으로 인하여 소멸하는 질 권, 전세권 또는 저당권 2. 반대급부 내용	

위와 같이 신청합니다.
　　　　　　　　　　　　　　　　　대리인 주소
　　　　　　　　　　　　　　　　　　　　　전화번호
　공탁자 성명 최 ○ 래 인(서명)　성명　　　　　　　　　　인(서명)

위 공탁을 수리합니다.
공탁금을 　년 　월 　일까지 위 보관은행의 공탁관 계좌에 납입하시기 바랍니다.
위 납입기일까지 공탁금을 납입하지 않을 때는 이 공탁 수리결정의 효력이 상실됩니다.
　　　　　　　　　　　　　년 　　　월 　　　　일
　　　　　　　　　　　법원 　지원 공탁관 　　　　　　(인)

(영수증) 위 공탁금이 납입되었음을 증명합니다.
　　　　　　　　　　　　　년 　　　월 　　　　일
　　　　　　　공탁금 보관은행(공탁관)　　　　　　　(인)

[서식 예] 유가증권 공탁통지서

공 탁 번 호		년 증 제 호	년 월 일 신청			법령조항	민법 제487조
공 탁 자	성 명 (상호, 명칭)	김 ○ 현	피 공 탁 자	성 명 (상호, 명칭)		최 ○ 래	
	주 소 (본점, 주사무소)	서울시 성북구 종암동 123-4		주 소 (본점, 주사무소)		서울시 종로구 수송동 146-1	
				주민등록번호 (법인등록번호)		651007-1111111	
공탁유가증권				공탁 원인 사실	공탁자이자 채무자인 김○현은 피공탁자이자 채권자 최○래에게 금사천만원을 갚을 날 2010년 8월 10일로 변제방법은 권면액에 해당하는 유가증권으로 하는 채무가 있는바, 공탁자는 갚을 날인 2010년 8월 10일에 위 유가증권을 가지고 피공탁자인 채무자의 주소지에 이르러 수령을 촉구하였으나 그 수령을 거절하였을 뿐만 아니라 그 뒤로도 수차례에 걸쳐 수령을 촉구하였으나 이를 수령하지 아니하므로 왼쪽의 유가증권을 공탁합니다.		
명 칭	주택채권		계				
장 수	40		40				
총액면금	40,000,000		40,000,000				
액면금 기호번호	1,000,000 0101~0140			1. 공탁으로 인하여 소멸하는 질권, 전세권 또는 저당권 2. 반대급부 내용			
부속이표				보 관 은 행		○○은행 ○○지점	
최종 상환기				비 고		1. 주민등록표등본 1부 2. 유가증권 양도증서 1부	

위와 같이 통지합니다.
공탁자 성명 김 지 현 인(서명)

대리인 주소
성명 법무사 인(서명)

1. 위 공탁유가증권이 년 월 일 납입되었으므로 [별지] 안내문의 구비서류 등을 지참하시고, 우리 법원 공탁소에 출석하여 공탁유가증권 출급청구를 할 수 있습니다.

   귀하가 공탁유가증권 출급청구를 하거나 공탁을 수락한다는 내용을 기재한 서면을 우리 공탁소에 제출하기 전에는 공탁자가 공탁유가증권을 회수할 수 있습니다.

2. 공탁유가증권 출급청구 시 구비서류 등

   ※ [별지] 안내문을 참조하시기 바랍니다.

3. 공탁유가증권에 대하여 이의가 있는 경우에는 공탁유가증권 출급청구를 할 때에 청구서에 이의유보사유(예컨대 "손해배상금 중의 일부로 수령함" 등)를 표시하고 공탁유가증권을 지급받을 수 있으며, 이 경우에는 후에 다른 민사소송 등의 방법으로 권리를 주장할 수 있습니다.

4. 공탁통지서는 재발급 되지 않으므로 잘 보관하시기 바랍니다.

년 월 일 발송
법원 지원 공탁관 (인)
(문의전화 :)

[서식 예] 물품 공탁통지서

공 탁 번 호		년 물 제 호	년 월 일 신 청	법령조항	상법 제143조제1항 ·142조제1항
공 탁 자	성 명 (상호, 명칭)	이 ○ 근	피 공 탁 자	성 명 (상호, 명칭)	이 ○ 팔
	주 소 (본점, 주사무소)	서울시 중구 황학동 125		주 소 (본점, 주사무소)	서울시 종로구 수송동 146-1
				주민등록번호 (법인등록번호)	831007-XXXXXXX

공 탁 물 품			공탁 원인 사실	공탁자는 화물운송업체로 서울시 종로구 종로3가 12 최○래로부터 수하인이 피공탁자로 된 건물물 70상자를 보관 중인데, 피공탁자에게 이의 수령을 최고하여도 그 수령을 거부하므로 이를 공탁합니다.
명 칭	종 류	수 량		
건어물		20kg들이 70상자	1. 공탁으로 인하여 소멸하는 질권, 전세권 또는 저당권 2. 반대급부 내용	
			비 고	1. 건어물운송계약서 사본 1통 2. 주민등록등본 1부

위와 같이 통지합니다.   대리인 주소
　　　공탁자 성명 이○근 인(서명)   성명   인(서명)

1. 위 공탁물품이   년   월   일 납입되었으므로 아래와 같은 구비서류를 지참하시고, 우리 법원 공탁소에 출석하여 공탁물품 출급청구를 할 수 있습니다.

　귀하가 공탁물품 출급청구를 하거나 공탁을 수락한다는 내용을 기재한 서면을 우리 공탁소에 제출하기 전에는 공탁자가 공탁물품을 회수할 수 있습니다.

2. 공탁물품 출급청구시 구비서류 : ①출급청구서 2통, ②공탁통지서, ③인감증명서 1통, ④인감도장,   ⑤신분증

　※ 대리인이 올 경우에는 위 구비서류 ①, ②외에 위임장(본인의 인감도장이 찍힌 것), 본인의 인감증명서, 대리인의 신분증을 지참하여야 합니다.

3. 공탁물품에 대하여 이의가 있는 경우에는 공탁물품 출급청구를 할 때에 청구서에 이의유보사유(예컨대 "손해배상금 중의 일부로 수령함" 등)를 적고 공탁물품을 지급받을 수 있으며, 이 경우에는 후에 다른 민사소송 등의 방법으로 권리를 주장할 수 있습니다.

4. 공탁통지서는 재발급 되지 않으므로 잘 보관하시기 바랍니다.

　　　　　　　　　　　年   月   日   발송

　　　　　　　　　　　법원   지원 공탁관   (직인)

　　　　　　　　　　　(문의전화 :   )

3-2. 변제공탁 성립

공탁관이 공탁신청서를 접수·심사하여 공탁을 수리한 후 공탁자가 공탁물을 납입하면 변제공탁이 성립합니다.

4. 변제공탁의 내용(일부공탁 및 조건부 공탁)

4-1. 변제공탁의 내용

① 변제공탁에 의해 채무소멸의 효과가 생기는 것은 그 공탁이 변제와 동일한 이익을 채권자에게 주기 때문이므로 변제공탁의 내용은 채무의 내용에 따른 것이어야 합니다.

② 즉, 변제공탁이 채무소멸의 원인이 되는 이유는 공탁을 하여 채권자가 공탁물 출급청구권을 취득하게 되기 때문이므로, 변제공탁이 유효하려면 채권자의 공탁물 출급청구권과 본래 채권자가 가지고 있는 채권이 그 권리의 성질과 범위가 동일해야 합니다.

③ 변제공탁의 내용과 관련하여 채무액 일부의 공탁과 공탁물 출급에 조건을 붙인 조건부공탁의 유효여부가 특히 문제됩니다.

4-2. 일부공탁

4-2-1. 일부공탁의 허용 여부

① 채무자가 변제공탁을 하여 그 채무를 면하려면 채무액 전부를 공탁해야 하므로, 일부공탁은 일부의 채무이행이 유효하다고 인정될 수 있는 특별한 사정이 있는 경우를 제외하고는 채권자가 일부공탁을 수락하지 않는 한 채무의 일부 소멸 효과도 주장할 수 없습니다(대법원 1983. 11. 22. 83다카161 판결).

② 예를 들면, 채무자의 채무액이 근저당권을 초과하는 경우에 채무자 겸 근저당권설정자가 그 채무의 일부인 채권최고액과 지연손해금 및 집행비용만을 변제공탁하였다면, 채권전액의 변제가 있을 때까지 근저당권은 잔존채무에 미치는 것이므로 이러한 변제공탁은 채무일부의 변제이기 때문에 채무자(근저당권설정자)는 근저당권의 말소를 청구할 수 없습니다(대법원 1981. 11. 10. 선고 80다2712 판결).

4-2-2. 유효한 일부공탁

그러나 변제공탁 금액이 채무의 총액에 대해 아주 근소하게 부족한 경우에는 그 변제공탁은 신의칙상 유효한 것이라고 봅니다(대법원 1988. 3. 22. 선고 86다카909 판결).

4-2-3. 일부변제의 충당

① 채무금액에 다툼이 있는 채권에 관해 채무자가 채무전액의 변제임을 공탁원인 중에 밝히고 공탁한 경우에 채권자가 그 공탁금을 수령할 때 채권의 일부로서 수령한다는 등 별단의 이의유보 의사표시를 하지 않는 이상 채권전액에 대한 변제공탁의 효력이 인정됩니다(대법원 1983. 6. 28. 선고 83다카88, 89 판결).

② 그러나 채권자가 공탁금을 채권의 일부에 충당한다는 이의유보의 의사표시를 하고 이를 수령한 때에는 그 공탁금은 채권의 일부의 변제에 충당됩니다(대법원 1996. 7. 26. 선고 96다14616 판결).

4-2-4. 일부공탁에 대한 추가공탁

채무자가 채무액의 일부만 변제공탁하였으나 그 후 부족분을 추가로 공탁하였다면 그 때부터는 채무액 전액에 대해 공탁물 수령의 의사표시를 하기 전이라면 추가공탁을 하면서 제1차 공탁 시에 지정된 공탁의 목적인 채무의 내용을 변경하는 것도 허용됩니다(대법원 1991. 12. 27. 선고 91다35670 판결).

4-3. 반대급부 조건부 공탁

4-3-1. 반대급부 조건부 공탁의 허용 여부

① 변제공탁의 목적인 채무가 조건 없는 채무인 경우에는 그 변제 공탁도 조건을 붙일 수 없습니다(대법원 1970. 9. 22. 70다1061 판결).

② 그러나, 채무자(공탁자)가 채권자(피공탁자)에 대해 선이행 또는 동시이행의 항변권을 가지는 경우에만 채권자의 반대급부의 이행을 공탁물 수령의 조건으로 하여 공탁을 할 수 있습니다(대법원 1970. 9. 22. 70다1061 판결).

> **법령용어해설**
>
> ※ "동시이행의 항변권"이란?
> "동시이행의 항변권"이란 공평의 관념과 신의칙에 의해 각 당사자가 부담하는 채무가 서로 대가적 의미를 가지고 관련되어 있을 때 그 이행에 있어서 견련관계를 인정하여 당사자 한쪽 상대방이 채무를 이행하거나 이행의 제공을 하지 않은 채 당사자 어느 한쪽의 채무의 이행을 청구한 때에는 자기의 채무를 거절할 수 있도록 하는 제도입니다(대법원 2006. 6. 9. 선고 2004다24557 판결).

4-3-2. 반대급부 조건부 공탁의 효력

본래의 채권에 붙이지 않은 조건을 붙여서 한 공탁은 채권자가 이를 수락하지 않

는 한 조건뿐만 아니라 공탁 그 자체가 무효가 됩니다(대법원 1970. 9. 22. 70
다1061 판결).

4-3-3. 반대급부 조건부 공탁이 유효한 경우의 예시

① 부동산매매 시 매수인의 잔금채무와 매도인의 소유권이전등기이행채무는 특약이
   없는 한 동시이행관계에 있으므로, 매수인이 잔금을 변제공탁하면서 소유권이전
   등기에 필요한 일체의 서류의 교부를 반대급부 조건으로 한 것은 유효합니다[『민
   법』 제586조 및 『공탁선례2-126』(1990. 8. 28. 발령·시행)].

② 소유권 이외의 권리관계가 없는 부동산에 대해 매매계약을 체결하고 계약금과 중
   도금까지 이행된 후 잔금 지급기일 전에 목적 부동산 위에 근저당권설정등기 및
   압류등기가 이루어진 경우에는 특약이 없는 한 매수인의 잔금 지급의무와 매도인
   의 그 밖의 권리등기의 말소의무와는 동시이행의 관계에 있으므로, 매수인이 잔
   금을 변제공탁하면서 소유권 이외의 권리 일체를 말소할 것을 반대급부 조건으로
   하는 것은 유효합니다(『민법』 제586조 및 『공탁선례2-126』).

③ 채무의 이행확보를 위해 어음을 발행한 경우 그 채무의 이행과 어음의 반환은 동
   시이행관계에 있으므로, 그 채무를 변제공탁하면서 어음의 반환을 반대급부 조건
   으로 한 것은 유효합니다(대법원 1992. 12. 22. 선고 92다8712 판결).

④ 전세권자의 전세목적물 인도의무 및 전세권설정등기말소 이행의무와 전세권 설정
   자의 전세금반환의무는 서로 동시이행의 관계에 있기 때문에, 전세권설정자가 전
   세금을 공탁하면서 전세권말소를 반대급부 조건으로 한 것은 유효합니다[『공탁선
   례1-167』(1991. 3. 19. 법정 제498호)].

⑤ 그 밖에 동시이행관계가 인정되는 사례
   1. 계약해제로 인한 쌍방의 원상회복의무(『민법』 제549조).
   2. 매도인의 담보책임(『민법』 제583조).
   3. 도급인의 손해배상청구권과 수급인의 보수청구권(『민법』 제667조제3항)
   4. 종신정기금계약의 해제(『민법』 제728조)
   5. 가등기담보에서 청산금지급채무와 부동산의 소유권이전등기 및 인도의무(『가등
      기담보 등에 관한 법률』 제4조제3항)
   6. 쌍무계약이 무효로 된 경우의 소유권이전등기 말소의무와 배당금반환의무(대법
      원 1995. 9. 15. 선고 94다55071 판결)
   7. 경매절차가 무효로 된 경우의 소유권이전등기 말소의무와 배당금반환의무(대법
      원 1995. 9. 15. 선고 94다55071 판결)

8. 임대차계약기간이 만료된 경우에 임차인이 임차목적물을 명도할 의무와 임대인이 보증금 중 연체차임 등 해당 임대차에 관해 명도 시까지 생긴 모든 채무를 청산한 나머지를 반환할 의무(대법원 1977. 9. 28. 선고 77다1241, 1242 판결).

4-3-4. 반대급부 조건부 공탁이 무효인 경우의 예시

① 채무변제는 근저당권말소등기와 동시이행관계에 있지 않으므로, 근저당권의 피담보채무를 변제공탁하면서 근저당권설정등기의 말소에 필요한 일체 서류의 교부를 반대급부 조건으로 한 경우 특약이 없는 한 그 공탁은 무효입니다(대법원 1966. 4. 29. 선고 65마210 결정).

② 임대인의 임대차보증금 반환의무와 임차인의 「주택임대차보호법」 제3조의3에 따른 임차권등기 말소의무가 동시이행관계에 있는 것은 아니므로, 임차보증금을 변제공탁하면서 「주택임대차보호법」 제3조의3에 따른 임차권등기 말소를 반대급부 조건으로 공탁할 수 없습니다(대법원 2005. 6. 9. 선고 2005다4529 판결).

③ 채권담보의 목적으로 (근)저당권설정등기, 소유권이전등기, 가등기 및 가등기에 기한 본등기를 한 경우에 채무변제는 각 등기 말소에 앞서는 선이행 의무이므로, 동시이행관계가 성립하지 않습니다.

④ 채무자가 채권전부를 변제한 때에는 채권자에게 채권증서의 반환을 청구할 수 있으나(「민법」 제475조), 채권증서의 반환은 채무변제와 동시이행의 관계에 있는 것은 아니므로 반대급부 조건으로 공탁할 수 없습니다(대법원 2008. 8. 19. 선고 2003다22042 판결).

⑤ 그러나 영수증 교부는 채권증서와 달리 채무변제와 동시이행의 관계에 있으므로 반대급부 조건으로 공탁할 수 있습니다(대법원 2008. 8. 19. 선고 2003다22042 판결 참고).

⑥ 건물명도와 동시이행관계에 있는 임차보증금의 변제공탁을 하는 경우 건물을 명도하였다는 확인서를 첨부할 것을 반대급부 조건으로 붙인 경우 그 변제공탁은 건물명도의 선이행을 조건으로 한 것이라고 볼 수밖에 없으므로 무효입니다(대법원 1991. 12. 10. 91다27594 판결).

⑦ 다만, 건물명도와 임차보증금반환채무는 동시이행의 관계에 있으므로(대법원 1977. 9. 28. 선고 77다1241, 1242 판결) 건물을 명도하였다는 확인서만을 반대급부 조건으로 하여 변제공탁할 수는 없지만, 건물명도를 반대급부 조건으로 한 변제공탁은 유효합니다.

Q 법률상 원인없이 계약보증금으로 금 5,000만원을 수령함으로써 이득을 얻고 이로 인하여 甲에게 손해를 가하여 부당이득반환의무를 지게 된 A군은 甲으로부터 수령한 위 계약보증금을 금융기관에 연1푼의 이율로 예치하여 두었는데 감사원으로부터 그 반환지시를 받기 전에 소외 B가 甲을 채무자, A군을 제3채무자로 하여 위 계약보증금반환채권을 가압류하였습니다.

위와 같이 가압류 등으로 계약보증금을 반환할 수 없었다고 하여 그 기간 동안은 부당이득금에 대한 이자지급채무가 발생하지 않는다거나 그로 인하여 A군이 악의의 수익자로서의 지위에서 벗어난다고 할 수 있는지요?

A 민법 제487조에서는 '채권자가 변제를 받지 아니하거나 받을 수 없는 때에는 변제자는 채권자를 위하여 변제의 목적물을 공탁하여 그 채무를 면할 수 있으며, 변제자가 과실없이 채권자를 알 수 없는 경우에도 같다'라고 하여 변제공탁의 요건과 효과를 규정하고 있습니다.

그리고 채권의 가압류는 제3채무자에 대하여 채무자에게 지급하는 것을 금지하는 데 그칠 뿐 채무 그 자체를 면하게 하는 것이 아니고, 가압류가 있다 하여도 그 채권의 이행기가 도래한 때에는 제3채무자는 그 지체책임을 면할 수 없다고 보아야 할 것입니다 (대법원 1981.9.22.선고 81다253 판결 참조).

판례는 이러한 경우 가압류에 불구하고 제3채무자가 채무자에게 변제를 한 때에는 나중에 채권자에게 2중으로 변제하여야 할 위험을 부담하게 되므로 제3채무자로서는 민법 제487조의 규정에 의하여 공탁을 함으로써 2중변제의 위험에서 벗어나고 이행지체의 책임도 면할 수 있다고 보고 있습니다. 왜냐하면 민법상의 변제공탁은 채무를 변제할 의사와 능력이 있는 채무자로 하여금 채권자의 사정으로 채무관계에서 벗어나지 못하는 경우를 대비할 수 있도록 마련된 제도로서 그 제487조 소정의 변제공탁의 요건인 "채권자가 변제를 받을 수 없는 때"의 변제라 함은 채무자로 하여금 종국적으로 채무를 면하게 하는 효과를 가져다 주는 변제를 의미하는 것이므로 채권이 가압류된 경우와 같이 형식적으로는 채권자가 변제를 받을 수 있다고 하더라도 채무자에게 여전히 2중변제의 위험부담이 남는 경우에는 마찬가지로 "채권자가 변제를 받을 수 없는 때"에 해당한다고 보고 있습니다 (대법원 1994. 12. 13. 선고 93다951 판결).

따라서 제3채무자가 변제공탁에 의하여 그 채무를 면할 길이 있는 점에 비추어 보면 공탁을 하지 아니한 제3채무자 A 군의 경우 보증금반환채권이 가압류되었다거나 원고가 소재불명이어서 보증금을 반환할 수 없었다는 사유만으로는 위 보증금 상당의 부당이득에 관한 이자지급채무가 발생하지 않는다거나 또는 악의의 수익자의 지위에서 벗어나는 것은 아니라고 할 것입니다.

(관련판례)

채무자가 채무액의 일부만을 변제공탁 하였으나 그 후 부족분을 추가로 공탁하였다면 그 때부터는 전 채무액에 대하여 유효한 공탁이 이루어진 것으로 볼 수 있는 것이고, 이 경우 채권자가 공탁물수령의 의사표시를 하기 전이라면 추가공탁을 하면서 제1차 공탁 시에 지정된 공탁의 목적인 채무의 내용을 변경하는 것도 허용될 수 있다 할 것이다(대법원 1991.12.27. 선고 91다35670 판결).

(관련판례)

가. 채권이 이중으로 양도된 경우의 양수인 상호간의 우열은 통지 또는 승낙에 붙여진 확정일자의 선후에 의하여 결정할 것이 아니라, 채권양도에 대한 채무자의 인식, 즉 확정일자 있는 양도통지가 채무자에게 도달한 일시 또는 확정일자 있는 승낙의 일시의 선후에 의하여 결정하여야 할 것이고, 이러한 법리는 채권양수인과 동일 채권에 대하여 가압류명령을 집행한 자 사이의 우열을 결정하는 경우에 있어서도 마찬가지이므로, 확정일자 있는 채권양도 통지와 가압류결정 정본의 제3채무자(채권양도의 경우는 채무자)에 대한 도달의 선후에 의하여 그 우열을 결정하여야 한다.

나. 채권양도 통지, 가압류 또는 압류명령 등이 제3채무자에 동시에 송달되어 그들 상호간에 우열이 없는 경우에도 그 채권양수인, 가압류 또는 압류채권자는 모두 제3채무자에 대하여 완전한 대항력을 갖추었다고 할 것이므로, 그 전액에 대하여 채권양수금, 압류전부금 또는 추심금의 이행청구를 하고 적법하게 이를 변제받을 수 있고, 제3채무자로서는 이들 중 누구에게라도 그 채무 전액을 변제하면 다른 채권자에 대한 관계에서도 유효하게 면책되는 것이며, 만약 양수채권액과 가압류 또는 압류된 채권액의 합계액이 제3채무자에 대한 채권액을 초과할 때에는 그들 상호간에는 법률상의 지위가 대등하므로 공평의 원칙상 각 채권액에 안분하여 이를 내부적으로 다시 정산할 의무가 있다(대법원 1994.4.26. 선고 93다24223 전원합의체 판결).

■ 매도인의 공동상속인들이나 그 상속인들의 상속지분을 구체적으로 알기 어려운 경우, 사망한 매도인을 피공탁자로 한 변제공탁은 유효한지요?

Q 매매계약의 중도금 지급기일을 앞두고 사망한 매도인 甲에게 상속인들이 여러 명이 있고 그 중에는 출가한 딸들도 있을 뿐 아니라 출가하였다가 자식만 남기고 사망한 딸도 있는 등 매수인 乙로서는 매도인의 공동상속인들이나 그 상속인들의 상속지분을 구체적으로 알기 어려웠습니다. 매수인 乙이 중도금 지급기일에 사망한 매도인 甲을 피공탁자로 하여 중도금의 변제공탁을 한 것은 유효한지요?

A 민법 제487조에서는 '채권자가 변제를 받지 아니하거나 받을 수 없는 때에는 변제자는 채권자를 위하여 변제의 목적물을 공탁하여 그 채무를 면할 수 있으며, 변제자가 과실없이 채권자를 알 수 없는 경우에도 같다'라고 하여 변제공탁의 요건과 효과를 규정하고 있습니다.

판례는 "매매계약의 중도금 지급기일을 앞두고 사망한 매도인에게 상속인들이 여러 명이 있고 그 중에는 출가한 딸들도 있을 뿐 아니라 출가하였다가 자식만 남기고 사망한 딸도 있는 등 매수인으로서는 매도인의 공동상속인들이나 그 상속인들의 상속지분을 구체적으로 알기 어렵다면 중도금 지급기일에 사망한 매도인을 피공탁자로 하여 중도금의 변제공탁을 한 것은 민법 제487조 후단에 해당하여 유효하다."고 판시한 바 있습니다 (대법원 1991. 5. 28. 선고 91다3055 판결).

매수인 乙이 중도금 지급기일에 사망한 매도인 甲을 피공탁자로 하여 중도금의 변제공탁을 한 것은 유효한 변제공탁에 해당합니다.

(관련판례)

채권자에 대한 변제자의 공탁금액이 채무의 총액에 비하여 아주 근소하게 부족한 경우에는 당해 변제공탁은 신의칙상 유효한 것이라고 보아야 한다(대법원 1988.3.22. 선고, 86다카909 판결).

(관련판례)

채무금액에 다툼이 있는 채권에 관하여 채무자가 채무전액의 변제임을 공탁원인 중에 밝히고 공탁한 경우 채권자가 그 공탁금을 수령할 때 채권의 일부로서 수령한다는 등 별단의 유보의사표시를 하지 않은 이상 그 수령이 채권의 전액에 대한 변제공탁의 효력을 인정한 것으로 해석함이 상당하다(대법원 1983.6.28. 선고 83다카88,89 판결).

(관련판례)

채무자가 공탁에 의하여 그 채무를 면하려면 채무액 전부를 공탁하여야 하고 일부의 공탁은 그 채무를 변제함에 있어 일부의 제공이 유효한 제공이라고 시인될 수 있는 특별한 사정이 있는 경우를 제외하고는 채권자가 이를 수락하지 않은 한 그에 상응하는 효력을 발생할 수 없는 것이다(대법원 1983.11.22. 선고 83다카161 판결).

(관련판례)

채무의 담보를 위하여 가등기 및 그 가등기에 기한 본등기가 경료된 경우에 채권자는 그 채무변제를 받기 전 또는 받음과 교환으로 그 담보로 된 가등기 및 그 가등기에 기한 본등기를 말소하여야 할 의무는 없다고 할 것이므로, 채권자인 원고가 선급부 또는 동시이행의 의무가 없는데도 채무의 대위변제자가 변제공탁을 함에 있어서 가등기 및 본등기의 말소를 반대급부의 내용으로 하였음은 채무의 본지에 따른 것이라 할 수 없고 원고가 이를 수령하지 않는 한 변제공탁은 채무변제의 효력이 없다 할 것이다(대법원 1982.12.14. 선고 82다카1321,1322 판결).

■ 채무담보를 위하여 경료된 근저당권설정등기, 가등기의 말소등기절차이행 소요서류의 교부를 반대급부로 하여 한 변제공탁의 효력은?

Q 甲은 乙로부터 금 2백만원을 월 3푼 5리, 변제기 1980.1.15.로 정하여 차용하면서 그 담보로 甲 소유의 임야에 관하여 乙 명의로 소유권이전청구권가등기와 근저당권설정등기를 경료하였습니다. 甲은 채무의 변제와 그 등기말소절차의 이행을 교환적으로 구할 수 있는지요?

A 민법 제487조에서는 '채권자가 변제를 받지 아니하거나 받을 수 없는 때에는 변제자는 채권자를 위하여 변제의 목적물을 공탁하여 그 채무를 면할 수 있으며, 변제자가 과실없이 채권자를 알 수 없는 경우에도 같다'라고 하여 변제공탁의 요건과 효과를 규정하고 있습니다. 이러한 공탁을 하는 경우에 채무자(공탁자)가 채권자(피공탁자)에 대해 선이행 또는 동시이행의 항변권을 가지는 경우에만 채권자의 반대급부의 이행을 공탁물 수령의 조건으로 하여 공탁을 할 수 있습니다 (대법원 1970. 9. 22. 70다1061 판결).

다만 판례는 채무담보를 위하여 근저당권설정등기, 가등기 등이 경료되어 있는 경우 그 채무의 변제의무는 그 등기의 말소의무보다 선행되는 것이며, 채무의 변제와 그 등기말소절차의 이행을 교환적으로 구할 수 없으므로, 그 등기의 각 말소등기절차이행에 소요되는 일체의 서류를 교부할 것을 반대급부로 하여 한 변제공탁은 채무의 본지에 따른 것이라 할 수 없다고 판시한 바 있습니다 (대법원 1991. 4. 12. 선고 90다9872 판결).

따라서 甲의 등기의 각 말소등기절차이행에 소요되는 일체의 서류를 교부할 것을 반대급부로 하여 한 변제공탁은 채무의 본지에 따른 것이라 할 수 없다고 할 것입니다.

(관련판례)

채무자의 채무액이 근저당 채권최고액을 초과하는 경우에 채무자 겸 근저당권설정자가 그 채무의 일부인 채권최고액과 지연손해금 및 집행비용만을 변제하였다면 채권전액의 변제가 있을 때까지 근저당권의 효력은 잔존채무에 미치는 것이므로 위 채무일부의 변제로써 위 근저당권의 말소를 청구할 수 없다(대법원 1981.11.10. 선고 80다2712 판결).

(관련판례)

근저당권으로 담보된 채권의 채무자 겸 소유자가 그 채권을 변제공탁함에 있어 근저당권설정등기의 말소에 소멸될 서류일체의 교부를 반대급부로 한 경우에는 특약이 없는 한 위 공탁은 변제의 효력이 없다(대법원 1966.4.29. 자 65마210 결정).

5. 변제공탁의 효과

5-1. 채무의 소멸

① 채무자가 변제공탁을 하여 변제공탁이 성립하면 변제한 것과 동일하게 채무가 소멸됩니다(『민법』 제487조).

② 변제공탁에 따른 채무소멸 시기

변제공탁의 채무소멸의 효과는 공탁관이 공탁을 수리하고 공탁자가 공탁물보관자에게 공탁물을 납입한 때(변제공탁이 성립한 때)에 발생합니다(대법원 1972. 5. 15. 72마401 결정).

③ 공탁물 회수가 있는 경우 채무소멸의 효과

공탁자가 공탁물을 회수하면 공탁한 때로 소급해서 채무소멸의 효과가 발생하지 않는 것으로 됩니다(대법원 1972. 5. 15. 72마401 결정, 대법원 1981. 2. 10. 80다77 판결).

5-2. 이자의 정지

변제공탁을 하면 그 때부터 약정이자 또는 법정이자의 발생이 정지됩니다.

5-3. 담보의 소멸

① 소멸요건

변제공탁이 성립하면 채무가 소멸하므로 그 채무에 수반된 물적담보(질권, 저당권 등)나 인적담보(보증채무 등)도 소멸합니다.

② 공탁물의 회수

ⓐ 변제공탁이 성립해 담보가 소멸하면 채무자는 담보물의 반환, 저당권설정등기의 말소를 청구할 수 있습니다.

ⓑ 변제공탁으로 인해 질권·저당권이 소멸한 때에는 공탁자는 공탁물을 회수할 수 없습니다(『민법』 제489조제2항).

5-4. 공탁물 지급청구권 발생

변제공탁이 성립하면 피공탁자는 공탁소에 대해 공탁물 출급청구권을 취득하고, 공탁자는 공탁물 회수청구권을 취득합니다.

5-5. 공탁물 소유권 이전

① 소유권 이전시기

공탁물의 소유권이 피공탁자에게 이전되는 시기는 공탁물에 따라 다릅니다.

② 공탁물이 금전 등인 경우

공탁물이 금전, 그 밖의 소비물인 경우에는 소비임치가 성립하므로(「민법」 제702조), 공탁물의 소유권은 공탁 성립 시에 일단 공탁소가 취득하였다가 그 후에 피공탁자가 공탁소로부터 동종, 동질, 동량의 물건을 수령한 때에 피공탁자가 공탁물의 소유권을 공탁소로부터 취득합니다.

③ 공탁물이 동산인 경우

공탁물이 동산인 경우 공탁소가 공탁물의 소유권을 취득하는 것이 아니라 공탁자로부터 피공탁자에게 직접 공탁물의 소유권이 이전된다고 보아야 하므로, 동산인 공탁물은 공탁자가 공탁소로부터 동산을 인도받은 때에 피공탁자가 공탁물의 소유권을 공탁자로부터 직접 취득합니다.

■ 채권자가 채무의 수액뿐만 아니라 그 내용에 대해서도 이의를 유보한 채 공탁금을 수령한 경우에는 일부 변제로 유효한지요?

Q 甲은 1992. 9. 18. 甲과 乙 간의 이 사건 계약이 해제되었음을 원인으로 한 부당이득반환 채무금으로 공탁을 하였습니다. 그런데 乙은 손해배상채무금으로 수령한다는 이의를 유보하며 이를 수령하였습니다. 하지만 乙의 甲에 대한 손해배상채무는 인정되지 않는 상황이었습니다. 乙의 공탁금 수령으로 甲의 공탁원인대로의 부당이득반환채무의 일부 소멸의 효과가 발생하는지요? 아니면 손해배상채무의 일부변제로서 유효하다고 할 수 있는지요?

A 민법 제487조에서는 '채권자가 변제를 받지 아니하거나 받을 수 없는 때에는 변제자는 채권자를 위하여 변제의 목적물을 공탁하여 그 채무를 면할 수 있으며, 변제자가 과실없이 채권자를 알 수 없는 경우에도 같다'라고 하여 변제공탁의 요건과 효과를 규정하고 있습니다.

판례는 "변제공탁이 유효하려면 채무 전부에 대한 변제의 제공 및 채무전액에 대한 공탁이 있음을 요하고 채무전액이 아닌 일부에 대한 공탁은 그 부분에 관하여서도 효력이 생기지 않으나, 채권자가 공탁금을 채권의 일부에 충당한다는 유보의 의사표시를 하고 이를 수령한 때에는 그 공탁금은 채권의 일부의 변제에 충당된다 할 것이다. 그러나 단순히 채권액에 관한 다툼이 있는 것이 아니라 채무의 성질에 관하여도 다툼이 있어 이를 유보하여 공탁원인 사실과 다른 손해배상채무금으로서 이를 수령한 이상 공탁원인대로의 부당이득반환채무의 일부 소멸의 효과가 발생하지 않음은 당연하다 할 것이고, 공탁금을 수령함에 있어 유보한 취지대로 乙의 甲에 대한 손해배상채무가 인정되지도 않는 이상 위 공탁의 하자가 치유되어 위 공탁이 손해배상채무의 일부 변제로서 유효하다고 할 수도 없다 할 것이다." 라고 판시한 바 있습니다 (대법원 1996. 7. 26. 선고 96다14616 판결).

따라서 乙의 공탁금 수령으로 甲의 공탁원인대로의 부당이득반환채무의 일부 소멸의 효과가 발생하지 않고, 또한 손해배상채무의 일부변제로서 유효하다고 할 수 없습니다. 따라서 乙의 위 공탁금 수령은 법률상 원인 없는 것이 되고 이로 인하여 甲은 위 공탁금을 회수할 수 없게 됨으로써 동액 상당의 손해를 입었다 할 것이므로 乙은 甲에게 위 출급한 공탁금을 반환하여야 할 것입니다.

(관련판례)

피공탁자가 공탁자에 대하여 가지고 있는 별도 채권의 채무명의에 기하여 공탁자의 공탁물 회수청구권을 압류 및 전부받아 그 집행으로 공탁물을 회수한 경우에는 공탁으로 인한 채권소멸의 효력은 소급하여 소멸된다(대법원 1981.2.10. 선고 80다77 판결).

■ **변제공탁에 있어서 피공탁자가 아닌 사람이 피공탁자를 상대로 공탁물출급청구권 확인판결을 받은 경우에 직접 공탁물출급청구를 할 수 있는지요?**

Q "A는 甲과 乙에게 220,428,536원 및 이에 대하여 이 판결 확정일 다음날부터 완제일까지 연 5%의 비율에 의한 금원을 지급하라."는 판결이 선고되었고, 위 판결이 그대로 확정되었으며, A는 위 판결 원리금을 甲과 乙에게 지급하려 하였으나 甲과 乙 사이에 분쟁이 생겨 그 수령을 거부당하자 2004. 1. 7. 청주지방법원 충주지원 공탁공무원에게 甲과 乙을 피공탁자로 하여 위 판결 원리금 221,435,038원을 변제공탁하였습니다. 이에 甲은 자신의 조세채권이 乙 구상금채권보다 우선한다고 주장하면서 乙 상대로 공탁금출급청구권의 확인을 구할 수 있는지요?

A 민법 제487조에서는 '채권자가 변제를 받지 아니하거나 받을 수 없는 때에는 변제자는 채권자를 위하여 변제의 목적물을 공탁하여 그 채무를 면할 수 있으며, 변제자가 과실없이 채권자를 알 수 없는 경우에도 같다'라고 하여 변제공탁의 요건과 효과를 규정하고 있습니다.

판례는 변제공탁의 공탁물출급청구권자와 관련하여 "변제공탁의 공탁물출급청구권자는 피공탁자 또는 그 승계인이고 피공탁자는 공탁서의 기재에 의하여 형식적으로 결정되므로, 실체법상의 채권자라고 하더라도 피공탁자로 지정되어 있지 않으면 공탁물출급청구권을 행사할 수 없다. 따라서 피공탁자 아닌 제3자가 피공탁자를 상대로 하여 공탁물출급청구권 확인판결을 받았더라도 그 확인판결을 받은 제3자가 직접 공탁물출급청구를 할 수는 없고, 수인을 공탁금에 대하여 균등한 지분을 갖는 피공탁자로 하여 공탁한 경우 피공탁자 각자는 공탁서의 기재에 따른 지분에 해당하는 공탁금을 출급청구할 수 있을 뿐이며, 비록 피공탁자들 내부의 실질적인 지분비율이 공탁서상의 지분비율과 다르다고 하더라도 이는 피공탁자 내부간에 별도로 해결해야 할 문제이다."라고 판시한 바 있습니다 (대법원 2006. 8. 25. 선고 2005다67476 판결).

따라서 A가 확정판결에 따라 甲과 乙을 피공탁자(지분 각 1/2)로 하여 판결에서 지급을 명한 금액을 변제공탁한 경우, 甲과 乙은 각자 위 공탁금의 1/2 지분에 해당하는 공탁금을 출급청구할 수 있을 뿐이고, 각자의 지분을 초과하는 지분에 대하여는 甲과 乙이 피공탁자로 지정되어 있지 않으므로 초과지분에 대하여 상대방을 상대로 공탁금출급청구권의 확인을 청구할 수 없다고 할 것입니다.

(관련판례)

변제공탁은 공탁공무원의 수탁처분과 공탁물보관자의 공탁물수령으로 그 효력이 발생하여 채무소멸의 효과를 가져오는 것이고 채권자에 대한 공탁통지나 채권자의 수익의 의사표시가 있는 때에 공탁의 효력이 생기는 것이 아니다(대법원 1972.5.15. 자 72마401 결정).

■ 채권자 또는 변제수령권자가 누구인지 알 수 없는 경우의 변제방법으로 변제공탁이 가능한지요?

Q 甲은 乙로부터 금 1억 원을 이자는 연10%로 하며 채권양도를 금지한다는 약정을 하여 차용하였습니다. 그러나 乙은 위 대여금채권을 丙에게 양도하였고, 丙의 채권자인 丁의 신청에 의해 위 대여금채권에 가압류 결정이 내려졌습니다. 이후 양수인 丙은 채무자 甲에게 2달의 기간을 정하여 반환을 최고하였는데, 甲은 위 대여금계약상 채권자인 乙과 양수인 丙, 가압류권자 丁 중 누구에게 변제해야 하는지 알 수 없어 변제를 못하고 있습니다. 甲은 지연손해금의 부담을 덜기 위해 빨리 변제를 하고자 하는데 어떻게 해야 하나요?

A 민법 제487조는 변제자가 과실 없이 채권자를 알 수 없는 경우에도 변제자는 채권자를 위하여 변제의 목적물을 공탁하여 그 채무를 면할 수 있다고 규정하고 있습니다. 여기서 '변제자가 과실 없이 채권자를 알 수 없는 경우'라 함은 객관적으로 채권자 또는 변제수령권자가 존재하고 있으나 채무자가 선량한 관리자의 주의를 다하여도 채권자가 누구인지를 알 수 없는 경우를 말합니다.대법원은 채권양도금지특약에 반하여 채권양도가 이루어진 경우, 그 양수인이 양도금지특약이 있음을 알았거나 중대한 과실로 알지 못하였던 경우에는 채권양도는 효력이 없게 되고, 반대로 양수인이 중대한 과실 없이 양도금지특약의 존재를 알지 못하였다면 채권양도는 유효하게 되어 채무자로서는 양수인에게 양도금지특약을 가지고 그 채무이행을 거절할 수 없게 되어 양수인의 선의, 악의 등에 따라 양수채권의 채권자가 결정되는바, 이와 같이 양도금지의 특약이 붙은 채권이 양도된 경우에 양수인의 악의 또는 중과실에 관한 입증책임은 채무자가 부담하지만, 그러한 경우에도 채무자로서는 양수인의 선의 등의 여부를 알 수 없어 과연 채권이 적법하게 양도된 것인지에 관하여 의문이 제기될 여지가 충분히 있으므로 특별한 사정이 없는 한 민법 제487조 후단 의 채권자 불확지를 원인으로 하여 변제공탁을 할 수 있다고 판시한바 있습니다.위 사안의 경우 乙은 채권양도금지특약에 반하여 소정의 절차를 거치지 않고 丙에게 위 대여금채권을 양도하였는데, 丙의 채권자인 丁이 위 채권에 대하여 가압류 결정을 받았는데 채무자 甲에게 양수인인 丙의 악의 또는 중과실에 관해 입증하여 丙의 청구에 대항할 수 있는 것은 별론으로 하더라도 진정한 채권자가 누구인지 판단하여야 할 주의의무를 부담한다고 볼 수 없으므로 민법 제487조 후단의 채권자 불확지를 원인으로 하는 변제공탁사유가 발생하였다고 할 것이므로 甲은 법원에 피공탁자를 乙, 丙으로 하여 대여원리금 및 공탁일까지의 지연손해금을 공탁하면 위 대여금채무에서 벗어날 수 있습니다.

Q 甲은 乙에게 상가를 임대하면서 계약기간이 만료된 후 乙이 甲으로부터 받아갈 임차보증금반환채권은 제3자에게 양도하지 못하도록 약정하였는데, 乙은 丙에게 甲에 대한 위 임차보증금반환채권을 양도하고 그 채권양도를 甲에게 내용증명우편으로 통지하였습니다. 그런데 乙은 다시 위 채권양도를 철회한다는 통지를 보내왔으나 丙의 동의여부는 확인되지 않았으며, 또한 乙의 임차보증금반환채권에 대하여 丁의 가압류와 戊의 압류 및 추심명령이 경합되어 있습니다. 이 경우 채권자가 누구인지 알 수 없는 것을 원인으로 한 변제공탁과 압류로 인한 집행공탁을 함께 할 수 있는지요?

A 채권자가 누구인지 알 수 없는 것을 원인으로 한 변제공탁에 관하여 「민법」제487조 후단은 "변제자가 과실 없이 채권자를 알 수 없는 경우에도 변제의 목적물을 공탁하여 그 채무를 면할 수 있다."라고 규정하고 있습니다.

그리고 채권이 압류된 경우 제3채무자의 집행공탁에 관하여 민사집행법 제248조 제1항은 "제3채무자는 압류에 관련된 금전채권의 전액을 공탁할 수 있다."라고 하여 채권을 압류한 경우에 제3채무자는 압류채권액 상당액 또는 전액을 공탁하여 채무를 면할 수 있도록 규정하고 있습니다.

판례는 "특정 채권에 대하여 채권양도의 통지가 있었으나 그 후 통지가 철회되는 등으로 채권이 적법하게 양도되었는지 여부에 관하여 의문이 있어 민법 제487조 후단의 채권자불확지를 원인으로 하는 변제공탁 사유가 생기고, 그 채권양도 통지 후에 그 채권에 관하여 채권가압류 또는 채권압류 결정이 내려짐으로써 민사집행법 제248조 제1항의 집행공탁의 사유가 생긴 경우에, 채무자는 민법 제487조 후단 및 민사집행법 제248조 제1항을 근거로 하여 채권자불확지를 원인으로 하는 변제공탁과 압류 등을 이유로 하는 집행공탁을 아울러 할 수 있고, 이러한 공탁은 변제공탁에 관련된 채권양수인에 대하여는 변제공탁으로서의 효력이 있고, 집행공탁에 관련된 압류채권자 등에 대하여는 집행공탁으로서의 효력이 있다고 할 것이나(대법원 2008.1.17. 선고 2006다56015 판결), 채권양도 등과 종전 채권자에 대한 압류가 경합되었다고 하여 항상 채권이 누구에게 변제되어야 하는지 과실 없이 알 수 없는 경우에 해당하는 것은 아니고, 설령 그렇게 볼 사정이 있다고 하더라도 공탁은 공탁자가 자기의 책임과 판단 하에 하는 것으로서, 채권양도 등과 압류가 경합된 경우에 공탁자는 나름대로 누구에게 변제를 하여야 할 것인지를 판단하여 그에 따라 변제공탁이나 집행공탁 또는 혼합공탁을 선택하여 할 수 있는 것이다(대법원 2005.05.26. 선고 2003다12311 판결)." 라고 하였습니다.

또한 판례는 "제3채무자가 채권양도 및 압류경합을 공탁사유로 공탁을 하면서 피공탁자 내지 채권자 불확지(不確知)의 취지를 기재하지 않고 공탁근거조문으로 구 민사소송법(2002. 1. 26. 법률 제6626호로 전문 개정되기 전의 것) 제581조 제1항{"금전채권에 관하여 배당요구의 송달을 받은 제3채무자는 채무액을 공탁할 권리가 있다."는 취지의 규정}만을 기재한 경우에는 변제공탁으로서의 효과는 없다."라고 하였습니다(대법원 2005. 5. 26. 선고 2003다12311 판결).

따라서 甲은 채권자가 누구인지 알 수 없는 것을 원인으로 한 변제공탁사유와 압류로 인한 집행공탁사유가 동시에 발생된 경우라고 보여지므로 변제공탁과 집행공탁을 함께 즉, 혼합공탁(混合供託)을 하는 것이 보다 안전할 것으로 보입니다.

■ 소송비용확정결정에 따라 집행력의 배제를 구하기 위한 변제공탁의 정도는?

Q 소송비용확정결정의 소송비용액과 그 지연손해금을 모두 변제공탁하였다면, 경매 수수료등의 일부 집행비용은 포함되지 아니한 공탁이었다 하더라도 소송비용확정결정의 집행력의 배제를 구할 수 있나요?

A 민사소송법 제513조 제1항에 의하여 강제집행에 필요한 비용은 채무자의 부담으로 하고 그 집행에 의하여 변상받는 것이고 이와 같은 집행비용은 별도의 채무명의 없이 그 집행의 기본이 되는 당해 채무명의에 터잡아 당해 강제집행절차에서 그 채무명의에 표시된 채권과 함께 추심할 수 있는 것이므로 청구이의 사건에 있어서 채무명의에 표시된 본래의 채무가 변제나 공탁에 의하여 소멸되었다고 하여도 채무자가 변상하여야 할 집행비용이 상환되지 아니한 이상 당해 채무명의의 집행력 전부의 배제를 구할 수는 없는 것이라고 보아야 할 것이라는 것이 판례의 태도이므로 (대법원 1989. 9. 26. 선고 89다2356, 89다카12121 판결), 집행비용이 소송비용확정결정에 포함된 채무 그 자체는 아니라고 할 것이지만 소송비용확정결정의 집행력의 배제를 소구하기 위해서는 원고가 변제하여야 할 집행비용까지 아울러 변제하여야 할 것입니다. 따라서 귀하의 경우에는 집행력의 배제를 구할 수 없습니다.

6. 변제공탁물의 출급절차

6-1. 공탁물의 출급의 의의

"공탁물의 출급"이란 공탁물 출급청구권자인 피공탁자 등의 청구에 의해 공탁의 본래 목적에 따라 피공탁자 등에게 공탁물을 지급하는 것을 말합니다.

6-2. 변제공탁물 출급청구권자

변제공탁물 출급청구권자는 피공탁자와 그 승계인입니다.

6-3. 변제공탁물 출급청구 절차

6-3-1. 공탁물출급청구서 제출

① 공탁물을 출급하려는 자는 공탁관에게 공탁물 출급청구서 2통을 제출해야 합니다 (「공탁규칙」 제32조제1항).

② 변제공탁물 출급청구서의 작성 예시는 다음과 같습니다.

[서식 예] 공탁금 출급 청구서

공 탁 번 호		년 금 제 호	공 탁 금 액	금삼천만원정
				30,000,000원

공 탁 자	성 명 (상호, 명칭)	최 ○ 래	피 공 탁 자	성 명 (상호, 명칭)	김 ○ 영
	주민등록번호 (법인등록번호)	651007-1111111		주민등록번호 (법인등록번호)	620703-2111111

청구 내역	청구금액	이자의 청구기간	이자 금액	합계금액	비 고
	금삼천만원정	2010△△.△.△△~ 20○○.○.○○	한글	한글	
	30,000,000원		숫자	숫자	

보 관 은 행	○○은행 ○○지점
청구 및 이의유보 사 유	공탁을 수락하고 출급청구합니다.
비고(첨부서류 등)	1. 공탁통지서 1부 2. 인감증명서 1부 3. 반대급부영수증 1부 계좌입금신청 계좌번호 나라은행 577-○○-1104820 김○영

위와 같이 청구합니다.
　　　　　　　　　　　　　　　　　년　　　　월　　　　일

청구인 주소 서울시 종로구 옥인동 55　　　대리인 주소
　　　　주민등록번호 620703-2111111
　　　　(사업자등록번호)　　　　　　　　성명　　　　　　　　　인(서명)
　　　　　　　　　　　　　　　　　　　　성명　　　　김 ○ 영 인(서명)

위 청구를 인가합니다.
　　　　　　　　　　　　　　　　　년　　　　월　　　　일

　　　　　　　　　　　법원　　　지원 공탁관　　　　　　　　(인)

위 공탁금과 공탁금 이자(공탁금 출급·회수청구서 1통)를 수령하였습니다.
　　　　　　　　　　　　　　　　　년　　　　월　　　　일
　　　　　　　　수령인(청구인 또는 대리인) 성명　　　　　　　　(인)

[서식 예] 공탁유가증권 출급 청구서(유가증권)

공 탁 번 호		년 증 제 호				
공 탁 자	성 명 (상호, 명칭)	김 ○ 현	피 공 탁 자	성 명 (상호, 명칭)	최 ○ 래	
	주민등록번호 (법인등록번호)	701205-2111110		주민등록번호 (법인등록번호)	651007-1111111	

청구내역	명 칭	장 수	총 액면금	액면금, 기호, 번호	비 고
	주택채권	50	50,000,000	1,000,000 0101~0150	

보 관 은 행	○○은행 ○○지점
청구 및 이의유보 사 유	공탁을 수락하고 출급청구합니다.
비고(첨부서류 등)	1. 공탁통지서 1부 2. 인감증명서 1부 3. 반대급부영수증 1부

위와 같이 청구합니다.

　　　　　　　　　　　　　　　　　년　　　　월　　　　일

청구인 주소 서울시 성북구 종암동 123-4 대리인 주소 서울시 서초구 서초동 23번지

　　　　주민등록번호 701205-2111110

　　　　(사업자등록번호)　　　　　　　　　성명　법무사 김 탁 구 인(서명)

　　　　　　　　　　　　　　　　　　　　　성명　　　　김 ○ 현 인(서명)

위 청구를 인가합니다.

　　　　　　　　　　　　　　　　　년　　　　월　　　　일

　　　　　　　　　　　　법원　　지원　공탁관　　　　　　(인)

위 유가증권과 그 이표(공탁유가증권출급·회수청구서 1통)를 수령하였습니다.

　　　　　　　　　　　　　　　　　년　　　　월　　　　일

　　　　수령인(청구인 또는 대리인) 성명　　　　　　　　(인)

[서식 예] 공탁물품 출급 청구서(이의유보)

공 탁 번 호	년 금 제 호	공 탁 금 액	한글
			숫자

공 탁 자	성 명 (상호, 명칭)		피 공 탁 자	성 명 (상호, 명칭)	
	주민등록번호 (법인등록번호)			주민등록번호 (법인등록번호)	

청구 내역	청구금액		이자의 청구기간	이자 금액	합계금액	비 고
	한글			한글	한글	
	숫자			숫자	숫자	

보 관 은 행	○○은행 ○○지점
청구 및 이의유보 사 유	
비고(첨부서류 등)	

위와 같이 청구합니다.

년   월   일

청구인 주소   대리인 주소
        주민등록번호
        (사업자등록번호)   성명   인(서명)
                                    성명   인(서명)

위 청구를 인가합니다.

년   월   일
법원   지원   공탁관   (인)

위 공탁금과 공탁금 이자(공탁금 출급.회수청구서 1통)를 수령하였습니다.
년   월   일
수령인(청구인 또는 대리인) 성명   (인)

6-3-2. 첨부서류 제출

① 공탁통지서

공탁물을 출급하려는 자는 공탁물 출급청구서에 공탁관이 발송한 공탁통지서를 첨부해야 합니다(「공탁규칙」 제33조제1호 본문). 다만, 다음 중 어느 하나에 해당하는 경우에는 공탁통지서를 첨부하지 않아도 됩니다(「공탁규칙」 제33조제1호 단서).

1. 청구인이 자연인이거나 법인으로서 출급청구하는 공탁금액이 5,000만원 이하 (유가증권의 총 액면금액이 5,000만원 이하인 경우를 포함)인 경우

2. 청구인이 관공서이거나 법인 아닌 사단이나 재단으로서 공탁금액이 1,000만원 이하인 경우

3. 공탁서나 이해관계인의 승낙서를 첨부한 경우

4. 강제집행이나 체납처분에 따라 출급청구를 하는 경우

5. 공탁통지서를 발송하지 않았음이 인정되는 경우

② 공탁물 출급청구권 증명서면

공탁물을 출급하려는 자는 공탁물 출급청구서에 출급청구권 증명서면을 첨부해야 합니다(「공탁규칙」 제33조제2호 본문). 다만, 공탁서 기재 내용에 공탁물을 출급하려는 자에게 출급권이 있는 사실이 명백히 기재된 경우에는 출급청구권 증명서면을 제출하지 않아도 됩니다(「공탁규칙」 제33조제2호 단서).

③ 확지 변제공탁의 경우

피공탁자를 확정적으로 지정한 일반적인 변제공탁의 경우에는 공탁서나 공탁통지서 기재 사실에 의해 공탁물 출급청구권자와 출급청구권의 발생 및 그 범위를 알 수 있으므로 원칙적으로 별도의 출급청구권 증명서면을 제출할 필요가 없습니다.

④ 상대적 불확지 변제공탁

ⓐ 상대적 불확지 변제공탁의 경우에는 공탁서만으로는 피공탁자가 특정되지 않으므로 공탁물 출급청구를 하려는 자가 '자신이 피공탁자임을 증명하는 서류'를 첨부해야 합니다.

ⓑ 상대적 불확지 변제공탁에서 피공탁자임을 증명하는 서류

상대적 불확지 변제공탁에서 공탁물 출급청구를 하려는 자가 제출해야 하는 피공탁자임을 증명하는 서류는 다음과 같습니다.

1) 피공탁자 사이에 권리의 귀속에 관하여 분쟁이 없는 경우에는 다른 피공탁자의 승낙서(인감증명서 또는 본인서명사실확인서 첨부) 또는 협의성립서를 첨부하여 출급청구할 수 있습니다.

2) 피공탁자 사이에 권리의 귀속에 관하여 분쟁이 있는 경우에는 피공탁자사이에 어느 일방에게 출급청구권이 있음을 증명하는 내용의 확정판결(조정조서, 화해조서 포함)을 첨부하여 출급청구할 수 있습니다.

3) 피공탁자 전원이 공동으로 출급청구를 하는 경우에는 출급청구서 기재에 의하여 상호 승낙이 있는 것으로 볼 수 있으므로 별도의 서면을 제출하지 않아도 됩니다.

4) 공탁자의 승낙서나 공탁자 또는 국가를 상대로 한 판결 등은 출급청구권이 있음을 증명하는 서면으로 볼 수 없습니다.

⑤ 절대적 불확지 변제공탁의 경우

채권자가 누구인지 전혀 알 수 없어 절대적 불확지 변제공탁을 한 경우에 공탁자가 나중에 피공탁자를 알게 된 때에는 그를 피공탁자로 지정하는 공탁서정정신청을 하도록 하여 피공탁자가 공탁물을 출급청구할 수 있게 할 수 있지만, 공탁자가 이에 응하지 않을 경우에는 공탁자를 상대로 하여 공탁물에 대한 출급청구권이 자기에게 있다는 확인판결(화해, 조정조서 등)을 받은 자가 그 판결정본 및 확정증명서를 출급청구권을 증명하는 서면으로 첨부하여 공탁물을 직접 출급청구할 수 있습니다(대법원 1997. 10. 16. 선고 96다11747 판결).

⑥ 반대급부이행 증명서면

ⓐ 공탁물을 출급하려는 자는 공탁물 출급청구서에 반대급부이행 증명서면을 첨부해야 합니다(「공탁규칙」 제33조제3호).

ⓑ 공탁자와 피공탁자 사이에 서로 상대방이 그 채무이행을 제공할 때까지 자기의 채무 이행을 거절할 수 있는 동시이행의 관계에 있는 경우에는 쌍방간의 공평을 기하기 위해 공탁자는 피공탁자가 이행해야 할 반대급부의 내용을 공탁서에 적고 변제공탁을 할 수 있습니다.

ⓒ 이는 변제공탁의 특유한 기재사항으로 반대급부의 내용이 공탁서에 기재된 때는 피공탁자는 반대급부가 있었음을 증명하는 서면을 첨부해야 공탁물을 수령할 수 있게 됩니다(「공탁법」 제10조, 「공탁규칙」 제33조제3호).

⑦ 반대급부 이행의 상대방

ⓐ 반대급부이행의 상대방은 채무자(공탁자)이고, 공탁물 출급청구서에 「공탁법」 제10조의 반대급부이행 증명서면을 첨부하도록 되어 있으므로 반대급부의 목적물을 직접 공탁관에게 이행할 수는 없습니다.

ⓑ 다만, 공탁물을 수령하려고 하는 사람이 공탁자에게 공탁서에 기재된 반대급부의 이행을 제공하였으나 공탁자가 그 수령을 거절하는 때에는 그 반대급부를 변제공탁하고 공탁관으로부터 교부받은 공탁서를 반대급부 이행증명서면으로 첨부하여 공탁물 출급청구를 할 수 있습니다.

※ 반대급부 이행증명서면의 예시

① 반대급부 이행증명서면으로 공탁자의 서면, 판결문, 공정증서, 그 밖의 관공서에서 작성한 공문서 등을 들 수 있습니다(「공탁법」 제10조, 「공탁규칙」 제33조제3호).

- "공탁자의 서면"이란 반대급부를 수령하였다는 공탁자 작성 반대급부영수증 또는 반대급부채권포기서 또는 반대급부 면제서 등을 말합니다.

② 공탁자의 서면에는 인감을 찍고 인감증명서를 첨부해야 합니다.

- "판결문"이란 반대급부 이행사실이나 반대급부 채권포기 또는 반대급부 면제가 판결의 주문 또는 이유 중에 명백히 기재된 판결문 등을 말합니다.

③ 판결은 확인판결, 이행판결, 형성판결을 불문하나 확정된 판결이어야 하므로 미확정의 가집행선고부 판결의 판결문은 위의 판결문에 해당되지 않습니다.

- "공정증서"란 반대급부 이행사실이나 반대급부 채권포기 또는 반대급부 면제 등이 기재된 공증인이나 공증인가 합동법률사무소 또는 법무법인에서 작성한 문서를 말합니다.

- "그 밖의 관공서에서 작성한 공문서 등"이란 공문서 또는 관공서가 사문서 내용의 진정을 증명한 서면을 말합니다.

④ 반대급부 목적물을 내용증명 및 배달증명 우편으로 발송한 경우의 내용증명 및 배달증명], 반대급부 목적물을 변제공탁한 경우의 물품공탁서등이 이에 해당합니다.

⑧ 인감증명서

공탁물 출급청구를 하려는 사람은 공탁물 출급청구서 또는 위임에 따른 대리인의 권한을 증명하는 서면에 찍힌 인감의 인감증명서를 제출해야 합니다(「공탁규칙」 제37조제1항).

6-4. 변제공탁물 출급의 효과

① 공탁 종료

공탁물 출급으로 공탁은 본래의 목적을 달성하여 종료하며, 피공탁자의 공탁물 출급청구권은 물론 공탁자의 회수청구권도 소멸합니다.

② 부적법 공탁의 하자 치유

피공탁자가 이의유보(異議留保) 의사표시를 하지 않고 공탁을 수락하여 공탁물 출급청구를 하였다면 원칙적으로 공탁서에 기재된 공탁자의 주장을 다툴 수 없게 되고 공탁의 무효를 주장할 수도 없게 되므로, 형식적 요건이나 실체적 요건의 흠이 있는 공탁일지라도 특별한 사정이 없는 한 그 흠이 치유되어 유효한 공탁이 됩니다.

■ 수표부도 후 변제공탁 한 경우 부정수표단속법 위반으로 처벌받는지요?

Q 저는 당좌수표 2매를 발행하여 甲에게 교부하였으나 지급기일에 무거래로 부도를 냈습니다. 이에 「부정수표단속법」 위반혐의로 검찰조사를 받던 중 위 수표의 액면금액 상당의 돈을 수표소지인 앞으로 변제공탁 하였고 수표소지인이 이를 수령하였습니다. 이 경우에도 「부정수표단속법」 위반으로 처벌받는지요?

A 「부정수표단속법」 제2조는 "① 다음 각 호의 어느 하나에 해당하는 부정수표를 발행하거나 작성한 자는 5년 이하의 징역 또는 수표금액의 10배 이하의 벌금에 처한다. 1. 가공인물의 명의로 발행한 수표 2. 금융기관(우체국을 포함한다. 이하 같다)과의 수표계약 없이 발행하거나 금융기관으로부터 거래정지처분을 받은 후에 발행한 수표 3. 금융기관에 등록된 것과 다른 서명 또는 기명날인으로 발행한 수표 ② 수표를 발행하거나 작성한 자가 수표를 발행한 후에 예금부족, 거래정지처분이나 수표계약의 해제 또는 해지로 인하여 제시기일에 지급되지 아니하게 한 경우에도 제1항과 같다. ③ 과실로 제1항과 제2항의 죄를 범한 자는 3년 이하의 금고 또는 수표금액의 5배 이하의 벌금에 처한다. ④ 제2항과 제3항의 죄는 수표를 발행하거나 작성한 자가 그 수표를 회수한 경우 또는 회수하지 못하였더라도 수표 소지인의 명시적 의사에 반하는 경우 공소를 제기할 수 없다."라고 규정하고 있습니다.

그리고 같은 법 제2조 제2항 위반죄에 있어서 당해 수표의 소지인에 관하여 판례는 "부정수표단속법 제2조 제2항 위반죄에 있어서 제1심 판결선고 전에 당해 수표의 소지인이 그 발행인의 처벌을 원하지 아니하는 의사를 표시한 경우에는 공소기각의 선고를 하여야 하는바, 이러한 처벌불원의사의 표시를 할 수 있는 소지인이란 이러한 의사를 표시할 당시의 소지인을 말하는 것으로서 통상 지급제시를 한 자가 이에 해당한다고 할 것이나, 지급거절 이후 당해 수표가 전자에게 환수되었다면 환수 받아 실제로 이를 소지하고 있는 자가 이에 해당하고, 이 경우 만약 환수 받은 수표를 분실하였다면 그 분실 당시의 소지인이 이러한 처벌불원의 의사를 표시할 수 있다고 하여야 할 것이다."라고 하였으며(대법원 2000. 5. 16. 선고 2000도123 판결, 2001. 4. 24. 선고 2000도3172 판결), "지급거절 당시의 소지인으로부터 지급거절 이후에 수표를 적법하게 양수받아 실제로 이를 소지하고 있는 자도 이에 해당한다."라고 하였습니다(대법원 1999. 1. 26. 선고 98도3013 판결).

그런데 부도난 수표의 액면금액 상당의 돈을 소지인 앞으로 변제공탁하고 수표소지인이 이를 수령하였을 경우에도 위 규정에 해당되어 공소를 제기하지 못하는 사유로 될 수 있을 것인지가 문제됩니다.

관련 판례를 보면, "피고인이 발행하여 그 소지인이 제시기일 내에 지급을 위한 제시를 하였으나 무거래로 지급되지 아니한 당좌수표의 액면금액 상당의 돈을 수표소지인 앞으로 변제공탁 하여 수표소지인이 이를 수령하였다는 것은 부정수표단속법 제2조 제4항에서 공소제기를 할 수 없는 사유로 규정하고 있는 수표를 발행한 자가 수표를 회수한 경우 또는 수표소지인의 명시한 의사에 반하는 경우 중 어느 것에도 해당된다고 볼 수 없다."라고 하였습니다(대법원 1994. 10. 21. 선고 94도789 판결). 이것은 수표소지인이 변제공탁금을 수령하였다고 하여도 그 부도수표에 관한 모든 손해를 배상 받았다고 할 수 없고, 수표소지인과 합의한 것과 동일시 할 수는 없다는 취지로 보입니다.

따라서 귀하는 수표소지인을 만나 처벌을 원하지 않는다는 합의서(인감증명첨부)를 받아 제출하여야 할 것으로 보입니다.

참고로 수표가 지급거절 된 후 그 수표가 제권판결에 의하여 무효로 된 경우 「부정수표단속법」 제2조 제4항의 공소를 제기할 수 없는 경우에 해당하는지에 관하여 판례는 "수표가 지급을 위한 제시가 되었으나 지급거절 된 후 그 수표가 제권판결에 의하여 무효로 되어 수표소지인이 발행인 등에게 수표금의 지급을 구할 수 없게 되었다는 것만으로는 수표소지인이 부정수표발행자 또는 작성자에 대한 처벌을 희망하지 아니하는 것으로 보기 어렵다고 할 것이고, 따라서 수표가 부도된 후 그 수표에 대한 제권판결이 있었다는 사유는 부정수표단속법 제2조 제4항에 공소를 제기할 수 없는 사유로 규정하고 있는 '수표가 회수된 경우'나 '수표소지인이 처벌을 희망하지 아니하는 의사를 명시한 경우'에 준하여 취급할 수 없다."라고 하였습니다(대법원 1996. 1. 26. 선고 95도1971 판결).

(관련판례)

변제공탁제도는 채무자가 채무의 목적물을 공탁소에 공탁함으로써 채무를 면하게 하는 변제자를 위한 제도로서 그 공탁이 국가의 후견적 관여 하에 이루어진다고 하더라도 본질적으로는 사인 간의 법률관계를 조정하기 위한 것이므로, 우리 공탁제도는 채무자(공탁자)가 공탁을 함에 있어서 채권자(피공탁자)를 지정할 의무를 지며(「공탁사무처리규칙」 제19조제2항바목, 제20조제3항, 제27조의2) 공탁공무원은 형식적 심사권만을 갖고 채무자가 지정해 준 채권자에게만 공탁금을 출급하는 등의 업무를 처리하는 것(「공탁사무처리규칙」 제29조, 제30조)을 그 기본 원리로 삼고 있다.

[다수의견] 우리 공탁제도상 채권자가 특정되거나 적어도 채권자가 상대적으로나마 특정

되는 상대적 불확지의 공탁만이 허용될 수 있는 것이고 채권자가 누구인지 전혀 알 수 없는 절대적 불확지의 공탁은 허용되지 아니하는 것이 원칙이지만, 「토지수용법」 제61조제2항제2호는 토지수용의 주체인 기업자가 과실 없이 보상금을 받을 자를 알 수 없을 때에는 절대적 불확지의 공탁이 허용됨을 규정하여, 기업자는 그 공탁에 의하여 보상금 지급의무를 면하고 그 토지에 대한 소유권을 취득하도록 하고 있는바, 이와 같이 절대적 불확지의 공탁을 예외적으로 허용하는 것은 공익을 위하여 신속한 수용이 불가피함에도 기업자가 당시로서는 과실 없이 채권자를 알 수 없다는 부득이한 사정으로 인한 임시적 조치로서 편의상 방편일 뿐이므로, 기업자는 공탁으로 수용보상금 지급의무는 면하게 되지만, 이로써 위에 본 공탁제도상 요구되는 채권자 지정의무를 다하였다거나 그 의무가 면제된 것은 아니다(대법원 1997. 10. 16. 선고 96다11747 전원합의체 판결).

(관련판례)

공탁물을 수령하려고 하는 사람이 공탁자에게 공탁서에 기재된 반대급부의 이행을 제공하였으나 공탁자가 그 수령을 거절하는 때에는 그 반대급부를 변제공탁하고 공탁공무원으로부터 교부받은 공탁서를 「공탁법」 제10조 소정의 반대급부가 있었음을 증명하는 공정서면으로 첨부하여 공탁물출급청구를 할 수 있고, 이 경우에 반대급부이행채무는 반대급부의 공탁 시에 즉시 소멸하고 반대급부를 공탁한 자가 공탁물을 회수한 경우에 한하여 채무소멸의 효과가 소급하여 없어지는 것이므로, 반대급부의 공탁자가 공탁물을 회수하였다는 소명이 없는 한 공탁공무원은 위 공탁물 출급청구에 응하여 공탁물의 출급을 하여야 한다(대법원 1990.3.31. 자 89마546 결정).

7. 변제공탁물의 이의유보부 출급

7-1. 이의유보 의사표시의 의의

① "이의유보의 의사표시"란 변제공탁의 피공탁자가 공탁물 출급청구 시 공탁원인에 승복하여 공탁물을 수령하는 것이 아님을 분명히 하여 공탁한 취지대로 채무소멸의 효과가 발생하지 않게 하려는 의사표시를 말합니다.

② 변제공탁물의 이의유보부 출급청구서의 작성 예시는 다음과 같습니다.

[서식] 공탁금 출급 청구서(이의유보)

※ 굵은 글씨 부분은 반드시 기재하시기 바랍니다.

<table>
<tr><td colspan="2" align="center">공 탁 번 호</td><td align="center">○○년금 제○○호</td><td colspan="2" align="center">공 탁 금 액</td><td colspan="2">한글 금오백만원정</td></tr>
<tr><td colspan="2"></td><td></td><td colspan="2"></td><td colspan="2">숫자 5,000,000원정</td></tr>
<tr><td rowspan="2" align="center">공
탁
자</td><td align="center">성 명
(상호, 명칭)</td><td align="center">○ ○ ○</td><td rowspan="2" align="center">피
공
탁
자</td><td align="center">성 명
(상호, 명칭)</td><td colspan="2" align="center">○ ○ ○</td></tr>
<tr><td align="center">주민등록번호
(법인등록번호)</td><td align="center">111111- 1234567</td><td align="center">주민등록번호
(법인등록번호)</td><td colspan="2" align="center">111111- 1234567</td></tr>
<tr><td rowspan="2" align="center">청구
내역</td><td align="center">청구금액</td><td align="center">이자의 청구기간</td><td colspan="2" align="center">이자 금액</td><td align="center">합계금액</td><td>비 고</td></tr>
<tr><td>한글 금오백만원정
숫자 5,000,000원정</td><td></td><td colspan="2">(은행)
※ '이자 금액' 및 '합계금액' 란은 보관은행에서 기재함.</td><td>(은행)</td><td></td></tr>
<tr><td colspan="2" align="center">보 관 은 행</td><td colspan="5">은행   법원 지점</td></tr>
</table>

<table>
<tr><td align="center">청구 및
이의유보
사유

※ 해당란에
☑하시거나 기
타란에 간단히
기재하시기 바
랍니다.</td><td align="center">출급청구시</td><td align="center">회수청구시</td></tr>
<tr><td></td><td>※ 출급청구시 이의가 있으면 이의유보란에,
   이의가 없으면 공탁수락란에 ☑하시기 바랍니다.
☐ 공탁을 수락하고 출급함
☐ 이의를 유보하고 출급함
☐ 담보권 실행   ☐ 배당에 의함
☐ 채권양수에 의함
☐ 기타 (   )</td><td>☐ 민법 제489조에 의하여 회수

☐ 착오공탁(착오증명서면 첨부 필요)

☐ 공탁원인소멸(담보취소, 본압류이전, 가
   압류취하·취소·해제 등)</td></tr>
</table>

<table>
<tr><td align="center">비고
(첨부서류 등)</td><td>☐ 공탁통지서 ☐ 공탁서 ☐ 신분증 사본 ☐ 위임장 ☐ 인감증명서 ☐ 주민등록등·초본
☐ 법인등기사항증명서 ☐ 채권압류·추심명령 정본 및 송달증명 ☐ 채권압류·전부명령 정본 및 확
   정증명
☐ 동의서·승낙서·보증서 ☐ 채권양도 원인서면 ☐ 증명서
☐ 착오증명서면 ☐ 담보취소결정 정본 및 확정증명 ☐ 가압류 취하·해제증명 등
☐ 기타 (   )</td></tr>
<tr><td align="center">계좌입금</td><td>☐ 포괄계좌입금(금융기관 :   계좌번호 :   )
☐ 계좌입금신청(금융기관 :   계좌번호 :   ) : 공탁금 계좌입금신청서 첨부</td></tr>
</table>

위와 같이 청구합니다.
20○○ 년   ○○월   ○○일

<table>
<tr><td align="center">청구인</td><td align="center">대리인</td></tr>
<tr><td>주소 : ○○시 ○○구 ○○동○○번지

주민등록(사업자등록)번호 : 111111- 1234567
성명 :   ○ ○ ○인(서명)
(전화번호 :   010-xxxx-xxxx)</td><td>주소 : ○○시 ○○구 ○○동 ○○번지

성명 :   ○ ○ ○ 인(서명)
(전화번호: 010-xxxx-xxxx   )</td></tr>
</table>

위 청구를 인가합니다.
            년   월   일
      법원   지원 공탁관   (인)

위 공탁금과 공탁금 이자(공탁금 출급·회수청구서 1통)를 수령하였습니다.
            20○○ 년   ○○월   ○○일
      수령인(청구인 또는 대리인) 성명 ○ ○ ○ (인)

[서식 예] 공탁물품 출급 청구서(이의유보)

공 탁 번 호		년 물 제 호			
공 탁 자	성 명 (상호, 명칭)	이 ○ 근	피 공 탁 자	성 명 (상호, 명칭)	이 ○ 팔
	주민등록번호 (법인등록번호)	761007-XXXXXXX		주민등록번호 (법인등록번호)	831007-XXXXXXX

청구 내역	명 칭	종 류	수 량	비 고
	건어물		20kg들이 70상자	

청구 및 이의유보 사 유	이 건 공탁의 목적물을 채권의 일부로 수령합니다.
비고(첨부서류 등)	1. 공탁통지서 1부 2. 인감증명서 1부 3. 반대급부영수증 1부

위와 같이 청구합니다.
                                                    년   월   일

청구인 주소 서울시 종로구 수송동 146-1   대리인 주소
        주민등록번호 831007-XXXXXXX
        (사업자등록번호)   성명   인(서명)
        성명 이 ○ 팔 인(서명)

위 청구를 인가합니다.
                                        년   월   일
                    법원   지원 공탁관   (인)

위 공탁물품(공탁물품 출급.회수청구서 1통)을 수령하였습니다.
                                        년   월   일
                    수령인(청구인 또는 대리인) 성명   (인)

7-2. 이의유보 의사표시의 당사자

① 이의유보 의사표시 당사자

이의유보 의사표시를 할 수 있는 자는 원칙적으로 변제공탁의 피공탁자이나 공탁물 출급청구권에 대한 양수인, 전부채권자, 추심채권자, 채권자대위권을 행사하는 일반 채권자도 이의유보의 의사표시를 할 수 있습니다.

② 이의유보 의사표시의 상대방

이의유보 의사표시의 상대방은 공탁관 또는 공탁자입니다(대법원 1993. 9. 14. 선고 93누4618 판결).

7-3. 이의유보 의사표시의 방법

① 이의유보 의사표시 방법

공탁관에게 이의유보 의사표시를 하려면 공탁물 출급청구서의 "청구 및 이의유보 사유"란에 이의유보의 취지를 적으면 되고, 공탁자에게 이의유보 의사표시를 하려면 공탁자에게 이의유보의 취지를 통지한 후 그 서면을 공탁물 출급청구서에 첨부하면 됩니다.

7-4. 이의유보 없는 변제공탁물 출급의 효과

① 채무전액에 대한 변제 효과 발생

채권액에 다툼이 있는 채권에 대해 채무자가 채무전액의 변제임을 공탁원인 중에 밝히고 공탁한 경우 피공탁자가 그 공탁금을 수령할 때 채권의 일부로서 수령한다는 이의를 유보하고 공탁물을 출급받는다면 이러한 이의유보부 출급으로 채권자는 그 나머지 잔액에 대해서도 다시 청구할 수 있으나, 피공탁자가 아무런 이의유보의 의사표시 없이 공탁물을 출급받은 때에는 공탁서에 기재된 공탁원인을 승낙하는 효과가 발생하여 채권전액에 대한 변제의 효과가 발생하게 됩니다(대법원 1973. 11. 13. 선고 72다1777 판결 및 대법원 1983. 6. 28. 선고 83다카 88, 89 판결).

② 공탁의 취지에 따라 변제충당

채권자가 아무런 이의 없이 공탁금을 수령하였다면 이는 공탁의 취지에 의해 수령한 것이 되어 그에 따른 법률효과가 발생하는 것이므로, 채무자가 변제충당할 채무를 지정하여 공탁한 것을 채권자가 아무런 이의 없이 수령하였다면 그 공탁의 취지에 따라 변제 충당됩니다(대법원 1987. 4. 14. 선고 85다카2313 판결).

③ 공탁원인 수락 간주

공탁자가 공탁원인으로 들고 있는 사유가 법률상 효력이 없는 것이어서 공탁이 부적법하더라도 피공탁자가 그 공탁물을 수령하면서 아무런 이의를 유보하지 않았다면 특별한 사정이 없는 한 공탁자가 주장한 공탁원인을 수락한 것으로 보아 공탁자가 공탁원인으로 주장하는 대로 법률효과가 발생합니다(대법원 1992. 5. 12. 91다44698 판결).

(관련판례)

> 매도인이 매수인의 채무불이행을 이유로 매매계약을 해제하면서 그가 받은 중도금을 변제공탁하였고 매수인이 이를 아무 이의 없이 수령하였다면 실제로 매수인의 채무불이행이 있었는지 여부를 묻지 않고 위 공탁사유취지, 즉 매수인의 잔금채무불이행으로 인한 매도인의 해제의 법률효과가 발생한다(대법원 1980. 7. 22. 80다1124 판결 참조).

④ 묵시적 이의유보 의사표시의 인정 여부

피공탁자가 그 공탁금을 수령하면서 공탁관이나 공탁자에게 채권의 일부로 수령한다는 등의 이의유보의 의사표시를 하지 않으면 피공탁자는 그 공탁의 취지에 따라 이를 수령하였다고 보아야 하지만, 공탁금 수령 시 공탁자에 대한 이의유보의 의사표시는 반드시 명시적으로 해야 하는 것은 아니라고 해석되므로, 일정한 사정 아래에서는 이의유보의 의사표시를 명시적으로 하지 않았다하더라도 공탁자에 대해 채권의 일부로 수령한다는 묵시적인 이의유보의 의사표시가 있다고 보아야 합니다(대법원 1989. 7. 25. 88다카11053 판결 및 대법원1997. 11. 11. 선고 97다37784 판결).

(관련판례)

> 채권자가 제기한 대여금 청구소송에서 채무자와 채권자 사이에 이자의 약정 여부에 관해 다툼이 있던 중 채무자가 채권자를 피공탁자로 하여 원금과 법정이율에 의한 이자를 변제공탁하자 채권자가 그 공탁금을 원금과 약정이율에 따른 이자에 충당하는 방법으로 계산한 뒤 남은 금액을 청구금액으로 하여 청구취지를 감축하고 그 청구취지감축 및 원인변경신청서가 채무자에게 송달된 후에 공탁금을 수령한 경우, 위 공탁금 수령 시 채권의 일부로 수령한다는 채권자의 묵시적인 이의유보의 의사표시가 있었다고 볼 것이다(대법원 1997. 11. 11. 선고 97다37784 판결).

(관련판례)

공탁된 토지수용보상금의 수령에 관한 이의유보의 의사표시의 상대방은 반드시 공탁공무원에 국한할 필요가 없고 보상금 지급의무자인 기업자도 상대방이 된다(대법원 1993.9.14. 선고 93누4618 판결).

(관련판례)

공탁자가 공탁원인으로 들고 있는 사유가 법률상 효력이 없는 것이어서 공탁이 부적법하다고 하더라도, 그 공탁서에서 공탁물을 수령할 자로 지정된 피공탁자가 그 공탁물을 수령하면서 아무런 이의도 유보하지 아니하였다면, 특별한 사정이 없는 한 공탁자가 주장한 공탁원인을 수락한 것으로 보아 공탁자가 공탁원인으로 주장한 대로 법률효과가 발생한다고 볼 것이다(대법원 1992.5.12. 선고 91다44698 판결).

(관련판례)

채권자가 1심에서 금 13,523,461원의 손해를 입었다고 주장하여 그 중 금 9,697,704원을 인용하는 가집행선고부 일부승소판결이 선고되었는데, 채무자의 불복항소로 사건이 2심에 계속 중 채무자가 공탁한 금 2,838,000원을 수령하였고, 그 수령에 앞서 변호사를 선임하여 채무자의 항소를 다투어 왔으며, 공탁금수령 즉시 제1심판결에 기하여 금 9,697,704원을 청구금액으로 한 부동산강제경매신청을 하여 그 강제경매개시결정이 그 무렵 채무자에게 송달되었다면 채권자가 위 공탁금을 수령함에 있어서 채무자에 대하여 채권의 일부로 수령한다는 묵시적인 이의유보의 의사표시가 있었다고 보아야 한다(대법원 1989.7.25. 선고 88다카11053 판결).

8. 변제공탁물 회수 절차

8-1. 변제공탁물 회수의 의의

① "공탁물의 회수"란 공탁물에 대한 회수권을 가진 자의 청구에 따라 공탁물을 돌려
받는 것을 말합니다.

② 「민법」 제489조에 따라 변제공탁물을 회수하는 경우와 착오 또는 공탁원인 소멸에
따라 「공탁법」 제9조에 따라 공탁물을 회수하는 경우가 있습니다.

8-2. 변제공탁물 회수 요건

8-2-1. 「민법」 제489조에 따른 공탁물 회수의 요건

① 채권자가 공탁을 승인하거나 공탁소에 대해 공탁물을 받기를 통고하거나 공탁유
효의 판결이 확정되기까지는 변제자는 공탁물을 회수할 수 있습니다(「민법」 제
489조제1항 전단).

② 그러나 질권 또는 저당권이 공탁으로 인해 소멸한 경우에는 공탁물을 회수할 수
없습니다(「민법」 제489조제2항).

8-2-2. 「공탁법」 제9조에 따른 공탁물 회수 요건

① 공탁자는 착오로 공탁 한 경우, 공탁의 원인이 소멸한 경우에는 그 사실을 증명
해 공탁물을 회수할 수 있습니다(「공탁법」 제9조제2항).

② 착오를 이유로 한 공탁물 회수청구

공탁자가 착오로 공탁한 경우 그 공탁이 수리되고 공탁물이 납입되었더라도 그
공탁은 무효이므로, 공탁자는 피공탁자가 공탁물을 출급하기 전까지는 착오사실
증명서면을 첨부하여 공탁물을 회수할 수 있습니다.

ⓐ "착오로 공탁한 경우"란 공탁으로서 필요한 유효요건을 갖추지 않은 경우를 말하고, 공탁
요건을 갖추고 있는지 여부는 어디까지나 공탁서에 기재된 공탁원인사실을 기준으로 하
여 객관적으로 판단해야 합니다(대법원 1995. 7. 20. 선고 95마190 결정).

ⓑ 착오 공탁한 것을 이유로 공탁자가 공탁물 회수청구를 하는 경우에는 그 착오사실 증명서
면이 필요한데, 공탁무효판결을 받은 경우에는 그 판결문, 채권양도 후에 양도인을 피공
탁자로 한 경우에는 그 양도통지서 등이 착오서면을 증명하는 서면이 될 수 있습니다(출
처: 「공탁실무편람」, 법원행정처).

③ 공탁원인소멸로 인한 공탁물 회수청구

공탁이 성립된 후에 공탁원인이 소멸하면 공탁을 지속시킬 이유가 없으므로 공탁
자는 공탁원인소멸 증명서면을 첨부하여 공탁물을 회수할 수 있습니다(「공탁법」

제9조제2항 참조).

ⓐ "공탁원인의 소멸"이란 공탁이 유효하게 성립된 후의 사정변경으로 더 이상 공탁을 지속시킬 필요가 없게 된 경우를 말합니다(출처: 『공탁실무편람』, 법원행정처).

ⓑ 공탁원인의 소멸을 이유로 공탁자가 공탁물 회수청구를 하는 경우에는 공탁원인이 소멸하였음을 증명하는 서면이 필요한데, 변제공탁 후 채권자가 채권을 포기한 경우에는 그 채권포기를 증명하는 서면이 공탁원인의 소멸을 증명하는 서면이 됩니다

8-3. 변제공탁물 회수청구권자

변제공탁물의 회수청구권자는 공탁자와 그 승계인입니다.

8-4. 변제공탁물 회수청구 절차

8-4-1. 공탁물 회수청구서 제출

① 공탁물을 회수하려는 자는 공탁관에게 공탁물 회수청구서2통을 제출해야 합니다 (「공탁규칙」 제32조제1항).

② 변제공탁물 회수청구서의 작성 예시는 다음과 같습니다.

[서식 예] 공탁금 회수 청구서(금전-채권포기)

공 탁 번 호		년 금 제 호		공 탁 금 액	금 이천만원
					20,000,000원
공 탁 자	성 명 (상호, 명칭)	최 ○ 래	피 공 탁 자	성 명 (상호, 명칭)	김 ○ 영
	주민등록번호 (법인등록번호)	651007-1111111		주민등록번호 (법인등록번호)	620703-2111111

청구 내역	청구금액	이자의 청구기간	이자 금액	합계금액	비 고
	금 이천만원	20△△.△.△△~ 20○○.○.○○	한글	한글	
	20,000,000원		숫자	숫자	

보 관 은 행	나라 은행 종로 지점
청구 및 이의유보 사 유	이 건은 피공탁자(채권자)의 채권 포기로 인하여 　1. 공탁통지서 1부 　2. 인감증명서 1통 　3. 원인소멸증명서 1통을 첨부하여 회수를 청구합니다(근거법령 : 공탁법 제9조제2항).
비고(첨부서류 등)	계좌입금신청 계좌번호 나라은행 577-○○-1104777 최○래

위와 같이 청구합니다. 　　　　　　　　　　　　　　년　　　　　월　　　　　일 　청구인 주소 서울시 종로구 수송동 146-1　　대리인 주소 　　　　주민등록번호　651007-1111111 　　　　(사업자등록번호)　　　　　　　성명　　　　　　　　인(서명) 　　　　　　　　　　　　　　　　　　성명　최 ○ 래　인(서명)
위 청구를 인가합니다. 　　　　　　　　　　　　　　년　　　　　월　　　　　일 　　　　법원　　　　지원　공탁관　　　　　　　　　(인)
위 공탁금과 공탁금 이자(공탁금 출급.회수청구서 1통)를 수령하였습니다. 　　　　　　　　　　　　　　년　　　　　월　　　　　일 　　　　수령인(청구인 또는 대리인) 성명　　　　　　　(인)

※ 1. 본인이 직접 청구하는 경우 본인의 인감증명서와 인감도장, 신분증을 지참하여야 합니다.
　2. 대리인이 청구하는 경우 대리인의 주소와 성명을 기재하고 날인 대신 서명할 수 있으며, 본인의 인감도장을 날인한 위임장과 인감증명서를 첨부합니다.

[서식 예] 공탁금 회수 청구서(금전-취소권행사)

공 탁 번 호		년 금 제 호	공 탁 금 액	금 이백만원
				2,000,000원
공 탁 자	성 명 (상호, 명칭)	추 ○ ○	피 공 탁 자 · 성 명 (상호, 명칭)	김 ○ ○
	주민등록번호 (법인등록번호)	630321-○111111	주민등록번호 (법인등록번호)	620703-○222222

청구 내역	청구금액	이자의 청구기간	이자 금액	합계금액	비 고
	금 이백만원	20△△.△.△△~ 20○○.○.○○	한글	한글	
	2,000,000원		숫자	숫자	

보 관 은 행	○○은행 ○○지점

청구 및 이의유보
사   유
	이 건 변제공탁은 공탁자의 취소권 행사로 인하여
	  1. 공탁서 1부
	  2. 인감증명서 1통
	첨부하여 회수를 청구합니다.

비고(첨부서류 등)	계좌입금신청 계좌번호 나라은행 577-○○-1104003 추○희

위와 같이 청구합니다.
　　　　　　　　　　　　　　　　년　　　　월　　　　일
청구인 주소 서울시 종로구 수송동 146-1　　　대리인 주소
　　　　주민등록번호　630321-2○○○○○○
　　　　(사업자등록번호)　　　　　　　성명　　　　　　　　인(서명)
　　　　　　　　　　　　　　　　　　　성명　　추 ○ ○ 인(서명)

위 청구를 인가합니다.
　　　　　　　　　　　　　　년　　　　월　　　　일
　　　　　　　　　　법원　　　　지원 공탁관　　　　　　　　(인)

위 공탁금과 공탁금 이자(공탁금 출급.회수청구서 1통)를 수령하였습니다.
　　　　　　　　　　　　　　　년　　　　월　　　　일
　　　　　　　　수령인(청구인 또는 대리인) 성명　　　　　　　　(인)

※ 1. 이자청구 내역란 및 합계란은 공탁금 보관은행에서 적습니다.
　 2. 본인이 신분증을 지참하고 1000만원 이하인 공탁금을 직접 청구할 때에는 날인
　　　대신 서명할 수 있습니다.
　 3. 대리인이 청구하는 경우에는 대리인의 주소와 성명을 적고 날인(서명)하여야 하
　　　며, 이 때에는 본인의 인감도장을 날인한 위임장과 그 인감증명서를 첨부하여야
　　　합니다.

[서식 예] 공탁유가증권 회수 청구서(유가증권)

공 탁 번 호		년 증 제 호				
공 탁 자	성 명 (상호, 명칭)	김 ○ 현	피 공 탁 자	성 명 (상호, 명칭)	최 ○ 래	
	주민등록번호 (법인등록번호)	701205-○111110		주민등록번호 (법인등록번호)	651007-○111111	

	명 칭	장 수	총 액면금	액면금, 기호, 번호	비 고
청구 내역	주택채권	50	50,000,000	1,000,000 0101~0150	

보 관 은 행	○○은행 ○○지점
청구 및 이의유보 사 유	이 건 공탁의 목적물을 채권의 일부로 수령합니다.
비고(첨부서류 등)	1. 공탁통지서 1부 2. 위임장 1부 3. 인감증명서(본인) 1부 4. 인감증명서(대리인) 1부 5. 반대급부영수증 1부 6. 신분증 사본 1부

위와 같이 청구합니다.

년   월   일

청구인 주소 서울시 성북구 종암동 123-4 대리인 주소 서울시 서초구 서초동 23번지
　　　　주민등록번호 701205-2111110
　　　　(사업자등록번호)　　　　　　　　　성명 법무사 김 ○ ○ 인(서명)
　　　　성명 김 ○ ○ 인(서명)

위 청구를 인가합니다.

년   월   일
법원   지원 공탁관　　　　　　　　　(인)

위 유가증권과 그 이표(공탁유가증권출급.회수청구서 1통)를 수령하였습니다.

년   월   일
수령인(청구인 또는 대리인) 성명　　　　　　　(인)

8-4-2. 첨부서류 제출

① 공탁물을 회수하려는 자는 공탁물 회수청구서에 다음의 서류를 첨부해야 합니다 (「공탁규칙」 제34조).

    1. 공탁서. 다만, 다음 중 어느 하나의 사유가 있는 경우에는 공탁서를 첨부하지 않아도 됩니다.

    – 회수청구하는 공탁금액이 5,000만원 이하인 경우(유가증권의 총 액면금액이 5,000만 원 이하인 경우를 포함).

    – 청구인이 관공서이거나 법인 아닌 사단이나 재단인 때에는 그 금액이 1,000만 원 이하인 경우

    – 이해관계인의 승낙서를 첨부한 경우

    – 강제집행이나 체납처분에 따라 공탁물 회수청구를 하는 경우

② 회수청구권이 있음을 증명하는 서면. 다만, 공탁서의 내용으로 그 사실이 명백한 경우에는 첨부하지 않아도 됩니다.

③ 인감증명서의 제출

    공탁물 회수청구를 하는 사람은 공탁물 회수청구서 또는 위임에 따른 대리인의 권한을 증명하는 서면에 찍힌 인감의 인감증명서를 제출해야 합니다(「공탁규칙」 제37조제1항).

④ 자격증명서 등의 첨부

    ⓐ 공탁물 회수청구인이 법인인 경우에는 대표자 또는 관리인의 자격을 증명하는 서면을 공탁서에 첨부해야 합니다(「공탁규칙」 제21조제1항 및 제38조제1항).

    ⓑ 공탁물 회수청구인이 법인 아닌 사단이나 재단일 경우에는 정관이나 규약과 대표자 또는 관리인의 자격을 증명하는 서면을 공탁서에 첨부해야 합니다(「공탁규칙」 제21조제1항 및 제38조제1항).

    ⓒ 대리인이 공탁물 회수청구를 하는 경우에는 대리인의 권한을 증명하는 서면을 첨부해야 합니다(「공탁규칙」 제21조제2항 및 제38조제1항).

8-5. 변제공탁물 회수의 효과

8-5-1. 「민법」 제489조제1항에 따른 공탁물 회수의 효과

① 공탁의 소급적 실효

    ⓐ 공탁자가 공탁물을 회수한 경우에는 공탁하지 않은 것으로 봅니다(「민법」 제489조제1항 후단).

    ⓑ 대법원은 공탁물의 회수는 해제조건의 성취이므로, 공탁물의 회수에 의해 공탁은 소급적으로 효력을 상실하고 채권은 소멸하지 않는 것으로 된다고 보고 있습니다(대법원 1981. 2. 10. 선고 80다77 판결).

② 이자의 부활

공탁물 회수에 의해 공탁으로 인해 정지되었던 이자는 공탁 한 때로 소급하여 부활합니다.

③ 담보권의 예외적 부활

공탁물이 회수되면 질권, 저당권 외의 담보물권은 처음부터 소멸하지 않은 것으로 되어 부활합니다.

④ 공탁물 회수에 의한 담보권의 부활

ⓐ 질권, 저당권 외의 담보물권이 소멸한 경우

공탁물이 회수되면 채무는 처음부터 소멸되지 않은 것으로 되기 때문에, 담보물권도 원칙적으로 처음부터 소멸하지 않은 것으로 되어 부활합니다.

ⓑ 질권, 저당권이 소멸한 경우

공탁물이 회수되면 담보물권 중 질권, 저당권이 설정된 채무까지도 처음부터 소멸하지 않는 것으로 하게 되면, 공탁자가 공탁한 다음부터 공탁물을 회수하기 전까지 그 동산 또는 부동산을 취득한 제3자가 있는 경우 제3자가 취득한 동산 또는 부동산에 질권, 저당권이 부활하게 되어 그 동산 또는 부동산을 취득한 제3자는 예상하지 못한 불이익을 받을 수 있습니다.

이에 따라, 「민법」 제489조제2항에서는 공탁으로 인해 질권 또는 저당권이 소멸한 경우에는 공탁자가 공탁물을 회수할 수 없는 것으로 하므로, 이 경우 공탁물 회수청구권은 확정적으로 소멸합니다.

⑤ 공탁물의 소유권 귀속

ⓐ 공탁물이 금전인 경우

공탁물이 금전, 그 밖의 소비물인 경우에는 공탁물에 대해 소비임치가 성립하므로 공탁물의 소유권은 공탁 성립 시에 일단 공탁소로 귀속되지만, 공탁물이 회수되면 공탁물의 소유권은 다시 공탁자에게 복귀하게 됩니다.

ⓑ 공탁물이 동산인 경우

공탁물이 동산인 경우에 공탁물의 소유권은 공탁물의 인도 시에 공탁자로부터 직접 피공탁에게 이전한다고 보므로, 공탁물 회수 시에는 아직 공탁물의 소유권이 공탁자에게 남아 있으므로 공탁물 회수로 인한 공탁물의 소유권의 복귀문제는 발생하지 않습니다(출처: 『공탁실무편람』, 법원행정처).

8-5-2. 「공탁법」 제9조에 따른 공탁물 회수의 효과

① 공탁자가 착오를 이유로 또는 공탁원인 소멸을 이유로 금전인 공탁금을 회수하는 경우 금전의 소유권이 공탁자에게 복귀합니다.

② 공탁자가 착오를 이유로 또는 공탁원인 소멸을 이유로 동산인 공탁물을 회수하는 경우 소유권 복귀 문제는 없습니다.

■ 가처분보증공탁금 담보권자가 그 공탁금회수청구권을 압류·전부 받은 경우 자신을 상대로 담보취소를 구할 수 있는지요?

Q 채권자 乙은 채무자 甲의 부동산에 대하여 처분금지가처분을 신청하면서 가처분보증공탁금 500만원을 현금으로 공탁하였습니다. 그런데 甲은 乙에 대하여 가지고 있는 별도의 판결에 기하여 위 가처분보증공탁금 500만원의 회수청구권에 대하여 채권압류 및 전부명령을 받았습니다. 이 경우 甲이 乙을 대위하여 자신을 상대로 담보취소를 구할 수 있는지요?

A 「민사소송법」제125조 제1항은 "담보제공자가 담보하여야 할 사유가 소멸되었음을 증명하면서 취소신청을 하면, 법원은 담보취소결정을 하여야 한다."라고 규정하고 있고, 「민법」제404조 제1항은 "채권자는 자기의 채권을 보전하기 위하여 채무자의 권리를 행사할 수 있다. 그러나 일신에 전속한 권리는 그러하지 아니하다."라고 규정하고 있습니다.

그러므로 위 사안에 있어서 甲이 별도의 집행권원에 기초하여 乙의 가처분보증금회수청구권에 대하여 압류 및 전부명령을 받았으므로, 乙의 채권자로서 乙의 담보취소신청권을 대위행사하여 자기를 상대로 담보취소신청을 할 수 있는지 문제됩니다.

이에 관하여 하급심 판례는 "가처분보증공탁금에 대한 담보권자가 담보제공자에 대한 별도의 채무명의에 기하여 담보제공자가 담보권자를 위하여 제공한 공탁금에 대한 회수청구권을 압류·전부 받은 경우 그 담보권자는 담보제공자의 공탁금회수청구권의 특정승계인으로서 이를 추심하기 위하여 담보제공자를 대위하여 담보권자인 자신을 상대로 담보취소신청을 할 수 있다 할 것이며, 이와 같은 경우 법원은 그 담보권자가 자신이 가지는 담보권을 스스로 포기한 것으로 보아 그 취소신청을 허용함이 마땅하다."라고 하였습니다(대전고법 1993. 9. 15.자 93라9 결정).

따라서 위 사안에서 甲은 乙을 대위하여 자신을 상대로 담보취소신청을 할 수 있고, 법원은 甲이 담보권을 스스로 포기한 것으로 보아 담보취소결정을 하게 될 것으로 보입니다.

(관련판례)

(1) 「공탁법」제8조제2항제2호 소정의 '착오로 공탁한 때'라 함은 공탁으로서 필요한 유효요건을 갖추고 있지 아니한 경우를 말하고, 공탁요건을 갖추고 있는지의 여부는 어디까지나 공탁서에 기재된 공탁원인사실을 기준으로 하여 객관적으로 판단하여야 한다.

(2) 차용금 변제를 위한 변제공탁을 하였으나 애초부터 차용금 채무가 없었다면, 그 공탁은 차용금 변제로서의 효력이 생기지 아니하여 '착오로 공탁한 때'에 해당한다(대법원 1995.7.20. 자 95마190 결정).

■ 판결 확정 전에도 가집행정지를 위한 공탁금을 회수할 수 있는지요?

Q 甲은 乙이 제기한 물품대금청구의 제1심 소송에서 패소하여 항소하였는데, 乙이 가집행선고부 제1심 판결에 기하여 강제집행을 할 것으로 보여 강제집행정지담보공탁을 한 후 강제집행을 정지시켰습니다. 그런데 甲이 항소심에서 승소하여 제1심 판결이 취소되었으나 아직 확정되지는 않은 상태인바, 이 경우 甲이 강제집행정지를 위한 담보의 사유가 소멸되었음을 이유로 위 공탁금을 회수할 수 있는지요?

A 「민사소송법」제125조 제1항은 "담보제공자가 담보하여야 할 사유가 소멸되었음을 증명하면서 취소신청을 하면, 법원은 담보취소결정을 하여야 한다."라고 규정하고 있고, 이 규정은 「민사집행법」제19조 제3항에 의하여 민사집행절차에도 준용하고 있습니다.

가집행선고 있는 판결에 대한 강제집행정지를 위한 담보는 채권자가 그 강제집행정지로 인하여 입게 될 손해의 배상채권을 확보하기 위한 것인데, 가집행선고부 제1심 판결이 항소심판결에 의하여 취소되었으나 그 항소심판결이 미확정인 경우, 가집행선고부 제1심 판결에 대한 강제집행정지를 위한 담보는 그 사유가 소멸되었다고 볼 수 있는지에 관하여 판례는 "제1심 판결에 붙은 가집행선고는 그 본안판결을 변경한 항소심판결에 의하여 변경의 한도에서 효력을 잃게 되지만, 그 실효는 변경된 그 본안판결의 확정을 해제조건으로 하는 것이어서 그 항소심판결을 파기하는 상고심판결이 선고되면 가집행선고의 효력은 다시 회복되기에, 그 항소심판결이 확정되지 아니한 상태에서는 가집행선고부 제1심 판결에 기한 가집행이 정지됨으로 인하여 입은 손해의 배상을 상대방에게 청구할 수 있는 가능성이 여전히 남아 있다고 할 것이므로, 가집행선고부 제1심 판결이 항소심판결에 의하여 취소되었다 하더라도 그 항소심판결이 미확정인 상태에서는 가집행선고부 제1심 판결에 대한 강제집행정지를 위한 담보는 그 사유가 소멸되었다고 볼 수 없다."라고 하였습니다(대법원 1999. 12. 3.자 99마2078 결정).

따라서 위 사안의 경우 甲은 항소심이 확정되지 않은 상태에서는 위 강제집행정지를 위한 담보공탁의 담보취소결정을 받을 수 없을 것으로 보입니다.

(관련판례)

피공탁자가 공탁자에 대하여 가지고 있는 별도 채권의 채무명의에 기하여 공탁자의 공탁물 회수청구권을 압류 및 전부받아 그 집행으로 공탁물을 회수한 경우에는 공탁으로 인한 채권소멸의 효력은 소급하여 소멸된다(대법원 1981.2.10. 선고 80다77 판결).

■ 가압류해방공탁금 회수청구권을 압류한 공탁금 대여자의 대항력은?

Q 甲은 乙이 그의 유일한 재산인 주택 및 대지를 채권자 丙으로부터 가압류 당하고 그 가압류를 취소시키고자 해방공탁금 3,000만원을 차용해달라고 하여 그러한 사정을 알면서 3,000만원을 대여하였습니다. 그런데 甲은 위 해방공탁금에 대하여 丙이 우선변제권을 가지지 못한다는 것을 알고서 위 해방공탁금에 대하여 乙로부터 작성·교부받은 약속어음공정증서에 기하여 압류 및 전부명령을 발부 받았습니다. 이 경우 甲이 위 압류 및 전부명령의 효력을 丙에 대하여 주장할 수 있는지요?

A 「민사집행법」제282조는 "가압류명령에는 가압류의 집행을 정지시키거나 집행한 가압류를 취소시키기 위하여 채무자가 공탁할 금액을 적어야 한다."라고 규정하고 있고, 같은 법 제299조 제1항은 "가압류명령에 정한 금액을 공탁한 때에는 법원은 결정으로 집행한 가압류를 취소하여야 한다."라고 규정하고 있습니다.

위와 같은 공탁금을 해방공탁금이라고 하는데, 가압류채권자의 해방공탁금에 대한 권리에 관하여 판례는 "가압류집행의 목적물에 갈음하여 가압류해방금이 공탁된 경우에 그 가압류의 효력은 공탁금 자체가 아니라 공탁자인 채무자의 공탁금회수청구권에 대하여 미치는 것이므로 채무자의 다른 채권자가 가압류해방공탁금회수청구권에 대하여 압류명령을 받은 경우에는 가압류채권자의 가압류와 다른 채권자의 압류는 그 집행대상이 같아 서로 경합하게 된다."라고 하였습니다 (대법원 1996. 11. 11.자 95마252 결정).

그런데 가압류채무자에게 가압류집행취소를 위한 해방공탁금의 용도로 금원을 대여한 자가 그 대여금 채권에 기하여 한 가압류채무자의 해방공탁금회수청구권에 대한 압류 또는 가압류의 효력을 가압류채권자에게 주장할 수 있는지에 관하여 판례는 "해방금액의 공탁에 의한 가압류집행취소제도의 취지에 비추어 볼 때, 가압류채권자의 가압류에 의하여 누릴 수 있는 이익이 가압류집행취소에 의하여 침해되어서는 안되므로, 가압류채무자에게 해방공탁금의 용도로 금원을 대여하여 가압류집행을 취소할 수 있도록 한 자는 비록 가압류채무자에 대한 채권자라 할지라도 특별한 사정이 없는 한 가압류채권자에 대한 관계에서 가압류 해방공탁금회수청구권에 대하여 위 대여금채권에 의한 압류 또는 가압류의 효력을 주장할 수는 없다."라고 하였습니다(대법원 1998. 6. 26. 선고 97다30820 판결).

따라서 위 사안에 있어서도 해방공탁금대여자인 甲은 가압류채권자인 丙에 대하여 위 압류 및 전부명령의 효력을 주장할 수 없을 것이므로, 위 해방공탁금의 배당절차에서 해방공탁금으로 대여한 그의 대여금채권을 배당받기 어려울 것으로 보입니다.

■ 가처분채권자가 파산한 경우 가처분채무자의 공탁금회수청구권은 어떻게 주장하나요?

Q 가처분채권자가 가처분으로 가처분채무자가 받게 될 손해를 담보하기 위하여 담보제공명령으로 금전을 공탁한 후 파산선고를 받은 경우, 가처분채무자가 공탁금회수청구권에 관하여 파산절차에 의하지 아니 하고 담보권을 실행할 수 있는지요? 또한 가처분채무자가 가처분채 권자의 파산관재인을 상대로 담보공탁금의 피담보채권인 가처분채무 자의 손해배상청구권에 관하여 이행소송을 제기할 수 있는지요?

A 가처분채권자가 가처분으로 인하여 가처분채무자가 받게 될 손해를 담보하기 위하여 법원의 담보제공명령으로 일정한 금전을 공탁한 경우에, 피공탁자로서 담보권리자인 가처분채무자는 담보공탁금에 대하여 질권자와 동일한 권리가 있습니다(민사집행법 제19조 제3항, 민사소송법 제123조).

한편 가처분채권자가 파산선고를 받게 되면 가처분채권자가 제공한 담보공탁금에 대한 공탁금회수청구권에 관한 권리는 파산재단에 속하므로, 가처분채무자가 공탁금회수청구권에 관하여 질권자로서 권리를 행사한다면 이는 별제권을 행사하는 것으로서 파산절차에 의하지 아니하고 담보권을 실행할 수 있습니다(대법원 2015.9.10. 선고 2014다34126 판결 참조).

그런데 담보공탁금의 피담보채권인 가처분채무자의 손해배상청구권이 파산채무자인 가처분채권자에 대한 파산선고 전의 원인으로 생긴 재산상의 청구권인 경우에는 채무자 회생 및 파산에 관한 법률(이하 '채무자회생법'이라 합니다) 제423조에서 정한 파산채권에 해당하므로, 채무자회생법 제424조에 따라 파산절차에 의하지 아니하고는 이를 행사할 수 없습니다. 그리고 파산채권에 해당하는 채권을 피담보채권으로 하는 별제권이라 하더라도, 별제권은 파산재단에 속하는 특정재산에 관하여 우선적이고 개별적으로 변제받을 수 있는 권리일 뿐 파산재단 전체로부터 수시로 변제받을 수 있는 권리가 아닙니다. 따라서 가처분채무자가 가처분채권자의 파산관재인을 상대로 파산채권에 해당하는 위 손해배상청구권에 관하여 이행소송을 제기하는 것은 파산재단에 속하는 특정재산에 대한 담보권의 실행이라고 볼 수 없으므로 이를 별제권의 행사라고 할 수 없고, 결국 이는 파산절차 외에서 파산채권을 행사하는 것이어서 허용되지 아니합니다(대법원 2015.9.10. 선고 2014다34126 판결 참조).

한편 이러한 경우에 가처분채무자로서는 가처분채권자의 파산관재인을 상대로 담보공탁금의 피담보채권인 손해배상청구권의 존부에 관한 확인의 소를 제기하여 확인판결을 받는 등의 방법에 의하여 피담보채권이 발생하였음을 증명하는 서면을 확보한 후, 민법 제354조에 의하여 민사집행법 제273조에서 정한 담보권 존재 증명 서류로서 위 서면을 제출하여 채권에 대한 질권 실행 방법으로 공탁금회수청구권을 압류하고 추심명령이나 확정된 전부명령을 받아 담보공탁금 출급청구를 함으로써 담보권을 실행할 수 있고, 또한 피담보채권이 발생하였음을 증명하는 서면을 확보하여 담보공탁금에 대하여 직접 출급청구를 하는 방식으로 담보권을 실행할 수도 있을 것으로 보입니다(대법원 2015.9.10. 선고 2014다34126 판결 참조).

9. 형사손해배상금(합의금)의 공탁 및 회수제한

9-1. 형사손해배상금(합의금)의 공탁이유

① 고의 또는 과실로 인한 범죄행위로 인해 다른 사람에게 손해를 준 자는 그 손해를 배상할 민사상 책임을 집니다(『민법』 제750조).

② 민사상 손해배상 책임의 이행은 검찰의 공소제기 단계에서 기소 또는 불기소 여부를 결정하거나, 법원의 재판단계에서 양형을 판단하는데 참작사유가 됩니다(『형법』 제51조, 제53조 및 『형사소송법』 제247조).

③ 따라서, 가해자는 피해자에게 합의를 하려하나 피해자가 민사상 손해배상금(합의금)을 과다하게 요구하거나 자력이 부족하여 피해자가 요구하는 민사상 손해배상을 해줄 수 없는 경우 가해자는 피해자를 피공탁자로 하여 적당한 손해배상금(합의금)을 공탁하고, 그 공탁서를 사법기관인 경찰서나 검찰청 또는 법원에 제출하여 공소제기 여부 및 양형상의 참작사유가 되도록 이용할 수 있습니다.

⑥ 관련 규정

ⓐ 불법행위

고의 또는 과실로 인한 범죄행위로 인하여 타인에게 손해를 가한 자는 그 손해를 배상할 책임을 집니다(『민법』 제750조).

ⓑ 기소편의주의

검사는 양형조건(『형법』 제51조)을 참작하여 공소를 제기하지 않을 수 있습니다(『형사소송법』 제247조).

ⓒ 양형의 조건 및 작량감경

형을 정할 때에는 다음 사항을 참작해야 합니다(『형법』 제51조).

– 범인의 연령, 성행, 지능과 환경
– 피해자에 대한 관계
– 범행의 동기, 수단과 결과
– 범행후의 정황

ⓓ 범죄의 정상에 참작할 만한 사유가 있는 때에는 작량하여 그 형을 감경할 수 있습니다(『형법』 제53조).

9-2. 형사손해배상금(합의금) 공탁 절차

9-2-1. 제출서류

① 형사손해배상금(합의금)을 공탁하려는 자는 공탁서 2통에 공탁금 회수 제한 신고서, 주소 소명서면, 공탁통지서를 첨부하여 제출해야 합니다(『공탁규칙』 제20조제1항 참조).

② 공탁할 형사손해배상금(합의금)

실무에서는 형사손해배상금(합의금)을 공탁하는 경우 공탁자인 불법행위자(채무자) 등이 스스로 주장하는 채무액을 채무전액으로 보아 공탁을 인정하고 있습니다.

③ 형사손해배상금(합의금) 공탁서의 작성 예시는 다음과 같습니다.

■ 형사사건관련 변제공탁이 소멸시효중단사유인 묵시적 승인이 되는지요?

Q 甲은 乙에게 성폭행을 당하였는데, 乙은 형사재판에서 무죄를 주장하면서도 유죄가 인정될 것에 대비하여 300만원을 변제공탁 하였으나 유죄판결이 확정되었습니다. 甲은 위 공탁금을 손해배상금의 일부라고 이의를 유보하고 출급하였지만, 乙의 재산이 파악되지 않아서 소송을 하지 않고 사고시로부터 3년이 경과되었으나, 변제공탁통지를 받은 때로부터는 3년이 경과되지 않은 시점에서 乙의 부동산소유 사실이 확인되어 위자료청구소송을 제기하고자 하는데, 이 경우 乙의 변제공탁으로 인하여 소멸시효가 중단되었다고 할 수 있는지요?

A 불법행위로 인한 손해배상청구권은 피해자나 그 법정대리인이 그 손해 및 가해자를 안 날로부터 3년간 이를 행사하지 아니하면 시효로 소멸하고, 불법행위를 한 날로부터 10년을 경과한 때에도 시효로 소멸하게 되며(민법 제766조), 소멸시효는 ①청구, ②압류 또는 가압류, 가처분, ③승인의 사유로 인하여 중단됩니다(민법 제168조).

그리고 소멸시효중단사유로서의 승인은 시효이익을 받을 당사자인 채무자가 소멸시효완성으로 권리를 상실하게 될 자 또는 그 대리인에 대하여 그 권리가 존재함을 인식하고 있다는 뜻을 표시함으로써 성립하고, 그 표시방법은 아무런 형식을 요구하지 아니하고 또한 명시적이건 묵시적이건 불문하며, 묵시적인 승인 표시는 채무자가 그 채무의 존재 및 액수에 대하여 인식하고 있음을 전제로 하여 그 표시를 대하는 상대방으로 하여금 채무자가 그 채무를 인식하고 있음을 그 표시를 통해 추단하게 할 수 있는 방법으로 행해지면 충분합니다(대법원 2010.4.29선고 2009다99105판결).

그런데 형사재판절차에서 피해자를 위하여 손해배상금을 공탁한 경우, 공탁금액을 넘는 손해배상채무에 관한 묵시적 승인여부의 판단기준에 관하여 판례를 보면, 형사재판절차에서 피해자를 위하여 손해배상금의 공탁이 이루어진 경우 그와 같은 공탁이 공탁금액을 넘는 손해배상채무에 관한 묵시적 승인에 해당하는

지는 공탁서에 기재된 공탁원인사실의 내용을 중심으로, 공탁의 경위와 목적 및 공소사실의 다툼여부, 인정되는 손해배상채무의 성격 및 액수와 공탁금액과의 차이, 그 밖의 공탁 전후의 제반사정을 종합하여 판단하여야 하고, 형사재판절차에서 무죄를 주장하면서도 유죄가 인정되는 경우에 대비하여 제1심판결 및 항소심판결 선고 전에 각 1,000만원을 공탁하면서 손해배상금의 일부라는 표시도 하지 않고 공탁금회수제한신고서도 첨부한 사안에서, 채무자가 부담하는 손해배상채무는 정신적 손해에 대한 위자료지급채무의 성격을 가지는 것이어서 형사재판과정에서 그 액수를 구체적으로 산정하기 곤란하였다는 점 등에 비추어 보면, 위 각 공탁에 의하여 당시 그 공탁금을 넘는 손해배상채무가 존재함을 인식하고 있었다는 뜻을 표시한 것이라고 보기는 어렵다는 점에서 위 각 공탁에 의하여 공탁금을 넘는 손해배상채무를 승인한 것이라고 볼 수 없다고 한 사례가 있습니다(대법원 2010. 9. 30. 선고 2010다36735 판결).

그러므로 위 사안에서도 변제공탁서에 기재된 공탁원인사실의 내용, 그 밖의 공탁 전후의 제반사정을 종합하여 판단하여야 할 것이고, 단순히 변제공탁사실만으로 소멸시효중단사유인 승인이 있었다고 보기 어려울 듯합니다.

[서식 예] 형사손해배상금 공탁서

공 탁 번 호		년 금 제 호	년 월 일 신청	법령조항	민법487조
공 탁 자	성 명 (상호, 명칭)		피 공 탁 자	성 명 (상호, 명칭)	
	주민등록번호 (법인등록번호)			주민등록번호 (법인등록번호)	
	주 소 (본점, 주사무소)			주 소 (본점, 주사무소)	
	전화번호			전화번호	

공 탁 금 액	한글	보 관 은 행	은행 지점
	숫자		

형사사건	사건번호	경찰서 년제 호 지방검찰청 지청 년 형제 호 지방법원 지원 년 고단(합) 제 호
	사건명	

공탁원인사실	
비고(첨부서류등)	☐ 계좌납입신청 ☐ 공탁통지 우편료 원
반대급부 내용 등	

위와 같이 신청합니다. 대리인 주소
전화번호
공탁자 성명 인(서명) 성명 인(서명)

회수제 한신고	공탁자는 피공탁자의 동의가 없으면 위 형사사건에 대하여 불기소결정(단, 기소유예는 제외)이 있거나 무죄판결이 확정될 때까지 공탁금에 대한 회수청구권을 행사하지 않겠습니다. **공탁자 성명 인(서명) 대리인 성명 인(서명)** ※ 회수신고란에 서명하지 않을 경우 "금전 공탁서(변제 등)" 양식을 사용하시기 바랍니다.

위 공탁을 수리합니다.
공탁금을 년 월 일까지 위 보관은행의 공탁관 계좌에 납입하시기 바랍니다.
위 납입기일까지 공탁금을 납입하지 않을 때는 이 공탁 수리결정의 효력이 상실됩니다.
년 월 일
법원 지원 공탁관 (인)

(영수증) 위 공탁금이 납입되었음을 증명합니다.
년 월 일
공탁금 보관은행(공탁관) (인)

※ 1. 서명 또는 날인을 하되, 대리인이 공탁할 때에는 대리인의 성명, 주소(자격자대리인은 사무소)를 기재하고 대리인이 서명 또는 날인하여야 합니다. 전자공탁시스템을 이용하여 공탁하는 경우에는 날인 또는 서명은 공인인증서에 의한 전자서명 방식으로 합니다.
   2. 공탁금 납입 후 은행으로부터 받은(전자공탁시스템을 이용하여 공탁하는 경우에는 전산시스템으로 출력한) 공탁서 원본을 형사사건이 최종 계류 중인 경찰서나 검찰청 또는 법원에 제출하시기 바랍니다.
   3. 공탁통지서를 발송하여야 하는 경우, 공탁금을 납입할 때 우편료(피공탁자 수 × 1회 발송)도 납부하여야 합니다(**공탁신청이 수리된 후 해당 공탁사건번호로 납부하여야 하며, 미리 예납할 수 없습니다**).
   4. 공탁금 회수청구권은 소멸시효 완성으로 국고에 귀속될 수 있습니다.
   5. 공탁서는 재발급 되지 않으므로 잘 보관하시기 바랍니다.

9-2-2. 공탁금 회수제한신고서 제출

① 공탁금 회수제한신고서의 의의

"공탁금 회수제한신고서"란 "피공탁자의 동의가 없으면 해당 형사사건에 대해 불기소결정(다만, 기소유예는 제외)을 받거나 무죄판결이 확정될 때까지 회수청구권을 행사하지 않겠다."는 취지를 적은 서면을 말합니다.

② 공탁금 회수제한신고서 제출 절차

형사손해배상금(합의금) 공탁자(이하 "공탁자"라 함)는 공탁신청과 동시에 또는 공탁을 한 뒤에 공탁금 회수제한신고서를 제출할 수 있습니다.

③ 공탁금 회수제한신고서

ⓐ 공탁금 회수제한신고서의 제출은 임의적인 것이기 때문에 형사사건의 가해자가 피해자 앞으로 공탁소에 회수권제한신고서를 제출하지 않고 변제공탁한 후 형사재판부에 변제공탁서만 양형자료로 제출하여 유리한 형의 선고를 받은 후 공탁금을 회수해버리는 경우가 있습니다.

ⓑ 따라서, 법원은 형사사건의 가해자가 변제공탁을 악용하는 것을 방지하기 위해서 형사재판에서 공탁금 회수제한신고서가 첨부된 경우에만 공탁사실을 양형에 참작하도록 하고 있습니다.

④ 손해배상금(합의금) 공탁에 대한 공탁금 회수제한 신고서의 작성 예시는 다음과 같습니다.

[서식 예] 공탁금 회수제한신고서

사　건　2○○○년 금 제　　　　　호
공 탁 자　○ ○ ○　(○○○○○○-○○○○○○○)
　　　　　주 소　○○시 ○○구 ○○길 ○○번지
피공탁자　◇ ◇ ◇
　　　　　주 소　○○시 ○○구 ○○길 ○○번지

　귀원의 위 공탁사건에 관하여 공탁자는 피공탁자의 동의가 없으면 다음의 형사사건에 대하여 불기소결정(단, 기소유예는 제외)이 있거나 무죄판결이 확정될 때까지 공탁금에 대한 회수청구권을 행사하지 않기로 신고합니다.

형 사 사 건 의 표 시

1. 사 건 번 호 :　　○○ 경찰서 20○○년○○○호
　　　　　　　　　　○○ 지방검찰청 20○○년 형제○○○호
　　　　　　　　　　○○ 지방법원 20○○년 고단(합)○○○호
1. 사 건 명 : 예)교통사고처리특례법위반
1. 피의자(피고인) : ○ ○ ○
　　　　　　주민등록번호 : ○○○○○○-○○○○○○○

　　　　　　　2○○○. ○. ○.
　　　　　　신고인 (공탁자)　○ ○ ○　　㊞

○ ○ 지 방 법 원 공 탁 관 　귀 중

공탁 2○○○년 금 제　　호 사건에 관하여　　년　　월　　일 접수된 서면임을 확인함.
　　　　　　　　　　　　　　○○지방법원 공탁관　　　　㊞

⑤ 공탁금 회수제한신고서의 처리

공탁금 회수제한신고서가 제출된 경우에는 공탁자의 회수청구권에 대한 압류통지
서가 접수된 경우에 준하여 처리하고, 공탁금을 납입한 공탁자가 공탁금 회수제
한신고서 부본(副本)을 제출하여 요구하면 공탁관은 부본에 공탁금회수제한신고
접수사실을 확인하고 기명날인하여 그 부본을 공탁자에게 내어줍니다.

9-2-3. 형사손해배상금(합의금) 공탁 시 첨부서류

① 피공탁자의 주소 소명서면

ⓐ 변제공탁을 하는 경우에 피공탁자의 주소를 표시하는 때에는 그 주소를 소명하는 서면을,
피공탁자의 주소가 불명인 경우에는 이를 소명하는 서면을 첨부해야 합니다(「공탁규칙」
제21조제3항).

ⓑ 주소를 소명하는 서면은 발급일로부터 3월 이내의 것이어야 합니다(「공탁규칙」 제16조).

② 공탁자의 주소 소명서면 발급 방법

ⓐ 관계 법령에 따른 소송·비송사건·경매목적 수행 상 필요한 경우 또는 채권·채무관계 등
정당한 이해관계가 있는 경우에는 본인이나 세대원이 아닌 자도 주민등록표의 열람이나
주민등록표등본·초본의 발급신청을 할 수 있습니다(「주민등록법」 제29조제2항 단서).

ⓑ 따라서 공탁자는 피공탁자의 주소를 알기 위해 법원에서 발행한 문서 등을 주민등록표의
열람 또는 주민등록표등본·초본 발급기관의 장에게 제시하여 피공탁자의 주민등록표 초
본을 발급받을 수 있습니다(「주민등록법 시행규칙」 제13조제1항 및 별표).

③ 공탁통지서

공탁자가 피공탁자에 공탁통지를 해야 할 경우 피공탁자 수만큼의 공탁통지서를
제출하고, 배달증명을 할 수 있는 우편료를 납입해야 합니다(「공탁규칙」 제23조제
1항 및 제2항).

④ 형사손해배상금(합의금) 공탁통지서의 작성 예시는 다음과 같습니다.

[서식 예] 형사손해배상금 공탁통지서

공 탁 번 호		년 금 제 호	년 월 일 신청	법령조항	
공 탁 자	성 명 (상호, 명칭)		피 공 탁 자	성 명 (상호, 명칭)	
	주 소 (본점, 주사무소)			주 소 (본점, 주사무소)	

공 탁 금 액	한글	보 관 은 행	은행 지점
	숫자		

형사사건	사건번호	경찰서 년제 호 지방검찰청 지청 년 형제 호 지방법원 지원 년 고단(합) 제 호
	사건명	

공 탁 원 인 사 실	
반대급부 내용 등	

위와 같이 통지합니다.   대리인 주소
　　공탁자 성명   인(서명)   성명   인(서명)

1. 위 공탁금이   년   월   일 납입되었으므로 [별지] 안내문의 구비서류 등을 지참하시고 우리 법원 공탁소에 출석하여 공탁금 출급청구를 할 수 있습니다.
2. 공탁금액이 5천만원 이하인 경우에는 법원 전자공탁홈페이지(http://ekt.scourt.go.kr)를 이용하여 인터넷으로 공탁금 출급청구를 할 수 있습니다. 이 경우 인감증명서(또는 본인서명사실확인서)는 첨부하지 아니합니다.
3. **공탁자가 회수제한신고를 한 경우에는 공탁자는 귀하의 동의가 없으면 위 형사사건에 대하여 불기소결정(단, 기소유예는 제외)이 있거나 무죄판결이 확정될 때까지 공탁금에 대한 회수청구권을 행사할 수 없습니다.**
   그러나, 공탁자가 회수제한신고를 하지 않은 경우에는 귀하가 공탁금 출급청구를 하거나, 공탁을 수락한다는 내용을 기재한 서면을 우리 공탁소에 제출하기 전에는 공탁자가 공탁금을 회수할 수 있습니다.
4. 공탁금은 그 출급청구권을 행사할 수 있는 때로부터 10년 내에 출급청구를 하지 않을 때에는 특별한 사유(소멸시효 중단 등)가 없는 한 소멸시효가 완성되어 국고로 귀속되게 됩니다.
5. 공탁금에 대하여 이의가 있는 경우에는 공탁금 출급청구를 할 때에 청구서에 이의유보 사유(예컨대 "손해배상금 중의 일부로 수령함" 등)를 표시하고 공탁금을 지급받을 수 있으며, 이 경우에는 후에 다른 민사소송 등의 방법으로 권리를 주장할 수 있습니다.
6. 공탁통지서는 재발급 되지 않으므로 잘 보관하시기 바랍니다.
7. 사건 내용은 법원 전자공탁홈페이지에서 조회할 수 있으며, 통지서 하단에 발급확인번호가 기재되어 있는 경우에는 전자문서로 신청된 사건이므로 전자공탁홈페이지에서 공탁관련 문서를 열람할 수 있습니다.

　　　　　　　　　　　　　　　　　　　　　년   월   일 발송
　　　　　　　　　　　법원   지원 공탁관   (인)
　　　　　　　　　　　　　　　　　　　　(문의전화 :   )

■ 합의금 중 일부를 공탁한 경우 위 공탁에 의하여 당시 그 공탁금을 초과하는 채무가 존재함을 인식하고 있다는 뜻을 표시한 것이라고 볼 수 있는지요?

Q 채무의 존부 및 범위에 관하여 다투고 있는 상태에서 일단 형사처벌을 면하거나 경감할 목적으로 원고가 요구하는 합의금 중 일부를 공탁한 경우 피고가 위 공탁에 의하여 당시 그 공탁금을 초과하는 채무가 존재함을 인식하고 있다는 뜻을 원고에게 표시한 것이라고 볼 수 있는지요?

A 소멸시효 중단사유로서의 채무의 승인은 시효이익을 받을 당사자인 채무자가 소멸시효의 완성으로 권리를 상실하게 될 자에 대하여 그 권리가 존재함을 인식하고 있다는 뜻을 표시함으로써 성립한다고 할 것이며, 그 표시의 방법은 아무런 형식을 요구하지 아니하고, 또 그 표시가 반드시 명시적일 것을 요하지 않고 묵시적인 방법으로도 가능한 것이기는 하지만,그 묵시적인 승인의 표시는 적어도 채무자가 그 채무의 존재 및 액수에 대하여 인식하고 있음을 전제로 하여 그 표시를 대하는 상대방으로 하여금 채무자가 그 채무의 존재 및 액수에 대하여 인식하고 있음을 전제로 하여 그 표시를 대하는 상대방으로 하여금 채무자가 그 채무를 인식하고 있음을 그 표시를 통해 추단하게 할 수 있는 방법으로 행해져야 할 것이고, 소멸시효의 중단사유로서 채무자에 의한 채무승인이 있었다는 사실은 이를 주장하는 채권자 측에서 입증하여야 한다 할 것입니다(대법원 2005.2.17.선고 2004다59959 판결 , 대법원 2007.11.29.선고 2005다64552 판결 등 참조).

한편 형사재판절차에서 피해자를 위하여 손해배상금의 공탁이 이루어진 경우 그와 같은 공탁이 공탁금액을 넘는 손해배상채무에 관한 묵시적인 승인에 해당하는지 여부는 공탁서에 기재된 공탁원인사실의 내용을 중심으로, 공탁의 경위와 목적 및 공소사실의 다툼 여부, 인정되는 손해배상채무의 성격 및 액수와 공탁금액의 차이, 그 밖의 공탁 전후의 제반 사정을 종합하여 판단하여야 한다 할 것입니다.(대법원 2010.9.30.선고 2010다36735 판결 참조).

피고가 채무의 존부 및 범위에 관하여 다투고 있는 상태에서 일단 형사처벌을 면하거나 경감할 목적으로 원고가 요구하는 합의금 중 일부를 공탁한 것으로서 피고가 위 공탁에 의하여 당시 그 공탁금을 초과하는 채무가 존재함을 인식하고 있다는 뜻을 원고에게 표시한 것이라고 보기는 어렵고 따라서 피고가 위 공탁에 의하여 공탁금을 넘는 채무를 묵시적으로 승인한 것이라고 볼 수도 없다 할 것입니다(대법원 2015. 4. 9. 선고 2014다85216 판결).

■ 위조한 종친회 규약 등을 공탁관에게 제출하는 방법으로 종친회를 피공탁자로 하여 공탁된 수용보상금을 출급받고 반환을 거부하는 경우 사기죄 및 업무상 횡령죄로 형사처벌할 수 있는지요?

Q 甲 종친회의 회장인 乙은 위조한 종친회 규약 등을 공탁관에게 제출하는 방법으로 甲 종친회를 피공탁자로 하여 공탁된 수용보상금을 출급받았고, 종친회를 위하여 이를 업무상 보관하던 중 반환을 거부하였습니다. 이러한 경우 乙을 사기죄 및 업무상 횡령죄로 형사처벌할 수 있는지요?

A 乙이 위조한 종친회 규약 등을 공탁관에게 제출하여 공탁금을 출급받았다는 점에서 乙에게 사기죄가 성립하는가의 여부는 크게 문제가 되지 않을 것으로 생각되나, 업무상 횡령죄도 성립하는지에 대하여는 의문이 있습니다.

이는 형법이론상 불가벌적 사후행위(범죄에 의하여 획득한 위법한 이익을 확보·사용·처분하는 사후행위가 별개의 구성요건에 해당하지만 그 불법이 이미 주된 범죄에 의하여 완전히 평가되었기 때문에 별죄를 구성하지 않는 것)라는 것이 있기 때문에 乙의 업무상 횡령은 이러한 불가벌적 사후행위에 해당되는 것이 아닌가 하는 점을 검토해 보아야 하기 때문입니다.

관련 판례를 보자면, 대법원은 종친회 회장이 위조한 서류를 이용하여 공탁관을 기망함으로써 종친회를 피공탁자로 하여 공탁된 수용보상금을 출급받은 것에 대하여는 종친회를 피해자로 하는 사기죄가 성립하나, 종친회 회장이 그 후 종친회에 대하여 공탁금의 반환을 거부하였더라도 그 행위는 새로운 법익의 침해를 수반하지 않는 불가벌적 사후행위에 해당할 뿐 별도의 횡령죄가 성립하지는 아니한다고 하였습니다(대법원 2015. 9. 10. 선고 2015도8592 판결).

그러므로 위와 같은 대법원 판례의 입장에 의할 때, 乙에게는 사기죄만이 성립될 뿐 업무상 횡령죄는 성립되지 않을 것으로 생각됩니다.

■ 상해죄로 기소되었는데, 합의를 보기 어려울 경우 공탁은 어떻게 하는 것인가요?

Q 상해죄로 기소되었는데, 피해를 배상하고 합의를 보고자 하였으나, 피해자의 태도가 완강하여 합의를 보기 어려울 듯합니다. 이런 경우에 공탁이라는 것을 할 수 있다고 하던데, 공탁이라는 것이 무엇이며 어떻게 하는 것인가요?

A 일반적으로 공탁이란 법률의 근거가 있는 경우에 금전이나 유가증권 또는 물품을 맡김으로써 소기의 목적을 달성하는 제도를 말합니다.공탁 중에서도 채권자가 변제를 받기를 거절하거나 누가 채권자인지 알 수 없을 경우에 하는 것을 변제공탁이라고 하는데, 형사공탁도 변제공탁의 일종입니다. 다만, 형사사건의 특성상, '금전 공탁서(형사사건용)'와 '금전 공탁통지서(형사사건용)'가 따로 마련되어 있습니다(공탁사무 문서양식에 관한 예규 제1-9호 양식, 제2-4호 양식). 일반적인 금전공탁과의 차이는 공탁서 양식에 '회수제한신고'라는 것을 기재하게 되어 있다는 것입니다. 형사공탁의 기본적 절차는 공탁서 2통, 공탁통지서 1통을 작성하여 공탁관(법원 공탁계)에게 제출하면(신청비용은 없으나 공탁통지를 위한 우편료는 소요됩니다), 공탁관이 공탁서 1통에 수리의 취지를 기재하여 교부해 주고, 이를 갖고서 해당 법원 내 은행에 가서 공탁금을 납입하고 납입증명을 받습니다. 피고인은 위와 같이 납입증명이 된 공탁서를 참고자료로 재판부에 제출하면 되며, 피해자에게는 공탁관이 공탁통지서를 보냅니다. 공탁은 피해자의 주소지를 관할하는 지방법원(본원, 지원)에 함이 원칙이나, 피고인이 사는 곳을 관할하는 지방법원에서도 제출할 수 있는 특례가 마련되어 있습니다. 어떻게 하는지 잘 모르겠으면, 담당 변호사의 도움을 받거나 일반 법무사의 도움을 받으시기 바랍니다.

9-3. 공탁된 형사손해배상금(합의금)의 회수
9-3-1. 무죄 판결 등을 받은 경우

① 공탁금 회수제한신고서가 제출된 경우 공탁자 또는 공탁자의 승계인이 공탁금 회수청구를 하려면 그 공탁금 회수제한신고서에 기재된 대로 공탁물 회수청구 조건을 갖췄음을 증명하는 서면을 첨부해야 합니다.

② 공탁금 회수청구 조건을 갖추었음을 증명하는 서면에는 ⓐ 피공탁자가 공탁자의 공탁물 회수청구에 동의한다는 내용의 인영이 날인되어 있는 서면 및 인감증명,

ⓑ 검사의 불기소결정서(혐의 없음 또는 공소권 없음), ⓒ 무죄판결문 및 확정증명 등이 있습니다.

9-3-2. 유죄 판결 등을 받은 경우

① 공탁금 회수제한신고서를 제출한 공탁자가 형사재판에서 유죄가 인정되어 집행유예의 확정판결을 받은 경우에는 「민법」 제489조에 따라 공탁금 회수청구권을 행사할 수는 없습니다.

② 다만, 착오로 공탁을 하거나 공탁원인이 소멸된 때에만 「공탁법」 제9조제2항에 따라 공탁금을 회수청구할 수 있습니다(「공탁선례1-186).

10. 변제공탁의 공탁물 회수청구권의 소멸

10-1. 공탁물 회수청구권의 소멸사유

공탁자의 공탁물 회수청구권은 다음의 어느 하나에 해당하는 사유가 있으면 소멸합니다(「민법」 제489조).

1. 공탁수락 의사표시

   공탁수락 의사표시에는 피공탁자의 공탁 승인과 피공탁자의 공탁소에 대한 공탁물수령 통고가 있습니다.

2. 공탁유효 판결의 확정

3. 공탁으로 인한 질권 또는 저당권의 소멸

10-2. 공탁수락 의사표시의 내용

10-2-1. 공탁수락 의사표시의 의의

① "공탁수락 의사표시"란 변제공탁에서 피공탁자가 공탁물 출급청구 이전에 공탁물 출급청구권을 행사할 의사가 있음을 미리 표시하는 것을 말합니다.

② 공탁수락 의사표시는 피공탁자가 변제공탁의 출급청구를 할 때 공탁물 출급청구서에 출급청구사유로서 적는 공탁수락과는 구별됩니다.

10-2-2. 공탁수락 의사표시를 할 수 있는 자

① 공탁수락 의사표시를 할 수 있는 자는 원칙적으로 피공탁자입니다.

② 공탁물 출급청구권이 양도 된 경우에는 공탁물 출급청구권의 양수인, 채권자 대위권의 목적이 된 경우에는 채권자대위권을 행사하는 일반채권자가 공탁수락 의사표시를 해야 합니다.

③ 공탁물 출급청구권이 전부명령, 추심명령의 대상이 된 경우에는 전부채권자, 추심채권자가 공탁수락 의사표시를 해야 합니다.

※ "압류", "가압류", "채권자 대위", "전부명령", "추심명령"이란?

① "압류"란 집행기관에 의해 채무자의 특정재산에 대한 사실상 또는 법률상 처분이 제한되는 강제집행을 말합니다.

② "가압류"란 금전채권이나 금전으로 환산할 수 있는 채권에 대해 동산 또는 부동산에 대한 장래의 강제집행을 보전하기 위한 제도를 말합니다.

③ "채권자 대위"란 채권자가 자기의 채권을 보전하기 위해 자기의 이름으로 채무자의 권리를 행사할 수 있는 권리를 말합니다.

④ "전부명령"이란 압류채무자가 제3채무자에 대해 압류된 금전채권을 집행채권과 집행비용청구권의 변제를 대신하여 압류채권자에게 이전시키는 집행법원의 결정을 말합니다.

⑤ "추심명령"이란 압류채무자가 제3채무자에 대해 가지고 있는 압류된 금전채권을 대위절차 없이 채무자를 대신하여 직접 추심할 권리를 압류채권자에게 부여하는 집행법원의 결정을 말합니다.

10-2-3. 공탁수락 의사표시의 상대방

① 공탁수락 의사표시는 공탁소 또는 공탁자에게 할 수 있습니다.

② 공탁자에게만 공탁수락 의사표시를 한 경우의 효과

ⓐ 공탁수락 의사표시는 공탁소 또는 공탁자에게 할 수 있는데, 피공탁자가 공탁자에게만 공탁수락 의사표시를 하고 공탁소에는 공탁수락 사실을 알리지 않은 경우 공탁자가 공탁수락 사실을 모르는 공탁소에서 공탁물을 회수해 가더라도 그 공탁자의 공탁물 회수는 유효합니다.

ⓑ 이 경우 공탁자의 공탁물 회수가 유효하므로 피공탁자는 공탁관의 공탁물 지급에 대해 다툴 수는 없으며, 공탁자에게 부당이득반환을 청구하는 방법으로 분쟁을 해결해야 합니다. 따라서, 공탁수락 의사표시는 공탁소에 하는 편이 안전합니다.

10-2-4. 공탁수락 의사표시의 방법

① 공탁자에 대한 공탁수락 의사표시의 방법에 대한 규정은 없으므로 구두나 서면으로 할 수 있습니다.

② 공탁소에 대한 공탁수락 의사표시의 방법은 공탁을 수락한다는 취지가 기재된 서면으로 해야 합니다.

③ 피공탁자가 공탁물 출급청구권을 다른 사람에게 양도하면 특별한 사정이 없는 한 피공탁자가 공탁수락 의사표시를 한 것으로 봅니다.

10-2-5. 공탁수락 의사표시의 기한

피공탁자는 공탁수락 의사표시를 공탁자의 적법한 공탁물 회수청구서를 공탁관이 수리될 때까지 할 수 있습니다.

10-2-6. 공탁수락 의사표시의 철회 금지

공탁수락 의사표시는 공탁자, 그 밖에 이해관계인의 권리에 영향을 미치므로 착오 또는 사기·강박의 경우를 제외하고는 원칙적으로 철회할 수 없습니다.

법령용어해설

※ "철회"이란?
① "철회"란 아직 효력을 발생하지 않는 법률행위의 효력을 장래에 대해 저지하는 것을 말합니다.
② 「민법」상 철회를 취소와 혼동하여 쓰는 경우가 있으나 취소는 효력이 발생한 후에 그 효력을 소멸시키는 점에서 구별됩니다.

10-3. 공탁유효판결 확정의 내용
10-3-1. 공탁유효판결

① 공탁유효판결은 확인판결에 한정되지 않고 이행판결도 포함됩니다.

법령용어해설

※ "이행판결", "확인판결"이란?
① "이행판결"이란 원고의 청구권을 인정하고 피고에게 의무이행을 명하는 것을 내용으로 하는 판결을 말합니다.
② "확인판결"이란 권리, 법률관계의 존재나 부존재를 확정하는 것을 내용으로 하는 판결을 말합니다.

---

② 판결 주문뿐만 아니라 판결 이유 중에 공탁유효가 판단된 판결도 공탁유효판결에 포함됩니다.

③ 그러나 공탁의 유효 또는 무효에 대한 법적 판단을 할 수 없는 형사판결은 공탁유효판결로 볼 수 없으므로, 비록 형사사건에서 공탁에 의한 정상참작이 판결 이유 중에 나타나더라도 그 형사판결은 공탁유효판결에 포함되지 않습니다.

10-4. 공탁으로 인한 질권·저당권의 소멸 내용

10-4-1. 질권·저당권 외의 담보물권이 소멸한 경우

공탁물이 회수되면 채무는 처음부터 소멸되지 않은 것으로 되기 때문에 담보물권도 원칙적으로 처음부터 소멸하지 않은 것으로 되어 부활합니다.

10-4-2. 질권·저당권이 소멸한 경우

① 공탁물이 회수되면 담보물권 중 질권·저당권이 설정된 채무까지도 처음부터 소멸하지 않는 것으로 하게 되면 공탁자가 공탁한 다음부터 공탁물을 회수하기 전까지 그 동산 또는 부동산을 취득한 제3자가 있는 경우 제3자가 취득한 동산 또는 부동산에 질권·저당권이 부활하게 되어 그 동산 또는 부동산을 취득한 제3자는 예상하지 못한 불이익을 받을 수 있습니다.

② 이에 따라, 「민법」 제489조제2항에서는 공탁으로 인해 질권 또는 저당권이 소멸한 경우에는 공탁자가 공탁물을 회수할 수 없는 것으로 하므로, 이 경우 공탁물 회수청구권은 확정적으로 소멸합니다.

제2절 변제공탁 관련 서식

1.민법상 변제공탁

[서식 예] 매주가 매매대금수령을 거부하는 경우의 공탁

금전 공탁서(변제 등)

공 탁 번 호		○○년금 제○○호	년 월 일 신청	법령조항	민법 제487조
공탁자	성 명 (상호, 명칭)	○ ○ ○	피공탁자	성 명 (상호, 명칭)	○ ○ ○
	주민등록번호 (법인등록번호)	111111- 1234567		주민등록번호 (법인등록번호)	111111- 1234567
	주 소 (본점, 주사무소)	○○시 ○○구 ○○동 ○○번지		주 소 (본점, 주사무소)	○○시 ○○구 ○○동 ○○번지
	전화번호	010-xxxx-xxxx		전화번호	010-xxxx-xxxx
공 탁 금 액		한글 금 오백만원정	보 관 은 행		○○은행 ○○지점
		숫자 5,000,000원정			
공탁원인사실		공탁자는 피공탁자와 ○○.○. ○○시 ○○구 ○○동 ○○번지 대지 90평을 매매대금 2억원으로 정하고 동일 계약금으로 2천만원을 지급하고, 잔금지급일은 ○○.○.○. 지급장소 피공탁자의 주소로 정하여 매매계약을 체결하였는바, 공탁자는 계약에 따라 채무이행지인 피공탁자의 주소지에서 매매잔대금 1억 8천만원을 현실 제공하였으나 수령을 거부하므로 공탁함.			
비고(첨부서류 등)		☐ 계좌납입신청 ☐ 공탁통지 우편료 ○○○ 원			
1. 공탁으로 인하여 소멸하는 질권, 전세권 또는 저당권 2. 반대급부 내용					
위와 같이 신청합니다. 공탁자 성명 ○ ○ ○인(서명)		대리인 주소 ○○시 ○○구 ○○동 ○○번지 전화번호 010-xxxx-xxxx 성명 ○ ○ ○ 인(서명)			
위 공탁을 수리합니다. 공탁금을 20○○년 ○월 ○일까지 위 보관은행의 공탁관 계좌에 납입하시기 바랍니다. 위 납입기일까지 공탁금을 납입하지 않을 때는 이 공탁 수리결정의 효력이 상실됩니다. 20○○ 년 ○○월 ○○일 ○○법원 ○○지원 공탁관 ○ ○ ○(인)					
(영수증) 위 공탁금이 납입되었음을 증명합니다. 20○○ 년 ○○월 ○○일 공탁금 보관은행(공탁관) ○ ○ ○ (인)					

※ 1. 서명 또는 날인을 하되, 대리인이 공탁할 때에는 대리인의 성명, 주소(자격자대리인은 사무소)를 기재하고 대리인이 서명 또는 날인하여야 합니다. 전자공탁시스템을 이용하여 공탁하는 경우에는 날인 또는 서명은 공인인증서에 의한 전자서명 방식으로 합니다.
2. 공탁당사자가 국가 또는 지방자치단체인 경우에는 법인등록번호란에 '고유번호'를 기재하시기 바랍니다.
3. 피공탁자의 주소를 기재하는 경우에는 피공탁자의 주소를 소명하는 서면을 첨부하여야 하고, 피공탁자의 주소를 알 수 없는 경우에는 그 사유를 소명하는 서면을 첨부하여야 합니다.
4. 공탁통지서를 발송하여야 하는 경우, 공탁금을 납입할 때 우편료(피공탁자 수 × 1회 발송)도 납부하여야 합니다(공탁신청이 수리된 후 해당 공탁사건번호로 납부하여야 하며, 미리 예납할 수 없습니다).
5. 공탁금 회수청구권은 소멸시효 완성으로 국고에 귀속될 수 있습니다.
6. 공탁서는 재발급 되지 않으므로 잘 보관하시기 바랍니다.

[서식 예] 매매대금의 지급이 반대급부에 있는 경우의 공탁

금전 공탁서(변제 등)

공 탁 번 호	○○년금 제○○호		년 월 일 신청	법령조항	민법 제487조
공 탁 자	성 명 (상호, 명칭)	○ ○ ○	피 공 탁 자	성 명 (상호, 명칭)	○ ○ ○
	주민등록번호 (법인등록번호)	111111-1234567		주민등록번호 (법인등록번호)	111111-1234567
	주 소 (본점, 주사무소)	○○시 ○○구 ○○동 ○○번지		주 소 (본점, 주사무소)	○○시 ○○구 ○○동 ○○번지
	전화번호	010-xxxx-xxxx		전화번호	010-xxxx-xxxx
공 탁 금 액	한글 금 일억오천만원정		보 관 은 행	○○은행 ○○지점	
	숫자 150,000,000원정				
공탁원인사실	공탁자는 피공탁자와 ○○.○. ○○시 ○○구 ○○동 ○○번지 대지 ○○평을 대금 ○억원으로 정하고 동일 계약금으로 ○천만원을 지급하고, 잔금지급일은 ○○.○.○. 대금지급일과 동시에 피공탁자는 당해 부동산의 소유권이전등기를 완료하기로 약정하는 조건으로 매매계약을 종결하였는바. 공탁자는 계약에 따라 ○○.○.○. 피공탁자의 영업소에서 피공탁자 대표이사 ○○○에게 금 일억오천만원을 현실제공하였으나 수령을 거부하므로 공탁함.				
비고(첨부서류 등)		□ 계좌납입신청 □ 공탁통지 우편료 ○○○ 원			
1. 공탁으로 인하여 소멸하는 질권, 전세권 또는 저당권 2. 반대급부 내용	공탁원인사실에 기재한 물건의 소유권이전등기절차 이행에 필요한 서류일체와 교부				

위와 같이 신청합니다.   대리인 주소 ○○시 ○○구 ○○동 ○○번지
                                      전화번호 010-xxxx-xxxx
공탁자 성명 ○ ○ ○인(서명)   성명   ○ ○ ○ 인(서명)

위 공탁을 수리합니다.
 공탁금을 20○○년 ○월 ○일까지 위 보관은행의 공탁관 계좌에 납입하시기 바랍니다.
위 납입기일까지 공탁금을 납입하지 않을 때는 이 공탁 수리결정의 효력이 상실됩니다.
                    20○○ 년   ○○월   ○○일
                    ○○법원   ○○지원 공탁관   ○ ○ ○(인)

 (영수증) 위 공탁금이 납입되었음을 증명합니다.
                    20○○ 년   ○○월   ○○일
                    공탁금 보관은행(공탁관)   ○ ○ ○ (인)

[서식 예] 질권자의 채권추심에 대한 채권액 공탁

금전 공탁서(변제 등)

공 탁 번 호		○○년금 제○○호	년 월 일 신청	법령조항	민법 제353조제3항
공 탁 자	성 명 (상호, 명칭)	○ ○ ○	피 공 탁 자 성 명 (상호, 명칭)		○ ○ ○
	주민등록번호 (법인등록번호)	111111-1234567	주민등록번호 (법인등록번호)		111111-1234567
	주 소 (본점, 주사무소)	○○시 ○○구 ○○동 ○○번지	주 소 (본점, 주사무소)		○○시 ○○구 ○○동 ○○번지
	전화번호	010-xxxx-xxxx	전화번호		010-xxxx-xxxx

공 탁 금 액	한글 금 오천만원정	보 관 은 행	○○은행 ○○지점
	숫자 50,000,000원정		

공탁원인사실	공탁자는 피공탁자에게 금 오천만원의 차용금 채무가 있는바, 피공탁자는 위 금원의 채권을 공사대금 ○○○원의 지급채무가 있는 ○○○에게 본건 차용금을 담보로서 제공한(채권질) 뜻의 통지를 받았음. 공탁자는 ○○.○.○. 차용한 금 오천만원의 변제기가 도래하였으나 위 공사대금의 변제기는 아직 미도래이므로 질권자인 ○○의 청구에 의하여 변제를 위한 공탁을 함.

비고(첨부서류 등)	☐ 계좌납입신청 ☐ 공탁통지 우편료 ○○○ 원

1. 공탁으로 인하여 소멸하는 질 권, 전세권 또는 저당권 2. 반대급부 내용	

위와 같이 신청합니다.   대리인 주소 ○○시 ○○구 ○○동 ○○번지
                                    전화번호 010-xxxx-xxxx
공탁자 성명 ○ ○ ○인(서명)   성명   ○ ○ ○ 인(서명)

위 공탁을 수리합니다.
공탁금을 20○○년 ○월 ○일까지 위 보관은행의 공탁관 계좌에 납입하시기 바랍니다.
위 납입기일까지 공탁금을 납입하지 않을 때는 이 공탁 수리결정의 효력이 상실됩니다.
                20○○ 년   ○○월   ○○일
                ○○법원 ○○지원 공탁관   ○ ○ ○(인)

(영수증) 위 공탁금이 납입되었음을 증명합니다.
                20○○ 년   ○○월   ○○일
                공탁금 보관은행(공탁관)   ○ ○ ○ (인)

[서식 예] 민법 589조(매도인의 대금공탁청구)에 의하여 매주가 하는 대금의 공탁

금전 공탁서(변제 등)

공 탁 번 호		○○년금 제○○호		년 월 일 신청	법령조항	민법 제589조
공 탁 자	성 명 (상호, 명칭)	○ ○ ○	피 공 탁 자	성 명 (상호, 명칭)		○ ○ ○
	주민등록번호 (법인등록번호)	111111-1234567		주민등록번호 (법인등록번호)		111111-1234567
	주 소 (본점, 주사무소)	○○시 ○○구 ○○동 ○○번지		주 소 (본점, 주사무소)		○○시 ○○구 ○○동 ○○번지
	전화번호	010-xxxx-xxxx		전화번호		010-xxxx-xxxx
공 탁 금 액		한글 금 일억오천만원정	보 관 은 행			○○은행 ○○지점
		숫자 150,000,000원정				
공탁원인사실		공탁자는 ○○.○.○. 피공탁자로부터 동인의 소유 피공탁자 주소지 대지 ○○평방미터를 대금 일억오천만원에 매수계약하고 대금지급기일은 ○○.○.○.로 정하였으나 동 토지의 이웃에 사는 동소 23번지 ○○○가 위 토지의 소유권을 주장하고 ○○중앙법원에 토지소유권 확인청구소송을 제기하였으므로 공탁자는 민법 제588조에 의하여 대금 전액을 거부하였던바, 피공탁자는 공탁자에 대하여 대금의 공탁청구를 하였으므로 위 금 일억오천만원을 공탁함.				
비고(첨부서류 등)		□ 계좌납입신청 □ 공탁통지 우편료 ○○○ 원				
1. 공탁으로 인하여 소멸하는 질권, 전세권 또는 저당권 2. 반대급부 내용						

위와 같이 신청합니다.   대리인 주소 ○○시 ○○구 ○○동 ○○번지
            전화번호 010-xxxx-xxxx
 공탁자 성명 ○ ○ ○인(서명) 성명 ○ ○ ○ 인(서명)

위 공탁을 수리합니다.
 공탁금을 20○○년 ○월 ○일까지 위 보관은행의 공탁관 계좌에 납입하시기 바랍니다.
위 납입기일까지 공탁금을 납입하지 않을 때는 이 공탁 수리결정의 효력이 상실됩니다.
    20○○ 년 ○○월 ○○일
      ○○법원 ○○지원 공탁관 ○ ○ ○(인)

 (영수증) 위 공탁금이 납입되었음을 증명합니다.
     20○○ 년 ○○월 ○○일
     공탁금 보관은행(공탁관) ○ ○ ○ (인)

[서식 예] 자조매각대금의 공탁

금전 공탁서(변제 등)

공 탁 번 호	○○년금 제○○호		년 월 일 신청	법령조항	민법 제490조
공 탁 자	성 명 (상호, 명칭)	○ ○ ○	피 공 탁 자	성 명 (상호, 명칭)	○ ○ ○
	주민등록번호 (법인등록번호)	111111-1234567		주민등록번호 (법인등록번호)	111111-1234567
	주 소 (본점, 주사무소)	○○시 ○○구 ○○동 ○○번지		주 소 (본점, 주사무소)	○○시 ○○구 ○○동 ○○번지
	전화번호	010-xxxx-xxxx		전화번호	010-xxxx-xxxx

공 탁 금 액	한글 금 일억오천만원정	보 관 은 행	○○은행 ○○지점
	숫자 150,000,000원정		

공탁원인사실	공탁자는 피공탁자의 위임에 의거 제주산 한우 ○필을 피공탁자를 위하여 매수한 후 이를 피공탁자에게 인도코자 제공하였으나 이의 수령을 거부하고 있어 금번 ○○중앙법원의 허가를 얻어 이를 경매한 매득금 일억오천만원을 공탁함.
비고(첨부서류 등)	공탁자가 상당하다고 생각되는 임료의 증액분 ○만원을 가산 공탁함. □ 계좌납입신청 □ 공탁통지 우편료 ○○○ 원
1. 공탁으로 인하여 소멸하는 질권, 전세권 또는 저당권 2. 반대급부 내용	

위와 같이 신청합니다.   대리인 주소 ○○시 ○○구 ○○동 ○○번지
                        전화번호 010-xxxx-xxxx

공탁자 성명 ○ ○ ○인(서명)   성명   ○ ○ ○ 인(서명)

위 공탁을 수리합니다.
공탁금을 20○○년 ○월 ○일까지 위 보관은행의 공탁관 계좌에 납입하시기 바랍니다.
위 납입기일까지 공탁금을 납입하지 않을 때는 이 공탁 수리결정의 효력이 상실됩니다.
            20○○ 년   ○○월   ○○일
            ○○법원   ○○지원 공탁관   ○ ○ ○(인)

(영수증) 위 공탁금이 납입되었음을 증명합니다.
            20○○ 년   ○○월   ○○일
            공탁금 보관은행(공탁관)   ○ ○ ○ (인)

[서식 예] 주채무자의 공탁

금전 공탁서(변제 등)

공 탁 번 호		○○년금 제○○호	년 월 일 신청	법령조항	민법 제443조
공 탁 자	성 명 (상호, 명칭)	○ ○ ○	피 공 탁 자	성 명 (상호, 명칭)	○ ○ ○
	주민등록번호 (법인등록번호)	111111-1234567		주민등록번호 (법인등록번호)	111111-1234567
	주 소 (본점, 주사무소)	○○시 ○○구 ○○동 ○○번지		주 소 (본점, 주사무소)	○○시 ○○구 ○○동 ○○번지
	전화번호	010-xxxx-xxxx		전화번호	010-xxxx-xxxx

공 탁 금 액	한글 금 오백만원정	보 관 은 행	○○은행 ○○지점
	숫자 5,000,000원정		

공탁원인사실	공탁자는 채권자인 ○○시 ○○구 ○○동 ○○번지 ○○○에 대하여 ○○.○.○ 상품 매매대금에 의한 금 ○○○만원의 외상대금 채무를 지고 있는 자이며, 피공탁자는 공탁자의 위임을 받아 보증인이 된 자로서 피공탁자(보증인)는 ○○.○.○. 금 ○○○만원을 ○○에게 변제하고 같은 달 ○일 공탁자에 대하여 그 구상권을 행사하여 전액 배상청구를 하였음. 공탁자(채무자)는 면책을 얻기 위하여 피공탁자에 대하여 외상대금 ○○○만원 및 약정지연손해금 ○만원 합계 오백만원을 변제하기 위하여 제공하였으나 수령을 거부하므로 공탁함.
비고(첨부서류 등)	☐ 계좌납입신청 ☐ 공탁통지 우편료 ○○○ 원

1. 공탁으로 인하여 소멸하는 질권, 전세권 또는 저당권 2. 반대급부 내용	

위와 같이 신청합니다.　　　　대리인 주소 ○○시 ○○구 ○○동 ○○번지
　　　　　　　　　　　　　　전화번호 010-xxxx-xxxx
공탁자 성명 ○ ○ ○인(서명)　성명 　　○ ○ ○ 인(서명)

위 공탁을 수리합니다.
공탁금을 20○○년 ○월 ○일까지 위 보관은행의 공탁관 계좌에 납입하시기 바랍니다.
위 납입기일까지 공탁금을 납입하지 않을 때는 이 공탁 수리결정의 효력이 상실됩니다.
　　　　　　20○○ 년 　　○○월 　　○○일
　　　　　　○○법원 　○○지원 공탁관 　○ ○ ○(인)

(영수증) 위 공탁금이 납입되었음을 증명합니다.
　　　　　　20○○ 년 　　○○월 　　○○일
　　　　　　공탁금 보관은행(공탁관) 　　○ ○ ○ (인)

[서식 예] 저당권자가 하는 배당금액의 공탁

금전 공탁서(변제 등)

공 탁 번 호		○○년금 제○○호	년 월 일 신청	법령조항	민법 제368조
공 탁 자	성 명 (상호, 명칭)	○ ○ ○	피 공 탁 자	성 명 (상호, 명칭)	○ ○ ○
	주민등록번호 (법인등록번호)	111111-1234567		주민등록번호 (법인등록번호)	111111-1234567
	주 소 (본점, 주사무소)	○○시 ○○구 ○○동 ○○번지		주 소 (본점, 주사무소)	○○시 ○○구 ○○동 ○○번지
	전화번호	010-xxxx-xxxx		전화번호	010-xxxx-xxxx

공 탁 금 액	한글 금 오백만원정	보 관 은 행	○○은행 ○○지점
	숫자 5,000,000원정		

공탁원인사실	공탁자는 채권자 병에 대한 외상대금 채권 ○○만원의 담보로서 동인의 소유 ○○시 ○○구 ○○동 ○○번지 대지 ○○평방미터에 순위 ○번의 저당권을 보유하고 있었는바, 피공탁자는 위 병에 대한 화해조서에 의하여 ○○.○.○. 동인의 소유 ○○시 ○○구 ○○동 ○○번지 대지 ○○평방미터에 대하여 ○○중앙법원 99타경 ○○○호로 토지강제경매신청을 하였으므로 공탁자는 ○○.○.○. 위 외상대금채권을 가지고 배당요구신청을 하고 ○○.○.○. 배당기일에 있어 공탁자에 대하여 위 배당금에 대한 공탁청구를 하였으므로 이에 금 오백만원을 공탁함..

비고(첨부서류 등)		□ 계좌납입신청 □ 공탁통지 우편료 ○○○ 원

1. 공탁으로 인하여 소멸하는 질권, 전세권 또는 저당권 2. 반대급부 내용	

위와 같이 신청합니다. 공탁자 성명 ○ ○ ○인(서명)	대리인 주소 ○○시 ○○구 ○○동 ○○번지 전화번호 010-xxxx-xxxx 성명 ○ ○ ○ 인(서명)

위 공탁을 수리합니다.
공탁금을 20○○년 ○월 ○일까지 위 보관은행의 공탁관 계좌에 납입하시기 바랍니다.
위 납입기일까지 공탁금을 납입하지 않을 때는 이 공탁 수리결정의 효력이 상실됩니다.
　　　　　　20○○ 년 　○○월 　○○일
　　　　　　○○법원 　○○지원 공탁관 　○ ○ ○(인)

(영수증) 위 공탁금이 납입되었음을 증명합니다.
　　　　　20○○ 년 　○○월 　○○일
　　　　　공탁금 보관은행(공탁관) 　○ ○ ○ (인)

[서식 예] 질권자의 변제금공탁청구에 의한 공탁과 집행공탁의 혼합공탁

금전 공탁서(변제 등)

공 탁 번 호	○○년금 제○○호			년 월 일 신청	법령조항	민법 제353조 제581조
공 탁 자	성 명 (상호, 명칭)	○ ○ ○	피 공 탁 자	성 명 (상호, 명칭)		○ ○ ○
	주민등록번호 (법인등록번호)	111111-1234567		주민등록번호 (법인등록번호)		111111-1234567
	주 소 (본점, 주사무소)	○○시 ○○구 ○○동 ○○번지		주 소 (본점, 주사무소)		○○시 ○○구 ○○동 ○○번지
	전화번호	010-xxxx-xxxx		전화번호		010-xxxx-xxxx
공 탁 금 액	한글 금 오백만원정			보 관 은 행		○○은행 ○○지점
	숫자 5,000,000원정					
공탁원인사실		피공탁자는 공탁자에 대하여 ○○.○.○.자의 상품 매매계약에 기한 금 ○○만원의 대금채권을(변제기 ○○.○.○. 변제장소 피공탁자의 주소지) 가지고 있는바, 공탁자는 ○○.○.○. 피공탁자로부터 위 상품대금에 관하여 피공탁자의 채권자 ○○○가 피공탁자에 대하여 가지고 있는 금 ○○○만원의 대여금 채권(변제기 ○○.○.○.)의 담보로서 금액에 관하여 민법 제355 제3항에 의한 공탁청구를 금 ○○○만원에 변제기의 다음날부터 공탁일까지의 지연손해금 ○○원을 합한 금 오백만원을 공탁함.				
비고(첨부서류 등)		☐ 계좌납입신청 ☐ 공탁통지 우편료 ○○○ 원				

1. 공탁으로 인하여 소멸하는 질권, 전세권 또는 저당권 2. 반대급부 내용	

위와 같이 신청합니다.　　　　대리인 주소 ○○시 ○○구 ○○동 ○○번지
　　　　　　　　　　　　　　전화번호 010-xxxx-xxxx
　공탁자 성명 ○ ○ ○인(서명)　　성명　　○ ○ ○ 인(서명)

위 공탁을 수리합니다.
　공탁금을 20○○년　○월　○일까지 위 보관은행의 공탁관 계좌에 납입하시기 바랍니다.
위 납입기일까지 공탁금을 납입하지 않을 때는 이 공탁 수리결정의 효력이 상실됩니다.
　　　　　　　　　20○○ 년　　○○월　　○○일
　　　　　　　　　○○법원　　○○지원 공탁관　○ ○ ○(인)

　(영수증) 위 공탁금이 납입되었음을 증명합니다.
　　　　　　　　　20○○ 년　　○○월　　○○일
　　　　　　　　　공탁금 보관은행(공탁관)　　○ ○ ○ (인)

[서식 예] 채권자 불확지 변제공탁과 집행공탁의 혼합공탁

금전 공탁서(변제 등)

공 탁 번 호	○○년금 제○○호	년 월 일 신청	법령조항	민법 제487조 후단, 민사집행법 제248조1항

공 탁 자	성 명 (상호, 명칭)	○ ○ ○	피 공 탁 자	성 명 (상호, 명칭)	○ ○ ○
	주민등록번호 (법인등록번호)	111111-1234567		주민등록번호 (법인등록번호)	111111-1234567
	주 소 (본점, 주사무소)	○○시 ○○구 ○○동 ○○번지		주 소 (본점, 주사무소)	○○시 ○○구 ○○동 ○○번지
	전화번호	010-xxxx-xxxx		전화번호	010-xxxx-xxxx

공 탁 금 액	한글 금 오백만원정	보 관 은 행	○○은행 ○○지점
	숫자 5,000,000원정		

공탁원인사실

공탁자는 홍길동에 대하여 ○○.○.○.자 공사도급계약에 기한 금 ○○○만원의 채무(변제기 ○○.○.○. 변제장소 홍길동의 주소지)를 부담하고 있는바, 이에 대하여 다음기재의 압류명령, 채권양도 통지가 연이어 송달되었으나, 동 채권에는 양도금지 특약이 부가되어 있으므로 채권양도의 효력이 불명이고 또 효력 여하에 따라 압류효력이 미치는 부분에 영향이 있으므로 채권 금액에 상당한 금 오백만원을 공탁함.

<다 음>

1. ○○법원 ○○카○○○호 채권자(갑) 채무자 어디(을) 제3채무자를 공탁자로 하는 채권압류명령, 청구채권금액 금 ○○만원 압류채권금액 금 ○○만원정 ○○.○.○. 송달통지서(확정일자 있는 서면) ○○.○.○. 도달
2. 양수인(가), 양도인(나), 양도금액 금 ○○만원으로 하는 (가)의 공탁자에 대한 양도통지서(확정일자 있는 서면) ○○.○.○. 도달
3. ○○법원 ○○카○○호 채권자(을) 채무자 어디 (병) 제3채무자를 공탁자로 하는 채권압류명령, 청구 채권금액 금 ○○만원, 압류채권 금 ○○만원 ○○.○.○. 송달

비고(첨부서류 등)		☐ 계좌납입신청 ☐ 공탁통지 우편료 ○○○ 원

1. 공탁으로 인하여 소멸하는 질권, 전세권 또는 저당권 2. 반대급부 내용	

위와 같이 신청합니다.　　　　　　대리인 주소 ○○시 ○○구 ○○동 ○○번지
　　　　　　　　　　　　　　　　전화번호 010-xxxx-xxxx
공탁자 성명　○ ○ ○인(서명)　　성명　　○ ○ ○ 인(서명)

위 공탁을 수리합니다.
공탁금을 20○○년　○월　○일까지 위 보관은행의 공탁관 계좌에 납입하시기 바랍니다.
위 납입기일까지 공탁금을 납입하지 않을 때는 이 공탁 수리결정의 효력이 상실됩니다.
　　　　　　　　20○○ 년　　○○월　　○○일
　　　　　　　　○○법원　○○지원 공탁관　○ ○ ○(인)

(영수증) 위 공탁금이 납입되었음을 증명합니다.
　　　　　　　20○○ 년　　○○월　　○○일
　　　　공탁금 보관은행(공탁관)　　○ ○ ○　(인)

[서식 예] 채권자 수령불능과 확지불능의 혼합공탁

금전 공탁서(변제 등)

공 탁 번 호	○○년금 제○○호		년 월 일 신청	법령조항	민법 제487조 전단 및 후단
공 탁 자 성 명 (상호, 명칭)	○ ○ ○	**피 공 탁 자** 성 명 (상호, 명칭)	○ ○ ○		
주민등록번호 (법인등록번호)	111111-1234567	주민등록번호 (법인등록번호)	11111-1234567		
주 소 (본점, 주사무소)	○○시 ○○구 ○○동 ○○번지	주 소 (본점, 주사무소)	○○시 ○○구 ○○동 ○○번지		
전화번호	010-xxxx-xxxx	전화번호	010-xxxx-xxxx		

공 탁 금 액	한글 금 오백만원정	보 관 은 행	○○은행 ○○지점
	숫자 5,000,000원정		

공탁원인사실	"갑"은 "을"에 대하여 ○○만원의 상품대금채권을 가지고 있는 바, 동 채권을 "병"에게 양도하였다. 한편 "갑"의 채권자 "정"은 위 "병"의 채권 양수 행위는 사해 행위로 그를 상대로 사해행위 취소청구소송을 제기하였다. 그러므로 채무자인 공탁자(을) (갑)과 (나) 누가 채권자인지 불확지하다. 또한 (정)은 (을)에 대한 위 ○○만원의 채권을 압류함으로써 "갑"이 채권자로서 확정된다 하더라도 (을)의 채무를 변제받을 수 없게 되었다. 그러므로 공탁자인 채무자 "을"은 (갑)과 (병) 중 채권자 불확지를 원인으로 하는 변제공탁과 (갑)을 피공탁자로 하여 (정)의 압류로 인하여 (갑이)수령불능임을 원인으로 하는 혼합공탁을 하는 바임.

비고(첨부서류 등)	☐ 계좌납입신청 ☐ 공탁통지 우편료 ○○○ 원

1. 공탁으로 인하여 소멸하는 질권, 전세권 또는 저당권 2. 반대급부 내용	

위와 같이 신청합니다.   대리인 주소 ○○시 ○○구 ○○동 ○○번지
                                              전화번호 010-xxxx-xxxx
공탁자 성명 ○ ○ ○인(서명)   성명   ○ ○ ○ 인(서명)

위 공탁을 수리합니다.
공탁금을 20○○년 ○월 ○일까지 위 보관은행의 공탁관 계좌에 납입하시기 바랍니다.
위 납입기일까지 공탁금을 납입하지 않을 때는 이 공탁 수리결정의 효력이 상실됩니다.
                    20○○ 년   ○○월   ○○일
                    ○○법원   ○○지원 공탁관   ○ ○ ○(인)

(영수증) 위 공탁금이 납입되었음을 증명합니다.
                    20○○ 년   ○○월   ○○일
                    공탁금 보관은행(공탁관)   ○ ○ ○ (인)

[서식 예] 채권자의 추심금 공탁

금전 공탁서(변제 등)

<table>
<tr><td colspan="2" align="center">공 탁 번 호</td><td>○○년금 제○○호</td><td>년 월 일 신청</td><td>법령조항</td><td>민법
제569조2항</td></tr>
<tr><td rowspan="4" align="center">공
탁
자</td><td align="center">성 명
(상호, 명칭)</td><td align="center">○ ○ ○</td><td rowspan="4" align="center">피
공
탁
자</td><td align="center">성 명
(상호, 명칭)</td><td align="center">○ ○ ○</td></tr>
<tr><td align="center">주민등록번호
(법인등록번호)</td><td align="center">111111-1234567</td><td align="center">주민등록번호
(법인등록번호)</td><td align="center">111111-1234567</td></tr>
<tr><td align="center">주 소
(본점, 주사무소)</td><td>○○시 ○○구 ○○동
○○번지</td><td align="center">주 소
(본점, 주사무소)</td><td>○○시 ○○구 ○○동
○○번지</td></tr>
<tr><td align="center">전화번호</td><td align="center">010-xxxx-xxxx</td><td align="center">전화번호</td><td align="center">010-xxxx-xxxx</td></tr>
<tr><td colspan="2" align="center">공 탁 금 액</td><td>한글 금 오백만원정
숫자 5,000,000원정</td><td align="center">보 관 은 행</td><td colspan="2" align="center">○○은행 ○○지점</td></tr>
<tr><td colspan="2" align="center">공탁원인사실</td><td colspan="4">　추심명령에 의한 추심채권자인 공탁자는 제3채무자 ○○○로부터 금 ○○○만원을 추심하였는바, 동 추심신고 전에 같은 채권에 관하여 이미 아래와 같이 채권자 경합이 있으므로 추심금을 공탁함.

<아 래>
　○○중앙법원 ○○카단○○호, 채권자 어디 ○○○, 채무자 어디 ○○○, 제3채무자 어디 ○○○로 된 채권압류명령, 압류채권액 금 ○○○원 ○○.○.○. 송달</td></tr>
<tr><td colspan="2" align="center">비고(첨부서류 등)</td><td colspan="4">제3채무자 채권압류명령 사본 1통　　□ 계좌납입신청
　　　　　　　　　　　　　　　　　　　□ 공탁통지 우편료 ○○○ 원</td></tr>
<tr><td colspan="2">1. 공탁으로 인하여 소멸하는 질
권, 전세권 또는 저당권
2. 반대급부 내용</td><td colspan="4"></td></tr>
<tr><td colspan="2" colspan="2">위와 같이 신청합니다.

　공탁자 성명 ○ ○ ○인(서명)</td><td colspan="4">대리인 주소 ○○시 ○○구 ○○동 ○○번지
전화번호 010-xxxx-xxxx

성명　　　○ ○ ○ 인(서명)</td></tr>
<tr><td colspan="6">　위 공탁을 수리합니다.
　공탁금을 20○○년 ○월 ○일까지 위 보관은행의 공탁관 계좌에 납입하시기 바랍니다.
위 납입기일까지 공탁금을 납입하지 않을 때는 이 공탁 수리결정의 효력이 상실됩니다.
　　　　　　20○○ 년 ○○월 ○○일
　　　　　　○○법원 ○○지원 공탁관 ○ ○ ○(인)</td></tr>
<tr><td colspan="6">　(영수증) 위 공탁금이 납입되었음을 증명합니다.
　　　　　　20○○ 년 ○○월 ○○일
　　　　　　공탁금 보관은행(공탁관) ○ ○ ○ (인)</td></tr>
</table>

2. 상법상 변제공탁 관련 서식

[서식 예] 공시최고신청에 의한 약속어음금 공탁

금전 공탁서(변제 등)

<table>
<tr><td colspan="2">공 탁 번 호</td><td>○○년금 제○○호</td><td colspan="2">년 월 일 신청</td><td>법령조항</td><td>상법 제65조,
민법 제522조</td></tr>
<tr><td rowspan="4">공
탁
자</td><td>성 명
(상호, 명칭)</td><td>○ ○ ○</td><td rowspan="4">피
공
탁
자</td><td>성 명
(상호, 명칭)</td><td colspan="2">○ ○ ○</td></tr>
<tr><td>주민등록번호
(법인등록번호)</td><td>111111-1234567</td><td>주민등록번호
(법인등록번호)</td><td colspan="2">111111-1234567</td></tr>
<tr><td>주 소
(본점, 주사무소)</td><td>○○시 ○○구 ○○동
○○번지</td><td>주 소
(본점, 주사무소)</td><td colspan="2">○○시 ○○구 ○○동
○○번지</td></tr>
<tr><td>전화번호</td><td>010-xxxx-xxxx</td><td>전화번호</td><td colspan="2">010-xxxx-xxxx</td></tr>
<tr><td colspan="2">공 탁 금 액</td><td>한글 금 오백만원정
숫자 5,000,000원정</td><td colspan="2">보 관 은 행</td><td colspan="2">○○은행 ○○지점</td></tr>
<tr><td colspan="2">공탁원인사실</td><td colspan="5">공탁자는 피공탁자를 수취인으로 한 액면 금 ○○○만원의 약속어음을 발행, 피공탁자에게 교부한바, 피공탁자는 위 어음을 분실하여 ○○.○.○. 공시최고를 신청, 동 사건 계속중 지급기일이 도래되므로 위 어음을 공탁할 뜻을 청구하여 왔으므로 공탁자는 약속어음금액에 상당한 금 오백만원을 공탁함.</td></tr>
<tr><td colspan="2">비고(첨부서류 등)</td><td colspan="5">□ 계좌납입신청
□ 공탁통지 우편료 ○○○ 원</td></tr>
<tr><td colspan="2">1. 공탁으로 인하여 소멸하는 질
권, 전세권 또는 저당권
2. 반대급부 내용</td><td colspan="5"></td></tr>
<tr><td colspan="3">위와 같이 신청합니다.

공탁자 성명 ○ ○ ○인(서명)</td><td colspan="4">대리인 주소 ○○시 ○○구 ○○동 ○○번지
전화번호 010-xxxx-xxxx
성명 ○ ○ ○ 인(서명)</td></tr>
<tr><td colspan="7">위 공탁을 수리합니다.
공탁금을 20○○년 ○월 ○일까지 위 보관은행의 공탁관 계좌에 납입하시기 바랍니다.
위 납입기일까지 공탁금을 납입하지 않을 때는 이 공탁 수리결정의 효력이 상실됩니다.
20○○ 년 ○○월 ○○일
○○법원 ○○지원 공탁관 ○ ○ ○(인)</td></tr>
<tr><td colspan="7">(영수증) 위 공탁금이 납입되었음을 증명합니다.
20○○ 년 ○○월 ○○일
공탁금 보관은행(공탁관) ○ ○ ○ (인)</td></tr>
</table>

[서식 예] 상법 제67조 제3항의 공탁(경매대금)

금전 공탁서(변제 등)

공 탁 번 호		○○년금 제○○호	년 월 일 신청	법령조항	상법 제67조제3항
공 탁 자	성 명 (상호, 명칭)	○ ○ ○	피 공 탁 자	성 명 (상호, 명칭)	○ ○ ○
	주민등록번호 (법인등록번호)	111111-1234567		주민등록번호 (법인등록번호)	111111-1234567
	주 소 (본점, 주사무소)	○○시 ○○구 ○○동 ○○번지		주 소 (본점, 주사무소)	○○시 ○○구 ○○동 ○○번지
	전화번호	010-xxxx-xxxx		전화번호	010-xxxx-xxxx
공 탁 금 액		한글 금 오백만원정	보 관 은 행		○○은행 ○○지점
		숫자 5,000,000원정			

공탁원인사실	공탁자는 피공탁자와의 사이에 ○○.○.○. 백미 ○○가마에 대한 매매계약을 체결하고 그대금의 일부를 금 ○○○만원을 수령하였으나 피공탁자는 약정인도기일이 도래하였음에도 이를 인도받지 아니한 채 행방불명되었으므로 관보에 공고하여 이의 수령을 최고하였으나 기일(수령)신청이 없어 공탁자는 위 백미를 경매하여 그 대금 ○○○만원 중 위 매매대금 ○○○만원을 이에 충당하고 잔액 오백만원을 공탁함.
비고(첨부서류 등)	☐ 계좌납입신청 ☐ 공탁통지 우편료 ○○○ 원

1. 공탁으로 인하여 소멸하는 질권, 전세권 또는 저당권 2. 반대급부 내용	

위와 같이 신청합니다.　　　대리인 주소 ○○시 ○○구 ○○동 ○○번지
　　　　　　　　　　　　　전화번호 010-xxxx-xxxx
공탁자 성명 ○ ○ ○인(서명)　　성명　　○ ○ ○ 인(서명)

위 공탁을 수리합니다.
　공탁금을 20○○년 ○월 ○일까지 위 보관은행의 공탁관 계좌에 납입하시기 바랍니다.
위 납입기일까지 공탁금을 납입하지 않을 때는 이 공탁 수리결정의 효력이 상실됩니다.
　　　　　　　　20○○ 년 　○○월 　○○일
　　　　　　○○법원 　○○지원 공탁관 　○ ○ ○(인)

　(영수증) 위 공탁금이 납입되었음을 증명합니다.
　　　　　　　　20○○ 년 　○○월 　○○일
　　　　　　공탁금 보관은행(공탁관) 　○ ○ ○ (인)

[서식 예] 상법 제70조 제1항의 공탁(매수인의 경매대금)

금전 공탁서(변제 등)

<table>
<tr><td rowspan="2" colspan="2">공 탁 번 호</td><td rowspan="2">○○년금 제○○호</td><td colspan="2">년 월 일 신청</td><td>법령조항</td><td>상법
제70조제1항</td></tr>
<tr><td colspan="2"></td><td></td><td></td></tr>
<tr><td rowspan="4">공
탁
자</td><td>성 명
(상호, 명칭)</td><td>○ ○ ○</td><td rowspan="4">피
공
탁
자</td><td>성 명
(상호, 명칭)</td><td colspan="2">○ ○ ○</td></tr>
<tr><td>주민등록번호
(법인등록번호)</td><td>111111-1234567</td><td>주민등록번호
(법인등록번호)</td><td colspan="2">111111-1234567</td></tr>
<tr><td>주 소
(본점, 주사무소)</td><td>○○시 ○○구 ○○동
○○번지</td><td>주 소
(본점, 주사무소)</td><td colspan="2">○○시 ○○구 ○○동
○○번지</td></tr>
<tr><td>전화번호</td><td>010-xxxx-xxxx</td><td>전화번호</td><td colspan="2">010-xxxx-xxxx</td></tr>
<tr><td rowspan="2" colspan="2">공 탁 금 액</td><td>한글 금 오백만원정</td><td colspan="2">보 관 은 행</td><td colspan="2">○○은행 ○○지점</td></tr>
<tr><td>숫자 5,000,000원정</td><td colspan="2"></td><td colspan="2"></td></tr>
<tr><td colspan="2">공탁원인사실</td><td colspan="5">공탁자는 피공탁자(매도인)로부터 사과 ○○○상자를 매수하여 ○○.○.○. 그 전량을 운송받았으나 이는 계약내용과는 전혀 질이 다른 부패물로서 상품가치가 없어 동 매매계약을 해제하는 뜻의 통고를 하고 위 수령물(사과)은 훼손의 염려가 있어 법원의 허가에 의거 이를 경매한 대금 ○백 ○○만원 중 경매 비용 ○○만원을 공제한 금 오백만원을 공탁함.</td></tr>
<tr><td colspan="2">비고(첨부서류 등)</td><td colspan="5">☐ 계좌납입신청
☐ 공탁통지 우편료 ○○○ 원</td></tr>
<tr><td colspan="2">1. 공탁으로 인하여 소멸하는 질
　 권, 전세권 또는 저당권
2. 반대급부 내용</td><td colspan="5"></td></tr>
<tr><td colspan="2">위와 같이 신청합니다.

공탁자 성명　○ ○ ○인(서명)</td><td colspan="5">대리인 주소 ○○시 ○○구 ○○동 ○○번지
전화번호 010-xxxx-xxxx
성명　　　○ ○ ○ 인(서명)</td></tr>
<tr><td colspan="7">위 공탁을 수리합니다.
　공탁금을 20○○년 ○월 ○일까지 위 보관은행의 공탁관 계좌에 납입하시기 바랍니다.
위 납입기일까지 공탁금을 납입하지 않을 때는 이 공탁 수리결정의 효력이 상실됩니다.
　　　　　　20○○ 년　　　○○월　　　○○일
　　　　　　○○법원　　○○지원 공탁관　 ○ ○ ○(인)</td></tr>
<tr><td colspan="7">　(영수증) 위 공탁금이 납입되었음을 증명합니다.
　　　　　　　20○○ 년　　○○월　　○○일
　　　　　　공탁금 보관은행(공탁관)　　○ ○ ○ (인)</td></tr>
</table>

[서식 예] 수하인이 운송물 처분에 대한지시가 없는 경우 그 경매대금의 공탁

금전 공탁서(변제 등)

<table>
<tr><td>공 탁 번 호</td><td>○○년금 제○○호</td><td colspan="2">년 월 일 신청</td><td>법령조항</td><td>상법
제70조제1항</td></tr>
<tr><td rowspan="4">공
탁
자</td><td>성 명
(상호, 명칭)</td><td>○ ○ ○</td><td rowspan="4">피
공
탁
자</td><td>성 명
(상호, 명칭)</td><td>○ ○ ○</td></tr>
<tr><td>주민등록번호
(법인등록번호)</td><td>111111-1234567</td><td>주민등록번호
(법인등록번호)</td><td>111111-1234567</td></tr>
<tr><td>주 소
(본점, 주사무소)</td><td>○○시 ○○구 ○○동
○○번지</td><td>주 소
(본점, 주사무소)</td><td>○○시 ○○구 ○○동
○○번지</td></tr>
<tr><td>전화번호</td><td>010-xxxx-xxxx</td><td>전화번호</td><td>010-xxxx-xxxx</td></tr>
<tr><td rowspan="2">공 탁 금 액</td><td>한글 금 오백만원정</td><td rowspan="2" colspan="2">보 관 은 행</td><td colspan="2" rowspan="2">○○은행 ○○지점</td></tr>
<tr><td>숫자 5,000,000원정</td></tr>
<tr><td>공탁원인사실</td><td colspan="5">공탁자는 화물운송업을 하는 자로 ○○시 ○○구 ○○동 ○○번
지 ○○○ 탁송한 건어물 ○○○상자에 대하여 수하인인 피공탁자
에게 ○개월의 기간을 주어 그 운송물의 처분에 대한 지시를 최고
하였음에도 이에 대한 아무런 지시가 없어 이를 경매한 대금 ○○
○만원 중 수하인이 부담할 운송료 금 ○○만원과 체당금 경매비
용 등 ○○만원을 공제하고 잔액금 오백만원을 공탁함.</td></tr>
<tr><td>비고(첨부서류 등)</td><td colspan="5">□ 계좌납입신청
□ 공탁통지 우편료 ○○○ 원</td></tr>
<tr><td colspan="2">1. 공탁으로 인하여 소멸하는 질
권, 전세권 또는 저당권
2. 반대급부 내용</td><td colspan="4"></td></tr>
<tr><td colspan="6">위와 같이 신청합니다.　　　　　대리인 주소 ○○시 ○○구 ○○동 ○○번지
　　　　　　　　　　　　　　　　전화번호 010-xxxx-xxxx
공탁자 성명　○ ○ ○인(서명)　　성명　　　○ ○ ○ 인(서명)</td></tr>
<tr><td colspan="6">위 공탁을 수리합니다.
　공탁금을 20○○년　○월　○일까지 위 보관은행의 공탁관 계좌에 납입하시기 바랍니다.
위 납입기일까지 공탁금을 납입하지 않을 때는 이 공탁 수리결정의 효력이 상실됩니다.
　　　　　　　20○○ 년　　○○월　　○○일
　　　　　　　○○법원　　○○지원 공탁관　○ ○ ○(인)</td></tr>
<tr><td colspan="6">　(영수증)　위 공탁금이 납입되었음을 증명합니다.
　　　　　　　20○○ 년　　○○월　　○○일
　　　　　　　공탁금 보관은행(공탁관)　　○ ○ ○　(인)</td></tr>
</table>

[서식 예] 수하인 불명의 운송물 경매대금공탁

금전 공탁서(변제 등)

공 탁 번 호		○○년금 제○○호	년 월 일 신청	법령조항	상법 제70조제1항
공 탁 자	성 명 (상호, 명칭)	○ ○ ○	피 공 탁 자	성 명 (상호, 명칭)	확지할 수 없음
	주민등록번호 (법인등록번호)	111111-1234567		주민등록번호 (법인등록번호)	확지할 수 없음
	주 소 (본점, 주사무소)	○○시 ○○구 ○○동 ○○번지		주 소 (본점, 주사무소)	확지할 수 없음
	전화번호	010-xxxx-xxxx		전화번호	확지할 수 없음
공 탁 금 액		한글 금 오백만원정	보 관 은 행		○○은행 ○○지점
		숫자 5,000,000원정			
공탁원인사실		공탁자는 ○○.○.○. ○○○로부터 위탁받아 백미 ○○○ 100가마를 운송한 바, 수하인을 알 수 없어 송하인 ○○○에게 운송물의 처분에 대한 지시를 최고하여도 그 지시가 없으므로 경매한 대금을 공탁함.			
비고(첨부서류 등)			□ 계좌납입신청 □ 공탁통지 우편료 ○○○ 원		

1. 공탁으로 인하여 소멸하는 질
   권, 전세권 또는 저당권
2. 반대급부 내용

위와 같이 신청합니다.　　　　　　대리인 주소 ○○시 ○○구 ○○동 ○○번지
　　　　　　　　　　　　　　　　　전화번호 010-xxxx-xxxx
공탁자 성명 ○ ○ ○인(서명)　　　성명　　 ○ ○ ○ 인(서명)

위 공탁을 수리합니다.
공탁금을 20○○년 ○월 ○일까지 위 보관은행의 공탁관 계좌에 납입하시기 바랍니다.
위 납입기일까지 공탁금을 납입하지 않을 때는 이 공탁 수리결정의 효력이 상실됩니다.
　　　　　　　　20○○ 년　　○○월　　○○일
　　　　　　　　○○법원　　○○지원 공탁관　 ○ ○ ○(인)

(영수증) 위 공탁금이 납입되었음을 증명합니다.
　　　　　　　　20○○ 년　　○○월　　○○일
　　　　　　　　공탁금 보관은행(공탁관)　　 ○ ○ ○ （인）

[서식 예] 송하인·화물상환증 소지인과 수하인을 알 수 없을 때 그 경매대금의 공탁

금전 공탁서(변제 등)

<table>
<tr><td>공 탁 번 호</td><td>○○년금 제○○호</td><td colspan="2">년 월 일 신청</td><td>법령조항</td><td>상법 제144조,
145조</td></tr>
<tr><td rowspan="4">공
탁
자</td><td>성 명
(상호, 명칭)</td><td>○ ○ ○</td><td rowspan="4">피
공
탁
자</td><td>성 명
(상호, 명칭)</td><td>불 확 지</td></tr>
<tr><td>주민등록번호
(법인등록번호)</td><td>111111-1234567</td><td>주민등록번호
(법인등록번호)</td><td>불 확 지</td></tr>
<tr><td>주 소
(본점, 주사무소)</td><td>○○시 ○○구 ○○동
○○번지</td><td>주 소
(본점, 주사무소)</td><td>불 확 지</td></tr>
<tr><td>전화번호</td><td>010-xxxx-xxxx</td><td>전화번호</td><td>불 확 지</td></tr>
<tr><td rowspan="2">공 탁 금 액</td><td>한글 금 오백만원정</td><td colspan="2" rowspan="2">보 관 은 행</td><td colspan="2" rowspan="2">○○은행 ○○지점</td></tr>
<tr><td>숫자 5,000,000원정</td></tr>
<tr><td>공탁원인사실</td><td colspan="5">공탁자는 물품운송업자인바, ○○.○.○ 당사 부산 출장소로부터 건어물 ○○상자가 운송되어와 이를 보관케 되었던바, 동 운송물의 송·수하인 등을 전혀 알 수 없어, 상법 제144조에 기한 권리신고를 최고하였으나 그 신고가 없어 이를 경매한 금 ○○만원 중 운임, 체당금 및 경매비용 금 ○○만원을 공제한 오백만원을 공탁함.</td></tr>
<tr><td>비고(첨부서류 등)</td><td colspan="5">☐ 계좌납입신청
☐ 공탁통지 우편료 ○○○ 원</td></tr>
<tr><td colspan="2">1. 공탁으로 인하여 소멸하는 질
권, 전세권 또는 저당권
2. 반대급부 내용</td><td colspan="4"></td></tr>
<tr><td colspan="3">위와 같이 신청합니다.
공탁자 ○○화물주식회사
대표이사 ○ ○ ○인(서명)</td><td colspan="3">대리인 주소 ○○시 ○○구 ○○동 ○○번지
전화번호 010-xxxx-xxxx
성명   ○ ○ ○ 인(서명)</td></tr>
<tr><td colspan="6">위 공탁을 수리합니다.
 공탁금을 20○○년 ○월 ○일까지 위 보관은행의 공탁관 계좌에 납입하시기 바랍니다.
위 납입기일까지 공탁금을 납입하지 않을 때는 이 공탁 수리결정의 효력이 상실됩니다.
20○○ 년   ○○월   ○○일
○○법원   ○○지원 공탁관   ○ ○ ○(인)</td></tr>
<tr><td colspan="6"> (영수증) 위 공탁금이 납입되었음을 증명합니다.

20○○ 년   ○○월   ○○일
공탁금 보관은행(공탁관)   ○ ○ ○ (인)</td></tr>
</table>

3. 민사법상 변제공탁 관련 서식

[서식 예] 배당기일에 출석치 아니한 배당채권자에게 지급할 배당액의 공탁

금전 공탁서(변제 등)

공 탁 번 호		○○년금 제○○호	년 월 일 신청	법령조항	민사집행법 제160조 제2항
공 탁 자	성 명 (상호, 명칭)	○ ○ ○	피 공 탁 자	성 명 (상호, 명칭)	○ ○ ○
	주민등록번호 (법인등록번호)	111111-1234567		주민등록번호 (법인등록번호)	111111-1234567
	주 소 (본점, 주사무소)	○○시 ○○구 ○○동 ○○번지		주 소 (본점, 주사무소)	○○시 ○○구 ○○동 ○○번지
	전화번호	010-xxxx-xxxx		전화번호	010-xxxx-xxxx
공 탁 금 액		한글 금 오백만원정	보 관 은 행		○○은행 ○○지점
		숫자 5,000,000원정			
공탁원인사실		_colspan_			

공탁원인사실	채권자 "갑", 채무자 "을" 사이의 ○○중앙법원 ○○타경○○○호 부동산 강제경매 사건에 관하여 채권자인 ○○시 ○○구 ○○동 ○번지 "병"은 ○○.○.○.의 배당기일에 출석치 아니하므로 동인에 대한 배당액 금 오백만원을 민사집행법 제160조 제2항에 의거 공탁함.
비고(첨부서류 등)	☐ 계좌납입신청 ☐ 공탁통지 우편료 ○○○ 원
1. 공탁으로 인하여 소멸하는 질권, 전세권 또는 저당권 2. 반대급부 내용	

위와 같이 신청합니다.   대리인 주소 ○○시 ○○구 ○○동 ○○번지
전화번호 010-xxxx-xxxx

공탁자 성명 ○ ○ ○인(서명)   성명   ○ ○ ○ 인(서명)

위 공탁을 수리합니다.
공탁금을 20○○년 ○월 ○일까지 위 보관은행의 공탁관 계좌에 납입하시기 바랍니다.
위 납입기일까지 공탁금을 납입하지 않을 때는 이 공탁 수리결정의 효력이 상실됩니다.
20○○ 년   ○○월   ○○일
○○법원   ○○지원 공탁관   ○ ○ ○(인)

(영수증) 위 공탁금이 납입되었음을 증명합니다.
20○○ 년   ○○월   ○○일
공탁금 보관은행(공탁관)   ○ ○ ○   (인)

[서식 예] 불출석채권자의 배당액 공탁

금전 공탁서(변제 등)

공 탁 번 호	○○년금 제○○호	년 월 일 신청	법령조항	민사집행법 제160조 제2항

공 탁 자	성 명 (상호, 명칭)	○ ○ ○	피 공 탁 자	성 명 (상호, 명칭)	○ ○ ○
	주민등록번호 (법인등록번호)	111111-1234567		주민등록번호 (법인등록번호)	111111-1234567
	주 소 (본점, 주사무소)	○○시 ○○구 ○○동 ○○번지		주 소 (본점, 주사무소)	○○시 ○○구 ○○동 ○○번지
	전화번호	010-xxxx-xxxx		전화번호	010-xxxx-xxxx

공 탁 금 액	한글 금 오백만원정	보 관 은 행	○○은행 ○○지점
	숫자 5,000,000원정		

공탁원인사실	채권자 ○○○, 채무자 ○○○간 ○○법원 ○○타기○○호 배당 사건에 관하여 ○○.○.○.자를 배당기일로 정하여 배당을 실시한 바, 다음 자는 기일에 출석하지 아니 하였으므로 그의 배당을 공탁함. <아 래> ○○시 ○○구 ○○동 ○○번지 채권자 ○ ○ ○

비고(첨부서류 등)	☐ 계좌납입신청 ☐ 공탁통지 우편료 ○○○ 원

1. 공탁으로 인하여 소멸하는 질권, 전세권 또는 저당권 2. 반대급부 내용	

위와 같이 신청합니다.   대리인 주소 ○○시 ○○구 ○○동 ○○번지
전화번호 010-xxxx-xxxx

공탁자 성명 ○ ○ ○인(서명)   성명 ○ ○ ○ 인(서명)

위 공탁을 수리합니다.
 공탁금을 20○○년 ○월 ○일까지 위 보관은행의 공탁관 계좌에 납입하시기 바랍니다.
위 납입기일까지 공탁금을 납입하지 않을 때는 이 공탁 수리결정의 효력이 상실됩니다.
　　　　　20○○ 년 　○○월 　○○일
　　　　　○○법원 　○○지원 공탁관 　○ ○ ○(인)

 (영수증) 위 공탁금이 납입되었음을 증명합니다.
　　　　　20○○ 년 　○○월 　○○일
　　　　　공탁금 보관은행(공탁관) 　○ ○ ○ (인)

[서식 예] 민사집행법 제258조 제6항의 공탁

금전 공탁서(변제 등)

공 탁 번 호	○○년금 제○○호	년 월 일 신청	법령조항	민사집행법 제258조 제6항
공 탁 자 성 명 (상호, 명칭)	○○중앙법원 집행관○ ○ ○	**피 공 탁 자** 성 명 (상호, 명칭)		○ ○ ○

공 탁 자	성 명 (상호, 명칭)	○○중앙법원 집행관○ ○ ○	피 공 탁 자	성 명 (상호, 명칭)	○ ○ ○
	주민등록번호 (법인등록번호)	111111-1234567		주민등록번호 (법인등록번호)	111111-1234567
	주 소 (본점, 주사무소)	○○시 ○○구 ○○동 ○○번지		주 소 (본점, 주사무소)	○○시 ○○구 ○○동 ○○번지
	전화번호	010-xxxx-xxxx		전화번호	010-xxxx-xxxx

공 탁 금 액	한글 금 오백만원정	보 관 은 행	○○은행 ○○지점
	숫자 5,000,000원정		

공탁원인사실	채권자 ○○시 ○○구 ○○동 ○○번지 "갑", 채무자 ○○시 ○○구 ○○동 ○○번지 "을" 사이에 ○○중앙법원 ○○가합○○○호 가옥명도청구사건의 집행력있는 채무명의에 기해 공탁자는 ○○.○.○. 당해 가옥의 명도집행을 하였으나 채무자등 부재로 채무자의 점유동산을 공탁자가 보관한바 있으나 채무자는 이의 수취를 태만하므로 동월 ○일, 집행법원의 허가를 얻어 이를 매각한 대금 ○○○만원에서 집행비용 ○○만원을 공제한 잔금 오백만원을 민사집행법 제258조 제6항 규정에 의거 공탁함.

비고(첨부서류 등)	□ 계좌납입신청 □ 공탁통지 우편료 ○○○ 원

1. 공탁으로 인하여 소멸하는 질권, 전세권 또는 저당권 2. 반대급부 내용	

위와 같이 신청합니다.

공탁자 성명 ○ ○ ○인(서명)

대리인 주소 ○○시 ○○구 ○○동 ○○번지
전화번호 010-xxxx-xxxx
성명   ○ ○ ○ 인(서명)

위 공탁을 수리합니다.
공탁금을 20○○년 ○월 ○일까지 위 보관은행의 공탁관 계좌에 납입하시기 바랍니다.
위 납입기일까지 공탁금을 납입하지 않을 때는 이 공탁 수리결정의 효력이 상실됩니다.
　　　　　20○○ 년　○○월　○○일
　　　　　○○법원　○○지원 공탁관　○ ○ ○(인)

(영수증) 위 공탁금이 납입되었음을 증명합니다.
　　　　　20○○ 년　○○월　○○일
　　　　　공탁금 보관은행(공탁관)　○ ○ ○ (인)

[서식 예] 저작자 불명의 저작물 발행을 위한 변제공탁

금전 공탁서(변제 등)

<table>
<tr><td colspan="2">공 탁 번 호</td><td>○○년금 제○○호</td><td>년 월 일 신청</td><td>법령조항</td><td>민법 제487조</td></tr>
<tr><td rowspan="4">공 탁 자</td><td>성 명
(상호, 명칭)</td><td>○ ○ ○</td><td rowspan="4">피 공 탁 자</td><td>성 명
(상호, 명칭)</td><td>○ ○ ○</td></tr>
<tr><td>주민등록번호
(법인등록번호)</td><td>111111-1234567</td><td>주민등록번호
(법인등록번호)</td><td>111111-1234567</td></tr>
<tr><td>주 소
(본점, 주사무소)</td><td>○○시 ○○구 ○○동
○○번지</td><td>주 소
(본점, 주사무소)</td><td>○○시 ○○구 ○○동
○○번지</td></tr>
<tr><td>전화번호</td><td>010-xxxx-xxxx</td><td>전화번호</td><td>010-xxxx-xxxx</td></tr>
<tr><td colspan="2" rowspan="2">공 탁 금 액</td><td>한글 금 오백만원정</td><td rowspan="2">보 관 은 행</td><td colspan="2" rowspan="2">○○은행 ○○지점</td></tr>
<tr><td>숫자 5,000,000원정</td></tr>
<tr><td colspan="2">공탁원인사실</td><td colspan="4">공탁자는 저작자 ○○○로 된 제호의 저작물을 발행하고자 관광부장관에게 그 승인절차를 밝고 있으나, 저작권자의 거소 불명으로 동 보상금을 지급 할 수 없어 저작권심의조정위원회가 심의 결정한 보상금 오백만원을 공탁함.</td></tr>
<tr><td colspan="2">비고(첨부서류 등)</td><td colspan="4">☐ 계좌납입신청
☐ 공탁통지 우편료 ○○○ 원</td></tr>
<tr><td colspan="3">1. 공탁으로 인하여 소멸하는 질
   권, 전세권 또는 저당권
2. 반대급부 내용</td><td colspan="3"></td></tr>
<tr><td colspan="6">위와 같이 신청합니다.   대리인 주소 ○○시 ○○구 ○○동 ○○번지
                           전화번호 010-xxxx-xxxx
공탁자 성명 ○ ○ ○인(서명)   성명   ○ ○ ○ 인(서명)</td></tr>
<tr><td colspan="6">위 공탁을 수리합니다.
 공탁금을 20○○년 ○월 ○일까지 위 보관은행의 공탁관 계좌에 납입하시기 바랍니다.
위 납입기일까지 공탁금을 납입하지 않을 때는 이 공탁 수리결정의 효력이 상실됩니다.
              20○○ 년   ○○월   ○○일
              ○○법원   ○○지원 공탁관   ○ ○ ○(인)</td></tr>
<tr><td colspan="6">(영수증) 위 공탁금이 납입되었음을 증명합니다.

              20○○ 년   ○○월   ○○일
           공탁금 보관은행(공탁관)   ○ ○ ○ (인)</td></tr>
</table>

[서식 예] 타인의 저작물발행 이용의 보상공탁

금전 공탁서(변제 등)

공 탁 번 호	○○년금 제○○호	년 월 일 신청	법령조항	

공탁자	성 명 (상호, 명칭)	○ ○ ○	피공탁자	성 명 (상호, 명칭)	○ ○ ○
	주민등록번호 (법인등록번호)	111111-1234567		주민등록번호 (법인등록번호)	111111-1234567
	주 소 (본점, 주사무소)	○○시 ○○구 ○○동 ○○번지		주 소 (본점, 주사무소)	○○시 ○○구 ○○동 ○○번지
	전화번호	010-xxxx-xxxx		전화번호	010-xxxx-xxxx

공 탁 금 액	한글 금 오백만원정	보 관 은 행	○○은행 ○○지점
	숫자 5,000,000원정		

공탁원인사실	저작권자 ○○○의 저작물인 ○○전자회로집을 발행 이용하고자 하나 동인의 주소불명으로 협의할 수 없으므로 상당한 보상금을 공탁함.

비고(첨부서류 등)	☐ 계좌납입신청 ☐ 공탁통지 우편료 ○○○ 원

1. 공탁으로 인하여 소멸하는 질 권, 전세권 또는 저당권 2. 반대급부 내용	

위와 같이 신청합니다.   대리인 주소 ○○시 ○○구 ○○동 ○○번지
                        전화번호 010-xxxx-xxxx
  공탁자 성명 ○ ○ ○인(서명)   성명   ○ ○ ○ 인(서명)

위 공탁을 수리합니다.
  공탁금을 20○○년 ○월 ○일까지 위 보관은행의 공탁관 계좌에 납입하시기 바랍니다.
위 납입기일까지 공탁금을 납입하지 않을 때는 이 공탁 수리결정의 효력이 상실됩니다.
           20○○ 년   ○○월   ○○일
           ○○법원   ○○지원 공탁관   ○ ○ ○(인)

(영수증) 위 공탁금이 납입되었음을 증명합니다.

           20○○ 년   ○○월   ○○일
           공탁금 보관은행(공탁관)   ○ ○ ○ (인)

제3절 토지수용보상에 대한 공탁

1. 토지수용 절차

1-1. 토지수용의 의의

"토지수용"이란 사업시행자가 공익사업에 필요한 토지 등을 「공익사업을 위한 토지 등의 취득 및 보상에 관한 법률」에서 정하는 수용절차에 따라 취득하는 것을 말합니다(「공익사업을 위한 토지 등의 취득 및 보상에 관한 법률」제1조 및 제19조제1항 참조).

1-2. 토지수용의 일반절차

1-2-1. 토지수용절차

「공익사업을 위한 토지 등의 취득 및 보상에 관한 법률」에 따른 토지수용의 일반절차는 ① 사업인정의 고시 → ② 토지조서·물건조서의 작성 → ③ 협의 → ④ 재결의 순서에 따릅니다.

1-2-2. 사업인정의 고시

① 사업인정의 의의

ⓐ "사업인정"이란 공익사업을 토지 등(이하, "토지"라 함)을 수용할 사업으로 결정하는 것을 말합니다(「공익사업을 위한 토지 등의 취득 및 보상에 관한 법률」제2조제7호).

ⓑ "공익사업"이란 다음 중 어느 하나에 해당하는 사업을 말합니다(「공익사업을 위한 토지 등의 취득 및 보상에 관한 법률」제2조제2호 및 제4조).

1) 국방·군사에 관한 사업

2) 관계 법률에 따라 허가·인가·승인·지정 등을 받아 공익을 목적으로 시행하는 철도·도로·공항·항만·주차장·공영차고지·화물터미널·궤도(軌道)·하천·제 방·댐·운하·수도·하수도·하수종말처리·폐수처리·사방(砂防)·방풍(防風)·방화(防火)·방조(防潮)·방수(防水)·저수지·용수로·배수로·석유비축·송유·폐기물처리·전기·전기통신·방송·가스 및 기상 관측에 관한 사업

3) 국가나 지방자치단체가 설치하는 청사·공장·연구소·시험소·보건시설·문화시설·공원·수목원·광장·운동장·시장·묘지·화장장·도축장 또는 그 밖의 공공용 시설에 관한 사업

4) 관계 법률에 따라 허가·인가·승인·지정 등을 받아 공익을 목적으로 시행하는 학교·도서관·박물관 및 미술관 건립에 관한 사업

5) 국가, 지방자치단체, 공공기관, 지방공기업 또는 국가나 지방자치단체가 지정한 자가

임대나 양도의 목적으로 시행하는 주택의 건설 또는 택지 및 산업단지 조성에 관한 사업

6) 위 기재 사업을 시행하기 위해 필요한 통로, 교량, 전선로, 재료 적치장 또는 그 밖의 부속시설에 관한 사업

7) 위 기재 사업을 시행하기 위해 필요한 주택, 공장 등의 이주단지 조성에 관한 사업

8) 그 밖에 「공익사업을 위한 토지 등의 취득 및 보상에 관한 법률」 별표에 규정된 법률에 따라 토지등을 수용하거나 사용할 수 있는 사업

ⓒ "토지 등"이란 다음에 해당하는 토지, 물건, 건물을 말합니다(「공익사업을 위한 토지 등의 취득 및 보상에 관한 법률」 제2조제1호 및 제3호).

1) 토지 및 이에 관한 소유권 외의 권리

2) 토지와 함께 공익사업을 위해 필요한 입목(立木), 건물, 그 밖에 토지에 정착된 물건 및 이에 관한 소유권 외의 권리

3) 광업권·어업권 또는 물의 사용에 관한 권리

4) 토지에 속한 흙·돌·모래 또는 자갈에 관한 권리

② 사업인정의 절차

ⓐ 사업시행자가 토지 등을 수용하려는 경우에는 국토교통부장관의 사업인정을 받아야 합니다(「공익사업을 위한 토지 등의 취득 및 보상에 관한 법률」 제20조제1항 및 「동법 시행령」 제10조제1항).

ⓑ "사업시행자"란 공익사업을 수행하는 자를 말합니다(「공익사업을 위한 토지 등의 취득 및 보상에 관한 법률」 제2조제3호).

③ 사업인정의 고시

ⓐ 국토교통부장관은 사업인정을 한 경우에는 지체 없이 그 뜻을 사업시행자, 토지소유자 및 관계인, 관계 시·도지사에게 통지하고 사업시행자의 성명이나 명칭, 사업의 종류, 사업지역 및 수용하거나 사용할 토지의 세목을 관보에 고시해야 합니다(「공익사업을 위한 토지 등의 취득 및 보상에 관한 법률」 제22조제1항).

ⓑ 사업인정의 고시는 수용할 목적물의 범위를 정하고, 수용할 목적물에 관한 현재 및 장래의 권리자에게 대항할 수 있는 일종의 공법상 물권으로서의 효력을 발생시킵니다.

1-2-3. 토지조서·물건조서의 작성

① 토지조서·물건조서의 작성의 의의

"토지조서·물건조서의 작성"이란 사업시행자가 공익사업을 위해 수용을 필요로 하는 토지 등의 내용을 일정한 절차를 거쳐 작성하여 수용할 목적물의 범위를 확정하는 절차를 말합니다.

② 토지조서·물건조서의 작성 절차

사업인정을 받은 사업시행자가 토지 등을 수용하려는 경우에는 토지조서 및 물건조서를 작성하여 서명 또는 날인을 하고 토지소유자 및 관계인의 서명 또는 날인을 받아야 합니다(규제『공익사업을 위한 토지 등의 취득 및 보상에 관한 법률』제14조 및 제26조제1항 후단).

1-2-4. 협의

① 협의의 의의

"협의"란 수용대상토지 등에 관한 권리를 취득하거나 소멸시키기 위해 사업시행자와 토지소유자 및 관계인이 의논하여 이루어진 합의를 말합니다.

② 협의 절차

사업인정을 받은 사업시행자는 토지조서 및 물건조서의 작성, 보상계획의 공고·통지 및 열람, 보상액의 산정과 토지소유자 및 관계인과의 협의 절차를 거쳐야 합니다(『공익사업을 위한 토지 등의 취득 및 보상에 관한 법률』제26조제1항 전단).

③ 협의성립의 확인

ⓐ 사업시행자와 토지소유자 및 관계인 간에 협의가 성립된 경우 사업시행자는 재결 신청기간 이내(사업인정고시가 있은 날부터 1년 이내)에 해당 토지소유자 및 관계인의 동의를 받아 관할 토지수용위원회에 협의 성립의 확인을 신청할 수 있습니다(『공익사업을 위한 토지 등의 취득 및 보상에 관한 법률』제28조제1항 및 제29조제1항).

ⓑ 협의성립의 확인은『공익사업을 위한 토지 등의 취득 및 보상에 관한 법률』에 따른 재결로 보며, 사업시행자·토지소유자 및 관계인은 그 확인된 협의의 성립이나 내용을 다툴 수 없습니다(『공익사업을 위한 토지 등의 취득 및 보상에 관한 법률』제29조제4항).

1-2-5. 재결

① 재결의 의의

"재결"이란 협의가 불성립하는 경우 또는 협의가 불가능한 경우에 사업시행자의 신청에 의해 관할 토지수용위원회가 사업시행자의 토지수용보상금 지급을 조건으로 토지구역, 손실보상, 수용 개시일 등을 결정하여 그 토지에 관한 권리를 사업시행자가 취득하게 하고, 토지소유자 등은 그 권리를 상실하게 하는 효과를 발생하는 형성행위를 말합니다.

② 재결의 절차

ⓐ 신청

협의가 성립되지 않거나 협의를 할 수 없는 경우 사업시행자는 사업인정고시가 된 날부터 1년 이내에 관할 토지수용위원회에 재결을 신청할 수 있습니다(『공익사업을 위한 토지 등의 취득 및 보상에 관한 법률」 제28조제1항).

　ⓑ 열람

　중앙토지수용위원회 또는 지방토지수용위원회(이하 '토지수용위원회'라 한다)는 재결신청
서를 접수한 경우 지체 없이 이를 공고하고, 공고한 날부터 14일 이상 관계 서류의 사본
을 일반인이 열람할 수 있도록 해야 합니다(「공익사업을 위한 토지 등의 취득 및 보상에
관한 법률」 제31조제1항).

　ⓒ 의견제시

　토지수용위원회가 공고를 한 경우 관계 서류의 열람기간 중에 토지소유자 또는 관계인은
의견을 제시할 수 있습니다(「공익사업을 위한 토지 등의 취득 및 보상에 관한 법률」 제31
조제2항).

　ⓓ 심리

　- 토지수용위원회는 열람기간이 지났을 때 지체 없이 해당 신청에 대한 조사 및 심리를 해
야 합니다(「공익사업을 위한 토지 등의 취득 및 보상에 관한 법률」 제32조제1항).

　- 토지수용위원회는 심리를 할 때 필요하다고 인정하면 사업시행자, 토지소유자 및 관계인
을 출석시켜 그 의견을 진술하게 할 수 있습니다(「공익사업을 위한 토지 등의 취득 및
보상에 관한 법률」 제32조제2항).

　ⓔ 재결

　- 토지수용위원회는 서면으로 재결을 합니다(「공익사업을 위한 토지 등의 취득 및 보상에
관한 법률」 제34조제1항).

　- 재결서에는 주문 및 그 이유와 재결일을 적고, 위원장 및 회의에 참석한 위원이 기명날
인한 후 그 정본(正本)을 사업시행자, 토지소유자 및 관계인에게 송달해야 합니다(「공익
사업을 위한 토지 등의 취득 및 보상에 관한 법률」 제34조제2항).

③ 재결의 효과

　사업시행자는 수용 개시일에 토지나 물건의 소유권을 취득하며, 그 토지나 물건
에 관한 다른 권리는 이와 동시에 소멸합니다(「공익사업을 위한 토지 등의 취득
및 보상에 관한 법률」 제45조제1항).

1-2-6. 토지수용위원회의 재결에 대한 이의신청 및 행정소송 제기

① 토지수용위원회의 재결에 대한 이의신청

　ⓐ 중앙토지수용위원회의재결에 이의가 있는 자는 재결서의 정본을 받은 날부터 30일 이내
에 중앙토지수용위원회에 이의를 신청할 수 있습니다(「공익사업을 위한 토지 등의 취득
및 보상에 관한 법률」 제83조제1항 및 제3항).

　ⓑ 지방토지수용위원회의재결에 이의가 있는 자는 재결서의 정본을 받은 날부터 30일 이내
에 해당 지방토지수용위원회를 거쳐 중앙토지수용위원회에 이의를 신청할 수 있습니다
(「공익사업을 위한 토지 등의 취득 및 보상에 관한 법률」 제83조제2항 및 제3항).

ⓒ 토지수용위원회의 재결에 대한 이의신청은 사업의 진행 및 토지의 수용을 정지시키지 않습니다(「공익사업을 위한 토지 등의 취득 및 보상에 관한 법률」 제88조).

② 토지수용위원회의 재결에 대한 행정소송

ⓐ 사업시행자, 토지소유자 또는 관계인은 재결에 불복할 경우 재결서를 받은 날부터 90일 이내에, 이의신청을 거쳤을 경우에는 이의신청에 대한 재결서를 받은 날부터 90일 이내에 각각 행정소송을 제기할 수 있습니다(「공익사업을 위한 토지 등의 취득 및 보상에 관한 법률」 제85조제1항).

ⓑ 행정소송의 제기는 사업의 진행 및 토지의 수용을 정지시키지 않습니다(「공익사업을 위한 토지 등의 취득 및 보상에 관한 법률」 제88조).

ⓒ 행정소송 제기기간 이내에 소송이 제기되지 않거나 그 밖의 사유로 이의신청에 대한 재결이 확정된 경우에는 「민사소송법」에 따른 확정판결이 있는 것으로 보며, 재결서 정본은 집행력 있는 판결의 정본과 동일한 효력을 가집니다(「공익사업을 위한 토지 등의 취득 및 보상에 관한 법률」제86조제1항).

2. 토지수용보상금의 공탁사유 및 공탁의 효력

2-1. 토지수용보상금 공탁 사유

① 사업시행자는 다음 중 어느 하나에 해당하는 경우 수용 개시일까지 수용하려는 토지 등의 소재지 공탁소에 토지수용보상금을 공탁할 수 있습니다(「공익사업을 위한 토지 등의 취득 및 보상에 관한 법률」 제40조제2항). 여기서 "수용 개시일"이란 토지수용위원회가 재결로서 결정한 토지수용을 개시하는 날을 말합니다(「공익사업을 위한 토지 등의 취득 및 보상에 관한 법률」 제40조제1항).

  1. 채권자의 수령거절: 토지수용보상금을 받을 자가 토지수용보상금 수령을 거부하는 경우

  − "채권자의 수령거절"이란 채무자인 사업시행자가 채무의 내용에 따른 변제의 제공을 하였음에도 불구하고 채권자가 그 수령을 거절하는 것을 말합니다.

  − 토지수용보상금을 받을 자가 토지수용보상금의 수령을 거절할 것이 명백하다고 인정되는 경우에는 토지수용보상금을 현실제공하지 않고 바로 공탁금을 공탁할 수 있습니다(대법원 1998. 10. 20. 선고 98다30537 판결).

  2. 채권자의 수령불능: 토지수용보상금을 받을 자가 토지수용보상금을 수령할 수 없는 경우

  − "채권자의 수령불능"이란 변제자가 채무이행을 하려고 해도 채권자 측의 사유로 채권자가 수령할 수 없는 경우를 말합니다.

  3. 채권자 불확지: 사업시행자의 과실 없이 토지수용보상금을 받을 자를 알 수 없는 경우

  − "채권자 불확지"란 객관적으로 채권자가 존재하나 변제자가 선량한 관리자의 주의를 다하여도 채권자가 누구인지 알 수 없는 경우를 말하며, 채권자 불확지에는 상대적 불확지와 절대적 불확지가 있습니다(대법원1996. 4. 26. 선고 96다2583 판결).

– 상대적 불확지 공탁

ⓐ "상대적 불확지 공탁"이란 변제자의 과실 없이 채권자가 '갑' 또는 '을' 중 누구인지 알 수 없는 경우에 하는 공탁을 말합니다.

ⓑ 수용대상토지의 소유권 등에 대한 다툼이 있어 누가 진정한 권리자 인지 알 수 없는 경우 사업시행자는 상대적 불확지 공탁을 할 수 있습니다.

해설

※ 상대적 불확지 공탁

① 상대적 불확지 공탁이 인정되는 경우

 1. 수용대상토지에 대해 소유권등기말소청구권을 피보전권리로 하는 처분금지 가처분등기가 경료되어 있는 경우

 2. 수용대상토지에 예고등기가 경료되어 있는 경우

 3. 수용대상토지에 대해 등기부가 2개 개설되어 있고 그 소유명의인이 각각 다른 경우

 4. 등기부상 공유지분의 합계가 1을 초과하거나 미달되어 토지소유자들의 정당한 공유지분을 알 수 없는 경우

② 상대적 불확지 공탁이 인정되지 않는 경우

 1. 수용대상토지에 소유권이전등기청구권을 피보전권리로 하는 처분금지 가처분 등기가 경료되어 있는 경우

 2. 수용대상토지에 일반채권자에 의한 압류 또는 가압류 되어 있는 경우(대법원2000. 5. 26. 선고 98다22062 판결)

 3. 수용대상토지에 근저당권설정등기가 있는 경우(대법원 2000. 5. 26. 선고 98다22062 판결)

– 절대적 불확지 공탁

ⓐ "절대적 불확지 공탁"이란 변제자(공탁자)의 과실 없이 채권자(피공탁자)가 누구인지 전혀 알 수 없는 경우에 하는 공탁을 말합니다.

ⓑ 변제공탁은 채권자가 특정되거나 적어도 채권자가 상대적으로 특정되는 상대적 불확지 공탁만 허용되며, 채권자가 누구인지 전혀 알 수 없는 절대적 불확지 공탁은 원칙적으로 허용되지 않습니다.

ⓒ 다만, 「공익사업을 위한 토지 등의 취득 및 보상에 관한 법률」 제40조제2항제2호와 같이 특별규정이 있는 경우에는 예외적으로 절대적 불확지 공탁을 할 수 있습니다(대법원 1997. 10. 16. 선고 96다11747 전원합의체판결).

해설

※ 절대적 불확지 공탁

 토지수용보상금 공탁에서 절대적 불확지 공탁이 인정되는 경우는 다음과 같습니다.

1. 수용대상토지가 미등기이고 대장상 소유란이 공란으로 되어 있어 소유자를 확정할 수 없는 경우(대법원 1995. 6. 30. 선고 95다13159 판결)
2. 대장상 성명은 적혀져 있으나 주소의 기재(동·리의 기재만 있고 번지의 기재가 없는 경우도 해당 됨)가 없는 경우[「공탁선례 2-161」(2004. 10. 8. 공탁법인 3302-217 질의회답)]
3. 대장상 주소는 기재되어 있으나 성명의 기재가 없는 경우
4. 수용대상토지가 등기는 되어 있으나 등기부상 토지소유자를 특정할 수 없는 경우[「공탁선례1-233」(1993. 3. 17. 법정 제528호)]
5. 등기부의 일부인 공동인명부와 토지대장상의 공유자연명부가 멸실된 경우[「등기선례3-758」(1993.3.27. 등기 제725호, 한국수자원공사 사장 대 질의회답)]
6. 토지소유자 등이 사망하였으나 그 상속인 전부 또는 일부를 알 수 없는 경우[「공탁선례 2-161」(2004. 10. 8. 공탁법인 3302-217 질의회답)]
7. 피수용자의 등기부상 주소지가 미수복지구인 경우(대법원 1997. 10. 16. 선고 96다11747 판결)

4. 사업시행자 불복: 관할 토지수용위원회가 재결한 토지수용보상금에 대해 사업시행자가 불복하는 경우

- 관할 토지수용위원회가 재결한 토지수용보상금에 대해 사업시행자가 불복하는 경우 토지수용보상금을 받을 자에게 자기가 산정한 토지수용보상금을 지급하고, 자기가 산정한 토지수용보상금액과 토지수용위원회가 재결한 토지수용보상금과의 차액을 공탁해야 합니다(「공익사업을 위한 토지 등의 취득 및 보상에 관한 법률」 제40조제2항제3호 및 제40조제4항 전단).

- 이 경우 토지수용보상금을 받을 자는 불복 절차가 종결될 때까지 공탁된 토지수용보상금을 수령할 수 없습니다(「공익사업을 위한 토지 등의 취득 및 보상에 관한 법률」 제40조제4항 후단).

5. 압류·가압류: 토지수용보상금에 대한 압류 또는 가압류에 의해 토지수용보상금 지급이 금지된 경우

- 토지수용보상금에 대한 압류 또는 가압류에 의해 토지수용보상금 지급이 금지된 경우에는 토지수용보상금을 공탁할 수 있습니다(「공익사업을 위한 토지 등의 취득 및 보상에 관한 법률」 제40조제2항제4호).

2-2. 토지수용보상금 공탁의 효과

2-2-1. 사업시행자의 소유권 취득

① 사업시행자는 수용의 개시일에 토지나 물건의 소유권을 취득하며, 그 토지나 물건에 관한 다른 권리는 이와 동시에 소멸합니다(「공익사업을 위한 토지 등의 취득 및 보상에 관한 법률」 제45조제1항).

② 이 경우 사업시행자의 토지 등의 소유권 취득은 원시취득입니다(대법원 1995. 12. 22. 선고 94다40765 판결).

2-2-2. 토지소유자의 공탁금 출급청구권 취득

토지수용보상금의 공탁으로 사업시행자에 대한 손실보상금 채권은 소멸하고 토지소유자는 공탁소에 대한 공탁금 출급청구권을 취득합니다.

2-2-3. 사업시행자가 토지수용보상금을 지급 또는 공탁하지 않은 경우의 재결의 실효

① 사업시행자가 수용 또는 사용의 개시일까지 관할 토지수용위원회가 재결한 보상금을 지급하거나 공탁하지 않을 경우 해당 토지수용위원회의 재결은 효력을 상실합니다(「공익사업을 위한 토지 등의 취득 및 보상에 관한 법률」 제42조제1항).

② 사업시행자가 토지수용보상금을 공탁했다 하더라도 그 공탁이 무효라면 사업시행자가 수용개시일까지 토지수용보상금을 지급 또는 공탁하지 않은 경우에 해당하므로 그 수용재결은 효력을 상실합니다(대법원 1996. 9. 20. 95다 17373 판결).

③ 사업시행자는 재결의 효력이 상실됨으로 인해 토지소유자 또는 관계인이 입은 손실을 보상해야 합니다(「공익사업을 위한 토지 등의 취득 및 보상에 관한 법률」 제42조제2항).

2-3. 증액된 토지수용보상금 공탁

2-3-1. 이의신청에 대한 재결에서 증액된 토지수용보상금의 공탁

① 이의신청에 대한 재결

중앙토지수용위원회는 이의신청을 받은 경우 재결이 위법하거나 부당하다고 인정할 때에는 그 재결의 전부 또는 일부를 취소하거나 보상액을 변경할 수 있습니다(「공익사업을 위한 토지 등의 취득 및 보상에 관한 법률」 제84조제1항).

② 증액 토지수용보상금 지급

이의신청에 대한 재결에 따라 토지수용보상금이 늘어난 경우 사업시행자는 재결의 취소 또는 변경의 재결서 정본을 받은 날부터 30일 이내에 보상금을 받을 자에게 그 늘어난 보상금을 지급해야 합니다(「공익사업을 위한 토지 등의 취득 및 보상에 관한 법률」 제84조제2항 본문).

③ 증액 토지수용보상금 공탁

다만, 다음 중 어느 하나에 해당하는 경우에는 증액된 토지수용보상금을 공탁할 수 있습니다(「공익사업을 위한 토지 등의 취득 및 보상에 관한 법률」 제84조제2항 단서).

1. 보상금을 받을 자가 그 수령을 거부하거나 보상금을 수령할 수 없는 경우

2. 사업시행자의 과실 없이 보상금을 받을 자를 알 수 없는 경우

3. 압류나 가압류로 보상금의 지급이 금지된 경우

④ 증액된 토지수용보상금을 지급하지 않거나 공탁하지 않은 경우에는 토지수용위원회의 재결에 대한 보상금을 지급하지 않거나 공탁하지 않은 경우와는 달리 이의신청에 대한 재결이 실효되지 않습니다(대법원 1992. 3. 10. 선고 91누8081 판결).

2-3-2. 행정소송을 제기하는 경우 이의신청에 대한 재결에서 증액된 토지수용보상금 공탁

사업시행자가 이의신청에 대한 재결에 대해 행정소송을 제기하는 경우 이의신청에 대한 재결로 증액된 보상금을 공탁해야 하며, 보상금을 받을 자는 공탁된 보상금을 소송종결 시까지 수령할 수 없습니다(「공익사업을 위한 토지 등의 취득 및 보상에 관한 법률」 제85조제1항).

■ 토지손실보상금에 대한 압류 및 전부명령 시 공탁사유인지요?

Q 甲은 乙의 토지가 丙지방자치단체에 수용됨으로 인하여 乙이 지급받게 될 손실 보상금채권에 대하여 채권압류 및 전부명령을 받아 제3채무자인 丙지방자치단체 에게 전부금의 지급청구를 하였습니다. 그런데 丙지방자치단체는 위 손실보상금 을 공탁을 하였다고 합니다. 이 경우 제가 丙지방자치단체에게 전부금청구를 할 수 없는지요?

A 보상금의 지급 또는 공탁에 관하여 「공익사업을 위한 토지 등의 취득 및 보상에 관한 법률」제40조 제2항 제4호는 '압류 또는 가압류에 의하여 보상금의 지급이 금지된 때' 사업시행자는 수용 또는 사용의 개시일까지 수용 또는 사용하고자 하 는 토지 등의 소재지의 공탁소에 보상금을 공탁할 수 있다고 규정하고 있습니다. 그러므로 위 사안에 있어서 乙이 지급받을 토지의 수용으로 인한 손실보상금에 대하여 甲의 채권압류 및 전부명령만이 발해진 경우에도 기업자인 丙지방자치단 체가 위 규정에 의하여 공탁을 할 수 있는지 문제됩니다.

이에 관하여 「공익사업을 위한 토지 등의 취득 및 보상에 관한 법률」시행으로 폐지된 구 「토지수용법」하의 판례는 "손실보상금에 대한 압류 또는 가압류로 보 상금의 지불이 금지되었을 때를 별도의 공탁사유로서 인정하고 있는 토지수용법 제61조 제2항 제4호는 손실보상금청구권이 피수용자에게 귀속되어 있음을 전제 로 하여 다만 압류 또는 가압류 등에 의하여 기업자가 피수용자에게 직접 손실 보상금을 지급할 수 없을 때에 적용되는 것일 뿐, 나아가 손실보상금의 귀속주 체가 변경된 경우 즉, 손실보상금청구권에 대한 전부명령이 이루어진 경우에까 지 적용되는 것은 아니다."라고 하였습니다(대법원 2000. 6. 23. 선고 98다 31899 판결). 또한 "손실보상금청구권에 대하여 압류의 경합이 있는 것과 같은 외관을 갖추고 있는 경우 본래의 의미에서의 압류의 경합으로 볼 수는 없다고 할지라도 제3채무자의 입장에서 보아 압류의 경합이 있는지 여부에 대한 판단이 곤란하다고 보이는 객관적 사정이 있다면 기업자에게 민사소송법(2002. 1. 26. 법률 제6626호로 개정되기 전의 것) 제581조 제1항을 유추적용 하여 공탁에 의한 면책을 허용함이 상당하다."라고 하였는데, 현행 「민사집행법」제248조 제1 항은 "제3채무자는 압류에 관련된 금전채권의 전액을 공탁할 수 있다."라고 하여 채권을 압류한 경우에 제3채무자는 채권자가 경합하지 아니하더라도 압류채권액 상당액 또는 전액을 공탁하여 채무를 면할 수 있도록 규정하고 있습니다.

그러므로 위 사안에서 丙지방자치단체는 「공익사업을 위한 토지 등의 취득 및 보상에 관한 법률」제40조 제2항 제4호에 따라 공탁할 수는 없다고 하여도 「민사집행법」제248조 제1항에 따른 공탁은 할 수는 있을 것으로 보입니다.

그러므로 丙지방자치단체에서 「민사집행법」제248조 제1항에 따라 공탁을 하였다면, 귀하는 丙지방자치단체를 상대로 전부금청구의 소송을 제기하여서는 아니될 것으로 보이고, 그 공탁금의 배당절차에서 배당받아야 할 것으로 보입니다(같은 법 제252조 내지 제256조).

(관련판례)

[1] 토지수용으로 인한 피수용자의 손실보상금 채권은 관할 토지수용위원회의 수용재결로 인하여 비로소 발생하는 것이지만, 「토지수용법」 제14조 및 제16조 소정의 사업인정의 고시가 있음으로써 고시된 수용대상 토지에 대하여 피수용자와의 협의 등 일정한 절차를 거칠 것을 조건으로 한 기업자의 수용권이 발생하고, 「토지수용법」 제18조 소정의 사업의 폐지, 「토지수용법」 제17조 소정의 사업인정의 고시가 있은 날로부터 1년 이내 혹은 「토지수용법」을 준용하는 개개 법률 소정의 사업시행기간 내의 재결의 미신청 등의 특별한 사정이 없는 한 사업인정은 실효되지 아니하여 수용권이 소멸하지 아니하므로, 사업인정의 고시가 있으면 수용대상 토지에 대한 손실보상금의 지급이 확실시된다 할 것이니, 사업인정 고시 후 수용재결 이전 단계에 있는 피수용자의 기업자에 대한 손실보상금 채권은 피전부채권의 적격이 있다.

[2] 수용대상 토지가 일반 채권자에 의하여 압류 또는 가압류되어 있거나 수용대상 토지에 근저당권설정등기가 마쳐져 있더라도 그 토지의 수용에 따른 보상금청구권 자체가 압류 또는 가압류되어 있지 아니한 이상 보상금의 지급이 금지되는 것은 아니므로, 이러한 사유만으로 「토지수용법」 제61조제2항제2호 소정의 '기업자가 과실 없이 보상금을 지급받을 자를 알 수 없을 때'의 공탁사유에 해당한다고 볼 수 없다(대법원 2000. 5. 26. 선고 98다22062 판결).

(관련판례)

[1] 「토지수용법」에 의한 수용재결에 따른 수용보상금의 공탁이 유효한 것인지 여부는 「토지수용법」 제61조제2항 및 「공탁법」이 정한 요건을 갖추었는지 여부에 의하여 결정되고, 공탁의 전제가 되는 수용재결이 유효하다 하여 그에 따른 공탁도 당연히 유효한 것이라고 할 수는 없다.

[2] 기업자가 일단 수용재결에 따른 보상금을 공탁하였다고 하더라도 그 공탁이 무효라면 「토지수용법」 제65조 소정의 '기업자가 수용의 시기까지 보상금을 지불 또는 공탁하지 아니하였을 때'에 해당하므로 그 수용재결은 효력을 상실하고, 따라서 기업자는 해당 토지의 소유권을 취득할 수 없다.

[3] 토지 소유자가 그 토지에 대한 수용재결이 있기 전에 등기부상 주소를 실제 거주지로 변경등기하였음에도 불구하고 기업자가 토지소유자의 주소가 불명하다 하여 수용재결에서

정한 수용보상금을 토지소유자 앞으로 공탁한 경우, 그 공탁은 요건이 흠결된 것이어서 무효이고 토지소유자의 변경등기 전 주소로 수용절차가 진행되어 왔다고 하여 결론을 달리할 것은 아니라고 한 사례(대법원 1996. 9. 20. 선고 95다17373 판결).

(관련판례)

가. 등기부와 토지대장 등 지적공부가 6·25사변으로 모두 멸실되고 그 후 토지대장이 새로 복구되었으나 소유권 난은 복구되지 않은 채 미등기로 남아있어 피수용자를 불확지로 하는 수용재결이 있었다면, 택지개발사업 시행자로서는 과실 없이 보상금을 받을 자를 알 수 없었다고 봄이 상당하므로 「토지수용법」 제61조제2항제2호에 의하여 그 보상금을 공탁할 수 있다(대법원 1995.6.30. 선고 95다13159 판결).

나. 토지수용재결서 정본이 피수용자에게 적법하게 송달되기 이전에 기업자가 한 보상금의 공탁도 그것이 수용시기 이전에 이루어진 것이라면 그 효력이 있다(대법원 1995.6.30. 선고 95다13159 판결).

다. 토지수용재결 후 상당한 기간이 경과된 뒤에 송달이 이루어졌다는 것만으로 그 송달이 무효라고 할 수는 없다(대법원 1995.6.30. 선고 95다13159 판결).

(관련판례)

기업자가 과실 없이 진정한 토지소유자를 알지 못하여 형식상의 권리자인 등기부상 소유명의자를 그 피수용자로 확정하더라도 적법하고, 그 수용의 효과로서 수용 목적물의 소유자가 누구임을 막론하고 이미 가졌던 소유권이 소멸함과 동시에 기업자는 완전하고 확실하게 그 권리를 원시취득한다(대법원 1995. 12. 22. 선고 94다40765 판결).

(관련판례)

「토지수용법」상의 이의재결절차는 수용재결에 대한 불복절차이면서 수용재결과는 확정의 효력 등을 달리하는 별개의 절차이므로 기업자가 이의재결에서 증액된 보상금을 일정한 기한 내에 지급 또는 공탁하지 아니하였다 하더라도 그 때문에 이의재결 자체가 당연히 실효된다고는 할 수 없다(대법원 1992.3.10. 선고 91누8081 판결).

(관련판례)

「토지수용법」 제61조제2항제1호는 보상금을 받을 자가 그 수령을 거부하는 때에는 기업자는 수용의 시기까지 보상금을 공탁할 수 있다고 규정하고 있으므로, 보상금을 받을 자가 보상금의 수령을 거절할 것이 명백하다고 인정되는 경우에는 기업자는 보상금을 현실제공하지 아니하고 바로 보상금을 공탁할 수 있다(대법원 1992.3.10. 선고 91누8081 판결).

3. 토지수용보상금 공탁 절차

3-1. 공탁당사자

① 공탁자

토지수용보상금 공탁의 공탁자는 사업시행자입니다.

② 피공탁자

토지수용보상금 공탁의 피공탁자는 원칙적으로 토지수용으로 인한 손실보상금의 채권자, 즉 수용할 토지의 소유자입니다(대법원 1997. 10. 16. 선고 96다11747 판결).

3-2. 공탁소

① 피공탁자의 주소지 공탁소

피공탁자가 특정된 경우에는 그의 주소지 관할공탁소에 공탁할 수 있습니다. 상대적 불확지 공탁의 경우에는 그 중 1명의 주소지 관할공탁소에 공탁할 수 있습니다

② 토지 소재지 관할 공탁소

토지수용보상금에 대한 공탁은 수용대상이 된 토지 소재지의 공탁소에 할 수 있습니다.

3-3. 공탁물

토지수용보상금 공탁의 공탁물은 금전과 「공익사업을 위한 토지 등의 취득 및 보상에 관한 법률」 제63조제6항에 따른 채권(債券)입니다.

3-4. 토지수용보상금의 공탁 신청
3-4-1. 공탁서 제출

① 토지수용보상금 공탁을 하려는 사업시행자는 공탁관에게 공탁서 2통을 제출해야 합니다(「공탁규칙」 제20조제1항).

② 공탁신청은 우편으로 할 수 없습니다[「공탁선례1-1」(1979. 8. 23. 법정 제234호)].

③ 공탁서에는 다음의 사항을 적고 사업시행자가 기명날인(記名捺印)해야 합니다 (「공탁규칙」 제20조제2항 전단). 다만, 대표자나 관리인 또는 대리인이 공탁하는 때에는 대표자나 관리인 또는 대리인의 주소를 적고 기명날인해야 합니다(「공탁규칙」 제20조제2항 후단).

   1. 사업시행자의 성명(상호, 명칭)·주소(본점, 주사무소)·주민등록번호(법인등록번호)

2. 공탁금액, 공탁유가증권의 명칭·장수·총 액면금(액면금이 없는 경우에는 그 뜻)·기호·번호·부속이표·최종상환기, 공탁물품의 명칭·종류·수량

3. 공탁원인사실

■ 공탁원인사실 기재 예시

공탁 원인 사실	공탁자는 반월지구 토지구획정리사업의 사업시행자로서, 공익사업을 위한 토지 등의 취득 및 보상에 관한 법률에 따라 반월토지수용위원회가 재결한 토지수용보상금을, 피공탁자에게 여러 차례에 걸쳐 지급하려고 하였으나 피공탁자가 토지수용보상금의 수령을 거절하므로 이 공탁에 이르렀습니다.

4. 공탁근거법령 조항

- 토지수용보상금 공탁을 하는 경우 「공익사업을 위한 토지 등의 취득 및 보상에 관한 법률」 제40조제2항제1호부터 제4호까지 및 제84조제2항, 85조제1항 중에서 공탁하는 원인에 따라 공탁근거법령을 적습니다.

- 압류 또는 가압류에 의해 토지수용보상금의 지급이 금지된 경우의 수용보상공탁은 집행공탁이기 때문에 「공익사업을 위한 토지 등의 취득 및 보상에 관한 법률」 제40조제2항제4호와 「민사집행법」 제248조제1항을 모두 근거법령으로 적습니다.

5. 피공탁자의 성명(상호, 명칭)·주소(본점, 주사무소)·주민등록번호(법인등록번호)

6. 공탁법원의 표시

7. 공탁신청 연월일

④ 토지수용보상금 공탁서의 작성 예시는 다음과 같습니다.

[서식 예] 토지수용보상금 공탁서(토지수용보상금 수령거부·불능)

공 탁 번 호	년 금 제 호	20○○년○월○일 신청	법령 조항	공익사업을 위한 토지 등의 취득 및 보상에 관한 법률 제40조제2항제1호
공탁자 성 명 (상호, 명칭)	대한민국 (소관청: 한국토지주택공사)	**피공탁자** 성 명 (상호, 명칭)		김 ○ 영
주민등록번호 (법인등록번호)		주민등록번호 (법인등록번호)		620703-2111111
주 소 (본점, 주사무소)	경기도 성남시 분당구 돌마로94	주 소 (본점, 주사무소)		서울시 종로구 옥인동 55
전화번호	(031) 738-1111	전화번호		(02) 2011-4321

공 탁 금 액	금 팔천만원	보 관 은 행	○○은행 ○○지점
	80,000,000원		

공탁원인사실	공탁자는 반월지구 토지구획정리사업의 사업시행자로서, 공익사업을 위한 토지 등의 취득 및 보상에 관한 법률의 규정에 의하여 반월토지수용위원회가 재결한 토지수용보상금을, 피공탁자에게 여러 차례에 걸쳐 지급하여 하였으나 피공탁자가 수용보상금의 수령을 거절하므로 이 공탁에 이르렀습니다.
비고(첨부서류 등)	1. 재결서 정본 1부 2. 송달통지서와 그 봉투 각 1통 3. 주민등록등본 1통 □ 계좌납입신청

1. 공탁으로 인하여 소멸하는 질권, 전세권 또는 저당권 2. 반대급부 내용	

위와 같이 신청합니다.   대리인 주소
전화번호
공탁자 성명   인(서명)   성명   인(서명)

위 공탁을 수리합니다.
공탁금을 년 월 일까지 위 보관은행의 공탁관 계좌에 납입하시기 바랍니다.
위 납입기일까지 공탁금을 납입하지 않을 때는 이 공탁 수리결정의 효력이 상실됩니다.
년 월 일
법원 지원 공탁관   (인)

(영수증) 위 공탁금이 납입되었음을 증명합니다.
년 월 일
공탁금 보관은행(공탁관)   (인)

※ 1. 도장을 날인하거나 서명을 하되, 대리인이 공탁할 때에는 대리인의 주소, 성명을 기재하고 대리인의 도장을 날인(서명)하여야 합니다.
   2. 공탁당사자가 국가 또는 지방자치단체인 경우에는 법인등록번호란에 '사업자등록번호'를 기재하시기 바랍니다.
   3. 공탁금 회수청구권은 소멸시효완성으로 국고에 귀속될 수 있으며, 공탁서는 재발급 되지 않으므로 잘 보관하시기 바랍니다.

[서식 예] 토지수용보상금 공탁서(채권자 불확지)

공 탁 번 호		년 금 제 호	20○○년○월○일 신청	법령 조항	공익사업을 위한 토지 등의 취득 및 보상에 관한 법률 제40조제2 항제2호
공 탁 자	성 명 (상호, 명칭)	대한민국 (소관청: 한국토지주택공사)	피 공 탁 자	성 명 (상호, 명칭)	불 확 지
	주민등록번호 (법인등록번호)			주민등록번호 (법인등록번호)	불 확 지
	주 소 (본점, 주사무소)	경기도 성남시 분당구 돌마로94		주 소 (본점, 주사무소)	불 확 지
	전화번호	(031) 738-7777		전화번호	불 확 지
공 탁 금 액		금 일천이백만원	보 관 은 행		○○은행 ○○지점
		12,000,000원			
공탁원인사실		공탁자는 소반지구 토지구획정리사업의 사업시행자로서, 공익사업을 위한 토지 등의 취득 및 보상에 관한 법률의 규정에 의하여 소관 토지수용위원회가 재결한 토지수용보상금을 지급하려고 하였으나, 피공탁자를 전혀 알 수 없으므로 이 공탁에 이르렀습니다.			
비고(첨부서류 등)		1. 재결서 정본 1부 2. 토지대장 등본 1통			□ 계좌납입신청
1. 공탁으로 인하여 소멸하는 질권, 전세권 또는 저당권 2. 반대급부 내용					

위와 같이 신청합니다.　　　　　　　　　대리인 주소
　　　　　　　　　　　　　　　　　　　　　전화번호
　　　공탁자 성명　　　　인(서명)　　성명　　　　　　　　　인(서명)

위 공탁을 수리합니다.
공탁금을　　년　월　일까지 위 보관은행의 공탁관 계좌에 납입하시기 바랍니다.
위 납입기일까지 공탁금을 납입하지 않을 때는 이 공탁 수리결정의 효력이 상실됩니다.
　　　　　　　　　　　　　년　　　월　　　일
　　　　　　　　　법원　　　지원 공탁관　　　　　　　　　(인)

(영수증) 위 공탁금이 납입되었음을 증명합니다.
　　　　　　　　　　　　　년　　　월　　　일
　　　　공탁금 보관은행(공탁관)　　　　　　　　　(인)

[서식 예] 토지수용보상금 공탁서(사업시행자의 불복)

공 탁 번 호	년 금 제 호	20○○년○월○일 신청	법령 조항	공익사업을 위한 토지 등의 취득 및 보상에 관한 법률 제40조제2 항제3호
공 탁 자 성 명 (상호, 명칭)	대한민국 (소관청: 한국토지주택공사)	**피 공 탁 자** 성 명 (상호, 명칭)		최 ○ 래
주민등록번호 (법인등록번호)		주민등록번호 (법인등록번호)		651007-1111111
주 소 (본점, 주사무소)	경기도 성남시 분당구 돌마로94	주 소 (본점, 주사무소)		서울시 종로구 수송동 146-1
전화번호	(031) 738-1111	전화번호		(02) 2048-1111

공 탁 금 액	금 이천오백만원 25,000,000원	보 관 은 행	나라 은행 종로 지점

공탁원인사실	공탁자는 △△지구 토지구획정리사업의 시행사업자인바, 공익사업을 위한 토지 등의 취득 및 보상에 관한 법률의 규정에 의하여 △△토지 수용위원회가 재결한 토지수용보상금은 실제보다 많이 책정·재결되었 으므로 사업시행자는 이에 불복하고 항고를 제기하고 있는 중인데, 같 은 법률에서 정한 바에 따라 우선 사업시행자가 인정하는 보상금을 피공탁자에게 지급하고, 불복하는 부분인 공탁금액에 관하여 공탁하려 이 공탁에 이르렀습니다.

비고(첨부서류 등)	1. 재결서 정본 1부 2. 사업시행자의 계산서 사본 1통 3. 주민등록등본 1통	□ 계좌납입신청

1. 공탁으로 인하여 소멸하는 질권, 전세권 또는 저당권 2. 반대급부 내용	

위와 같이 신청합니다.   대리인 주소
                                    전화번호
    공탁자 성명   인(서명)   성명   인(서명)

위 공탁을 수리합니다.
공탁금을   년   월   일까지 위 보관은행의 공탁관 계좌에 납입하시기 바랍니다.
위 납입기일까지 공탁금을 납입하지 않을 때는 이 공탁 수리결정의 효력이 상실됩니다.
                        년   월   일
                    법원   지원 공탁관   (인)

(영수증) 위 공탁금이 납입되었음을 증명합니다.
                        년   월   일
                    공탁금 보관은행(공탁관)   (인)

[서식 예] 토지수용보상금 공탁서(압류·가압류에 의한 토지수용보상금 지급의 금지)

공 탁 번 호		년 금 제 호	20○○년○월○일 신청	법령 조항	공익사업을 위한 토지 등의 취득 및 보상에 관한 법률 제40조제2항제4호
공 탁 자	성 명 (상호, 명칭)	대한민국 (소관청: 한국토지주택공사)	피 공 탁 자	성 명 (상호, 명칭)	김 ○ 영
	주민등록번호 (법인등록번호)			주민등록번호 (법인등록번호)	620703-2111111
	주 소 (본점, 주사무소)	경기도 성남시 분당구 돌마로94		주 소 (본점, 주사무소)	서울시 종로구 옥인동 55
	전화번호	(031) 738-7414		전화번호	(02) 2011-4321
공 탁 금 액		금 삼천만원 30,000,000원	보 관 은 행		○○은행 ○○지점
공탁원인사실		공탁자는 이마지구 토지구획정리사업의 사업시행자로서, 공탁자는 공익사업을 위한 토지 등의 취득 및 보상에 관한 법률의 규정에 의하여 이마토지수용위원회가 재결한 토지수용보상금을 피공탁자에게 지급하려 하나 피공탁자의 토지에 아래와 같은 압류의 등기가 기재되어 있으므로 공탁에 이르렀습니다. 아 래 서울중앙지방법원 20△△타기△△△△호 채권 압류(가압류)명령 채권자 최봉래 서울시 종로구 수송동 146-1 채무자(피공탁자) 김은영 서울시 종로구 옥인동 55 제3채무자 대한민국(소관청:한국토지주택공사) 입류금액 돈삼천만(30,000,000)원 송달일자 20△△.△.△△ 송달			
비고(첨부서류 등)		1. 재결서 정본 1부 2. 토지등기부등본 1통 3. 압류(가압류) 명령 정본 1통 4. 주민등록등본 1통		□ 계좌납입신청	
1. 공탁으로 인하여 소멸하는 질권, 전세권 또는 저당권 2. 반대급부 내용					
위와 같이 신청합니다. 공탁자 성명 인(서명)			대리인 주소 전화번호 성명 인(서명)		
위 공탁을 수리합니다. 공탁금을 년 월 일까지 위 보관은행의 공탁관 계좌에 납입하시기 바랍니다. 위 납입기일까지 공탁금을 납입하지 않을 때는 이 공탁 수리결정의 효력이 상실됩니다. 년 월 일 법원 지원 공탁관 (인)					
(영수증) 위 공탁금이 납입되었음을 증명합니다. 년 월 일 공탁금 보관은행(공탁관) (인)					

[서식 예] 토지수용보상금 공탁서(증액 토지수용보상금의 수령거부·불능)

공 탁 번 호		년 금 제 호	20○○년○월○일 신청	법령 조항	공익사업을 위한 토지 등의 취득 및 보상에 관한 법률 제84조제2항단서 및 제40조제2항제1호
공 탁 자	성 명 (상호, 명칭)	대한민국 (소관청: 한국토지주택공사)	피 공 탁 자	성 명 (상호, 명칭)	김 ○ 구
	주민등록번호 (법인등록번호)			주민등록번호 (법인등록번호)	510811-1100000
	주 소 (본점, 주사무소)	경기도 성남시 분당구 돌마로94		주 소 (본점, 주사무소)	서울시 종로구 종로1가 128
	전화번호	(031) 738-7111		전화번호	(02) 744-1212
공 탁 금 액		금 이천이백만원 22,000,000원	보 관 은 행		○○은행 ○○지점
공탁원인사실		공탁자는 이마지구 토지구획정리사업의 사업시행자인바, 공탁자는 공익사업을 위한 토지 등의 취득 및 보상에 관한 법률의 규정에 의하여 이마토지수용위원회가 증액 재결한 증액 토지수용보상금을 피공탁자에게 여러 차례에 걸쳐 지급하려 하였으나 피공탁자가 이의 수령을 거절하므로 이 공탁에 이르렀습니다.			
비고(첨부서류 등)		1. 재결서 및 증액재결서 각 정본 1부 2. 송달통지서와 그 봉투 1부 3. 주민등록등본 1통			□ 계좌납입신청
1. 공탁으로 인하여 소멸하는 질권, 전세권 또는 저당권 2. 반대급부 내용					
위와 같이 신청합니다. 대리인 주소 전화번호 공탁자 성명 인(서명) 성명 인(서명)					
위 공탁을 수리합니다. 공탁금을 년 월 일까지 위 보관은행의 공탁관 계좌에 납입하시기 바랍니다. 위 납입기일까지 공탁금을 납입하지 않을 때는 이 공탁 수리결정의 효력이 상실됩니다. 년 월 일 법원 지원 공탁관 (인)					
(영수증) 위 공탁금이 납입되었음을 증명합니다. 년 월 일 공탁금 보관은행(공탁관) (인)					

[서식 예] 토지수용보상금 공탁서(증액토지수용보상금의 채권자 불확지)

공 탁 번 호		년 금 제 호	20○○년○월○일 신청	법령 조항	공익사업을 위한 토지 등의 취득 및 보상에 관한 법률 제84조제2항단서 및 제40조제2항제2호
공탁자	성 명 (상호, 명칭)	대한민국 (소관청: 한국토지주택공사)	피공탁자 성 명 (상호, 명칭)		불 확 지
	주민등록번호 (법인등록번호)		주민등록번호 (법인등록번호)		불 확 지
	주 소 (본점, 주사무소)	경기도 성남시 분당구 돌마로94	주 소 (본점, 주사무소)		불 확 지
	전화번호	(031) 738-7111	전화번호		
공 탁 금 액		돈일백이십만원정	보 관 은 행		○○은행 ○○지점
		금1,200,000원정			
공탁원인사실		공탁자는 이마지구 토지구획정리사업의 사업시행자인바, 공탁자는 공익사업을 위한 토지 등의 취득 및 보상에 관한 법률의 규정에 의하여 이마 토지수용우원회가 증액 재결한 증액 토지수용보상금을 피공탁자에게 지급하려 하였으나 피공탁자를 전혀 알 수 없으므로 이 공탁에 이르렀습니다.			
비고(첨부서류 등)		1. 재결서 및 증액재결서 각 정본 1부 2. 토지대장등본 1통			☐ 계좌납입신청
1. 공탁으로 인하여 소멸하는 질권, 전세권 또는 저당권 2. 반대급부 내용					

위와 같이 신청합니다.
 	
   공탁자 성명   인(서명)
		대리인 주소
		         전화번호
		         성명 인(서명)			

위 공탁을 수리합니다.
 공탁금을   년 월 일까지 위 보관은행의 공탁관 계좌에 납입하시기 바랍니다.
 위 납입기일까지 공탁금을 납입하지 않을 때는 이 공탁 수리결정의 효력이 상실됩니다.
              년   월   일
          법원 지원 공탁관 (인)					

(영수증) 위 공탁금이 납입되었음을 증명합니다.
              년   월   일
          공탁금 보관은행(공탁관) (인)					

[서식 예] 토지수용보상금 공탁서(압류·가압류에 의한 토지수용보상금의 증액보상금의 지급금지)

공 탁 번 호	년 금 제 호	20○○년○월○일 신청	법령조항	공익사업을 위한 토지 등의 취득 및 보상에 관한 법률 제84조제2항, 제40조제2항제4호

공 탁 자	성 명 (상호, 명칭)	대한민국 (소관청: 한국토지주택공사)	피 공 탁 자	성 명 (상호, 명칭)	김 ○ 영
	주민등록번호 (법인등록번호)			주민등록번호 (법인등록번호)	620703-2111111
	주 소 (본점, 주사무소)	경기도 성남시 분당구 돌마로94		주 소 (본점, 주사무소)	서울시 종로구 옥인동 55
	전화번호	(031) 738-7111		전화번호	(02) 2011-4321

공 탁 금 액	금 이백칠십만원정 2,700,000원	보 관 은 행	○○은행 ○○지점

공탁원인사실	공탁자는 이마지구 토지구획정리사업의 사업시행자로서, 공탁자는 공익사업을 위한 토지 등의 취득 및 보상에 관한 법률의 규정에 의하여 이마토지수용위원회가 증액 재결한 토지수용보상금을 피공탁자에게 지급하려 하나 피공탁자 부분의 토지에 가압류의 등기가 기재되어 있으므로 이 공탁에 이르렀습니다.

비고(첨부서류 등)	1. 재결서와 증액재결서 각 정본 각 1통 2. 토지등기부등본 1통 3. 주민등록등본 1통	□ 계좌납입신청

1. 공탁으로 인하여 소멸하는 질권, 전세권 또는 저당권 2. 반대급부 내용	

위와 같이 신청합니다.　　　　　　　　　대리인 주소
　　　　　　　　　　　　　　　　　　　　　전화번호
　　공탁자 성명　　　　　인(서명)　　　성명　　　　　　　　　인(서명)

위 공탁을 수리합니다.
공탁금을　　　년　월　일까지 위 보관은행의 공탁관 계좌에 납입하시기 바랍니다.
위 납입기일까지 공탁금을 납입하지 않을 때는 이 공탁 수리결정의 효력이 상실됩니다.
　　　　　　　　　　　년　　　　월　　　　일
　　　　　　　　　법원　　　지원 공탁관　　　　　　　　　(인)

(영수증) 위 공탁금이 납입되었음을 증명합니다.
　　　　　　　　　　　년　　　　월　　　　일
　　　　　　공탁금 보관은행(공탁관)　　　　　　　　　(인)

3-4-2. 첨부서면 제출

① 자격증명서

　사업시행자가 법인인 경우에는 대표자 또는 관리인의 자격을 증명하는 서면을 제출해야 하고, 대리인이 사업시행자를 대신하여 공탁하는 경우에는 대리인의 권한을 증명하는 서면을 첨부해야 합니다(「공탁규칙」 제21조).

② 주소 소명서면

　피공탁자의 주소를 표시하는 때에는 그 주소를 소명하는 서면을, 피공탁자의 주소가 불명인 경우에는 이를 소명하는 서면을 첨부해야 합니다(「공탁규칙」 제21조 제3항).

③ 공탁통지서

ⓐ 사업시행자가 「공익사업을 위한 토지 등의 취득 및 보상에 관한 법률」 제40조제2항제1호부터 제3호까지 및 제84조제2항, 85조제1항에 따라 피공탁자에게 공탁통지를 해야 할 경우에는 피공탁자의 수만큼 공탁통지서를 첨부해야 합니다(「공탁규칙」 제23조제1항).

ⓑ 압류 의해 보상금채권 전부에 대하여 토지수용보상금의 지급이 금지된 때(「공익사업을 위한 토지 등의 취득 및 보상에 관한 법률」 제40조제2항제4호)의 수용보상공탁은 집행공탁이기 때문에 사업시행자는 공탁통지서를 첨부할 필요가 없습니다. 다만, 수용상금채권의 일부에 대한 압류를 원인으로 압류에 관련된 수용보상금채권 전액을 공탁하는 경우 또는 수용보상금채권에 대하여 가압류를 원인으로 공탁하는 경우에는 공탁통지서를 첨부해야 합니다.

ⓒ 공탁통지서를 첨부하는 경우 배달증명을 할 수 있는 우편료를 납입해야 합니다(「공탁규칙」 제23조제2항).

ⓓ 토지수용보상금 공탁을 하는 경우에는 재결서, 토지대장, 등기부등본을 위의 첨부서면과 함께 제출하는 것이 실무의 관행입니다.

3-5. 토지수용보상금 공탁의 성립

　공탁관이 공탁신청서를 접수·심사해 공탁을 수리한 후 사업시행자가 공탁물을 납입하면 토지수용보상금 공탁이 성립합니다.

4. 토지수용보상금의 지급청구

4-1. 토지수용보상공탁금의 출급청구권자
① 출급청구권자

사업시행자가 토지수용보상금을 공탁하면서 피공탁자를 특정하여 공탁하였다면 일반 변제공탁과 마찬가지로 출급청구권자는 피공탁자 또는 피공탁자의 승계인입니다.

② 출급청구권을 갖지 못하는 자

피공탁자가 아닌 자로서 출급청구권을 갖지 못하는 자는 다음과 같습니다 .

1. 수용시기 이후 수용으로 인한 소유권이전등기를 하기 전에 소유권이전등기를 경료한 매수인
2. 매매 또는 명의신탁해지 등을 원인으로 소유권이전등기절차이행의 승소확정판결을 받았으나 수용시기 전에 그 등기를 마치지 못한 자(비록 공탁이전에 가등기나 처분금지가처분등기를 한 경우도 포함)
3. 시·구·읍·면의 장으로부터 소유사실확인서를 발급받은 자
4. 피공탁자를 상대로 공탁금 출급청구권이 자기에게 있다는 확인판결을 받은 제3자

4-2. 토지수용보상공탁금 출급청구
4-2-1. 공탁물 출급청구서

토지수용보상공탁금을 출급하려는 자는 공탁관에게 공탁물 출급청구서 2통을 제출해야 합니다(「공탁규칙」 제32조제1항).

4-2-2. 공탁통지서

토지수용보상공탁금을 출급하려는 자는 공탁물 출급청구서에 공탁관이 발송한 공탁통지서를 첨부해야 합니다(「공탁규칙」 제33조제1호 본문). 다만, 다음 중 어느 하나의 사유가 있는 경우에는 공탁통지서를 첨부하지 않아도 됩니다(「공탁규칙」 제33조제1호 단서).

1. 토지수용보상금 출급청구인이 자연인이거나 법인인 경우에는 출급청구하는 공탁금액이 5,000만원 이하(유가증권의 총 액면금액이 5000만원 이하인 경우를 포함)
2. 토지수용보상금 출급청구인이 관공서이거나 법인 아닌 사단이나 재단인 경우에는 공탁금액이 1,000만원 이하
3. 공탁서나 이해관계인의 승낙서를 첨부한 경우
4. 강제집행이나 체납처분에 따라 공탁물 출급청구를 하는 경우
5. 공탁통지서를 발송하지 않았음이 인정되는 경우

4-2-3. 출급청구권 증명서면

① 확지공탁의 토지수용보상공탁금 출급청구

확지공탁의 경우 토지수용보상공탁금을 출급청구할 때 공탁서나 공탁통지서의 기재 내용으로 토지수용보상공탁금 출급청구권자, 출급청구권 발생 사실 및 출급청구권의 범위를 알 수 있으므로 피공탁자가 아닌 자가 토지수용보상금 출급청구권을 갖는 경우 외에는 출급청구권 증명서면을 제출할 필요가 없습니다.

> **해설**
>
> ※ **피공탁자가 아닌 자가 토지수용보상공탁금 출급청구권을 갖는 경우**
> 피공탁자가 아닌 자가 토지수용보상공탁금 출급청구권을 갖는 경우에는 다음의 출급청구권 증명서면이 필요합니다「토지수용보상금의 공탁에 관한 사무처리지침」 3. 나. (1) (가)].
> 1. 피공탁자로부터 출급청구권을 상속, 채권양도, 전부명령 그 밖의 원인으로 승계 받은 자 : 그 사실을 증명하는 서면
> 2. 수용시기 전에 수용대상토지의 소유권을 피공탁자로부터 승계받은 자 : 그 소유권승계사실을 증명하는 서면(등기사항증명서, 수용재결경정서, 형성판결문 등)
> 3. 수용대상토지에 대한 진정한 권리자(명의신탁자 포함)가 수용시기 전에 소유권등기를 회복한 경우 : 그 사실을 증명하는 서면
> 5. 사망한 사람을 피공탁자로 한 공탁의 경우 그 상속인 : 사망한 사람의 상속인임을 증명하는 서면

② 상대적 불확지 공탁의 토지수용보상공탁금 출급청구

ⓐ 피공탁자 사이에 권리의 귀속에 관해 분쟁이 없는 경우에는 다른 피공탁자의 승낙서(인감증명서 또는 본인서명사실확인서 첨부) 또는 협의성립서를 첨부해 출급청구할 수 있습니다.

ⓑ 피공탁자 사이에 권리의 귀속에 관해 분쟁이 있는 경우에는 피공탁자 사이에 어느 일방에게 출급청구권이 있음을 증명하는 내용의 확정판결(조정조서, 화해조서 포함)을 첨부해 출급청구할 수 있습니다.

ⓒ 피공탁자 전원이 공동으로 출급청구를 하는 경우에는 출급청구서 기재에 의해 상호 승낙이 있는 것으로 볼 수 있으므로 별도의 서면을 제출하지 않아도 됩니다.

ⓓ 공탁자의 승낙서나 공탁자 또는 국가를 상대로 한 판결 등은 출급청구권이 있음을 증명하는 서면으로 볼 수 없습니다.

③ 절대적 불확지 공탁의 토지수용보상공탁금 출급청구

ⓐ 공탁자(사업시행자)가 공탁 후에 피공탁자를 알게 된 때에는 그를 피공탁자로 지정하는 공탁서정정신청을 하도록 하여 피공탁자가 직접 공탁금을 출급청구할 수 있습니다.

ⓑ 공탁자를 상대로 공탁금에 대한 출급청구권이 자신에게 있다는 확인판결(조정, 화해조서

등)을 받은 경우에는 그 판결정본과 확정증명서를 첨부해 직접 출급청구할 수 있습니다.

4-2-4. 인감증명서

토지수용보상공탁금을 출급청구를 하는 사람은 공탁물 출급청구서 또는 위임에 따른 대리인의 권한을 증명하는 서면에 찍힌 인감의 인감증명서를 제출해야 합니다(「공탁규칙」 제37조제1항).

4-3. 토지수용보상공탁금 출급제한

① 관할 토지수용위원회가 재결한 토지수용보상금에 대해 사업시행자가 불복하여 자기가 산정한 토지수용보상금액과 토지수용위원회가 재결한 토지수용보상금의 차액을 공탁한 경우의 토지수용보상공탁금 출급제한

② 관할 토지수용위원회가 재결한 토지수용보상금에 대해 사업시행자가 불복하는 경우 보상금을 받을 자에게 자기가 산정한 보상금을 지급하고, 그 금액과 토지수용위원회가 재결한 토지수용보상금과의 차액을 공탁해야 합니다(「공익사업을 위한 토지 등의 취득 및 보상에 관한 법률」 제40조제2항제3호 및 제40조제4항 전단).

③ 이 경우 토지수용보상금을 받을 자는 불복 절차가 종결될 때까지 공탁된 토지수용보상금을 수령할 수 없습니다(「공익사업을 위한 토지 등의 취득 및 보상에 관한 법률」 제40조제4항 후단).

④ 사업시행자가 행정소송을 제기하기 위해 이의신청에 대한 재결에서 증액된 토지수용보상금을 공탁한 경우의 토지수용보상공탁금 출급제한

⑤ 사업시행자가 이의신청에 대한 재결에 대해 행정소송을 제기하는 경우 이의신청에 대한 재결로 늘어난 보상금을 공탁해야 하며, 보상금을 받을 자는 공탁된 보상금을 소송종결 시까지 수령할 수 없습니다(「공익사업을 위한 토지 등의 취득 및 보상에 관한 법률」 제85조제1항).

4-4. 토지수용보상공탁금 출급의 효과

① 이의유보 없이 토지수용보상공탁금을 출급한 경우

피공탁자가 사업시행자에게 아무런 이의도 유보하지 않고 사업시행자가 지급하는 토지수용보상공탁금을 수령한 경우 비록 피공탁자가 재결에 대해 이의신청을 한 적이 있더라도 관할 토지수용위원회의 재결에 대해 승복한 것으로 됩니다(대법원 1983. 2. 22. 선고 81누311 판결).

② "공탁물 수령에 관한 이의유보의 의사표시"란 변제공탁의 피공탁자가 공탁물 출급

청구 시 공탁원인에 승복하여 공탁물을 수령하는 것이 아님을 분명히 하여 공탁한 취지대로 채무소멸의 효과가 발생하는 것을 방지하려는 의사표시를 말합니다.

③ 이의유보를 하고 토지수용보상공탁금을 출급한 경우

피공탁자가 공탁된 토지수용보상금을 수령할 때 토지수용보상금 중 일부의 수령이라는 등 이의유보의사를 밝혔다면 토지수용위원회의 재결에 피공탁자가 승복한 것으로 되지 않습니다(대법원 1982. 11. 9. 선고 82누197 전원합의체 판결).

4-5. 토지수용보상공탁금 회수청구

① 「민법」 제489조에 따른 토지수용보상공탁금 회수 금지

토지수용보상공탁은 「공익사업을 위한 토지 등의 취득 및 보상에 관한 법률」 제42조에 따라 간접적으로 강제되는 것이므로, 사업시행자의 「민법」 제489조에 따른 공탁물 회수청구는 인정되지 않습니다(대법원 1988. 4. 8. 선고 88마201 결정).

② 「공탁법」 제9조에 따른 착오 또는 공탁원인소멸에 의한 토지수용보상공탁금 회수 허용

착오 공탁과 공탁사유의 소멸(예컨대 수용재결이 당연 무효이거나 취소된 경우 등)을 원인으로 하는 공탁금 회수청구는 인정됩니다.

■ **돌아가신 부친명의의 토지가 공익사업에 필요한 토지로 수용되었고, 보상금은 공탁이 되었다고 합니다. 상속인인 제가 보상금을 받을 수 있나요?**

Q 돌아가신 부친명의의 토지가 공익사업에 필요한 토지로 수용되었고, 보상금은 공탁이 되었다고 합니다. 상속인인 제가 보상금을 받을 수 있나요?

A 네, 공탁관에게 토지수용보상공탁금의 출급을 위한 서류를 제출하면 받을 수 있습니다.

◇ 토지수용보상공탁금의 출급청구

① 토지수용보상공탁금을 출급하려면 공탁관에게 공탁물 출급청구서 2통과 공탁관이 발송한 공탁통지서를 제출해야 합니다.

② 증명서류

- 피공탁자가 아닌 자가 토지수용보상공탁금 출급청구권을 갖는 경우에는 다음의 출급청구권 증명서면이 필요합니다.

1. 피공탁자로부터 출급청구권을 상속, 채권양도, 전부명령 그 밖의 원인으로 승계 받은 자: 그 사실을 증명하는 서면

2. 수용 개시일 전에 수용대상토지의 소유권을 피공탁자로부터 승계받은 자: 그 소유권승계사실을 증명하는 서면(등기부등본, 수용재결경정서, 형성판결문 등)

3. 수용대상토지에 대한 진정한 권리자(명의신탁자 포함)가 수용 개시일 전에 소유권등기를 회복한 경우: 그 사실을 증명하는 서면

4. 사자(死者)를 피공탁자로 한 공탁의 경우 그 상속인: 사자(死者)의 상속인임을 증명하는 서면

(관련판례)

[1] [다수의견] 공탁제도는 공탁공무원의 형식적 심사권, 공탁 사무의 기계적, 형식적인 처리를 전제로 하여 운영되는 것이어서 피공탁자가 특정되어야 함이 원칙이고, 또한 피공탁자가 특정되었다고 하려면 피공탁자의 동일성에 대하여 공탁공무원의 판단이 개입할 여지가 없고 그 공탁통지서의 송달에 지장이 없는 정도에 이르러야 한다.

[2] [다수의견] 기업자가 피공탁자의 주소를 미수복지구인 '개풍군 중면 대용리'로 기재하고 공탁 관계 법령을 「토지수용법」 제61조제2항제1호로 기재한 경우, 피공탁자의 주소 표시가 제대로 되지 아니하고 공탁통지서도 송달할 수 없으므로 피공탁자가 특정되지 않았다고 할 것이어서 '공탁을 하게 된 관계 법령'의 기재가 사실에 합치되지 아니하지만 그렇다고 위 공탁이 바로 무효로 되는 것은 아니고, 이러한 경우라도 객관적으로 진정한 공탁 원인이 존재하면 그 공탁을 유효로 해석하여야 하므로 그 공탁을 「토지수용법」 제61조제2항제2호에서 정한 '기업자가 과실 없이 보상금을 받을 자를 알 수 없는 때'에 허용되는 절대적 불확지의 공탁으로 볼 수밖에 없다.

[3] 변제공탁제도는 채무자가 채무의 목적물을 공탁소에 공탁함으로써 채무를 면하게 하는 변제자를 위한 제도로서 그 공탁이 국가의 후견적 관여 하에 이루어진다고 하더라도 본질적으로는 사인 간의 법률관계를 조정하기 위한 것이므로, 우리 공탁제도는 채무자(공탁자)가 공탁을 함에 있어서 채권자(피공탁자)를 지정할 의무를 지며(「공탁사무처리규칙」제19조제2항바목, 제20조제3항, 제27조의2) 공탁공무원은 형식적 심사권만을 갖고 채무자가 지정해 준 채권자에게만 공탁금을 출급하는 등의 업무를 처리하는 것(「공탁사무처리규칙」제29조, 제30조)을 그 기본 원리로 삼고 있다.

[4] [다수의견] 우리 공탁제도상 채권자가 특정되거나 적어도 채권자가 상대적으로나마 특정되는 상대적 불확지의 공탁만이 허용될 수 있는 것이고 채권자가 누구인지 전혀 알 수 없는 절대적 불확지의 공탁은 허용되지 아니하는 것이 원칙이지만, 「토지수용법」제61조제2항제2호는 토지수용의 주체인 기업자가 과실 없이 보상금을 받을 자를 알 수 없을 때에는 절대적 불확지의 공탁이 허용됨을 규정하여, 기업자는 그 공탁에 의하여 보상금 지급의무를 면하고 그 토지에 대한 소유권을 취득하도록 하고 있는바, 이와 같이 절대적 불확지의 공탁을 예외적으로 허용하는 것은 공익을 위하여 신속한 수용이 불가피함에도 기업자가 당시로서는 과실 없이 채권자를 알 수 없다는 부득이한 사정으로 인한 임시적 조치로서 편의상 방편일 뿐이므로, 기업자는 공탁으로 수용보상금 지급의무는 면하게 되지만, 이로써 위에 본 공탁제도상 요구되는 채권자 지정의무를 다하였다거나 그 의무가 면제된 것은 아니다.

[5] 확인의 소에 있어서는 권리 보호 요건으로서 확인의 이익이 있어야 하고 그 확인의 이익은 원고의 권리 또는 법률상의 지위에 현존하는 불안·위험이 있고 그 불안·위험을 제거함에는 피고를 상대로 확인판결을 받는 것이 가장 유효적절한 수단일 때에만 인정되므로 확인의 소의 피고는 원고의 권리 또는 법률관계를 다툼으로써 원고의 법률상의 지위에 불안·위험을 초래할 염려가 있는 자이어야 하고 그와 같은 피고를 상대로 하여야 확인의 이익이 있다.

[6] [다수의견] 기업자가 보상금 수령권자의 절대적 불확지를 이유로 수용보상금을 공탁한 경우 자기가 진정한 보상금 수령권자라고 주장하는 자의 입장에서 보면 기업자가 적극적으로 그에게 공탁금 출급청구권이 없다고 '부인(否認)'하지는 아니하고 단순히 '부지(不知)'라고 주장하더라도 이는 보상금 수령권자의 지위를 다툰 것이고 언제 다른 사람이 진정한 권리자라고 주장함에 대하여 기업자가 이를 긍정할지 알 수 없는 것이므로 그 법률상의 지위에 불안·위험이 현존하는 것으로 보아야 할 것이고, 또한 공탁제도상으로도 수용 토지의 원소유자가 기업자를 상대로 절대적 불확지의 공탁이 된 공탁금에 대한 출급청구권이 자신에게 귀속되었다는 확인판결을 받아 그 판결이 확정되면 그 확정판결 정본은 「공탁사무처리규칙」제30조제2호에 정한 '출급청구권을 갖는 것을 증명하는 서면'에 해당하여 수용 토지의 원소유자는 위 판결 정본을 공탁금 출급청구서에 첨부하여 공탁소에 제출함으로써 공탁금을 출급받을 수 있으므로, 수용 토지의 원소유자가 기업자를 상대로 하는 공탁금 출급청구권 확인의 소는 절대적 불확지공탁의 공탁금 출급을 둘러싼 법적 분쟁을 해결하는 유효적절한 수단이어서 그 확인의 이익이 있다(대법원 1997. 10. 16. 선고 96다11747 전원합의체 판결).

(관련판례)

기업자의 「토지수용법」 제61조제2항에 의한 손실보상금의 공탁은 「토지수용법」 제65조에 의하여 간접적으로 강제되는 것인바 이와 같이 그 공탁이 자발적이 아닌 경우에는 「민법」 제489조의 적용은 배제되어 피공탁자가 공탁자에게 공탁금을 수령하지 아니한다는 의사를 표시하였다 할지라도 기업자는 그 공탁금을 회수할 수 없으므로 공탁공무원은 기업자 자신의 공탁금회수청구 및 위 공탁금회수청구채권에 대하여 전부명령을 받은 자의 공탁금 회수청구에 대하여도 그 공탁금을 출급할 수는 없다(대법원 1988.4.8. 88마201 결정).

(관련판례)

토지수용을 하는 기업자가 관할 토지수용위원회가 재결한 보상금을 토지소유자에게 제공하고 토지소유자가 이를 아무런 이의를 유보함이 없이 수령하였다면 그 토지의 소유자는 그 재결에 승복한 것이라고 보아야 할 것이므로 그 재결에 대한 이의는 부적법한 것이다 (대법원 1983.2.22. 선고 81누311 판결.

(관련판례)

기업자가 「토지수용법」 제61조제2항제1호에 의하여 토지수용위원회가 재결한 토지수용보상금을 공탁한 경우에 그 공탁은 기업자가 토지소유자에 대하여 부담하는 토지수용에 따른 보상금 지급의무의 이행을 위한 것으로서 민법상 변제공탁과 다를 바 없으므로 토지소유자가 아무런 이의를 유보함이 없이 공탁금을 수령하였다면 토지소유자는 토지수용위원회의 재결에 승복하여 그 공탁의 취지에 따라 보상금을 수령한 것이라고 봄이 상당하므로 이로써 기업자의 보상금 지급의무가 확정적으로 소멸하는 것이고, 토지소유자가 위 재결에 대하여 이의신청을 제기하거나 소송을 제기하고 있는 중이라고 할지라도 그 쟁송 중에 보상금 일부의 수령이라는 등 유보의 의사표시를 함이 없이 공탁금을 수령한 이상, 이는 종전의 수령거절 의사를 철회하고 재결에 승복하여 공탁한 취지대로 보상금 전액을 수령한 것이라고 볼 수밖에 없음은 마찬가지이며, 공탁금 수령당시 이의신청이나 소송이 계속 중이라는 사실만으로 공탁금 수령에 관한 이의유보의 의사표시가 있는 것과 같이 볼 수는 없다(대법원 1982.11.9. 선고 82누197 전원합의체 판결).

담보공탁은 어떤 절차로
해야 하나요?

제5장 담보공탁은 어떤 절차로 해야 하나요?

1. 담보공탁 개관

1-1. 담보공탁의 의의

① "담보공탁"이란 기존채권 또는 장래 피공탁자에게 발생할 손해배상을 담보하기 위한 공탁을 말합니다.

② 담보공탁은 공탁물에 대해 피공탁자 등 일정한 상대방에게 일종의 우선변제권을 인정하여 담보제공의 기능을 합니다.

1-2. 재판상 담보공탁

1-2-1. 재판상 담보공탁의 의의

"재판상 담보공탁"이란 당사자의 소송행위(소송비용의 담보)나 법원의 처분(강제집행의 정지, 실시, 취소 등)으로 인하여 담보권리자가 받게 될 손해를 담보하기 위한 금전공탁을 말합니다.

1-2-2. 법원의 담보제공 명령 이행방법

① 법원의 담보제공 명령

「민사소송법」 또는 「민사집행법」에 따른 담보제공 사유가 있는 경우 법원은 결정으로 담보액과 기간을 정하여 담보제공 명령을 할 수 있습니다(「민사소송법」 제120조제1항).

② 담보제공 이행 방법

법원의 담보제공 명령에 따른 담보의 제공은 다음의 어느 하나에 해당하는 방법으로 합니다.

1. 금전 또는 법원이 인정하는 유가증권을 공탁하는 방법(담보공탁)
2. 법원의 허가를 받아 은행 등과 지급보증위탁계약을 체결한 문서를 제출하는 방법(공탁보증보험증권 제출)

1-3. 영업보증공탁, 납세담보공탁

① 영업보증공탁의 의의

"영업보증공탁"이란 영업거래 등으로 발생할 피해자의 손해배상채권 등을 담보하기 위한 공탁을 말합니다(출처: 『공탁실무편람』, 법원행정처).

② 납세담보공탁의 의의

　　"납세담보공탁"이란 국세, 지방세 등의 징수유예나 상속세나 증여세의 연부연납 허가 시 그 세금의 납부나 징수를 담보하기 위한 공탁을 말합니다.

■ 사업시행자가 토지수용위원회의 재결에 의한 보상금의 지급시기까지 보상금을 지급하지 아니하고 토지를 긴급사용하였을 경우에는 어떻게 해야 하나요?

Q 사업시행자가 토지수용위원회의 재결에 의한 보상금의 지급시기까지 보상금을 지급하지 아니하고 시급하여 토지를 긴급사용하였을 경우에는 어떻게 해야 하나요?

A 시급을 요하는 토지의 긴급사용(공익사업을 위한 토지등의 취득 및 보상에 관한 법률 제39조)

　　① 재결의 신청을 받은 토지수용위원회는 그 재결을 기다려서는 재해를 방지하기 곤란하거나 그 밖에 공공의 이익에 현저한 지장을 줄 우려가 있다고 인정하는 때에는 사업시행자의 신청에 의하여 담보를 제공하게 한 후 즉시 당해 토지의 사용을 허가할 수 있습니다.

　　- 사용기간 및 허가의 통지 : 사용기간은 6월을 초과하지 못하며, 토지수용위원회가 사용을 허가한 경우에는 즉시 토지소유자 및 점유자에게 사용의 방법 및 사용기간 등을 통지해야 합니다.

　　- 담보제공 방법 : 토지수용위원회가 상당하다고 인정하는 금전 또는 유가증권을 공탁함으로써 행합니다.

　　- 손실보상 또는 담보취득 : 사업시행자가 토지수용위원회의 재결에 의한 보상금의 지급시기까지 보상금을 지급하지 아니하는 때에는 토지소유자 또는 관계인은 토지수용위원회의 확인을 받아 사업시행자가 제공한 담보의 전부 또는 일부를 취득합니다.

(관련판례)

토지수용에 있어서 기업자가 지방토지수용위원회의 원재결에 정한 토지수용보상금을 공탁함에 있어 토지소유권이전에 필요한 일체의 서류를 반대급부로 제공할 것을 조건으로 하였고 원재결수용시기 이후에야 반대급부 없는 공탁으로 정정인가결정이 있었다면 토지수용에 있어서 토지소유자가 위 서류를 반대급부로 제공할 의무가 없고 그 정정인가의 효력이 당초의 공탁 시나 원재결수용시기에 소급되는 것이 아니므로 위 공탁은 원재결대로의 보상금지급의 효력이 없으며 따라서 원재결은 「토지수용법」 제65조에 따른 기업자가 수용시기까지 재결보상금을 지급 또는 공탁하지 아니한 때에 해당하여 그 효력을 상실하였다 할 것이고 실효된 원재결을 유효한 재결로 보고서 한 중앙토지수용위원회의 이의재결도 또한 위법하여 무효이다(대법원 1986.8.19. 선고 85누280 판결).

(관련판례)

[다수의견] 기업자가 피공탁자의 주소를 미수복지구인 '개풍군 중면 대용리'로 기재하고 공탁 관계 법령을 「토지수용법」 제61조제2항제1호로 기재한 경우, 피공탁자의 주소 표시가 제대로 되지 아니하고 공탁통지서도 송달할 수 없으므로 피공탁자가 특정되지 않았다고 할 것이어서 '공탁을 하게 된 관계 법령'의 기재가 사실에 합치되지 아니하지만 그렇다고 위 공탁이 바로 무효로 되는 것은 아니고, 이러한 경우라도 객관적으로 진정한 공탁원인이 존재하면 그 공탁을 유효로 해석하여야 하므로 그 공탁을 「토지수용법」 제61조제2항제2호에서 정한 '기업자가 과실 없이 보상금을 받을 자를 알 수 없는 때'에 허용되는 절대적 불확지의 공탁으로 볼 수밖에 없다(대법원 1997. 10. 16. 선고 96다11747 전원합의체 판결).

■ 가집행판결에 대한 강제집행정지 시 공탁한 담보의 피담보채무의 범위는?

Q 甲은 경매절차에서 매수한 주택의 대항력 없는 임차인인 乙을 상대로 건물명도 및 명도시 까지의 차임상당의 지급을 청구하는 소송을 제기하여 가집행선고부 승소판결을 받았습니다. 그런데 乙은 항소하면서 강제집행정지를 신청하여 금전을 공탁하고 강제집행이 정지되도록 하였으며, 甲은 항소심에서도 승소하여 확정되자 그 확정판결에 기하여 정지기간 동안의 차임상당에 대한 乙의 위 공탁금회수청구권에 대한 채권압류 및 전부명령을 받은 후 乙을 대위하여 담보취소신청을 함과 동시에 채권자로서 위 담보취소에 동의하여 담보취소결정을 받았습니다. 그런데 甲의 채권압류 및 전부명령이 있기에 앞서 乙의 다른 채권자 丙·丁이 乙의 위 공탁금회수청구권에 대하여 채권압류 및 추심명령을 받았으며, 그 후 위 공탁금이 집행공탁 되었습니다. 이 경우 배당절차에서 甲과 丙·丁은 위 공탁금에서 안분배당을 받게 되는지요?

A 위 사안에서 乙의 강제집행정지를 위한 공탁금에 대한 甲의 권리를 보면, 「민사소송법」제123조는 소송비용의 담보제공에 관하여 피고에게 '질권자와 동일한 권리'를 인정하고 있으며, 「민사집행법」제19조 제3항은 강제집행정지를 위한 담보제공에 관하여서도 위 규정이 준용되도록 규정하고 있습니다.

그러므로 乙의 강제집행정지를 위한 공탁금에 대하여 甲은 강제집행정지로 인하여 발생된 손해배상채권으로 '질권자와 동일한 권리'를 가지게 됩니다.

그런데 건물명도 및 그 명도시 까지의 차임상당액의 지급을 명한 가집행선고부 판결에 대한 강제집행정지를 위하여 담보공탁을 한 경우, 건물의 명도집행이 지연됨으로써 집행정지기간 내에 발생한 차임상당의 손해가 위 공탁금의 피담보채무가 되는지에 관하여 판례는 "가집행선고부 판결에 대한 강제집행정지를 위하여 공탁한 담보는 강제집행정지로 인하여 채권자에게 생길 손해를 담보하기 위한 것이고, 정지의 대상인 기본채권 자체를 담보하는 것은 아니므로, 채권자는 그 손해배상청구권에 한하여서만 질권자와 동일한 권리가 있을 뿐 기본채권에까지 담보적 효력이 미치는 것은 아니지만, 건물명도 및 그 명도시 까지의 차임상당액의 지급을 명한 가집행선고부 판결에 대한 강제집행정지를 위하여 담보공탁을 한 경우, 그 건물의 명도집행이 지연됨으로 인한 손해에는 반대되는 사정이 없는 한 집행의 정지가 효력을 갖는 기간 내에 발생된 차임상당의 손해가 포함되고, 그 경우 차임상당의 그 손해배상청구권은 기본채권 자체라 할 것은 아니어서 명도집행정지를 위한 공탁금의 피담보채무가 된다."라고 하였습니다(대법원 2000. 1. 14. 선고 98다24914 판결, 2004. 11. 26. 선고 2003다19183 판결).

따라서 위 사안에서 甲의 압류 및 전부명령은 압류 후에 발하여진 것이지만, 압류 및 전부의 효력은 유효하고, 甲은 집행정지기간 내에 발생된 차임상당의 손해배상청구권으로 위 공탁금회수청구권에 대하여 '질권자와 동일한 권리'를 가지게 되므로 丙·丁의 채권보다 우선변제 받을 것으로 보입니다.

(관련판례)

쌍무계약이 무효로 되어 각 당사자가 서로 취득한 것을 반환하여야 할 경우, 어느 일방의 당사자에게만 먼저 그 반환의무의 이행이 강제된다면 공평과 신의칙에 위배되는 결과가 되므로 각 당사자의 반환의무는 동시이행 관계에 있다고 보아 「민법」 제536조를 준용함이 옳다고 해석되고, 이러한 법리는 경매절차가 무효로 된 경우에도 마찬가지이다(대법원 1995.9.15. 선고 94다55071 판결).

2. 재판상 담보공탁의 의의와 종류

2-1. 재판상 담보공탁의 의의

"재판상 담보공탁"이란 당사자의 소송행위(소송비용의 담보)나 법원의 처분(강제집행의 정지, 실시, 취소 등)으로 인해 담보권리자가 받게 될 손해를 담보하기 위한 금전공탁을 말합니다.

2-2. 재판상 담보공탁의 종류

2-2-1. 재판상 담보공탁의 종류

① 「민사소송법」상 담보공탁

소송비용 담보공탁(「민사소송법」 제117조) : "소송비용 담보공탁"이란 원고가 대한민국에 주소·사무소와 영업소를 두지 않거나 담보가 부족한 원고가 소를 제기하여 패소하는 경우에 피고의 소송비용 상환청구권 이행을 위해 법원의 담보제공명령에 따라 원고가 해야 하는 공탁을 말합니다.

② 가집행(假執行)선고를 하기 위한 담보공탁(「민사소송법」 제213조제1항)

"가집행(假執行)선고를 하기 위한 담보공탁"이란 법원이 가집행선고부 판결을 하는 경우 나중에 가집행선고가 취소 또는 변경되어 채무자가 입게 되는 손해를 담보하기 위해 법원의 명령에 따라 채권자가 해야 하는 공탁을 말합니다.

③ 가집행을 면하기 위한 담보공탁(「민사소송법」 제213조제2항)

ⓐ "가집행을 면하기 위한 담보공탁"이란 법원이 가집행면제 선고를 하는 경우 승소채권자가 가집행을 하지 못하여 입게 되는 손해를 담보하기 위해 법원의 명령에 따라 채무자가 해야 하는 공탁을 말합니다.

ⓑ 가집행선고가 있는 판결에 대한 상소제기 시 강제집행 정지, 취소를 위한 담보공탁(「민사소송법」 제500조 및 제501조)

ⓒ "가집행선고가 있는 판결에 대한 상소제기 시 강제집행 정지, 취소를 위한 담보공탁"이란 강제집행의 정지나 취소로 인해 상소인(채권자)이 받는 손해를 담보하기 위해 피상소인(채무자)이 법원의 명령에 따라 해야 하는 공탁을 말합니다.

④ 가집행선고가 있는 판결에 대한 상소제기 시 강제집행 실시를 위한 담보공탁(「민사소송법」 제500조 및 제501조)

ⓐ "가집행선고가 있는 판결에 대한 상소제기 시 강제집행 실시를 위한 담보공탁"이란 강제집행 실시로 인해 피상소인(채무자)이 받는 손해를 담보하기 위해 상소인(채권자)이 법원의 명령에 따라 해야 하는 공탁을 말합니다.

ⓑ 재심 또는 상소 추후보완신청 시 강제집행 정지, 취소를 위한 담보공탁(「민사소송법」 제500조제1항 및 제502조제3항)

ⓒ "재심 또는 상소 추후보완신청 시 강제집행 정지, 취소를 위한 담보공탁"이란 강제집행의 정지나 취소로 인해 재심 또는 상소추후보완의 상대방이 받는 손해를 담보하기 위해 재심 또는 상소추후보완의 신청인이 법원의 명령에 따라 해야 하는 공탁을 말합니다.

⑤ 재심 또는 상소 추후보완신청 시 강제집행 실시를 위한 담보공탁(「민사소송법」 제500조제1항 및 제502조제3항)

"재심 또는 상소 추후 보완신청 시 강제집행 실시를 위한 담보공탁"이란 강제집행 실시로 인해 재심 또는 상소 추후보완 신청인이 받는 손해를 담보하기 위해 재심 또는 상소 추후보완의 상대방이 법원의 명령에 따라 해야 하는 공탁을 말합니다.

2-2-2. 「민사집행법」상 담보공탁

① 집행에 관한 이의신청 시 강제집행 정지 또는 강제집행 속행(續行)을 위한 담보공탁(「민사집행법」 제16조제2항)

ⓐ "집행에 관한 이의신청"이란 집행법원의 집행절차에 관한 재판으로서 즉시항고를 할 수 없는 것과 집행관의 집행처분, 그 밖에 집행관이 지킬 집행절차에 위법이 있음을 이유로 법원에 이를 시정해 줄 것을 신청하는 구제수단을 말합니다(「민사집행법」 제16조제1항 참조).

ⓑ "집행에 관한 이의신청 시 강제집행 정지를 위한 담보공탁"은 집행법원이 집행에 관한 이의신청에 대한 재판에 앞서 강제집행을 일시 정지하도록 명하는 경우 강제집행 일시 정지로 인해 채권자가 받는 손해를 담보하기 위해 집행채무자가 법원의 명령에 따라 해야 하는 공탁을 말합니다(「민사집행법」 제16조제2항).

ⓒ "집행에 관한 이의신청 시 강제집행 속행을 위한 담보공탁"은 집행법원이 집행에 관한 이의신청에 대한 재판에 앞서 강제집행을 속행하도록 명하는 경우 강제집행 속행으로 인해 채무자가 받는 손해를 담보하기 위해 집행채권자가 법원의 명령에 따라 해야 하는 공탁을 말합니다(「민사집행법」 제16조제2항 참조).

② 집행문부여에 관한 이의신청 시 강제집행 정지 또는 강제집행 속행을 위한 담보공탁(「민사집행법」 제34조제2항)

ⓐ "집행문부여에 대한 이의신청"이란 집행문을 내어 달라는 신청에 관한 법원사무관 등의 처분에 대한 이의신청을 말합니다(「민사집행법」 제34조제1항 참조).

ⓑ "집행문부여 등에 관한 이의신청 시 강제집행 정지를 위한 담보공탁"은 집행법원이 집행문부여에 대한 이의신청에 대한 재판에 앞서 강제집행을 일시 정지하도록 하는 경우 강제집행 일시 정지로 인해 집행채권자가 받는 손해를 담보하기 위해 집행채무자가 법원의 명령에 따라 해야 하는 공탁을 말합니다(「민사집행법」 제34조제2항 참조).

ⓒ "집행문부여 등에 관한 이의신청 시 강제집행 속행을 위한 담보공탁"이란 집행법원이 집행문부여에 대한 이의신청에 대한 재판에 앞서 강제집행을 계속하도록 하는 경우 강제집

행 속행으로 인해 집행채무자가 받는 손해를 담보하기 위해 집행채권자가 법원의 명령에 따라 해야 하는 공탁을 말합니다(「민사집행법」 제34조제2항).

③ 청구에 관한 이의의 소 제기 시 강제집행 정지, 취소 또는 강제집행 속행을 위한 담보공탁(「민사집행법」 제46조제2항)

ⓐ "청구에 관한 이의의 소"란 변론이 종결된 뒤 이행·시효소멸·경개·면제·상계 등으로 채무가 소멸한 경우 집행채무자가 판결에 따라 확정된 청구에 대해 제1심 판결법원에 이의를 제기하는 소를 말합니다(「민사집행법」 제44조제1항·제2항).

ⓑ "청구에 관한 이의의 소 제기 시 강제집행 정지, 취소를 위한 담보공탁"이란 제1심 판결법원이 청구에 관한 이의의 소에 대한 재판에 앞서 강제집행을 정지하도록 하는 경우 집행채권자가 받을 수 있는 손해를 담보하기 위해 법원의 명령에 따라 집행채무자가 해야 하는 공탁을 말합니다(「민사집행법」 제44조제1항 및 제46조제2항).

ⓒ "청구에 관한 이의의 소 제기 시 강제집행 속행을 위한 담보공탁"이란 제1심 판결법원이 청구에 관한 이의의 소에 대한 재판에 앞서 강제집행을 계속하도록 하는 경우 집행채무자가 받을 수 있는 손해를 담보하기 위해 집행채권자가 법원의 명령에 따라 하는 공탁을 말합니다(「민사집행법」 제44조제1항 및 제46조제2항).

④ 집행문부여에 관한 이의의 소 제기 시 강제집행 정지, 취소 또는 강제집행 속행을 위한 담보공탁(「민사집행법」 제46조제2항)

ⓐ "집행문부여에 관한 이의의 소"란 집행채무자가 집행문부여에 관해 증명된 사실에 의한 판결의 집행력을 다투거나, 인정된 승계에 의한 판결의 집행력을 다투기 위해 제1심 판결법원에 이의를 제기하는 소를 말합니다(「민사집행법」 제45조 참조).

ⓑ "집행문부여에 관한 이의의 소 제기 시 강제집행 정지, 취소를 위한 담보공탁"이란 제1심 판결법원이 집행문부여에 관한 이의의 소에 대한 재판에 앞서 강제집행을 일시 정지하도록 하는 경우 집행채권자가 받을 수 있는 손해를 담보하기 위해 법원의 명령으로 집행채무자가 하는 공탁을 말합니다(「민사집행법」 제45조 및 제46조제2항).

ⓒ "집행문부여에 관한 이의의 소 제기 시 강제집행 속행을 위한 담보공탁"이란 제1심 판결법원이 집행문부여에 관한 이의의 소에 대한 재판에 앞서 강제집행을 계속하도록 하는 경우 집행채무자가 받을 수 있는 손해를 담보하기 위해 집행채권자 해야 하는 공탁을 말합니다(「민사집행법」 제45조 및 제46조제2항).

⑤ 제3자이의의 소 제기 시 강제집행 정지, 취소를 위한 담보공탁(「민사집행법」 제48조)

ⓐ "제3자이의의 소"란 강제집행 목적물에 대해 제3자가 소유권이나 양도·인도를 저지하는 권리를 가질 때 그 제3자가 이를 침해하는 강제집행에 대해 이의를 제기하여 그 집행의 배제를 구하는 소를 말합니다(「민사집행법」 제48조제1항 참조).

ⓑ "제3자이의의 소 제기 시 강제집행 정지, 취소를 위한 담보공탁"이란 집행법원이 제3자이의의 소에 대한 재판에 앞서 강제집행을 정지 또는 취소하도록 한 경우 집행채권자가 받을 수 있는 손해를 담보하기 위해 법원의 명령에 따라 제3자가 해야 하는 공탁을 말합니

다(「민사집행법」 제45조, 제46조제2항 및 제48조).

⑥ 가압류 담보공탁(「민사집행법」 제280조)

 ⓐ "가압류 담보공탁"이란 가압류로 생길 수 있는 채무자의 손해를 담보하기 위해 가압류채권자가 해야 하는 공탁을 말합니다.

 ⓑ 가압류에 대한 이의신청에서 가압류 인가, 변경 또는 취소를 위한 담보공탁(「민사집행법」 제286조제5항)

 ⓒ "가압류에 대한 이의신청에서 가압류 인가, 변경 또는 취소를 위한 담보공탁"이란 가압류 신청을 인용한 판결에 대해서 가압류채무자의 이의신청이 있는 경우 법원은 가압류채권자 또는 가압류채무자에게 적당한 담보를 제공하게 하고 가압류명령이 옳다면 인가, 잘못되었으면 변경 또는 취소를 결정해야 하는데, 이 경우에 가압류채권자 또는 가압류채무자가 상대방의 손해를 담보하기 위해 해야 하는 공탁을 말합니다.

⑦ 가압류취소 담보공탁(「민사집행법」 제288조)

 "가압류취소 담보공탁"이란 가압류채무자는 ⓐ 가압류 사유가 소멸되거나 그 밖에 사정이 바뀐 경우, ⓑ 법원이 정한 담보를 제공한 경우, ⓒ 가압류가 집행된 뒤에 3년간 본안의 소를 제기하지 않은 경우에는 가압류가 인가된 뒤에도 그 취소를 신청할 수 있는데, 이 경우 법원이 적당한 담보를 제공하도록 명한 경우에 가압류채무자가 해야 하는 공탁을 말합니다.

⑧ 가처분 담보공탁(「민사집행법」 제280조 및 제301조)

 ⓐ "가처분 담보공탁"이란 가처분으로 생길 수 있는 가처분채무자의 손해를 담보하기 위해 가처분채권자가 해야 하는 공탁을 말합니다.

 ⓑ 가처분에 대한 이의신청에서 가처분 인가, 변경 또는 취소를 위한 담보공탁(「민사집행법」 제286조제5항, 제301조)

 ⓒ "가처분에 대한 이의신청에서 가처분 인가, 변경 또는 취소를 위한 담보공탁"이란 가처분 신청을 인용한 판결에 대해서 가처분채무자의 이의신청이 있는 경우 법원은 적당한 담보를 제공하게 하고 가처분명령이 옳다면 인가, 잘못되었으면 변경 또는 취소를 결정해야 하는데, 이 경우 가처분채권자 또는 가처분채무자가 상대방의 손해를 담보하기 위해 법원의 명령에 따라 해야 하는 공탁을 말합니다.

⑨ 가처분취소 담보공탁(「민사집행법」 제307조)

 "가처분취소 담보공탁"이란 가처분채무자는 ⓐ 가처분이유가 소멸되거나 그 밖에 사정이 바뀐 때, ⓑ 가처분이 집행된 뒤에 3년간 본안의 소를 제기하지 않은 때, ⓒ 특별한 사정이 있는 때에는 가처분이 인가된 뒤에도 그 취소를 신청할 수 있는데, 이 경우 가처분취소를 하기 위해 법원의 명령에 따라 가처분채무자가 해야 하는 공탁을 말합니다.

■ 저는 친구에게 돈을 빌려준 후 받지 못해 친구 소유 부동산에 가압류 신청을 할 경우 법원에서는 "가압류 담보공탁"을 하라며 돈을 내라는데 반드시 내야 하나요?

Q 저는 친구에게 돈을 빌려준 후 받지 못해 친구 소유 부동산에 가압류 신청을 하려고 합니다. 법원에서는 "가압류 담보공탁"을 하라며 돈을 내라는데 반드시 내야 하나요?

A 네, 가압류 선고를 위한 담보공탁은 재판상 담보공탁의 하나로 납입하셔야 가압류 결정이 내려지므로 반드시 공탁해야 하는 돈입니다.

그러나 가압류를 위해 공탁한 금액은 추후 본안소송을 제기해 승소의 확정판결을 받으면 다시 돌려받으실 수 있습니다.

◇ 담보공탁의 의의

① "재판상 담보공탁"이란 당사자의 소송행위(소송비용의 담보)나 법원의 처분(강제집행의 정지, 실시, 취소 등)으로 인해 담보 권리자가 받게 될 손해를 담보하기 위한 공탁을 말합니다.

② 재판상 담보공탁의 종류로는 「민사소송법」 상의 담보공탁과 「민사집행법」 상의 담보공탁이 있습니다.

③ "가압류 담보공탁"은 「민사집행법」 상 가압류로 생길 수 있는 채무자의 손해를 담보하기 위해 가압류채권자가 해야 하는 공탁을 말합니다.

◇ 담보제공 방법

① 법원의 담보제공 명령에 따른 담보의 제공은 다음 중 어느 하나에 해당하는 방법으로 합니다.

- 금전 또는 법원이 인정하는 유가증권을 공탁하는 방법(담보공탁)
- 법원의 허가를 받아 은행 등과 지급보증위탁계약을 체결한 문서를 제출하는 방법(공탁보증보험증권 제출)

(관련판례)

채권자의 본래의 청구권에 선이행 또는 동시이행의 항변권이 붙어 있지 않는 경우에 채무자가 채권자의 어떤 행위의 이행을 조건으로 공탁하였다면 그 공탁은 채권자의 승낙이 없는 한 무효이다(대법원 1970.9.22. 선고, 70다1061 판결).

■ 추심신고를 하면서 추심을 공탁해야 하는지요?

Q 추심신고를 하면서 추심을 공탁해야 하는지요? 아니면 후순위 채권자가 추심금을 이미 가져간 상태이므로 공탁을 별도로 할 필요가 없는지 알고 싶습니다.

A 같은 채권에 관하여 추심명령이 여러 번 발부되더라도 그 사이에는 순위의 우열이 없고, 추심명령을 받아 채권을 추심하는 채권자는 자기채권의 만족을 위하여서 뿐만 아니라 압류가 경합되거나 배당요구가 있는 경우에는 집행법원의 수권에 따라 일종의 추심기관으로서 압류나 배당에 참가한 모든 채권자를 위하여 제3채무자로부터 추심을 하는 것입니다.

따라서 그 추심권능은 압류된 채권 전액에 미치며, 제3채무자로서도 정당한 추심권자에게 변제하면 그 효력은 위 모든 채권자에게 미치므로 압류된 채권을 경합된 압류채권자 및 또 다른 추심권자의 집행채권액에 안분하여 변제하여야 하는 것도 아닙니다(대법원 2001.3.27. 2000다43819).

그러므로 채권자 A가 채권에 대해 가압류를 한 이후에 채권자 B가 추심명령을 받아 이미 추심을 하고 제3채무자가 추심금을 지급한 경우라면 변제가 완료된 것이므로, 채권자 A가 별도로 추심명령을 받았다 하더라도 이를 집행할 수 없을 것입니다.

이 경우 채권자 B가 민사집행법 제236조 제2항에 따라 추심한 금액을 바로 공탁하고 그 사유를 신고해야 할 것이며, 이에 따라 배당절차가 실시될 것입니다.

■ 가집행정지를 위한 공탁명령에 대해서만 불복할 수 있는지요?

Q 甲은 乙이 청구한 대여금청구소송에서 패소하였고 가집행선고가 되었습니다. 그런데 甲은 그 판결에 불복하여 항소를 하였고, 가집행을 정지시키기 위하여 강제집행정지신청을 하였으나, 집행정지로 인한 손해배상을 담보하는 공탁금이 과다한 공탁명령이 발하여졌습니다. 이 경우 위 공탁명령에 대하여서만 독립하여 불복할 수 있는지요?

A 중간판결(中間判決)이라고 함은 그 심급(審級)에 있어서 사건의 전부 또는 일부를 완결하는 재판인 종국판결을 하기에 앞서 그 종국판결의 전제가 되는 개개의 쟁점을 미리 정리·판단하여 종국판결을 준비하는 재판이라고 할 것입니다(대법원 1994. 12. 27. 선고 94다38366 판결).

그리고 이러한 중간판결에 대하여는 독립하여 상소할 수 없고, 종국판결이 나기를 기다려 이에 대한 상소와 함께 상소심의 판단을 받을 수 있을 뿐입니다.

판례도 "민사소송법 제474조(현행 민사소송법 제501조), 제473조(현행 민사소송법 제500조) 제1항에 의하여 특별항고인에게 담보를 제공하게 하고 가집행선고부 제1심 판결에 대한 강제집행정지를 명하려고 우선 특별항고인에게 담보를 제공시키는 공탁명령을 내렸다면 이 공탁명령은 나중에 있을 강제집행을 정지하는 재판에 대한 중간적 재판에 해당한다고 할 것이므로, 위 공탁금이 너무 과다하다고 하더라도 이는 강제집행정지의 재판에 대한 불복절차에서 그 당부를 다툴 수 있을 뿐 이러한 중간적인 재판에 대하여는 독립하여 불복할 수 없다."라고 하였습니다(대법원 2000. 9. 6.자 2000그14 결정, 2001. 9. 3.자 2001그85 결정).

따라서 위 사안에 있어서 甲도 공탁명령에 대하여서만 독립하여 불복할 수는 없을 것이고, 강제집행정지의 재판에 대한 불복절차에서 그 당부를 다툴 수 있을 뿐입니다.

■ 공탁판결을 집행권원으로 제3채무자가 가진 금전채권을 압류·추심할 수 있는지요?

Q 저는 甲에게 돈을 빌려주었으나 받지 못하여 甲이 乙에게 가지고 있는 물품대금채권에 대하여 압류 및 추심명령신청을 하여 그 결정이 확정되었습니다. 그런데 해당 물품대금채권에는 다른 채권자의 압류도 있어서, 저는 그 채무액의 공탁을 구하는 추심의 소를 제기하였고 승소판결을 받았습니다. 그러던 와중 乙이 丙에게 공사대금채권을 가지고 있다는 사실을 알게 되었는데 제가 받은 공탁판결로 다시 해당 공사대금채권에 압류 및 추심명령을 신청하는 것이 가능할까요?

A 우선, 금전채권 중 압류되지 아니한 부분을 초과하여 거듭 압류명령 또는 가압류명령이 내려진 경우에 그 명령을 송달받은 제3채무자는 압류 또는 가압류채권자의 청구가 있으면 그 채권의 전액에 해당하는 금액을 공탁하여야 합니다(민사집행법 제248조 제3항).

또한 제3채무자가 추심절차에 대하여 의무를 이행하지 않는 경우 추심의 소를 제기할 수 있는데(민사집행법 제249조 제1항), 사안과 같은 경우 공탁의 방법에 의하여 채무액의 추심을 구하는 이행청구의 소가 됩니다.

이에 관하여 대법원은 "채권자가 제기한 위 추심의 소는 공탁의 방법에 의하여 채무액의 추심을 구하는 이행청구의 소이고 이를 인용한 이 사건 판결은 공탁의 방법에 의한 추심금 지급을 명하는 이행판결이므로, 채권자는 이 사건 판결 정본을 집행권원으로 한 강제집행으로서 채무자가 가진 금전채권을 압류·추심할 수 있다."고 판시하였습니다.

해당 사건의 원심은 공탁판결의 표시된 청구권이 금전채권이 아니어서 이를 집행권원으로 한 채권압류 및 추심명령은 허용되지 않는다고 보았으나, 대법원은 이를 부정하고 공탁판결을 집행권원으로 하는 경우에도 제3채무자가 가진 금전채권에 대하여 압류 및 추심명령이 가능하다고 보았습니다.

따라서 사안과 같은 경우 乙보다 丙의 자력이 충분하여 추심의 가능성이 훨씬 높다면 乙을 상대로 한 공탁판결을 기초로 乙의 丙에 대한 공사대금채권에 압류 및 추심명령의 신청이 가능하다고 보여집니다.

(관련판례)

[1] 「민법」 제450조에 의한 채권양도통지는 양도인이 직접하지 아니하고 사자를 통하여 하거나 대리인으로 하여금 하게 하여도 무방하고, 채권의 양수인도 양도인으로부터 채권

양도통지 권한을 위임받아 대리인으로서 그 통지를 할 수 있다.

[2] 채권양도통지 권한을 위임받은 양수인이 양도인을 대리하여 채권양도통지를 함에 있어서는 「민법」 제114조제1항의 규정에 따라 양도인 본인과 대리인을 표시하여야 하는 것이므로, 양수인이 서면으로 채권양도통지를 함에 있어 대리관계의 현명을 하지 아니한 채 양수인 명의로 된 채권양도통지서를 채무자에게 발송하여 도달되었다 하더라도 이는 효력이 없다고 할 것이다.

[3] 대리에 있어 본인을 위한 것임을 표시하는 이른바 현명은 반드시 명시적으로만 할 필요는 없고 묵시적으로도 할 수 있는 것이고, 채권양도통지를 함에 있어 현명을 하지 아니한 경우라도 채권양도통지를 둘러싼 여러 사정에 비추어 양수인이 대리인으로서 통지한 것임을 상대방이 알았거나 알 수 있었을 때에는 「민법」 제115조 단서의 규정에 의하여 유효하다.

[4] 채권양도통지서 자체에 양수받은 채권의 내용이 기재되어 있고, 채권양도양수계약서가 위 통지서에 첨부되어 있으며, 채무자로서는 양수인에게 채권양도통지 권한이 위임되었는지 여부를 용이하게 알 수 있었다는 사정 등을 종합하여 무현명에 의한 채권양도통지를 「민법」 제115조 단서에 의해 유효하다(대법원 2004. 2. 13. 선고 2003다43490 판결).

2-3. 재판상 담보공탁의 신청 절차

2-3-1. 법원의 담보제공 명령 절차

① 법원은 「민사소송법」 또는 「민사집행법」에 따른 담보제공 사유가 있는 경우 결정으로 담보액과 기간을 정하여 담보제공 의무자에게 담보제공 명령을 할 수 있습니다(「민사소송법」 제120조제1항).

② 집행정지결정, 가압류결정, 가처분결정 등의 경우에서 담보제공 명령은 재판이 있기 전에 미리 독립한 결정으로 하는 방법과 가집행의 선고가 있는 판결이나 집행정지결정, 가압류·가처분결정 등의 재판에 포함시켜 하는 방법이 있습니다.

③ 독립된 결정으로 하는 방법은 일반적으로 "신청인은 담보로 이 명령을 고지받은 날로부터 00이내에 00원을 공탁할 것을 명한다."라는 방식으로 담보제공 명령을 합니다.

④ 재판에 포함시켜 하는 방법은 일반적으로 "신청인은 담보로 00원을 공탁할 것을 조건으로·····"라는 방식으로 담보제공 명령을 합니다(『공탁실무편람』, 법원행정처).

2-3-2. 담보제공 방법

① 법원의 담보제공 명령에 따른 담보의 제공은 다음의 어느 하나에 해당하는 방법으로 합니다.

1. 금전 또는 법원이 인정하는 유가증권을 공탁하는 방법(담보공탁)
2. 법원의 허가를 받아 은행 등과 지급보증위탁계약을 체결한 문서를 제출하는 방법(공탁보증보험증권 제출)

2-4. 담보공탁 신청 절차

2-4-1. 담보공탁의 당사자

① 공탁자

ⓐ 담보공탁의 공탁자는 원칙적으로 담보제공명령을 받은 채무자, 채권자, 소송 또는 집행당사자인 제3자입니다.

ⓑ 제3자도 담보제공의무자를 위해서 담보공탁할 수 있습니다.

ⓒ 제3자가 공탁하는 경우 법원의 허가나 담보권리자의 동의는 필요 없으나 제3자가 당사자를 대신하여 공탁함을 공탁서에 기재해야 합니다(「공탁선례 1-210」).

② 피공탁자

ⓐ 담보공탁의 피공탁자로 될 자는 공탁물에 대해 법정의 담보권 또는 우선변제권을 취득할 자입니다.

ⓑ 재판상 담보공탁은 피공탁자의 손해를 담보하기 위한 공탁으로 공탁신청 당시에 담보권리자가 될 자가 특정되므로 공탁서에 담보권리자를 피공탁자로 기재합니다.

2-4-2. 공탁소

재판상 담보공탁의 관할에 대해서는 법률에 규정이 없으나 담보제공명령을 한 법원의 소재지를 관할하는 지방법원 또는 지방법원지원 공탁소에 담보공탁을 신청하는 것이 바람직합니다.

2-4-3. 공탁물

재판상 담보공탁의 목적물은 금전 또는 법원이 인정한 유가증권이어야 하지만(「민사소송법」 제122조), 담보는 성질상 종국에는 현금화할 수 있어야 하므로 공탁하는 유가증권은 환가가 용이하지 않거나 시세의 변동이 심하여 안정성이 없는 것은 적당하지 않습니다

2-4-4. 공탁서 및 첨부서류 제출

① 공탁서 및 첨부서류

공탁자는 공탁서 2통에 다음의 서류를 첨부하여 공탁관에게 제출해야 합니다(「공탁규칙」 제20조제1항, 제21조).

1. 담보제공명령서 1통

2. 자격증명서

② 공탁서 작성 방법

공탁당사자란에는 자연인일 경우에는 성명, 주소, 주민등록번호를 기재하고, 법인일 경우에는 상호 또는 명칭, 본점 또는 주사무소, 법인등록번호를 기재합니다.

③ 공탁금액

담보제공명령에서 보증이 대상이 되는 공탁물의 종류 및 금액이 정해지는데, 법원이 금전공탁을 명하면서 공탁금액의 일부 또는 전부를 공탁보증보험증권으로 대신할 수 있도록 정한 경우 담보제공명령에서 납부 명령된 전체 보증공탁금액을 공탁금액으로 기재할 것이 아니라, 금전으로 공탁하는 금액만을 기재합니다.

④ 공탁의 원인

담보를 제공할 의무는 법원의 담보제공을 명하는 재판에 의해서 정해지므로 법원의 담보제공명령이 공탁의 원인이 되는데, 공탁원인사실란에는 담보제공명령의 목적이 되는 사항의 해당 번호란에 동그라미를 그려 표시합니다. 예를 들어, 가압류 담보공탁의 경우 공탁원인사실란 중 1. 가압류보증에 동그라미를 표시합니다.

- **담보공탁원인 기재 예시**

공탁원인	① 가압류보증 2. 가처분보증 3. 가압류 취소보증 4. 가처분 취소보증 5. 강제집행 정지의 보증	6. 강제집행 취소의 보증 7. 강제집행 속행의 보증 8. 소송비용 담보 9. 가집행 담보 10. 가집행을 면하기 위한 담보	11. 기타( )

⑤ 「민사소송법」상 담보공탁 원인에 따른 공탁서 작성 예시는 다음과 같습니다.

[서식 예] 소송비용 담보공탁

공 탁 번 호	년 금 제 호		년 월 일 신청	법령조항	민사소송법 제117조
공탁자	**성 명** (상호, 명칭)	지 ○ 림	피공탁자 **성 명** (상호, 명칭)		최 ○ 라
	주민등록번호 (법인등록번호)	123456-1111111	**주민등록번호** (법인등록번호)		1234567-2222226
	주 소 (본점, 주사무소)	서울시 관악구 신림2동 108번지	**주 소** (본점, 주사무소)		서울시 서초구 서초동 104번지
	전화번호	02-888-8888	전화번호		02-555-5555

공 탁 금 액	한글 금 일백만원	보 관 은 행	○○은행 ○○지점
	숫자 1,000,000원		

법원의 명칭과 사 건	서울남부지방법원 2010카기2548사건				
	당사자	원고 신청인 (채권자)	지 ○ 림	피고 피신청인 채무자	최 ○ 라

공탁원인사실	1. 가압류보증 2. 가처분보증 3. 가압류 취소보증 4. 가처분 취소보증 5. 강제집행 정지의 보증	6. 강제집행 취소의 보증 7. 강제집행 속행의 보증 ⑧ 소송비용 담보 9. 가집행 담보 10. 가집행을 면하기 위한 담보	11. 기타( )

비고(첨부서류 등)	1. 소장사본 1통 2. 담보제공 명령 1통	☐ 계좌납입신청

위와 같이 신청합니다.　　　　　　　대리인 주소
　　　　　　　　　　　　　　　　　　전화번호
　　공탁자 성명　　　지○림 인(서명)　　성명　　　　　　　　인(서명)

위 공탁을 수리합니다.
공탁금을　　　년　월　일까지 위 보관은행의 공탁관 계좌에 납입하시기 바랍니다.
위 납입기일까지 공탁금을 납입하지 않을 때는 이 공탁 수리결정의 효력이 상실됩니다.
　　　　　　　　　　　　　　　년　　　월　　　일
　　　　　　　　　　법원　　지원　공탁관　　　　　　　　(인)

(영수증) 위 공탁금이 납입되었음을 증명합니다.
　　　　　　　　　　　　　　　년　　　월　　　일
　　　　　　　공탁금 보관은행(공탁관)　　　　　　　(인)

[서식 예] 가집행선고를 하기 위한 담보공탁

공 탁 번 호	년 금제 호	년 월 일 신청	법령조항	민사소송법 제213조 1항

공탁자	성 명 (상호, 명칭)	지 ○ 림	피공탁자	성 명 (상호, 명칭)	최 ○ 라
	주민등록번호 (법인등록번호)	123456-1111111		주민등록번호 (법인등록번호)	1234567-2222226
	주 소 (본점, 주사무소)	서울시 관악구 신림2동 108번지		주 소 (본점, 주사무소)	서울시 서초구 서초동 104번지
	전화번호	02-888-8888		전화번호	02-555-5555

공 탁 금 액	한글 금 일백만원 숫자 1,000,000원	보 관 은 행	○○은행 ○○지점

법원의 명칭과 사 건	서울남부지방법원 2010카합2548 차용금청구사건				
	당사자	원고 신청인 채권자	지 ○ 림	피고 피신청인 채무자	최 ○ 라

공탁 원인 사실	1. 가압류보증 6. 강제집행 취소의 보증 11. 기타( ) 2. 가처분보증 7. 강제집행 속행의 보증 3. 가압류 취소보증 8. 소송비용 담보 4. 가처분 취소보증 ⑨ 가집행 담보 5. 강제집행 정지의 보증 10. 가집행을 면하기 위한 담보

비고(첨부서류 등)	1. 소장 사본 1통 2. 소제기증명원 1통 □ 계좌납입신청

위와 같이 신청합니다.   대리인 주소
                              전화번호
    공탁자 성명   지○림 인(서명)   성명   인(서명)

위 공탁을 수리합니다.
공탁금을   년   월   일까지 위 보관은행의 공탁관 계좌에 납입하시기 바랍니다.
위 납입기일까지 공탁금을 납입하지 않을 때는 이 공탁 수리결정의 효력이 상실됩니다.
                          년   월   일
                 법원   지원   공탁관   (인)

 (영수증) 위 공탁금이 납입되었음을 증명합니다.
                          년   월   일
           공탁금 보관은행(공탁관)   (인)

[서식 예] 가집행을 면하기 위한 담보공탁

공 탁 번 호	년 금 제 호		년 월 일 신청	법령조항	민사소송법 제213조 2항
공 탁 자	**성 명** (상호, 명칭)	지 ○ 림	피 공 탁 자 **성 명** (상호, 명칭)	최 ○ 라	
	주민등록번호 (법인등록번호)	123456-1111111	**주민등록번호** (법인등록번호)	1234567-2222226	
	주 소 (본점, 주사무소)	서울시 관악구 신림2동 108번지	**주 소** (본점, 주사무소)	서울시 서초구 서초동 104번지	
	전화번호	02-888-8888	**전화번호**	02-555-5555	

공 탁 금 액	한글 금 일백만원	보 관 은 행	○○은행 ○○지점
	숫자 1,000,000원		

법원의 명칭과 사 건	서울남부지방법원 2010카합2548 차용금청구사건				
	당사자	⟨원고⟩ 신청인 채권자	지 ○ 림	⟨피고⟩ 피신청인 채무자	최 ○ 라

공탁 원인 사실	1. 가압류보증 6. 강제집행 취소의 보증 11. 기타( ) 2. 가처분보증 7. 강제집행 속행의 보증 3. 가압류 취소보증 8. 소송비용 담보 4. 가처분 취소보증 9. 가집행 담보 5. 강제집행 정지의 보증 ⑩ 가집행을 면하기 위한 담보

비고(첨부서류 등)	1. 판결서 사본 1통 □ 계좌납입신청

위와 같이 신청합니다.   대리인 주소
                                      전화번호
    공탁자 성명   지○림 인(서명)   성명   인(서명)

위 공탁을 수리합니다.
공탁금을   년 월 일까지 위 보관은행의 공탁관 계좌에 납입하시기 바랍니다.
위 납입기일까지 공탁금을 납입하지 않을 때는 이 공탁 수리결정의 효력이 상실됩니다.
                        년   월   일
                        법원   지원 공탁관   (인)

(영수증) 위 공탁금이 납입되었음을 증명합니다.
                        년   월   일
                        공탁금 보관은행(공탁관)   (인)

[서식 예] 가집행선고가 있는 판결에 대한 상소제기 시 강제집행 정지를 위한 담보공탁

공 탁 번 호	년 금 제 호	년 월 일 신청	법령조항	민사소송법 제500,501조

공탁자	성 명 (상호, 명칭)	지 ○ 림	피공탁자	성 명 (상호, 명칭)	최 ○ 라
	주민등록번호 (법인등록번호)	123456-1111111		주민등록번호 (법인등록번호)	1234567-2222226
	주 소 (본점, 주사무소)	서울시 관악구 신림2동 108번지		주 소 (본점, 주사무소)	서울시 서초구 서초동 104번지
	전화번호	02-888-8888		전화번호	02-555-5555

공 탁 금 액	한글 금 일백만원	보 관 은 행	○○은행 ○○지점
	숫자 1,000,000원		

법원의 명칭과 사 건	서울남부지방법원 2010카기2548 강제집행정지				
	당사자	원고 신청인 채권자	지 ○ 림	피고 피신청인 채무자	최 ○ 라

공탁 원인 사실	1. 가압류보증　　　　6. 강제집행 취소의 보증　　11. 기타(　　　　) 2. 가처분보증　　　　7. 강제집행 속행의 보증 3. 가압류 취소보증　　8. 소송비용 담보 4. 가처분 취소보증　　9. 가집행 담보 ⑤ 강제집행 정지의 보증　10. 가집행을 면하기 위한 담보

비고(첨부서류 등)	1. 판결문 사본 1통 2. 강제집행정지 결정문 1통	□ 계좌납입신청

위와 같이 신청합니다. 　　　　　　　　대리인 주소
　　　　　　　　　　　　　　　　　　전화번호
　　공탁자 성명　　지○림 인(서명)　성명　　　　　　　　　인(서명)

위 공탁을 수리합니다.
공탁금을　　　년　　월　　일까지 위 보관은행의 공탁관 계좌에 납입하시기 바랍니다.
위 납입기일까지 공탁금을 납입하지 않을 때는 이 공탁 수리결정의 효력이 상실됩니다.
　　　　　　　　　　　　　　　년　　　　월　　　　일
　　　　　　　　　　　　　　　법원　　지원 공탁관　　　　　　　　(인)

(영수증) 위 공탁금이 납입되었음을 증명합니다.
　　　　　　　　　　　　　　　년　　　　월　　　　일
　　　　　　　　　　　공탁금 보관은행(공탁관)　　　　　　(인)

[서식 예] 재심 신청 시 강제집행 정지를 위한 담보공탁

공 탁 번 호	년 금 제 호	년 월 일 신청	법령조항	민사소송법 제500조 1항

공 탁 자	성 명 (상호, 명칭)	지 ○ 림	피 공 탁 자	성 명 (상호, 명칭)	최 ○ 라
	주민등록번호 (법인등록번호)	123456-1111111		주민등록번호 (법인등록번호)	1234567-2222226
	주 소 (본점, 주사무소)	서울시 관악구 신림2동 108번지		주 소 (본점, 주사무소)	서울시 서초구 서초동 104번지
	전화번호	02-888-8888		전화번호	02-555-5555

공 탁 금 액	한글 금 일백만원	보 관 은 행	○○은행 ○○지점
	숫자 1,000,000원		

법원의 명칭과 사 건	서울남부지방법원 2010카기2548 강제집행정지			
	당사자	원고 신청인 채권자	지 ○ 림	피고 피신청인 채무자	최 ○ 라

공탁 원인 사실	1. 가압류보증 6. 강제집행 취소의 보증 11. 기타( ) 2. 가처분보증 7. 강제집행 속행의 보증 3. 가압류 취소보증 8. 소송비용 담보 4. 가처분 취소보증 9. 가집행 담보 ⑤ 강제집행 정지의 보증 10. 가집행을 면하기 위한 담보

비고(첨부서류 등)	☐ 계좌납입신청

위와 같이 신청합니다.   대리인 주소
                            전화번호
    공탁자 성명   지○림 인(서명)   성명   인(서명)

위 공탁을 수리합니다.
공탁금을   년   월   일까지 위 보관은행의 공탁관 계좌에 납입하시기 바랍니다.
위 납입기일까지 공탁금을 납입하지 않을 때는 이 공탁 수리결정의 효력이 상실됩니다.
                         년   월   일
                         법원   지원 공탁관   (인)

(영수증) 위 공탁금이 납입되었음을 증명합니다.
                         년   월   일
                   공탁금 보관은행(공탁관)   (인)

⑥ 「민사집행법」상 담보공탁 원인에 따른 공탁서 작성 예시는 다음과 같습니다.

[서식 예] 집행에 관한 이의신청 시 강제집행 정지를 위한 담보공탁

<table>
<tr><td>공 탁 번 호</td><td colspan="2">년 금 제   호</td><td colspan="2">년 월 일 신청</td><td>법령조항</td><td>민사집행법
제34조</td></tr>
<tr><td rowspan="4">공
탁
자</td><td>성 명
(상호, 명칭)</td><td colspan="2">지 ○ 림</td><td rowspan="4">피
공
탁
자</td><td>성 명
(상호, 명칭)</td><td colspan="2">최 ○ 라</td></tr>
<tr><td>주민등록번호
(법인등록번호)</td><td colspan="2">123456-1111111</td><td>주민등록번호
(법인등록번호)</td><td colspan="2">1234567-2222226</td></tr>
<tr><td>주 소
(본점, 주사무소)</td><td colspan="2">서울시 관악구 신림2동 108번지</td><td>주 소
(본점, 주사무소)</td><td colspan="2">서울시 서초구 서초동 104번지</td></tr>
<tr><td>전화번호</td><td colspan="2">02-888-8888</td><td>전화번호</td><td colspan="2">02-555-5555</td></tr>
<tr><td rowspan="2">공 탁 금 액</td><td colspan="2">한글 금 일백만원</td><td rowspan="2" colspan="2">보 관 은 행</td><td colspan="2" rowspan="2">○○은행 ○○지점</td></tr>
<tr><td colspan="2">숫자 1,000,000원</td></tr>
<tr><td rowspan="2">법원의 명칭과
사   건</td><td colspan="6">서울남부지방법원 2010타기2548 강제집행정지사건</td></tr>
<tr><td>당사자</td><td>원고
⟨신청인⟩
채권자</td><td colspan="2">지 ○ 림</td><td>피고
⟨피신청인⟩
채무자</td><td>최 ○ 라</td></tr>
<tr><td>공탁
원인
사실</td><td colspan="6">1. 가압류보증   6. 강제집행 취소의 보증   11. 기타(   )
2. 가처분보증   7. 강제집행 속행의 보증
3. 가압류 취소보증   8. 소송비용 담보
4. 가처분 취소보증   9. 가집행 담보
⑤ 강제집행 정지의 보증   10. 가집행을 면하기 위한 담보</td></tr>
<tr><td>비고(첨부서류 등)</td><td colspan="6">1. 판결문 사본 1통

□ 계좌납입신청</td></tr>
<tr><td colspan="7">위와 같이 신청합니다.   대리인 주소
                                        전화번호
    공탁자 성명   지○림 인(서명)   성명   인(서명)</td></tr>
<tr><td colspan="7">위 공탁을 수리합니다.
  공탁금을   년   월   일까지 위 보관은행의 공탁관 계좌에 납입하시기 바랍니다.
위 납입기일까지 공탁금을 납입하지 않을 때는 이 공탁 수리결정의 효력이 상실됩니다.
                        년   월   일
                        법원   지원 공탁관   (인)</td></tr>
<tr><td colspan="7"> (영수증) 위 공탁금이 납입되었음을 증명합니다.
                        년   월   일
                  공탁금 보관은행(공탁관)   (인)</td></tr>
</table>

[서식 예] 집행문부여에 관한 이의신청 시 강제집행 정지를 위한 담보공탁

공 탁 번 호	년 금제 호	년 월 일 신청	법령조항	민사집행법 제34조

공 탁 자	성 명 (상호, 명칭)	지 ○ 림	피 공 탁 자	성 명 (상호, 명칭)	최 ○ 라
	주민등록번호 (법인등록번호)	123456-1111111		주민등록번호 (법인등록번호)	1234567-2222226
	주 소 (본점, 주사무소)	서울시 관악구 신림2동 108번지		주 소 (본점, 주사무소)	서울시 서초구 서초동 104번지
	전화번호	02-888-8888		전화번호	02-555-5555

공 탁 금 액	한글 금 일백만원	보 관 은 행	○○은행 ○○지점
	숫자 1,000,000원		

법원의 명칭과 사 건	서울남부지방법원 2010타기2548 집행문부여에 대한 이의신청사건				
	당사자	원고 신청인 채권자	지 ○ 림	피고 피신청인 채무자	최 ○ 라

공탁 원인 사실	1. 가압류보증 6. 강제집행 취소의 보증 11. 기타( ) 2. 가처분보증 7. 강제집행 속행의 보증 3. 가압류 취소보증 8. 소송비용 담보 4. 가처분 취소보증 9. 가집행 담보 ⑤ 강제집행 정지의 보증 10. 가집행을 면하기 위한 담보

비고(첨부서류 등)	1. 판결문 사본 1통 2. 강제집행정지 결정문 1통 □ 계좌납입신청

위와 같이 신청합니다.   대리인 주소
                                    전화번호
  공탁자 성명   지○림 인(서명)   성명   인(서명)

위 공탁을 수리합니다.
  공탁금을   년   월   일까지 위 보관은행의 공탁관 계좌에 납입하시기 바랍니다.
위 납입기일까지 공탁금을 납입하지 않을 때는 이 공탁 수리결정의 효력이 상실됩니다.
                              년   월   일
                        법원   지원 공탁관   (인)

  (영수증) 위 공탁금이 납입되었음을 증명합니다.
                              년   월   일
                    공탁금 보관은행(공탁관)   (인)

[서식 예] 청구인의 소 제기 시 강제집행 정지를 위한 담보공탁

공 탁 번 호	년 금 제 호		년 월 일 신청	법령조항	민사집행법 제46조제2항

공탁자	성 명 (상호, 명칭)	지 ○ 림	피공탁자	성 명 (상호, 명칭)	최 ○ 라
	주민등록번호 (법인등록번호)	123456-1111111		주민등록번호 (법인등록번호)	1234567-2222226
	주 소 (본점, 주사무소)	서울시 관악구 신림2동 108번지		주 소 (본점, 주사무소)	서울시 서초구 서초동 104번지
	전화번호	02-888-8888		전화번호	02-555-5555

공 탁 금 액	한글 금 일백만원	보 관 은 행	○○은행 ○○지점
	숫자 1,000,000원		

법원의 명칭과 사 건	서울남부지방법원 2010타기2548 강제집행정지				
	당사자	원고 (신청인) 채권자	지 ○ 림	피고 (피신청인) 채무자	최 ○ 라

공탁 원인 사실	1. 가압류보증 　　6. 강제집행 취소의 보증 　　11. 기타(　　　　) 2. 가처분보증 　　7. 강제집행 속행의 보증 3. 가압류 취소보증 　8. 소송비용 담보 4. 가처분 취소보증 　9. 가집행 담보 ⑤ 강제집행 정지의 보증 10. 가집행을 면하기 위한 담보

비고(첨부서류 등)	1. 강제집행정지 결정문 1통　　　　□ 계좌납입신청

위와 같이 신청합니다.　　　　　　　　대리인 주소
　　　　　　　　　　　　　　　　　전화번호
　　공탁자 성명　　지○림 인(서명)　성명　　　　　　　　인(서명)

위 공탁을 수리합니다.
　공탁금을　　년　월　일까지 위 보관은행의 공탁관 계좌에 납입하시기 바랍니다.
위 납입기일까지 공탁금을 납입하지 않을 때는 이 공탁 수리결정의 효력이 상실됩니다.
　　　　　　　　　　　　　　　년　　　　월　　　　일
　　　　　　　　　　　　　　법원　　지원 공탁관　　　　　　(인)

　(영수증) 위 공탁금이 납입되었음을 증명합니다.
　　　　　　　　　　　　　　　년　　　　월　　　　일
　　　　　　　　　　　공탁금 보관은행(공탁관)　　　　　　(인)

[서식 예] 집행문부여에 관한 이의의 소 제기 시 강제집행 정지를 위한 담보공탁

공 탁 번 호		년 금 제 호	년 월 일 신청	법령조항	민사집행법 제46조제2항
공 탁 자	성 명 (상호, 명칭)	지 ○ 림	피 공 탁 자	성 명 (상호, 명칭)	최 ○ 라
	주민등록번호 (법인등록번호)	123456-1111111		주민등록번호 (법인등록번호)	1234567-2222226
	주 소 (본점, 주사무소)	서울시 관악구 신림2 동 108번지		주 소 (본점, 주사무소)	서울시 서초구 서초동 104번지
	전화번호	02-888-8888		전화번호	02-555-5555

공 탁 금 액	한글 금 일백만원	보 관 은 행	○○은행 ○○지점
	숫자 1,000,000원		

법원의 명칭과 사 건	서울남부지방법원 2010타기2548 강제집행정지사건				
	당사자	원고 ⟨신청인⟩ 채권자	지 ○ 림	피고 ⟨피신청인⟩ 채무자	최 ○ 라

공탁 원인 사실	1. 가압류보증 6. 강제집행 취소의 보증 11. 기타( ) 2. 가처분보증 7. 강제집행 속행의 보증 3. 가압류 취소보증 8. 소송비용 담보 4. 가처분 취소보증 9. 가집행 담보 ⑤ 강제집행 정지의 보증 10. 가집행을 면하기 위한 담보

비고(첨부서류 등)	1. 강제집행정지 결정문 1통 □ 계좌납입신청

위와 같이 신청합니다.   대리인 주소
                                 전화번호
    공탁자 성명   지○림 인(서명)   성명   인(서명)

위 공탁을 수리합니다.
  공탁금을   년 월   일까지 위 보관은행의 공탁관 계좌에 납입하시기 바랍니다.
위 납입기일까지 공탁금을 납입하지 않을 때는 이 공탁 수리결정의 효력이 상실됩니다.
                          년   월   일
                     법원   지원 공탁관   (인)

(영수증) 위 공탁금이 납입되었음을 증명합니다.
                          년   월   일
                공탁금 보관은행(공탁관)   (인)

[서식 예] 제3자이의의 소 제기 시 강제집행 정지를 위한 담보공탁 공탁서

공 탁 번 호	년 금 제 호		년 월 일 신청	법령조항	민사집행법 제48조
공 탁 자	성 명 (상호, 명칭)	지 ○ 림	피 공 탁 자	성 명 (상호, 명칭)	최 ○ 라
	주민등록번호 (법인등록번호)	123456-1111111		주민등록번호 (법인등록번호)	1234567-2222226
	주 소 (본점, 주사무소)	서울시 관악구 신림2 동 108번지		주 소 (본점, 주사무소)	서울시 서초구 서초동 104번지
	전화번호	02-888-8888		전화번호	02-555-5555

공 탁 금 액	한글 금 일백만원	보 관 은 행	○○은행 ○○지점
	숫자 1,000,000원		

법원의 명칭과 사 건	서울남부지방법원 2010카합111 강제집행정지사건				
	당사자	원고 (신청인) 채권자	지 ○ 림	피고 (피신청인) 채무자	최 ○ 라

공탁 원인 사실	1. 가압류보증 6. 강제집행 취소의 보증 11. 기타( ) 2. 가처분보증 7. 강제집행 속행의 보증 3. 가압류 취소보증 8. 소송비용 담보 4. 가처분 취소보증 9. 가집행 담보 ⑤ 강제집행 정지의 보증 10. 가집행을 면하기 위한 담보

비고(첨부서류 등)	1. 결정문 정본 1통 □ 계좌납입신청

위와 같이 신청합니다.   대리인 주소
                                        전화번호
    공탁자 성명   지○림 인(서명)   성명   인(서명)

위 공탁을 수리합니다.
  공탁금을   년 월   일까지 위 보관은행의 공탁관 계좌에 납입하시기 바랍니다.
위 납입기일까지 공탁금을 납입하지 않을 때는 이 공탁 수리결정의 효력이 상실됩니다.
                            년   월   일
                        법원   지원 공탁관   (인)

(영수증) 위 공탁금이 납입되었음을 증명합니다.
                            년   월   일
                    공탁금 보관은행(공탁관)   (인)

[서식 예] 가압류 담보공탁

공 탁 번 호	년 금 제 호	년 월 일 신청	법령조항	민사집행법 제280조 3항

공 탁 자	성 명 (상호, 명칭)	지 ○ 림	피 공 탁 자	성 명 (상호, 명칭)	최 ○ 라
	주민등록번호 (법인등록번호)	123456-1111111		주민등록번호 (법인등록번호)	1234567-2222226
	주 소 (본점, 주사무소)	서울시 관악구 신림2 동 108번지		주 소 (본점, 주사무소)	서울시 서초구 서초동 104번지
	전화번호	02-888-8888		전화번호	02-555-5555

공 탁 금 액	한글 금 일백만원	보 관 은 행	○○은행 ○○지점
	숫자 1,000,000원		

법원의 명칭과 사 건	서울남부지방법원 2010카합2548 유체동산가압류신청사건				
	당사자	원고 신청인 채권자	지 ○ 림	피고 피신청인 채무자	최 ○ 라

공탁 원인 사실	① 가압류보증 2. 가처분보증 3. 가압류 취소보증 4. 가처분 취소보증 5. 강제집행 정지의 보증	6. 강제집행 취소의 보증 7. 강제집행 속행의 보증 8. 소송비용 담보 9. 가집행 담보 10. 가집행을 면하기 위한 담보	11. 기타( )

비고(첨부서류 등)	1. 결정문 정본 1통 2. 주민등록등본 1통 □ 계좌납입신청

위와 같이 신청합니다.   대리인 주소
                                    전화번호
    공탁자 성명   지○림 인(서명)   성명   인(서명)

위 공탁을 수리합니다.
    공탁금을   년 월 일까지 위 보관은행의 공탁관 계좌에 납입하시기 바랍니다.
위 납입기일까지 공탁금을 납입하지 않을 때는 이 공탁 수리결정의 효력이 상실됩니다.
                        년   월   일
                        법원   지원 공탁관   (인)

(영수증) 위 공탁금이 납입되었음을 증명합니다.
                        년   월   일
                      공탁금 보관은행(공탁관)   (인)

[서식 예] 가압류에 대한 이의신청에서 가압류 취소를 위한 담보공탁

공 탁 번 호	년 금 제 호		년 월 일 신청	법령조항	민사소송법 제286조
공 탁 자	성 명 (상호, 명칭)	지 ○ 림	피 공 탁 자	성 명 (상호, 명칭)	최 ○ 라
	주민등록번호 (법인등록번호)	123456-1111111		주민등록번호 (법인등록번호)	1234567-2222226
	주 소 (본점, 주사무소)	서울시 관악구 신림2동 108번지		주 소 (본점, 주사무소)	서울시 서초구 서초동 104번지
	전화번호	02-888-8888		전화번호	02-555-5555

공 탁 금 액	한글 금 일백만원	보 관 은 행	○○은행 ○○지점
	숫자 1,000,000원		

법원의 명칭과 사 건	서울남부지방법원 2010카합2548사건				
	당사자	원고 신청인 ⟨채권자⟩	지 ○ 림	피고 피신청인 ⟨채무자⟩	최 ○ 라

공탁 원인 사실	1. 가압류보증 2. 가처분보증 ③ 가압류 취소보증 4. 가처분 취소보증 5. 강제집행 정지의 보증	6. 강제집행 취소의 보증 7. 강제집행 속행의 보증 8. 소송비용 담보 9. 가집행 담보 10. 가집행을 면하기 위한 담보	11. 기타( )

비고(첨부서류 등)	1. 공탁명령 정본 1통 2. 주민등록등본 1통	□ 계좌납입신청

위와 같이 신청합니다.   대리인 주소
                                         전화번호
      공탁자 성명   지○림 인(서명)   성명   인(서명)

위 공탁을 수리합니다.
  공탁금을   년   월   일까지 위 보관은행의 공탁관 계좌에 납입하시기 바랍니다.
위 납입기일까지 공탁금을 납입하지 않을 때는 이 공탁 수리결정의 효력이 상실됩니다.
                              년   월   일
                              법원   지원 공탁관   (인)

  (영수증) 위 공탁금이 납입되었음을 증명합니다.
                              년   월   일
                  공탁금 보관은행(공탁관)   (인)

[서식 예] 가압류취소 담보공탁

공 탁 번 호	년 금 제 호	년 월 일 신청	법령조항	민사소송법 제288조

공 탁 자	성 명 (상호, 명칭)	지 ○ 림	피 공 탁 자	성 명 (상호, 명칭)	최 ○ 라
	주민등록번호 (법인등록번호)	123456-1111111		주민등록번호 (법인등록번호)	1234567-2222226
	주 소 (본점, 주사무소)	서울시 관악구 신림2동 108번지		주 소 (본점, 주사무소)	서울시 서초구 서초동 104번지
	전화번호	02-888-8888		전화번호	02-555-5555

공 탁 금 액	한글 금 일백만원	보 관 은 행	○○은행 ○○지점
	숫자 1,000,000원		

법원의 명칭과 사 건	서울남부지방법원 2010카합2548사건				
	당사자	원고 신청인 (채권자)	지 ○ 림	피고 피신청인 (채무자)	최 ○ 라

공탁 원인 사실	1. 가압류보증　　　　　 6. 강제집행 취소의 보증　　　 11. 기타(　　　　　) 2. 가처분보증　　　　　 7. 강제집행 속행의 보증 ③ 가압류 취소보증　　　 8. 소송비용 담보 4. 가처분 취소보증　　　 9. 가집행 담보 5. 강제집행 정지의 보증　 10. 가집행을 면하기 위한 담보

비고(첨부서류 등)	1. 공탁명령 정본 1통 2. 주민등록등본 1통　　　　　　□ 계좌납입신청

위와 같이 신청합니다.　　　　　　　　대리인 주소
　　　　　　　　　　　　　　　　　　전화번호
　　공탁자 성명　　　지○림 인(서명)　성명　　　　　　　　　　　　인(서명)

위 공탁을 수리합니다.
공탁금을　　년　월　일까지 위 보관은행의 공탁관 계좌에 납입하시기 바랍니다.
위 납입기일까지 공탁금을 납입하지 않을 때는 이 공탁 수리결정의 효력이 상실됩니다.
　　　　　　　　　　　　　　　　년　　　　월　　　　일
　　　　　　　　　　　　　법원　　지원 공탁관　　　　　　　　(인)

(영수증) 위 공탁금이 납입되었음을 증명합니다.
　　　　　　　　　　　　　　년　　　　월　　　　일
　　　　　　　　공탁금 보관은행(공탁관)　　　　　　　　(인)

[서식 예] 가처분 담보공탁

공 탁 번 호	년 금 제 호		년 월 일 신청	법령조항	민사집행법 제301,280조

공 탁 자	성 명 (상호, 명칭)	지 ○ 림	피 공 탁 자	성 명 (상호, 명칭)	최 ○ 라
	주민등록번호 (법인등록번호)	123456-1111111		주민등록번호 (법인등록번호)	1234567-2222226
	주 소 (본점, 주사무소)	서울시 관악구 신림2동 108번지		주 소 (본점, 주사무소)	서울시 서초구 서초동 104번지
	전화번호	02-888-8888		전화번호	02-555-5555

공 탁 금 액	한글 금 일백만원	보 관 은 행	○○은행 ○○지점
	숫자 1,000,000원		

법원의 명칭과 사 건	서울남부지방법원 2010카합2548 건물명도가처분신청사건				
	당사자	원고 신청인 채권자	지 ○ 림	피고 피신청인 채무자	최 ○ 라

공탁 원인 사실	1. 가압류보증 6. 강제집행 취소의 보증 11. 기타( ) ② 가처분보증 7. 강제집행 속행의 보증 3. 가압류 취소보증 8. 소송비용 담보 4. 가처분 취소보증 9. 가집행 담보 5. 강제집행 정지의 보증 10. 가집행을 면하기 위한 담보

비고(첨부서류 등)	1. 결정문 정본 1통 2. 주민등록등본 1통 □ 계좌납입신청

위와 같이 신청합니다.   대리인 주소
                          전화번호
    공탁자 성명   지○림 인(서명)   성명   인(서명)

위 공탁을 수리합니다.
   공탁금을   년   월   일까지 위 보관은행의 공탁관 계좌에 납입하시기 바랍니다.
위 납입기일까지 공탁금을 납입하지 않을 때는 이 공탁 수리결정의 효력이 상실됩니다.
                         년   월   일
                      법원   지원 공탁관   (인)

(영수증) 위 공탁금이 납입되었음을 증명합니다.
                         년   월   일
            공탁금 보관은행(공탁관)   (인)

[서식 예] 가처분에 대한 이의신청에서 가처분 취소를 위한 담보공탁

공 탁 번 호		년 금 제 호	년 월 일 신청	법령조항	민사집행법 제301,286조
공 탁 자	성 명 (상호, 명칭)	지 ○ 림	피 공 탁 자	성 명 (상호, 명칭)	최 ○ 라
	주민등록번호 (법인등록번호)	123456-1111111		주민등록번호 (법인등록번호)	1234567-2222226
	주 소 (본점, 주사무소)	서울시 관악구 신림2동 108번지		주 소 (본점, 주사무소)	서울시 서초구 서초동 104번지
	전화번호	02-888-8888		전화번호	02-555-5555

공 탁 금 액	한글 금 일백만원	보 관 은 행	○○은행 ○○지점
	숫자 1,000,000원		

법원의 명칭과 사 건	서울남부지방법원 2010카합2548 부동산가처분결정에 대한 이의신청사건				
	당사자	원고 신청인 채권자	지 ○ 림	피고 피신청인 채무자	최 ○ 라

공탁 원인 사실	1. 가압류보증 2. 가처분보증 3. 가압류 취소보증 ④ 가처분 취소보증 5. 강제집행 정지의 보증	6. 강제집행 취소의 보증 7. 강제집행 속행의 보증 8. 소송비용 담보 9. 가집행 담보 10. 가집행을 면하기 위한 담보	11. 기타( )

비고(첨부서류 등)	1. 공탁명령 정본 1통 2. 주민등록등본 1통 □ 계좌납입신청

위와 같이 신청합니다.   대리인 주소
                                              전화번호
        공탁자 성명   지○림 인(서명)   성명   인(서명)

위 공탁을 수리합니다.
  공탁금을   년   월   일까지 위 보관은행의 공탁관 계좌에 납입하시기 바랍니다.
위 납입기일까지 공탁금을 납입하지 않을 때는 이 공탁 수리결정의 효력이 상실됩니다.
                          년   월   일
                          법원   지원 공탁관   (인)

  (영수증) 위 공탁금이 납입되었음을 증명합니다.
                          년   월   일
                          공탁금 보관은행(공탁관)   (인)

[서식 예] 가처분취소 담보공탁

공 탁 번 호	년 금 제 호	년 월 일 신청	법령조항	민사집행법 제307조

공 탁 자	성 명 (상호, 명칭)	지 ○ 림	피 공 탁 자	성 명 (상호, 명칭)	최 ○ 라
	주민등록번호 (법인등록번호)	123456-1111111		주민등록번호 (법인등록번호)	1234567-2222226
	주 소 (본점, 주사무소)	서울시 관악구 신림2동 108번지		주 소 (본점, 주사무소)	서울시 서초구 서초동 104번지
	전화번호	02-888-8888		전화번호	02-555-5555

공 탁 금 액	한글 금 일백만원	보 관 은 행	○○은행 ○○지점
	숫자 1,000,000원		

법원의 명칭과 사 건	서울남부지방법원 2010카합2548 부동산가처분취소신청사건				
	당사자	원고 신청인 채권자	지 ○ 림	피고 피신청인 채무자	최 ○ 라

공탁 원인 사실	1. 가압류보증 2. 가처분보증 3. 가압류 취소보증 ④ 가처분 취소보증 5. 강제집행 정지의 보증	6. 강제집행 취소의 보증 7. 강제집행 속행의 보증 8. 소송비용 담보 9. 가집행 담보 10. 가집행을 면하기 위한 담보	11. 기타( )

비고(첨부서류 등)	1. 공탁명령 정본 1통 2. 주민등록등본 1통 □ 계좌납입신청

위와 같이 신청합니다.   대리인 주소
                                                           전화번호
        공탁자 성명   지○림 인(서명)   성명   인(서명)

위 공탁을 수리합니다.
  공탁금을   년   월   일까지 위 보관은행의 공탁관 계좌에 납입하시기 바랍니다.
위 납입기일까지 공탁금을 납입하지 않을 때는 이 공탁 수리결정의 효력이 상실됩니다.
                                                  년   월   일
                                                  법원   지원 공탁관   (인)

(영수증) 위 공탁금이 납입되었음을 증명합니다.
                                        년   월   일
                        공탁금 보관은행(공탁관)   (인)

2-5. 공탁물 납입 및 공탁서 법원 제출

2-5-1. 공탁물 납입

① 공탁자는 공탁소로부터 공탁서 1통을 교부받아 공탁서에 기재된 공탁물보관자에게 공탁물 납입기일까지 공탁물을 납입해야 합니다.

② 공탁자가 공탁물 납입기일까지 공탁물을 납입하지 않는 경우 공탁 수리결정은 효력을 상실합니다(「공탁규칙」 제26조제3항).

2-5-2. 공탁서의 법원제출

담보물 제공 명령을 받은 공탁자는 공탁물보관자로부터 공탁물을 납입받았다는 취지가 기재된 공탁서를 수령하여 담보제공명령을 한 법원에 제출해야 합니다.

3. 재판상 담보공탁금 출급절차

3-1. 재판상 담보권리자(피공탁자)의 지위

피공탁자의 권리 : 담보공탁의 담보권리자인 피공탁자는 담보공탁금에 대해 질권자와 동일한 권리를 가집니다(「민사소송법」 제123조 및 「민사집행법」 제19조 참조).

3-2. 재판상 담보공탁금 출급 방법

3-2-1. 출급방법

① 담보권리자의 담보공탁금 출급방법으로는 ⓐ 직접 출급청구하는 방법, ⓑ 질권실행을 위한 압류에 의한 방법, ⓒ 일반적인 채권집행의 실행에 의한 방법 있습니다.

3-2-2. 직접 출급청구하는 방법

① 재판상 담보공탁의 담보권리자인 피공탁자는 공탁원인 사실에 기재된 피담보채권이 발생하였음을 증명하는 아래의 서면을 제출하여 공탁금을 출급청구할 수 있습니다.

② 그러나 담보취소결정정본 및 확정증명이 이미 제출된 경우에는 공탁금을 출급청구할 수 없습니다.

③ 피담보채권에 관한 확정판결 및 확정판결에 준하는 서면
 ⓐ 피담보채권에 관한 확정판결은 이행판결뿐만 아니라 확인판결도 포함됩니다.
 ⓑ 확정판결에 준하는 서면에는 화해조서, 조정조서, 공정증서 등이 있습니다.

④ 공탁자의 동의서
인감증명서가 첨부된 공탁자의 동의서는 특별한 사정이 없는 한 피담보채권의 존재를 증명하는 서면으로 인정됩니다.

⑤ 소송비용을 확정하는 증명
소송비용의 담보공탁의 피담보채권은 소송비용상환청구권이므로, 소송비용확정결정정본 및 확정증명이 피담보채권의 존재를 증명하는 서면이 됩니다.

3-2-3. 질권실행을 위한 압류에 의한 방법

① 담보권리자인 피공탁자는 질권실행을 위한 강제집행절차(「민사집행법」 제273조)에 따라 공탁자의 공탁금 회수청구권을 압류하고, 추심명령이나 확정된 전부명령을 받아 공탁금을 출급청구할 수 있습니다.

② 질권실행을 위한 압류절차의 신청서에는 채권자, 채무자, 질권설정자 및 제3채무자를 적고, 그 밖에 질권과 피담보채권의 표시, 질권의 목적인 권리의 표시, 피담보채

권의 일부에 대한 질권의 실행인 그 취지 및 범위를 적어야 합니다(「민사집행규칙」 제192조 및 제200조).

③ 질권실행을 위한 압류에 의한 방법으로 공탁물을 출급하는 피공탁자는 공탁금 출급청구서에 다음의 서류를 첨부하여 공탁관에게 제출해야 합니다.

1. 질권(담보권) 실행을 위한 압류명령 정본
2. 추심명령 또는 전부명령 정본
3. 추심명령의 송달증명
4. 전부명령에 관한 확정증명

3-2-4. 일반적인 채권집행의 실행에 의한 방법

① 담보권리자인 피공탁자는 질권실행에 의한 절차와 별도로 「민사집행법」에 따른 일반 강제집행절차에 따라 공탁자의 공탁물 회수청구권을 압류하고 추심명령 또는 전부명령으로 공탁자의 공탁금 회수청구권을 취득한 후 공탁자를 대위하여 담보취소결정을 받아 공탁금을 회수할 수 있습니다.

② 담보권리자인 피공탁자가 공탁자의 공탁금 회수청구권을 취득하여 공탁금 회수청구를 하는 경우에는 공탁금 회수청구서에 다음의 서류를 첨부해야 합니다.

1. 공탁금 회수청구서와 함께 담보취소 결정정본 및 확정증명
2. 질권 실행이 아닌 일반 강제집행절차에 의한 압류명령 정본
3. 추심명령 또는 전부명령 정본
4. 압류명령, 추심명령의 송달증명
5. 전부명령에 관한 확정증명

4. 담보취소와 재판상 담보공탁금 회수

4-1. 담보취소의 의의

"담보취소"란 담보제공자인 공탁자가 담보제공을 할 필요가 없게 된 경우(이하 "담보취소 사유"라 함) 공탁자가 제공한 담보를 법원의 결정으로 돌려받는 절차를 말합니다.

4-2. 담보취소 사유

4-2-1. 담보취소 사유

담보취소 사유에는 담보사유의 소멸(「민사소송법」 제125조제1항), 담보권리자의 동의(「민사소송법」 제125조제2항), 권리행사 최고기간의 만료(「민사소송법」 제125조제3항)가 있습니다.

4-2-2. 담보사유의 소멸

① 담보사유 소멸의 의의

"담보사유의 소멸"이란 담보제공의 원인사실이나 담보제공자의 담보권리자에 대한 손해배상의무가 부존재로 확정되어 담보제공의 필요가 없게 된 경우를 말합니다.

② 담보사유 소멸 원인

1. 소송비용 담보의 경우

다음의 어느 하나에 해당하는 사유가 발생하는 경우 담보사유가 소멸 합니다.

- 담보제공자인 원고가 국내에 주소·사무소 또는 영업소를 가지게 된 경우
- 소송구조 결정을 받은 경우(「민사소송법」 제128조)
- 원고가 전부 승소하여 소송비용이 피고의 부담으로 된 경우
- 원고가 소송비용의 일부 부담의 판결을 받았으나 원고청구의 인용액이 원고가 부담할 소송비용을 초과한 경우

2. 가집행선고와 관련해서 제공된 담보의 경우

ⓐ 가집행을 위하여 제공된 담보의 경우 가집행선고부 판결이 취소됨이 없이 원고가 승소의 확정판결을 받은 때에 담보사유가 소멸합니다.

ⓑ 가집행을 면하기 위하여 제공된 담보의 경우 가집행선고부 판결을 취소하는 판결이 확정된 때에 담보사유가 소멸합니다.

3. 가집행 정지를 위해 제공된 담보의 경우

ⓐ 상소심 소송절차에서 담보제공자의 승소판결이 확정된 경우 또는 그와 같이 볼 수 있는 경우에는 담보사유가 소멸합니다.

- 제1심에서 가집행 정지를 위하여 제공된 담보는 항소심에서 제1심 판결이 취소된 경우에도 항소심 판결이 확정되지 않는 한 담보사유가 소멸되지 않습니다(대법원 1999. 12. 3. 선고 99마2078 결정).
- 제1심 가집행선고부 판결의 가집행정지 담보공탁의 경우 가집행선고부판결을 취소하는 항소심 판결이 확정된 때 담보사유가 소멸합니다(대법원 1983. 9. 28. 선고 83마435 결정).

ⓑ 항소심 가집행선고부판결의 가집행정지 담보공탁의 경우 가집행선고부항소심판결이 상고심에서 파기된 때 담보의 사유가 소멸합니다(대법원 1987. 4. 26. 선고 84마171 결정).

4. 청구이의의 소 또는 집행문부여에 대한 이의의 소를 제기한 당사자가 제1심에서 강제집행 정지를 구하기 위해 제공한 담보의 경우

청구이의의 소, 집행문부여에 대한 이의의 소를 제기한 당사자가 제1심에서 강제집행정지를 구하기 위하여 제공한 담보는 항소심에서 다시 강제집행정지를 위한 담보가 제공되었다 하더라도 그 담보 사유가 소멸되는 것은 아니고, 담보를 제공한 당사자가 승소판결을 받아 종국적으로 확정되거나 이와 같이 볼 수 있는 경우에만 담보사유가 소멸합니다.

5. 가압류·가처분을 위하여 제공된 담보

가압류·가처분을 위하여 제공된 담보는 본안소송이 계속 중인 한 그 담보사유가 소멸하지 않고(대법원 1959. 7. 5. 4291민재항213 결정), 채권자(담보제공자)가 본안에서 승소의 확정판결을 받으면 담보사유는 소멸합니다.

6. 가압류·가처분명령의 취소를 위하여 제공한 담보(「민사집행법」 제286조제3항)

가압류·가처분명령의 취소를 위하여 제공한 담보는 채무자의 이의신청에 의해 종국적으로 가압류·가처분명령을 취소하는 판결이 확정된 때에 담보사유가 소멸합니다(대법원 1992. 12. 22. 선고 92마728 결정 참조).

③ 담보사유 소멸 증명

담보사유가 소멸한 경우 신청인은 판결의 정본·등본·초본, 주문증명서·확정증명서, 화해·인낙·포기·조정조서의 정본·등본·초본 등을 제출하여 그 사유를 증명해야 합니다.

④ 담보사유 소멸의 효과

담보제공자가 담보해야 할 사유가 소멸되었음을 증명하면서 취소신청을 하면 법원은 담보취소결정을 해야 합니다(「민사소송법」 제125조제1항).

4-2-3. 담보권리자의 동의

① 담보제공자는 담보취소에 관한 담보권리자의 동의를 받은 것을 증명하여 담보취소를 신청할 수 있습니다(「민사소송법」 제125조제2항).

② 동의의 증명

동의의 증명은 동의의 진정성을 확보하기 위해 서면으로 작성하여 담보권리자의 인감을 날인하고 인감증명서를 첨부하는 것이 실무례입니다.

③ 즉시항고 포기서의 제출

담보권리자의 동의에 의해 담보취소결정을 한 경우에도 담보권리자는 그 결정에 대해 즉시항고를 할 수 있기 때문에(「민사소송법」 제125조제4항) 담보취소결정을 즉시 확정하기 위해 동의에 의한 담보취소 신청 시 담보권리자의 즉시항고 포기서를 제출하는 것이 실무례입니다.

④ 담보취소결정 정본 영수증

ⓐ 즉시항고는 재판이 고지된 날부터 1주일 안에 해야 하기 때문에(「민사소송법」 제444조), 담보권리자가 담보취소결정 정본을 영수하였다는 영수증도 함께 제출하고 있습니다.

ⓑ 본안에서 재판상 화해가 성립되고 화해조항으로서 담보취소에 동의하고 담보취소결정에 대한 항고권을 포기한다는 기재가 있으면 그 화해조서가 동의의 증명으로 인정됩니다.

⑤ 담보취소를 대위행사하는 경우

보전처분의 채무자가 채권자의 공탁금 회수청구권을 압류 및 추심명령 또는 전부명령을 받아 담보취소를 대위신청하는 경우에는 담보권리자와 담보취소신청인이 동일인이므로 별도의 담보권리자의 동의서나 항고권포기서를 제출할 필요가 없습니다.

4-2-4. 권리행사 최고기간의 도과

① 소송완결 뒤 담보제공자가 신청하면 일정기간 이내에 그 권리를 행사하도록 하는 법원의 담보권리자에 대한 권리행사의 최고가 있은 후 담보권리자가 그 권리행사를 하지 않는 때에는 담보취소에 대해 동의를 한 것으로 봅니다(「민사소송법」 제125조제3항).

② 위의"소송완결"에 해당하는 경우

"소송완결"이란 담보권의 객체인 피담보채권(소송비용상환청구 또는 손해배상청구권)이 확정되고 그 금액의 계산에 장애가 없어진 상태를 말합니다.

③ 소송비용의 담보에 있어서는 소송절차가 종결되어 소송비용부담의 재판이 내려진 경우에 소송이 완결됩니다.

ⓐ 가압류사건의 경우 가압류의 본안사건이 계속 중이라면 가압류사건이 완결되었더라도 담보권리자에게 그 권리행사를 최고할 수 있는 소송완결이 있다고 할 수 없습니다(대법원 1969. 12. 22. 선고 69마967, 968 결정).

ⓑ 청구이의의 소(「민사집행법」 제44조), 집행문부여에 대한 이의의 소(「민사집행법」 제45조)에 있어서의 집행정지를 위한 담보는 그 소송에서 원고 패소 판결이 확정된 때엔 소송이 완결되었다고 할 수 있습니다.

ⓒ 그러나 제3자이의의 소(「민사집행법」 제48조)의 강제집행정지를 위한 담보는 이의가 배척되고 집행절차가 배척된 것만으로는 소송이 완결되었다고 할 수 없고, 매각허가결정에 의해 매각대금이 확정되어야 비로소 정지로 인한 손해액을 산정할 수 있기 때문에 매각절차가 완결되어야 소송의 완결로 볼 수 있습니다.

④ 법원의 담보권리자에 대한 권리행사의 최고

ⓐ 권리행사의 최고는 신청인의 신청에 의해 법원이 담보권리자에게 합니다.

ⓑ 법원은 사건이 완결되었는가의 여부를 조사하고 완결되었다고 인정되는 경우에는 권리행사 최고서를 작성하여 송달해야 합니다.

ⓒ 만약, 담보권리자의 주소불명 등 공시송달의 요건이 있는 때에는 신청에 의해 공시송달할 수 있습니다.

⑤ 담보권리자의 권리 행사 없이 최고기간 도과

담보권리자가 피담보채권에 대한 소제기, 지급명령 신청, 제소전화해 신청 등의 재판상 청구 없이 최고기간을 도과한 경우 담보취소결정을 할 수 있습니다.

ⓐ 최고에서 정한 권리행사 기간 안에 권리를 행사하지 않았더라도 담보취소결정을 하기 전에 권리행사를 증명하면 담보취소결정을 취소 할 수 없습니다.

ⓑ 담보취소결정이 있더라도 그 결정이 확정되기 전에 권리행사가 있으면 담보취소결정은 유지될 수 없습니다.

4-3. 담보취소 신청

4-3-1. 담보취소 신청인

① 담보취소를 신청할 수 있는 자는 담보제공자와 담보제공자의 승계인, 담보제공자의 대리인, 승계인의 대리인입니다.

② 승계인은 포괄승계인뿐만 아니라 담보제공자의 담보물반환청구권(공탁물 회수청구권)에 대한 양수인 및 압류·전부·추심명령을 받은 사람과 같은 특정승계인을 포함합니다.

③ 승계인 또는 대리인이 담보취소를 신청하는 경우에는 신청권이 있음을 증명할 수 있는 가족관계증명서(법정대리인이 이혼한 경우 자녀의 기본증명서), 등기부등본 또는 초본, 담보물반환청구권의 양도증서와 양도통지서, 압류·전부명령의 등본

및 확정증명서, 압류·추심명령의 등본 및 송달증명서, 위임장 등을 제출해야 합니다.

4-3-2. 관할법원

담보취소의 신청은 담보제공명령을 한 법원 또는 그 기록을 보관하고 있는 법원의 전속관할에 속합니다(「민사소송규칙」 제23조).

4-3-3. 신청방법

① 담보취소 신청은 서면 또는 말로 할 수 있습니다(「민사소송법」 제161조제1항). 다만, 담보취소의 원인에 대한 소명을 위해 담보취소 신청은 서면으로 하는 것이 일반적입니다.

② 서면으로 담보취소 신청을 하는 경우 신청서에는 인지를 첨부하고 송달료를 납부하여 신청사건으로 처리될 수 있도록 해야 하고, 담보취소 대상이 되는 사건번호 및 공탁사건번호를 기재해야 합니다.

4-4. 담보취소 신청에 대한 재판

법원은 담보취소 신청이 적법하고 담보취소 요건이 구비되어 있다고 인정하는 경우에는 담보취소결정을 합니다(「민사소송법」 제125조).

4-5. 담보취소결정에 따른 재판상 담보공탁금 회수청구

담보취소결정이 확정되면 담보공탁자는 공탁물 회수청구서에 담보취소결정 정본 또는 등본 및 확정증명서 등을 첨부하여 공탁관에게 제출하여 공탁금을 회수할 수 있습니다(「공탁규칙」 제32조제1항).

■ 금전을 공탁한 후 파산선고를 받은 경우, 가처분채무자가 공탁금회수청구권에 관하여 파산절차에 의하지 아니하고 담보권을 실행할 수 있는지요?

Q 가처분채권자 甲이 가처분으로 가처분채무자 乙이 받게 될 손해를 담보하기 위하여 담보제공명령으로 금전을 공탁한 후 파산선고를 받은 경우, 가처분채무자 乙이 공탁금회수청구권에 관하여 파산절차에 의하지 아니하고 담보권을 실행할 수 있는지요?

A 가처분채권자가 가처분으로 인하여 가처분채무자가 받게 될 손해를 담보하기 위하여 법원의 담보제공명령으로 일정한 금전을 공탁한 경우에, 피공탁자로서 담보권리자인 가처분채무자는 담보공탁금에 대하여 질권자와 동일한 권리가 있습니다(민사집행법 제19조 제3항, 민사소송법 제123조).

한편 가처분채권자가 파산선고를 받게 되면 가처분채권자가 제공한 담보공탁금에 대한 공탁금회수청구권에 관한 권리는 파산재단에 속하므로, 가처분채무자가 위 공탁금회수청구권에 관하여 질권자로서 권리를 행사한다면 이는 별제권을 행사하는 것으로서 파산절차에 의하지 아니하고 담보권을 실행할 수 있습니다(대법원 2015. 9. 10. 선고 2014다34126 판결 참조).

(관련판례)

제1심판결에 붙은 가집행선고는 그 본안판결을 변경한 항소심판결에 의하여 변경의 한도에서 효력을 잃게 되지만 그 실효는 변경된 그 본안판결의 확정을 해제조건으로 하는 것이어서 그 항소심판결을 파기하는 상고심판결이 선고되면 가집행선고의 효력은 다시 회복되기에, 그 항소심판결이 확정되지 아니한 상태에서는 가집행선고부 제1심판결에 기한 가집행이 정지됨으로 인하여 입은 손해의 배상을 상대방에게 청구할 수 있는 가능성이 여전히 남아 있다고 할 것이므로 가집행선고부 제1심판결이 항소심판결에 의하여 취소되었다 하더라도 그 항소심판결이 미확정인 상태에서는 가집행선고부 제1심판결에 대한 강제집행정지를 위한 담보는 그 사유가 소멸되었다고 볼 수 없다(대법원 1999. 12. 3. 자 99마2078 전원합의체 결정).

■ 재판상 담보공탁의 경우에도 법원의 담보제공명령이 필요한지요?

Q 재판상 담보공탁의 경우에도 법원의 담보제공명령이 필요한지요?

A 당사자의 소송행위나 가압류·가처분, 강제집행의 정지·실시·취소 등 법원의 처분으로 인하여 상대방이 받게 될 손해를 담보하기 위한 재판상 담보공탁의 경우에는 법원의 담보제공을 명하는 재판에 의하여 비로소 담보를 제공할 의무가 구체화되므로 담보제공명령(담보액과 담보제공의 기간을 결정)이 있어야만 공탁을 할 수 있습니다(대법원 2010. 8. 24. 자 2010마459 결정 참조).

(관련판례)

가. 「민사소송법」 제115조에 의하여 담보제공자가 담보의 사유가 소멸된 것을 증명하거나 담보권리자의 동의 있음을 증명한 때에는 법원은 신청에 의하여 담보취소의 결정을 하여야 하고, 소송완결 후 담보제공자의 신청이 있는 때에는 법원은 담보권리자에 대하여 일정한 기간 내에 그 권리를 행사할 것을 최고하고, 담보권리자가 그 권리를 행사하지 아니하는 때에는 담보취소에 대한 담보권리자의 동의가 있는 것으로 간주하는 것인바, 이 경우 담보권리자의 권리행사는 담보의무자에 대하여 소송의 방법으로 하여야 한다.

나. 근저당권에 기한 경매절차의 정지를 위한 보증공탁은 그 경매절차의 정지 때문에 채권자에게 손해가 발생할 경우에 그 손해배상의 확보를 위하여 하는 것이므로, 그 담보적 효력이 미치는 범위는 위 손해배상청구권에 한하고, 근저당권의 피담보채권이나 근저당권 설정등기말소소송의 소송비용에까지 미치는 것은 아니다(대법원 1999. 12. 3. 자 99마 2078 전원합의체 결정).

■ 사법보좌관의 매각허가결정에 대한 이의신청을 할 때 현금, 유가증권을 담보로 공탁하였음을 증명하는 서류를 제출하지 아니한 경우 이의신청이 각하되나요?

Q 저는 사법보좌관의 매각허가결정에 대한 이의신청을 하였습니다. 이 때 현금 또는 법원이 인정한 유가증권을 담보로 공탁하였음을 증명하는 서류를 제출해야 하는 것으로 알고 있는데, 깜빡하고 공탁을 하지 않고 이의신청만 하였습니다. 이러한 경우 제가 한 이의신청이 각하되나요?

A "사법보좌관의 매각허가결정에 대한 이의신청사건을 송부받은 단독판사 등이 이의신청 시 민사집행법 제130조 제3항의 보증금을 공탁하였음을 증명하는 서류가 붙어 있지 아니한 경우취하여야 할 조치"에 관하여, 판례는 "사법보좌관의 매각허가결정에 대한 이의신청사건을 송부받은 제1심법원 판사가 아무런 보정을 명하지 아니한 채 민사집행법 제130조 제3항에서 정한 항고보증금을 공탁하지 아니하였다는 이유로 이의신청을 각하하는 취지로 재항고인의 항고장을 각하한 사안에서, 재항고인에게 상당한 기간을 정하여 보정을 명함이 없이 위와 같이 항고장을 각하한 제1심법원 판사의 조치는 위법하다"고 판시한 바 있습니다(대법원, 2011.4.14, 2011마38). 해당 판례 사안에서는, 사법보좌관의 매각허가결정에 대한 이의신청사건을 송부받은 제1심법원 판사가 아무런 보정을 명하지 아니한 채 민사집행법 제130조 제3항에서 정한 항고보증금을 공탁하지 아니하였다는 이유로 이의신청을 각하하는 취지로 재항고인의 항고장을 각하한 것이 문제되었는데, 판례는 이 때 재항고인에게 상당한 기간을 정하여 민사집행법 제130조 제3항에서 정한 보증금의 공탁을 명하거나 보증금을 공탁하였음을 증명하는 서류를 제출할 것을 내용으로 하는 보정을 명함이 없이 위와 같이 항고장을 각하한 제1심법원 판사의 조치에는 사법보좌관의 처분에 대한 이의신청 절차에 관한 법규를 위반한 위법이 있다고 보았습니다. 따라서 귀하의 경우 사법보좌관의 매각허가결정에 대한 이의신청사건을 송부받은 판사가 보정을 명할 것으로 보이며, 귀하께서는 법원으로부터 받은 보정명령의 취지에 따라 보증금을 공탁하는 등의 조치를 취하시면 귀하의 이의신청이 각하되지는 않을 것으로 보입니다.

(관련판례)

가집행선고가 붙은 항소심판결이 상고심에서 파기되어 항소심에 환송된 경우에는 비록 본안판결이 확정되지 아니하였다 하여도 위의 가집행선고가 붙은 판결집행을 정지하기 위하여 제공된 담보는 그 담보원인이 소멸되었다고 할 것이다(대법원 1984.4.26. 자 84마171 결정).

(관련판례)

가집행선고부 제1심 판결이 항소심판결에 의하여 취소되었더라도 그 항소심판결이 확정되지 아니한 이상 가집행선고부 제1심 판결의 집행정지를 위한 담보사유가 소멸한 것이라 볼 수 없다(대법원 1983.9.28. 자 83마435 결정).

(관련판례)

가압류의 본안사건이 계속 중이라면 가압류사건이 완결되었다 하여도 담보권리자에게 그 권리행사를 최고할 수 있는 소송완결이 있다고 할 수 없다(대법원 1969.12.12. 69마 967,968 결정).

5. 영업보증공탁·납세담보공탁

5-1. 영업보증공탁

① 영업보증공탁의 의의

"영업보증공탁"이란 영업거래 등으로 발생할 피해자의 손해배상채권 등을 담보하기 위한 공탁을 말합니다.

② 영업보증공탁의 종류

영업보증공탁은 여러 가지가 있으나 대표적인 것을 예로 들면 다음과 같습니다.

1. 원자력사업자가 원자로 운전 등으로 인해 생기는 손해를 배상하는데 필요한 조치의 하나로서 하는 공탁(「원자력 손해배상법」 제5조제2항)

2. 중개업자의 고의 또는 과실 있는 중개행위로 매도인, 매수인 등 거래 당사자가 입을 수 있는 재산상 손해를 담보하기 위한 공탁

3. 신용카드업자가 선불카드에 의해 물품 또는 용역을 제공한 신용카드가맹점에게 지급해야 할 선불카드대금 및 미상환선불카드의 잔액을 상환할 수 없게 된 경우에 신용카드가맹점 및 미상환선불카드 소지자에게 선불카드대금 및 미상환선불카드 잔액 상환 담보를 목적으로 하는 공탁

5-2. 납세담보공탁

5-2-1. 납세담보공탁의 의의

① "납세담보공탁"이란 국세나 지방세 등의 징수유예나 상속세 및 증여세의 연부연납 (年賦延納) 허가 시 세금의 징수나 납부를 담보하기 위한 공탁을 말합니다.

② "납세담보"란 조세채권에 대해 그 징수를 확보하기 위해 납세자 등으로부터 제공받은 담보를 말합니다.

③ "연부연납"이란 조세의 일부를 법정신고기한을 경과해서 납부할 수 있도록 그 기간을 연장해 주는 연납의 한 종류로 조세를 장기간에 걸쳐 나누어 납부할 수 있습니다.

④ 금전 또는 유가증권을 납세담보로 제공하려는 자는 금전 또는 유가증권을 공탁하고 공탁수령증을 세무서장(세법에 따라 국세에 관한 사무를 세관장이 관장하는 경우에는 세관장을 말함)에게 제출해야 합니다(「국세기본법」 제31조제1항 본문). 다만, 등록된 유가증권의 경우에는 담보 제공의 뜻을 등록하고 그 등록확인증을 제출해야 합니다(「국세기본법」 제31조제1항 단서).

5-2-2. 납세담보공탁의 종류

납세담보공탁은 여러 가지가 있으나 대표적인 것을 예로 들면 다음과 같습니다.

1. 징수유예된 국세의 납세담보공탁(「국세징수법」 제18조 및 「국세기본법」 제31조 제1항)

2. 징수유예된 지방세의 납세담보공탁(「지방세법」 제64조)

3. 상속세 또는 증여세의 연부연납 허가 시의 납세담보공탁(「상속세 및 증여세법」 제71조제1항)

4. 주세의 납세담보공탁(「주세법」 제36조)

5. 개별소비세의 납세담보공탁(「개별소비세법」 제10조제5항)

6. 관세의 납세담보공탁(「관세법」 제24조)

■ 강제집행정지 신청 시 공탁보증보험증권 제출로 담보제공할 수 있는지요?

Q 저는 甲으로부터 3,000만원을 차용하면서 제 소유 부동산에 근저당권을 설정하고 약속어음공증도 해주었으나, 그 후 수차에 걸쳐 차용금 전액을 변제하였고 부동산에 설정된 근저당권등기는 말소하였습니다. 그런데 甲은 제가 약속어음공정증서정본을 회수하지 않은 것을 기화로 저희 부동산에 강제경매신청을 하여 강제경매절차가 개시되었습니다. 그러므로 저는 甲을 상대로 청구이의의 소를 제기하려고 하는데, 강제경매절차는 계속 진행된다고 하므로 강제집행정지신청을 하려고 합니다. 이 경우 강제집행정지신청을 하면서 담보제공은 현금공탁이 아닌 공탁보증보험증권의 제출로 갈음할 수 있도록 할 수는 없는지요?

A 소송비용의 담보제공방식에 관하여 「민사소송법」제122조는 "담보의 제공은 금전 또는 법원이 인정하는 유가증권을 공탁(供託)하거나, 대법원규칙이 정하는 바에 따라 지급을 보증하겠다는 위탁계약을 맺은 문서를 제출하는 방법으로 한다. 다만, 당사자들 사이에 특별한 약정이 있으면 그에 따른다."라고 규정하고 있으며, 이 규정은 「민사집행법」제19조 제3항에 의하여 「민사집행법」에 규정된 담보제공에 관하여도 준용됩니다.

그리고 「민사소송규칙」제22조 제1항은 "법 제122조의 규정에 따라 지급보증위탁계약을 맺은 문서를 제출하는 방법으로 담보를 제공하려면 미리 법원의 허가를 받아야 한다."라고 규정하고 있습니다.

그런데 법원의 「지급보증위탁계약체결문서의 제출에 의한 담보제공과 관련한 사무처리요령」(재민 2003-5, 보증서예규) 제5조는 '①가집행선고 있는 판결에 대하여 상소제기가 있는 때의 강제집행의 일시정지를 위한 담보 ②청구이의 소의 제기가 있는 때의 강제집행의 일시정지를 위한 담보 ③민사소송법 제299조제2항의 규정에 따른 소명에 갈음한 보증 ④매각허가결정에 대한 항고에 있어서의 보증(민사집행법 제130조 제3항, 제268조, 제269조) ⑤가압류해방금액(민사집행법 제282조) ⑥그 밖에 담보제공의 성질상 제1호 내지 제5호에 준하는 경우'에는 보증서 제출에 의한 담보제공을 허용하지 않고 있습니다.

다만 대법원은 재판예규 제1144호로 위 사무처리요령 제5조 본문에 "제1호, 제2호 및 이에 준하는 경우로서 이미 압류의 효력이 발행하여 강제집행의 확실성 등이 확보됨에 따라 강제집행의 일시정지에 따른 손해액만을 담보할 필요가 있을 때에는 그러하지 아니하다"는 단서를 추가하여, 강제집행의 확실성 등이 확보된 경우에는 지급보증위탁계약체결문서의 제출에 의한 담보제공의 허용여부를 재판부가 재량으로 판단하도록 하였습니다.

따라서 청구이의소송을 전제로 한 위 사안의 경우 지급보증위탁계약체결문서의 제출에 의한 담보제공허가를 신청은 일단 가능하다고 보이고, 강제집행의 확실성 등이 확보됨에 따라 강제집행의 일시정지에 따른 손해액만을 담보하여도 충분하다고 담당재판부가 판단하여 허가할 경우에는 지급보증위탁계약체결문서에 의한 담보제공도 가능할 여지가 있습니다. 한편, 지급보증위탁계약체결문서의 제출에 의한 담보제공허가를 받은 경우에도 그 금액이 다액일 경우에는 보험회사가 지급보증위탁계약체결에 있어서 보증을 요구하는 점에서 현실적인 어려움이 있다 할 것입니다.

■ 체납세액의 전액 공탁을 이유로 그 체납처분에 의한 부동산의 압류등기의 말소를 일반 민사소송으로 청구할 수 있는지요?

Q 甲은 세금을 체납하여 자신의 부동산에 체납처분에 기한 압류등기가 되었습니다. 이에 甲은 체납된 국세를 모두 납입하겠으니 압류를 해제해 줄 것을 요구하였으나 관할관청에서 응하지 않았고, 그러자 甲은 체납세액을 공탁하였습니다. 이후 甲은 압류등기의 말소를 구하는 민사소송을 제기하여 압류등기를 말소할 수 있는가요?

A 국세징수법 제53조 제1항 제1호 규정에 의하면 납부 등의 사유로 압류를 할 필요가 없게 된 경우 세무서장은 압류를 즉시 해제하도록 규정하고 있습니다. 따라서 甲은 납부 또는 적법한 공탁 이후 세무서에 이러한 사실을 알려 압류 해제를 구할 수 있습니다.

한편, 판례는 "체납처분에 의한 부동산의 압류등기 당시의 체납세액을 전액공탁하였다 하여 이로써 곧 압류처분이 당연히 실효되어 압류등기가 무효가 된다할 수 없는 것이므로 일반 민사소송으로서는 위 압류등기의 말소를 청구할 수 없다."고 판시하여(대법원 1978. 6. 27. 선고 77다2138 판결), 민사소송의 방법을 통한 압류말소 청구에 관하여는 인정하지 않고 있습니다.

따라서 甲은 국세징수법상의 절차에 따른 방법으로 압류 해제를 구할 필요가 있겠습니다.

■ 임금채권과 국세체납채권에 의한 압류 경합 시 제3채무자의 공탁이 가능한지요?

Q 甲은 乙에 대한 건물임차보증금반환채무가 있습니다. 그런데 乙에 대하여 우선변제권 있는 임금채권자 丙이 위 임차보증금반환청구채권에 가압류를 하였으며, 또한 관할세무서장이 역시 국세징수법에 의하여 위 임차보증금반환청구채권에 압류를 하였습니다. 그리고 위 임차보증금반환청구채권액은 丙의 임금채권과 국세채권을 모두 충족시키기에 절대적으로 부족한 경우입니다. 이 경우 甲은 제3채무자로서 「민사집행법」제248조에 의한 집행공탁을 하여 책임을 면할 수 있는지요?

A 「국세징수법」제41조는 "①세무서장은 채권을 압류할 때에는 그 뜻을 해당 채권의 채무자(이하 "제3채무자"라 한다)에게 통지하여야 한다. ②세무서장은 제1항의 통지를 한 때에는 체납액을 한도로 하여 체납자인 채권자를 대위한다. ③세무서장은 제1항의 채권을 압류하였을 때에는 그 사실을 체납자에게 통지하여야 한다."라고 규정하고 있고, 같은 법 제42조는 " 채권 압류의 효력은 채권 압류통지서가 제3채무자에게 송달된 때에 발생한다."라고 규정하고 있습니다.

그런데 채권이 압류된 경우 제3채무자의 집행공탁에 관하여 「민사집행법」제248조는 "①제3채무자는 압류에 관련된 금전채권의 전액을 공탁할 수 있다. ②금전채권에 관하여 배당요구서를 송달 받은 제3채무자는 배당에 참가한 채권자의 청구가 있으면 압류된 부분에 해당하는 금액을 공탁하여야 한다. ③금전채권 중 압류되지 아니한 부분을 초과하여 거듭 압류명령 또는 가압류명령이 내려진 경우에 그 명령을 송달 받은 제3채무자는 압류 또는 가압류채권자의 청구가 있으면 그 채권의 전액에 해당하는 금액을 공탁하여야 한다. ④제3채무자가 채무액을 공탁한 때에는 그 사유를 법원에 신고하여야 한다. 다만, 상당한 기간 이내에 신고가 없는 때에는 압류채권자, 가압류채권자, 배당에 참가한 채권자, 채무자, 그 밖의 이해관계인이 그 사유를 법원에 신고할 수 있다."라고 규정하고 있습니다.

그러므로 동일채권에 관하여 국세체납절차와 민사집행절차의 양 절차에서 각각 별도로 압류하여 서로 경합하는 경우, 제3채무자가 「민사집행법」제248조에 따른 집행공탁을 하여 책임을 면할 수 있는지가 문제됩니다.

이에 관하여 판례는 "현행법상 국세체납절차와 민사집행절차는 별개의 절차로서 양 절차 상호간의 관계를 조정하는 법률의 규정이 없으므로, 한 쪽의 절차가 다른 쪽의 절차에 간섭할 수 없는 반면, 쌍방 절차에서 각 채권자는 서로 다른 절차에 정한 방법으로 그 다른 절차에 참여할 수밖에 없고, 동일채권에 관하여 양절차에서 각각 별도로 압류하여 서로 경합하는 경우에도 공탁 후의 배분(배당)절차를 어느 쪽이 행하는가에 관한 법률의 정함이 없어 제3채무자의 공탁을 인정할 여지가 없다."라고 하였습니다(대법원 1999. 5. 14. 선고 99다3686 판결).

또한, "국세징수법 제41조에 의한 채권압류의 효력은 피압류채권의 채권자와 채무자에 대하여 그 채권에 관한 변제, 추심 등 일체의 처분행위를 금지하고, 체납자에 대신하여 추심할 수 있게 하는 것이므로, 제3채무자는 피압류채권에 관하여 체납자에게는 변제할 수 없고, 추심권자인 국(國)에게만 이행할 수 있을 뿐이며, 그 피압류채권에 대하여 근로기준법에 의한 우선변제권을 가지는 임금 등의 채권에 기한 가압류집행이 되어 있다 하더라도, 그 우선변제권은 채무자의 재산에 대한 강제집행의 경우 그에 의한 환가금에서 일반채권에 우선하여 변제 받을 수 있음에 그치는 것이고, 이미 다른 채권자에 의하여 이루어진 압류처분의 효력까지 배제하여 그보다 우선적으로 직접 지급을 구할 수 있는 권한을 부여한 것으로는 볼 수 없으므로, 제3채무자로서는 체납처분에 의한 채권압류 후에 행해진 피압류채권에 대한 가압류가 그러한 임금 등의 채권에 기한 것임을 내세워 체납처분에 의한 압류채권자의 추심청구를 거절할 수는 없다."라고 하였습니다(대법원 1988. 4. 12. 선고 86다카2476 판결, 1989. 1. 31. 선고 88다카42 판결, 1997. 4. 22. 선고 95다41611 판결, 1999. 5. 14. 선고 99다3686 판결, 2002. 12. 24. 선고 2000다26036 판결).

따라서 위 사안에서 甲은 「민사집행법」제248조에 의한 집행공탁을 할 수 없을 것으로 보이고, 비록 丙의 채권가압류가 있었다고 하여도 체납처분에 의한 압류채권자의 추심청구를 거절할 수는 없을 것으로 보입니다.

6. 담보공탁 관련서식

[서식 예] 공소비용담보의 공탁-금전 공탁서(재판상의 보증)

공 탁 번 호	○○년금 제○○호	년 월 일 신청	법령조항	민사소송법 제107조, 122조
공탁자 성 명 (상호, 명칭)	○ ○ ○	피공탁자 성 명 (상호, 명칭)	○ ○ ○	

<table>
<tr><td rowspan="4">공
탁
자</td><td>성 명
(상호, 명칭)</td><td>○ ○ ○</td><td rowspan="4">피
공
탁
자</td><td>성 명
(상호, 명칭)</td><td colspan="2">○ ○ ○</td></tr>
<tr><td>주민등록번호
(법인등록번호)</td><td>111111-1234567</td><td>주민등록번호
(법인등록번호)</td><td colspan="2">111111-1234567</td></tr>
<tr><td>주 소
(본점, 주사무소)</td><td>○○시 ○○구 ○○동
○○번지</td><td>주 소
(본점, 주사무소)</td><td colspan="2">○○시 ○○구 ○○동
○○번지</td></tr>
<tr><td>전화번호</td><td>010-xxxx-xxxx</td><td>전화번호</td><td colspan="2">010-xxxx-xxxx</td></tr>
<tr><td rowspan="2" colspan="2">공 탁 금 액</td><td>한글 금 오백만원정</td><td rowspan="2" colspan="2">보 관 은 행</td><td colspan="2" rowspan="2">○○은행 ○○지점</td></tr>
<tr><td>숫자 5,000,000원정</td></tr>
<tr><td rowspan="2" colspan="2">법원의 명칭과
사 건</td><td colspan="5">○○ 법원 ○○카○호 소송비용담보제공결정신청 사건</td></tr>
<tr><td>당사자</td><td>원고
신청인
채권자</td><td>○ ○ ○</td><td>피고
피신청인
채무자</td><td>○ ○ ○</td></tr>
<tr><td colspan="2">공탁
원인
사실</td><td colspan="5">1. 가압류보증   6. 강제집행 취소의 보증   11. 기타(   )
2. 가처분보증   7. 강제집행 속행의 보증
3. 가압류 취소보증   8. 소송비용 담보
4. 가처분 취소보증   9. 가집행 담보
5. 강제집행 정지의 보증 10. 가집행을 면하기 위한 담보</td></tr>
<tr><td colspan="2">비고(첨부서류 등)</td><td colspan="5">□ 계좌납입신청</td></tr>
<tr><td colspan="7">위와 같이 신청합니다.   대리인 주소 ○○시 ○○구 ○○동 ○○번지
                           전화번호 010-xxxx-xxxx
공탁자 성명 ○ ○ ○인(서명)   성명   ○ ○ ○ 인(서명)</td></tr>
<tr><td colspan="7">위 공탁을 수리합니다.
공탁금을 20○○년 ○월 ○일까지 위 보관은행의 공탁관 계좌에 납입하시기 바랍니다.
위 납입기일까지 공탁금을 납입하지 않을 때는 이 공탁 수리결정의 효력이 상실됩니다.
            20○○ 년   ○○월   ○○일
            ○○법원   ○○지원 공탁관   ○ ○ ○(인)</td></tr>
<tr><td colspan="7">(영수증) 위 공탁금이 납입되었음을 증명합니다.
            20○○ 년   ○○월   ○○일
          공탁금 보관은행(공탁관)   ○ ○ ○ (인)</td></tr>
</table>

[서식 예] 강제집행속행의 보증공탁(유가증권)

금전 공탁서(재판상의 보증)

공 탁 번 호	○○년금 제○○호	년 월 일 신청	법령조항	민사소송법 제500조,제502 조, 제122조

	성 명 (상호, 명칭)	○ ○ ○		성 명 (상호, 명칭)	○ ○ ○
공 탁 자	주민등록번호 (법인등록번호)	111111-1234567	피 공 탁 자	주민등록번호 (법인등록번호)	111111-1234567
	주 소 (본점, 주사무소)	○○시 ○○구 ○○동 ○○번지		주 소 (본점, 주사무소)	○○시 ○○구 ○○동 ○○번지
	전화번호	010-xxxx-xxxx		전화번호	010-xxxx-xxxx

공 탁 금 액	한글 금 오백만원정	보 관 은 행	○○은행 ○○지점
	숫자 5,000,000원정		

법원의 명칭과 사 건	○○ 법원 ○○가합○○호 집행문부여에 대한 이의신청사건				
	당사자	원고 신청인 채권자	○ ○ ○	피고 피신청인 채무자	○ ○ ○

공탁 원인 사실	1. 가압류보증 2. 가처분보증 3. 가압류 취소보증 4. 가처분 취소보증 5. 강제집행 정지의 보증	6. 강제집행 취소의 보증 7. 강제집행 속행의 보증 8. 소송비용 담보 9. 가집행 담보 10. 가집행을 면하기 위한 담보	11. 기타( )

비고(첨부서류 등)	□ 계좌납입신청

위와 같이 신청합니다.　　　　　대리인 주소 ○○시 ○○구 ○○동 ○○번지
　　　　　　　　　　　　　　　전화번호 010-xxxx-xxxx
　공탁자 성명　○ ○ ○인(서명)　　성명　　　○ ○ ○ 인(서명)

위 공탁을 수리합니다.
공탁금을 20○○년　○월 ○일까지 위 보관은행의 공탁관 계좌에 납입하시기 바랍니다.
위 납입기일까지 공탁금을 납입하지 않을 때는 이 공탁 수리결정의 효력이 상실됩니다.
　　　　　　　　　20○○ 년　　○○월　　○○일
　　　　　　　　　○○법원　○○지원 공탁관　○ ○ ○(인)

　(영수증) 위 공탁금이 납입되었음을 증명합니다.
　　　　　　　　20○○ 년　　○○월　　○○일
　　　　　　　공탁금 보관은행(공탁관)　　○ ○ ○　(인)

[서식 예] 집행문부여에 대한 이의신청사건에 있어서 강제집행의 속행을 위한 보증공탁

금전 공탁서(재판상의 보증)

공 탁 번 호		○○년금 제○○호		년 월 일 신청	법령조항	민사집행법 제34조 제2항 민소법제502조, 제122조
공 탁 자	성 명 (상호, 명칭)	○ ○ ○	피 공 탁 자	성 명 (상호, 명칭)		○ ○ ○
	주민등록번호 (법인등록번호)	111111-1234567		주민등록번호 (법인등록번호)		111111-1234567
	주 소 (본점, 주사무소)	○○시 ○○구 ○○동 ○○번지		주 소 (본점, 주사무소)		○○시 ○○구 ○○동 ○○번지
	전화번호	010-xxxx-xxxx		전화번호		010-xxxx-xxxx
공 탁 금 액		한글 금 오백만원정	보 관 은 행			○○은행 ○○지점
		숫자 5,000,000원정				

법원의 명칭과 사 건	○○ 법원 ○○가합○○호 강제집행 속행사건				
	당사자	원고 신청인 채권자	○ ○ ○	피고 피신청인 채무자	○ ○ ○

공탁 원인 사실	1. 가압류보증 6. 강제집행 취소의 보증 11. 기타( ) 2. 가처분보증 7. 강제집행 속행의 보증 3. 가압류 취소보증 8. 소송비용 담보 4. 가처분 취소보증 9. 가집행 담보 5. 강제집행 정지의 보증 10. 가집행을 면하기 위한 담보

비고(첨부서류 등)	☐ 계좌납입신청

위와 같이 신청합니다.   대리인 주소 ○○시 ○○구 ○○동 ○○번지
     전화번호 010-xxxx-xxxx

공탁자 성명 ○ ○ ○인(서명)   성명   ○ ○ ○ 인(서명)

위 공탁을 수리합니다.
공탁금을 20○○년 ○월 ○일까지 위 보관은행의 공탁관 계좌에 납입하시기 바랍니다.
위 납입기일까지 공탁금을 납입하지 않을 때는 이 공탁 수리결정의 효력이 상실됩니다.
     20○○ 년   ○○월   ○○일
     ○○법원   ○○지원 공탁관   ○ ○ ○(인)

(영수증) 위 공탁금이 납입되었음을 증명합니다.
     20○○ 년   ○○월   ○○일
     공탁금 보관은행(공탁관)   ○ ○ ○ (인)

[서식 예] 청구에 관한 이의에 대한 집행속행의 보증공탁

금전 공탁서(재판상의 보증)

공 탁 번 호	○○년금 제○○호	년 월 일 신청	법령조항	민사집행법 제44조,제46조, 민소법 제502조 제122조

<table>
<tr><td rowspan="4">공
탁
자</td><td>성 명
(상호, 명칭)</td><td>○ ○ ○</td><td rowspan="4">피
공
탁
자</td><td>성 명
(상호, 명칭)</td><td>○ ○ ○</td></tr>
<tr><td>주민등록번호
(법인등록번호)</td><td>111111-1234567</td><td>주민등록번호
(법인등록번호)</td><td>111111-1234567</td></tr>
<tr><td>주 소
(본점, 주사무소)</td><td>○○시 ○○구 ○○동
○○번지</td><td>주 소
(본점, 주사무소)</td><td>○○시 ○○구 ○○동
○○번지</td></tr>
<tr><td>전화번호</td><td>010-xxxx-xxxx</td><td>전화번호</td><td>010-xxxx-xxxx</td></tr>
</table>

공 탁 금 액	한글 금 오백만원정	보 관 은 행	○○은행 ○○지점
	숫자 5,000,000원정		

<table>
<tr><td rowspan="2">법원의 명칭과
사   건</td><td colspan="4">○○ 법원   ○○가합○○호 청구에 관한 이의 소 사건</td></tr>
<tr><td>당사자</td><td>원고
신청인
채권자</td><td>○ ○ ○</td><td>피고
피신청인
채무자   ○ ○ ○</td></tr>
</table>

공탁 원인 사실	1. 가압류보증 2. 가처분보증 3. 가압류 취소보증 4. 가처분 취소보증 5. 강제집행 정지의 보증	6. 강제집행 취소의 보증 7. 강제집행 속행의 보증 8. 소송비용 담보 9. 가집행 담보 10. 가집행을 면하기 위한 담보	11. 기타( )

비고(첨부서류 등)	□ 계좌납입신청

위와 같이 신청합니다.   대리인 주소 ○○시 ○○구 ○○동 ○○번지
                                          전화번호 010-xxxx-xxxx
공탁자 성명 ○ ○ ○인(서명)   성명   ○ ○ ○ 인(서명)

위 공탁을 수리합니다.
공탁금을 20○○년 ○월 ○일까지 위 보관은행의 공탁관 계좌에 납입하시기 바랍니다.
위 납입기일까지 공탁금을 납입하지 않을 때는 이 공탁 수리결정의 효력이 상실됩니다.
                          20○○ 년   ○○월   ○○일
                          ○○법원   ○○지원 공탁관   ○ ○ ○(인)

(영수증) 위 공탁금이 납입되었음을 증명합니다.
                          20○○ 년   ○○월   ○○일
                          공탁금 보관은행(공탁관)   ○ ○ ○ (인)

[서식 예] 제3자 이의에 대한 매득금 공탁명령을 받기 위한 공탁

금전 공탁서(재판상의 보증)

<table>
<tr><td>공 탁 번 호</td><td colspan="2">○○년금 제○○호</td><td colspan="2">년 월 일 신청</td><td>법령조항</td><td>민사집행법
제291조제2항</td></tr>
<tr><td rowspan="4">공
탁
자</td><td>성 명
(상호, 명칭)</td><td colspan="2">○ ○ ○</td><td rowspan="4">피
공
탁
자</td><td>성 명
(상호, 명칭)</td><td>○ ○ ○</td></tr>
<tr><td>주민등록번호
(법인등록번호)</td><td colspan="2">111111-1234567</td><td>주민등록번호
(법인등록번호)</td><td>111111-1234567</td></tr>
<tr><td>주 소
(본점, 주사무소)</td><td colspan="2">○○시 ○○구 ○○동
○○번지</td><td>주 소
(본점, 주사무소)</td><td>○○시 ○○구 ○○동
○○번지</td></tr>
<tr><td>전화번호</td><td colspan="2">010-xxxx-xxxx</td><td>전화번호</td><td>010-xxxx-xxxx</td></tr>
<tr><td rowspan="2">공 탁 금 액</td><td colspan="2">한글 금 오백만원정</td><td rowspan="2" colspan="2">보 관 은 행</td><td colspan="2">○○은행 ○○지점</td></tr>
<tr><td colspan="2">숫자 5,000,000원정</td><td colspan="2"></td></tr>
<tr><td rowspan="2">법원의 명칭과
사 건</td><td colspan="6">○○법원 ○○카합○○호 매득금공탁명령사건</td></tr>
<tr><td>당사자</td><td>원고
신청인
채권자</td><td colspan="2">○ ○ ○</td><td>피고
피신청인
채무자</td><td>○ ○ ○</td></tr>
<tr><td>공탁
원인
사실</td><td colspan="6">1. 가압류보증   6. 강제집행 취소의 보증   11. 기타(   )
2. 가처분보증   7. 강제집행 속행의 보증
3. 가압류 취소보증   8. 소송비용 담보
4. 가처분 취소보증   9. 가집행 담보
5. 강제집행 정지의 보증 10. 가집행을 면하기 위한 담보</td></tr>
<tr><td>비고(첨부서류 등)</td><td colspan="6">□ 계좌납입신청</td></tr>
<tr><td colspan="7">위와 같이 신청합니다.   대리인 주소 ○○시 ○○구 ○○동 ○○번지
                              전화번호 010-xxxx-xxxx
공탁자 성명 ○ ○ ○인(서명)   성명   ○ ○ ○ 인(서명)</td></tr>
<tr><td colspan="7">위 공탁을 수리합니다.
공탁금을 20○○년 ○월 ○일까지 위 보관은행의 공탁관 계좌에 납입하시기 바랍니다.
위 납입기일까지 공탁금을 납입하지 않을 때는 이 공탁 수리결정의 효력이 상실됩니다.
          20○○ 년   ○○월   ○○일
          ○○법원 ○○지원 공탁관 ○ ○ ○(인)</td></tr>
<tr><td colspan="7">(영수증) 위 공탁금이 납입되었음을 증명합니다.
          20○○ 년   ○○월   ○○일
          공탁금 보관은행(공탁관)   ○ ○ ○ (인)</td></tr>
</table>

[서식] 제3자 이의의 소에 있어서의 제3자의 집행정지 보증공탁

금전 공탁서(재판상의 보증)

공 탁 번 호	○○년금 제○○호	년 월 일 신청	법령조항	민사집행법 제48조 제3항 민소법 502조, 제122조

공탁자	성 명 (상호, 명칭)	○ ○ ○	피공탁자	성 명 (상호, 명칭)	○ ○ ○
	주민등록번호 (법인등록번호)	111111-1234567		주민등록번호 (법인등록번호)	111111-1234567
	주 소 (본점, 주사무소)	○○시 ○○구 ○○동 ○○번지		주 소 (본점, 주사무소)	○○시 ○○구 ○○동 ○○번지
	전화번호	010-xxxx-xxxx		전화번호	010-xxxx-xxxx

공 탁 금 액	한글 금 오백만원정	보 관 은 행	○○은행 ○○지점
	숫자 5,000,000원정		

법원의 명칭과 사 건	○○법원 ○○카합○○호 소송비용담보제공결정 신청사건			
	당사자	원고 신청인 채권자	○ ○ ○	피고 피신청인 채무자	○ ○ ○

공탁 원인 사실	1. 가압류보증 6. 강제집행 취소의 보증 11. 기타( ) 2. 가처분보증 7. 강제집행 속행의 보증 3. 가압류 취소보증 8. 소송비용 담보 4. 가처분 취소보증 9. 가집행 담보 5. 강제집행 정지의 보증 10. 가집행을 면하기 위한 담보

비고(첨부서류 등)	☐ 계좌납입신청

위와 같이 신청합니다.

공탁자 성명 ○ ○ ○인(서명)

대리인 주소 ○○시 ○○구 ○○동 ○○번지
전화번호 010-xxxx-xxxx
성명   ○ ○ ○ 인(서명)

위 공탁을 수리합니다.
공탁금을 20○○년 ○월 ○일까지 위 보관은행의 공탁관 계좌에 납입하시기 바랍니다.
위 납입기일까지 공탁금을 납입하지 않을 때는 이 공탁 수리결정의 효력이 상실됩니다.
20○○ 년   ○○월   ○○일
○○법원   ○○지원 공탁관   ○ ○ ○(인)

(영수증) 위 공탁금이 납입되었음을 증명합니다.
20○○ 년   ○○월   ○○일
공탁금 보관은행(공탁관)   ○ ○ ○ (인)

[서식] 일부목적물에 대한 강제집행 정지의 보증공탁

금전 공탁서(재판상의 보증)

<table>
<tr>
<td colspan="2">공 탁 번 호</td>
<td>○○년금 제○○호</td>
<td>년 월 일 신청</td>
<td>법령조항</td>
<td>민소법
제502조, 122조
, 민사집행법
제34조제2항,
제196조 제3항</td>
</tr>
<tr>
<td rowspan="4">공
탁
자</td>
<td>성 명
(상호, 명칭)</td>
<td>○ ○ ○</td>
<td rowspan="4">피
공
탁
자</td>
<td>성 명
(상호, 명칭)</td>
<td>○ ○ ○</td>
</tr>
<tr>
<td>주민등록번호
(법인등록번호
)</td>
<td>111111-1234567</td>
<td>주민등록번호
(법인등록번호
)</td>
<td>111111-1234567</td>
</tr>
<tr>
<td>주 소
(본점,
주사무소)</td>
<td>○○시 ○○구 ○○동
○○번지</td>
<td>주 소
(본점,
주사무소)</td>
<td>○○시 ○○구 ○○동
○○번지</td>
</tr>
<tr>
<td>전화번호</td>
<td>010-xxxx-xxxx</td>
<td>전화번호</td>
<td>010-xxxx-xxxx</td>
</tr>
<tr>
<td colspan="2" rowspan="2">공 탁 금 액</td>
<td>한글 금 오백만원정</td>
<td rowspan="2">보 관 은 행</td>
<td colspan="2" rowspan="2">○○은행 ○○지점</td>
</tr>
<tr>
<td>숫자 5,000,000원정</td>
</tr>
<tr>
<td colspan="2" rowspan="2">법원의 명칭과
사 건</td>
<td colspan="4">○○법원 ○○카합○○호 압류제외물 지정신청사건(또는 강제집행을
면한 목적물 지정신청)</td>
</tr>
<tr>
<td>당사자</td>
<td>원고
신청인
채권자</td>
<td colspan="2">○ ○ ○   피고
피신청인
채무자   ○ ○ ○</td>
</tr>
<tr>
<td colspan="2">공 탁
원 인
사 실</td>
<td colspan="4">1. 가압류보증   6. 강제집행 취소의 보증   11. 기타(   )
2. 가처분보증   7. 강제집행 속행의 보증
3. 가압류 취소보증   8. 소송비용 담보
4. 가처분 취소보증   9. 가집행 담보
5. 강제집행 정지의 보증 10. 가집행을 면하기 위한 담보</td>
</tr>
<tr>
<td colspan="2">비고(첨부서류 등)</td>
<td colspan="4">□ 계좌납입신청</td>
</tr>
<tr>
<td colspan="6">위와 같이 신청합니다.   대리인 주소 ○○시 ○○구 ○○동 ○○번지
                        전화번호 010-xxxx-xxxx
공탁자 성명   ○ ○ ○인(서명)   성명   ○ ○ ○ 인(서명)</td>
</tr>
<tr>
<td colspan="6">위 공탁을 수리합니다.
공탁금을 20○○년 ○월 ○일까지 위 보관은행의 공탁관 계좌에 납입하시기 바랍니다.
위 납입기일까지 공탁금을 납입하지 않을 때는 이 공탁 수리결정의 효력이 상실됩니다.
            20○○ 년   ○○월   ○○일
          ○○법원   ○○지원 공탁관   ○ ○ ○(인)</td>
</tr>
<tr>
<td colspan="6">(영수증) 위 공탁금이 납입되었음을 증명합니다.
             20○○ 년   ○○월   ○○일
          공탁금 보관은행(공탁관)   ○ ○ ○   (인)</td>
</tr>
</table>

[서식] 가압류의 보증공탁(유가증권)

유가증권 공탁서(재판상의 보증)

공 탁 번 호	○○년금 제○○호호	년 월 일 신청	법령조항	민사집행법 제280조, 민소법 제502조, 121조

<table>
<tr><td rowspan="4">공
탁
자</td><td>성 명
(상호, 명칭)</td><td>○ ○ ○</td><td rowspan="4">피
공
탁
자</td><td>성 명
(상호, 명칭)</td><td>○ ○ ○</td></tr>
<tr><td>주민등록번호
(법인등록번호)</td><td>111111-1234567</td><td>주민등록번호
(법인등록번호)</td><td>111111-1234567</td></tr>
<tr><td>주 소
(본점, 주사무소)</td><td>○○시 ○○구 ○○동 ○○번지</td><td>주 소
(본점, 주사무소)</td><td>○○시 ○○구 ○○동 ○○번지</td></tr>
<tr><td>전화번호</td><td>010-xxxx-xxxx</td><td>전화번호</td><td>010-xxxx-xxxx</td></tr>
</table>

<table>
<tr><td colspan="4" style="text-align:center">공탁유가증권</td><td colspan="5">법원의 명칭과 사건
○○법원, ○○카○○호
부동산가압류명령신청사건</td></tr>
<tr><td>명 칭</td><td>○○증권(주)</td><td></td><td>계</td><td rowspan="2">법원의
명칭과
사건</td><td rowspan="2">당
사
자</td><td>원고
신청인
채권자</td><td rowspan="2">○○○</td><td>피고
피신청
인
채무자</td><td rowspan="2">○○○</td></tr>
<tr><td>장 수</td><td>○○매</td><td>○○매</td><td>○○매</td></tr>
</table>

총액면금	한글 이백만원 숫자 2,000,000원	공탁 원인 사실	1. 가압류보증 7. 강제집행속행보증 2. 가처분보증 8. 소송비용담보 3. 가압류취소보증 9. 가집행담보 4. 가처분취소보증 10. 가집행을 면하기 5. 강제집행정지보증 위한 담보 6. 강제집행취소보증 11. 기타( )
액면금 기호번호	○○ (-)		

부속이표		보 관 은 행	○○은행 ○○지점
최종 상환기		비고(첨부서류 등)	

위와 같이 신청합니다.

공탁자 성명 ○ ○ ○인(서명)

대리인 주소 ○○시 ○○구 ○○동 ○○번지
전화번호 010-xxxx-xxxx
성명   ○ ○ ○ 인(서명)

위 공탁을 수리합니다.
공탁유가증권을 20○○년○월○일까지 위 보관은행의 공탁관 계좌에 납입하시기 바랍니다.
위 납입기일까지 공탁유가증권을 납입하지 않을 때는 이 공탁 수리결정의 효력이 상실됩니다.
20○○ 년   ○○월   ○○일
○○법원   ○○지원 공탁관   ○ ○ ○(인)

(영수증) 위 공탁유가증권이 납입되었음을 증명합니다.
20○○ 년   ○○월   ○○일
공탁금 보관은행(공탁관)   ○ ○ ○ (인)

[서식 예] 가압류명령취소의 보증공탁(사정변경)

금전 공탁서(재판상의 보증)

공 탁 번 호	○○년금 제○○호	년 월 일 신청	법령조항	민사집행법 제288조제1항

공 탁 자	성 명 (상호, 명칭)	○ ○ ○	피 공 탁 자	성 명 (상호, 명칭)	○ ○ ○
	주민등록번호 (법인등록번호)	111111-1234567		주민등록번호 (법인등록번호)	111111-1234567
	주 소 (본점, 주사무소)	○○시 ○○구 ○○동 ○○번지		주 소 (본점, 주사무소)	○○시 ○○구 ○○동 ○○번지
	전화번호	010-xxxx-xxxx		전화번호	010-xxxx-xxxx

공 탁 금 액	한글 금 오백만원정	보 관 은 행	○○은행 ○○지점
	숫자 5,000,000원정		

법원의 명칭과 사 건	○○법원 ○○카합○○호 가압류명령취소 신청사건			
	당사자	원고 신청인 채권자	○ ○ ○	피고 피신청인 채무자	○ ○ ○

공탁 원인 사실	1. 가압류보증 2. 가처분보증 3. 가압류 취소보증 4. 가처분 취소보증 5. 강제집행 정지의 보증	6. 강제집행 취소의 보증 7. 강제집행 속행의 보증 8. 소송비용 담보 9. 가집행 담보 10. 가집행을 면하기 위한 담보	11. 기타( )

비고(첨부서류 등)	□ 계좌납입신청

위와 같이 신청합니다.   대리인 주소 ○○시 ○○구 ○○동 ○○번지
                                        전화번호 010-xxxx-xxxx
공탁자 성명 ○ ○ ○인(서명)   성명   ○ ○ ○ 인(서명)

위 공탁을 수리합니다.
공탁금을 20○○년 ○월 ○일까지 위 보관은행의 공탁관 계좌에 납입하시기 바랍니다.
위 납입기일까지 공탁금을 납입하지 않을 때는 이 공탁 수리결정의 효력이 상실됩니다.
                20○○ 년   ○○월   ○○일
                ○○법원 ○○지원 공탁관 ○ ○ ○(인)

(영수증) 위 공탁금이 납입되었음을 증명합니다.
                20○○ 년   ○○월   ○○일
                공탁금 보관은행(공탁관)   ○ ○ ○ (인)

[서식 예] 제3자 이의에 의한 집행정지처분취소 보증공탁

금전 공탁서(재판상의 보증)

공 탁 번 호		○○년금 제○○호	년 월 일 신청	법령조항	민사집행법 제48조제2항
공 탁 자	성 명 (상호, 명칭)	○ ○ ○	피 공 탁 자	성 명 (상호, 명칭)	○ ○ ○
	주민등록번호 (법인등록번호)	111111-1234567		주민등록번호 (법인등록번호)	111111-1234567
	주 소 (본점, 주사무소)	○○시 ○○구 ○○동 ○○번지		주 소 (본점, 주사무소)	○○시 ○○구 ○○동 ○○번지
	전화번호	010-xxxx-xxxx		전화번호	010-xxxx-xxxx

공 탁 금 액	한글 금 오백만원정	보 관 은 행	○○은행 ○○지점
	숫자 5,000,000원정		

법원의 명칭과 사 건	○○법원 ○○카합○○호 강제집행정지사건				
	당사자	원고 신청인 채권자	○ ○ ○	피고 피신청인 채무자	○ ○ ○

공탁 원인 사실	1. 가압류보증 6. 강제집행 취소의 보증 11. 기타( ) 2. 가처분보증 7. 강제집행 속행의 보증 3. 가압류 취소보증 8. 소송비용 담보 4. 가처분 취소보증 9. 가집행 담보 5. 강제집행 정지의 보증 10. 가집행을 면하기 위한 담보

비고(첨부서류 등)	□ 계좌납입신청

위와 같이 신청합니다.   대리인 주소 ○○시 ○○구 ○○동 ○○번지
                              전화번호 010-xxxx-xxxx

공탁자 성명 ○ ○ ○인(서명)   성명   ○ ○ ○ 인(서명)

위 공탁을 수리합니다.
공탁금을 20○○년 ○월 ○일까지 위 보관은행의 공탁관 계좌에 납입하시기 바랍니다.
위 납입기일까지 공탁금을 납입하지 않을 때는 이 공탁 수리결정의 효력이 상실됩니다.
                    20○○ 년   ○○월   ○○일
                    ○○법원   ○○지원 공탁관   ○ ○ ○(인)

(영수증) 위 공탁금이 납입되었음을 증명합니다.

                    20○○ 년   ○○월   ○○일
                    공탁금 보관은행(공탁관)   ○ ○ ○ (인)

[서식 예] 담보권실행을 위한 경매의 경우 경매절차 속행의 보증공탁

금전 공탁서(재판상의 보증)

공 탁 번 호		○○년금 제○○호	년 월 일 신청	법령조항	민사집행법 제102조 제2항, 제268조
공 탁 자	성 명 (상호, 명칭)	○ ○ ○	피 공 탁 자 성 명 (상호, 명칭)		○ ○ ○
	주민등록번호 (법인등록번호)	111111-1234567	주민등록번호 (법인등록번호)		111111-1234567
	주 소 (본점, 주사무소)	○○시 ○○구 ○○동 ○○번지	주 소 (본점, 주사무소)		○○시 ○○구 ○○동 ○○번지
	전화번호	010-xxxx-xxxx	전화번호		010-xxxx-xxxx

공 탁 금 액	한글 금 오백만원정	보 관 은 행	○○은행 ○○지점
	숫자 5,000,000원정		

법원의 명칭과 사 건	○○법원 ○○타경○○호 부동산 강제경매사건				
	당사자	원고 신청인 채권자	○ ○ ○	피고 피신청인 채무자	○ ○ ○

공탁 원인 사실	1. 가압류보증 2. 가처분보증 3. 가압류 취소보증 4. 가처분 취소보증 5. 강제집행 정지의 보증	6. 강제집행 취소의 보증 7. 강제집행 속행의 보증 8. 소송비용 담보 9. 가집행 담보 10. 가집행을 면하기 위한 담보	11. 기타( )

비고(첨부서류 등)	□ 계좌납입신청

위와 같이 신청합니다.　　　대리인 주소 ○○시 ○○구 ○○동 ○○번지
　　　　　　　　　　　　전화번호 010-xxxx-xxxx
공탁자 성명　○ ○ ○인(서명)　성명　　○ ○ ○ 인(서명)

위 공탁을 수리합니다.
공탁금을 20○○년　○월 ○일까지 위 보관은행의 공탁관 계좌에 납입하시기 바랍니다.
위 납입기일까지 공탁금을 납입하지 않을 때는 이 공탁 수리결정의 효력이 상실됩니다.
　　　　　　　　20○○ 년　　○○월　　○○일
　　　　　　　　○○법원　　○○지원 공탁관　○ ○ ○(인)

(영수증) 위 공탁금이 납입되었음을 증명합니다.

　　　　　　　　20○○ 년　　○○월　　○○일
　　　　　　　공탁금 보관은행(공탁관)　　○ ○ ○　(인)

[서식 예] 낙찰허가 결정에 대한 항고를 하기 위한 보증공탁

금전 공탁서(재판상의 보증)

<table>
<tr><td colspan="2">공 탁 번 호</td><td>○○년금 제○○호</td><td colspan="2">년 월 일 신청</td><td>법령조항</td><td>민사집행법
제130조 제4항</td></tr>
<tr><td rowspan="4">공
탁
자</td><td>성 명
(상호, 명칭)</td><td>○ ○ ○</td><td rowspan="4">피
공
탁
자</td><td>성 명
(상호, 명칭)</td><td colspan="2">○ ○ ○</td></tr>
<tr><td>주민등록번호
(법인등록번호)</td><td>111111-1234567</td><td>주민등록번호
(법인등록번호)</td><td colspan="2">111111-1234567</td></tr>
<tr><td>주 소
(본점, 주사무소)</td><td>○○시 ○○구 ○○동
○○번지</td><td>주 소
(본점, 주사무소)</td><td colspan="2">○○시 ○○구 ○○동
○○번지</td></tr>
<tr><td>전화번호</td><td>010-xxxx-xxxx</td><td>전화번호</td><td colspan="2">010-xxxx-xxxx</td></tr>
<tr><td colspan="2">공 탁 금 액</td><td>한글 금 오백만원정
숫자 5,000,000원정</td><td colspan="2">보 관 은 행</td><td colspan="2">○○은행 ○○지점</td></tr>
<tr><td colspan="2" rowspan="2">법원의 명칭과
사 건</td><td colspan="5">○○법원 ○○타경○○호 낙찰허가결정에 대한 항고사건</td></tr>
<tr><td>당사자</td><td>원고
신청인
채권자</td><td>○ ○ ○</td><td>피고
피신청인
채무자</td><td>○ ○ ○</td></tr>
<tr><td colspan="2">공탁
원인
사실</td><td colspan="5">1. 가압류보증   6. 강제집행 취소의 보증   11. 기타( )
2. 가처분보증   7. 강제집행 속행의 보증
3. 가압류 취소보증 8. 소송비용 담보
4. 가처분 취소보증 9. 가집행 담보
5. 강제집행 정지의 보증 10. 가집행을 면하기 위한 담보</td></tr>
<tr><td colspan="2">비고(첨부서류 등)</td><td colspan="5">□ 계좌납입신청</td></tr>
<tr><td colspan="7">위와 같이 신청합니다.   대리인 주소 ○○시 ○○구 ○○동 ○○번지
                         전화번호 010-xxxx-xxxx
공탁자 성명 ○ ○ ○인(서명)   성명   ○ ○ ○ 인(서명)</td></tr>
<tr><td colspan="7">위 공탁을 수리합니다.
공탁금을 20○○년 ○월 ○일까지 위 보관은행의 공탁관 계좌에 납입하시기 바랍니다.
위 납입기일까지 공탁금을 납입하지 않을 때는 이 공탁 수리결정의 효력이 상실됩니다.
             20○○ 년   ○○월   ○○일
             ○○법원 ○○지원 공탁관 ○ ○ ○(인)</td></tr>
<tr><td colspan="7">(영수증) 위 공탁금이 납입되었음을 증명합니다.

                20○○ 년   ○○월   ○○일
               공탁금 보관은행(공탁관)   ○ ○ ○ (인)</td></tr>
</table>

[서식 예] 파산선고전 보전처분의 보증공탁

금전 공탁서(재판상의 보증)

공 탁 번 호	○○년금 제○○호	년 월 일 신청	법령조항	
공 탁 자	성 명 (상호, 명칭)	○ ○ ○	피 공 탁 자	성 명 (상호, 명칭)	○ ○ ○

	성 명 (상호, 명칭)	○ ○ ○		성 명 (상호, 명칭)	○ ○ ○
공 탁 자	주민등록번호 (법인등록번호)	111111-1234567	피 공 탁 자	주민등록번호 (법인등록번호)	111111-1234567
	주 소 (본점, 주사무소)	○○시 ○○구 ○○동 ○○번지		주 소 (본점, 주사무소)	○○시 ○○구 ○○동 ○○번지
	전화번호	010-xxxx-xxxx		전화번호	010-xxxx-xxxx

공 탁 금 액	한글 금 오백만원정	보 관 은 행	○○은행 ○○지점
	숫자 5,000,000원정		

법원의 명칭과 사 건	○○가정법원 ○○카○○호 파산선고전의 가처분명령신청사건				
	당사자	원고 신청인 채권자	○ ○ ○	피고 피신청인 채무자	○ ○ ○

공탁 원인 사실	1. 가압류보증 2. 가처분보증 3. 가압류 취소보증 4. 가처분 취소보증 5. 강제집행 정지의 보증	6. 강제집행 취소의 보증 7. 강제집행 속행의 보증 8. 소송비용 담보 9. 가집행 담보 10. 가집행을 면하기 위한 담보	11. 기타( )

비고(첨부서류 등)	□ 계좌납입신청

위와 같이 신청합니다.　　　　대리인 주소 ○○시 ○○구 ○○동 ○○번지
　　　　　　　　　　　　　　　전화번호 010-xxxx-xxxx
공탁자 성명　○ ○ ○인(서명)　　성명　　○ ○ ○ 인(서명)

위 공탁을 수리합니다.
공탁금을 20○○년 ○월 ○일까지 위 보관은행의 공탁관 계좌에 납입하시기 바랍니다.
위 납입기일까지 공탁금을 납입하지 않을 때는 이 공탁 수리결정의 효력이 상실됩니다.
　　　　　　　20○○ 년　　○○월　　○○일
　　　　　　　○○법원　　○○지원 공탁관　○ ○ ○(인)

(영수증) 위 공탁금이 납입되었음을 증명합니다.

　　　　　　　　20○○ 년　　○○월　　○○일
　　　　　　　공탁금 보관은행(공탁관)　　○ ○ ○　(인)

[서식 예] 경락허가결정에 대한 항고의 보증공탁

금전 공탁서(재판상의 보증)

<table>
<tr><td colspan="2">공 탁 번 호</td><td>○○년금 제○○호</td><td>년 월 일 신청</td><td>법령조항</td><td>민사집행법
제130조 제4항</td></tr>
<tr><td rowspan="4">공
탁
자</td><td>성 명
(상호, 명칭)</td><td>○ ○ ○</td><td rowspan="4">피
공
탁
자</td><td>성 명
(상호, 명칭)</td><td>○ ○ ○</td></tr>
<tr><td>주민등록번호
(법인등록번호)</td><td>111111-1234567</td><td>주민등록번호
(법인등록번호)</td><td>111111-1234567</td></tr>
<tr><td>주 소
(본점, 주사무소)</td><td>○○시 ○○구 ○○동
○○번지</td><td>주 소
(본점, 주사무소)</td><td>○○시 ○○구 ○○동
○○번지</td></tr>
<tr><td>전화번호</td><td>010-xxxx-xxxx</td><td>전화번호</td><td>010-xxxx-xxxx</td></tr>
<tr><td colspan="2">공 탁 금 액</td><td>한글 금 오백만원정
숫자 5,000,000원정</td><td colspan="2">보 관 은 행</td><td>○○은행 ○○지점</td></tr>
<tr><td colspan="2" rowspan="2">법원의 명칭과
사 건</td><td colspan="4">○○법원 ○○카○○호 경락허가결정에 대한 항고사건</td></tr>
<tr><td>당사자</td><td>원고
신청인
채권자</td><td>○ ○ ○</td><td>피고
피신청인
채무자</td><td>○ ○ ○</td></tr>
<tr><td colspan="2">공탁
원인
사실</td><td colspan="4">1. 가압류보증   6. 강제집행 취소의 보증   11. 기타(   )
2. 가처분보증   7. 강제집행 속행의 보증
3. 가압류 취소보증   8. 소송비용 담보
4. 가처분 취소보증   9. 가집행 담보
5. 강제집행 정지의 보증   10. 가집행을 면하기 위한 담보</td></tr>
<tr><td colspan="2">비고(첨부서류 등)</td><td colspan="4">□ 계좌납입신청</td></tr>
<tr><td colspan="6">위와 같이 신청합니다.   대리인 주소 ○○시 ○○구 ○○동 ○○번지
                              전화번호 010-xxxx-xxxx
공탁자 성명 ○ ○ ○인(서명)   성명   ○ ○ ○ 인(서명)</td></tr>
<tr><td colspan="6">위 공탁을 수리합니다.
공탁금을 20○○년 ○월 ○일까지 위 보관은행의 공탁관 계좌에 납입하시기 바랍니다.
위 납입기일까지 공탁금을 납입하지 않을 때는 이 공탁 수리결정의 효력이 상실됩니다.
            20○○ 년   ○○월   ○○일
            ○○법원   ○○지원 공탁관   ○ ○ ○(인)</td></tr>
<tr><td colspan="6">(영수증) 위 공탁금이 납입되었음을 증명합니다.

            20○○ 년   ○○월   ○○일
            공탁금 보관은행(공탁관)   ○ ○ ○ (인)</td></tr>
</table>

[서식 예] 상호회사 창립총회결의취소의 소제기의 손해보증공탁

유가증권 공탁서

<table>
<tr><td colspan="3" rowspan="2">공 탁 번 호</td><td rowspan="2">○○년금
제○○호</td><td rowspan="2">년 월 일 신청</td><td rowspan="2">법령조항</td><td rowspan="2"></td></tr>
<tr></tr>
<tr><td rowspan="8">공
탁
자</td><td colspan="2">성 명
(상호, 명칭)</td><td colspan="4">○○상호회사, 사원 ○ ○ ○</td></tr>
<tr><td colspan="2">주민등록번호
(법인등록번호)</td><td colspan="4">111111- 1234567</td></tr>
<tr><td colspan="2">주 소
(본점, 주사무소)</td><td colspan="4">○○시 ○○구 ○○동 ○○번지</td></tr>
<tr><td colspan="2">전화번호</td><td colspan="4">010-xxxx-xxxx</td></tr>
<tr><td colspan="4">공탁유가증권</td><td rowspan="3">공탁
원인
사실</td><td rowspan="3">피공탁자는 상호회사의 「창립총회결의」에 대하여 공탁자에 대하여 공탁자인 사원이 그 결의취소의 소를 제기함에 상호회사의 청구에 의하여 법원이 명하는 위의 금액을 담보공탁함.</td></tr>
<tr><td>명 칭</td><td>○○증권(주)</td><td></td><td>계</td></tr>
<tr><td>장 수</td><td>○○매</td><td></td><td>○○매</td></tr>
<tr><td colspan="3">총액면금</td><td>한글
숫자</td><td rowspan="2">관공서의 명칭,
건명(허가번호 등)</td><td rowspan="2">○○법원 ○○카○○호
피공탁자의 담보제공청구사건</td></tr>
<tr><td colspan="3">액면금
기호번호</td><td>○○원20○○년
제1회01~100</td></tr>
<tr><td colspan="3">부속이표</td><td></td><td>보 관 은 행</td><td>○○은행 ○○지점</td></tr>
<tr><td colspan="3">최종
상환기</td><td></td><td>비 고</td><td></td></tr>
</table>

위와 같이 신청합니다.　　　　　　　대리인 주소 ○○시 ○○구 ○○동 ○○번지
　공탁자　○○상호회사　　　　　　　전화번호 010-xxxx-xxxx
　성명　사원 ○ ○ ○인(서명)　　　　성명　　○ ○ ○ 인(서명)

위 공탁을 수리합니다.
공탁유가증권을 20○○년　○월　○일까지 위 보관은행의 공탁관 계좌에 납입하시기 바랍니다.
위 납입기일까지 공탁유가증권을 납입하지 않을 때는 이 공탁 수리결정의 효력이 상실됩니다.
　　　　　　　　　　20○○ 년　　○○월　　○○일
　　　　　　　　　○○법원　　○○지원 공탁관　○ ○ ○(인)

　(영수증) 위 공탁유가증권이 납입되었음을 증명합니다.
　　　　　　　　　　20○○ 년　　○○월　　○○일
　　　　　　　　공탁금 보관은행(공탁관)　　○ ○ ○　(인)

[서식 예] 이해관계인의 회사해산명령청구에 대한 손해보증공탁

유가증권 공탁서

공 탁 번 호	○○년금 제○○호	년 월 일 신청	법령조항	

공 탁 자	성 명 (상호, 명칭)	○○상호회사, 사원 ○ ○ ○		
	주민등록번호 (법인등록번호)	111111- 1234567		
	주 소 (본점, 주사무소)	○○시 ○○구 ○○동 ○○번지		
	전화번호	010-xxxx-xxxx		

공탁유가증권				공탁 원인 사실	상법 제176조제3항의 사유가 있는 경우 이해관계인의 회사해산명령의 청구가 있을 시에 상호회사의 청구에 의하여 법원이 명하는 위의 금액을 담보공탁함.
명 칭	○○증권(주)		계		
장 수	○○매		○○매		
총액면금	한글 숫자			관공서의 명칭, 건명(허가번호 등)	○○법원 ○○카○○호 피공탁자의 담보제공청구사건
액면금 기호번호	○○원20○○년 제1회01~100				
부속이표				보 관 은 행	○○은행 ○○지점
최종 상환기				비 고	

위와 같이 신청합니다.   대리인 주소 ○○시 ○○구 ○○동 ○○번지
공탁자 ○○상호회사   전화번호 010-xxxx-xxxx
 성명 사원 ○ ○ ○인(서명)   성명   ○ ○ ○ 인(서명)

위 공탁을 수리합니다.
공탁유가증권을 20○○년 ○월 ○일까지 위 보관은행의 공탁관 계좌에 납입하시기 바랍니다.
위 납입기일까지 공탁유가증권을 납입하지 않을 때는 이 공탁 수리결정의 효력이 상실됩니다.
20○○ 년   ○○월   ○○일
○○법원   ○○지원 공탁관   ○ ○ ○(인)

(영수증) 위 공탁유가증권이 납입되었음을 증명합니다.
20○○ 년   ○○월   ○○일
공탁금 보관은행(공탁관)   ○ ○ ○ (인)

[서식 예] 신탁영업에 기한 손해의 보증공탁(유가증권)

유가증권 공탁서

공 탁 번 호	○○년금 제○○호	년 월 일 신청	법령조항	

<table>
<tr><td rowspan="4">공
탁
자</td><td>성 명
(상호, 명칭)</td><td colspan="3">○○공업주식회사 대표이사 ○ ○ ○</td></tr>
<tr><td>주민등록번호
(법인등록번호)</td><td colspan="3">111111- 1234567</td></tr>
<tr><td>주 소
(본점, 주사무소)</td><td colspan="3">○○시 ○○구 ○○동 ○○번지</td></tr>
<tr><td>전화번호</td><td colspan="3">010-xxxx-xxxx</td></tr>
</table>

<table>
<tr><td colspan="3">공탁유가증권</td><td rowspan="3">공탁
원인
사실</td><td rowspan="3">신탁의무 위반에 의하여 수익자에게 생기게 될 손해를 담보하기 위하여 자본금의 1,000분의 1에 해당하는 금액의 유가증권을 공탁함.</td></tr>
<tr><td>명 칭</td><td>○○증권(주)</td><td>계</td></tr>
<tr><td>장 수</td><td>○○매</td><td>○○매</td></tr>
<tr><td>총액면금</td><td>한글
숫자</td><td rowspan="2"></td><td rowspan="2">관공서의 명칭,
건명(허가번호 등)</td><td rowspan="2">관청명 ○○세무서장</td></tr>
<tr><td>액면금
기호번호</td><td>○○원20○○년
제1회01~100</td></tr>
<tr><td>부속이표</td><td></td><td></td><td>보 관 은 행</td><td>○○은행 ○○지점</td></tr>
<tr><td>최종
상환기</td><td></td><td></td><td>비 고</td><td></td></tr>
</table>

위와 같이 신청합니다. 공탁자 ○○신탁주식회사 　성명 대표이사 ○ ○ ○인(서명)	대리인 주소 ○○시 ○○구 ○○동 ○○번지 전화번호 010-xxxx-xxxx 성명 　○ ○ ○ 인(서명)

위 공탁을 수리합니다.
공탁유가증권을 20○○년 ○월 ○일까지 위 보관은행의 공탁관 계좌에 납입하시기 바랍니다.
위 납입기일까지 공탁유가증권을 납입하지 않을 때는 이 공탁 수리결정의 효력이 상실됩니다.
　　　　　　　20○○ 년 　　○○월 　　○○일
　　　　　　　○○법원 　○○지원 공탁관 　○ ○ ○(인)

　(영수증) 위 공탁유가증권이 납입되었음을 증명합니다.
　　　　　　　20○○ 년 　　○○월 　　○○일
　　　　　　공탁금 보관은행(공탁관) 　　○ ○ ○ (인)

제6장

집행공탁은 어떤 절차로
신청하나요?

제6장 집행공탁은 어떤 절차로 신청하나요?

1. 집행공탁 개관

1-1. 집행공탁의 의의

"집행공탁"이란 강제집행 또는 보전처분절차에서 집행기관이나 집행당사자 또는 제3채무자가 「민사집행법」에 따른 권리·의무로서 집행목적물을 공탁소에 공탁하여 그 집행목적물의 관리와 집행법원의 지급위탁에 의한 공탁물 지급을 공탁절차에 따라 하는 제도를 말합니다.

> **법령용어해설**
>
> ※ 집행공탁과 변제공탁이란?
> ① 집행공탁도 그 공탁의 목적물이 궁극적으로는 채무의 변제로서 채권자에게 돌아가고, 집행공탁에 대해 변제의 효력을 인정하고 있으므로 집행공탁도 큰 의미에서의 변제공탁의 범주에 포함됩니다.
> ② 그러나 집행공탁과 변제공탁은 공탁요건, 공탁절차, 공탁물의 출급절차에서 큰 차이가 있으므로 집행공탁의 사유가 있음에도 불구하고 변제공탁을 하거나, 변제공탁의 사유가 있음에도 불구하고 집행공탁을 하는 경우에 해당 공탁은 부적법한 것으로 보아 수리되지 않습니다.
> ③ 만약 위의 공탁이 수리되었다하더라도 그 공탁은 부적법한 공탁으로 무효가 되므로 변제의 효력이 발생하지 않습니다.

1-2. 집행공탁의 종류

1-2-1. 집행당사자에 의한 집행공탁

① 제3채무자의 권리공탁(「민사집행법」 제248조제1항)

　채권이 압류된 경우 제3채무자가 스스로 채무를 면하기 위해 압류에 관련된 금전채권 전액 또는 압류된 채권액만을 공탁하는 것을 말합니다.

② 제3채무자의 의무공탁(「민사집행법」 제248조제2항·제3항)

　ⓐ 금전채권에 관하여 배당요구서를 송달받은 제3채무자가 채권자의 청구가 있는 경우, ⓑ 금전채권 중 압류되지 않은 부분을 초과한 압류 또는 가압류명령을 송달받은 제3채무자가 압류 또는 가압류채권자의 청구가 있는 경우에 의무적으로 해야 하는 공탁을 말합니다.

③ 가압류를 원인으로 하는 공탁(「민사집행법」 제248조제1항 및 제291조)

　금전채권이 가압류된 경우 제3채무자가 스스로 채무를 면하기 위해 가압류에 관련된 금전채권 전액 또는 가압류된 채권액만을 공탁하는 것을 말합니다.

④ 가압류채무자의 가압류해방공탁(「민사집행법」 제282조)

가압류의 집행정지나 집행한 가압류를 취소하기 위해 가압류 명령에서 정한 금액을 채무자가 공탁하는 것을 말합니다.

⑤ 매각허가결정에 대한 항고보증공탁(「민사집행법」 제130조제3항)

부동산강제경매절차에서 매각허가 결정에 대한 항고를 하기 위해 매각허가 결정에 항고를 하려는 자가 매각대금의 10분의 1에 해당하는 현금 또는 법원이 인정하는 유가증권을 공탁하는 것을 말합니다.

⑥ 채권자의 추심금액공탁(「민사집행법」 제236조제2항)

채권자가 추심명령에 따라 제3채무자로부터 채권을 추심하고 사유를 법원에 신고하기 전에 다른 압류, 가압류 또는 배당요구가 있는 경우에 채권자가 추심한 금액을 공탁하는 것을 말합니다.

⑦ 강제경매절차 취소를 위한 채무자의 공탁(「민사집행법」 제181조 및 「민사집행규칙」 제104조제1항).

채무자가 강제경매취소를 위해 채무자가 금전 또는 법원이 상당하다고 인정하는 유가증권을 공탁하는 것을 말합니다.

1-2-2. 집행기관에 의한 집행공탁

① "집행기관에 의한 공탁"은 강제집행, 보전처분 및 담보권의 실행 절차에서 집행법원 또는 집행관이 하는 공탁을 말합니다.

② 부동산경매절차에서의 배당금 공탁(「민사집행법」 제160조)

부동산에 대한 강제경매에 있어서 배당액을 즉시 채권자에게 지급할 수 없거나 지급하는 것이 적당하지 않는 경우 법원사무관이 직접 지급하지 않고 공탁하는 것을 말합니다.

③ 긴급매각공탁(「민사집행법」 제198조제4항)

압류물을 즉시 매각하지 않으면 값이 크게 내릴 염려가 있거나, 보관에 지나치게 많은 비용이 드는 때에는 집행관이 그 물건을 매각하고 그 대금을 공탁하는 집행공탁을 말합니다.

④ 압류물 매각대금공탁(「민사집행법」 제222조제1항·제2항)

유체동산의 인도청구권이 압류되고 압류채권자의 신청에 의해 집행관이 인도를 받아 동산매각절차에 따른 매각을 하였으나, 그 매각대금으로 배당에 참가한 모든 채권자를 만족할 수 없고 매각허가된 날부터 2주 내에 채권자 사이에 배당협의가 이루어지지 않는 경우에 집행관이 하는 공탁을 말합니다.

⑤ 집행관의 집행목적물이 아닌 동산매각대금공탁(「민사집행법」 제258조제6항)

동산인도의 강제집행에서 그 목적물 외의 동산을 채무자 등에게 인도할 수 없는 경우에 집행관은 집행법원의 허가를 받아 이를 매각할 수 있는데, 그 매각대금에서 매각 및 보관비용을 공제하고 남은 금액을 공탁하는 것을 말합니다.

⑥ 가압류 금전 공탁(「민사집행법」 제296조제4항)

집행관이 가압류집행을 한 금전 또는 어음·수표 그 밖의 금전의 지급을 목적으로 하는 유가증권을 만기에 제시하여 지급을 받아 그 금전을 집행법원의 금전배당 등의 실시가 될 수 있을 때까지 보관하는 공탁을 말합니다.

⑦ 가압류 동산 매각대금 공탁(「민사집행법」 제296조제5항)

가압류된 동산이 부패할 염려가 있거나 보관비용이 부당하게 많이 드는 경우에 집행관이 집행정지 중의 매각과 동일하게 가압류 동산을 매각하고 그 매각대금을 공탁하는 것을 말합니다.

1-3. 집행공탁의 당사자

① 공탁자

집행공탁에서 공탁자는 해당 집행절차의 집행기관, 집행채무자 또는 제3채무자입니다. 집행공탁은 제3자에 의한 공탁은 허용되지 않습니다.

ⓐ 집행공탁(「민사집행법」 제248조)의 공탁자는 제3채무자입니다.

ⓑ 가압류해방공탁(「민사집행법」 제248조)의 공탁자는 가압류채무자입니다.

ⓒ 그 밖의 집행공탁의 당사자는 집행기관인 집행법원이나 집행관 또는 추심채권자, 항고인 등입니다.

② 피공탁자

ⓐ 집행공탁의 피공탁자는 원칙적으로 해당 집행절차의 집행채권자입니다.

ⓑ 압류와 관련된 제3채무자의 권리공탁, 제3채무자의 의무공탁에서 피공탁자는 실질상 해당 집행절차의 집행채권자이나, 집행채권자는 배당절차에서 배당을 받을 수 있는 단계에서나 피공탁자로 확정되고 공탁 당시에는 관념적으로만 존재하므로 공탁신청 시에는 피공탁자를 기재하지 않습니다(대법원 1999. 5. 14. 98다62688 판결 참조).

ⓒ 다만, 압류와 관련된 제3채무자의 권리공탁, 의무공탁에서 금전채권의 일부에 대한 압류를 원인으로 하여 제3채무자가 압류에 관련된 금전채권액 전액을 권리공탁하는 경우에는 피공탁자란에 압류명령의 채무자를 기재하고 공탁통지서를 발송해야 합니다.

1-4. 집행공탁의 관할 공탁소

① 「민사집행법」에 따른 공탁은 채권자나 채무자의 보통재판적(普通裁判籍)이 있는 곳의 지방법원 또는 집행법원에 할 수 있습니다(「민사집행법」 제19조제1항).

② 집행공탁의 관할에 대한 명문규정이 없다고 보므로[「공탁선례 1-55」(2001. 11. 30. 법정 3302-476호 질의회답)], 「민사집행법」 제19조제1항은 집행공탁의 토지관할을 정한 것이 아니고, 집행공탁은 어느 공탁소에 해도 상관없습니다. 다만, 집행공탁의 경우 주로 집행법원의 소재지의 공탁소에 공탁하는 것이 실무입니다.

③ 가압류해방공탁의 경우 공탁 후 공탁서를 첨부해서 가압류집행취소를 신청하는 것과 관련하여 볼 때 집행법원에 공탁하는 것이 편리합니다.

④ 압류와 관련된 제3채무자의 권리공탁, 제3채무자의 의무공탁의 경우 공탁 이후 사유신고는 먼저 송달된 압류명령을 발령한 법원에 사유신고를 해야 하므로(민사집행규칙 제172조제3항), 사유신고와 관련하여 볼 때 먼저 송달된 압류명령을 발령한 집행법원의 공탁소에 공탁하는 것이 편리합니다.

1-5. 집행공탁의 목적물

① 집행공탁의 공탁물은 금전에 한정됩니다.

② 다만, 경매절차에서 매각허가결정에 대한 항고보증공탁은 법원이 인정한 유가증권을 공탁할 수 있습니다(「민사집행법」 제130조제3항)

■ 공탁통지서를 분실한 경우 공탁금을 찾을 수 없는지요?

Q 저는 횡단보도를 건너던 중 일단정지를 무시하고 달려온 甲 운전의 무보험차량에 치어 전치 8주의 부상을 당하였습니다. 甲은 형사합의금 명목으로 변제공탁을 하였고 저는 공탁통지서를 받았으나 이를 분실하였는데, 공탁통지서 없이는 위 공탁금을 찾을 수 없는지요?

A 공탁자가 공탁한 공탁금을 피공탁자가 출급(出給)청구하고자 하면 공탁통지서를 첨부하여야 하는 것이 원칙이나(공탁규칙 제33조 제1호 본문), 귀하의 경우처럼 공탁통지서를 분실한 경우 「공탁규칙」은 다음과 같이 규정하여 공탁금을 찾을 수 있도록 하고 있습니다.

즉, 귀하는 공탁자로부터 공탁서원본 또는 공탁자의 승낙서(공탁통지서의 첨부 없이 출급청구함을 승낙한다는 취지의 서면)를 받아 공탁금을 찾을 수 있고(공탁규칙 제33조 제1호 나목), 공탁자로부터 위와 같은 공탁서 또는 승낙서를 받지 못하는 경우에는 공탁관이 인정하는 두 사람 이상이 연대하여 공탁통지서의 첨부 없이 출급함으로 인하여 그 사건에 관한 손해가 생긴 때에는 이를 배상한다는 자필서명 보증서와 그 재산증명서(등기사항증명서 등), 신분증 사본을 첨부하여 공탁금을 찾을 수 있습니다(공탁규칙 제41조 제1항).

한편, 변호사나 법무사 등의 자격자대리인이 출급청구를 대리하는 경우에는 공탁규칙 제41조 제1항의 보증서 대신 자격자대리인 명의의 보증서(자격자대리인이 기명날인하여야 함)를 제출하여 공탁금을 찾을 수 있습니다(공탁규칙 제41조 제3항).

그리고 출급청구하는 공탁금액이 5,000만 원 이하인 경우에도 공탁통지서를 첨부하지 않고 공탁금을 찾을 수 있습니다(공탁규칙 제33조 제1호 가목).

■ 변제공탁과 집행공탁사유가 동시에 발생한 경우 공탁방법은?

Q 甲은 乙에게 상가를 임대하면서 계약기간이 만료된 후 乙이 甲으로부터 받아갈 임차보증금반환채권은 제3자에게 양도하지 못하도록 약정하였는데, 乙은 丙에게 甲에 대한 위 임차보증금반환채권을 양도하고 그 채권양도를 甲에게 내용증명우편으로 통지하였습니다. 그런데 乙은 다시 위 채권양도를 철회한다는 통지를 보내왔으나 丙의 동의여부는 확인되지 않았으며, 또한 乙의 임차보증금반환채권에 대하여 丁의 가압류와 戊의 압류 및 추심명령이 경합되어 있습니다. 이 경우 채권자가 누구인지 알 수 없는 것을 원인으로 한 변제공탁과 압류로 인한 집행공탁을 함께 할 수 있는지요?

A 채권자가 누구인지 알 수 없는 것을 원인으로 한 변제공탁에 관하여 「민법」제487조 후단은 "변제자가 과실 없이 채권자를 알 수 없는 경우에도 변제의 목적물을 공탁하여 그 채무를 면할 수 있다."라고 규정하고 있습니다.

그리고 채권이 압류된 경우 제3채무자의 집행공탁에 관하여 민사집행법 제248조 제1항은 "제3채무자는 압류에 관련된 금전채권의 전액을 공탁할 수 있다."라고 하여 채권을 압류한 경우에 제3채무자는 압류채권액 상당액 또는 전액을 공탁하여 채무를 면할 수 있도록 규정하고 있습니다.

판례는 "특정 채권에 대하여 채권양도의 통지가 있었으나 그 후 통지가 철회되는 등으로 채권이 적법하게 양도되었는지 여부에 관하여 의문이 있어 민법 제487조 후단의 채권자불확지를 원인으로 하는 변제공탁 사유가 생기고, 그 채권양도 통지 후에 그 채권에 관하여 채권가압류 또는 채권압류 결정이 내려짐으로써 민사집행법 제248조 제1항의 집행공탁의 사유가 생긴 경우에, 채무자는 민법 제487조 후단 및 민사집행법 제248조 제1항을 근거로 하여 채권자불확지를 원인으로 하는 변제공탁과 압류 등을 이유로 하는 집행공탁을 아울러 할 수 있고, 이러한 공탁은 변제공탁에 관련된 채권양수인에 대하여는 변제공탁으로서의 효력이 있고, 집행공탁에 관련된 압류채권자 등에 대하여는 집행공탁으로서의 효력이 있다고 할 것이나(대법원 2008.1.17. 선고 2006다56015 판결), 채권양도 등과 종전 채권자에 대한 압류가 경합되었다고 하여 항상 채권이 누구에게 변제되어야 하는지 과실 없이 알 수 없는 경우에 해당하는 것은 아니고, 설령 그렇게 볼 사정이 있다고 하더라도 공탁은 공탁자가 자기의 책임과 판단 하에 하는 것으로서, 채권양도 등과 압류가 경합된 경우에 공탁자는 나름대로 누구에게 변제를 하여야 할 것인지를 판단하여 그에 따라 변제공탁이나 집행공탁 또는 혼합공탁을 선택하여 할 수 있는 것이다(대법원 2005.05.26. 선고 2003다 12311 판결)." 라고 하였습니다.

또한 판례는 "제3채무자가 채권양도 및 압류경합을 공탁사유로 공탁을 하면서 피공탁자 내지 채권자 불확지(不確知)의 취지를 기재하지 않고 공탁근거조문으로 구 민사소송법(2002. 1. 26. 법률 제6626호로 전문 개정되기 전의 것) 제581조 제1항{"금전채권에 관하여 배당요구의 송달을 받은 제3채무자는 채무액을 공탁할 권리가 있다."는 취지의 규정}만을 기재한 경우에는 변제공탁으로서의 효과는 없다."라고 하였습니다(대법원 2005. 5. 26. 선고 2003다12311 판결).

따라서 甲은 채권자가 누구인지 알 수 없는 것을 원인으로 한 변제공탁사유와 압류로 인한 집행공탁사유가 동시에 발생된 경우라고 보여지므로 변제공탁과 집행공탁을 함께 즉, 혼합공탁(混合供託)을 하는 것이 보다 안전할 것으로 보입니다.

(관련판례)

[1] 「민법」 제370조 및 제342조에 따른 저당권자의 물상대위권의 행사는 「민사소송법」 제733조에 따라 담보권의 존재를 증명하는 서류를 집행법원에 제출하여 채권압류 및 전부명령을 신청하거나, 「민사소송법」 제580조에 의하여 배당요구를 하는 방법에 의하여 하는 것인바, 이는 늦어도 「민사소송법」 제580조제1항에서 규정하고 있는 배당요구의 종기까지 하여야 하는 것이고, 저당권자의 물상대위권은 어디까지나 그 권리실행의사를 저당권자 스스로 법원에 명확하게 표시하는 방법으로 저당권자 자신에 의하여 행사되어야 하는 것이지, 저당권자 아닌 다른 채권자나 제3채무자의 태도나 인식만으로 저당권자의 권리행사를 의제할 수는 없으므로, 저당권자 아닌 다른 채권자나 제3채무자가 저당권의 존재와 피담보채무액을 인정하고 있고, 나아가 제3채무자가 채무액을 공탁하고 공탁사유를 신고하면서 저당권자를 피공탁자로 기재하는 한편 저당권의 존재를 증명하는 서류까지 제출하고 있다 하더라도 그것을 저당권자 자신의 권리행사와 같이 보아 저당권자가 그 배당절차에서 다른 채권자들에 우선하여 배당 받을 수 있는 것으로 볼 수 없으며, 저당권자로서는 제3채무자가 공탁사유신고를 하기 이전에 스스로 담보권의 존재를 증명하는 서류를 제출하여 물상대위권의 목적채권을 압류하거나 법원에 배당요구를 한 경우에 한하여 공탁금으로부터 우선배당을 받을 수 있을 뿐이다.

[2] 「토지수용법」상의 보상금청구권에 대하여 압류의 경합이 있는 때에는 기업자는 보상금을 공탁함으로써 면책될 수 있는바, 그 경우에 기업자가 하는 공탁의 성격은 변제공탁이 아니라 집행공탁이고, 집행공탁에 있어서는 배당절차에서 배당이 완결되어야 피공탁자가 비로소 확정되고, 공탁 당시에는 피공탁자의 개념이 관념적으로만 존재할 뿐이므로, 공탁 당시에 기업자가 특정 채권자를 피공탁자에 포함시켜 공탁하였다 하더라도 그 피공탁자의 기재는 법원을 구속하는 효력이 없다.

[3] 「민사소송법」 제580조제1항제1호가 압류채권자 이외의 채권자가 배당요구의 방법으로 채권에 대한 강제집행절차에 참가하여 압류채권자와 평등하게 자신의 채권의 변제를 받는

것을 허용하면서도 다른 한편으로 그 배당요구의 종기를 제3채무자의 공탁사유 신고 시까지로 제한하고 있는 이유는 제3채무자가 채무액을 공탁하고 그 사유 신고를 마치면 배당할 금액이 판명되어 배당절차를 개시할 수 있는 만큼 늦어도 그 때까지는 배당요구가 마쳐져야 배당절차의 혼란과 지연을 막을 수 있다고 본 때문인바, 이러한 배당요구 시한의 설정은 배당요구를 제한 없이 허용할 경우에 초래될 배당절차의 혼란과 지연을 방지하기 위한 합리적인 조치로서 그로 말미암아 그 때까지 배당요구를 하지 못한 채권자가 배당에서 제외되어 다른 채권자들에 비하여 차별대우를 받게 된다 하더라도 그러한 차별은 합리적인 이유가 있는 것이며, 물상대위에 있어서 우선변제청구권 있는 자의 경우라 하여 달리 취급할 수 없다고 할 것이므로 이러한 해석이 헌법상의 평등의 이념에 반한다고 할 수는 없다(대법원 1999. 5. 14. 선고 98다62688 판결).

■ 집행공탁은 어떤 절차로 해야 하나요?

Q 甲는 乙로부터 1억원의 임차보증금을 받고 임대차를 해주었습니다. 乙는 그의 채권자 丙에게 대물변제조로 임대차보증금 중 일부를 양도하였고 채권자 丁에게 이 사실을 알리지 않은 채 1억원 전부에 대해 양도하였습니다.

丙와 丁가 순차적으로 乙의 甲에 대한 임대차보증금반환청구권을 압류하고 甲에게 추심권을 행사하고 있는 때 甲는 누구에게 임대차보증금을 줘야하나요?

A "집행공탁"이란 강제집행 또는 보전처분절차에서 집행기관이나 집행당사자 또는 제3채무자가 「민사집행법」에 따른 권리·의무로서 집행목적물을 공탁소에 공탁하여 그 집행목적물의 관리와 집행법원의 지급위탁에 의한 공탁물 지급을 공탁절차에 따라 하는 제도를 말합니다(『공탁실무편람』, 법원행정처)

집행공탁도 그 공탁의 목적물이 궁극적으로는 채무의 변제로서 채권자에게 돌아가고, 집행공탁에 대해 변제의 효력을 인정하고 있으므로 집행공탁도 큰 의미에서의 변제공탁의 범주에 포함됩니다.

이 경우 집행공탁(「민사집행법」 제248조)의 공탁자는 제3채무자입니다. 집행공탁은 제3자에 의한 공탁은 허용되지 않습니다.

집행공탁의 피공탁자는 원칙적으로 해당 집행절차의 집행채권자입니다.

집행공탁의 관할은 「민사집행법」에 따른 공탁은 채권자나 채무자의 보통재판적(普通裁判籍)이 있는 곳의 지방법원 또는 집행법원에 할 수 있습니다(「민사집행법」 제19조제1항).

집행공탁의 관할에 대한 명문규정이 없다고 보므로[「공탁선례 1-55」(2001. 11. 30. 법정 3302-476호 질의회답)], 「민사집행법」 제19조제1항은 집행공탁의 토지관할을 정한 것이 아니고, 집행공탁은 어느 공탁소에 해도 상관없습니다. 다만, 집행공탁의 경우 주로 집행법원의 소재지의 공탁소에 공탁하는 것이 실무입니다.

집행공탁의 공탁물은 금전에 한정됩니다.

따라서 甲는 집행법원의 소재지의 공탁소에 채권자들을 피공탁자로 하여 금전을 공탁할 수 있습니다.

(관련판례)

특정 채권에 대하여 채권양도의 통지가 있었으나 그 후 통지가 철회되는 등으로 채권이 적법하게 양도되었는지 여부에 관하여 의문이 있어 「민법」 제487조 후단의 채권자불확지를 원인으로 하는 변제공탁 사유가 생기고, 그 채권양도 통지 후에 그 채권에 관하여 다수의 채권가압류 또는 채권압류 결정이 동시 또는 순차로 내려짐으로써 그 채권양도의 효력이 발생하지 아니한다면 압류경합으로 인하여 「민사소송법」 제581조제1항 소정의 집행공탁의 사유가 생긴 경우에 채무자는 「민법」 제487조 후단 및 「민사소송법」 제581조제1항을 근거로 하여 채권자불확지를 원인으로 하는 변제공탁과 압류경합 등을 이유로 하는 집행공탁을 아울러 할 수 있고, 이러한 공탁은 변제공탁에 관련된 채권양수인에 대하여는 변제공탁으로서의 효력이 있고 집행공탁에 관련된 압류채권자 등에 대하여는 집행공탁으로서의 효력이 있다(대법원 1996. 4. 26. 선고 96다2583 판결).

■ 제3채무자가 집행공탁을 하면서 경합된 압류명령 중 일부를 누락하여 신고함에 따라 배당표에서 제외된 압류채권자의 구제방법은?

Q 저는 甲에게 3000만 원을 빌려주었으나 甲이 이를 갚지 않아 대여금 청구소송을 제기하여 승소한 다음 甲이 제3채무자 乙에게 가지고 있는 물품대금채권에 대하여 채권압류 및 추심명령을 받았습니다. 乙은 甲의 다른 채권자 丙의 압류와 경합된다는 이유로 집행공탁을 하였습니다. 그런데 乙이 집행공탁을 하면서 저의 압류명령에 관한 신고를 누락하였고, 배당법원은 저를 배당채권자에서 제외한 배당표를 작성하였습니다. 이러한 경우 제가 취할 수 있는 방법이 궁금합니다.

A 판례는 "압류가 경합되면 각 압류의 효력은 피압류채권 전부에 미치므로, 압류가 경합된 상태에서 제3채무자가 민사집행법 제248조의 규정에 따라 집행공탁을 하여 피압류채권을 소멸시키면 그 효력은 압류경합 관계에 있는 모든 채권자에게 미친다. 그리고 이때 압류경합 관계에 있는 모든 채권자의 압류명령은 그 목적을 달성하여 효력을 상실하고 압류채권자의 지위는 집행공탁금에 대하여 배당을 받을 채권자의 지위로 전환되므로, 압류채권자는 제3채무자의 공탁사유 신고시까지 민사집행법 제247조에 의한 배당요구를 하지 않더라도 그 배당절차에 참가할 수 있다."고 하여 제3채무자가 집행공탁을 한 경우 압류채권자는 별도의 배당요구 없이도 배당절차에 참가할 수 있다고 하였습니다(대법원 2015. 4. 23. 선고 2013다207774 판결).

이러한 전제에서 위 판례는 "압류가 경합된 상태에서 제3채무자가 집행공탁을 하여 사유를 신고하면서 경합된 압류 중 일부에 관한 기재를 누락하였다 하더라도 달리 볼 것은 아니며, 그 후 이루어진 공탁금에 대한 배당절차에서 기재가 누락된 압류의 집행채권이 배당에서 제외된 경우에 압류채권자는 과다배당을 받게 된 다른 압류채권자 등을 상대로 배당이의의 소를 제기하여 배당표의 경정을 구할 수 있다." 하여 제3채무자가 경합된 압류명령 중 일부를 누락하여 신고하는 바람에 배당법원에서 누락된 압류명령을 알지 못하고 배당표를 작성한 경우 과다배당 받은 경우 그 과다배당 받은 압류채권자를 상대로 배당이의의 소를 제기하여 배당표의 경정을 구할 수 있다고 하였습니다(대법원 2015. 4. 23. 선고 2013다207774 판결).

귀하의 사례에서 배당법원이 귀하의 압류명령을 알지 못하여 귀하를 배제한 배당표를 작성한 경우 귀하는 과다배당 받은 다른 추심채권자를 상대로 배당이의의 소를 제기하여 배당표의 경정을 구할 수 있을 것입니다.

■ 해방공탁금의 집행방법은 어떤 절차가 필요한가요?

Q 저는 아직 받지 못한 임금을 받기 위하여 甲을 상대로 임금청구소송을 하면서 甲소유 부동산에 가압류도 신청하여 결정을 받았습니다. 그런데 甲이 해방공탁금을 법원에 공탁하고 가압류집행의 취소를 신청하였고, 이에 법원은 가압류집행취소결정을 하였습니다. 그 후 본안사건에서 저의 승소판결이 확정되었는데, 이러한 경우 해방공탁금을 집행하여 변제받을 수 있는지요?

A 위와 같이 가압류집행이 취소되더라도 가압류명령 그 자체의 효력이 소멸되는 것은 아닙니다. 그리고 집행이 취소되면 해방공탁금은 앞으로 가압류채권자가 본안청구에 관하여 승소의 확정판결을 받거나 가집행선고가 붙은 승소판결을 얻은 때에 집행의 목적물로 됩니다.

이 경우 견해가 나누어지나, 가압류의 효력은 공탁금 자체가 아니라 공탁자인 채무자의 공탁금회수청구권에 대하여 미치는 것이고 가압류채권자는 본안승소판결의 집행력 있는 집행권원에 기하여 가압류채무자가 가지는 해방공탁금회수청구권에 대하여 집행법원의 현금화명령(전부명령 또는 추심명령)을 받아서 공탁금을 회수할 수 있다고 하는 것이 실무의 태도입니다(현금과 명령설. 대법원 1996. 11. 11.자 95마252 결정).

위와 같이 가압류의 효력이 계속 미치므로 가압류에서 본압류로 이전하는 채권압류 및 추심명령(또는 전부명령)신청을 하셔서 강제집행에 나아가시면 됩니다.

공탁금의 지연이자와 관련 유의해야할 점이 있습니다. 공탁선례 200904-2 가압류해방공탁금에 대한 이자의 귀속문제는「가압류해방공탁금의 회수청구권에 대하여 가압류로부터 본압류로 이전하는 압류·전부명령과 함께 지연손해금채권으로 추가로 위 가압류해방공탁금의 회수청구권에 대하여 압류·전부명령을 한 경우라도 그 명령에 공탁금의 이자채권에 대하여 언급이 없으면 공탁일로부터 압류·전부명령이 제3채무자인 국가에 송달되기 전일까지의 공탁금에 대한 이자를 전부채권자에게 지급할 수 없다.」라고 규정하고 있습니다.

위 공탁선례는 참조판례로써 대법원 1989. 3. 28. 선고 88다카12803 판결을 언급하고 있는데, 위 대법원 판결의 요지는「이자채권은 원본채권에 대하여 종속성을 갖고 있으나 이미 변제기에 도달한 이자채권은 원본채권과 분리하여 양도할 수 있고 원본채권과 별도로 변제할 수 있으며 시효로 인하여 소멸되기도 하는 등 어느 정도 독립성을 갖게 되는 것이므로 원본채권이 양도된 경우 이미 변제기에 도달한 이자채권은 원본채권의 양도당시 그 이자채권도 양도한다는 의사표시가 없는 한 당연히 양도되지는 않는다.」입니다.

즉 공탁금에서 발생한 이자채권은 이미 변제기에 도달한 이자채권으로서 독립성을 갖기 때문에 이 부분에 대한 명시적인 언급이 없는 한 압류 및 추심명령 (또는 전부명령)의 효력이 미치지 않게 되는 것입니다.

위 공탁선례는 압류 및 전부명령에 대한 것이지만, 공탁금에서 발생한 이자채권은 독립성을 갖는다는 대법원 판례를 근거로 이자채권에 대한 언급이 없으면 압류 및 전부명령의 효력이 미치지 않는다는 것이므로 공탁선례가 규정하고 있는 압류 및 전부명령 뿐만 아니라 압류 및 추심명령에도 같은 이론이 적용될 것입니다.

■ 집행공탁 후에 제3채무자에게 송달된 경우, 압류·가압류명령의 효력은?

Q 제3채무자의 집행공탁 전에 동일한 피압류채권에 대하여 다른 채권자의 신청에 따라 압류?가압류명령이 발령되었으나 집행공탁 후에 제3채무자에게 송달된 경우, 압류?가압류명령의 효력이 생기나요?

A 제3채무자가 압류나 가압류를 이유로 민사집행법 제248조 제1항이나 민사집행법 제291조, 제248조 제1항에 따라 집행공탁을 하면 제3채무자에 대한 피압류채권은 소멸하고, 한편 채권에 대한 압류·가압류명령은 그 명령이 제3채무자에게 송달됨으로써 효력이 생기므로(민사집행법 제227조 제3항, 제291조), 제3채무자의 집행공탁 전에 동일한 피압류채권에 대하여 다른 채권자의 신청에 따라 압류·가압류명령이 발령되었더라도, 제3채무자의 집행공탁 후에야 그에게 송달된 경우, 압류·가압류명령은 집행공탁으로 이미 소멸한 피압류채권에 대한 것이어서 압류·가압류의 효력이 생기지 아니합니다(대법원 2015. 7. 23. 선고 2014다87502 판결).

2. 제3채무자의 권리공탁

2-1. 권리공탁의 의의

"권리공탁"이란 채권이 압류된 경우 제3채무자가 스스로 채무를 면하기 위해 압류에 관련된 금전채권 전액 또는 압류된 채권 금액만을 공탁하는 것을 말합니다(「민사집행법」 제248조제1항).

2-2. 권리공탁을 할 수 있는 경우

① 다음의 어느 하나에 해당하는 경우에는 권리공탁을 할 수 있습니다.

1. 압류가 하나만 있는 경우
2. 압류가 경합하지 않는 복수의 압류가 있는 경우

법령용어해설

> ※ "압류의 경합"이란?
> "압류의 경합"란 압류가 중복되어 각 채권자들의 청구채권합계액이 압류된 채권 금액보다 많은 경우를 말합니다.

---

3. 압류가 경합하는 경우. 다만, 제3채무자는 압류채권자의 청구가 있으면 그 채권 전액에 해당하는 금액을 의무공탁해야 합니다(「민사집행법」 제248조제3항).
4. 압류된 채권에 대한 배당요구가 있는 경우. 다만, 배당요구를 한 채권자의 청구가 있으면 제3채무자는 압류된 부분에 해당하는 금액을 의무공탁을 해야 합니다(「민사집행법」 제248조제2항).

법령용어해설

> ※ "배당요구"이란?
> ① "배당요구"란 강제집행에서 압류채권자 외의 채권자가 집행에 참가하여 변제받는 방법을 말합니다.
> ② 「민법」, 「상법」, 그 밖의 법률에 따라 우선변제청구권이 있는 채권자와 집행력 있는 정본을 가진 채권자는 채권에 대한 집행에서 배당요구를 할 수 있습니다(「민사집행법」 제247조).
> ③ 집행절차에서는 평등배당주의를 채택하고 있으므로 압류채권자 외의 채권자도 배당요구를 하면 평등한 배당을 받을 수 있습니다.

---

5. 가압류집행이 하나 또는 여러 개 있는 경우
6. 가압류집행이 중복되어 각 채권자들의 청구채권합계액이 압류된 채권금액보다 많은 경우

2-3. 공탁해야 할 금액

① 제3채무자는 압류와 관련된 금전채권의 전액을 공탁할 수 있습니다(「민사집행법」 제248조제1항).

② 금전채권 전부가 압류된 경우

예를 들어, 임차인 '갑'이 임대인 '을'에게 가지고 있는 1,000만원의 임차보증금채권에 대해 임차인의 채권자인 '병'이 임차인 '갑'에 대한 700만원의 대여금채권을 가지고 임대인 '을'에게 압류의 범위를 제한하지 않은 채 1,000만원 전액을 압류한 경우 정확한 채권액을 알 수 없는 임대인 '을'은 압류된 채권 전액인 1,000만원을 공탁해야 합니다.

[표 1] 금전채권 전부가 압류된 경우

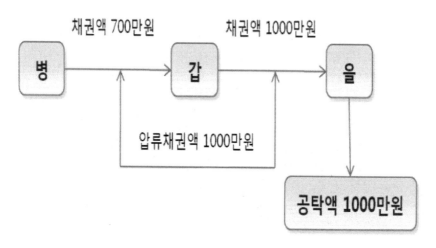

③ 금전채권 일부가 압류된 경우

예를 들어, '갑'의 '을'에 대한 1,000만원의 임차보증금채권에 대해 '병'이 '갑'에 대한 700만원의 대여금채권을 가지고 압류의 범위를 700만원으로 특정하여 압류한 경우 제3채무자인 '을'은 압류와 관련된 채권 전액인 1,000만원을 공탁할 수도 있고, 압류된 채권 금액인 700만원만 공탁할 수도 있습니다.

[표 2] 금전채권 일부가 압류된 경우(압류와 관련된 채권전액을 공탁한 경우)

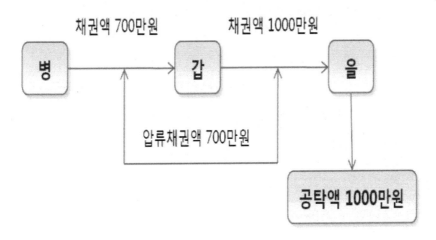

[표 3] 금전채권 일부가 압류된 경우(압류된 금액만 공탁하는 경우)

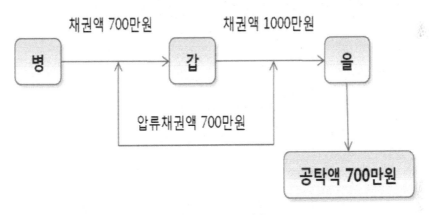

④ 압류가 경합하지 않는 복수의 압류가 있는 경우

ⓐ 예를 들어, '갑'의 '을'에 대한 1,000만원의 임차보증금채권에 대해 '병'이 '갑'에 대한 대여금채권 600만원을 가지고 압류의 범위를 600만원으로 특정하여 압류한 다음 '정'이 '갑'에 대한 대여금채권 100만원을 가지고 압류의 범위를 100만원으로 특정하여 압류한 경우 제3채무자인 '을'은 압류에 관련된 채권 전액인 1,000만원을 공탁할 수도 있고 압류된 채권 금액인 700만원만 공탁할 수도 있습니다

ⓑ 두 개 이상의 채권 압류가 있고 압류된 채권의 합계액이 압류와 관련된 금전채권 전액보다 적은 경우도 금전채권 일부가 압류된 경우와 같이 처리됩니다.

[표 4] 압류된 채권의 합계액만을 공탁하는 경우

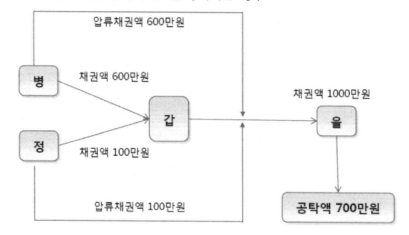

[표 5] 압류와 관련된 채권전액을 공탁한 경우

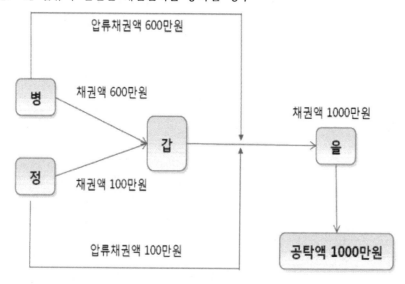

⑤ 금전채권에 압류경합이 있는 경우의 공탁

예를 들어, '갑'의 '을'에 대한 1,000만원의 임차보증금채권에 대해 '병'이 '갑'에 대한 대여금채권 600만원을 가지고 압류의 범위를 600만원으로 특정하여 압류한 다음, '정'이 '갑'에 대한 대여금채권 500만원을 가지고 압류의 범위를 500만원으로 특정하여 압류한 경우 제3채무자인 '을'은 압류된 채권 전액인 1,000만원을 공탁해야 합니다.

[표 6] 금전채권에 압류경합이 있는 경우

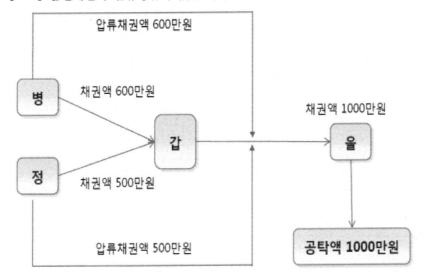

2-4. 권리공탁 절차

2-4-1. 공탁서 제출

① 권리공탁을 하려는 제3채무자는 공탁서 2통에 압류결정문 사본 1통, 공탁통지서, 공탁자의 자격을 증명하는 서면 등을 첨부하여 공탁관에게 제출해야 합니다(「공탁규칙」 제20조제1항).

② 권리공탁서 작성 예시는 다음과 같습니다.

[서식 예] 권리공탁서

공 탁 번 호	년 금 제 호		년 월 일 신청	법령조항	민사집행법 제248조제1항
공탁자 성 명 (상호, 명칭)	홍길동	**피공탁자**	성 명 (상호, 명칭)		
주민등록번호 (법인등록번호)	620594-1225687		주민등록번호 (법인등록번호)		
주 소 (본점, 주사무소)	서울시 강동구 천호동 225-7		주 소 (본점, 주사무소)		
전화번호	02-455-6985		전화번호		

공 탁 금 액	한글 금 일천만원	보 관 은 행	○○은행 ○○지점
	숫자 10,000,000원		

공탁원인사실	제3채무자인 공탁자는 피공탁자(채권자)로부터 금 20,000,000원을 이자를 연 20%, 변제기를 2010년 5월 8일로 하여 빌린 사실이 있는데, 이 금액(이자포함)에 대해 아래와 같이 채권자인 피공탁자들의 채권자로부터 압류가 있어 공탁하기에 이르렀습니다. 아래 1. 서울지방법원 2010카단111호 채권자 허균 서울시 강동구 암사동 258, 채무자 심청이 서울시 강북구 돈암동 459, 제3채무자 공탁자로 된 채권액 금 일천만원의 채권압류명령, 2010년 6월 18일 송달

비고(첨부서류 등)	1. 차용증서 사본 1부 2. 압류명령과 압류 및 전부명령 정본 3. 주민등록등(초)본 1통 4. 사유신고서 사본 1통 □ 계좌납입신청

1. 공탁으로 인하여 소멸하는 질권, 전세권 또는 저당권 2. 반대급부 내용	

위와 같이 신청합니다.   대리인 주소
                                      전화번호
   공탁자 성명   인(서명)   성명   인(서명)

위 공탁을 수리합니다.
  공탁금을   년 월   일까지 위 보관은행의 공탁관 계좌에 납입하시기 바랍니다.
위 납입기일까지 공탁금을 납입하지 않을 때는 이 공탁 수리결정의 효력이 상실됩니다.
                         년   월   일
                         법원   지원 공탁관   (인)

  (영수증) 위 공탁금이 납입되었음을 증명합니다.
                         년   월   일
                         공탁금 보관은행(공탁관)   (인)

2-4-2. 공탁서 작성 방법

① 공탁근거법령란 기재

권리공탁의 근거조항은 「민사집행법」 제248조제1항을 적습니다.

② 공탁자란 기재

- 공탁자가 자연인인 경우에는 성명, 주민등록번호 및 주소를 기재합니다.
- 공탁자가 법인인 경우에는 법인의 명칭, 법인등록번호 및 주사무소를 기재합니다.
- 권리능력 없는 사단 또는 재단은 그 명칭과 주사무소를 기재합니다.

③ 피공탁자란 기재 등

- 금전채권의 일부에 대해 압류가 있으나 제3채무자가 압류된 채권액에 대해서만 공탁한 경우 공탁서의 피공탁자란은 기재하지 않습니다.
- 금전채권의 일부에 대해서 압류가 있으나 제3채무자가 압류와 관련된 금전채권 전액을 공탁한 경우에는 제3채무자는 공탁서의 피공탁자란에 압류명령 채무자를 기재하고, 공탁통지서를 첨부해야 하며, 우편료를 납부해야 합니다.
- 둘 이상의 채권압류가 있고 압류된 채권액의 합계액이 압류와 관련된 금전채권액 보다 적어 제3채무자가 압류·가압류된 채권액의 합계액만을 공탁한 경우에는 공탁서의 피공탁자란은 기재하지 않습니다.
- 둘 이상의 채권압류가 있고 압류된 채권액의 합계액이 압류와 관련된 금전채권액 보다 적거나 제3채무자가 압류와 관련된 금전채권전액을 공탁한 경우에는 공탁서의 피공탁자란에 압류명령의 채무자를 기재합니다.
- 금전채권 전부에 대해서 압류가 있는 경우에는 공탁서의 피공탁자란은 기재하지 않습니다.
- 압류의 경합이 있는 경우에는 공탁서의 피공탁자란은 기재하지 않습니다.
- 집행공탁의 피공탁자란은 집행법원이 그 집행권자를 확정하여 그 지급받을 금액과 함께 적은 지급위탁서를 작성하여 공탁소에 보내기 때문에 압류된 채권액에 대해서만 공탁한 경우 공탁서의 피공탁자란에 피공탁자를 기재할 필요가 없습니다.

2-4-3. 첨부서면

제3채무자는 공탁신청 시 공탁서 2통에 다음의 첨부서면을 첨부해야 합니다.

1. 압류결정문 사본 1통
2. 공탁통지서

- 피공탁자가 없어 피공탁자란은 기재하지 않는 경우에는 공탁통지서를 부할 필요가 없지만, 피공탁자가 있는 경우에는 공탁통지서와 공탁통지서를 발송할

우표를 붙인 봉투를 첨부해야 합니다.

3. 자격 증명서면

4. 주소 소명서면

- 피공탁자가 없어 피공탁자란은 기재하지 않는 경우에는 주소소명서면을 첨부할 필요가 없지만, 피공탁자가 있는 경우에는 주소 소명서면을 공탁통지서를 발송할 우표를 붙인 봉투를 첨부해야 합니다.

2-5. 사유신고 절차

2-5-1. 사유신고의 의의

제3채무자가 채권자의 압류경합 등을 이유로 집행공탁한 금원의 경우에는 이후에 배당절차를 통해 채권자들에게 배당되어야 할 것이지만, 공탁사실만으로는 집행법원이 이와 같은 사실을 알 수 없으므로 집행법원에 배당되어야 할 금액이 공탁되었음을 알리는 절차가 필요한데, 이를 사유신고라 합니다(「민사집행법」 제248조제4항).

2-5-2. 권리공탁의 사유신고

제3채무자가 권리공탁을 하는 경우 집행법원에 사유신고를 해야 합니다(「민사집행법」 제248조제4항 및 「민사집행규칙」 제172조).

2-5-3. 사유신고서 작성 방법

① 사유신고서 기재 방법

ⓐ 제3채무자가 공탁을 하고 사유신고를 한 경우의 신고서에는 ① 사건의 표시, ② 채권자·채무자 및 제3채무자의 이름, ③ 공탁사유와 공탁한 금액을 적습니다(「민사집행규칙」 제172조제1항).

ⓑ 실무에서는 배당절차를 원활하게 하기 위해 공탁의 원인이 된 압류결정의 송달일자, 채권자 및 채무자의 주소, 가압류 및 압류 금액 등도 기재합니다.

ⓒ 금전채권의 일부에 대해서 압류가 있어 제3채무자가 압류와 관련된 금전채권 전액을 공탁한 경우에는 공탁금 중에서 압류금액에 상당하는 금액에 대해서는 공탁 시부터 배당절차가 개시되므로, 공탁자는 공탁 후 그 압류금액만 집행법원에 사유신고를 해야 할 것인데, 이처럼 공탁금액과 배당절차의 대상이 된 사유신고 금액이 달라질 경우에는 그와 같은 취지도 사유신고서에 기재해야 합니다.

② 첨부서면

공탁서

- 제3채무자가 공탁 이후 사유신고를 해야 할 경우에는 공탁서 원본을 붙여야 합

니다(「민사집행규칙」 제172조제2항 본문).

- 다만, 상당한 기간 이내에 사유신고를 해야 할 제3채무자의 사유신고가 없는 때에는 압류채권자, 가압류채권자, 채무자, 그 밖의 이해관계인이 그 사유를 법원에 신고할 수 있는데 이 경우에는 공탁서 원본을 소지하고 있지 않으므로 공탁서 원본을 첨부하지 않아도 됩니다(「민사집행규칙」 제172조제2항 단서).

③ 압류결정문 사본

제3채무자의 사유신고로 인해 배당절차에 따른 배당순위 및 배당액을 파악하기 위해 압류결정문 사본을 압류결정의 송달의 순서에 따라 첨부해야 합니다.

④ 사유신고를 해야 할 법원

단일의 압류명령만 있는 경우에는 압류명령을 발령한 법원에 사유신고를 해야 하지만, 압류된 채권에 관해 다시 압류명령 또는 가압류명령이 송달된 경우의 사유신고는 먼저 송달된 압류명령을 발령한 집행법원에 해야 합니다(「민사집행규칙」 제172조제3항).

2-6. 권리공탁의 효과

① 채무변제의 효과

제3채무자가 권리공탁을 하면 채무자에 대한 채무를 면합니다.

② 배당가입 차단효 발생

제3채무자가 권리공탁을 하고 제3채무자가 공탁사유를 신고할 때까지 채무자의 다른 채권자가 압류, 가압류, 배당요구를 하지 않으면 다른 채권자는 더 이상 배당절차 등에 가입할 수 없습니다(「민사집행법」 제247조제1항제1호).

③ 압류명령의 취하 또는 취소의 불가

채권자가 채무자의 제3채무자에 대한 채권을 압류한 상태에서 제3채무자가 「민사집행법」 제248조에 따라 공탁하면 압류명령은 공탁에 따른 목적달성으로 소멸하므로 권리공탁 후에는 압류명령을 취하 또는 취소할 수 없습니다.

■ 소유하고 있는 아파트를 전세 내놓았는데 임차인의 채권자라는 사람이 임차보증금 전액에 대해 압류한 경우 임대차 계약이 끝나면 누구에게 돈을 주어야 하나요?

Q 소유하고 있는 아파트를 전세 내놓았는데 임차인의 채권자라는 사람이 임차보증금 전액에 대해 압류를 했습니다. 임대차 계약이 끝나가고 있는데 누구에게 돈을 주어야 할지 고민입니다. 어떻게 해야 하나요?

A 제3채무자의 권리공탁을 하시면 됩니다.

◇ 권리공탁의 의의

"권리공탁"이란 채권이 압류된 경우 제3채무자가 스스로 채무를 면하기 위해 압류에 관련된 금전채권 전액 또는 압류된 채권 금액만을 공탁하는 것을 말합니다.

◇ 권리공탁의 신청방법

① 권리공탁을 하면 공탁서 2통에 압류결정문 사본 1통, 공탁통지서, 공탁자의 자격을 증명하는 서면 등을 첨부해 공탁관에게 제출해야 합니다.

② 제3채무자는 압류와 관련된 금전채권의 전액을 공탁할 수 있습니다.

◇ 권리공탁의 효력

① 제3채무자가 권리공탁을 하면 채무자에 대한 채무를 면합니다.

② 제3채무자가 권리공탁을 하고 제3채무자가 공탁사유를 신고할 때까지 채무자의 다른 채권자가 압류, 가압류, 배당요구를 하지 않으면 다른 채권자는 더 이상 배당절차 등에 가입할 수 없습니다.

※ 사유신고

① "사유신고"란 제3채무자가 채권자의 압류경합 등을 이유로 공탁을 한 경우 공탁사실만으로는 집행법원이 이를 알 수 없으므로 집행법원에 배당되어야 할 금액이 공탁되었음을 알리는 절차를 말합니다.

② 제3채무자는 권리공탁을 하는 경우 집행법원에 사유신고를 해야 합니다.

(관련판례)

[1] 「민법」 제450조제1항 소정의 채권양도의 통지는 양도인이 채무자에 대하여 당해 채권을 양수인에게 양도하였다는 사실을 통지하는 이른바 관념의 통지로서, 채권양도가 있기 전에 미리 하는 사전 통지는 채무자로 하여금 양도의 시기를 확정할 수 없는 불안한 상태에 있게 하는 결과가 되어 원칙적으로 허용될 수 없다.

[2] 채권의 양도를 제3자에게 대항하기 위해서는 통지행위 또는 승낙행위 자체를 확정일

자 있는 증서로 하여야 하는 것인데 여기서 확정일자란 증서에 대하여 그 작성한 일자에 관한 완전한 증거가 될 수 있는 것으로 법률상 인정되는 일자를 말하며 당사자가 나중에 변경하는 것이 불가능한 확정된 일자를 가리킨다(대법원 2000. 4. 11. 선고 2000다2627 판결).

(관련판례)

채권양도인이 양수인에게 전대차계약상의 차임채권 중 일부를 양도하고 전차인인 채무자에게 위 양도사실을 통지한 후에 채무자에게 위 채권양도통지를 취소한다는 통지를 하였더라도 양수인이 양도인의 위 채권양도통지철회에 동의하였다고 볼 증거가 없다면 위 채권양도통지철회는 효력이 없다(대법원 1993.7.13. 선고 92다4178 판결).

3. 제3채무자의 의무공탁

3-1. 의무공탁의 의의

"의무공탁"이란 제3채무자가 ① 금전채권에 관한 배당요구서를 송달받은 제3채무자가 채권자의 청구가 있는 경우 또는 ② 금전채권 중 압류되지 않은 부분을 초과하여 거듭 압류 또는 가압류명령을 송달받은 제3채무자가 압류 또는 가압류채권자의 청구가 있는 경우에 의무적으로 해야 하는 공탁을 말합니다(「민사집행법」 제248조제2항·제3항).

3-2. 공탁해야 할 금액

① 배당요구서를 송달받은 제3채무자가 채권자의 청구에 의해 하는 의무공탁

  ⓐ 금전채권에 관해 배당요구서를 송달받은 제3채무자는 배당에 참가한 채권자의 청구가 있으면 압류된 부분에 해당하는 금액을 공탁해야 합니다(「민사집행법」 제248조제2항).

  - "압류된 부분에 해당하는 금액"이란 집행채권액이 아닌 압류의 효력이 미치는 피압류채권액을 의미합니다.

  - 「민사집행법」 제248조제2항에 따른 의무공탁의 경우 배당요구에는 압류의 경합과는 달리 압류의 확장효(「민사집행법」 제235조)가 없으므로, 제3채무자는 압류된 부분에 해당하는 금액만을 공탁하면 됩니다.

  ⓑ 예를 들어, '갑'에게 대여금1,000만원을 줄 의무가 있는 채무자 '을'에게 '갑'의 채권자 '병'이 600만원으로 압류의 범위를 제한해 압류한 후, 갑의 다른 채권자 '정'이 500만원의 채권을 가지고 자신에게도 돈을 줄 것을 요구한 경우, '을'은 당초 압류된 금액인 600만원만 공탁하면 됩니다

[표 1] 압류의 범위가 제한되어 압류된 다음 배당요구가 있는 경우

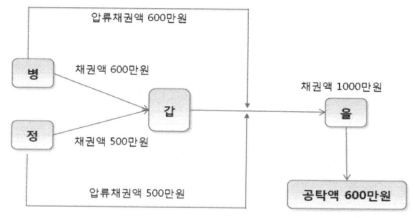

ⓒ 그러나, 만약 병이 600만원의 채권을 가지고 압류의 효력범위를 집행채권액 등으로 제한하지 않은 채 압류를 하였다면 그 압류의 효력은 압류한 때 현실로 존재하는 목적채권의 전부에 미치므로(대법원 1973. 1. 24. 선고 72마1548 결정), 제3채무자인 '을'은 1,000만원 모두를 공탁해야 합니다.

[표 2] 압류의 범위가 제한되지 않고 압류된 다음 배당요구가 있는 경우

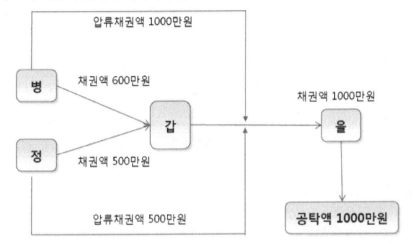

② 금전채권 중 압류되지 않은 부분을 초과한 압류 또는 가압류명령을 송달받은 제3채무자가 압류 또는 가압류채권자의 청구가 있는 경우

ⓐ 금전채권 중 압류되지 않은 부분을 초과하여 거듭 압류명령 또는 가압류명령이 내려진 경우에 그 명령을 송달받은 제3채무자는 압류 또는 가압류채권자의 청구가 있으면 그 채권의 전액에 해당하는 금액을 공탁해야 합니다(「민사집행법」제248조제3항).

ⓑ 「민사집행법」제248조제3항에 따른 압류 경합의 경우에는 각 압류의 효력이 채권전액으로 확장되므로(「민사집행법」제235조), 그 채권전액을 공탁해야 합니다(『공탁실무편람』, 법원행정처).

ⓒ 예를 들어, '갑'의 '을'에 대한 1,000만원의 대여금채권에 대해 '갑'의 채권자 '병'이 600만원의 채권으로써 압류의 범위를 제한하여 압류한 후에, '갑'의 다른 채권자 '정'이 500만원의 채권을 가지고 압류한 다음에 제3채무자 '을'에게 공탁할 것을 청구하였다면, '병'과 '정'은 압류의 경합이 있는 것이어서 '병'의 600만원의 압류도 피압류채권 전액으로 확장되고, '정'의 500만원에 대한 압류도 그 전액으로 확장되므로 채권자 중 한사람인 '정'이 공탁을 청구하면 제3채무자인 '을'은 피압류채권액 전액인 1,000만원을 공탁해야 합니다.

[표 3] 압류의 경합이 있는 경우의 의무공탁

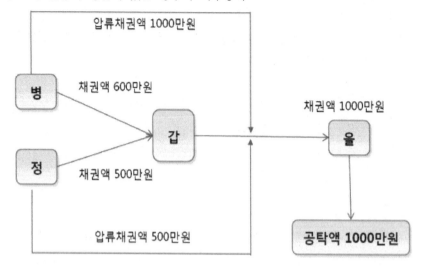

3-3. 의무공탁 절차

3-3-1. 공탁서 제출

① 의무공탁을 하려는 제3채무자는 공탁서 2통에 압류결정문 사본 1통, 공탁자의 자격을 증명하는 서면 등을 첨부하여 공탁관에게 제출해야 합니다(「공탁규칙」 제20조제1항).

② 의무공탁서 작성 예시는 다음과 같습니다.

[서식 예] 의무공탁서

공 탁 번 호		년 금 제 호		20○○년○월○일 신청	법령조항	민사집행법 제248조제2항
공 탁 자	성 명 (상호, 명칭)	홍길동	피 공 탁 자	성 명 (상호, 명칭)		
	주민등록번호 (법인등록번호)	620703-2111111		주민등록번호 (법인등록번호)		
	주 소 (본점, 주사무소)	서울시 종로구 옥인동 55		주 소 (본점, 주사무소)		
	전화번호	(02) 2011-4310		전화번호		
공 탁 금 액		금 이천이백만원 22,000,000원		보 관 은 행		○○은행 ○○지점
공탁원인사실		제3채무자인 공탁자는 심청이로부터 금22,000,000원을 이자를 연 19%, 변제기를 2010년 5월 8일로 하여 빌린 사실이 있는 바, 이 돈 (이자 포함)에 대하여 아래와 같이 심청이 채권에 대해 압류명령이 송달되었고 압류채권자들의 청구가 있으므로 이에 공탁하기에 이르렀습니다. 아 래 1. 서울중앙지방법원 2010카단293호 채권자 지○○ 서울시 중구 필동 125, 채무자 심청이 서울시 종로구 수송동 146-1, 제3채무자 공탁자로 된 채권액 금22,000,000원의 채권압류명령. 2010년 8월 7일 송달 2. 서울남부지방법원 2010카단337호 채권자 박○○ 서울시 종로구 옥인동 111, 채무자 심청이 서울시 종로구 수송동 146-1, 제3채무자 공탁자로 된 채권액 금30,000,000원의 채권압류명령. 2010년 8월 9일 송달				
비고(첨부서류 등)		1. 차용증서 사본 1부 2. 압류명령 정본 1부 3. 주민등록표등(초)본 각1통 4. 사유신고서 사본 1통		☐ 계좌납입신청		
1. 공탁으로 인하여 소멸하는 질권, 전세권 또는 저당권 2. 반대급부 내용						
위와 같이 신청합니다. 공탁자 성명 홍 길 동 인(서명)			대리인 주소 전화번호 성명 인(서명)			

위 공탁을 수리합니다.
 공탁금을   년   월   일까지 위 보관은행의 공탁관 계좌에 납입하시기 바랍니다.
 위 납입기일까지 공탁금을 납입하지 않을 때는 이 공탁 수리결정의 효력이 상실됩니다.
          년   월   일
          법원 지원 공탁관 (인)						

(영수증) 위 공탁금이 납입되었음을 증명합니다.
          년   월   일
     공탁금 보관은행(공탁관) (인)						

3-3-2. 공탁서 작성 방법

① 공탁근거법령란 기재

　　의무공탁의 근거조항은 「민사집행법」 제248조제2항 또는 제3항을 적습니다.

② 공탁자란 기재

– 공탁자가 자연인인 경우에는 성명, 주민등록번호 및 주소를 기재합니다.

– 공탁자가 법인인 경우에는 법인의 명칭, 법인등록번호 및 주사무소를 기재합니다.

– 권리능력 없는 사단 또는 재단은 그 명칭과 주사무소를 기재합니다.

③ 피공탁자란 기재 등

– 의무공탁의 경우에는 공탁서의 피공탁자란은 기재하지 않습니다.

– 집행공탁의 피공탁자란은 집행법원이 그 집행권자를 확정하여 그 지급받을 금액과 함께 적은 지급위탁서를 작성하여 공탁소에 보내기 때문에 압류된 채권액에 대해서만 공탁한 경우 공탁서의 피공탁자란에 피공탁자를 기재할 필요가 없습니다.

④ 첨부서면

　　제3채무자가 의무공탁신청을 하는 경우 공탁서 2통에 다음의 첨부서면을 첨부해야 합니다.

1. 압류결정문 사본 1통

2. 공탁통지서

– 피공탁자가 없어 피공탁자란은 기재하지 않는 경우에는 공탁통지서를 첨부할 필요가 없지만, 피공탁자가 있는 경우에는 공탁통지서와 공탁통지서를 발송할 우표를 붙인 봉투를 첨부해야 합니다.

3. 자격 증명서면

4. 주소 소명서면

– 피공탁자가 없어 피공탁자란은 기재하지 않는 경우에는 주소 소명서면을 첨부할 필요가 없지만, 피공탁자가 있는 경우에는 주소소명서면을 공탁통지서와발송할 우표를 붙인 봉투를 첨부해야 합니다.

3-4. 사유신고 절차
3-4-1. 사유신고의 의의

　　제3채무자가 채권자의 압류경합 등을 이유로 집행공탁한 금원의 경우에는 이후에 배당절차를 통해 채권자들에게 배당되어야 할 것이지만 공탁사실만으로는 집행법원이 이와 같은 사실을 알 수 없으므로 집행법원에 배당되어야 할 금액이 공탁되었음을 알리는 절차가 필요한데, 이를 사유신고라 합니다(「민사집행법」 제248조제4항).

3-4-2. 의무공탁의 사유신고

제3채무자가 의무공탁을 한 경우 집행법원에 사유신고를 해야 합니다(「민사집행법」 제248조제4항 및 「민사집행규칙」 제172조).

3-4-3. 사유신고서 작성 방법

① 사유신고서 기재 방법

- 제3채무자가 공탁을 하고 사유신고를 한 경우의 신고는 ⓐ 사건의 표시, ⓑ 채권자·채무자 및 제3채무자의 이름, ⓒ 공탁사유와 공탁한 금액을 적은 서면으로 해야 합니다(「민사집행규칙」 제172조제1항).

- 배당절차를 원활하게 하기 위해 공탁의 원인이 된 압류 결정의 송달일자, 채권자 및 채무자의 주소, 가압류 및 압류의 금액 등도 기재하는 것이 실무입니다.

- 금전채권의 일부에 대해서 압류가 있어 제3채무자가 압류와 관련된 금전채권 전액을 공탁한 경우에는 공탁금 중에서 압류금액에 상당하는 금액에 대해서는 공탁 시부터 배당절차가 개시되므로, 공탁자는 공탁 후 그 압류금액만 집행법원에 사유신고를 해야 할 것인데, 이처럼 공탁금액과 배당절차의 대상이 된 사유신고 금액이 달라질 경우에는 그와 같은 취지도 사유신고서에 기재해야 합니다.

② 첨부서면

1. 공탁서

- 제3채무자가 공탁 이후 사유신고를 해야 할 경우에는 공탁서 원본을 붙여야 합니다(「민사집행규칙」 제172조제2항 본문).

- 다만, 상당한 기간 이내에 사유신고를 해야 할 제3채무자의 사유신고가 없는 때에는 압류채권자, 가압류채권자, 채무자, 그 밖의 이해관계인이 그 사유를 법원에 신고할 수 있는데, 이 경우에는 공탁서 원본을 소지하고 있지 않으므로 공탁서원본을 첨부하지 않아도 됩니다.

2. 압류결정문 사본

- 제3채무자의 사유신고로 인해 배당절차에 따른 배당순위 및 배당액을 파악하기 위해 압류결정문 사본을 압류결정의 송달의 순위에 따라 첨부해야 합니다.

③ 사유신고를 해야 할 법원

ⓐ 금전채권에 관한 배당요구서를 송달받은 제3채무자가 채권자의 청구가 있는 경우에는 압류명령을 한 집행법원에 해야 하고, ⓑ 금전채권 중 압류되지 않은 부분을 초과한 압류 또는 가압류명령을 송달받은 경우에는 먼저 송달된 압류명령을 발령한 집행법원에 해야 합니다.

3-5. 의무공탁의 효과

① 채무변제의 효과

제3채무자가 의무공탁을 하면 자신의 채권자(원 채무자)에 대한 채무를 면합니다 (『공탁실무편람』, 법원행정처).

② 배당가입 차단효 발생

제3채무자가 의무공탁을 하고 제3채무자가 공탁사유를 신고할 때까지 채무자의 다른 채권자가 압류, 가압류, 배당요구를 하지 않으면 다른 채권자는 더 이상 배당절차 등에 가입할 수 없습니다(『민사집행법』 제247조제1항제1호).

③ 압류명령의 취하 또는 취소의 불가

채권자가 채무자의 제3채무자에 대한 채권을 압류한 상태에서 제3채무자가 의무공탁을 하면 압류명령은 공탁에 따른 목적달성으로 소멸하므로 의무공탁 후에는 압류명령을 취하 또는 취소할 수 없습니다.

■ 제3채무자 의무공탁은 어떤 경우에 하나요?

Q 친구에게 1,000만원을 빌린 후 갚으려고 하는데 친구의 채권자 '병'이라는 사람이 그 돈을 자신에게 주도록 압류명령서를 보내왔습니다. 그런데 그 후 다른 채권자 '정'이 다시 500만원을 자신에게 주도록 요구하고 있습니다. 어떻게 해야 하나요?

A 제3채무자의 의무공탁을 하시면 됩니다.

◇ 의무공탁의 의의

　"의무공탁"이란 제3채무자가 ① 금전채권에 관한 배당요구서를 송달받은 제3채무자가 채권자의 청구가 있는 경우 또는 ② 금전채권 중 압류되지 않은 부분을 초과하여 거듭 압류 또는 가압류명령을 송달받은 제3채무자가 압류 또는 가압류채권자의 청구가 있는 경우에 의무적으로 해야 하는 공탁을 말합니다.

◇ 의무공탁의 신청방법

　① 의무공탁을 하려는 제3채무자는 공탁서 2통에 압류결정문 사본 1통, 공탁자의 자격을 증명하는 서면 등을 첨부하여 공탁관에게 제출해야 합니다.

　② 금전채권에 관해 배당요구서를 송달받은 제3채무자는 압류된 부분에 해당하는 금액을 공탁하면 되지만, 압류금액의 범위가 정해지지 않았거나, 금전채권 중 압류되지 않은 부분을 초과해 거듭 압류명령 또는 가압류명령이 내려진 경우에는 채권액 전부를 공탁해야 합니다.

◇ 의무공탁의 효력

　① 제3채무자가 의무공탁을 하면 자신의 채권자에 대한 채무를 면합니다.

　② 제3채무자가의무공탁을 하고 제3채무자가 공탁사유를 신고할 때까지 채무자의 다른 채권자가 압류, 가압류, 배당요구를 하지 않으면 다른 채권자는 더 이상 배당절차 등에 가입할 수 없습니다.

※ 사유신고

　① "사유신고"란 제3채무자가 채권자의 압류경합 등을 이유로 공탁을 한 경우 공탁사실만으로는 집행법원이 이를 알 수 없으므로 집행법원에 배당되어야 할 금액이 공탁되었음을 알리는 절차를 말합니다.

　② 제3채무자는 의무공탁을 하는 경우 집행법원에 사유신고를 해야 합니다.

■ 채권압류 및 추심명령을 받은 채권자가 제3채무자에게 공탁청구를 한 경우 추심할 수 있는 금액의 범위는 어떠한가요?

Q 甲은 乙에 대한 확정판결을 집행권원으로 하여 채권압류 및 추심명령을 받았고, 민사집행법 제248조 제3항에 따라 제3채무자인 丙을 상대로 공탁청구를 하였습니다. 이 때 甲이 추심할 수 있는 금액의 범위는 어떠한가요?

A 丙이 공탁청구에 따라 그 채권 전액에 해당하는 금액을 공탁하였더라면 甲에게 배당될 수 있었던 범위에 한정됩니다. 대법원 2012. 2. 9. 선고 2009다88129 판결은 "공탁청구한 채권자가 제3채무자를 상대로 추심할 수 있는 금액은, 제3채무자가 공탁청구에 따라 그 채권 전액에 해당하는 금액을 공탁하였더라면 공탁청구 채권자에게 배당될 수 있었던 금액 범위에 한정된다고 할 것이다. 그리고 제3채무자가 그 채권 전액에 해당하는 금액을 공탁하였더라면 배당받을 수 있었던 금액은 공탁청구 시점까지 배당요구한 채권자 및 배당요구의 효력을 가진 채권자에 대하여 배당을 할 경우를 전제로 산정할 수 있고, 이때 배당받을 채권자, 채권액, 우선순위에 대하여는 제3채무자가 주장·입증하여야 한다고 해석함이 상당하다."라고 판시한 바 있습니다.

4. 가압류를 원인으로 하는 공탁

4-1. 가압류를 원인으로 하는 공탁의 의의

① "가압류를 원인으로 하는 공탁"이란 금전채권이 가압류된 경우 제3채무자가 스스로 채무를 면하기 위해 가압류와 관련된 금전채권 전액 또는 가압류된 금액을 공탁하는 것을 말합니다.

② 금전채권에 대한 가압류를 원인으로 하는 공탁의 법적 성질

ⓐ 「민사집행법」의 시행으로 채권가압류가 있는 경우에 제3채무자는 「민사집행법」 제291조에 의해 준용되는 「민사집행법」 제248조제1항을 근거조항으로 하여 공탁을 할 수 있게 되었습니다. 이와 같이 「민사집행법」의 규정 형식으로만 본다면 채권가압류로 인한 공탁은 채권압류로 인한 공탁과 동일하게 집행공탁으로 취급한다고 볼 수도 있습니다.

ⓑ 그러나 채권가압류를 원인으로 하는 공탁은 원래의 채권자인 가압류채무자를 피공탁자로 하는 일종의 변제공탁이고, 가압류의 효력은 그 청구채권액에 해당하는 공탁금액에 대한 가압류채무자의 공탁금 출급청구권에 존속하는 것으로 보아야 합니다(「민사집행법」 제297조).

4-2. 공탁해야 할 금액

① 제3채무자는 가압류에 관련된 금전채권의 전액을 공탁할 수 있습니다(「민사집행법」 제248조제1항 및 제291조).

② 금전채권 전부가 가압류된 경우

예를 들어, '갑'의 '을'에 대한 1,000만원의 임차보증금채권에 대해 '병'이 '갑'에 대한 700만원의 대여금채권을 가지고 가압류의 범위를 제한하지 않은 채 1,000만원 전액을 가압류한 경우는 '을'은 가압류된 채권전액인 1,000만원을 공탁해야 합니다.

[표 1] 금전채권 전부가 가압류된 경우

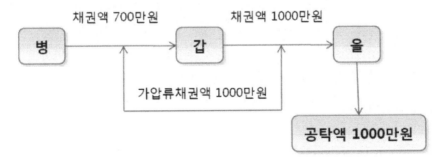

③ 금전채권 일부가 가압류된 경우

예를 들어, '갑'의 '을'에 대한 1,000만원의 임차보증금채권에 대해 '병'이 '갑'에 대한 700만원의 대여금채권을 가지고 가압류의 범위를 700만원으로 특정하여 가압

류한 경우 제3채무자인 '을'은 가압류에 관련된 채권전액인 1,000만원을 공탁할 수도 있고, 가압류된 금액인 700만원만 공탁할 수도 있습니다.

[표 2] 금전채권 일부가 가압류된 경우(가압류와 관련된 채권전액을 공탁한 경우)

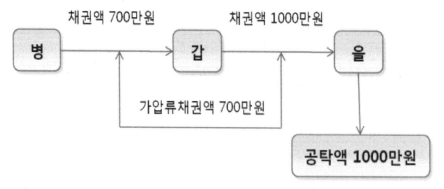

[표 3] 금전채권 일부가 가압류된 경우(가압류된 금액만 공탁하는 경우)

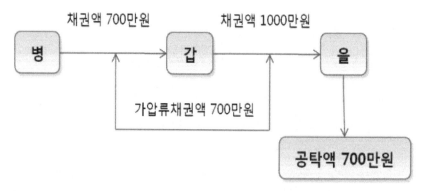

④ 가압류가 경합하지 않는 복수의 가압류가 있는 경우

ⓐ 예를 들어, '갑'의 '을'에 대한 1,000만원의 임차보증금채권에 대해 '병'이 '갑'에 대한 대여금채권 600만원을 가지고 가압류의 범위를 600만원으로 특정하여 가압류한 다음 '정'이 '갑'에 대한 대여금채권 100만원을 가지고 가압류의 범위를 100만원으로 특정하여 가압류한 경우 제3채무자인 '을'은 가압류에 관련된 채권전액인 1,000만원을 공탁할 수도 있고, 가압류된 금액인 700만원만 공탁할 수도 있습니다.

ⓑ 두개 이상의 채권 가압류가 있고 가압류된 채권의 합계액이 가압류와 관련된 금전채권금액보다 적은 경우에도 금전채권 일부가 가압류된 경우와 같이 처리됩니다.

[표 4] 가압류된 채권의 합계액만을 공탁하는 경우

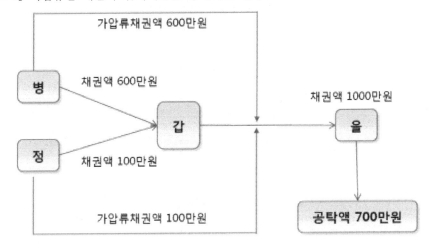

[표 5] 가압류와 관련된 채권전액을 공탁하는 경우

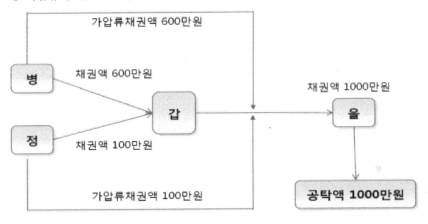

⑤ 금전채권에 가압류경합이 있는 경우의 공탁

예를 들어, '갑'의 '을'에 대한 1,000만원의 임차보증금채권에 대해 '병'이 '갑'에 대한 대여금채권 600만원을 가지고 가압류의 범위를 600만원으로 특정하여 가압류한 다음 '정'이 '갑'에 대한 대여금채권 500만원을 가지고 가압류의 범위를 500만원으로 특정하여 가압류한 경우 제3채무자인 '을'은 가압류된 채권 전액 1,000만원을 공탁해야 합니다.

[표 6] 금전채권에 가압류경합이 있는 경우의 공탁

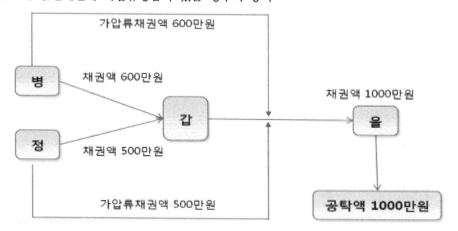

4-3. 가압류를 원인으로 하는 공탁절차

4-3-1. 공탁서 제출

① 금전채권에 대해 가압류가 있는 경우 제3채무자는 공탁서 2통에, 가압류결정문 사본 1통, 공탁통지서, 공탁자의 자격을 증명하는 서면을 첨부하여 공탁관에게 제출해야 합니다.

② 가압류를 원인으로 하는 공탁서 작성 예시는 다음과 같습니다.

[서식 예] 가압류를 원인으로 하는 공탁서

공 탁 번 호	년 금 제　　　호	20○○년○월○일 신청	법령조항	민사집행법 제297조

공 탁 자	성　명 (상호, 명칭)	홍길동	피 공 탁 자	성　명 (상호, 명칭)	
	주민등록번호 (법인등록번호)	620703-2111111		주민등록번호 (법인등록번호)	
	주　소 (본점, 주사무소)	서울시 종로구 옥인동 55		주　소 (본점, 주사무소)	
	전화번호	(02) 2011-4343		전화번호	

공 탁 금 액	금 이천이백만원 22,000,000원	보 관 은 행	○○은행 ○○지점

공탁원인사실	제3채무자인 공탁자는 심청이로부터 금 22,000,000원을 빌렸는 바, 채권자 변학도(서울시 중구 필동 125)와 채무자 심청이(서울시 종로구 수송동 146-1) 사이의 서울중앙지방법원 2010카단293호 채권가압류 신청사건에 의해 같은 법원이 2010년 9월 30일 위 제3채무자의 채권 중 금 10,000,000원을 가압류 집행하였으므로 그 압류된 채무를 공탁합니다.

비고(첨부서류 등)	1. 채권가압류명령 정본　1부 2. 금전소비대차계약서 사본 3. 주민등록표등(초)본 각1통 　　　　□ 계좌납입신청

1. 공탁으로 인하여 소멸하는 질권, 전세권 또는 저당권 2. 반대급부 내용	

위와 같이 신청합니다.　　　　　　　대리인 주소
　　　　　　　　　　　　　　　　　전화번호
　　공탁자 성명　홍 길 동 인(서명)　성명　　　　인(서명)

위 공탁을 수리합니다.
공탁금을　년　월　일까지 위 보관은행의 공탁관 계좌에 납입하시기 바랍니다.
위 납입기일까지 공탁금을 납입하지 않을 때는 이 공탁 수리결정의 효력이 상실됩니다.
　　　　　　　　　　　　　　년　　　　월　　　　일
　　　　　　　　　　　　　법원 지원 공탁관　　　　　　　　(인)

(영수증) 위 공탁금이 납입되었음을 증명합니다.
　　　　　　　　　　　　　　년　　　　월　　　　일
　　　　　　　　공탁금 보관은행(공탁관)　　　　　　　(인)

4-3-2. 공탁서 작성 방법

① 공탁근거법령란 기재

　　공탁근거 법령조항은 「민사집행법」 제291조 및 제248조제1항으로 합니다.

② 공탁자란 기재

　ⓐ 공탁자가 자연인인 경우에는 성명, 주민등록번호 및 주소를 기재합니다.

　ⓑ 공탁자가 법인인 경우에는 법인의 명칭, 법인등록번호 및 주사무소를 기재합니다.

　ⓒ 권리능력 없는 사단 또는 재단은 그 명칭과 주사무소를 기재합니다.

② 피공탁자란 기재

　　공탁서의 피공탁자란에는 가압류채무자를 기재합니다.

4-3-3. 첨부서면

① 제3채무자는 공탁신청 시 다음의 첨부서면을 첨부해야 하고, 공탁사실 통지를 위해 우편료를 납입해야 합니다.

　1. 가압류결정문 사본 1통

　2. 공탁통지서

　3. 자격 증명서면

　4. 주소 소명서면

4-3-4.공탁통지서의 발송 및 공탁사실의 통지 등

① 가압류채무자에 대한 공탁통지서의 발송

　ⓐ 금전채권의 일부 또는 전부에 대해 가압류가 있는 경우 공탁관은 피공탁자인 가압류채무자에게 공탁통지서를 발송해야 합니다.

　ⓑ 가압류채무자는 공탁의 원인이 된 모든 가압류 채권을 해결하고 가압류채권자에게 이를 취하하도록 한 후 공탁통지서를 첨부하여 공탁금을 수령할 수 있습니다.

② 가압류채권자에 대한 공탁사실의 통지

　　공탁을 수리한 공탁관은 가압류채권자에게는 공탁사실을 통지해야 합니다.

4-3-5. 사유신고

① 제3채무자는 공탁을 한 후 즉시 공탁서를 첨부하여 그 내용을 서면으로 가압류발령법원에 신고해야 합니다.

② 가압류를 원인으로 하는 공탁의 사유신고의 효력은 채권압류를 원인으로 하는 공탁을 한 후 하는 사유신고와는 그 의미가 달라서 단순히 가압류발령 법원에 공탁사실을 알려주는 의미 밖에 없습니다.

4-4. 가압류를 원인으로 하는 공탁의 효과

① 가압류 효력 존속

제3채무자가 가압류 집행된 금전채권액을 공탁한 경우에는 그 가압류의 효력은 그 청구채권액에 해당하는 공탁금액에 대한 채무자의 출급청구권에 대해 존속합니다 (「민사집행법」 제297조).

② 배당가입 차단효 불발생

압류를 위한 보전처분에 불과한 채권가압류를 원인으로 한 공탁 및 사유신고만으로는 그 공탁금으로부터 배당 등을 받을 수 있는 채권자의 범위를 확정하는 배당가입 차단효과도 없고 배당절차를 개시하는 사유도 되지 않습니다(「공탁선례 2-280」).

■ 가압류공탁금의 보증보험회사에 대하여 직접 손해배상청구 가능한지요?

Q 乙이 이미 변제한 채권을 원인으로 甲의 부동산에 가압류를 하자 甲은 해방공탁을 하고 그 부동산에 대한 가압류를 해제하였으며, 이후 乙이 제기한 본안소송에서 승소한 甲은 乙이 위 가압류 시 공탁보증보험증권을 체결해 줌으로써 손해담보제공을 가능토록 해 준 丙보증보험회사를 상대로 위 가압류로 인한 손해배상을 직접 청구하려는데 가능한지요?

A 「민사집행법」 제280조 제2항과 제3항은 "청구채권이나 가압류의 이유를 소명하지 아니한 때에도 가압류로 생길 수 있는 채무자의 손해에 대하여 법원이 정한 담보를 제공한 때에는 법원은 가압류를 명할 수 있고, 청구채권과 가압류의 이유를 소명한 때에도 법원은 담보를 제공하게 하고 가압류를 명할 수 있다."라고 규정하고 있습니다.

그리고 「민사소송법」 제122조 본문에서는 소송비용의 담보제공방식에 관하여 "담보의 제공은 금전 또는 법원이 인정하는 유가증권을 공탁(供託)하거나, 대법원규칙이 정하는 바에 따라 지급을 보증하겠다는 위탁계약을 맺은 문서를 제출하는 방법으로 한다."라고 규정하고 있으며, 이 규정은 「민사집행법」 제19조 제3항에 의하여 가압류보증의 담보제공에 관하여도 준용됩니다.

그런데 가압류보증의 담보제공을 지급을 보증하는 위탁계약을 맺은 문서를 제출하는 방법에 의한 경우 본안소송에서 승소한 부당한 가압류로 인하여 손해를 입은 가압류채무자가 직접 보증보험회사를 상대로 손해배상청구를 할 수 있을 것인지에 관하여 살펴보면, 공탁보증보험보통약관은 "보험자는 보험증권에 기재된 사건으로 인하여 권리자인 피보험자가 손해배상청구권에 관한 집행권원을 받음으로써 담보제공의무자인 보험계약자가 피보험자에게 배상하여야 할 손해를 보험증권에 기재된 사항과 이 약관에 따라 보상한다."고 정하고 있으며, 판례도 "공탁보증보험약관에 의하면 공탁보증보험계약은 보험계약자인 가압류신청인 등의 부당신청으로 인하여 피보험자인 피신청인 등이 손해배상청구권 및 소송비용상환청구권에 관한 채무명의(집행권원)를 받은 경우 이의 변제를 보험자가 보증하는 보증보험계약임을 알 수 있는바, 이 계약은 피보험자가 보험기간 중의 약정사고로 인하여 제3자에게 손해배상책임을 지게 되는 경우 보험자가 피보험자에게 이를 보상하여 주는 보험계약인 책임보험계약과는 그 기본성격, 피보험자, 담보되는 손해의 종류와 책임의 성질, 보험의 주된 목적 등이 상이하여 책임보험계약상 법률의 규정에 의하여 특별히 인정되는 피해자(제3자)의 직접청구권규정인 상법 제724조 제2항을 공탁보증보험에 직접 혹은 유추적용 할 수는 없다고 할 것이고, 한편 보증보험계약이 실질적으로는 보증의 성격을 가지고 보증계약과 같은 효과를 목적으로 하는 것이어서 보험자는 보험계약자가 주계약에 따른 채무를 이행하지 아니함으로써 피보험자가 입게 되는 손해를 보상하는 것이라 할지라도 그 보상은 보험약관이 정하는 바에 따라 그리고 그 보험금액의 범위 내에서 보상하는 것이라 할 것이니(대법원 1990. 5. 8. 선고 89다카25912 판결), 보증보험계약의 보증성에서 곧바로 피보험자가 보험약관이 정한 채무명의(집행권원) 없이도 보험자에 대하여 직접청구권을 취득한다고 볼 수도 없다."라고 하였습니다(대법원 1999. 4. 9. 선고 98다19011 판결).

따라서 위 사안에서 甲이 직접 丙보증보험회사를 상대로 손해배상청구를 할 수는 없을 것이며, 乙을 상대로 손해배상청구를 하여 승소 후 丙보증보험회사에 그 판결문 등 집행권원를 제시하여 그 손해배상금을 지급 받아야 할 것으로 보입니다.

참고로 위 사안과 관련된 손해액 산정에 관하여 판례는 "본안소송에서 패소 확정된 보전처분 채권자에 대하여 손해배상을 청구하는 경우, 가압류채무자가 가압류청구금액을 공탁하고 그 집행취소결정을 받았다면, 가압류채무자는 적어도 그 가압류집행으로 인하여 가압류해방공탁금에 대한 민사법정이율인 연 5푼 상당의 이자와 공탁금의 이율 상당의 이자의 차액 상당의 손해를 입었다고 보아야 한다."라고 하였습니다(대법원 1992.9. 25. 선고 92다8453 판결, 1995.12.12. 선고 95다34095, 34101 판결).

■ 변제공탁의 효력 발생 시기 및 공탁물 출급청구권에 대한 가압류 집행이 변제의 효력에 영향을 미치는지요?

Q 甲은 乙에 대한 채무 전액에 대하여 적법하게 변제공탁하였으나, 乙이 공탁물 출급청구를 하기 이전에 乙의 채권자 丙은 乙의 공탁물 출급청구권을 가압류하였습니다. 甲의 변제공탁은 채무변제로서 효력을 가질까요?

A 대법원은 변제공탁으로 인하여 발생한 공탁물 출급청구권이 가압류되는 경우 "변제공탁이 적법한 경우에는 채권자가 공탁물 출급청구를 하였는지와 관계없이 공탁을 한 때에 변제의 효력이 발생하고, 그 후 공탁물 출급청구권에 대하여 가압류 집행이 되더라도 변제의 효력에 영향을 미치지 아니한다."(대법원 2011. 12. 13. 선고 2011다11580 판결 참조)고 하여 가압류 집행은 변제공탁의 효력에 영향을 미치지 아니하는 것으로 보고 있습니다.
따라서 甲의 변제공탁은 적법하며 甲의 채무는 소멸되었다고 할 것입니다.

■ 담보제공명령 전의 재판상 보증 공탁을 한 경우의 효력은?

Q 법원의 담보제공명령이 있기 전에 재판상 보증 공탁을 한 경우 그 공탁의 유효성 여부와, 만약 유효하지 않을 경우의 구제 방법에 대해 알고 싶습니다.

A 당사자의 소송행위나 가압류·가처분, 강제집행의 정지·실시·취소 등 법원의 처분으로 인하여 상대방이 받게 될 손해를 담보하기 위한 재판상 담보공탁의 경우에는 법원의 담보제공을 명하는 재판에 의하여 비로소 담보를 제공할 의무가 구체화되므로 담보제공명령(담보액과 담보제공의 기간을 결정)이 있어야만 공탁을 할 수 있다는 것이 판례의 태도이므로 (대법원 2010. 8. 24.자 2010마459 결정), 담보제공명령이 없음에도 불구하고 재판상 보증공탁을 한 경우에는 소위 착오공탁에 해당되게 됩니다.
착오로 인한 공탁의 경우, 공탁자는 그 사실을 증명해 공탁물을 회수할 수 있습니다(「공탁법」 제9조제2항). 착오 공탁한 것을 이유로 공탁자가 공탁물 회수청구를 하는 경우에는 그 착오사실 증명서면이 필요한데, 공탁무효판결을 받은 경우에는 그 판결문, 채권양도 후에 양도인을 피공탁자로 한 경우에는 그 양도통지서 등이 착오서면을 증명하는 서면이 될 수 있습니다.

■ 가압류 결정을 받기 위해서 현금공탁을 한 경우 나중에 이것을 돌려받을 수 있나요?

Q 채권자가 가압류 결정을 받기 위해서 법원의 담보제공명령에 따라 현금공탁을 한 경우 나중에 이것을 돌려받을 수 있나요?

A 돌려받을 수 있습니다.

가압류 결정을 받기 위해 현금공탁을 한 경우 ① 가압류 결정 전에 신청을 취하하거나 ② 가압류 신청이 각하된 경우 공탁금을 회수할 수 있고, ③ 가압류 결정 이후에는 법원의 담보취소결정을 받아 공탁금을 회수할 수 있습니다.

◇ 가압류 결정 전 공탁금 회수

채권자는 가압류 결정 전에는 가압류 신청을 취하하거나 가압류 신청이 각하된 경우 공탁의 원인이 소멸하였음을 증명하여 공탁금을 회수할 수 있습니다.

◇ 가압류 결정 후 공탁금 회수

본안 소송에서 채권자가 승소한 경우(담보사유가 소멸한 경우)에는 법원에 담보취소신청을 하고, 법원으로부터 담보취소결정을 받아 공탁금을 회수할 수 있습니다. 채무자가 동의한 경우[담보(공탁금)에 대한 권리자인 채무자가 담보 취소에 동의하거나 항고권포기서를 채권자에게 준 경우]에는 본안 소송이 종료되지 않아도 채권자는 채무자의 동의를 받았음을 증명하여 법원의 담보취소결정을 받아 그 확정증명원을 법원에 제출함으로써 공탁금을 회수할 수 있습니다. 채권자가 본안 소송에서 패소하였지만, 채권자의 신청에 의해 법원은 담보권리자(채무자)에게 담보 취소에 대하여 동의한 것으로 보아 채권자는 공탁금을 회수해 갈 수 있습니다.

■ 담보제공명령 전의 재판상 보증 공탁을 한 경우의 효력은?

Q 법원의 담보제공명령이 있기 전에 재판상 보증 공탁을 한 경우 그 공탁의 유효성 여부와, 만약 유효하지 않을 경우의 구제 방법에 대해 알고 싶습니다.

A 당사자의 소송행위나 가압류·가처분, 강제집행의 정지·실시·취소 등 법원의 처분으로 인하여 상대방이 받게 될 손해를 담보하기 위한 재판상 담보공탁의 경우에는 법원의 담보제공을 명하는 재판에 의하여 비로소 담보를 제공할 의무가 구체화되므로 담보제공명령(담보액과 담보제공의 기간을 결정)이 있어야만 공탁을 할수 있다는 것이 판례의 태도이므로 (대법원 2010. 8. 24.자 2010마459 결정), 담보제공명령이 없음에도 불구하고 재판상 보증공탁을 한 경우에는 소위 착오공탁에 해당되게 됩니다.

착오로 인한 공탁의 경우, 공탁자는 그 사실을 증명해 공탁물을 회수할 수 있습니다(「공탁법」 제9조제2항). 착오 공탁한 것을 이유로 공탁자가 공탁물 회수청구를 하는 경우에는 그 착오사실 증명서면이 필요한데, 공탁무효판결을 받은 경우에는 그 판결문, 채권양도 후에 양도인을 피공탁자로 한 경우에는 그 양도통지서 등이 착오서면을 증명하는 서면이 될 수 있습니다.

■ 가압류의 경합이 없는 경우에도 공탁이 가능한지요?

Q 저는 갑에게 500만원의 채무를 지고 있습니다. 그런데 갑에게 200만원의 채권을 가지고 있는 사람이 갑의 저에 대한 채권을 가압류하여 저는 공탁을 하려고 합니다. 이 경우에 공탁이 가능할까요?

A 구 민사소송법 아래에서는 배당요구가 있거나 중복압류가 있는 등 채권자가 경합하는 경우에만 집행공탁을 할 수 있었지만, 현행 민사집행법 하에서는 채권이 압류되면 채권자의 경합이 없더라도 제3채무자(귀하)는 그의 선택에 따라 압류채권 상당액 또는 압류에 관련된 금전채권을 공탁하여 채무를 벗어날 수 있도록 하였습니다.(민사집행법 제248조 제1항) 가압류의 경우에도 민사집행법 제291조는 "가압류의 집행에 대하여는 강제집행에 관한 규정을 준용한다"고 규정하여 가압류 경우에도 채권자가 경합하지 않아도 공탁이 허용되도록 하였습니다.

따라서, 귀하는 귀하의 선택에 따라 압류채권 상당액(200만원) 또는 압류에 관련된 금전채권(500만원)전액을 공탁할 수 있습니다. 이 경우 가압류의 효력은 공탁금액에 대한 채무자의 출급청구권에 대하여 존속합니다.(민사집행법 제297조)

■ 담보로 공탁된 현금을 담보제공자 발행의 당좌수표로 변환이 허용되는지요?

Q 甲은 乙이 제기한 금전청구소송에서 패소하여 항소제기 하여 항소심진행 중인데, 乙은 가집행이 선고된 제1심 판결에 기하여 甲의 부동산에 강제경매신청을 하였습니다. 이에 甲은 강제경매를 정지시키기 위하여 집행정지신청을 하여 현금을 공탁하고 강제집행정지명령을 받아 경매절차를 정지시켰습니다. 그런데 이 경우 甲발행의 당좌수표로 담보물을 변경할 수는 없는지요?

A 소송비용의 담보물의 변환에 관하여 「민사소송법」제126조는 "법원은 담보제공자의 신청에 따라 결정으로 공탁한 담보물을 바꾸도록 명할 수 있다. 다만, 당사자가 계약에 의하여 공탁한 담보물을 다른 담보로 바꾸겠다고 신청한 때에는 그에 따른다."라고 규정하고 있고, 「민사집행법」제19조 제3항은 「민사소송법」제126조의 규정을 특별한 규정이 있는 경우를 제외하고는 「민사집행법」에 규정된 담보제공에도 준용하도록 규정하고 있습니다.

그런데 법원이 공탁담보물의 변환을 명함에 있어 새로운 담보물의 종류 및 수량에 대한 재량의 한계에 관하여 판례는 "법원은 담보제공자의 신청에 의하여 상당하다고 인정할 때에는 공탁한 담보물의 변환을 명할 수가 있는 것이고, 신 담보물을 어떠한 종류와 수량의 유가증권으로 할 것인가는 법원의 재량에 의하여 정하여지는 것이라 할 것이나, 법원은 이로 인하여 담보권리자의 이익이나 권리가 침해되지 않도록 원래의 공탁물에 상당한 합리적인 범위 내에서 결정하여야 할 것인바, 공탁할 유가증권은 담보로 하여야 할 성질상 환가가 용이하지 아니하거나 시세의 변동이 심하여 안정성이 없는 것은 부적당하다고 할 것이다."라고 하였으며, 담보로 공탁된 현금을 담보제공자 발행의 당좌수표로 변환하는 것이 허용되는지에 관하여 판례는 "본래의 현금공탁에 대신하여 공탁담보물의 변환을 구하는 담보제공자 발행의 당좌수표는 금융기관 발행의 수표와는 달리 그 지급 여부가 개인의 신용에 의존하는 것으로서 환가가 확실하다고 볼 수 없으므로 공탁할 유가증권이 되기에 적절하지 못하다."라고 하였습니다(대법원 2000. 5. 31.자 2000그22 결정).

따라서 위 사안에 있어서도 甲은 甲발행의 당좌수표로 담보물을 변경할 수는 없을 것으로 보입니다.

■ 가압류·가처분 시 제공한 보증공탁금은 어떻게 회수할 수 있는지요?

Q 저는 甲회사의 채권관리업무를 담당하고 있으면서 가끔 채무자의 재산을 가압류 또는 가처분하고 있습니다. 이러한 경우 법원에서는 현금공탁을 명하기도 하는데, 법원에 납입한 공탁금은 어떻게 회수할 수 있는지요?

A 「민사집행법」제280조, 제301조는 가압류 또는 가처분할 때에는 가압류 등으로 인한 채무자의 손해를 담보하기 위하여 법원은 일정한 담보를 제공하게 하고 가압류 등을 명할 수 있다고 규정하고 있습니다.

이러한 담보를 취소하고 공탁금을 회수하기 위해서는 원칙적으로는 가압류 등을 위하여 제공된 담보는 본안소송이 계속중인 한 담보사유가 소멸되지 않으므로 (대법원 1981. 12. 22.자 81마290 결정), 본안소송이 종료되지 않은 이상 그 회수가 불가능하다 할 것이나 채무자가 담보취소에 동의하는 경우에는 본안소송의 결과에 불구하고 공탁금을 회수할 수 있다 하겠습니다.

그리고 본안소송이 종료된 경우에는 소송비용이나 기타 가압류 등으로 인한 채무자의 손해배상청구권 등과 관련, 채권자가 전부승소한 경우에는 바로 담보취소결정이 내려지나 채권자의 일부승소, 전부패소, 소취하 등의 경우에는 채무자에게 담보물에 대하여 권리행사할 것을 최고한 후, 일정한 기간(통상 14일)이 경과되어도 그 권리행사가 없을 경우에 담보취소결정이 내려지고 공탁금을 회수할 수가 있습니다(민사소송법 제125조, 민사집행법 제19조 제3항).

그런데 「민사집행법」제19조 제3항에 의하여 민사집행절차의 담보에 관하여 준용되는 「민사소송법」제125조 소정의 담보권리자의 권리행사방법에 관하여 판례는 "민사소송법 제115조(현행 민사소송법 제125조)에 의하여 담보제공자가 담보의 사유가 소멸된 것을 증명하거나 담보권리자의 동의 있음을 증명한 때에는 법원은 신청에 의하여 담보취소의 결정을 하여야 하고, 소송완결 후 담보제공자의 신청이 있는 때에는 법원은 담보권리자에 대하여 일정한 기간 내에 그 권리를 행사할 것을 최고하고, 담보권리자가 그 권리를 행사하지 아니하는 때에는 담보취소에 대한담보권리자의 동의가 있는 것으로 간주하는 것인바, 이 경우 '담보권리자의 권리행사는 담보의무자에 대하여 소송의 방법으로' 하여야 한다."라고 하였습니다(대법원 1992. 10. 20.자 92마728 결정).

■ 공탁담보금권리자의 소 청구금액이 공탁금에 미달할 경우 담보취소결정을 받아 회수할 수 없는지요?

Q 甲은 乙이 제기한 공사대금청구소송에서 패소하여 항소하였는데, 乙이 가집행선 고부 제1심 판결로 甲의 부동산에 강제경매를 신청하여 강제집행정지를 위한 담 보공탁을 한 후 경매를 정지시켰습니다. 그러나 甲이 항소심에서도 패소하여 확 정되었고, 乙은 위 부동산의 매각대금에서 승소금을 모두 변제받을 수 있으므로 甲의 권리행사최고에 의한 담보취소신청에 대해 권리행사로서 甲을 상대로 손해 배상청구의 소를 제기하였으나, 청구금액이 공탁금에 미치지 못합니다. 이 경우 乙의 청구금액을 공제한 공탁금잔액에 대해서 甲이 담보취소결정을 받아 회수할 수 없는지요?

A 「민사소송법」제125조 제3항은 "소송이 완결된 뒤 담보제공자가 신청하면, 법원 은 담보권리자에게 일정한 기간 이내에 그 권리를 행사하도록 최고하고, 담보권 리자가 그 행사를 하지 아니하는 때에는 담보취소에 대하여 동의한 것으로 본 다."라고 규정하고 있고, 이 규정은 「민사집행법」제19조 제3항에 의하여 민사집 행절차의 담보에 관하여 준용하고 있습니다.

그런데 강제집행정지의 보증으로 공탁한 금원에 대한 담보권리자가 권리행사로 서 제기한 소의 청구금액이 그 공탁금의 전액에 미달하는 경우의 일부 담보취소 가 가능한지에 관하여 하급심 판례는 "강제집행정지의 보증으로 공탁한 금원에 대한 담보권리자가 권리행사최고에 응하여 제기한 소의 청구금액이 그 공탁금의 전액에 미달하는 경우, 그 청구금액을 제외한 나머지 부분에 대하여는 권리행사 를 하였다고 할 수 없으므로, 그 부분에 대하여 권리자의 동의가 있는 것으로 보아 담보취소를 할 수 있다."라고 하였습니다(서울고법 1994. 2. 22.자 93카 776 결정).

따라서 위 사안의 경우 甲은 乙이 제기한 손해배상청구소송의 청구금액을 제외 한 잔여 공탁금에 대하여는 동의가 있는 것으로 간주되어 담보취소결정을 받아 회수할 수 있을 것으로 보입니다.

■ 가압류 해방공탁금에 대하여 가압류채권자에게 우선권이 있는지요?

Q 저는 甲의 부동산을 가압류한 후 그에 대한 대여금 700만원 청구소송을 제기하여 소송진행 중에 있습니다. 그런데 甲은 700만원을 해방공탁한 후 가압류가 해제되자 그 부동산을 처분하였으며, 甲의 채권자 乙은 甲의 위 해방공탁금회수청구권을 압류하였습니다. 이 경우 위 해방공탁금은 저의 부동산가압류에 대한 해방공탁금이므로 제가 乙보다 우선하여 채권의 만족을 얻을 수 있는지요?

A 가압류해방금액에 관하여 「민사집행법」제282조는 "가압류명령에는 가압류의 집행을 정지시키거나 집행한 가압류를 취소시키기 위하여 채무자가 공탁할 금액을 적어야 한다."라고 규정하고 있고, 가압류집행의 취소에 관하여 같은 법 제299조 제1항은 "가압류명령에 정한 금액을 공탁한 때에는 법원은 결정으로 가압류를 취소하여야 한다."라고 규정하고 있습니다.

그러므로 채무자가 가압류명령에 기재된 해방금액을 공탁하였을 때에는 법원은 가압류를 취소하여야 합니다. 그러나 이와 같이 가압류집행이 취소되더라도 가압류명령 그 자체의 효력이 소멸되는 것은 아니고, 가압류채권자가 본안소송에서 승소의 확정판결을 받거나 가집행선고가 있는 때에는 그 가압류해방공탁금이 집행의 대상이 됩니다.

그런데 이 경우 판례는 가압류의 효력은 그 가압류해방공탁금 자체가 아니라 공탁자인 채무자의 가압류해방공탁금회수청구권에 대하여 미치는 것으로 보기 때문에 채무자의 다른 채권자가 가압류해방공탁금회수청구권에 대하여 압류명령을 받은 경우에는 가압류채권자의 가압류와 다른 채권자의 압류는 그 집행대상이 같아 서로 경합하게 됩니다. 따라서 이러한 경우 가압류채권자에게 어떤 우선권이 주어지는지 문제되는데, 가압류채권자가 가압류목적물에 대하여 우선변제 받을 권리가 없는 것과 마찬가지로 가압류해방공탁금에 대하여도 우선변제권이 없으므로, 집행력 있는 집행권원을 가진 다른 채권자가 가압류해방공탁금회수청구권에 대하여 강제집행절차를 밟는다고 하여 가압류채권자에게 별다른 손해를 주는 것도 아니므로 가압류채권자가 다른 채권자에 대하여 우선권을 가진다고 할 수는 없다 하겠습니다(대법원 1996. 11. 11.자 95마252 결정).

따라서 귀하의 경우에도 귀하의 채권과 乙의 채권이 채권액에 비례하여 안분배당되는데, 귀하의 대여금청구소송이 끝나기 전에 배당이 실시된다면 귀하의 배당액은 공탁될 것이고, 귀하는 위 소송이 끝난 후 공탁된 금원을 수령할 수 있을 것입니다.

■ 부동산 강제집행 절차가 진행 중에 채무자가 집행의 기본이 되는 채무를 공탁하면 강제집행의 효력을 배제할 수 있나요?

Q 갑은 을에 대한 채권의 실행을 위해 을의 부동산에 대하여 강제집행을 신청하였습니다. 이후 을은 채권 상당액을 공탁한 후, 집행정지 및 청구이의의 소를 제기하였는데, 이로서 집행의 효력을 배제할 수 있나요?

A 채무자가 1개 또는 수개의 채무의 비용 및 이자를 지급할 경우에 변제자가 그 전부를 소멸하게 하지 못한 제공을 한 때에는 비용, 이자, 원본의 순서로 변제에 충당하여야 하고(민법 제479조 제1항), 강제집행에 필요한 비용은 채무자가 부담하고 그 집행에 의하여 우선적으로 변상을 받는 것이므로(민사집행법 제53조 제1항) 금전의 지급을 명한 집행권원에 대하여는 그 집행비용을 변상하지 아니하는 한 그 집행력 전부의 배제를 구할 수 없습니다.

민사소송법 제513조 제1항에 의하면 강제집행비용은 채무자의 부담으로서 별도의 채무명의 없이 그 집행의 기본이 되는 당해 채무명의에 터잡아 당해 강제집행절차에서 그 채무명의에 표시된 채권과 함께 추심할 수 있는 것이므로 청구이의사건에 있어서 채무명의에 표시된 본래의 채무가 변제나 공탁에 의하여 소멸되었다고 하여도 채무자가 변상하여야 할 집행비용이 상환되지 않은 이상 당해채무명의의 집행력 전부의 배제를 구할 수는 없습니다(대법원 2008. 7. 10. 선고 2008다10051 판결). 따라서 을은 채무 상당액만을 공탁하여서는 집행의 효력을 배제할 수 없습니다.

5. 권리공탁·의무공탁의 공탁물 출급

5-1. 금전채권에 대해 압류가 있는 경우의 공탁금 출급청구

5-1-1. 금전채권 전부에 대해 압류가 있는 경우

① 금전채권의 전부에 대해 압류가 있어서 제3채무자가 압류된 채권전액에 대해 공탁한 경우 압류채권자는 집행법원의 지급위탁에 의해 공탁금의 출급을 청구할 수 있습니다.

5-1-2. 금전채권 일부에 대해 압류가 있는 경우

① 제3채무자가 압류된 채권금액만 공탁한 경우

금전채권의 일부에 대해 압류가 있어 제3채무자가 압류된 채권금액만 공탁한 경우 압류채권자는 집행법원의 지급위탁에 의해 공탁금의 출급을 청구할 수 있습니다.

② 제3채무자가 압류와 관련된 채권전액을 공탁한 경우

ⓐ 공탁금 중에서 압류의 효력이 미치는 부분에 대해서는 집행법원의 지급위탁에 의해 공탁금의 출급을 청구할 수 있습니다.

ⓑ 공탁금 중에서 압류의 효력이 미치지 않는 부분에 대해서는 변제공탁의 예에 따라 피공탁자(압류채무자)가 출급을 청구할 수 있으며, 공탁자도 회수청구할 수 있습니다.

ⓒ 제3채무자가 압류의 효력이 미치지 않는 부분에 대해 회수청구를 할 경우에는 집행법원으로부터 공탁서를 보관하고 있다는 사실을 증명하는 서면을 교부받아 이를 공탁금 회수청구서에 첨부해야 합니다.

5-1-3. 둘 이상의 채권압류가 있고 압류된 채권액의 합계액이 압류와 관련된 금전채권액보다 적은 경우

① 제3채무자가 압류된 채권금액만 공탁한 경우

둘 이상의 채권압류가 있고 압류된 채권액의 합계액이 압류와 관련된 금전채권액보다 적으며 제3채무자가 압류된 채권액에 대해서만 공탁한 경우 압류채권자는 집행법원의 지급위탁에 의해 공탁금의 출급을 청구할 수 있습니다.

② 제3채무자가 압류와 관련된 채권 전액을 공탁한 경우

둘 이상의 채권압류가 있고 압류된 채권액의 합계액이 압류와 관련된 금전채권액보다 적으며 제3채무자가 압류와 관련된 금전채권액 전액을 공탁한 경우, 공탁금 중에서 압류의 효력이 미치는 부분에 대해서는 압류채권자가 집행법원의 지급위탁에 의해 공탁금의 출급을 청구할 수 있으며, 공탁금 중에서 압류의 효력이 미치지 않는 부분에 대해서는 변제공탁의 예에 따라 피공탁자(압류채무자)가 출급을 청구할 수 있고 공탁자도 회수청구할 수 있습니다.

5-1-4. 금전채권에 대해 압류가 경합하는 경우

금전채권에 대해 압류의 경합이 있어 제3채무자가 압류채권 전액을 공탁한 경우 압류채권자는 집행법원의 지급위탁에 의해 공탁금의 출급을 청구할 수 있습니다.

5-2. 금전채권에 대해 가압류가 있는 경우의 공탁금 출급청구
5-2-1. 금전채권 전부에 대해 가압류가 있는 경우

금전채권 전액을 공탁한 경우

금전채권의 전부에 대해 가압류가 있어 제3채무자가 가압류에 관련된 금전채권 전액을 공탁한 경우 가압류채권자는 가압류를 압류로 이전하는 압류명령을 받은 다음 집행법원의 지급위탁에 의해 공탁금의 출급을 청구할 수 있습니다.

5-2-2. 금전채권 일부에 대해 가압류가 있는 경우

① 제3채무자가 가압류 채권액에 대해서만 공탁한 경우

금전채권의 일부에 대해 가압류가 있어 제3채무자가 가압류된 채권액에 대해서만 공탁한 경우 피공탁자는 가압류가 실효되지 않는 한 공탁금의 출급을 청구할 수 없고, 가압류채권자는 가압류를 본압류로 이전하는 압류명령을 받은 후 집행법원의 지급위탁에 의해 공탁금의 출급을 청구할 수 있습니다.

② 제3채무자가 가압류에 관련된 금전채권 전액을 공탁한 경우

ⓐ 금전채권의 일부에 대해 가압류가 있어 제3채무자가 가압류에 관련된 금전채권 전액을 공탁한 경우 공탁금 중에서 가압류의 효력이 미치는 부분에 대해서는 가압류채권자가 가압류를 본압류로 이전하는 압류명령을 받은 후 집행법원의 지급위탁에 의해 공탁금의 출급을 청구할 수 있습니다.

ⓑ 공탁금 중에서 가압류의 효력이 미치지 않는 부분에 대해서는 변제공탁의 예에 따라 피공탁자(가압류채무자)가 출급을 청구할 수 있으며, 공탁자도 회수청구할 수 있습니다.

ⓒ 제3채무자가 가압류의 효력이 미치지 않는 부분에 대해 회수청구를 할 경우에는 집행법원으로부터 공탁서를 보관하고 있다는 사실을 증명하는 서면을 교부받아 이를 공탁금 회수청구서에 첨부해야 합니다.

③ 둘 이상의 가압류가 경합하는 경우

금전채권의 전부에 대해 가압류가 경합하여 제3채무자가 가압류에 관련된 금전채권 전액을 공탁한 경우 가압류채권자는 가압류를 본압류로 이전하는 압류명령을 받은 다음 집행법원의 지급위탁에 의해 공탁금의 출급을 청구할 수 있습니다.

5-3. 집행법원의 배당과 지급위탁에 의한 출급

5-3-1. 사유신고에 의한 배당절차 개시

집행법원은 제3채무자 등의 사유신고서가 제출되면 배당절차를 개시합니다(「민사집행법」 제252조제2호).

5-3-2. 배당기일의 지정 및 통지

① 집행법원은 배당을 실시할 기일을 지정하고 채권자와 채무자에게 이를 통지해야 합니다(「민사집행법」 제255조 본문).

② 다만, 채무자가 외국에 있거나 있는 곳이 분명하지 않은 경우에는 통지하지 않습니다(「민사집행법」 제255조 단서).

5-3-3. 채권계산서의 제출 최고

집행법원은 배당절차를 개시하면 배당표 작성을 위한 준비로서 채권자들에게 1주 내에 원금·이자·비용, 그 밖의 부대채권의 계산서를 제출하도록 최고해야 합니다(「민사집행법」 제253조).

5-3-4. 배당표의 작성

① 집행법원은 채권계산서 제출기간이 끝난 뒤에 배당표를 작성해야 합니다(「민사집행법」 제254조제1항).

② 채권계산서 제출기간을 지키지 않은 채권자의 채권은 배당요구서와 사유신고서의 취지 및 그 증빙서류에 따라 계산합니다(「민사집행법」 제254조제2항 전단).

③ 이 경우 다시 채권액을 추가하지 못합니다(「민사집행법」 제254조제2항 후단).

5-3-5. 배당표의 확정

① 집행법원은 채권자와 채무자에게 보여 주기 위해 배당기일 3일 전에 배당표원안 (配當表原案)을 작성하여 법원에 비치해야 합니다(「민사집행법」 제149조 및 제256조).

② 집행법원은 출석한 이해관계인과 배당을 요구한 채권자를 심문하여 배당표를 확정해야 합니다(「민사집행법」 제149조 및 제256조).

③ 배당기일에 배당에 관한 이의신청이 없는 경우에는 배당표는 원안대로 확정되고 배당표에 따라 배당을 실시합니다.

④ 이의신청이 있는 경우라도 이의를 정당하다고 인정하거나 합의가 된 경우에는 배

당표를 경정하여 배당을 실시합니다(「민사집행법」 제152조제2항).

5-3-6. 배당 실시

① 집행법원은 채권 전부를 배당받은 채권자에게는 공탁물 수령권자임을 증명하는 증명서와 공탁물 출급청구서 2통을 내어주는 동시에 그가 가진 집행력 있는 정본 또는 채권증서를 받아 채무자에게 내어주어야 합니다.

② 집행법원은 채권 일부를 배당받은 채권자에게는 집행력 있는 정본 또는 채권증서를 제출하게 한 뒤 배당액을 적어서 돌려주고 공탁물수령권자임을 증명하는 증명서와 공탁물 출급청구서 2통을 내어주는 동시에 영수증을 받아 채무자에게 교부해야 합니다(「민사집행법」 제159조제3항, 제256조 및 「집행공탁금 출급청구서 교부에 관한 예규」).

5-3-7. 공탁금 출급

배당액수령 채권자는 배당을 하는 집행법원으로부터 공탁물 출급청구서 2통을 교부받아 공탁금을 수령할 자임을 확인하는 서면 등을 첨부하여 공탁금 출급청구서와 함께 공탁관에게 제출하고 출급청구가 수리되면 공탁관으로부터 공탁금 출급청구서 1통을 다시 교부받아 공탁물 보관자로 지정된 은행에 이를 제출하여 배당액을 수령합니다.

■ 채권가압류의 집행을 원인으로 하여 제3채무자가 채무액을 공탁한 경우, 그 공탁서에 포함되지 않은 제3채권자가 배당절차에서 배당요구를 할 수 있는지요?

Q 채권가압류의 집행을 원인으로 하여 제3채무자 甲이 채무액을 공탁한 경우, 그 공탁서에 포함되지 않은 제3채권자 乙도 배당절차에서 배당요구를 할 수 있는지요?

A 제3채무자는 채권가압류가 집행되었을 때 그와 관련된 채무액을 공탁할 수 있는데, 이러한 가압류의 집행을 원인으로 하는 공탁은 원래의 채권자인 가압류 채무자를 피공탁자로 하는 일종의 변제공탁으로서 가압류의 효력은 그 청구채권액에 해당하는 공탁금액에 대한 가압류채무자의 공탁금출급청구권에 존속하는 것으로 보아야 하고, 이 경우의 공탁은 채권압류를 원인으로 하는 민사집행법 제248조 제1항에 의한 권리공탁과는 그 성질이 다르기 때문에 가압류의 집행을 원인으로 하는 공탁이 되더라도 그 공탁금으로부터 배당 등을 받을 수 있는 채권자의 범위를 확정하는 이른바 배당가입차단효가 없으며, 따라서 위 공탁의 공탁원인사실에 제3채권자의 채권이 포함되어 있지 않더라도 제3채권자는 이후에 개시된 배당절차에서 적법하게 배당요구를 할 권리가 있습니다(인천지방법원 2004. 2. 6. 선고 2003가단9232 판결).

그러므로 공탁서에 포함되지 않은 제3채권자 乙도 배당절차에서 적법하게 배당요구를 할 수 있습니다.

(관련판례)

파산채권자의 배당금 지급청구권에는 다양한 종류의 파산채권 원본과 그에 대한 파산선고 전일까지의 이자 및 지연손해금을 합산한 채권이 모두 반영되어 있어, 원래 채권의 성격이 반드시 그대로 유지된다고 보기는 어렵고, 배당절차는 금전화 및 현재화를 거친 파산채권 원금 및 파산선고 이전까지의 지연손해금에 대하여 배당재원의 범위 내에서 각 채권의 비율에 따라 분배하는 절차로서, 배당률을 정하여 통지함으로써 발생한 구체적 배당금 지급채무의 이행은 파산재단을 대표한 파산관재인의 의무이지 파산자의 의무는 아니라 할 것이므로, 배당금 지급채무는 파산채무의 원래 속성이나 파산자가 상인인지 여부와는 무관하게 민사채무로 봄이 상당하고, 그 지연으로 인한 지연손해금에 적용될 법정이율도 원래 파산채무의 속성이나 약정이율 혹은 채무명의에서 정한 지연이율에 영향을 받지 아니하고 민사법정이율인 연 5%가 적용되어야 할 것이다(대법원 2005. 8. 19. 선고 2003다22042 판결).

■ 근저당권자의 피담보채권이 소멸된 후 이를 모르고 공탁된 배당금의 처리는?

Q 甲은 乙소유의 부동산에 대한 제3순위 근저당권자로서 그 부동산에 대하여 담보권실행을 위한 경매를 신청하여 매각되었습니다. 그리고 위 부동산의 매각대금에 대한 배당에 있어서 甲은 제1순위 근저당권자 丙, 제2순위 근저당권자 丁에게 배당되고 난 잔액을 제3순위 근저당권부 채권의 일부만 배당받게 되었습니다. 그런데 丁은 배당기일에 배당법정에 출석하지 않았고, 丁에 대한 배당금은 공탁되었으나, 그 후 丁의 제2순위 근저당권은 이미 채무전액이 변제되어 소멸된 것으로 밝혀졌습니다. 이 경우 丁에게 배당되었다가 공탁된 배당금은 누구에게 귀속되는지요?

A 「민사집행법」제160조 제2항은 "채권자가 배당기일에 출석하지 아니한 때에는 그에 대한 배당액을 공탁하여야 한다."라고 규정하고 있고, 같은 법 제161조 제3항은 "제160조 제2항의 채권자가 법원에 대하여 공탁금의 수령을 포기하는 의사를 표시한 때에는 그 채권자의 채권이 존재하지 아니한 것으로 보고 배당표를 바꾸어야 한다."라고 규정하고 있습니다.

그런데 위 사안의 경우와 같이 채무액이 모두 변제되어 소멸된 근저당권에 대하여 배당되어 공탁된 배당금이 누구에게 귀속될 것인지에 관하여 판례는 "배당기일에 출석하지 아니한 근저당권자를 위하여 배당금을 근저당권자에게 지급할 수 없는 명백한 사유가 생긴 경우, 반드시 배당절차가 확정적으로 종료되었다고 단정할 수는 없다는 점과 경매제도가 채무자의 재산으로부터 채권자의 만족을 얻는다는 데에 그 근본목적을 두고 있는 만큼 만족을 받지 못한 채권자들을 제쳐두고 채무자에게 지급하는 것은 제도의 목적에 현저히 반하는 점 등에 비추어, '제595조(현행 민사집행법 제157조)의 판결이 확정한 일 또는 제596조(현행 민사집행법 제158조)의 규정에 따라 이의의 소를 취하한 것으로 본 일의 증명이 있는 때에는 배당법원은 이에 의하여 지급 또는 다른 배당절차를 명한다.'고 규정된 민사소송법 제597조를 유추적용하여 다른 채권자에게 추가배당을 함이 상당하다."라고 하였습니다(대법원 2001. 10. 12. 선고 2001다37613 판결, 2002. 9. 24. 선고 2002다33069 판결).

따라서 위 사안에서도 丁에게 배당되어 공탁된 배당금은 甲에게 추가배당 될 것으로 보입니다.

■ 압류채권자가 제3채무자의 공탁사유신고시까지 배당요구를 하지 않더라도 배당절차에 참가할 수 있는지요?

Q 압류가 경합된 상태에서 제3채무자가 공탁사유신고를 하면서 경합된 압류 중 일부에 관한 기재를 누락한 경우, 압류채권자가 제3채무자의 공탁사유신고시까지 배당요구를 하지 않더라도 배당절차에 참가할 수 있나요?

A 압류가 경합되면 각 압류의 효력은 피압류채권 전부에 미치므로(민사집행법 제235조), 압류가 경합된 상태에서 제3채무자가 민사집행법 제248조의 규정에 따라 집행공탁을 하여 피압류채권을 소멸시키면 그 효력은 압류경합 관계에 있는 모든 채권자에게 미칩니다. 그리고 이때 압류경합 관계에 있는 모든 채권자의 압류명령은 목적을 달성하여 효력을 상실하고 압류채권자의 지위는 집행공탁금에 대하여 배당을 받을 채권자의 지위로 전환되므로, 압류채권자는 제3채무자의 공탁사유 신고 시까지 민사집행법 제247조에 의한 배당요구를 하지 않더라도 배당절차에 참가할 수 있습니다. 따라서 압류가 경합된 상태에서 제3채무자가 집행공탁을 하여 사유를 신고하면서 경합된 압류 중 일부에 관한 기재를 누락하였다 하더라도 달리 볼 것은 아니며(제3채무자의 공탁사유 신고 시까지 민사집행법 제247조에 의한 배당요구를 하지 않더라도 배당절차에 참가할 수 있습니다), 그 후 이루어진 공탁금에 대한 배당절차에서 기재가 누락된 압류의 집행채권이 배당에서 제외된 경우에 압류채권자는 과다배당을 받게 된 다른 압류채권자 등을 상대로 배당이의의 소를 제기하여 배당표의 경정을 구할 수 있습니다(대법원 2015. 4. 23. 선고 2013다207774 판결).

6. 가압류 해방공탁

6-1. 가압류 해방공탁의 의의

"가압류 해방공탁"이란 가압류의 집행정지나 집행한 가압류를 취소하기 위해 가압류 명령에서 정한 금액을 채무자가 공탁하는 것을 말합니다.

6-2. 가압류 해방공탁의 신청

6-2-1. 공탁서 및 첨부서류 제출

가압류해방공탁을 하려는 가압류채무자는 공탁서 2통에 가압류결정문 사본 1통 등을 첨부하여 공탁관에게 제출해야 합니다(「공탁규칙」 제20조제1항).

6-2-2. 공탁서 작성 방법

① 공탁근거법령란 기재

공탁근거 법령조항은 「민사집행법」 제282조로 기재합니다.

② 공탁자란 기재

ⓐ 가압류해방공탁을 할 수 있는 자는 가압류채무자입니다.

ⓑ 가압류채무자가 아닌 제3자는 가압류해방공탁을 할 수 없습니다.

　– 공탁자가 자연인인 경우에는 성명, 주민등록번호 및 주소를 기재합니다.

　– 공탁자가 법인인 경우에는 법인의 명칭, 법인등록번호 및 주사무소를 기재합니다.

③ 피공탁자란 기재

ⓐ 가압류해방공탁에서는 피공탁자를 기재하지 않습니다.

ⓑ 가압류 해방공탁의 공탁서 작성 예시는 다음과 같습니다.

[서식 예] 금전 공탁서(가압류해방)

공 탁 번 호	년 금 제 호	20○○년○월○일 신청	법령조항	민사집행법 제282조
공 탁 자 **(가압류 채무자)**	성 명 (상호, 명칭)	최 ○ 래		
	주민등록번호 (법인등록번호)	651007-1111111		
	주 소 (본점, 주사무소)	서울시 종로구 수송동 146-1		
	전화번호	(02) 2048-1110		
공 탁 금 액	돈구천구백만원정 금99,000,000원정	보 관 은 행	○○은행 ○○지점	
법원의 명칭과 사 건	법원		사건	
	당 사 자	채 권 자	최 ○\ 래	채 무 자	장 ○ 건
공탁원인사실	위 사건의 가압류 집행 취소를 위한 해방공탁			
비고 **(첨부서류 등)**	1. 가압류 결정문 정본 1통 2. 주민등록등본 1부		□ 계좌납입신청	

위와 같이 신청합니다.　　　　　　　대리인 주소
　　　　　　　　　　　　　　　　　　전화번호
　　공탁자 성명　최 봉 래　인(서명)　　성명　　　　　　　　인(서명)

위 공탁을 수리합니다.
공탁금을　　년　월　일까지 위 보관은행의 공탁관 계좌에 납입하시기 바랍니다.
위 납입기일까지 공탁금을 납입하지 않을 때는 이 공탁 수리결정의 효력이 상실됩니다.
　　　　　　　　　　　　　　　년　　　　월　　　　일
　　　　　　　　　　　　　법원　　　　지원 공탁관　　　　　　　　(인)

　(영수증) 위 공탁금이 납입되었음을 증명합니다.
　　　　　　　　　　　　　　년　　　　월　　　　일
　　　　　　　공탁금 보관은행(공탁관)　　　　　　　　(인)

6-2-3. 공탁물

① 가압류해방공탁의 공탁물은 금전만 가능합니다(대법원 1996. 10. 1. 선고 96마
162 전원합의체 결정).

② 가압류채무자가 가압류의 집행취소신청을 하기 위해서는 가압류명령에서 정한 금
액 전부를 공탁해야 하며, 가압류명령에서 정한 금액의 일부만을 공탁하고 가압
류집행의 일부취소를 구하는 것은 허용되지 않습니다.

6-3. 가압류 집행취소

① 가압류 집행취소 신청

가압류해방공탁을 한 채무자가 가압류집행취소결정을 받으려면 공탁물을 납입한 후
가압류 집행법원에 공탁서를 첨부하여 가압류집행취소를 신청해야 합니다.

② 가압류 집행취소결정

가압류 집행취소 신청이 있는 경우 집행법원은 결정으로 집행한 가압류를 취소해
야 합니다(「민사집행법」 제299조제1항).

6-4. 해방공탁금의 지급
6-4-1. 가압류 집행취소결정의 효과

가압류해방공탁금에 대해서는 가압류채권자의 공탁금 출급청구권은 없고 가압류
채무자의 공탁금 회수청구권만 있으나 가압류명령의 효력이 가압류채무자의 가압
류해방공탁금 회수청구권으로 옮겨갑니다.

6-4-2. 가압류채권자의 권리행사

① 가압류채권자는 본안 승소확정판결 등을 집행권원으로 하여 가압류채무자의 공탁
금 회수청구권에 대해 ⓐ 가압류로부터 본압류로 이전하는 채권압류 또는 ⓑ 추
심명령(송달증명 첨부)이나 ⓒ 전부명령(확정증명 첨부)을 받아 공탁소에 대해
회수청구를 할 수 있습니다.

② 이 경우의 집행권원으로는 확정판결뿐만 아니라 가집행선고부 종국판결도 포함됩
니다.

6-4-3. 집행권원의 동일성 소명

① 채권압류가 가압류를 본압류로 이전하는 채권압류가 아닌 한 가압류의 피보전권
리와 압류의 집행채권의 동일성을 소명해야 합니다.

② 집행채권의 동일성 소명은 가압류신청서와 소장, 본안판결문을 제출하면 됩니다.

③ 이자의 귀속

ⓐ 공탁금 지급청구권에 대해 당사자의 교체(전부·양도 등)가 있는 경우에는 교체일을 기준으로 그 전일까지의 이자는 구당사자(공탁자)에게, 그 이후부터는 신당사자(전부채권자, 양수인 등)에게 귀속하는 것이 원칙입니다.

ⓑ 따라서 공탁금 지급청구권에 대한 채권압류 및 추심명령이 있는 때에는 그 명령에 공탁금의 이자에 대해 언급이 없는 때에는 추심채권자는 압류 전 공탁금의 이자에 대한 추심권이 없습니다.

ⓒ 이자채권에 대해 추심권을 행사하려면 별도의 압류 및 추심명령을 받아야 합니다.

6-4-4. 가압류채무자의 회수

① 해방공탁금을 가압류채무자인 피공탁자가 회수하기 위해서는 가압류채무자가 해방공탁금에 미치고 있는 가압류의 효력을 깨뜨리거나, 가압류채권자와 합의를 보아 해방공탁금에 대한 가압류를 풀어야 합니다.

② 가압류채무자가 가압류의 효력이 소멸되었음을 증명하는 서면은 다음과 같습니다.

1. 가압류 이의신청에 의해 가압류를 취소하는 경우: 가압류를 취소하는 결정정본 및 송달증명(「민사집행법」 제286조제6항의 효력유예선언이 있는 경우에는 효력발생기간 경과).

2. 제소기간 도과로 인한 가압류를 취소하는 경우: 「민사집행법」 제287조 제3항의 가압류결정취소결정 정본 및 송달증명

3. 집행 후 3년간의 본안의 소 부제기로 인해 가압류를 취소하는 경우: 「민사집행법」 제288조제1항제3호의 가압류취소결정 정본 및 송달증명

4. 가압류채권자와 합의가 있는 경우: 가압류취하증명

■ **사채업자에게 돈을 빌리셨는데 이를 이유로 집에 있는 집기류가 가압류
되었습니다. 일단 집기류에 대한 가압류를 풀었으면 하는데 어떻게 해야
하나요?**

Q 아버지가 사채업자에게 돈을 빌리셨는데 이를 이유로 집에 있는 집기류가 가압
류 되었습니다. 일단 집기류에 대한 가압류를 풀었으면 하는데 어떻게 해야 하
나요?

A 집행공탁의 한 종류인 가압류 해방공탁을 통해 가압류를 취소시키거나 강제집행
을 정지시키는 방법이 있습니다.

◇ 집행공탁 및 가압류 해방공탁의 의의

① "집행공탁"이란 강제집행 또는 보전처분절차에서 집행기관이나 집행당사자
또는 제3채무자가 「민사집행법」에 따른 권리·의무로서 집행목적물을 공탁
소에 공탁해 그 집행목적물의 관리와 집행법원의 지급위탁에 의한 공탁물
지급을 공탁절차에 따라 하는 제도를 말합니다.

② "가압류 해방공탁"이란 집행당사자에 의한 집행공탁으로 가압류의 집행정지
나 집행한 가압류를 취소하기 위해 가압류 명령에서 정한 금액을 채무자가
공탁하는 것을 말합니다.

◇ 가압류 해방공탁의 신청방법

① 가압류 채무자는 공탁서 2통에 가압류결정문 사본 1통 등을 첨부해 공탁
관에게 제출해야 하고, 공탁물은 금전만 가능합니다.

② 가압류채무자가 가압류의 집행취소신청을 하기 위해서는 가압류명령에서
정한 금액 전부를 공탁해야 하며, 가압류명령에서 정한 금액의 일부만을
공탁하고 가압류집행의 일부취소를 구하는 것은 허용되지 않습니다.

◇ 가압류 집행취소 결정

① 가압류해방공탁을 한 채무자가 가압류집행취소 결정을 받으려면 공탁물을
납입한 후 가압류 집행법원에 공탁서를 첨부하여 가압류집행취소를 신청해
야 합니다.

② 집행법원은 가압류 집행취소의 신청을 받으면 결정으로 집행한 가압류를
취소합니다.

◇ 가압류 해방공탁의 효력

가압류채권자는 가압류해방공탁금을 출급할 권리는 없으나, 가압류채무자의
가압류해방공탁금 회수청구권에 가압류의 효력이 옮겨가, 채권자는 가압류해

방공탁금 회수청구권에 대해 압류 및 추심명령, 전부명령 등을 받아 공탁금을 회수할 수 있습니다.

(관련판례)

「민사소송법」 제702조의 가압류해방금액은 채무자가 입을 수 있는 손해를 담보하는 취지의 이른바 소송상의 담보와는 달리 가압류의 목적물에 갈음하는 것으로서, 금전에 의한 공탁만이 허용되고, 유가증권에 의한 공탁은 그 유가증권이 실질적 통용가치가 있는 것이라고 하더라도 허용되지 않는다(대법원 1996. 10. 1. 자 96마162 전원합의체 결정).

7. 매각허가결정에 대한 항고보증 공탁

7-1. 매각허가결정에 대한 항고 가능사유

매각허가결정에 대한 항고 가능한 경우

매각허가결정에 대한 항고는 매각허가에 대한 이의신청사유가 있다거나 그 결정절차에 중대한 잘못이 있다는 것을 이유로 드는 경우에만 할 수 있습니다(「민사집행법」 제130조제1항).

7-2. 매각허가결정에 대한 항고보증 공탁 절차

7-2-1. 항고보증금의 공탁

① 부동산에 대한 강제경매에 있어서 매각허가결정에 대해 항고를 하려는 사람은 보증으로 매각대금의 10분의 1에 해당하는 금전 또는 법원이 인정한 유가증권을 공탁해야 합니다(「민사집행법」 제130조제3항).

② 부동산을 목적으로 하는 담보권실행을 위한 경매에 있어서 매각허가결정에 대해 항고를 하려는 사람은 보증으로 매각대금의 10분의 1에 해당하는 금전 또는 법원이 인정한 유가증권을 공탁해야 합니다(「민사집행법」 제130조제3항, 제268조).

③ "법원이 인정한 유가증권"이란 항고하자고 하는 자가 미리 법원에 유가증권의 지정신청을 하여 법원으로부터 지정을 받은 유기증권을 말합니다.

④ 매각허가결정에 대한 항고보증 공탁의 공탁서 작성 예시는 다음과 같습니다.

[서식 예] 매각허가결정에 대한 항고보증 공탁

공 탁 번 호	년 금 제 호	년 월 일 신청	법령 조항	민사집행법 제130조제3항

공 탁 자	성 명 (상호, 명칭)	최 ○ 래	피 공 탁 자	성 명 (상호, 명칭)	
	주민등록번호 (법인등록번호)	651007-1111111		주민등록번호 (법인등록번호)	
	주 소 (본점, 주사무소)	서울시 종로구 수송동 146-1		주 소 (본점, 주사무소)	
	전화번호	(02) 2048-1110		전화번호	

공 탁 금 액	금 이천만원 20,000,000원	보 관 은 행	나라 은행 종로 지점

공탁원인사실	채권자 공탁자, 채무자 공탁자 사이의 서울지방법원 2010타경112호 부동산강제경매사건에 관하여 2010년. 10월 10일자 같은 법원이 한 경락허가결정에 대하여 공탁자가 항고하고자 경락대금의 10분의 1에 해당하는 금액을 공탁합니다.

비고(첨부서류 등)	1. 부동산강제경매 경락허가결정 정본 1통 2. 항고장 사본 1부 □ 계좌납입신청 3. 주민등록표등본 1통

1. 공탁으로 인하여 소멸하는 질권, 전세권 또는 저당권 2. 반대급부 내용	

위와 같이 신청합니다.   대리인 주소
                          전화번호
      공탁자 성명 최 ○ 래 인(서명)   성명   인(서명)

위 공탁을 수리합니다.
공탁금을 년 월 일까지 위 보관은행의 공탁관 계좌에 납입하시기 바랍니다.
위 납입기일까지 공탁금을 납입하지 않을 때는 이 공탁 수리결정의 효력이 상실됩니다.
                년   월   일

             법원   지원   공탁관   (인)

(영수증) 위 공탁금이 납입되었음을 증명합니다.

                년   월   일

      공탁금 보관은행(공탁관)   (인)

7-2-2. 항고보증공탁 증명서류의 첨부

항고를 제기하면서 항고장에 항고보증을 제공하였음을 증명하는 서류를 붙이지 않은 경우에는 원심법원은 항고장을 받은 날부터 1주 이내에 결정으로 이를 각하해야 합니다(「민사집행법」 제130조제4항).

7-3. 매각허가결정에 대한 항고보증 공탁금의 처리
7-3-1. 항고가 기각(각하)된 경우 : 배당할 금액에 편입

① 채무자 및 소유자가 한 매각허가 여부에 대한 항고가 기각·각하된 때에는 항고인은 보증으로 제공한 금전이나 유가증권을 돌려 줄 것을 요구하지 못합니다(「민사집행법」 제130조제6항·제8항).

② 채무자 및 소유자 외의 사람이 한 매각허가 여부에 대한 항고가 기각·각하된 때에는 항고인은 보증으로 제공한 금전이나 유가증권을 현금화한 금액 가운데 항고를 한 날부터 항고기각·각하결정이 확정된 날까지의 매각대금에 대한 연 1할5푼의 이율에 대해서는 돌려 줄 것을 요구할 수 없습니다(「민사집행법」 제130조제7항 본문·제8항 및 「민사집행규칙」 제75조).

③ 다만, 보증으로 제공한 유가증권을 현금화하기 전에 위의 금액을 항고인이 지급한 때에는 그 유가증권을 돌려 줄 것을 요구할 수 있습니다(「민사집행법」 제130조제7항 단서·제8항).

④ 위의 채무자 및 소유자가 보증으로 제공한 금전이나 유가증권과채무자 및 소유자 외의 사람이 보증으로 제공한 금전이나, 유가증권을 현금화한 금액 가운데 항고를 한 날부터 항고기각결정이 확정된 날까지의 매각대금에 대한 연 1할5푼의 이율에 의한 금액, 또는 보증으로 제공한 유가증권을 현금화하기 전에 항고인이 지급한 금액은 배당할 금액에 산입됩니다(「민사집행법」 제147조제1항제3호·제4호).

7-3-2. 배당절차에서 남은 금액이 있는 경우

① 배당금액에 산입된 금액 가운데 채권자에게 배당하고 남은 금액이 있으면, 채무자 및 소유자 외의 항고인이 제공한 금액 등의 범위 중 배당액에 산입된 금액(연 1할5푼의 이율의 범위) 안에서 채무자 및 소유자 외의 항고인에게 돌려줍니다(「민사집행법」 제147조제2항).

② 보증 등을 제공한 채무자 및 소유자 외의 항고인이 여럿인 때에는 채권자에게 배당하고 남은 금액이 각 채무자 및 소유자 외의 항고인이 제공한 보증 등을 돌려주기 부족한 경우에는 그 배당액에 산입된 각 금액의 비율에 따라 나누어 줍니다

(「민사집행법」 제147조제3항).

7-3-3. 배당금의 일부로 출급하는 절차

집행법원은 보증으로 공탁된 금액을 포함하여 배당을 한 후 공탁금에 관하여 「공탁규칙」 제43조제1항 에 따라 공탁관에게 지급위탁서를 보내고 배당받은 집행채권자에게는 공탁금 출급을 청구하는데 필요한 증명서 1통을 주어야 합니다 「경락허가결정에 대한 항고 시 보증으로 공탁한 현금 또는 유가증권의 지급절차」(대법원 행정예규 제980호 2013. 9. 9. 발령, 10. 1. 시행) 제3조].

7-3-4. 항고인이 항고를 취하한 경우

① 항고인이 항고를 취하한 경우에도 항고가 기각된 경우와 같이 취급하므로 「민사집행법」 제130조제6항 및 제7항에 따라 보증의 반환이 제한됩니다.

② 재항고를 취하한 경우에도 항고기각으로 확정되므로 「민사집행법」 제130조제6항 및 제7항에 따라 보증의 반환이 제한됩니다.

7-3-5. 항고가 인용된 경우

① 항고가 인용된 경우에는 확정증명을 제출하여 바로 보증금을 회수할 수 있습니다.

② 항고인이 공탁물을 회수할 경우에는 공탁서와 항고인용의 재판이 확정되었음을 증명하는 서면 또는 해당 보증금이 배당할 금액에 포함될 필요가 없게 되었음을 증명하는 서면(집행법원 법원사무관 등이 발급한 것에 한함)을 첨부하여 공탁물 회수청구를 합니다.

■ 매각허가결정에 대한 항고 시 보증금공탁제도의 재판청구권, 재산권을 침해하는 것은 아닌지요?

Q 甲은 채무를 변제하지 못하여 그 소유 부동산에 대해 경매절차가 개시되었습니다. 그런데 甲은 위 경매절차에서 부동산의 감정평가가 잘못되었음을 이유로 위 매각허가결정에 대하여 항고를 하고자 하였으나, 이 경우 「민사집행법」 제130조에 따라 매각대금의 10분의 1에 해당하는 보증금을 공탁하여야 한다고 합니다. 이러한 규정은 헌법상 보장된 국민의 재판청구권, 재산권을 침해하는 것은 아닌지요?

A 「민사집행법」 제130조 제3항은 "매각허가결정에 대하여 항고를 하고자 하는 사람은 보증으로 매각대금의 10분의 1에 해당하는 금전 또는 법원이 인정한 유가증권을 공탁하여야 한다."라고 규정하고 있고, 동조 제4항은 "항고를 제기하면서 항고장에 제3항의 보증을 제공하였음을 증명하는 서류를 붙이지 아니한 때에는 원심법원은 항고장을 받은 날부터 1주 이내에 결정으로 이를 각하하여야 한다."라고 규정하고 있습니다.

그러므로 「민사집행법」의 경매절차상 매각허가결정에 대하여 항고를 하고자 하는 사람이 매각허가결정에 대하여 항고를 할 때에는 보증으로 매각대금의 10분의 1을 공탁하여야 하며, 이를 제공하지 않을 경우에는 항고각하결정이 내려져 항고재판을 받아 볼 수 없을 것입니다. 그렇다면 이러한 규정이 국민의 재판청구권, 재산권을 침해하는 것으로 볼 수 있는지가 문제됩니다.

이에 관하여 판례는 "이러한 항고보증금제도는 그 액수가 지나치게 많아 항고를 사실상 불가능하게 하거나 현저하게 곤란하게 만드는 것이 아닌 이상 재판청구권의 본질적 내용을 침해한 것으로 볼 수 없다 할 것인데, 만약 경락대금의 10분의 1 이하로 보증금액을 정할 경우에는 항고권 남용을 억제하는 효과가 있을지 의문스러운 점에 비추어 볼 때, 위 법률조항이 그 정도의 금액을 보증금으로 공탁하도록 하고, 이를 이행하지 않은 경우 항고를 각하하도록 하였다고 해서 매각허가결정에 대한 항고권의 행사가 거의 불가능하거나 현저히 곤란할 정도로 침해되었다고는 볼 수 없다. 그러므로 위 법률조항이 비례의 원칙에 반하여 재판청구권을 침해하는 것이라고 할 수 없다"라고 하였습니다(헌법재판소 2009. 12. 29. 선고 2009헌바25 결정).

또한, "민사집행법 제130조 제3항 및 제4항은 항고권을 남용하여 강제집행절차를 지연시키는 폐단을 시정하려는 정당한 입법목적을 가지고 있고, 위 입법목적을 달성하기 위하여 항고인으로 하여금 항고가 남용된 것이 아님을 담보하는 상당한 액수의 보증금을 내도록 하는 것은 적절한 방법이라고 할 수 있다. 또한 매각대금의 10분의 1에 해당하는 보증금은 항고권의 남용을 억제하기 위한 합리적인 금액이고, 항고가 인용된 경우에는 이를 반환받을 수 있으므로, 피해최소성의 원칙도 충족한다고 할 것이다. 나아가 집행절차의 신속·적정한 처리라는 공익이 항고보증금의 납부의무라는 사익 보다 크다고 할 수 있으므로 법익의 균형성도 갖추었다고 할 것이다. 따라서 위 법률조항이 과잉금지의 원칙에 위배하여 청구인들의 재산권을 침해한다고 볼 수 없다."라고 하였습니다(같은 결정).

따라서 매각허가결정에 대하여 항고를 하고자 하는 사람은 보증으로 매각대금의 10분의 1에 해당하는 금전 또는 법원이 인정한 유가증권을 공탁하도록 한 「민사집행법」 제130조 제3항은 헌법이 보장한 재판청구권 등을 침해한다고 보기 어렵다고 판단됩니다.

8. 그 밖의 집행공탁

8-1. 집행기관에 의한 공탁

8-1-1. 부동산경매절차에서의 배당금 공탁

① 부동산경매절차에서의 배당금 공탁의 의의

"부동산경매절차에서의 배당금 공탁"이란 부동산에 대한 강제경매에 있어서 배당액을 즉시 채권자에게 지급할 수 없거나 지급하는 것이 적당하지 않는 경우 법원사무관이 직접 지급하지 않고 공탁하는 집행공탁을 말합니다.

② 부동산경매절차에서의 배당금액 공탁 사유

배당을 받아야 할 채권자의 채권에 대해 다음의 어느 하나의 사유가 있으면 그에 대한 배당액을 공탁해야 합니다(「민사집행법」 제160조).

1. 채권에 정지조건 또는 불확정기한이 붙어 있는 때
2. 가압류채권자의 채권인 때
3. 강제집행의 일시정지를 명한 취지를 적은 재판의 정본(「민사집행법」 제49조제2호) 및 담보권실행을 일시정지 하도록 명한 재판의 정본(「민사집행법」 제266조제1항제5호)이 제출되었을 때
4. 저당권설정의 가등기가 마쳐져 있는 때
5. 「민사집행법」 제154조제1항에 따른 배당이의의 소가 제기된 때
6. 「민법」 제340조제2항 및 「민법」 제370조에 따른 배당금액의 공탁청구가 있는 때
7. 채권자가 배당기일에 출석하지 않은 때(「민사집행법」 제160조제2항).

8-2-2. 부동산경매절차에서의 배당금액 공탁절차

① 법원사무관 등은 배당액을 공탁할 사유가 있는 경우에는 공탁서 2통을 작성하여 공탁관에게 공탁합니다.
② 배당액의 공탁은 배당기일부터 10일 이내에 해야 합니다.
③ 부동산경매절차에서의 배당금 공탁의 공탁서 작성 예시는 다음과 같습니다.

[서식 예] 부동산경매절차에서의 배당금 공탁

공 탁 번 호	년 금 제 호	20○○년○월○일 신청	법령조항	민사집행법 제160조제2항
공 탁 자	성 명 (상호, 명칭)	서울중앙지방법원	피 공 탁 자	성 명 (상호, 명칭)	최 ○ 래

공 탁 자	성 명 (상호, 명칭)	서울중앙지방법원	피 공 탁 자	성 명 (상호, 명칭)	최 ○ 래
	주민등록번호 (법인등록번호)			주민등록번호 (법인등록번호)	651007-1111111
	주 소 (본점, 주사무소)	서울특별시 서초구 우면로 100		주 소 (본점, 주사무소)	서울시 종로구 수송동 146-1
	전화번호	02)530-1114		전화번호	(02) 2048-1110

공 탁 금 액	금 삼천만원	보 관 은 행	○○은행 ○○지점
	30,000,000원		

공탁원인사실	채권자 김○영 채무자 이형근 사이의 서울중앙지방법원 20△△타기△△△호 재판상 배당사건에 관하여 배당을 실시함에 있어서, 배당기일에 배당채권자 서울시 종로구 수송동 146-1 최봉래가 배당기일에 불출석 하였으므로 그 배당액을 공탁합니다.

비고(첨부서류 등)	1. 배당표 정본 1부 □ 계좌납입신청 2. 배당기일조서 정본 1통

1. 공탁으로 인하여 소멸하는 질권, 전세권 또는 저당권
2. 반대급부 내용

위와 같이 신청합니다.　　　　　　　대리인 주소
　　　　　　　　　　　　　　　　　　전화번호
　　공탁자 성명 김 은 영 인(서명)　　성명　　　　　　인(서명)

위 공탁을 수리합니다.
　공탁금을　　년　월·　일까지 위 보관은행의 공탁관 계좌에 납입하시기 바랍니다.
위 납입기일까지 공탁금을 납입하지 않을 때는 이 공탁 수리결정의 효력이 상실됩니다.
　　　　　　　　　　　　　　년　　　월　　　일
　　　　　　　　　　　　　법원　　지원 공탁관　　　　　　　(인)

　(영수증) 위 공탁금이 납입되었음을 증명합니다.
　　　　　　　　　　　　　　년　　　월　　　일
　　　　　공탁금 보관은행(공탁관)　　　　　　　　(인)

8-2-3. 긴급매각대금 공탁

① 집행의 필수적 정지

ⓐ 강제집행은 강제집행의 일시정지를 명한 취지를 적은 재판의 정본 또는 집행할 판결이 있은 뒤에 채권자가 변제를 받았거나 의무이행을 미루도록 승낙한 취지를 적은 증서가 제출된 경우에 정지해야 하며 이 경우 이미 실시한 집행처분은 일시적으로 유지해야 합니다(「민사집행법」 제49조 및 제50조제1항).

ⓑ 즉, 집행관은 정지사유가 소멸 될 때까지 집행관은 압류물의 보관을 계속해야 하고 현금화하지 못합니다.

② 긴급매각대금 공탁

ⓐ 강제집행의 일시정지를 명한 취지를 적은 재판의 정본 또는 집행할 판결이 있은 뒤에 채권자가 변제를 받았거나, 의무이행을 미루도록 승낙한 취지를 적은 증서가 제출된 경우에 압류물을 즉시 매각하지 않으면 값이 크게 내릴 염려가 있거나, 보관에 지나치게 많은 비용이 드는 때에는 집행관은 그 물건을 매각할 수 있습니다(「민사집행법」 제198조제3항).

ⓑ 집행관은 위에 따라 압류물을 매각하였을 때에는 그 대금을 공탁해야 합니다(「민사집행법」 제198조제4항).

③ 집행관의 긴급매각대금 공탁의 공탁서 작성 예시는 다음과 같습니다.

[서식 예] 긴급매각대금 공탁

공 탁 번 호	년 금 제 호	20○○년○월○일 신청	법령조항	민사집행법 제198조 제4항
공 탁 자 성 명 (상호, 명칭)	서울중앙지방법원 집행관 김○○	**피 공 탁 자** 성 명 (상호, 명칭)		
주민등록번호 (법인등록번호)	810107-1000001	주민등록번호 (법인등록번호)		
주 소 (본점, 주사무소)	서울특별시 서초구 우면로 100	주 소 (본점, 주사무소)		
전화번호	02)530-1111	전화번호		

공 탁 금 액	금삼천만원	보 관 은 행	○○은행 ○○지점
	30,000,000원		

공탁원인사실	공탁자는 채권자 서울시 종로구 옥인동 55에 사는 김○영의 위임에 따라 서울시 종로구 수송동 146-1에 사는 최○래의 소유동산 프레스기 1대를 압류하여 경매 집행하고자 하였으나 같은 기계에 대하여 이○근이 강제집행정지결정정본을 제시하여 같은 경매를 정지해야 할 것이지만 동 경매가 지체할 경우에 위 목적물의 가액이 현저하게 감소될 염려가 있어(또는 그 보관에 과다한 비용이 들게 되어) 이를 그대로 경매속행을 하여 그 매각대금을 공탁하기에 이르렀습니다.

비고(첨부서류 등)	1. 동산매각서 사본 1부 □ 계좌납입신청

1. 공탁으로 인하여 소멸하는 질권, 전세권 또는 저당권 2. 반대급부 내용	

위와 같이 신청합니다.　　　　　　　　　대리인 주소
　　　　　　　　　　　　　　　　　　　전화번호
　　공탁자 성명 김 시 습 인(서명)　　성명　　　　　인(서명)

위 공탁을 수리합니다.
공탁금을 　년　월　일까지 위 보관은행의 공탁관 계좌에 납입하시기 바랍니다.
위 납입기일까지 공탁금을 납입하지 않을 때는 이 공탁 수리결정의 효력이 상실됩니다.
　　　　　　　　　　　　　년　　　　월　　　　일
　　　　　　　　　　　　　법원　　지원 공탁관　　　　　　(인)

(영수증) 위 공탁금이 납입되었음을 증명합니다.
　　　　　　　　　　　　　년　　　　월　　　　일
　　　　　　　　공탁금 보관은행(공탁관)　　　　　　(인)

8-2-4. 압류물 매각대금 공탁

① 집행관은 매각대금으로 배당에 참가한 모든 채권자를 만족하게 할 수 없고 매각 허가된 날부터 2주 이내에 채권자 사이에 배당협의가 이루어지지 않은 때에는 매각대금을 공탁해야 합니다(「민사집행법」 제222조제1항).

② 여러 채권자를 위해 동시에 금전을 압류한 경우에도 위와 같습니다(「민사집행법」 제222조제2항).

③ 집행관은 집행절차에 관한 서류를 붙여 그 사유를 법원에 신고해야 합니다(「민사집행법」 제222조제3항).

④ 압류물 매각대금공탁의 공탁서 작성 예시는 다음과 같습니다.

[서식 예] 압류물 매각대금 공탁

공 탁 번 호	년 금 제	호	20○○년○월○일 신청	법령조항	민사집행법 제198조 제4항
공탁자 성 명 (상호, 명칭)	서울중앙지방법원 집행관 김○○		**피공탁자** 성 명 (상호, 명칭)		
주민등록번호 (법인등록번호)	810107-1000000		주민등록번호 (법인등록번호)		
주 소 (본점, 주사무소)	서울특별시 서초구 우면로 100		주 소 (본점, 주사무소)		
전화번호	02)530-1111		전화번호		

공 탁 금 액	금삼천만원	보 관 은 행	○○은행 ○○지점
	30,000,000원		

공탁원인사실	공탁자는 채권자 서울시 종로구 옥인동 55에 사는 김○영의 위임에 따라 서울시 종로구 수송동 146-1에 사는 최○래의 소유동산 프레스기 1대를 압류하여 경매 집행하고자 하였으나 같은 기계에 대하여 이○근이 강제집행정지결정정본을 제시하여 같은 경매를 정지해야 할 것이지만 동 경매가 지체할 경우에 위 목적물의 가액이 현저하게 감소될 염려가 있어(또는 그 보관에 과다한 비용이 들게 되어) 이를 그대로 경매속행을 하여 그 매각대금을 공탁하기에 이르렀습니다.

비고(첨부서류 등)	1. 동산매각서 사본 1부 □ 계좌납입신청

1. 공탁으로 인하여 소멸하는 질권, 전세권 또는 저당권 2. 반대급부 내용	

위와 같이 신청합니다.　　　　　　　대리인 주소
　　　　　　　　　　　　　　　　　전화번호
　　공탁자 성명　김 시 습　인(서명)　성명　　　　　　　　인(서명)

위 공탁을 수리합니다.
공탁금을　　년　월　일까지 위 보관은행의 공탁관 계좌에 납입하시기 바랍니다.
위 납입기일까지 공탁금을 납입하지 않을 때는 이 공탁 수리결정의 효력이 상실됩니다.
　　　　　　　　　　　　년　　　월　　　일
　　　　　　　　　　법원　　　지원 공탁관　　　　　　　　(인)

(영수증) 위 공탁금이 납입되었음을 증명합니다.
　　　　　　　　　　　　년　　　월　　　일
　　　　　　공탁금 보관은행(공탁관)　　　　　　　　(인)

8-2-5. 집행목적물이 아닌 동산매각대금 공탁

① 부동산 등의 인도청구의 집행

ⓐ 채무자가 부동산이나 선박을 인도해야 할 때에는 집행관은 채무자로부터 점유를 빼앗아 채권자에게 인도해야 합니다(「민사집행법」 제258조제1항).

ⓑ 강제집행의 목적물이 아닌 동산은 집행관이 제거하여 채무자에게 인도해야 합니다(「민사집행법」 제258조제3항).

② 집행목적물이 아닌 동산매각대금공탁

ⓐ 채무자가 그 동산의 수취를 게을리 한 때에는 집행관은 집행법원의 허가를 받아 동산에 대한 강제집행의 매각절차에 관한 규정에 따라 그 동산을 매각하고 비용을 뺀 뒤에 나머지 대금을 공탁해야 합니다(「민사집행법」 제258조제6항).

ⓑ 집행관의 집행목적물이 아닌 동산매각대금공탁의 공탁서 작성 예시는 다음과 같습니다.

[서식 예] 집행목적물이 아닌 동산매각대금공탁

공 탁 번 호	년 금 제 호	20○○년○월○일 신청	법령조항	민사집행법 제258조제6항

공 탁 자	성 명 (상호, 명칭)	서울중앙지방법원 집행관 김○○	피 공 탁 자	성 명 (상호, 명칭)	김 ○ 영
	주민등록번호 (법인등록번호)	810107-1000000		주민등록번호 (법인등록번호)	620703-2111111
	주 소 (본점, 주사무소)	서울특별시 서초구 우면로 100		주 소 (본점, 주사무소)	서울시 종로구 옥인동 55
	전화번호	02)530-1111		전화번호	(02) 2011-4310

공 탁 금 액	금 팔백만원	보 관 은 행	○○은행 ○○지점
	8,000,000원		

공탁원인사실	채권자 서울시 종로구 수송동 146-1 최○래, 채무자 서울시 종로구 옥인동 55 김○영 사이의 서울중앙지방법원 20△△가합△△호 건물명도청구사건의 집행력 있는 집행권원에 기하여 공탁자는 20○○.○.○○ 목적 건물의 명도집행을 하였던 바, 채무자 등의 부재로 채무자의 점유동산(컴퓨터 외 15점)을 공탁자가 보관하고 있으나 채무자는 이의 수취를 태만하므로 20◇◇.◇.◇◇ 집행법원의 경매허가를 얻어 이를 매각한 대금 금11,000,000원에서 집행비용 등 금 3,000,000원을 공제한 금 8,000,000원을 민사집행법 제258조제6항의 규정에 의하여 공탁합니다.

비고(첨부서류 등)	1. 서울중앙지방법원 20△△가합△△ 집행권원 정본 1통 2. 서울중앙지방법원 경매허가 결정문 정본 1부 □ 계좌납입신청 3. 계산서

1. 공탁으로 인하여 소멸하는 질권, 전세권 또는 저당권 2. 반대급부 내용	

위와 같이 신청합니다.   대리인 주소
                                                         전화번호
      공탁자 성명 김 시 습 인(서명)   성명   인(서명)

위 공탁을 수리합니다.
공탁금을   년   월   일까지 위 보관은행의 공탁관 계좌에 납입하시기 바랍니다.
위 납입기일까지 공탁금을 납입하지 않을 때는 이 공탁 수리결정의 효력이 상실됩니다.
                              년   월   일
                     법원   지원 공탁관   (인)

(영수증) 위 공탁금이 납입되었음을 증명합니다.
                              년   월   일
            공탁금 보관은행(공탁관)   (인)

8-2-6. 가압류 금전 공탁, 가압류 목적물 매각대금 공탁

① 동산가압류집행

ⓐ 동산에 대한 가압류의 집행은 압류와 같은 원칙에 따라야 합니다(「민사집행법」 제296조제
1항).

ⓑ 채권가압류의 집행법원은 가압류명령을 한 법원으로 합니다(「민사집행법」 제296조제2항).

ⓒ 채권의 가압류에는 제3채무자에 대해 채무자에게 지급해서는 안 된다는 명령만을 해야
합니다(「민사집행법」 제296조제3항).

② 가압류 금전 공탁

집행관이 가압류한 금전은 공탁해야 합니다(「민사집행법」 제296조제4항).

③ 가압류 동산 매각대금 공탁

ⓐ 가압류한 동산은 현금화를 하지 못합니다.

ⓑ 다만, 가압류 동산을 즉시 매각하지 않으면 값이 크게 떨어질 염려가 있거나 그 보관에
지나치게 많은 비용이 드는 경우에는 집행관은 그 물건을 매각하여 매각대금을 공탁해야
합니다(「민사집행법」 제296조제5항 단서).

④ 가압류 금전공탁과 가압류 목적물 매각대금공탁의 공탁서 작성 예시는 다음과 같
습니다.

[서식 예] 가압류 금전공탁

공 탁 번 호	년 금 제 호	년 월 일 신청	법령조항	민사집행법 제296조제4항
공 탁 자 성 명 (상호, 명칭)	서울중앙지방법원 집행관 김○○	피 공 탁 자 성 명 (상호, 명칭)		
주민등록번호 (법인등록번호)	810107-1000000	주민등록번호 (법인등록번호)		
주 소 (본점, 주사무소)	서울특별시 서초구 우면로 100	주 소 (본점, 주사무소)		
전화번호	02)530-1111	전화번호		

공 탁 금 액	금 삼천만원	보 관 은 행	○○은행 ○○지점
	30,000,000원		

공탁원인사실	채권자 서울시 종로구 옥인동 55 김○영, 채무자 서울시 종로구 종로1가 128 김탁구 사이의 서울중앙지방법원 20△△카단△△호 유체동산가압류사건에 기하여 공탁자는 2010년 10월 10일 위 채무자의 현금 30,000,000원을 가압류 집행하였으므로 민사집행법 제296조제4항의 규정에 의하여 공탁합니다.

비고(첨부서류 등)	1. 서울중앙지방법원 가압류 결정문 정본 1부 2. 집행조서 1통 □ 계좌납입신청

1. 공탁으로 인하여 소멸하는 질권, 전세권 또는 저당권 2. 반대급부 내용	

위와 같이 신청합니다.   대리인 주소
                                 전화번호
   공탁자 성명 김 시 습 인(서명)   성명   인(서명)

위 공탁을 수리합니다.
공탁금을   년   월   일까지 위 보관은행의 공탁관 계좌에 납입하시기 바랍니다.
위 납입기일까지 공탁금을 납입하지 않을 때는 이 공탁 수리결정의 효력이 상실됩니다.
                                년   월   일
                             법원   지원 공탁관   (인)

  (영수증) 위 공탁금이 납입되었음을 증명합니다.
                            년   월   일
                   공탁금 보관은행(공탁관)   (인)

[서식 예] 가압류 목적물 매각대금공탁

공 탁 번 호	년 금 제　　　호	년 월 일 신청	법령조항	민사집행법 제296조제4항, 가사소송법 제63조제1항
공 탁 자 성 명 (상호, 명칭)	서울중앙지방법원 집행관 김○○	**피 공 탁 자** 성 명 (상호, 명칭)		
주민등록번호 (법인등록번호)	810107-1000000	주민등록번호 (법인등록번호)		
주 소 (본점, 주사무소)	서울특별시 서초구 우면로 100	주 소 (본점, 주사무소)		
전화번호	02)530-1111	전화번호		

공 탁 금 액	금 삼천만원 30,000,000원	보 관 은 행	○○은행 ○○지점

공탁원인사실	공탁자는 서울중앙지방법원 2010드합658 재판상 이혼청구사건에 있어서, 서울시 종로구 옥인동 123 김○영, 채무자 경기도 평택시 진위면 가곡리 12번지 최○래 사이의 수원지방법원 평택지원 2010카단123호 유체동산 가압류명령신청사건에 기하여 2010년 8월 10일 위 채무자 소유의 한우 2마리를 가압류집행하였으나 그 보관과 사육에 많은 비용이 소요되므로 2010년 10월 10일 이를 경매하여 그 매각대금을 공탁합니다.

비고(첨부서류 등)	1. 유체동산 가압류 결정문 정본 1부 2. 한우매각계산서 사본 1통	□ 계좌납입신청

1. 공탁으로 인하여 소멸하는 질권, 전세권 또는 저당권 2. 반대급부 내용	

위와 같이 신청합니다.　　　　　　　　　　대리인 주소
　　　　　　　　　　　　　　　　　　　　　전화번호
　　공탁자 성명 김 시 습 인(서명)　　　성명　　　　　　　　인(서명)

위 공탁을 수리합니다.
공탁금을　　　년　　월　　일까지 위 보관은행의 공탁관 계좌에 납입하시기 바랍니다.
위 납입기일까지 공탁금을 납입하지 않을 때는 이 공탁 수리결정의 효력이 상실됩니다.
　　　　　　　　　　　　　　년　　　　월　　　　일
　　　　　　　　　　　　법원　　　　지원 공탁관　　　　　　　　　(인)

(영수증) 위 공탁금이 납입되었음을 증명합니다.
　　　　　　　　　　　　　　년　　　　월　　　　일
　　　　　　　　　공탁금 보관은행(공탁관)　　　　　　　　(인)

8-3. 집행 당사자에 의한 공탁

8-3-1. 채권자의 추심금액 공탁

① 채권자는 추심한 채권액을 법원에 신고해야 합니다(「민사집행법」 제236조제1항).

② 채권자가 추심한 채권액을 신고하기 전에 다른 압류·가압류 또는 배당요구가 있었을 때에는 채권자는 추심한 금액을 바로 공탁하고 그 사유를 신고해야 합니다(「민사집행법」 제236조제2항).

③ 채권자의 추심금액 공탁의 공탁서 작성 예시는 다음과 같습니다.

[서식 예] 채권자의 추심금액공탁

공 탁 번 호		년 금 제 호	20○○년○월○일 신청	법령조항	민사집행법 제236조제2항
공 탁 자	성 명 (상호, 명칭)	김 ○ 영	피 공 탁 자	성 명 (상호, 명칭)	
	주민등록번호 (법인등록번호)	620703-2111111		주민등록번호 (법인등록번호)	
	주 소 (본점, 주사무소)	서울시 종로구 옥인동 55		주 소 (본점, 주사무소)	
	전화번호	(02) 2011-4310		전화번호	
공 탁 금 액		금 일천오백만원 15,000,000원	보 관 은 행		○○은행 ○○지점
공탁원인사실		집행채권자인 공탁자는 집행채무자 김탁구, 제3채무자 이소룡 사이의 채권에 대하여 서울중앙지방법원 2010타기123호 채권압류 및 추심명령에 의하여, 그 압류채권을 추심하여 추심신고를 하려고 하였는데, 이에 관하여 별지와 같은 압류가 있어서 그 추심채권액을 공탁합니다.			
비고(첨부서류 등)		1. 동산매각서 사본 1부 2. 배당표 정본 1부			☐ 계좌납입신청
1. 공탁으로 인하여 소멸하는 질권, 전세권 또는 저당권 2. 반대급부 내용					
위와 같이 신청합니다. 대리인 주소 전화번호 공탁자 성명 김 ○ 영 인(서명) 성명 인(서명)					
위 공탁을 수리합니다. 공탁금을 년 월 일까지 위 보관은행의 공탁관 계좌에 납입하시기 바랍니다. 위 납입기일까지 공탁금을 납입하지 않을 때는 이 공탁 수리결정의 효력이 상실됩니다. 년 월 일 법원 지원 공탁관 (인)					
(영수증) 위 공탁금이 납입되었음을 증명합니다. 년 월 일 공탁금 보관은행(공탁관) (인)					

8-3-2. 강제경매절차 취소를 위한 채무자의 공탁

① 보증의 제공에 의한 강제경매절차의 취소

채무자가 ⓐ 강제집행의 일시정지를 명한 취지를 적은 재판의 정본 또는 ⓑ 집행할 판결이 있은 뒤에 채권자가 변제를 받았거나, ⓒ 의무이행을 미루도록 승낙한 취지를 적은 증서를 제출하고 압류채권자 및 배당을 요구한 채권자의 채권과 집행비용에 해당하는 보증을 매수신고 전에 제공한 때에는 법원은 신청에 따라 배당절차 외의 절차를 취소해야 합니다(「민사집행법」 제181조제1항).

② 강제경매절차 취소를 위한 공탁 또는 지급보증위탁계약서 제출

ⓐ 강제경매절차 취소를 위한 보증은 다음의 어느 하나를 집행법원에 제출하는 방법으로 제공해야 합니다(「민사집행규칙」 제104조제1항).

1) 채무자가 금전 또는 법원이 상당하다고 인정하는 유가증권을 공탁한 사실을 증명하는 문서

2) 은행 등이 채무자를 위해 일정액의 금전을 법원의 최고에 따라 지급한다는 취지의 기한의 정함이 없는 지급보증위탁계약이 채무자와 은행 등 사이에 체결된 사실을 증명하는 문서

ⓑ 다만, 지급보증위탁계약이 채무자와 은행 등 사이에 체결된 사실을 증명하는 문서를 제출하는 경우에는 채무자는 미리 집행법원의 허가를 받아야 합니다(「민사집행규칙」 제104조제1항 단서).

9. 집행공탁 서식

[서식 예] 집행관이 하는 동산강제집행에 따른 매득금의 공탁

공 탁 번 호	○○년금 제○○호		년　월　일　신청	법령조항	민법 제556조제1항
공 탁 자	성　명 (상호, 명칭)	○　○　○	피 공 탁 자	성　명 (상호, 명칭)	○　○　○
	주민등록번호 (법인등록번호)	111111- 1234567		주민등록번호 (법인등록번호)	111111- 1234567
	주　소 (본점, 주사무소)	○○법원 집행관		주　소 (본점, 주사무소)	○○법원 집행관
	전화번호	010-xxxx-xxxx		전화번호	010-xxxx-xxxx

공 탁 금 액	한글 금 오백만원정	보 관 은 행	○○은행 ○○지점
	숫자 5,000,000원정		

공탁원인사실	○○법원 ○○가합123호 집행력 있는 채무명의에 의하여 채권자(원고) ○○○, 채무자(피고) ○○○간 동산강제집행사건의 매득금으로 각 채무를 만족하게 할 수 없을 뿐만 아니라 배당협의도 이루어지지 않아 이를 공탁함.
비고(첨부서류 등)	○○법원 ○○본○○호 동산강제경매사건　　□ 계좌납입신청 □ 공탁통지 우편료 ○○원

1. 공탁으로 인하여 소멸하는 질 　권, 전세권 또는 저당권 2. 반대급부 내용	

위와 같이 신청합니다.　　　대리인 주소 ○○시 ○○구 ○○동 ○○번지
　　　　　　　　　　　　　　전화번호 010-xxxx-xxxx
공탁자 성명　○ ○ ○인(서명)　　　성명　　　○ ○ ○ 인(서명)

위 공탁을 수리합니다.
공탁금을 20○○년　○월　○일까지 위 보관은행의 공탁관 계좌에 납입하시기 바랍니다.
위 납입기일까지 공탁금을 납입하지 않을 때는 이 공탁 수리결정의 효력이 상실됩니다.
　　　　　　　　　20○○ 년　　○○월　　○○일
　　　　　　　　　○○법원　　○○지원 공탁관　○ ○ ○(인)

(영수증)　위 공탁금이 납입되었음을 증명합니다.
　　　　　　　　20○○ 년　　○○월　　○○일
　　　　　　공탁금 보관은행(공탁관)　　○ ○ ○　(인)

[서식 예] 민사집행법 제248조에 기한 공탁(제3채무자의 채무액 공탁)

공 탁 번 호		○○년금 제○○호	년 월 일 신청	법령조항	민사집행법 제248조
공 탁 자	성 명 (상호, 명칭)	○○산업주식회사 대표이사○○○	피 공 탁 자	성 명 (상호, 명칭)	○○건설주식회사 대표이사○○○

공 탁 자	성 명 (상호, 명칭)	○○산업주식회사 대표이사○○○	피 공 탁 자	성 명 (상호, 명칭)	○○건설주식회사 대표이사○○○
	주민등록번호 (법인등록번호)	111111-1234567		주민등록번호 (법인등록번호)	111111-1234567
	주 소 (본점, 주사무소)	○○시 ○○구 ○○동 ○○번지		주 소 (본점, 주사무소)	○○시 ○○구 ○○동 ○○번지
	전화번호	010-xxxx-xxxx		전화번호	010-xxxx-xxxx

공 탁 금 액	한글 금 오백만원정	보 관 은 행	○○은행 ○○지점
	숫자 5,000,000원정		

공탁원인사실	제3채무자인 공탁자는 채권(압류채무자) 아래 ○○공업주식회사에게 ○○.○.○. 체결한 동산매매계약에 따라 매매 대금 ○○○○만원의 채무가 있는 자인 바, 당해 채권에 대하여 원고 아래 ○○산업주식회사 피고 ○○공업주식회사 간의 ○○민사중앙법원 ○○.○.○. 가합 ○○매매대금청구사건의 가집행 선고부판결에 기하여 아래와 같이 채권압류추심명령이 송달되었으므로, 공탁자는 민사집행법 제248조의 규정에 의하여 위 오백만원을 공탁함. <아 래> ○○중앙법원 ○○타○○○채권추심명령사건 　채권자 : ○○시 ○○구 ○○동 ○○번지 ○○산업주식회사 　채무자 : ○○시 ○○구 ○○동 ○○번지 ○○산업주식회사 　제3채무자 : 공탁자 20○○.○.○ 송달

비고(첨부서류 등)	□ 계좌납입신청 □ 공탁통지 우편료 ○○원

1. 공탁으로 인하여 소멸하는 질권, 전세권 또는 저당권 2. 반대급부 내용	

위와 같이 신청합니다.　　　　　　　　대리인 주소 ○○시 ○○구 ○○동 ○○번지
　　○○산업주식회사　　　　　　　전화번호 010-xxxx-xxxx
　공탁자 성명　조합장 ○ ○ ○인(서명)　　성명　　○ ○ ○ 인(서명)

위 공탁을 수리합니다.
　공탁금을 20○○년　○월 ○일까지 위 보관은행의 공탁관 계좌에 납입하시기 바랍니다.
위 납입기일까지 공탁금을 납입하지 않을 때는 이 공탁 수리결정의 효력이 상실됩니다.
　　　　　　　20○○ 년　　○○월　　○○일
　　　　　　　○○법원　○○지원 공탁관　○ ○ ○(인)

(영수증) 위 공탁금이 납입되었음을 증명합니다.
　　　　　　20○○ 년　○○월　○○일
　　　　공탁금 보관은행(공탁관)　○ ○ ○ (인)

[서식 예] 압류금 공탁(채권자를 만족시킬 수 없는 경우)

공 탁 번 호	○○년금 제○○호		년 월 일 신청	법령조항	민사집행법 제222조제2항
공 탁 자 성 명 (상호, 명칭)	○ ○ ○	**피 공 탁 자** 성 명 (상호, 명칭)	○ ○ ○		
주민등록번호 (법인등록번호)	111111-1234567	주민등록번호 (법인등록번호)	111111-1234567		
주 소 (본점, 주사무소)	○○시 ○○구 ○○동 ○○번지	주 소 (본점, 주사무소)	○○시 ○○구 ○○동 ○○번지		
전화번호	010-xxxx-xxxx	전화번호	010-xxxx-xxxx		
공 탁 금 액	한글 금 오백만원정 숫자 5,000,000원정	보 관 은 행	○○은행 ○○지점		
공탁원인사실	채권자 ○○○, 채무자 ○○○간 동산강제경매사건의 압류금으로 서 각 채권자를 만족하게 할 수 없으므로 이를 공탁.				
비고(첨부서류 등)	○○법원 ○○본○○호 동산강제경매	☐ 계좌납입신청 ☐ 공탁통지 우편료 ○○원			

1. 공탁으로 인하여 소멸하는 질 권, 전세권 또는 저당권 2. 반대급부 내용	

위와 같이 신청합니다.　　　　　대리인 주소 ○○시 ○○구 ○○동 ○○번지
　　○○법원　　　　　　　　　전화번호 010-xxxx-xxxx
　공탁자 성명 집행관 ○ ○ ○인(서명)　성명　　○ ○ ○ 인(서명)

위 공탁을 수리합니다.
　공탁금을 20○○년　○월　○일까지 위 보관은행의 공탁관 계좌에 납입하시기 바랍니다.
위 납입기일까지 공탁금을 납입하지 않을 때는 이 공탁 수리결정의 효력이 상실됩니다.
　　　　　　　20○○ 년　　○○월　　○○일
　　　　　　　○○법원　　○○지원 공탁관　　○ ○ ○(인)

(영수증)　위 공탁금이 납입되었음을 증명합니다.
　　　　　　　20○○ 년　　○○월　　○○일
　　　　　　　공탁금 보관은행(공탁관)　　○ ○ ○　(인)

[서식 예] 가압류와 압류가 경합된 경우의 공탁

공 탁 번 호	○○년금 제○○호		년 월 일 신청	법령조항	민사집행법 제248조
공 탁 자 성 명 (상호, 명칭)	○ ○ ○	**피 공 탁 자** 성 명 (상호, 명칭)	○ ○ ○		
주민등록번호 (법인등록번호)	111111-1234567	주민등록번호 (법인등록번호)	111111-1234567		
주 소 (본점, 주사무소)	○○시 ○○구 ○○동 ○○번지	주 소 (본점, 주사무소)	○○시 ○○구 ○○동 ○○번지		
전화번호	010-xxxx-xxxx	전화번호	010-xxxx-xxxx		

공 탁 금 액	한글 금 오백만원정	보 관 은 행	○○은행 ○○지점
	숫자 5,000,000원정		

공탁원인사실	제3채무자인 공탁자는 채권(압류채무자) ○○시 ○○동 ○○번지 ○○○간 ○○.○.○.에 체결한 변제기 ○○.○.○. 이자 연 6푼으로 한 금전소비대차계약에 따른 금 ○백만원의 채무가 있는 자인바, 그 채권(이자 포함)에 대하여 아래와 같은 채권가압류 명령 및 채권가압류명령이 각 송달되었으므로 민사집행법 제248조의 규정에 의하여 원금 사백오십만원 및 이자 오십만원을 공탁함. <아 래> (1) ○○중앙법원 ○○카제○○호 채권자 ○○시 ○○구 ○○동 ○○번지 ○○○채무자 위 ○○○ 제3채무자 공탁자로 된 채권가압류명령 채권액 ○백만원 ○○.○.○.송달. (2) ○○민사중앙법원 ○○카제○○호 채권자 ○○시 ○○구 ○○동 ○○번지 ○○○ 채무자 위 ○○○제3채무자 공탁자로 채권압류명령, 채권액 금 ○천만원, ○○.○.○. 송달.

비고(첨부서류 등)	□ 계좌납입신청 □ 공탁통지 우편료 ○○원

1. 공탁으로 인하여 소멸하는 질권, 전세권 또는 저당권 2. 반대급부 내용	

위와 같이 신청합니다.　　　　　　　대리인 주소 ○○시 ○○구 ○○동 ○○번지
　　　　　　　　　　　　　　　　　　전화번호 010-xxxx-xxxx
　공탁자 성명　○ ○ ○인(서명)　　성명　　○ ○ ○ 인(서명)

위 공탁을 수리합니다.
　공탁금을 20○○년　○월　○일까지 위 보관은행의 공탁관 계좌에 납입하시기 바랍니다.
위 납입기일까지 공탁금을 납입하지 않을 때는 이 공탁 수리결정의 효력이 상실됩니다.
　　　　　　　　　20○○ 년　　○○월　　○○일
　　　　　　　　　○○법원　○○지원 공탁관　○ ○ ○(인)

(영수증) 위 공탁금이 납입되었음을 증명합니다.
　　　　　　　　　20○○ 년　　○○월　　○○일
　　　　　　　　　공탁금 보관은행(공탁관)　　○ ○ ○　(인)

[서식 예] 압류가 경합한 경우의 공탁

공 탁 번 호	○○년금 제○○호	년 월 일 신청	법령조항	민사집행법 제248조
공 탁 자 성 명 (상호, 명칭)	○ ○ ○	**피 공 탁 자** 성 명 (상호, 명칭)		○ ○ ○

공 탁 자	성 명 (상호, 명칭)	○ ○ ○	피 공 탁 자	성 명 (상호, 명칭)	○ ○ ○
	주민등록번호 (법인등록번호)	111111-1234567		주민등록번호 (법인등록번호)	111111-1234567
	주 소 (본점, 주사무소)	○○시 ○○구 ○○동 ○○번지		주 소 (본점, 주사무소)	○○시 ○○구 ○○동 ○○번지
	전화번호	010-xxxx-xxxx		전화번호	010-xxxx-xxxx

공 탁 금 액	한글 금 오백만원정	보 관 은 행	○○은행 ○○지점
	숫자 5,000,000원정		

공탁원인사실	제3채무자인 공탁자는 채권(압류채무자) ○○시 ○○동 ○○번지 ○○건설주식회사간 공사도급계약에 기한 공사대금 중 잔금 ○○천만원의 채무가 있는 자인 바, 당해채권에 대하여 아래와 같은 채권압류명령이 각 송달되었으므로 민사집행법 제248조의 규정에 의하여 위 금 오백만원을 공탁함. <아　　　래> (1) ○○중앙법원 ○○카제○○호 채권자 ○○시 ○○동 ○○번지 ○○○ 채무자 위 ○○건설주식회사 제3채무자 공탁자로 된 채권압류명령 채권액 ○천만원 ○.○.○. 송달. (2) ○○민사중앙법원 ○○카제○○호, 제○○호 채권자 ○○시 ○○구 ○○동 ○○번지 ○○○ 채무자 위 ○○건설주식회사 제3채무자로 된 채권압류명령, 채권액 금 ○백만원, ○○.○.○. 송달.

비고(첨부서류 등)	○○법원 ○○카 제○○호 제3채무자 가압류 및 채권가압류 명령	☐ 계좌납입신청 ☐ 공탁통지 우편료 ○○원

1. 공탁으로 인하여 소멸하는 질권, 전세권 또는 저당권 2. 반대급부 내용	

위와 같이 신청합니다. 　　　　　　대리인 주소 ○○시 ○○구 ○○동 ○○번지
　　　　　　　　　　　　　　　　전화번호 010-xxxx-xxxx
　공탁자 성명 대표이사　○ ○ ○인(서명)　　성명　　○ ○ ○ 인(서명)

위 공탁을 수리합니다.
　공탁금을 20○○년　○월 ○일까지 위 보관은행의 공탁관 계좌에 납입하시기 바랍니다.
위 납입기일까지 공탁금을 납입하지 않을 때는 이 공탁 수리결정의 효력이 상실됩니다.
　　　　　　　　20○○ 년　　○○월　　○○일
　　　　　　　　○○법원　　○○지원 공탁관　○ ○ ○(인)

(영수증)　위 공탁금이 납입되었음을 증명합니다.
　　　　　　　20○○ 년　　○○월　　○○일
　　　　　　공탁금 보관은행(공탁관)　　○ ○ ○　(인)

[서식 예] 채권 추심명령에 의한 채무액 공탁

공 탁 번 호	○○년금 제○○호	년 월 일 신청	법령조항	민사집행법 제222조제2항
공 탁 자	성 명 (상호, 명칭)	○ ○ ○	피 공 탁 자	성 명 (상호, 명칭)	○ ○ ○
	주민등록번호 (법인등록번호)	111111-1234567		주민등록번호 (법인등록번호)	111111-1234567
	주 소 (본점, 주사무소)	○○시 ○○구 ○○동 ○○번지		주 소 (본점, 주사무소)	○○시 ○○구 ○○동 ○○번지
	전화번호	010-xxxx-xxxx		전화번호	010-xxxx-xxxx

공 탁 금 액	한글 금 오백만원정	보 관 은 행	○○은행 ○○지점
	숫자 5,000,000원정		

공탁원인사실	채권자 ○○○, 채무자 ○○○간 압류사건에 의하여 압류된 채권에 대하여 채권추심명령이 있으므로 제3채무자인 공탁자는 그 채무액을 공탁함.

비고(첨부서류 등)	○○법원 ○○타기○○호, ○○호 채권압류 및 추심명령	☐ 계좌납입신청 ☐ 공탁통지 우편료 ○○원

1. 공탁으로 인하여 소멸하는 질권, 전세권 또는 저당권 2. 반대급부 내용	

위와 같이 신청합니다.　　　　　　　대리인 주소 ○○시 ○○구 ○○동 ○○번지
　　　　　　　　　　　　　　　　　전화번호 010-xxxx-xxxx
　　공탁자 성명　○ ○ ○인(서명)　　　성명　　○ ○ ○ 인(서명)

위 공탁을 수리합니다.
　공탁금을 20○○년　○월 ○일까지 위 보관은행의 공탁관 계좌에 납입하시기 바랍니다.
위 납입기일까지 공탁금을 납입하지 않을 때는 이 공탁 수리결정의 효력이 상실됩니다.
　　　　　　　　　20○○ 년　　○○월　　○○일
　　　　　　　　　○○법원　　○○지원 공탁관　○ ○ ○(인)

(영수증)　위 공탁금이 납입되었음을 증명합니다.
　　　　　　　　　20○○ 년　　○○월　　○○일
　　　　　　　　　공탁금 보관은행(공탁관)　　○ ○ ○　(인)

[서식 예] 집행채권자가 하는 추심금의 공탁

공 탁 번 호	○○년금 제○○호	년 월 일 신청	법령조항	민사집행법 제248조

	성 명 (상호, 명칭)	○ ○ ○		성 명 (상호, 명칭)	○ ○ ○
공 탁 자	주민등록번호 (법인등록번호)	111111-1234567	피 공 탁 자	주민등록번호 (법인등록번호)	111111-1234567
	주 소 (본점, 주사무소)	○○시 ○○구 ○○동 ○○번지		주 소 (본점, 주사무소)	○○시 ○○구 ○○동 ○○번지
	전화번호	010-xxxx-xxxx		전화번호	010-xxxx-xxxx

공 탁 금 액	한글 금 오백만원정	보 관 은 행	○○은행 ○○지점
	숫자 5,000,000원정		

공탁원인사실	공탁자는 채무자(압류채무자)인 ○○시 ○○구 ○○동 ○○○이 제3채무자 같은 동 ○○번지 ○○○에 대하여 가지는 금 ○천만원의 공사도급채권에 기한 ○○민사중앙법원 ○○카제○호 채권압류 및 추심명령에 의거 ○○.○.○. 제3채무자로부터 금 ○천만원의 추심을 하였으나, 위 공사대금 채권에 관하여는 아래와 같은 압류명령이 경합되어 있으므로 민사집행법 제248조의 규정에 의거 금 오백만원을 공탁함. <아 래> ○○중앙법원 ○○제○○○호 채권자 ○○시 ○○구 ○○동 ○○번지 ○○○ 채무자 위 ○○○ 제3채무자 위 ○○○으로 된 채권압류명령 채권액 금 ○천만원 ○○.○.○. 제3채무자에게 송달

비고(첨부서류 등)	○○법원 ○○카○○○호 채권압류 명령	□ 계좌납입신청 □ 공탁통지 우편료 ○○원

1. 공탁으로 인하여 소멸하는 질권, 전세권 또는 저당권 2. 반대급부 내용	

위와 같이 신청합니다.　　　　　대리인 주소 ○○시 ○○구 ○○동 ○○번지
　　　　　　　　　　　　　　　전화번호 010-xxxx-xxxx
　공탁자 성명 ○ ○ ○인(서명)　　성명　　　○ ○ ○ 인(서명)

위 공탁을 수리합니다.
　공탁금을 20○○년 ○월 ○일까지 위 보관은행의 공탁관 계좌에 납입하시기 바랍니다.
위 납입기일까지 공탁금을 납입하지 않을 때는 이 공탁 수리결정의 효력이 상실됩니다.
　　　　　　　　20○○ 년　　○○월　　○○일
　　　　　　　　○○법원　　○○지원 공탁관　　○ ○ ○(인)

(영수증)　위 공탁금이 납입되었음을 증명합니다.
　　　　　　　20○○ 년　　○○월　　○○일
　　　　　공탁금 보관은행(공탁관)　　○ ○ ○　(인)

[서식 예] 민사집행법 제248조와 민법 제487조의 경합공탁

공 탁 번 호	○○년금 제○○호	년 월 일 신청	법령조항	민사집행법 제248조

공탁자	성 명 (상호, 명칭)	○ ○ ○	피공탁자	성 명 (상호, 명칭)	○ ○ ○
	주민등록번호 (법인등록번호)	111111-1234567		주민등록번호 (법인등록번호)	111111-1234567
	주 소 (본점, 주사무소)	○○시 ○○구 ○○동 ○○번지		주 소 (본점, 주사무소)	○○시 ○○구 ○○동 ○○번지
	전화번호	010-xxxx-xxxx		전화번호	010-xxxx-xxxx

공 탁 금 액	한글 금 오백만원정	보 관 은 행	○○은행 ○○지점
	숫자 5,000,000원정		

공탁원인사실	제3채무자인 공탁자는 채권(압류채무자) 피공탁자 ○○○에 대한 매매대금 ○○○○만원의 채무가 있는바, ○○.○.○. 피공탁자 ○○○로부터 위 채권을 피공탁자 ○○○에게 채권양도한 확정일자 일부있는 양도통지서를 받았으나 그 후 아래와 같은 해 채권에 대한 압류 및 가압류 명령의 송달을 받았으며 동 압류 채권자 ○○○는 위 채권양도의 무효를 주장 ○○.○.○. ○○법원에 소를 제기하여 ○○가합○○호 매매대금 채권확인 청구사건의 계속중으로 공탁자는 위 채권양도의 유무효를 확지할 수 없어 민사집행법 제248조의 규정에 의거 금 오백만원을 공탁함. <아 래> (1) ○○법원 ○○카○○호 채권자 ○○시 ○○구 ○○동 ○○번지 ○○○채무자 위 ○○○ 제3채무자 공탁자로 된 압류명령, 채권액 금 ○○○○만원 ○○.○.○.송달 (2) '을'법원 ○○카○○호 채권자 ○○시 ○○구 ○○동 ○번지 ○○○채무자 위 ○○○ 제3채무자 공탁자로 된 채권가압류명령, 채권액 금 ○○○만원, ○○.○.○. 송달

비고(첨부서류 등)	○○법원 ○○카○○○호 제3채무자 가압류 및 채권가압류명련명령	□ 계좌납입신청 □ 공탁통지 우편료 ○○원

1. 공탁으로 인하여 소멸하는 질 권, 전세권 또는 저당권 2. 반대급부 내용	

위와 같이 신청합니다.　　　　　　대리인 주소 ○○시 ○○구 ○○동 ○○번지
　　공탁자 성명 ○ ○ ○인(서명)　　전화번호 010-xxxx-xxxx
　　　　　　　　　　　　　　　　성명　　○ ○ ○ 인(서명)

위 공탁을 수리합니다.
　공탁금을 20○○년 ○월 ○일까지 위 보관은행의 공탁관 계좌에 납입하시기 바랍니다.
위 납입기일까지 공탁금을 납입하지 않을 때는 이 공탁 수리결정의 효력이 상실됩니다.
　　　　　　　　20○○ 년　　○○월　　○○일
　　　　　　　　　○○법원　　○○지원 공탁관　　○ ○ ○(인)

(영수증) 위 공탁금이 납입되었음을 증명합니다.
　　　　　　　　20○○ 년　　○○월　　○○일
　　　　　공탁금 보관은행(공탁관)　　○ ○ ○　(인)

[서식 예] 집행관이 하는 가압류의 금전공탁

공 탁 번 호	○○년금 제○○호		년 월 일 신청	법령조항	민사집행법 제296조
공 탁 자	성 명 (상호, 명칭)	○ ○ ○	피 공 탁 자	성 명 (상호, 명칭)	○ ○ ○
	주민등록번호 (법인등록번호)	111111-1234567		주민등록번호 (법인등록번호)	111111-1234567
	주 소 (본점, 주사무소)	○○법원 집행관		주 소 (본점, 주사무소)	○○시 ○○구 ○○동 ○○번지
	전화번호	010-xxxx-xxxx		전화번호	010-xxxx-xxxx

공 탁 금 액	한글 금 오백만원정	보 관 은 행	○○은행 ○○지점
	숫자 5,000,000원정		

공탁원인사실	채권자 ○○시 ○○구 ○○동 ○○번지 '을' 채무자 같은 동 ○○번지 '병' 사이에 ○○민사중앙법원 ○○카단○○호 유체동산 가압류 사건에 관하여 공탁자는 ○○.○.○.위 채무자의 현금 금 ○백만원을 가압류 집행하였으므로 민사집행법 제296조 4항의 규정에 의거 공탁함..
비고(첨부서류 등)	○○법원 ○○카단○○○호 유체동산가압류신청사건 □ 계좌납입신청 □ 공탁통지 우편료 ○○원
1. 공탁으로 인하여 소멸하는 질권, 전세권 또는 저당권 2. 반대급부 내용	

위와 같이 신청합니다.   대리인 주소 ○○시 ○○구 ○○동 ○○번지
                        전화번호 010-xxxx-xxxx
   공탁자 성명   집행관 ○ ○ ○인(서명)   성명   ○ ○ ○ 인(서명)

위 공탁을 수리합니다.
   공탁금을 20○○년   ○월 ○일까지 위 보관은행의 공탁관 계좌에 납입하시기 바랍니다.
위 납입기일까지 공탁금을 납입하지 않을 때는 이 공탁 수리결정의 효력이 상실됩니다.
           20○○ 년   ○○월   ○○일
           ○○법원   ○○지원 공탁관   ○ ○ ○(인)

(영수증) 위 공탁금이 납입되었음을 증명합니다.
           20○○ 년   ○○월   ○○일
           공탁금 보관은행(공탁관)   ○ ○ ○   (인)

[서식 예] 집행관이 하는 가압류 경매매득금의 공탁

공 탁 번 호	○○년금 제○○호	년 월 일 신청	법령조항	민사집행법 제296조제5항

공 탁 자	성 명 (상호, 명칭)	○ ○ ○	피 공 탁 자	성 명 (상호, 명칭)	○ ○ ○
	주민등록번호 (법인등록번호)	111111-1234567		주민등록번호 (법인등록번호)	111111-1234567
	주 소 (본점, 주사무소)	○○법원 집행관		주 소 (본점, 주사무소)	○○시 ○○구 ○○동 ○○번지
	전화번호	010-xxxx-xxxx		전화번호	010-xxxx-xxxx

공 탁 금 액	한글 금 오백만원정	보 관 은 행	○○은행 ○○지점
	숫자 5,000,000원정		

공탁원인사실	채권자 ○○시 ○○구 ○○동 ○○번지 '을'채무자 같은 동 ○○번지 '병'사이에 ○○법원 ○○카단○○호 유체동산 가압류 사건에 관하여 공탁자는 ○○.○.○. 위 채무자 소유 자동차 1대를 압류 집행하였으나 그 보관에 다대한 비용이 소요되므로 집행법원의 명에 의하여 30일 이를 경매하여 그 매득금의 오백만원을 민사집행법 제296조 제5항의 규정에 의거 공탁함.

비고(첨부서류 등)	○○법원 ○○카단○○○호 유체동산가압류경매사건	☐ 계좌납입신청 ☐ 공탁통지 우편료 ○○원

1. 공탁으로 인하여 소멸하는 질권, 전세권 또는 저당권 2. 반대급부 내용	

위와 같이 신청합니다.　　　　　대리인 주소 ○○시 ○○구 ○○동 ○○번지
　　　　　　　　　　　　　　　전화번호 010-xxxx-xxxx
　공탁자 성명　집행관 ○ ○ ○인(서명)　　성명　　○ ○ ○ 인(서명)

위 공탁을 수리합니다.
　공탁금을 20○○년　○월　○일까지 위 보관은행의 공탁관 계좌에 납입하시기 바랍니다.
위 납입기일까지 공탁금을 납입하지 않을 때는 이 공탁 수리결정의 효력이 상실됩니다.
　　　　　　　　　20○○ 년　　○○월　　○○일
　　　　　　　　　○○법원　　○○지원 공탁관　 ○ ○ ○(인)

(영수증)　위 공탁금이 납입되었음을 증명합니다.
　　　　　　　　　20○○ 년　　○○월　　○○일
　　　　　　　　　공탁금 보관은행(공탁관)　　○ ○ ○ 　(인)

[서식 예] 민사집행법 제294조(가압류를 위한 강제관리)의 공탁

공 탁 번 호	○○년금 제○○호	년 월 일 신청	법령조항	민사집행법 제294조
공 탁 자 성 명 (상호, 명칭)	○ ○ ○	**피 공 탁 자** 성 명 (상호, 명칭)		○ ○ ○
주민등록번호 (법인등록번호)	111111-1234567	주민등록번호 (법인등록번호)		111111-1234567
주 소 (본점, 주사무소)	○○시 ○○구 ○○동 ○○번지	주 소 (본점, 주사무소)		○○시 ○○구 ○○동 ○○번지
전화번호	010-xxxx-xxxx	전화번호		010-xxxx-xxxx

공 탁 금 액	한글 금 오백만원정	보 관 은 행	○○은행 ○○지점
	숫자 5,000,000원정		

공탁원인사실	공탁자는 ○○법원 ○○타기○호 부동산가압류강제관리사건의 관리인인 바, 강제관리중인 채무자 소유의 ○○시 ○○구 ○○동 ○○번지 소재 점포의 임차인으로부터 20○○.○월분의 임료 금 ○백만원을 수령하였으므로 여기에서 관리비용 금 ○백만원을 공제한 잔금 오백만원을 민사집행법 제294조의 규정에 따라 공탁함.

비고(첨부서류 등)	○○법원 ○○타기○○○호 부동산가압류집행을 위한 강제관리사건 □ 계좌납입신청 □ 공탁통지 우편료 ○○원

1. 공탁으로 인하여 소멸하는 질권, 전세권 또는 저당권 2. 반대급부 내용	

위와 같이 신청합니다.   대리인 주소 ○○시 ○○구 ○○동 ○○번지
           전화번호 010-xxxx-xxxx
  공탁자 성명   집행관 ○ ○ ○인(서명)   성명   ○ ○ ○ 인(서명)

위 공탁을 수리합니다.
  공탁금을 20○○년 ○월 ○일까지 위 보관은행의 공탁관 계좌에 납입하시기 바랍니다.
위 납입기일까지 공탁금을 납입하지 않을 때는 이 공탁 수리결정의 효력이 상실됩니다.
      20○○ 년   ○○월   ○○일
      ○○법원   ○○지원 공탁관   ○ ○ ○(인)

(영수증) 위 공탁금이 납입되었음을 증명합니다.
      20○○ 년   ○○월   ○○일
      공탁금 보관은행(공탁관)   ○ ○ ○ (인)

[서식 예] 가압류·가처분관계 가압류해방금의 공탁

공 탁 번 호	○○년금 제○○호		년 월 일 신청	법령조항	민사집행법 제282조
공 탁 자	성 명 (상호, 명칭)	○ ○ ○	피 공 탁 자	성 명 (상호, 명칭)	○ ○ ○
	주민등록번호 (법인등록번호)	111111-1234567		주민등록번호 (법인등록번호)	111111-1234567
	주 소 (본점, 주사무소)	○○시 ○○구 ○○동 ○○번지		주 소 (본점, 주사무소)	○○시 ○○구 ○○동 ○○번지
	전화번호	010-xxxx-xxxx		전화번호	010-xxxx-xxxx

공 탁 금 액	한글 금 오백만원정	보 관 은 행	○○은행 ○○지점
	숫자 5,000,000원정		

공탁원인사실	공탁자는 ○○법원 ○○카○○호 부동산가압류명령신청사건의 채무자인바, 채권자 ○○○의 신청으로 공탁자 소유부동산이 가압류되었으나 ○○○의 사유로 그 집행의 취소를 받고자 가압류해방금 오백만원을 공탁함.
비고(첨부서류 등)	○○법원 ○○카단○○○호 부동산압류신청사건 □ 계좌납입신청 □ 공탁통지 우편료 ○○원

1. 공탁으로 인하여 소멸하는 질권, 전세권 또는 저당권 2. 반대급부 내용	

위와 같이 신청합니다.   대리인 주소 ○○시 ○○구 ○○동 ○○번지
                        전화번호 010-xxxx-xxxx
    공탁자 성명   ○ ○ ○인(서명)   성명   ○ ○ ○ 인(서명)

위 공탁을 수리합니다.
    공탁금을 20○○년   ○월 ○일까지 위 보관은행의 공탁관 계좌에 납입하시기 바랍니다.
위 납입기일까지 공탁금을 납입하지 않을 때는 이 공탁 수리결정의 효력이 상실됩니다.
                 20○○ 년   ○○월   ○○일
                 ○○법원   ○○지원 공탁관   ○ ○ ○(인)

(영수증) 위 공탁금이 납입되었음을 증명합니다.
                20○○ 년   ○○월   ○○일
            공탁금 보관은행(공탁관)   ○ ○ ○ (인)

[서식 예] 집행관의 경매속행에 의한 매득금의 공탁

<table>
<tr><td colspan="2">공 탁 번 호</td><td>○○년금 제○○호</td><td colspan="2">년 월 일 신청</td><td>법령조항</td><td>민사집행법
제198조제1항</td></tr>
<tr><td rowspan="4">공
탁
자</td><td>성 명
(상호, 명칭)</td><td>○ ○ ○</td><td rowspan="4">피
공
탁
자</td><td>성 명
(상호, 명칭)</td><td colspan="2">○ ○ ○</td></tr>
<tr><td>주민등록번호
(법인등록번호)</td><td>111111-1234567</td><td>주민등록번호
(법인등록번호)</td><td colspan="2">111111-1234567</td></tr>
<tr><td>주 소
(본점, 주사무소)</td><td>○○법원 집행관</td><td>주 소
(본점, 주사무소)</td><td colspan="2">○○시 ○○구 ○○동
○○번지</td></tr>
<tr><td>전화번호</td><td>010-xxxx-xxxx</td><td>전화번호</td><td colspan="2">010-xxxx-xxxx</td></tr>
<tr><td colspan="2" rowspan="2">공 탁 금 액</td><td>한글 금 오백만원정</td><td colspan="2" rowspan="2">보 관 은 행</td><td colspan="2" rowspan="2">○○은행 ○○지점</td></tr>
<tr><td>숫자 5,000,000원정</td></tr>
<tr><td colspan="2">공탁원인사실</td><td colspan="5">공탁자는 채권자 ○○시 ○○구 ○○동 ○○번지 ○○○의 위임에 따라 채무자 ○○시 ○○구 ○○동 ○번지 ○○○의 소유동산 자동차 1대를 압류, 경매집행코자 하였으나 동 자동차에 대항할 수 있는 권리주장의 소제기증명을 제시하여 동 경매를 정지해야 할 것이나 동 경매가 지체될 경우 위 목적물의 가격이 현저히 감소될 우려가 있어(또는 그 보관에 과다한 비용이 들게 되어)이를 그대로 경매 속행한 매득금으로 이를 공탁함.</td></tr>
<tr><td colspan="2">비고(첨부서류 등)</td><td colspan="2">○○법원 ○○카합○○○호
유체동산가압류신청사건</td><td colspan="3">□ 계좌납입신청
□ 공탁통지 우편료 ○○원</td></tr>
<tr><td colspan="3">1. 공탁으로 인하여 소멸하는 질
   권, 전세권 또는 저당권
2. 반대급부 내용</td><td colspan="4"></td></tr>
<tr><td colspan="7">위와 같이 신청합니다.   대리인 주소 ○○시 ○○구 ○○동 ○○번지
                      전화번호 010-xxxx-xxxx

   공탁자 성명   집행관○ ○ ○인(서명)   성명   ○ ○ ○ 인(서명)</td></tr>
<tr><td colspan="7">위 공탁을 수리합니다.
   공탁금을 20○○년 ○월 ○일까지 위 보관은행의 공탁관 계좌에 납입하시기 바랍니다.
위 납입기일까지 공탁금을 납입하지 않을 때는 이 공탁 수리결정의 효력이 상실됩니다.
               20○○ 년   ○○월   ○○일
             ○○법원   ○○지원 공탁관   ○ ○ ○(인)</td></tr>
<tr><td colspan="7">(영수증) 위 공탁금이 납입되었음을 증명합니다.
               20○○ 년   ○○월   ○○일
            공탁금 보관은행(공탁관)   ○ ○ ○ (인)</td></tr>
</table>

[서식 예] 가압류 물건의 환가금 공탁

공 탁 번 호		○○년금 제○○호	년 월 일 신청	법령조항	민사집행법 제296조제5항
공 탁 자	성 명 (상호, 명칭)	○ ○ ○	피 공 탁 자	성 명 (상호, 명칭)	○ ○ ○
	주민등록번호 (법인등록번호)	111111-1234567		주민등록번호 (법인등록번호)	111111-1234567
	주 소 (본점, 주사무소)	○○법원 집행관		주 소 (본점, 주사무소)	○○시 ○○구 ○○동 ○○번지
	전화번호	010-xxxx-xxxx		전화번호	010-xxxx-xxxx
공 탁 금 액		한글 금 오백만원정	보 관 은 행		○○은행 ○○지점
		숫자 5,000,000원정			
공탁원인사실		채권자 ○○○, 채무자 ○○○ 당사자간 ○○중앙법원 ○○카단○○호 유체동산가압류 명령사건에 의하여 가압류한 물건의 가격감소의 우려가 있으므로(또는 보관에 과다한 비용부담으로) 법원의 경매 명령에 의하여 경매하여 그 매득금을 공탁함.			
비고(첨부서류 등)		○○법원 ○○카단○○○호 유체동산가압류신청사건	□ 계좌납입신청 □ 공탁통지 우편료 ○○원		

1. 공탁으로 인하여 소멸하는 질 권, 전세권 또는 저당권 2. 반대급부 내용	

위와 같이 신청합니다.   대리인 주소 ○○시 ○○구 ○○동 ○○번지
                        전화번호 010-xxxx-xxxx
   공탁자 성명   집행관○ ○ ○인(서명)   성명   ○ ○ ○ 인(서명)

위 공탁을 수리합니다.
   공탁금을 20○○년 ○월 ○일까지 위 보관은행의 공탁관 계좌에 납입하시기 바랍니다.
위 납입기일까지 공탁금을 납입하지 않을 때는 이 공탁 수리결정의 효력이 상실됩니다.
            20○○ 년   ○○월   ○○일
            ○○법원   ○○지원 공탁관   ○ ○ ○(인)

(영수증) 위 공탁금이 납입되었음을 증명합니다.
            20○○ 년   ○○월   ○○일
            공탁금 보관은행(공탁관)   ○ ○ ○ (인)

[서식 예] 가압류집행을 위한 강제관리에 인한 추심금의 공탁

공 탁 번 호		○○년금 제○○호	년 월 일 신청	법령조항	민사집행법 제294조
공 탁 자	성 명 (상호, 명칭)	○○건설주식회사 관리인 ○○○	피 공 탁 자	성 명 (상호, 명칭)	○ ○ ○
	주민등록번호 (법인등록번호)	111111-1234567		주민등록번호 (법인등록번호)	111111-1234567
	주 소 (본점, 주사무소)	○○시 ○○구 ○○동 ○○번지		주 소 (본점, 주사무소)	○○시 ○○구 ○○동 ○○번지
	전화번호	010-xxxx-xxxx		전화번호	010-xxxx-xxxx

공 탁 금 액	한글 금 오백만원정	보 관 은 행	○○은행 ○○지점
	숫자 5,000,000원정		

공탁원인사실	공탁자는 ○○건설주식회사 채무자 ○○산업주식회사 간 부동산가압류사건의 집행을 위한 강제관리인인바, 채무자 소유의 강제관리 부동산의 임차인으로부터 수령한 금액으로 채권보전에 상당액을 공탁함.

비고(첨부서류 등)	○○법원 ○○타기○○○호 □ 계좌납입신청 부동산가압류집행을 위한 강제관리사건 □ 공탁통지 우편료 ○○원

1. 공탁으로 인하여 소멸하는 질권, 전세권 또는 저당권 2. 반대급부 내용	

위와 같이 신청합니다.   대리인 주소 ○○시 ○○구 ○○동 ○○번지
                         전화번호 010-xxxx-xxxx

   공탁자 성명   ○ ○ ○인(서명)   성명   ○ ○ ○ 인(서명)

위 공탁을 수리합니다.
   공탁금을 20○○년 ○월 ○일까지 위 보관은행의 공탁관 계좌에 납입하시기 바랍니다.
위 납입기일까지 공탁금을 납입하지 않을 때는 이 공탁 수리결정의 효력이 상실됩니다.
                 20○○ 년   ○○월   ○○일
                 ○○법원   ○○지원 공탁관   ○ ○ ○(인)

(영수증) 위 공탁금이 납입되었음을 증명합니다.
                 20○○ 년   ○○월   ○○일
             공탁금 보관은행(공탁관)   ○ ○ ○ (인)

[서식 예] 채무자의 경락허가결정에 대한 항고보증공탁

공 탁 번 호		○○년금 제○○호	년 월 일 신청	법령조항	민사집행법 제130조제4항
공 탁 자	성 명 (상호, 명칭)	○ ○ ○	피 공 탁 자	성 명 (상호, 명칭)	○ ○ ○
	주민등록번호 (법인등록번호)	111111-1234567		주민등록번호 (법인등록번호)	111111-1234567
	주 소 (본점, 주사무소)	○○시 ○○구 ○○동 ○○번지		주 소 (본점, 주사무소)	○○시 ○○구 ○○동 ○○번지
	전화번호	010-xxxx-xxxx		전화번호	010-xxxx-xxxx

공 탁 금 액	한글 금 오백만원정	보 관 은 행	○○은행 ○○지점
	숫자 5,000,000원정		

공탁원인사실	채권자 ○○○, 채무자 공탁자간 ○○법원 ○○타경○○호 강제경매사건에 관하여 채무자인 공탁자는 동 경매사건의 ○○.○.○.자 경락허가결정에 대하여 항고하기 위하여 보증으로 경락대금의 10분의 1에 해당하는 금 오백만원을 공탁함.
비고(첨부서류 등)	○○법원 ○○타경○○○호 부동산강제경매사건 □ 계좌납입신청 □ 공탁통지 우편료 ○○원

1. 공탁으로 인하여 소멸하는 질 권, 전세권 또는 저당권 2. 반대급부 내용	

위와 같이 신청합니다. 대리인 주소 ○○시 ○○구 ○○동 ○○번지
                               전화번호 010-xxxx-xxxx
  공탁자 성명 ○ ○ ○인(서명)   성명   ○ ○ ○ 인(서명)

위 공탁을 수리합니다.
  공탁금을 20○○년 ○월 ○일까지 위 보관은행의 공탁관 계좌에 납입하시기 바랍니다.
위 납입기일까지 공탁금을 납입하지 않을 때는 이 공탁 수리결정의 효력이 상실됩니다.
                 20○○ 년   ○○월   ○○일
                 ○○법원   ○○지원 공탁관   ○ ○ ○(인)

(영수증) 위 공탁금이 납입되었음을 증명합니다.
                 20○○ 년   ○○월   ○○일
                 공탁금 보관은행(공탁관)   ○ ○ ○ (인)

[서식 예] 선박집행관계 강제경매절차 취소를 위한 공탁

공 탁 번 호	○○년금 제○○호		년 월 일 신청	법령조항	민사집행법 제180조1,2항
공 탁 자	성 명 (상호, 명칭)	○ ○ ○	**피 공 탁 자**	성 명 (상호, 명칭)	○ ○ ○	
	주민등록번호 (법인등록번호)	111111-1234567		주민등록번호 (법인등록번호)	111111-1234567	
	주 소 (본점, 주사무소)	○○시 ○○구 ○○동 ○○번지		주 소 (본점, 주사무소)	○○시 ○○구 ○○동 ○○번지	
	전화번호	010-xxxx-xxxx		전화번호	010-xxxx-xxxx	
공 탁 금 액	한글 금 오백만원정		보 관 은 행	○○은행 ○○지점		
	숫자 5,000,000원정					
공탁원인사실	채무자(공탁자)는 채권자 ○○○를 상대로 한 강제집행의 일시정지에 관한 서류를 집행법원에 제출하고 압류채권자 및 배당요구 채권의 채권액 금 ○백만원과 집행비용액 금 ○○만원 합계금 ○백○○만원을 배당절차 이외의 절차의 취소신청을 위하여 공탁함.					
비고(첨부서류 등)	○○법원 ○○타경○○○호 선박강제경매사건		☐ 계좌납입신청 ☐ 공탁통지 우편료 ○○원			

1. 공탁으로 인하여 소멸하는 질권, 전세권 또는 저당권 2. 반대급부 내용	

위와 같이 신청합니다. 대리인 주소 ○○시 ○○구 ○○동 ○○번지
　　　　　　　　　　　　　전화번호 010-xxxx-xxxx

　공탁자 성명　○ ○ ○인(서명)　　　성명　　○ ○ ○ 인(서명)

위 공탁을 수리합니다.
　공탁금을 20○○년　○월 ○일까지 위 보관은행의 공탁관 계좌에 납입하시기 바랍니다.
위 납입기일까지 공탁금을 납입하지 않을 때는 이 공탁 수리결정의 효력이 상실됩니다.
　　　　　　　20○○ 년　　○○월　　○○일
　　　　　　　○○법원　　○○지원 공탁관　○ ○ ○(인)

(영수증) 위 공탁금이 납입되었음을 증명합니다.
　　　　　　　20○○ 년　　○○월　　○○일
　　　　　　　공탁금 보관은행(공탁관)　　○ ○ ○　(인)

[서식 예] 집행관의 배우자주장 공유지분의 매득금 공탁

공 탁 번 호	○○년금 제○○호	년 월 일 신청	법령조항	민사집행법 제220조제2항

공탁자	성 명 (상호, 명칭)	○ ○ ○	피공탁자	성 명 (상호, 명칭)	○ ○ ○
	주민등록번호 (법인등록번호)	111111-1234567		주민등록번호 (법인등록번호)	111111-1234567
	주 소 (본점, 주사무소)	○○법원 집행관		주 소 (본점, 주사무소)	○○시 ○○구 ○○동 ○○번지
	전화번호	010-xxxx-xxxx		전화번호	010-xxxx-xxxx

공 탁 금 액	한글 금 오백만원정	보 관 은 행	○○은행 ○○지점
	숫자 5,000,000원정		

공탁원인사실	○○법원 집행관 사무실 ○○본 ○○호 유체동산 압류사건에 관하여 민사집행법 제221조 제3항의 규정에 의하여 채권자 어디 ○○○가 배우자 어디 ○○○의 공유주장에 대하여 이의의 소를 제기하였으나 아직 동 이의의 소가 완결되지 아니하였으므로 위 배우자가 주장하는 공유지분에 해당하는 매득금을 공탁함.

비고(첨부서류 등)	○○법원 ○○타경○○○호 부동산강제경매사건	☐ 계좌납입신청 ☐ 공탁통지 우편료 ○○원

1. 공탁으로 인하여 소멸하는 질권, 전세권 또는 저당권 2. 반대급부 내용	

위와 같이 신청합니다.　　　　　　대리인 주소 ○○시 ○○구 ○○동 ○○번지
　　　　　　　　　　　　　　　　전화번호 010-xxxx-xxxx
　　공탁자 성명　집행관 ○ ○ ○인(서명)　　성명　　○ ○ ○ 인(서명)

위 공탁을 수리합니다.
　　공탁금을 20○○년　○월 ○일까지 위 보관은행의 공탁관 계좌에 납입하시기 바랍니다.
위 납입기일까지 공탁금을 납입하지 않을 때는 이 공탁 수리결정의 효력이 상실됩니다.
　　　　　　　　　20○○ 년　　○○월　　○○일
　　　　　　　　　○○법원　　○○지원 공탁관　○ ○ ○(인)

(영수증) 위 공탁금이 납입되었음을 증명합니다.
　　　　　　　　　20○○ 년　　○○월　　○○일
　　　　　　　　　공탁금 보관은행(공탁관)　　○ ○ ○　(인)

[서식 예] 금융기관의 연체대출금에 관한 경매사건의 경락허가 결정에 대한 항고의
보증공탁(집행공탁)

공 탁 번 호	○○년금 제○○호		년 월 일 신청	법령조항	
공탁자	성 명 (상호, 명칭)	○ ○ ○	피공탁자	성 명 (상호, 명칭)	○ ○ ○
	주민등록번호 (법인등록번호)	111111-1234567		주민등록번호 (법인등록번호)	111111-1234567
	주 소 (본점, 주사무소)	○○법원 집행관		주 소 (본점, 주사무소)	○○시 ○○구 ○○동 ○○번지
	전화번호	010-xxxx-xxxx		전화번호	010-xxxx-xxxx
공 탁 금 액	한글 금 오백만원정		보 관 은 행	○○은행 ○○지점	
	숫자 5,000,000원정				
공탁원인사실	공탁자는 ○○중앙법원 ○○타경 제○○호 부동산경매사건의 채무자인바, 위사건은 금융기관의 연체대출금에관한특별조치법 제5조의 2에 의한 담보권 실행을 위한 경매절차이나 공탁자는 이에 불복하므로 위 경락허가결정에 의한 항고보증으로 위 금액을 공탁함.				
비고(첨부서류 등)	○○법원 ○○타경○○○호 부동산강제경매사건		□ 계좌납입신청 □ 공탁통지 우편료 ○○원		
1. 공탁으로 인하여 소멸하는 질권, 전세권 또는 저당권 2. 반대급부 내용					

위와 같이 신청합니다.   대리인 주소 ○○시 ○○구 ○○동 ○○번지
                                전화번호 010-xxxx-xxxx
  공탁자 성명 집행관 ○ ○ ○인(서명)   성명   ○ ○ ○ 인(서명)

위 공탁을 수리합니다.
  공탁금을 20○○년 ○월 ○일까지 위 보관은행의 공탁관 계좌에 납입하시기 바랍니다.
위 납입기일까지 공탁금을 납입하지 않을 때는 이 공탁 수리결정의 효력이 상실됩니다.
                20○○ 년   ○○월   ○○일
                ○○법원   ○○지원 공탁관   ○ ○ ○(인)

(영수증) 위 공탁금이 납입되었음을 증명합니다.
                20○○ 년   ○○월   ○○일
              공탁금 보관은행(공탁관)   ○ ○ ○ (인)

보관공탁·몰취공탁은 어떻게 신청하나요?

제7장 보관공탁 · 몰취공탁은 어떻게 신청하나요?

1. 보관공탁

1-1. 보관공탁의 의의
"보관공탁"이란 목적물 그 자체의 보관을 위한 공탁을 말합니다.

1-2. 보관공탁의 종류
① 보관공탁의 종류는 다음과 같습니다.
1. 무기명사채권자의 사채권자집회 소집을 위한 무기명사채권의 보관공탁(「상법」 제491조제4항)
2. 무기명사채권자의 의결권 행사를 위한 무기명사채권의 보관공탁(「상법」제492조제2항)
3. 담보부사채권자의 결의무효선언을 위한 담보부사채권의 보관공탁(「담보부사채신탁법」제50조제3항)
4. 담보부사채권자의 담보물 검사를 위한 담보부사채권의 보관공탁(「담보부사채신탁법」제84조제2항)

법령용어해설

※ "담보부사채", "사채(社債)"이란?
① "사채(社債)"란 주식회사가 일반공중인 투자자로부터 비교적 장기의 자금을 집단적으로 조달하기 위해 발행하는 채권을 말합니다.
② "담보부사채"란 일반공중인 투자자로부터 비교적 장기에 걸치는 다액의 자금을 집단적으로 조달하는 경우 그 사채담보를 위해 물상담보권이 붙여진 사채를 말합니다.

1-3. 사채권자집회(社債權者集會)와 관련한 무기명사채의 보관공탁
1-3-1. 무기명사채권자의 사채권자집회 소집을 위한 무기명사채권의 보관공탁
① 무기명사채권을 가지고 있는 사채권자가 사채권자집회 소집권을 가진 회사에 대해 사채권자집회의 소집을 청구할 때에는 그 사채권을 사전에 공탁해야 합니다(「상법」 제491조제4항).
② 무기명사채권자의 사채권자집회 소집을 위한 무기명사채권의 보관공탁은 사채권자집회의 소집청구권자의 확인과 소집청구권 남용을 방지하기 위한 것입니다.

1-3-2. 무기명사채권자의 의결권 행사를 위한 무기명사채권의 보관공탁

① 무기명사채권을 가지고 있는 자는 사채권자집회일부터 1주 전까지 채권을 공탁하지 않으면 의결권을 행사하지 못합니다(「상법」 제492조제2항).

② 무기명사채권자의 의결권 행사를 위한 무기명사채권의 보관공탁은 사채권자집회에서의 의결권자임을 확인하고 의결권의 개수를 확인하기 위한 것입니다.

1-3-3. 무기명사채권의 보관공탁 절차

① 관할 공탁소

사채권자집회와 관련하여 무기명사채권을 공탁하려는 자는 시·군법원을 제외한 모든 공탁소에 공탁할 수 있습니다.

② 공탁서 작성요령

ⓐ 공탁서 양식

사채권자집회와 관련한 공탁서의 양식이 「공탁사무 문서양식에 관한 예규」(대법원 행정예규 제1153호, 2018. 7. 27. 발령, 2018. 8. 27. 시행)에 정해져 있지 않으므로 「공탁사무 문서양식에 관한 예규」 제1-5호 양식인 유가증권에 관한 변제공탁서 양식을 이용하면 됩니다.

ⓑ 법령조항의 기재

사채권자집회와 관련한 보관공탁의 근거법령은 ① 사무기명사채권자의 사채권자집회 소집을 위한 무기명사채권의 보관공탁은 「상법」 제491조제4항이 되고, ② 무기명사채권자의 의결권 행사를 위한 무기명사채권의 보관공탁은 「상법」 제492조제2항이 됩니다.

ⓒ 피공탁자란의 기재여부

– 피공탁자란은 기재하지 않습니다.

③ 사채권자집회(社債權者集會)와 관련한 무기명식 사채의 보관공탁의 공탁서 작성 예시는 다음과 같습니다.

[서식 예] 무기명사채권자의 사채권자집회 소집을 위한 무기명사채권의 보관공탁

공 탁 번 호		년 증 제 호	년 월 일 신청	법령조항	상법 제491조제4항
공 탁 자	성 명 (상호, 명칭)	김○혁	피 공 탁 자	성 명 (상호, 명칭)	
	주민등록번호 (법인등록번호)	123457-1111111		주민등록번호 (법인등록번호)	
	주 소 (본점, 주사무소)	서울시 서초구 서초동 517-2		주 소 (본점, 주사무소)	
	전화번호	02-555-0000		전화번호	

공탁유가증권				공탁 원인 사실	공탁자는 무기명식 채권을 가지고 있는 자로서 회사에 대한 사채권자집회의 소집을 청구하기 위해 공탁자가 소유하고 있는 사채권을 공탁합니다.
명 칭	봉래건설 제115회 사채권		계		
장 수	20매				

총액면금	한글 이천만원
	숫자
	20,000,000원
				1. 공탁으로 인하여
				  소멸하는 질권,
				  전세권 또는 저당권
				2. 반대급부 내용	

액면금 기호번호	금일백만원 사1호-사20호			보 관 은 행	○○은행 ○○지점
부속이표					
최종 상환기				비 고	사채권사본, 법인등기부 등본, 위임장

위와 같이 신청합니다.　　　　　　　　대리인 주소 서울시 서초구 서초동 555
　　　　　　　　　　　　　　　　　　전화번호 02- 555 - 0909

　　　　공탁자 성명　　　김○혁 인(서명)　　　　성명　　　법무사 나법무 인(서명)

위 공탁을 수리합니다.
 공탁유가증권을　년　월　일까지 위 보관은행의 공탁관 계좌에 납입하시기 바랍니다.
 위 납입기일까지 공탁유가증권을 납입하지 않을 때는 이 공탁 수리결정의 효력이 상실됩니다.
　　　　　　　　　　　　　　　　年　　　　月　　　　日
　　　　　　　　　　　　　　법원　　　지원 공탁관　　　　　　　　　　(인)

 (영수증) 위 공탁유가증권이 납입되었음을 증명합니다.
　　　　　　　　　　　　　　　　年　　　　月　　　　日
　　　　　　　　공탁금 보관은행(공탁관)　　　　　　　　　　(인)

[서식 예] 무기명사채권자의 의결권 행사를 위한 무기명사채권의 보관공탁

공 탁 번 호		년 증 제 호	년 월 일 신청	법령조항	상법 제491조제4항
공탁자	성 명 (상호, 명칭)	김○혁	피공탁자	성 명 (상호, 명칭)	
	주민등록번호 (법인등록번호)	123457-1111111		주민등록번호 (법인등록번호)	
	주 소 (본점, 주사무소)	서울시 서초구 서초동 517-2		주 소 (본점, 주사무소)	
	전화번호	02-555-0000		전화번호	

공탁유가증권				공탁원인사실	공탁자는 무기명식 채권을 가지고 있는 자로서 2010년 9월 30일 오후 2시에 개최되는 사채권자 집회에 참석하여 의결권을 행사하기 위해 공탁자가 가지고 있는 무기명식 사채권을 공탁합니다.
명 칭	봉래건설 제115회 사채권(월성제일차메르디앙유동화사채)		계		
장 수	20매				
총액면금	한글 이천만원 숫자 20,000, 000원			1. 공탁으로 인하여 소멸하는 질권, 전세권 또는 저당권	
액면금 기호번호	금일백만원 사1호-사20호			2. 반대급부 내용	
부속이표				보 관 은 행	○○은행 ○○지점
최종상환기				비 고	사채권자집회 소집공고문, 사채권사본, 법인등기부 등본, 위임장

위와 같이 신청합니다.　　　　　　　　　　대리인 주소 서울시 서초구 서초동 555

　　　　　　　　　　　　　　　　　　　　전화번호 02- 555 - 0909

　　　　공탁자 성명　　김○혁 인(서명)　　　성명　　　법무사 나법무 인(서명)

위 공탁을 수리합니다.

공탁유가증권을　　년　월　일까지 위 보관은행의 공탁관 계좌에 납입하시기 바랍니다.

위 납입기일까지 공탁유가증권을 납입하지 않을 때는 이 공탁 수리결정의 효력이 상실됩니다.

　　　　　　　　　　　　　　　년　　　　월　　　일

　　　　　　　　　　　법원　　　지원　공탁관　　　　　　(인)

(영수증) 위 공탁유가증권이 납입되었음을 증명합니다.

　　　　　　　　　　　　　　　년　　　　월　　　일

　　　　　　공탁금 보관은행(공탁관)　　　　　　　　(인)

④ 첨부서면

ⓐ 무기명사채권자의 사채권자집회 소집을 위한 무기명사채권의 보관공탁의 첨부서면에 대한 특별한 규정이 없으나 소집공고문 사본 등과 같은 사채권자집회와 관련한 내용 등이 기재된 서면을 첨부하여 사채권자집회 또는 소집의결을 위한 보관공탁의 원인사실을 소명해야 합니다.

ⓑ 사채권자집회 소집공고문 사본의 예시는 다음과 같습니다.

[서식 예] 사채권자집회 소집공고문

**월성제일차메르디앙 유동화전문유한회사
유동화사채 사채권자집회 소집공고**

월성제일차메르디앙 유동화전문유한회사가 유동화자산으로 보유 중인 대구 월배지구 공동주택 신축사업 관련 대출원리금채권(채무자: 봉래에이치엔씨(주)의 채무인수인이며 동사업의 시공사인 봉래건설(주)에 대해 2010년 5월 7일 채권금융기관협회의 결의에 의한 워크아웃이 진행됨에 따라, 월성제일차메르디앙 유동화전문유한회사의 업무수탁자인 (주)너희은행은 다음과 같이 사채권자집회 소집을 공고합니다.

1. 사채권자집회 소집

O 일시: 2010 8월 30일 (월) 오후 2시
O 장소: 서울시 동작구 신대방동 395-70 전문건설공제조합 3층 국제회의실

2. 결의의 목적사항

O 제1-3회 및 제1-4회 유동회사채 만기를 각각 1년씩 연장
　(제1-3회 및 제1-4회의 만기를 각각 2010년 9월 9일 및 2010년 12월 9일에서 2011년 9월 9일에서 2010년 12월 9일로 연장)
O 제1-3회 및 제1-4회 유동회사채의 표면금리를 기존 만기일까지는 정상금리로 지급하며 각 1년의 연장기간 동안은 3%로 하향조정(1-3회차 및 1-4회차의 표면금리를 각각 7364% 및 7.93%에서 3%로 조 정)
O 워크아웃에 따른 대출원리금채권(유동화자산)의 채무재조정

3. 기타

가. 사채권자께서는 집회 당일 다음의 서면을 반드시 지참하여 주시기 바랍니다.
　- 직접행사의 경우: 신분증
　- 대리행사의 경우: 위임장, 임감증명서(법인은 법인임감증명 및 법인등기부등본), 대리인의 신분증
나. 사채권자는 집회 1주일 전인 2010년 8월 22일까지 상법 제492조제2항 및 공사채등록법시행령 제46조에 따라 법원에 등록필증을 공탁해야 집회에서 의결권을 행사할 수 있습니다.
다. 사채권자집회에서 결의한 사항에 대해 법원의 인가를 받으면 총사채권자에 대해 효력이 있고, 사채권자집회에 참석한 사채권자는 법원의 인가시까지 사채의 양도, 입질 기타 처분행위를 할 수 없습니다.
라. 사채권자집회의 결의에 대한 법원의 인가 또는 불인정의 결정이 있는 경우 월성제일차메르디앙유동화전문유한회사가 그 사실을 공고합니다.
마. 관련 문의사항은 한국투자증권(주) 채권상품부(02-3276-5814,5818)로 문의하시기 바랍니다.

　ⓒ 또한, 사채권자집회와 관련한 회사의 법인등기부 등본을 첨부하여 사채권자집회의 소집 또는 의결 대상회사를 밝혀야 합니다.

1-3-4. 공탁물의 회수

사채권자집회 관련 보관공탁은 피공탁자가 없으므로 공탁물 출급청구권은 없으며, 공탁물 회수절차에 대해서는 규정이 없으므로 사채권자 집회소집 또는 의결이 완료된 후 이를 증명하는 서면을 첨부하여 공탁물을 회수할 수 있습니다.

1-4. 그 밖의 보관공탁

1-4-1. 담보부사채권자의 결의무효선언을 위한 담보부사채권의 보관공탁

① 「담보부사채신탁법」에 따른 사채권자집회 소집의 절차 또는 그 결의방법이 「담보부사채신탁법」이나 위탁회사와 신탁업자간의 신탁계약조항에 위반한 때에는 사채권자는 자신의 사채를 공탁하고 결의한 날부터 1개월 내에 법원에 결의무효를 청구할 수 있습니다(「담보부사채신탁법」 제50조).

② 담보부사채권자의 결의무효선언을 위한 보관공탁은 사채권자집회 결의무효청구권자의 확인과 결의무효청구권의 남용을 방지하기 위한 것입니다.

1-4-2. 담보부사채권자의 담보물 검사를 위한 담보부사채권의 보관공탁

① 사채총액의 10분의 1 이상에 해당하는 무기명식 사채권을 소지한 사채권자는 자신의 사채권을 신탁업자에게 공탁하고 언제든지 신탁업자의 담보물보관상태를 검사할 수 있습니다(「담보부사채신탁법」 제84조제2항).

② 담보부사채권자의 담보물 검사를 위한 보관공탁은 담보부사채 신탁업자에게 해야 합니다.

③ 담보부사채권권의 보관공탁의 공탁서 작성예시는 다음과 같습니다.

[서식 예] 담보부사채권자의 결의무효선언을 위한 보관공탁

공 탁 번 호	년 증 제 호	년 월 일 신청	법령조항	담보부사채신탁법 제50조제3항

	성 명 (상호, 명칭)	김○혁	피 공 탁 자	성 명 (상호, 명칭)	
공 탁 자	주민등록번호 (법인등록번호)	123457-1111111		주민등록번호 (법인등록번호)	
	주 소 (본점, 주사무소)	서울시 서초구 서초동 517-2		주 소 (본점, 주사무소)	
	전화번호	02-555-0000		전화번호	

공탁유가증권			공탁 원인 사실	공탁자인 사채권자는 2010. 10. 27일 봉래신탁주식회사가 한 사채권집회의 그 소집절차가 법률이 정한 절차규정을 어겨 그 결의의 무효를 법원에 청구하기 위해 본인이 가진 담보부사채권을 공탁합니다.
명 칭	봉래신탁주식회사 사채권	계		
장 수	일백매	일백매		
총액면금	한글 금일억원 숫자 금100,000,000원	금일억원 숫자 금100,000,000원	1. 공탁으로 인하여 소멸하는 질권, 전세권 또는 저당권 2. 반대급부 내용	
액면금 기호번호	일백만원권 2009년제2회 아1 ~ 100		보 관 은 행	○○은행 ○○지점
부속이표				
최종 상환기			비 고	

위와 같이 신청합니다.　　　　　　　　　대리인 주소 서울시 서초구 서초동 555
　　　　　　　　　　　　　　　　　　　　　전화번호 02- 555 - 0909
　　　공탁자 성명　　　김○혁 인(서명)　　　성명　　　법무사 나법무 인(서명)

위 공탁을 수리합니다.
　공탁유가증권을　　년　월　일까지 위 보관은행의 공탁관 계좌에 납입하시기 바랍니다.
　위 납입기일까지 공탁유가증권을 납입하지 않을 때는 이 공탁 수리결정의 효력이 상실됩니다.
　　　　　　　　　　　　　년　　　월　　　일
　　　　　　　　　법원　　　지원 공탁관　　　　　　　　　(인)

　(영수증)　위 공탁유가증권이 납입되었음을 증명합니다.
　　　　　　　　　　　　　년　　　월　　　일
　　　　　공탁금 보관은행(공탁관)　　　　　　　　　(인)

[서식 예] 담보부사채권자의 담보물 검사를 위한 보관공탁

공 탁 번 호	년 증 제 호	년 월 일 신청	법령조항	담보부사채신탁 법제84조제2항

공탁자	성 명 (상호, 명칭)	최○래	피공탁자	성 명 (상호, 명칭)	
	주민등록번호 (법인등록번호)	123456-1111111		주민등록번호 (법인등록번호)	
	주 소 (본점, 주사무소)	서울시 종로구 수송동 406		주 소 (본점, 주사무소)	
	전화번호	02) 2580-2580		전화번호	

공탁유가증권			공탁원인사실	공탁자는 (주) 금강건설의 사채총액의 10분의 1 이상에 해당하는 사채권자로서 신탁업자의 담보물보관상태를 검사하고자 공탁자가 가진 무기명 채권을 공탁함
명 칭	(주)금강건설 제3회 사채권	계		
장 수	200매			
총액면금	한글 오억원 숫자 500,000,000		1. 공탁으로 인하여 소멸하는 질권, 전세권 또는 저당권 2. 반대급부 내용	
액면금 기호번호	일백만원권 제3회 사 1-500		보 관 은 행	은행 지점
부속이표				
최종 상환기			비 고	

위와 같이 신청합니다.   대리인 주소
                                          전화번호
    공탁자 성명   최봉래 인(서명)   성명   인(서명)

위 공탁을 수리합니다.
공탁유가증권을   년   월   일까지 위 보관은행의 공탁관 계좌에 납입하시기 바랍니다.
위 납입기일까지 공탁유가증권을 납입하지 않을 때는 이 공탁 수리결정의 효력이 상실됩니다.
                            년   월   일
                            법원   지원 공탁관   (인)

  (영수증) 위 공탁유가증권이 납입되었음을 증명합니다.
                            년   월   일
            공탁금 보관은행(공탁관)   (인)

■ **사채를 샀습니다. 그런데 얼마 후 "무기명사채권자의 의결권 행사를 위한 무기명사채권의 보관공탁"을 하라는 연락을 받았습니다. 이것은 무슨 의미인가요?**

Q 얼마 전 투자의 목적으로 A 회사의 사채를 샀습니다. 그런데 얼마 후 "무기명사채권자의 의결권 행사를 위한 무기명사채권의 보관공탁"을 하라는 연락을 받았습니다. 이것은 무슨 의미인가요?

A 무기명사채권을 가지고 있는 자가 의결권을 행사하려면 사채권자집회일부터 1주 전까지 채권을 공탁해야 한다는 의미입니다.

◇ 보관공탁의 의의

"보관공탁"이란 목적물 그 자체의 보관을 위한 공탁을 말합니다.

◇ 보관공탁의 종류

보관공탁을 해야 하는 경우는 다음과 같습니다.

- 무기명사채권자의 사채권자집회 소집을 위한 무기명사채권의 보관공탁
- 무기명사채권자의 의결권 행사를 위한 무기명사채권의 보관공탁
- 담보부사채권자의 결의무효선언을 위한 담보부사채권의 보관공탁
- 담보부사채권자의 담보물 검사를 위한 담보부사채권의 보관공탁

◇ 보관공탁과 회수

① 무기명사채권을 공탁하려는 자는 시·군법원을 제외한 모든 공탁소에 공탁할 수 있습니다.

② 보관공탁은 피공탁자가 없으므로 공탁물 출급청구권이 없으며, 사채권자집회소집 또는 의결권 행사가 완료된 후 이를 증명하는 서면을 첨부해 공탁물을 회수할 수 있습니다.

■ 합의가 않 되면 공탁을 제도가 있다고 하는데 어떻게 하면 되나요?

Q 합의를 하려고 하는데 합의가 않 되면 공탁을 계도가 있다고 하는데 어떻게 하면 되나요?

A ① 공탁제도란 법령의 규정에 따라 원인에 의하여 금전, 유가증권, 물품을 법원의 공탁소에 임치하여 법령에 정한 일정한 목적을 달성하는 제도로 반드시 해당법령에 따른 공탁사유가 있어야 한다. 공탁원인에 따라여러 종류로 분류됩니다.

② 종류

 - 변제공탁

   채무자가 변제를 하려고 하여도 채권자가 변제를 받지 아니하거나 변제 를 받을 수 없는 경우 또는 과실없이 채권자가 누구인지 알 수 없는 경우에 채무자는 채무이행에 갈음하여 채무의 목적물을 공탁하여 그 채무를 면할 수 있는 공탁을 말합니다.

 - 보증공탁

   특정의 상대방이 받을 수 있는 손해를 담보하기 위한 공탁을 말하며 손해담보공탁 이라고 합니다.

 - 보관공탁

   목적물을 단순히 보관하기 위하여 하는 공탁입니다.

 - 몰취공탁

   일정한 사유가 발생하였을 때 공탁물을 몰취할 수 있도록 하기 위하여 인정된 공탁이고 이는 상대방의 손해를 담보하기 위해서가 아니라 국가에 대하여 자기의 주장이 허위인 때에는 몰취의 제재를 당하여도 이를 감수한다는 취지의 공탁입니다.

〈유의사항〉

   공탁물이 금전일 경우 피공탁자 또는 공탁자가 공탁물의 출금청구 또는 회수청구를 할 수 있을 때로 부터 10년간 이를 행사하지 아니하면 위 출급청구권 또는 회수청구권의 시효소멸로 국고에 귀속됩니다.

2. 몰취공탁 등

2-1. 몰취공탁의 의의

"몰취공탁"이란 일정한 사유가 발생하였을 때 공탁물을 몰취하여 소명에 갈음하는 선서 등의 진실성 또는 상호가등기제도의 적절한 운용을 간접적으로 담보하는 공탁을 말합니다.

2-2. 몰취공탁의 종류

① 소명을 대신하는 공탁

"소명을 대신하는 공탁"이란 법원은 당사자나 법정대리인으로 하여금 소명에 갈음하여 공탁금을 공탁하게 하고 이들 당사자 또는 법정대리인이 거짓진술을 한 때에는 법원은 결정으로 보증금을 몰취하도록 하는 공탁을 말합니다(「민사소송법」 제299조제2항 및 제300조).

법령용어해설

※ "소명"이란?

① "소명"이란 법관이 확신이라고 할 수는 없으나 확실한 것으로 추측할 정도로 증거를 대는 것을 말합니다.

② 민사소송에서 어느 사실이 증명이 필요한 사실(要證事實)이면 입증책임을 부담하는 당사자는 그 사실의 존부를 법관이 확신할 수 있을 정도로 입증해야 합니다. 이러한 법관이 확신할 정도의 상태 또는 그러한 확신을 갖게 하는 입증행위를 "증명"이라하는데,

③ 민사소송의 모든 경우에 확신을 주는 증명을 해야 하는 것은 아니고 소송절차상의 파생적 사항(예 : 「민사소송법」 제73조제1항, 「민사집행법」 제46조제2항) 및 신속한 심리가 요망되는 경우(예 : 「민사집행법」 제279제2항)에는 소명해야 하는 것으로 정하고 있습니다.

④ 또한 소명의 방법은 즉시 조사할 수 있는 증거, 예를 들면 구두변론이 개시되는 경우 그 기일에 출석하고 있는 증인이나 그 기일에 즉시 조사할 수 있는 서증(書證)에 한정됩니다(「민사소송법」 제299조제1항).

⑤ 그러나 증거를 즉시 조사할 수 없는 경우에도 신속한 처리가 필요하여 소명이 요구되는 경우가 있는데. 이러한 경우를 위해 보증금을 공탁시키거나 당사자나 법정대리인으로 선서를 하도록 하여 소명을 대신하도로 하고 있습니다(「민사소송법」 제299조제2항).

⑥ 이 경우 보증금을 공탁한 당사자 또는 법정대리인이 거짓 진술을 한 것으로 밝혀진 때에는 보증금을 몰취되며(「민사소송법」 제300조), 선서하고 거짓 진술을 한 경우에는 과태료를 부과받습니다(「민사소송법」301조).

---

② 상호가등기 공탁

ⓐ "상호가등기 공탁"이란 상호의 가등기 및 본등기를 할 때까지의 예정기간 연장의 등기를 신청할 때 일정한 금액 상당의 금전을 공탁하고, 상호의 가등기가 말소된 경우 회사 또는 발기인 등이 공탁금을 회수할 수 있는 경우를 제외하고는 공탁금을 국고에 귀속하게 하는 공탁을 말합니다(「상업등기법」 제44조, 「상업등기규칙」 제79조부터 제83조까지 및 별표 1).

ⓑ "상호가등기"란 ① 주식(유한)회사를 설립 하는 경우, ② 주식(유한)회사의 상호를 변경하는 경우, ③ 주식(유한)회사의 본점을 이전하는 경우 등에 미리 상호를 확보하기 위해 해 두는 제도를 말합니다(「상법」 제22조의2제1항·제2항·제3항).

ⓒ 가등기된 상호는 상호등기와 동일한 효력을 가지므로 동일한 특별시·광역시·시·군에서 동종영업의 상호로 이를 사용할 수 없습니다(「상법」 제22조 및 제22조의2제4항).

2-3. 몰취공탁의 당사자

① 공탁자

몰취공탁에서의 공탁자는 소송당사자나 법정대리인(「민사소송법」 제299조제2항) 또는 등기신청인(「상업등기법」 제41조)입니다. 제3자에 의한 공탁은 허용되지 않습니다.

② 피공탁자

몰취공탁에서 피공탁자는 국가이므로 공탁서상의 피공탁자란에는 "대한민국"이라고 기재합니다.

2-4. 공탁물

① 소명에 갈음하는 몰취공탁(「민사소송법」 제299조제2항)의 공탁물은 금전입니다.

② 상호가등기 공탁(「상업등기법」 제41조)도 금전공탁만 허용되고 지급보증위탁계약문서(보증보험증권)는 제출할 수 없습니다(재민 2003-5).

2-5. 관할 공탁소

몰취공탁의 관할 공탁소에 관한 명문의 규정은 없으나 소명에 갈음하는 몰취공탁은 수소법원의 소재지를 관할 하는 공탁소에 상호가등기 공탁은 상호를 가등기할 등기소를 관할하는 공탁소에 공탁하는 것이 바람직합니다.

2-6. 공탁서 작성

① 몰취공탁에 관해서는 그 서식이 「공탁사무 문서양식에 관한 예규」(대법원 행정예규 제1153호, 2018. 7. 27. 발령, 2018. 8. 27. 시행)에 따로 정해져 있지 않으므로 금전 공탁서(변제 등)를 이용하여 작성합니다.

② 소명에 갈음하는 몰취공탁의 공탁서와 상호가등기 공탁의 공탁서 작성 예시는 다음
과 같습니다.

[서식 예] 몰취공탁서

공 탁 번 호	년 금 제 호	년 월 일 신청	법령조항	민사소송법 제299조제2항

	성 명 (상호, 명칭)	지○림	피공탁자	성 명 (상호, 명칭)	
공탁자	주민등록번호 (법인등록번호)	123456-1111111		주민등록번호 (법인등록번호)	
	주 소 (본점, 주사무소)	서울시 관악구 신림2동 108번지		주 소 (본점, 주사무소)	
	전화번호	02-888-8888		전화번호	

공 탁 금 액	한글 일백만원	보 관 은 행	○○은행 ○○지점
	숫자 1,000,000원		

법원의 명칭과 사 건	서울남부지방법원 2010카기567 법관에 대한 기피신청 사건			
	당사자	원고 신청인 채권자	지원림	피고 피신청인 채무자

공탁 원인 사실	1. 가압류보증 6. 강제집행 취소의 보증 ⑪ 기타(소명에 갈음하는 보증) 2. 가처분보증 7. 강제집행 속행의 보증 3. 가압류 취소보증 8. 소송비용 담보 4. 가처분 취소보증 9. 가집행 담보 5. 강제집행 정지의 보증 10. 가집행을 면하기 위한 담보

비고(첨부서류 등)	□ 계좌납입신청

위와 같이 신청합니다.   대리인 주소
                                                                           전화번호
     공탁자 성명   지○림   인(서명)   성명   인(서명)

위 공탁을 수리합니다.
공탁금을   년   월   일까지 위 보관은행의 공탁관 계좌에 납입하시기 바랍니다.
위 납입기일까지 공탁금을 납입하지 않을 때는 이 공탁 수리결정의 효력이 상실됩니다.
                                             년   월   일
                                   법원   지원 공탁관   (인)

(영수증) 위 공탁금이 납입되었음을 증명합니다.
                                             년   월   일
                      공탁금 보관은행(공탁관)   (인)

[서식 예] 상호가등기 공탁서

공 탁 번 호	년금제 호	년 월 일 신청	법령조항	상법 제22조의2제1항
공 탁 금 액	한글 금 이천만원 숫자 20,000,000원	보 관 은 행		○○은행 ○○지점

공탁자	성 명 (상호, 명칭)	봉래찜닭주식회사(설립 중의 회사) 발기인 최○래
	주민등록번호 (법인등록번호)	4801111-1002511
	주 소 (본점, 주사무소)	서울시 종로구 옥인동 115
	전화번호	02-752-5698

공탁원인사실	봉래찜닭주식회사를 설립하고자 하나 자금 등의 준비 관계로 봉래찜닭주식회사를 가등기하고자 공탁합니다.
관공서의 명칭, 건명(허가번호 등)	2010. 10. ○○, 서울중앙지방법원 상업등기소
비고(첨부서류 등)	발기인조합회의록 사본 1부, 주주총회의사록 1부 □ 계좌납입신청

위와 같이 신청합니다.　　　　　　　　대리인 주소
　　　　　　　　　　　　　　　　　　　전화번호
　　공탁자 성명　　　　　인(서명)　　　성명　　　　　인(서명)

위 공탁을 수리합니다.
공탁금을　　년　월　 일까지 위 보관은행의 공탁관 계좌에 납입하시기 바랍니다.
위 납입기일까지 공탁금을 납입하지 않을 때는 이 공탁 수리결정의 효력이 상실됩니다.
　　　　　　　　　　　　　　년　　　　월　　　일
　　　　　　　　　　　　　　법원　　　지원 공탁관　　　　　　　　(인)

　(영수증) 위 공탁금이 납입되었음을 증명합니다.
　　　　　　　　　　　　　　년　　　　월　　　일
　　　　　　　　　　　공탁금 보관은행(공탁관)　　　　　　　　(인)

2-7. 공탁물의 지급

2-7-1. 소명에 갈음하는 몰취공탁의 경우

① 보증금을 공탁한 당사자 또는 법정대리인이 거짓 진술을 한 때에는 법원은 결정으로 보증금을 몰취합니다(「민사소송법」 제300조).

② 보증금을 몰취할 것이 아닌 때에는 사건완결 후 공탁을 명한 법원은 공탁금환부결정을 하고, 공탁자는 공탁금환부결정정본 및 공탁서를 제출하여 공탁금을 회수합니다.

2-7-2. 상호가등기 몰취공탁의 경우

① 본등기를 하지 않고 예정기간을 경과한 때에는 등기관은 상호 가등기를 직권으로 말소해야 하고(「상업등기법」 제43조제2호), 상호가등기가 말소된 때에는 회사 또는 발기인 등이 공탁금을 회수할 수 있는 경우를 제외하고 공탁금은 국고에 귀속됩니다(「상업등기법」 제44조제2항).

② 예정기간 내에 본등기를 한 때에는 등기관은 상호 가등기를 직권으로 말소해야 하고(「상업등기법」 제43조제1호), 회사 또는 발기인 등은 등기관으로부터 교부받은 공탁원인 소멸증명서를 첨부하여 공탁금을 회수할 수 있습니다(「상업등기법」 제44조제1항).

2-8. 몰수보전, 추징보전을 위한 공탁

2-8-1. 몰수보전을 위한 공탁

① "몰수보전명령"이란 몰수재판의 집행을 확보하기 위해 몰수할 수 있는 재산에 대한 처분을 일시적으로 금지하는 강제처분을 말합니다.

② 몰수보전명령에 따라 몰수보전된 금전채권의 제3채무자는 그 채권액에 상당하는 금액을 공탁할 수 있습니다.

2-8-2. 추징보전을 위한 공탁

① "추징보전명령"이란 추징재판의 집행을 확보하기 위해 피고인과 피의자의 재산 처분을 일시적으로 금지하는 강제처분을 말합니다.

② 추징보전명령에 따라 추징보전이 집행된 금전채권의 채무자는 그 채권액에 상당하는 금액을 공탁할 수 있습니다.

③ 이 경우 채권자의 공탁금 출급청구권에 대해 추징보전집행이 된 것으로 봅니다.

■ 회사를 설립할 경우에 상호를 가등기하려면 공탁금을 내야 한다고 하는데 무슨 말인가요?

Q 회사를 설립하려고 하는데 상호를 가등기하려고 합니다. 이럴 경우 공탁금을 내야 한다고 하는데 무슨 말인가요?

A 이는 몰취공탁의 한 종류인 상호가등기 공탁이며, 본등기가 되면 공탁금을 회수할 수 있으나, 가등기가 말소되거나 본등기를 하지 않을 경우 공탁금이 국고에 귀속되는 제도를 말합니다.

◇ 몰취공탁의 의의

① "몰취공탁"이란 일정한 사유가 발생하였을 때 공탁물을 몰취하여 소명에 갈음하는 선서 등의 진실성 또는 상호가등기제도의 적절한 운용을 간접적으로 담보하는 공탁을 말합니다.

② "상호가등기 공탁"이란 상호의 가등기 및 본등기를 할 때까지의 예정기간 연장의 등기를 신청할 때 일정한 금액 상당의 금전을 공탁하고, 상호의 가등기가 말소된 경우 회사 또는 발기인 등이 공탁금을 회수할 수 있는 경우를 제외하고는 공탁금을 국고에 귀속하게 하는 공탁을 말합니다.

◇ 상호가등기 공탁의 절차

① 상호가등기 공탁의 공탁자는 등기신청인이고 피공탁자는 "대한민국"입니다.

② 제3자에 의한 공탁은 허용되지 않습니다.

③ 상호가등기 공탁은 금전공탁만 허용되고 지급보증위탁계약문서(보증보험증권)는 제출할 수 없습니다.

◇ 공탁금의 회수

예정기간 내에 본등기를 하면 등기관은 상호 가등기를 직권으로 말소하고, 회사 또는 발기인 등은 등기관으로부터 교부받은 공탁원인 소멸증명서를 첨부해 공탁금을 회수할 수 있습니다.

3. 보관공탁·몰취공탁 관련 서식

[서식 예] 상법 제491조(사채권자집회외의 소집청구)의 공탁(사채권의 공탁)

유가증권 공탁서

공 탁 번 호	○○년증 제○○호	년 월 일 신청	법령조항	상법제491조4항

공탁자	성 명 (상호, 명칭)	○ ○ ○	피공탁자	성 명 (상호, 명칭)	○○주식회사 대표이사 ○ ○ ○
	주민등록번호 (법인등록번호)	111111-1234567		주민등록번호 (법인등록번호)	111111-1234567
	주 소 (본점, 주사무소)	○○시 ○○구 ○○동 ○○번지		주 소 (본점, 주사무소)	○○시 ○○구 ○○동 ○○번지
	전화번호	010-xxxx-xxxx		전화번호	010-xxxx-xxxx

공탁유가증권				공탁원인사실	공탁자는 무기명식채권을 가지고 있는 자로써 회사에 대한 사채권집회의 소집을 청구하기 위하여 공탁자가 소유하고 있는 사채권을 공탁함.
명 칭	(주)○○		계		
장 수	○○매		○○매		
총액면금	한글 숫자			1. 공탁으로 인하여 소멸하는 질권, 전세권 또는 저당권 2. 반대급부 내용	
액면금 기호번호	○○○ 가-1-30				
부속이표				보 관 은 행	○○은행 ○○지점
최종 상환기				비 고	

위위와 같이 신청합니다.   인 주소 ○○시 ○○구 ○○동 ○○번지
                            전화번호 010-xxxx-xxxx

공탁자 성명   ○ ○ ○인(서명)   성명   ○ ○ ○ 인(서명)

위 공탁을 수리합니다.
공탁금을 20○○년 ○월 ○일까지 위 보관은행의 공탁관 계좌에 납입하시기 바랍니다.
위 납입기일까지 공탁금을 납입하지 않을 때는 이 공탁 수리결정의 효력이 상실됩니다.
            20○○ 년   ○○월   ○○일
            ○○법원   ○○지원 공탁관   ○ ○ ○(인)

(영수증) 위 공탁금이 납입되었음을 증명합니다.
           20○○ 년   ○○월   ○○일
           공탁금 보관은행(공탁관)   ○ ○ ○ (인)

[서식 예] 상법 제492조 제2항(사채권자 집회의 의결권 행사를 위한)의 공탁

유가증권 공탁서

공 탁 번 호		○○년증 제○○호	년 월 일 신청	법령조항	상법제492조2항
공 탁 자	성 명 (상호, 명칭)	○ ○ ○	피 공 탁 자	성 명 (상호, 명칭)	○ ○ ○
	주민등록번호 (법인등록번호)	111111-1234567		주민등록번호 (법인등록번호)	111111-1234567
	주 소 (본점, 주사무소)	○○시 ○○구 ○○동 ○○번지		주 소 (본점, 주사무소)	○○시 ○○구 ○○동 ○○번지
	전화번호	010-xxxx-xxxx		전화번호	010-xxxx-xxxx

공탁유가증권				공탁 원인 사실	공탁자는 무기명식 채권을 가지고 있는 사채권자로서 20.○○.○.○. 개최되는 사채권자로 집회에 참석하여 의결권을 행사하기 위하여 공탁자가 소유한 사채권을 공탁함.
명 칭	(주)○○ 제2회 사채권		계		
장 수	○○매		○○매		

총액면금	한글
	숫자
				1. 공탁으로 인하여
				   소멸하는 질권,
				   전세권 또는 저당권
				2. 반대급부 내용	

액면금 기호번호	○○○ 가-1-30				
부속이표				보 관 은 행	○○은행 ○○지점
최종 상환기				비 고	

위위와 같이 신청합니다.　　　　　　대리인 주소 ○○시 ○○구 ○○동 ○○번지
　　　　　　　　　　　　　　　　　전화번호 010-xxxx-xxxx
공탁자 성명　관 ○ ○ ○인(서명)　　　성명　　○ ○ ○ 인(서명)

위 공탁을 수리합니다.
　공탁금을 20○○년　○월 ○일까지 위 보관은행의 공탁관 계좌에 납입하시기 바랍니다.
위 납입기일까지 공탁금을 납입하지 않을 때는 이 공탁 수리결정의 효력이 상실됩니다.
　　　　　　　　　20○○ 년　　　○○월　　○○일
　　　　　　　　　○○법원　　○○지원 공탁관　　○ ○ ○(인)

(영수증) 위 공탁금이 납입되었음을 증명합니다.
　　　　　　　　　20○○ 년　　　○○월　　○○일
　　　　　　　　　공탁금 보관은행(공탁관)　　○ ○ ○　(인)

[서식 예] 주주총회결의 무효확인 소의 담보공탁

공탁서(재판상의 보증)

공 탁 번 호	○○년금 제○○호	년 월 일 신청	법령조항	상법 제380조, 제377조, 민사소송법 제127조,46조

공 탁 자	성 명 (상호, 명칭)	○ ○ ○	피 공 탁 자	성 명 (상호, 명칭)	○○전자주식회사 대표이사 ○ ○ ○
	주민등록번호 (법인등록번호)	111111-1234567		주민등록번호 (법인등록번호)	111111-1234567
	주 소 (본점, 주사무소)	○○시 ○○구 ○○동 ○○번지		주 소 (본점, 주사무소)	○○시 ○○구 ○○동 ○○번지
	전화번호	010-xxxx-xxxx		전화번호	010-xxxx-xxxx

공 탁 금 액	한글 금 오백만원정	보 관 은 행	○○은행 ○○지점
	숫자 5,000,000원정		

법원의 명칭과 사 건	○○법원 ○○가합○○호 주주총회결의 무효사건				
	당사자	원고 신청인 채권자	○ ○ ○	피고 피신청인 채무자	○ ○ ○

공탁 원인 사실	1. 가압류보증 2. 가처분보증 3. 가압류 취소보증 4. 가처분 취소보증 5. 강제집행 정지의 보증	6. 강제집행 취소의 보증 7. 강제집행 속행의 보증 8. 소송비용 담보 9. 가집행 담보 10. 가집행을 면하기 위한 담보	11. 주주총회 무효확인의 소

비고(첨부서류 등)	질의무효확인소송의 담보제공	□ 계좌납입신청

위와 같이 신청합니다.   대리인 주소 ○○시 ○○구 ○○동 ○○번지
                                  전화번호 010-xxxx-xxxx
공탁자 성명 ○ ○ ○인(서명)   성명   ○ ○ ○ 인(서명)

위 공탁을 수리합니다.
공탁금을 20○○년 ○월 ○일까지 위 보관은행의 공탁관 계좌에 납입하시기 바랍니다.
위 납입기일까지 공탁금을 납입하지 않을 때는 이 공탁 수리결정의 효력이 상실됩니다.
              20○○ 년   ○○월   ○○일
              ○○법원   ○○지원 공탁관   ○ ○ ○(인)

(영수증) 위 공탁금이 납입되었음을 증명합니다.
              20○○ 년   ○○월   ○○일
              공탁금 보관은행(공탁관)   ○ ○ ○ (인)

[서식 예] 소명에 갈음하는 보증공탁

공탁서(재판상의 보증)

공 탁 번 호	○○년금 제○○호		년 월 일 신청	법령조항	민사소송법 제299조제2항
공 탁 자	성 명 (상호, 명칭)	○ ○ ○	피 공 탁 자	성 명 (상호, 명칭)	○ ○ ○
	주민등록번호 (법인등록번호)	111111-1234567		주민등록번호 (법인등록번호)	111111-1234567
	주 소 (본점, 주사무소)	○○시 ○○구 ○○동 ○○번지		주 소 (본점, 주사무소)	○○시 ○○구 ○○동 ○○번지
	전화번호	010-xxxx-xxxx		전화번호	010-xxxx-xxxx

공 탁 금 액	한글 금 오백만원정	보 관 은 행	○○은행 ○○지점
	숫자 5,000,000원정		

법원의 명칭과 사 건	○○법원 ○○카○○호 법관에 대한 기피신청 사건				
	당사자	원고 신청인 채권자	○ ○ ○	피고 피신청인 채무자	○ ○ ○

공탁 원인 사실	1. 가압류보증 6. 강제집행 취소의 보증 11. 소명에 갈음하는 보증 2. 가처분보증 7. 강제집행 속행의 보증 3. 가압류 취소보증 8. 소송비용 담보 4. 가처분 취소보증 9. 가집행 담보 5. 강제집행 정지의 보증 10. 가집행을 면하기 위한 담보

비고(첨부서류 등)	□ 계좌납입신청

위와 같이 신청합니다.   대리인 주소 ○○시 ○○구 ○○동 ○○번지
                             전화번호 010-xxxx-xxxx
   공탁자 성명 ○ ○ ○인(서명)   성명   ○ ○ ○ 인(서명)

위 공탁을 수리합니다.
공탁금을 20○○년 ○월 ○일까지 위 보관은행의 공탁관 계좌에 납입하시기 바랍니다.
위 납입기일까지 공탁금을 납입하지 않을 때는 이 공탁 수리결정의 효력이 상실됩니다.
                    20○○ 년   ○○월   ○○일
                    ○○법원   ○○지원 공탁관   ○ ○ ○(인)

  (영수증) 위 공탁금이 납입되었음을 증명합니다.
                    20○○ 년   ○○월   ○○일
                 공탁금 보관은행(공탁관)   ○ ○ ○   (인)

혼합공탁은 어떤 절차로
신청하나요?

제8장 혼합공탁은 어떤 절차로 신청하나요?

1. 혼합공탁의 의의

① "혼합공탁"이란 공탁원인사실 및 공탁근거법령이 다른 실질적으로 두개의 공탁을 공탁자의 이익보호를 위해 하나의 공탁절차로 하는 공탁을 말합니다.

② 혼합공탁의 예시

특정채권에 대해 채권양도통지가 있었으나 그 후 통지가 철회되거나 양도무효를 주장하는 소송이 제기되어 그 권리관계에 대한 다툼이 있는 등 특별한 사정이 발생하여 채무자의 입장에서 보아 채권이 적법하게 양도되었는지 여부에 관해 의문이 있고 또한 그 채권양도의 효력이 발생하지 않는다면 압류경합 등으로 인해 집행공탁사유가 생긴 경우에는 채권자 불확지를 원인으로 하는 변제공탁과 압류경합을 원인으로 하는 집행공탁을 합한 하나의 절차에 의한 혼합공탁을 할 수 있습니다.

2. 혼합공탁의 요건

2-1. 혼합공탁의 요건

① 혼합공탁은 주로 변제공탁과 집행공탁 사이에 발생합니다.

② 변제공탁과 집행공탁을 원인으로 혼합공탁을 하는 경우에 채권자 불확지로 인한 변제공탁 사유와 집행공탁사유가 모두 있어야 합니다.

③ 혼합공탁은 채권양도의 효력 자체에 대해 다툼이 있는 경우 등 채권자 불확지 변제공탁을 해야 할 사정이 있어야 하므로, 단순히 채권양도와 가압류 또는 압류가 경합한다는 이유만으로는 혼합공탁을 할 수 없습니다(『공탁실무편람』, 법원행정처).

2-2. 채권자 불확지로 인한 변제공탁 사유

① "채권자불확지"란 객관적으로 채권자가 존재하나 변제자가 선량한 관리자의 주의의무를 다해도 채권자가 누구인지 알 수 없는 경우를 말합니다(대법원 1996. 4. 26. 96다2583 판결).

② 채권자 불확지로 인한 변제공탁 사유는 주로 채권양도와 관련한 다음의 경우에 발생합니다.

1. 채권양도금지의 특약이 있는 채권이 양도된 경우
2. 채권양도통지 후에 채권양도의 무효나 취소 통지를 받은 경우
3. 확정일자 있는 증서에 의한 채권양도 통지 여부가 불분명한 경우
4. 가압류 이후에 채권양도가 있는 경우

2-3. 집행공탁 사유

① 혼합공탁을 하기 위한 요건으로 집행공탁 사유가 있어야 합니다.

② 「민사집행법」 시행으로 인해 단일의 압류, 압류경합이 없는 복수의 압류, 단일 또는 복수의 가압류일 경우에도 집행공탁을 인정하고 있으므로(「민사집행법」 제248조, 제291조 참조), 혼합공탁을 하기 위한 요건으로 압류경합이 있어야 하는 것은 아닙니다.

2-4. 혼합공탁 가능 여부 판단

채권양도가 선행하고 압류 또는 가압류 명령이 후행하는 경우	확정일자 있는 채권양도통지가 도달한 다음 양도인을 채무자로 하는 압류 또는 가압류명령이 송달된 경우	양수인에 의한 변제공탁
	금전채권 전부에 대한 채권양도통지가 도달한 다음 양도인을 채무자로 하는 압류 또는 가압류명령이 도달되었으나 채권양도의 효력유무에 관해 다툼이 있는 경우	혼합공탁 가능
	금전채권 중 일부에 대한 채권양도통지가 도달한 다음 양도인을 채무자로 하는 압류 또는 가압류명령이 도달되었으나 그 채권양도의 효력유무에 관해 다툼이 있는 경우	양도부분에 대해서는 혼합공탁 나머지 부분은 집행공탁
압류 또는 가압류 명령이 선행하고 채권양도가 후행하는 경우	금전채권의 전액에 대해 압류명령이 도달한 다음 금전채권의 전부 또는 일부에 대한 채권양도통지가 도달한 경우	집행공탁
	금전채권의 전액에 대해 가압류명령이 도달한 다음 금전채권의 전부 또는 일부에 대한 채권양도통지가 도달한 경우	가압류가 실효될 수도 있으므로 제3채무자는 채권양수인에게 대항하기 위해 혼합공탁 가능
	채권양도통지와 압류 또는 가압류 명령이 동시에 도달하거나 도달의 선·후를 알 수 없는 경우	혼합공탁

3. 혼합공탁의 효력

혼합공탁은 변제공탁에 관련된 채권자들에 대해서는 변제공탁으로서의 효력이 있고, 집행공탁에 관련된 집행채권자들에 대해서는 집행공탁으로서의 효력이 있습니다(대법원 1996. 4. 26. 96다2583 판결).

4. 혼합공탁의 신청

4-1. 관할 공탁소

혼합공탁은 변제공탁의 성질과 집행공탁의 성질을 모두 가지므로 피공탁자들 중 1명의 주소지 소재 공탁소에 공탁하면 됩니다.

4-2. 공탁서 기재 방법

① 피공탁자란 기재

피공탁자란에는 양도인(집행채무자) 또는 양수인을 피공탁자로 기재하고, 집행채권자(가압류나 압류채권자)들은 공탁서에 피공탁자로 기재하지 않습니다.

② 공탁원인사실란 기재

공탁원인사실란에는 채권양도, 가압류, 압류, 압류경합 등의 사실을 구체적으로 기재해야 합니다.

③ 공탁근거법령란 기재

ⓐ 채권양도와 채권압류 경합을 원인으로 한 혼합공탁의 경우 공탁근거법령란에 「민법」 제487조 후단 및 「민사집행법」 제248조제1항을 기재합니다.

ⓑ 채권양도와 채권가압류 경합을 원인으로 한 혼합공탁의 경우 공탁근거법령란에 「민법」 제487조 후단 및 「민사집행법」 제291조, 제248조제1항을 기재합니다.

④ 혼합공탁의 공탁서 작성 예시는 다음과 같습니다.

[서식 예] 혼합공탁서

공 탁 번 호	년 금 제 호	년 월 일 신청	법령조항	민법 제487조, 민사집행법 제248조제1항

공탁자	성 명 (상호, 명칭)	정○원	피공탁자	성 명 (상호, 명칭)	(1)최○길 또는 박○남
	주민등록번호 (법인등록번호)	1234567-1111111		주민등록번호 (법인등록번호)	(1) 1234555-1111111 (2) 1234556-1111111
	주 소 (본점, 주사무소)	서울시 종로구 수송동		주 소 (본점, 주사무소)	(1) 서울시 관악구 신림동 123 (2) 서울시 은평구 신사동 457
	전화번호	02) 254 - 0000		전화번호	(1) 02-884-0000 (2) 02-987-0000

공 탁 금 액	한글 오천만원	보 관 은 행	○○은행 ○○지점
	숫자 50,000,000원		

공탁원인사실	1. 공탁자는 피공탁자 최○길(갑)에 대해 공사대금채무 5,000만원이 있는데, 채권자 최○길로부터 박○남(을)에게 채권양도통지를 받은 후 양도에 관한 다툼이 있어 채무자로서는 채권자가 위 최○길인지 양수인 박○남인지 알 수 없어 변제공탁을 하려고 하나 2. 위 채권양도 통지가 있은 후 채권자 강○길(병)으로부터 별지와 같이 채권압류명령이 송달되었으므로 채무자로서는 위 채권양도의 유무효 및 채권압류명령의 우선순위 등을 판단할 수 없으므로 변제공탁과 집행공탁을 겸하여 공탁합니다.

비고(첨부서류 등)	1. 채권양도통지서 2. 채권양도통지철회서 □ 계좌납입신청 3. 채권압류명령 4. 채권압류, 전부명령 정본

1. 공탁으로 인하여 소멸하는 질권, 전세권 또는 저당권 2. 반대급부 내용	없음

위와 같이 신청합니다.　　　　　　　　　대리인 주소
　　　　　　　　　　　　　　　　　　　　전화번호
　　　공탁자 성명　　　정○원 인(서명)　　성명　　　　　　　　　　인(서명)

위 공탁을 수리합니다.
공탁금을　　　년　　월　　일까지 위 보관은행의 공탁관 계좌에 납입하시기 바랍니다.
위 납입기일까지 공탁금을 납입하지 않을 때는 이 공탁 수리결정의 효력이 상실됩니다.
　　　　　　　　　　　　　　　　년　　　　월　　　　일
　　　　　　　　　　　　　　법원　　　　지원 공탁관　　　　　　　　　　(인)

(영수증) 위 공탁금이 납입되었음을 증명합니다.
　　　　　　　　　　　　　　　　년　　　　월　　　　일
　　　　　　　　　　공탁금 보관은행(공탁관)　　　　　　　　　(인)

4-3. 첨부서류

4-3-1. 자격증명서

① 공탁자가 회사 등의 법인인 경우 공탁서에 그 법인의 대표자의 자격을 증명하는 서면을 첨부해야 합니다(「공탁규칙」 제21조제1항).

   1. 등기 있는 법인은 등기부등본·초본

   2. 법인 아닌 사단 또는 재단은 대표자 또는 관리인이 정해져 있는 경우에는 정관과 그 밖의 규약과 대표자 또는 관리인의 자격을 증명하는 서면

② 대리인에 의해 공탁하는 경우에는 대리인의 권한을 증명하는 서면을 첨부해야 합니다(「공탁규칙」 제21조제2항).

   1. 위임에 의한 대리인은 위임장

   2. 지배인 또는 등기 있는 대리인의 경우에는 등기부등본·초본을 첨부해야 합니다.

4-3-2. 주소소명 서면

혼합공탁은 변제공탁의 성질도 가지고 있으므로 피공탁자의 주소를 소명하는 서면을 첨부해야 합니다(「공탁규칙」 제21조제3항).

4-3-3. 공탁통지

① 혼합공탁은 변제공탁의 성질을 가지므로 피공탁자인 양도인 또는 양수인에게 공탁통지를 해야 합니다.

② 공탁자가 공탁신청할 때에 피공탁자 수만큼의 공탁통지서를 첨부하고, 배달증명(「우편법 시행규칙」 제25조제1항제4호다목)으로 할 수 있는 가액의 우편료를 납입해야 합니다.

③ 채권양도와 채권가압류를 원인으로 하는 혼합공탁의 경우에는 가압류채권자에게도 공탁사실을 알려줄 필요가 있으므로, 공탁사실통지서 발송에 필요한 우편료도 함께 납입해야 합니다.

4-3-4. 집행법원에 대한 사유신고

혼합공탁도 집행공탁의 성질을 가지므로 공탁자는 공탁한 후 즉시 공탁서를 첨부하여 집행법원에 사유신고를 해야 합니다.

4-3-5. 배당절차의 정지

① 제3채무자가 공탁서를 첨부하여 집행법원에 공탁사유신고를 하면 집행공탁과 동

일하게 심사를 하고 문제가 없으면 집행사건의 배당절차사건으로 수리합니다.

② 그러나 혼합사건을 전제로 하는 사유신고를 받은 집행법원은 채권양도의 유효, 무효가 확정되지 않는 이상 그 후의 절차를 진행할 수 없으므로(대법원 2001. 2. 9. 선고, 2000다10079 판결 참조), 그 유효, 무효가 확정될 때까지는 사실상 절차를 정지해야 합니다.

5. 압류채권자가 진정한 채권자로 확정된 경우의 출급절차

5-1. 배당절차 진행

① 집행법원이 배당절차를 진행하기 위해서는 압류의 대상이 된 채권이 압류채무자에게 귀속하는 것을 증명하는 서면이 제출된 경우 집행법원은 배당절차를 진행할 수 있습니다.

② 압류채무자에게 귀속하는 것을 증명하는 서면의 예시는 다음과 같습니다.

1. 압류채무자에게 공탁금 출급청구권이 있다는 것을 증명하는 확인판결의 정본
2. 압류채무자에게 공탁금 출급청구권의 있다는 것을 증명하는 화해조서 정본과 조정조서 정본
3. 압류채무자에게 공탁금 출급청구권이 있다는 것을 적은 인감증명서를 첨부한 채권양수인의 동의서

5-2. 배당실시

① 압류채권자는 압류채무자에게 귀속하는 것을 증명하는 서면을 배당실시를 구하는 신청서와 함께 집행법원에 제출해야 합니다.

② 집행법원은 공탁금 지급청구권이 압류채무자(채권양도인)에게 귀속되는 것으로 확정된 것을 증명하는 서면이 제출된 경우에는 배당을 실시하여, 배당액에 따라 압류채권자에게 증명서를 내어주고, 공탁소에 지급위탁서를 송부하여 압류채권자가 공탁금을 지급받을 수 있도록 합니다.

5-3. 채권양수인이 진정한 채권자로 확정된 경우의 출급절차

① 채권양수인에게 채권이 귀속하는 것으로 확정된 경우에는 집행법원은 배당절차를 진행할 수 없기 때문에 사유신고를 불수리 하는 결정을 하고 피압류채권의 귀속이 확정된 자는 피공탁자의 지위에서 출급청구권을 증명하는 서면을 첨부하여 공탁금 출급청구를 합니다.

② 채권양수인이 공탁소에서 공탁금출급청구를 하기 위해서는 채권양도인에 대한 공탁금출급청구권 확인판결 외에 이해관계인인 압류채권자 또는 가압류채권자의 승낙서(인감증명첨부) 또는 그들에 대한 출급청구권 확인 판결정본(화해조서, 조정조서정본)을 출급청구권을 증명하는 서면으로 제출해야 합니다.

■ 어떤 경우에 혼합공탁을 해야 하나요?

Q A에게 돈을 빌렸는데 B에게 채권을 양도한다는 통지서를 받았습니다. 그런데 다시 얼마 후 A에게 갚을 돈에 대해 C가 가압류를 했다는 통지서가 왔길래 확인해보니 C가 A와 B가 한 채권양도의 효력에 대해 소송을 제기했다고 합니다. 전 누구에게 갚아야 하나요?

A 혼합공탁을 하시면 됩니다.
   ◇ 혼합공탁의 의의 및 요건
     ① "혼합공탁"이란 공탁원인사실 및 공탁근거법령이 다른 실질적으로 두개의 공탁을 공탁자의 이익보호를 위해 하나의 공탁절차로 하는 공탁을 말합니다.
     ② 혼합공탁은 주로 변제공탁과 집행공탁 사이에 발생하며, 이 경우 채권자 불확지 변제공탁을 해야 할 사정(채권양도의 효력 자체에 대해 다툼이 있는 경우 등)과 채권양도와 가압류 또는 압류가 경합하는 사정이 동시에 있어야 합니다.
   ◇ 혼합공탁의 신청절차
     ① 혼합공탁은 변제공탁의 성질과 집행공탁의 성질을 모두 가지므로 피공탁자들 중 1명의 주소지 소재 공탁소에 공탁서를 제출하면 됩니다.
     ② 혼합공탁은 변제공탁의 성질을 가지므로 피공탁자인 양도인 또는 양수인에게 공탁통지를 합니다.
     ③ 혼합공탁은 집행공탁의 성질도 가지므로 공탁자는 공탁한 후 즉시 공탁서를 첨부하여 집행법원에 사유신고를 해야 합니다.
   ◇ 공탁금의 출급
     ① 양수인이 진정한 채권자인 경우
     - 양수인은 피공탁자의 지위에서 출급청구권을 증명하는 서면을 첨부해 공탁금출급청구를 합니다.
     ② 압류권자가 진정한 채권자인 경우
     - 집행법원은 압류의 대상이 된 채권이 압류채무자의 것임을 증명하는 서면이 제출되면 배당절차를 진행합니다.

(관련판례)

특정 채권에 대하여 채권양도의 통지가 있었으나 그 후 통지가 철회되는 등으로 채권이 적법하게 양도되었는지 여부에 관하여 의문이 있어「민법」제487조 후단의 채권자불확지를 원인으로 하는 변제공탁 사유가 생기고, 그 채권양도 통지 후에 그 채권에 관하여 다수의 채권가압류 또는 채권압류 결정이 동시 또는 순차로 내려짐으로써 그 채권양도의 효력이 발생하지 아니한다면 압류경합으로 인하여「민사소송법」제581조제1항 소정의 집행공탁의 사유가 생긴 경우에, 채무자는「민법」제487조 후단 및「민사소송법」제581조제1항을 근거로 하여 채권자불확지를 원인으로 하는 변제공탁과 압류경합 등을 이유로 하는 집행공탁을 아울러 할 수 있고, 이러한 공탁은 변제공탁에 관련된 채권양수인에 대하여는 변제공탁으로서의 효력이 있고 집행공탁에 관련된 압류채권자 등에 대하여는 집행공탁으로서의 효력이 있다(대법원 1996. 4. 26. 선고 96다2583 판결).

(관련판례)

「민법」제487조 후단의 '변제자가 과실 없이 채권자를 알 수 없는 경우'라 함은 객관적으로 채권자 또는 변제수령권자가 존재하고 있으나 채무자가 선량한 관리자의 주의를 다하여도 채권자가 누구인지 알 수 없는 경우를 말하므로, 양도금지 또는 제한의 특약이 있는 채권에 관하여 채권양도통지가 있었으나 그 후 양도통지의 철회 내지 무효의 주장이 있는 경우 제3채무자로서는 그 채권양도의 효력에 관하여 의문이 있어「민법」제487조 후단의 채권자불확지를 원인으로 한 변제공탁사유가 생긴다고 할 것이고, 그 채권양도 후에 그 채권에 관하여 다수의 채권가압류 또는 압류결정이 순차 내려짐으로써 그 채권양도의 대항력이 발생하지 아니한다면 압류경합으로 인하여「민사소송법」제581조제1항 소정의 집행공탁의 사유가 생기는 경우에 채무자는「민법」제487조 후단 및「민사소송법」제581조제1항을 근거로 채권자불확지를 원인으로 하는 변제공탁과 압류경합 등을 이유로 하는 집행공탁을 아울러 할 수 있고, 이러한 공탁은 변제공탁에 관련된 채권양수인에 대하여는 변제공탁으로서의 효력이 있고 집행공탁에 관련된 압류채권자 등에 대하여는 집행공탁으로서의 효력이 있다고 할 것인바, 이와 같은 경우에 채무자가 선행의 채권양도의 효력에 의문이 있고, 그 후 압류의 경합이 발생하였다는 것을 공탁원인사실로 하여 채무액을 공탁하면서 공탁서에「민사소송법」제581조제1항만을 근거법령으로 기재하였다 하더라도, 변제공탁으로서의 효력이 발생하지 않음이 확정되지 아니하는 이상 이로써 바로「민사소송법」제581조제1항에 의한 집행공탁으로서의 효력이 발생한다고 할 수 없으므로, 집행법원은 집행공탁으로서의 공탁사유신고를 각하하거나 채무자로 하여금「민법」제487조 후단을 근거법령으로 추가하도록 공탁서를 정정하게 하고, 채권양도인과 양수인 사이에 채권양도의 효력에 관한 다툼이 확정된 후 공탁금을 출급하도록 하거나 배당절차를 실시할 수 있을 뿐, 바로 배당절차를 실시할 수는 없다(대법원 2001. 2. 9. 선고 2000다10079 판결).

제9장

기타 공탁 관련 서식

제9장 기타 공탁 관련 서식

[서식 예] 공탁금 계좌 입금 신청서

공탁금 계좌 입금 신청서

공탁번호	○○년금 제○○호	청구금액	
입금계좌번호			

공탁번호	○○년금 제○○호	청구금액	

<table>
<tr><td>공탁번호</td><td>○○년금 제○○호</td><td>청구금액</td><td></td></tr>
<tr><td>입금계좌번호</td><td colspan="3">○○은행 ○○지점 계좌번호 :
예 금 주 : 신청인 본인</td></tr>
<tr><td colspan="2" align="center">출 급 (회 수) 인</td><td rowspan="3">첨부서류</td><td rowspan="3">- 신청인 명의 예금통장 사본

- 실명확인증표 사본
(사업자등록증,주민등록증 등)

- 대리신청 시 위임장, 인감증명서</td></tr>
<tr><td>성 명
(상호, 명칭)</td><td>○ ○ ○</td></tr>
<tr><td>주민등록번호
(사업자등록번호)</td><td>111111- 1234567</td></tr>
<tr><td colspan="4">신청인이 수령할 위 공탁금을 신청인의 비용부담으로 위 예금계좌에 입금하여 주시기 바랍니다.

20○○ 년   ○○월   ○○일
신청인 주소 ○○시 ○○구 ○○동 ○○번지
성명   ○ ○ ○ (인) (전화번호 010-xxxx-xxxx)

대리인 주소 ○○시 ○○구 ○○동 ○○번지
　　　주민등록번호
성명   ○ ○ ○ (인) (전화번호 010-xxxx-xxxx)

○○법원   ○○지원 공탁관   ○ ○ ○   귀하

고객정보 등록필 : ○○은행 ○○지점 (인)</td></tr>
</table>

※ 인감을 날인하고 인감증명서를 첨부하여야 하는 경우, 이를 갈음하여 서명을 하고 본인서명사실확인서를 제출할 수 있습니다.

[서식 예] 공탁금 이자 청구서

공탁금 이자 청구서

공탁번호	○○년금 제○○호	공탁금액	한글 금오백만원정
			숫자 5,000,000원정

위 공탁금에 대한 20○○ 년 ○○월 ○○일부터 20○○ 년 ○월 ○○일일까지의 이자를 청구합니다.

20○○ 년   ○○월   ○○일

청 구 인	대 리 인
주소 : ○○시 ○○구 ○○동 ○○번지 주민등록번호 : 111111- 1234567 (사업자등록번호) 성명 :　　○ ○ ○인(서명) (전화번호 :　010-xxxx-xxxx　)	주소 : ○○시 ○○구 ○○동 ○○번지 성명 :　　○ ○ ○인(서명) (전화번호 :　010-xxxx-xxxx　)

위 청구를 인가합니다.

20○○ 년   ○○월   ○○일

법원　　　지원 공탁관　○ ○ ○ (인)

위 공탁금이자(공탁금 이자청구서 1통)를 수령하였습니다.

20○○ 년   ○○월   ○○일

수령인(청구인 또는 대리인) 성명　○ ○ ○　(인)

※ 1. 대리인이 청구하는 경우에는 대리인의 성명, 주소(자격자대리인은 사무소)를 적고 날인(서명)하여야 하며, 본인의 인감을 날인한 위임장과 그 인감증명서를 첨부하여야 합니다.
  2. 공탁금이 5,000만원 이하인 사건에 대하여 전자공탁시스템을 이용하여 출급.회수 청구하는 경우에는 인감증명서를 첨부하지 아니하며, 서명은 공인인증서에 의한 전자서명 방식으로 합니다.
  3. 인감을 날인하고 인감증명서를 첨부하여야 하는 경우, 이를 갈음하여 서명을 하고 본인서명사실확인서를 제출할 수 있습니다.

[서식 예] 공탁서 정정신청서

공탁서 정정신청서

<table>
<tr><td rowspan="3">공
탁
사
건</td><td>공 탁 번 호</td><td>○○년금 제○○호</td><td>공 탁 종 류</td><td>변제공탁</td></tr>
<tr><td>공 탁 자</td><td>○ ○ ○</td><td>피 공 탁 자</td><td>○ ○ ○</td></tr>
<tr><td>공 탁 목적물</td><td>현금</td><td>공탁수리연월일</td><td>20○○년 ○월 ○일</td></tr>
<tr><td>정
정
할
사
항</td><td colspan="4">공탁서 기재사항 중 ○○○란 "△△△"을 "□□□"로 정정</td></tr>
<tr><td>비고(첨부서류 등)</td><td colspan="4"></td></tr>
<tr><td colspan="5">위와 같이 공탁서 정정신청을 합니다.

　　　　　　　　　　　20○○ 년 　 ○○월 　 ○○일
신청인 성명 　 ○ ○ ○인(서명) 　 대리인 주소 ○○시 ○○구 ○○동○○번지
　　　　　　　　　　　　　　　　　성명 　 ○ ○ ○ 인(서명)</td></tr>
<tr><td colspan="5">위 정정신청을 수리합니다.
　　　　　　　　20○○ 년 　 ○○월 　 ○○일
　　　　　　○○법원 　 ○○지원 공탁관 ○ ○ ○ (인)</td></tr>
</table>

※ 1. 서명 또는 날인을 하되, 대리인이 공탁할 때에는 대리인의 성명, 주소(자격자대리
　　　인은 사무소)를 기재하고 대리인이 서명 또는 날인하여야 합니다. 전자공탁시스
　　　템을 이용하여 신청하는 경우에는 날인 또는 서명은 공인인증서에 의한 전자서명
　　　방식으로 합니다.
　　2. 전자공탁시스템을 이용하여 이루어진 공탁사건에 대한 공탁서 정정신청은 반드시
　　　전자공탁시스템을 이용하여 하여야 합니다.
　　3. 정정할 사항의 기재례 : 공탁서 기재사항 중 ○○○란 "△△△"을 "□□□"로 정정

[서식 예] 공탁유가증권 출급·회수 청구서

공탁유가증권 출급·회수 청구서

공 탁 번 호		○○년금 제○○호				
공 탁 자	성 명 (상호, 명칭)	○ ○ ○	피 공 탁 자	성 명 (상호, 명칭)	○ ○ ○	
	주민등록번호 (법인등록번호)	111111- 1234567		주민등록번호 (법인등록번호)	111111- 1234567	

청구 내역	명 칭	장 수	총 액면금	액면금, 기호, 번호	비 고

보 관 은 행	○○은행 ○○지점
청구 및 이의유보 사 유	
비고(첨부서류 등)	

위와 같이 청구합니다.
20○○ 년   ○○월   ○○일

청구인 주소 ○○시 ○○구 ○○동○○번지 대리인 주소 ○○시 ○○구 ○○동○○번지
주민등록번호 111111- 1234567
(사업자등록번호)   성명   ○ ○ ○인(서명)
성명   ○ ○ ○인(서명)

위 청구를 인가합니다.
20○○ 년   ○○월   ○○일
법원   지원 공탁관   ○ ○ ○ (인)

위 유가증권과 그 이표(공탁유가증권출급.회수청구서 1통)를 수령하였습니다.
20○○ 년   ○○월   ○○일
수령인(청구인 또는 대리인) 성명   ○ ○ ○   (인)

※ 1. 청구인의 인감증명서를 첨부하여야 합니다. 다만, 1,000만원 이하의 공탁유가증권
을 본인이 직접 청구하는 때에는 인감증명서를 제출하지 않아도 되며(신분증을
확인) 날인 대신 서명할 수 있습니다.
   2. 대리인이 청구하는 경우(1,000만원 이하인 경우 포함) 대리인의 성명, 주소(자격
자대리인은 사무소)를 적고 날인(서명)하여야 하며, 이 때에는 본인의 인감을 날
인한 위임장과 그 인감증명서를 첨부하여야 합니다.
   3. 인감을 날인하고 인감증명서를 첨부하여야 하는 경우, 이를 갈음하여 서명을 하
고 본인서명사실확인서를 제출할 수 있습니다.

[서식 예] 대공탁·부속공탁 청구서

대공탁·부속공탁 청구서

원공탁 번호	○○년금 제○○호	년 월 일 신청	청구 종별	☐ 대 공 탁 ☐ 부속공탁
대공탁 번호	○○년금 제○○호	대공탁 금액	금 오천만원정	
부속공탁번호	○○년금 제○○호	부속공탁금액	금 이천만원정	

추심을 의뢰하는 목적물	공 탁 유 가 증 권				상환금·이자· 배당금의 구별, 기타 지급기일
	명 칭	장 수	총 액면금액	액면금 기호, 번호	

보 관 은 행	○○은행 ○○지점
비고(첨부서류 등)	

위와 같이 청구합니다.　　　　　　대리인 주소　○○시 ○○구 ○○동○○번지
　　청구인 성명　○ ○ ○인(서명)　　　성명　　○ ○ ○ 인(서명)

위 청구를 수리합니다.

　　　　　　　　　　20○○ 년　○○월　○○일
　　　　　　　　　　○○법원　　○○지원 공탁관 ○ ○ ○ (인)

(영수증) 위 공탁금을 납입하기 위하여 필요한 출급의뢰서 등 일체의 서류를 영수하였음을 증명합니다.
　　　　　　　　　　20○○ 년　○○월　○○일
　　공탁금 보관은행　　　　　　　　　　　　　　　　(인)

※ 서명 또는 날인을 하되, 대리인이 공탁할 때에는 대리인의 성명, 주소(자격자대리인
　은 사무소)를 기재하고 대리인이 서명 또는 날인하여야 합니다.

[서식 예] 동의서(승낙서)

동의서(승낙서)

공탁번호		○○년 금(증, 물) 제○○○○호
공탁금액		금 오천만원
동의자	성 명 (상호, 명칭)	○ ○ ○
	주민등록번호 (법인등록번호)	111111- 1234567
	주 소 (본점, 주사무소)	○○시 ○○구 ○○동○○번지
상대방 (동의받는 자)	성 명 (상호, 명칭)	○ ○ ○
	주민등록번호 (법인등록번호)	111111- 1234567
	주 소 (본점, 주사무소)	○○시 ○○구 ○○동○○번지
첨부서류		1. **동의자의 인감증명서** 1부 2.

위 상대방(동의받는 자)에게 이 사건 공탁금을 지급하는데 대하여 동의합니다.

20○○ 년   ○○월   ○○일

동의하는 자 성명(상호 등)   ○ ○ ○ (인감)

○○지방법원   ○○지원 공탁관 귀하

※ 동의자의 인감증명서를 첨부하여야 합니다.

[서식 예] 물품 공탁서

물품 공탁서

공 탁 번 호	○○년 물 제 ○○호	년 월 일 신청	법령조항	

공탁자	성 명 (상호, 명칭)	○ ○ ○	피공탁자	성 명 (상호, 명칭)	○ ○ ○
	주민등록번호 (법인등록번호)	111111- 1234567		주민등록번호 (법인등록번호)	111111- 1234567
	주 소 (본점, 주사무소)	○○시 ○○구 ○○동 ○○번지		주 소 (본점, 주사무소)	○○시 ○○구 ○○동 ○○번지
	전화번호	010-xxxx-xxxx		전화번호	010-xxxx-xxxx

공 탁 물 품			공탁원인사실	
명 칭	종 류	수 량		
			1. 공탁으로 인하여 소멸하는 질권, 전세권 또는 저당권 2. 반대급부 내용	
			보 관 자	○ ○ ○
			비 고	

위와 같이 신청합니다.　　　대리인 주소　○○시 ○○구 ○○동○○번지
　　　　　　　　　　　　　　전화번호 010-xxxx-xxxx
　　공탁자 성명　○ ○ ○인(서명)　성명　　　○ ○ ○인(서명)

위 공탁을 수리합니다.
공탁물품을 20○○년 ○○월 ○○일까지 위 보관자에게 납입하시기 바랍니다.
위 납입기일까지 공탁물품을 납입하지 않을 때는 이 공탁 수리결정의 효력이 상실됩니다.
　　　　　　　20○○ 년　○○월　○○일
　　　　　　　　　○○법원　○○지원 공탁관　　○ ○ ○(인)

(영수증)　위 공탁물품이 납입되었음을 증명합니다.
　　　　　　20○○ 년　○○월　○○일
　　　　공탁물보관자　　　○ ○ ○(인)

※ 1. 서명 또는 날인을 하되, 대리인이 공탁할 때에는 대리인의 성명, 주소(자격자대리인은 사무소)를 기재하고 대리인이 서명 또는 날인하여야 합니다.
　 2. 공탁통지서를 발송하여야 하는 경우, 공탁금을 납입할 때 우편료(피공탁자 수 × 1회 발송)도 납부하여야 합니다(**공탁신청이 수리된 후 해당 공탁사건번호로 납부하여야 하며, 미리 예납할 수 없습니다**).
　 3. 공탁서는 재발급 되지 않으므로 잘 보관하시기 바랍니다.

[서식 예] 사실증명신청서

사 실 증 명 신 청 서

<table>
<tr><td rowspan="6">신 청 인</td><td>성 명</td><td colspan="3">○ ○ ○</td></tr>
<tr><td>자 격</td><td colspan="3">공탁자 본인</td></tr>
<tr><td>주 소</td><td colspan="3">○○시 ○○구 ○○동○○번지</td></tr>
<tr><td>주민등록번호</td><td colspan="3">111111- 1234567</td></tr>
<tr><td>전화번호</td><td colspan="3">010-xxxx-xxxx</td></tr>
<tr><td></td><td colspan="3"></td></tr>
<tr><td rowspan="3">증명대상서류</td><td>법 원</td><td colspan="3">○○법원   ○○지원</td></tr>
<tr><td>공탁사건번호</td><td>○○년 금
제○○호</td><td>공탁금액</td><td>금 오백만원</td></tr>
<tr><td>공 탁 자</td><td>○ ○ ○</td><td>피공탁자</td><td>○ ○ ○</td></tr>
<tr><td>증명의 목적</td><td colspan="4">○○관공서 제출</td></tr>
<tr><td>증명을 받고자
하는 내용</td><td colspan="4">공탁금액</td></tr>
<tr><td colspan="5">20○○ 년   ○○월   ○○일

위 신청인   ○ ○ ○ 인(서명)</td></tr>
<tr><td colspan="5">위의 사실을 증명합니다.

20○○ 년   ○○월   ○○일

○○법원   ○○지원 공탁관   ○ ○ ○ (인)</td></tr>
</table>

[서식 예] 이의신청서

이 의 신 청 서

<table>
<tr>
<td rowspan="3">신
청
인</td>
<td>성 명
(상호, 명칭)</td>
<td>○ ○ ○</td>
</tr>
<tr>
<td>주 소
(본점,
주사무소)</td>
<td>○○시 ○○구 ○○동○○번지</td>
</tr>
<tr>
<td>생년월일
(법인등록번호)</td>
<td>19○○년 ○○월 ○○일</td>
</tr>
<tr>
<td rowspan="2">피
신
청
인</td>
<td>성 명</td>
<td>대한민국 법률상 대표자 법무부장관
(소관 : ○○지방법원 ○○지원 공탁관)</td>
</tr>
<tr>
<td>주 소</td>
<td>○○시 ○○구 ○○동○○번지</td>
</tr>
<tr>
<td colspan="3">

신 청 취 지

1. 신청인이 20○○. ○○. ○○. 피신청인에게 한 동원 ○○년 금 제 ○○○호 공탁 신청(공탁금 출급.회수 청구)에 대하여 피신청인이 20○○. ○○. ○○. 행한 불수리결정을 취소한다
2. 피신청인은 신청인의 공탁 신청(공탁금 출급.회수청구)을 수리(인가)하라 라는 재판을 구합니다.

신 청 이 유

- 구체적으로 기재 -

첨 부 서 류

    1.
    1.

20○○ 년 ○○월 ○○일
위 신청인 ○ ○ ○ 인(서명)

</td>
</tr>
</table>

[서식 예] 자격자대리인 사용자등록신청서

자격자대리인 사용자등록신청서

<table>
<tr><td rowspan="4">신 청 인</td><td>성　명</td><td>○ ○ ○</td><td>주민등록번호</td><td>111111- 1234567</td></tr>
<tr><td>자격 구분</td><td>□ 변호사
□ 법무사</td><td>자격등록번호</td><td></td></tr>
<tr><td>사무소소재지</td><td colspan="3">○○시 ○○구 ○○동○○번지</td></tr>
<tr><td>연락처</td><td colspan="3">(전화) 02-1111-2222　(FAX) 02-3333-4444</td></tr>
<tr><td>첨부서면</td><td colspan="4">1. 자격자증명서면 사본 1통
2. 신분증 사본 1통
3. 기타(　　　　　　　　　　　　　　　)</td></tr>
<tr><td colspan="5">20○○ 년　○○월　○○일
위 신청인　○ ○ ○ (인)
○○지방법원　○○지원 공탁관 귀중</td></tr>
<tr><td colspan="5">
위　임　장

성　　　　명 : ○ ○ ○
주민등록번호 : 111111- 1234567
위 사람에게 사용자등록신청서 제출 등의 사무를 위임합니다.
20○○ 년　○○월　○○일
신청인　○ ○ ○　(인)</td></tr>
</table>

※ 유의 사항
　1. 전국 어느 공탁소에나 1곳에만 신청하면 됩니다.
　2. 성명, 주민등록번호 등 사용자등록신청 정보와 공인인증서 정보는 서로 일치하여야
　　　합니다.
　3. '자격등록번호'란에는 변호사·법무사등록증상의 번호를 기재합니다.

제10장

전자공탁은 어떤 절차로 신청하나요?

제10장 전자공탁은 어떤 절차로 신청하나요?

1. 전자공탁 신청절차

1-1.개요

① 전자공탁을 신청하려고 하는 사람은 전자공탁홈페이지에서 제공하는 양식에 맞추어 공탁신청서를 작성하여 첨부서면과 함께 전자문서 형태로 제출하여야 하고, 공탁관은 이를 접수하여 심사한 후 공탁수리여부를 결정하게 됩니다.

② 공탁관이 심사결과 공탁을 수리할 것으로 인정한 때에는 공탁을 수리한다는 내용과 사건번호 및 공탁물 납입기일, 공탁금 입금계좌번호 등을 기재한 납입안내문을 공탁자에게 통지합니다.

③ 공탁자는 납입안내문에서 지정한 계좌로 납입기일 내에 공탁금을 납입하여야 하며, 공탁금 보관자로부터 공탁금 납입이 확인되면, 그를 기점으로 공탁이 성립됩니다. 공탁자는 전자공탁홈페이지에서 공탁서를 출력하여야 합니다.

④ 공탁과 관련하여 공탁관의 처분에 불복이 있는 때에는 관할법원에 이의신청을 할 수 있습니다.

1-2. 공탁서 작성

1-2-1. 개요

전자공탁을 신청하려고 하는 사람은 전자공탁홈페이지에서 제공하는 양식에 맞추어 공탁신청서를 작성하고 법령에 의하여 첨부가 필요한 서면은 전자문서로 준비하여야 합니다.

1-2-2. 공탁서 작성

공탁신청서에는 다음의 사항을 기입하고 제출 시 공탁자의 기명날인 또는 서명을 대신하여 공탁자의 공인인증서에 의한 전자서명 정보가 필요합니다.

1. 공탁자의 성명, 주소, 주민등록번호
- 공탁자가 법인인 경우 그 상호(명칭)과 주사무소를 기재합니다.
2. 공탁목적물의 표시
- 공탁의 목적물이 금전일 경우 공탁금액은 한글과 아라비아 숫자로 병기합니다.
  예 : 금오백만원(5,000,000원)
3. 공탁원인사실

- 공탁근거법령의 공탁요건사실을 구체적으로 특정하여 명확하게 기재합니다.

4. 공탁을 하게 된 관계법령의 조항

- 공탁의 권리 또는 의무를 규정한 당해 공탁근거법령의 조항을 기재합니다. (변제공탁의 대부분은 민법 제487조가 그 법령 조항이 됨)

5. 공탁물의 수령자(피공탁자)

- 피공탁자의 지정을 요할 때에는 피공탁자의 주소와 성명 및 주민등록번호(주민등록번호를 확인할 수 있는 자료가 첨부되는 경우)를 기재하고, 피공탁자가 법인인 때에는 그 명칭과 주사무소를 기재하되, 법인은 법인등록번호(법인등록번호를 확인할 수 있는 자료가 첨부되는 경우)를 기재합니다.

- 변제자의 과실 없이 채권자가 갑 또는 을 중 누구인지 알 수 없는 경우(채권자 상대적 불확지)에는 피공탁자 입력 시 상대적 불확지를 선택하면 됩니다.

6. 공탁으로 인하여 소멸하는 질권·전세권·저당권의 표시

- 채무자 소유의 부동산에 근저당권 등의 담보물권을 설정하고 금전을 차용한 후 변제공탁의 사유가 있어 공탁을 하게 되면 변제의 효과가 발생하여 채무가 소멸하게 되므로 위 근저당권 등은 그 존재 목적을 상실하여 함께 소멸(담보물권의 피담보채권에의 부종성)하는 것이 원칙입니다.

- 위와 같이 채무자의 공탁으로 인하여 채권자의 담보권이 소멸되었음에도 불구하고 채무자가 위 공탁물을 되찾아(회수)간다면 이는 공평하지 못하므로 우리 민법 제489조 제2항은 이를 명문으로 금지하고 있으며, 공탁서에도 공탁으로 인하여 질권, 전세권 또는 저당권이 소멸하는 때에는 이를 표시하도록 하였습니다.

- 그러나, 법이론과는 달리 채무자가 공탁을 하였다고 해서 채무자의 부동산 등 기부상에 경료된 근저당권설정등기 등이 당연히 말소되지는 않으며 일정한 말소절차를 별도로 취해야만 된다는 점을 유의하여야 합니다.

7. 반대급부를 받아야 할 경우 그 반대급부의 내용

- 반대급부란 변제공탁의 목적인 공탁자의 급부가 피공탁자의 급부와 동시이행의 관계에 있는 경우에 그 변제공탁에 대하여 피공탁자가 반대로 이행하여야 할 채무를 말하는 것으로, 공탁서에 반대급부를 기재하게 되면 피공탁자는 이를 이행하여야만 공탁물을 수령할 수 있으며, 한편 동시이행의 관계에 있지 아니함에도 불구하고 공탁자가 반대급부를 기재하여 공탁을 하였다면 이는 부적법한 공탁으로 공탁의 효력이 발생하지 않음은 변제공탁의 요건에서 본 바와 같습니다.

- 반대급부가 있을 때에는 '공탁원인사실에 기재한 부동산의 소유권이전등기에 필요한 일체의 서류' 또는 '공탁 원인 사실에 기재한 물품의 인도' 등의 예에 따라 기재하면 됩니다.
- 공탁물의 출급 또는 회수에 관하여 해당 관공서의 승인, 확인 또는 증명 등을 필요로 하는 경우 예컨데, 반대급부 목적물을 내용증명 및 배달증명 우편으로 발송한 경우의 내용증명 및 배달증명, 반대급부 목적물을 변제공탁한 경우의 물품공탁서, 건물명도나 철거 등을 반대급부 내용으로 하여 공탁한 경우 건물명도나 철거 등의 사실이 기재된 집행관 작성의 부동산인도집행조서, 국세나 지방세 등의 징수유예나 상속세 및 증여세의 연부연납 허가시 그 세금의 징수나 납부를 담보하기 위한 납세담보공탁의 경우 납세담보의 제공을 받은 경우 세무서장의 담보해제증명서 등이 관공서에서 작성한 공문서 등에 해당됩니다.

8. 재판상의 절차에 따른 공탁의 경우에는 해당 법원의 명칭과 사건명
- 재판상의 보증공탁에 있어서 그 공탁을 명한 법원의 명칭과 사건명 및 사건번호를 기재하는 것으로 '서울중앙지방법원 2003카단 100 부동산가 압류' 등의 예에 따라 기재하면 됩니다.

9. 공탁법원의 표시
- 공탁서를 현실로 제출하는 법원의 명칭을 기재합니다.

10. 공탁신청연월일
- 공탁서의 공탁신청 연월일란에는 공탁서를 공탁법원에 현실로 제출하는 연월일을 기재하여야 합니다.

1-2-3. 공탁첨부서류

1. 자격증명서면
- 공탁자가 개인이든 법인이든 모두 공인인증서를 사용하므로 별도의 자격증명은 필요가 없으나 법인의 경우 전자공탁 사용자등록 시 공탁소에서 미리 자격여부를 검증합니다.
- 대리에 의한 신청의 경우 위임장을 제출하여야 하며, 자격자 대리인이 아닌 다른 대리인의 경우 전자신청이 불가합니다.

2. 피공탁자의 주소를 소명하는 서면
- 변제공탁을 하는 경우에 피공탁자의 주소를 표시하는 때에는 그 주소를 소명하는 서면을 제출해야 하는 바, 이는 원칙적으로 피공탁자의 현 주민등록등·초본(발급일부터 3개월 이내의 것)이라야 합니다.

- 피공탁자의 주소가 불명인 경우에는 전자신청이 불가합니다. 피공탁자의 주소를 알기 힘든 경우 피공탁자의 주소입력 없이 신청하여 공탁관의 보정권고 에 따른 보정권고문을 출력하여 피공탁자의 주민등록초본을 발급받아 첨부하여야 합니다.

3. 공탁통지서 제출 면제

- 전자공탁시스템을 통하여 변제공탁을 신청하게 되면 공탁서의 내용으로 공탁통지서가 자동으로 생성되므로 공탁통지서는 별도로 작성하거나 제출하지 않아도 됩니다. 다만, 공탁자는 지체 없이 채권자에게 공탁사실을 알려야 하므로 공탁통지서를 발송하기 위하여 「우편법 시행규칙」 제25조제1항제4호다목에 따른 배달증명을 할 수 있는 우편료를 공탁금 납입시 함께 납입하여야 합니다.

1-3. 공탁신청
1-3-1. 개요

신청서와 첨부서류는 전자공탁시스템을 통하여 전자적으로 제출하여야 합니다. 공탁신청서와 첨부서류를 등록한 후 별도의 제출이라는 행위를 통하여 공탁자가 신청 의사를 표현한 것으로 갈음하게 됩니다.

1-3-2. 상세

① 전자공탁홈페이지에서 신청서와 첨부서류를 등록하여 신청할 수 있습니다. 신청서 작성 및 전자적인 제출을 위해서는 전자공탁홈페이지에 사용자로 등록되어 있어야 하며 본인임을 증명할 공인인증서를 등록하여야 합니다.

② 전자문서 제출 시에는 등록된 공인인증서로 전자서명을 해야 합니다. 전자서명은 기명날인 또는 서명을 대신하는 정보이기 때문에 전자공탁 시 필수 정보입니다. 개인인 경우 개인용 공인인증서, 법인인 경우 법인용 공인인증서, 공무원이 직무상 공탁하는 경우에는 행정전자서명용 인증서로 전자서명을 해야 합니다.

③ 접수 후 공탁관의 보정, 수리/인가 등의 결정사항은 전자공탁홈페이지를 통하여 확인할 수 있으며, 신청인이 사전에 요청한 방식에 따라 전자우편 또는 휴대전화 단문 메시지로 결정사항을 통지받을 수 있습니다. (사용자등록과 관련된 정보는 전자공탁 서비스– 사용자등록 메뉴를 참고하면 됩니다.)

1-4. 접수

① 신청인이 전자적으로 제출한 공탁사건은 전자공탁시스템에서 접수하게 됩니다.

② 전자신청의 경우 신청서를 제출하기 전에 공탁유형에 따라 필수정보의 입력 여부를 체크하여 미입력된 정보가 있으면 제출할 수 없도록 되어 있습니다. 시스템 상에서 성공적으로 제출이 완료되면 접수확인서를 출력할 수 있습니다.

1-5. 심사

1-5-1. 개요

공탁관은 공탁당사자의 공탁신청에 대하여 절차상, 실체상 일체의 법률적 요건을 구비하고 있는지 여부를 심사하여 공탁신청을 수리 또는 불수리 결정을 하게 됩니다. 이 과정에서 공탁관이 필요하다고 판단되는 경우 보정권고를 할 수도 있습니다.

1-5-2. 상세

공탁관의 심사는 다음과 같은 기준에 따르게 됩니다.

1. 해당 공탁을 정당하게 하는 근거법령이 존재하는지 여부
2. 근거법령에서 정하고 있는 공탁사유가 존재하는지 여부
3. 반대급부 조건의 기재는 적합한지 여부
4. 당사자가 실재하고 당사자능력, 행위능력, 당사자적격을 가지고 있는지 여부 및 대리인에 의한 공탁의 경우 대리권이 존재하는지 여부
5. 해당 공탁소에 관할이 있는지 여부
6. 서식, 기재사항, 첨부서류 등을 갖춘 적식의 유효한 공탁신청인지 여부

1-6. 보정

공탁관이 공탁서류를 접수하여 심사하는 과정에서 적법한 공탁으로 인정하기에 부족하다고 판단하는 경우, 해당 신청 사건에 대하여 보정을 권고할 수 있습니다. 이 때 신청인은 정해진 기한 내에 즉시 보정사항을 이행해야 합니다. 전자공탁 사건은 전자적으로만 보정을 할 수 있습니다.

1. 보정 기한 및 보정방법
- 신청인은 전자공탁홈페이지를 통하여 보정사항을 확인하고, 정해진 기한 내에 이를 이행하여야 합니다.
- 전자신청 사건에 대한 보정은 전자공탁홈페이지를 통해서만 가능합니다. 공탁소를 방문하여 처리하고자 할 경우, 전자공탁 사건을 취하한 후 방문신청을 새로 하여야 합니다.

- 다만, 행정정보 공동이용의 대상이 되는 첨부서면에 관하여 해당 행정기관의 시스템 장애, 행정정보공동이용망의 장애 등으로 이를 첨부할 수 없는 경우 또는 전자공탁시스템의 장애 등으로 인하여 공탁관이 이를 확인 할 수 없어 보정을 명한 경우에는 그 서면을 공탁소에 직접 제출하는 방법으로 보정할 수 있습니다.

2. 불응시 불수리 처분

- 공탁관의 권고사항을 신청인이 지정된 기한 내에 이행하지 않으면 불수리 처분됩니다. 전자공탁은 신청인이 직접 전자공탁홈페이지에서 보정권고 사항을 확인해야 하므로, 통지를 받은 후 반드시 확인이 필요합니다.

1-7. 취하

공탁관이 신청사건을 수리하기 전에, 신청인은 취하를 신청할 수 있습니다. 취하를 하려고 하는 때에는 신청인의 기본 정보와 신청사건번호, 취하사유를 적어 취하서를 제출합니다. 취하서를 접수하면 공탁관은 심사를 중단하고 해당 사건을 취하처리 합니다. 전자신청 사건은 전자적으로만 취하신청 할 수 있습니다.

1-8. 결정 및 통지

1-8-1. 개요

공탁관의 심사가 완료되면 신청인에게 공탁신청 절차에 따라 결정사항을 통지하게 됩니다. 수리결정을 한 경우에는 신청인 뿐 아니라 공탁물 보관자에게도 결정사항을 통지하게 됩니다. 전자공탁에서는 공탁관의 수리, 인가, 불수리 결정사항을 사전에 신청인이 설정한 방식에 따라 전자우편 또는 휴대전화 단문메시지 등으로 통지하게 됩니다.

1-8-2. 상세

1. 공탁수리 (공탁서 수령)

- 심사결과 적법한 공탁신청으로 인정하여 공탁신청을 수리하게 되면 신청인은 공탁금 납입 계좌번호(가상계좌번호), 공탁물 납입기일, 공탁물을 납입기일까지 납입하지 않을 경우 수리결정의 효력이 상실된다는 뜻이 적힌 납입안내문을 전자적으로 받게 됩니다. 전자공탁 시에는 방문공탁과 달리 공탁금 납입이 확인된 후에 공탁서를 출력하여야 합니다.

2. 공탁불수리

- 공탁관이 공탁신청을 불수리하는 경우 이유를 적은 결정으로 하게 되는데, 전

자신청 사건의 불수리결정의 상세 내용은 전자공탁홈페이지에서 확인할 수 있습니다.

- 공탁관의 불수리처분에 불복하는 경우 이의신청 절차에 따라 이의신청을 할 수 있습니다.
- 전자공탁에서는 공탁관의 수리, 인가, 불수리 결정사항을 사전에 신청인이 설정한 방식에 따라 전자우편 또는 휴대전화 단문메시지 등으로 통지하게 됩니다.

1-9. 공탁물 납입

① 공탁관이 공탁서류를 접수하여 심사한 후 적법한 공탁으로 인정하여 공탁을 수리할 때에는 공탁관이 지정한 납입기일까지 공탁물보관자(은행)에게 공탁물을 납입하여야 하며 이로써 공탁신청에 필요한 조건이 완성됩니다.

② 신청인은 공탁관이 안내해 준 가상계좌번호를 확인하여 공탁금을 납입하고, 공탁관은 공탁금 보관자로부터 납입 결과를 전송받아, 공탁서에 납입증명을 하여 전자적으로 신청인에게 통지합니다.

③ 공탁금이 납입기일까지 납입이 안 된 경우 수리결정은 효력을 상실하여 실효처리가 됩니다.

1-10. 공탁서 출력

① 공탁금 보관자가 공탁금을 납입 받은 때에는 그 납입사실을 공탁관에게 전송하여야 합니다. 이후 공탁관이 신청인에게 이를 통지하여 전자공탁홈페이지에서 납입증명 내용이 반영된 공탁서를 출력하도록 안내합니다.

② 공탁서는 후일 공탁물의 회수 등을 위하여 필요할 뿐만 아니라 공탁을 증명하는 서면으로서 재판절차 등에 자료로 활용할 필요성도 있으므로 잘 보관하여야 합니다.

③ 공탁서는 공탁규칙 제78조 제4항에 의거 공탁서를 출력해야하나, 전자공탁시스템의 장애등 신청인의 책임없는 사유로 정상출력 하지 못하였음을 소명하는 경우 재발급신청이 가능합니다 . 재발급 후에도 분실한 경우 사실증명서 발급을 신청하여야 합니다.

2. 전자지급청구절차

2-1. 개요

① 공탁물을 출급 또는 회수청구하려는 사람은 전자공탁홈페이지에서 제공하는 양식에 맞추어 공탁물 출급 또는 회수청구서를 작성하여 첨부서면과 함께 전자문서 형태로 제출하여야 하며, 공탁관은 이를 접수하여 심사한 후 공탁물의 지급청구에 대한 인가여부를 결정하게 됩니다.

② 공탁관의 수리결정 후 신청인에게 전자적으로 통지하고, 청구인은 공탁금 출급 및 회수신청서를 출력할 수 있습니다.

③ 공탁금의 지급방법은 지급청구서 작성 시 신청인이 선택할 수 있습니다. 인터넷 뱅킹이 가능한 본인 명의의 계좌로 지급받거나 관할 공탁소의 공탁금 보관은행의 지점을 방문하여 창구에서 지급받을 수 있습니다.(각 은행 정책에 따라 온라인 지급만 가능한 보관은행이 있음)

④ 공탁물 출급 또는 회수청구와 관련하여 공탁관의 처분에 불복이 있는 때에는 관할 법원에 이의신청을 할 수 있습니다.

2-2. 출급청구서 작성

2-2-1. 개요

공탁물의 출급이란 공탁성립 후에 확정된 피공탁자 또는 그의 승계인(상속인 등 일반승계인, 양수인이나 전부 채권자 등 특정승계인)의 청구에 의하여 공탁물을 지급하는 것을 말하며, 전자공탁시스템을 통하여 피공탁자가 공탁물을 출급하고자 하는 때는 전자공탁홈페이지에서 제공하는 양식에 맞추어 공탁물출급청구서를 작성하고 법령에 의한 첨부서면을 전자문서로 준비하여야 합니다.

2-2-2. 공탁출급청구서 작성

공탁물출급청구서에는 다음 사항을 입력하고 청구자의 전자서명정보를 입혀야 합니다. 대표자나 관리인 또는 대리인에 의하여 청구하는 때에는 그 사람의 전자서명 정보가 필요합니다.

1. 공탁번호
- 출급하고자 하는 공탁사건의 공탁번호는 공탁서나 공탁통지서에 기재되어 있으므로 이를 기재하면 됩니다.
2. 공탁금액, 공탁자·피공탁자의 성명·주민등록번호, 청구연월일
- 앞에서 설명한 공탁서의 기재요령과 동일합니다. 다만 청구내역 난의 청구금액

과 공탁금액은 통상적인 경우에는 동일하나 분할청구(여러 명의 상속인들이 상속지분에 따라 청구) 등의 경우에는 달라질 수 있다는 점을 주의하여야 합니다.

3. 청구내역

- 청구금액은 청구자가 현실적으로 찾고자 하는 금액이며 공탁금액과 같을 수도 있고 다를 수도 있다는 것은 위에서 본 바와 같습니다.

- 공탁금에 대하여는 일정한 이율에 의한 이자의 지급을 하고 있으므로(공탁금의 이자는 연0.1%임) 이자의 지급을 받고자 할 때에는 이자의 청구기간, 이자금액 등을 청구자가 기재하는 것이 옳지만 통상적인 경우에는 공탁물보관자가 계산하여 지급하므로 청구자가 기재하지 않아도 됩니다. 계좌지급이 아닌 은행지점 을 방문하여 지급청구한 경우 이자 종료일은 실제 방문일과 차이가 날 수 있으나 보관은행에서 차이만큼 추가하여 이자를 지급합니다.

4. 청구 및 이의유보 사유

- 공탁자의 변제공탁을 전부 수락하고 공탁물을 찾는 경우에는 '공탁을 수락하고 출급함'을 선택하고, 이의를 유보하고 찾는 경우에는 '이의를 유보하고 출급함'을 선택하면 됩니다. 해당 사항이 없는 경우 '기타'란에 표시하고 간단히 사유를 입력합니다.

5. 비고(첨부서류 등)

- 이 난은 출급청구서의 첨부서류를 기재하거나, 청구서 양식에는 해당란이 없지만 반드시 기재하여야 할 사항을 기재하는 곳입니다. 전자공탁시에는 첨부서류 등록시 첨부서류 목록이 자동생성되므로, 별도의 첨부서류기재가 필요하지 않습니다.

2-2-3. 출급청구서 첨부서류

전자신청 시에는 공탁신청 시 총 공탁금이 5,000만원 이하인 사건에 대하여만 공탁금 지급청구가 가능하며 이 경우 공탁통지서 없이 출급청구가 가능합니다. 아래에서는 예외적으로 이러한 서면이 필요한 경우에 대하여 알아보겠습니다. 단, 첨부서면 원본을 제출하여야 하는 경우에는 관할 공탁소로 오셔서 신청할 수 밖에 없다는 것을 유의하시기 바랍니다.

1. 전자서명 정보 사용

- 공탁금을 출급하고자 하는 사람은 공탁금 출급청구서 또는 위임장에 본인의 공인인증서로 전자서명하여 제출함이 원칙입니다. 행정정보 공동이용을 통하여

주민등록표 등·초본(발급일부터 3개월 이내의 것) 제출을 면제하기 위해서도 사전동의서에 공인인증서로 전자서명해야 합니다.

- 법인 사용자의 경우에도 공탁물의 출급을 청구할 때에는 법인용 공인인증서로 전자서명하여 제출하여야 합니다.

2. 공탁통지서 제출 면제

- 전자신청시에는 5,000만원 이하의 공탁금 출급청구만 가능하며, 공탁통지서 없이 출급청구가 가능합니다.

3. 출급청구권의 승계인이 청구하는 경우

- 전자공탁에서는 출급청구권자가 반드시 피공탁자와 일치할 때만 지급청구가 가능합니다. 피공탁자의 상속인, 공탁물출급청구권을 양도받은 양수인, 공탁물출급청구권에 대한 전부채권자는 전자공탁이 불가능하므로, 관할 공탁소를 방문하여 청구하여야 합니다.

4. 채권자불확지공탁의 경우

- 피공탁자를 "갑 또는 을"로 한 경우, 어느 일방이 공탁물을 찾고자 할때에는 그 스스로 공탁물출급청구권이 있음을 증명해야 하는데 전자공탁시스템을 통하여 공탁금 지급청구를 하기 위해서는 반드시 권리관계를 증명할 수 있는 확인판결(공탁물출급청구권 확인)의 정본 또는 이와 동등한 효력이 있는 화해조서, 조정조서 등이 필요합니다.

- 방문공탁에서 인정하고 있는 승낙서의 경우, 전자공탁시스템에서는 스캔 첨부한 타방의 승낙서에 대하여 진정성을 확인할 수 없으므로, 확인판별이 없이 승낙서만 첨부한 청구는 불수리될 수 있습니다.

- 확인판결 정본이 없는 경우 타방의 승낙서에 인감증명서를 첨부하여 관할 공탁소를 방문하여 청구하여야 합니다.

5. 반대급부의 이행증명서

- 동시이행의 관계에 있기 때문에 조건을 붙여서 공탁을 한 경우, 공탁물을 찾고자 하는 사람은 그 반대급부가 있었음을 증명해야만 공탁물을 수령할 수 있으므로 공탁자의 서면이나 판결문, 공정증서 기타의 공정서면에 의하여 그 반대급부가 있었음을 증명해야만 합니다.

- 반대급부의 이행은 공탁자에게 하여야 하며 공탁관에게 하여서는 안됩니다.

- 공탁자의 서면이란 반대급부를 수령하였다는 공탁자 작성 반대급부영수증 또는 반대급부채권포기서·면제서 등을 말합니다. 그 서면에는 공탁자의 인감도장을 찍고 인감증명서를 첨부하여야 합니다.

- 판결문이란 반대급부 이행사실이나 반대급부채권 포기 또는 면제가 판결의 주문 또는 이유 중에 명백히 기재된 판결문 등을 말합니다. 확인판결, 이행판결, 형성판결을 불문하나 확정을 요하므로 미확정의 가집행선고부 판결은 해당되지 않습니다.
- 공정증서란 반대급부 이행사실이나 반대급부채권 포기 또는 면제 등이 기재된 공증인이나 공증인가 합동법률사무소 또는 법무법인에서 작성한 문서를 말합니다.
- 관공서에서 작성한 공문서 등이란 공문서 또는 관공서가 사문서의 내용의 진정을 증명한 서면을 말합니다.

6. 자격증명서
- 공탁물출급청구권자가 법인인 경우

  대표자 또는 관리인의 자격을 증명하는 서면인 법인등기사항증명서를 제출하여야 하며 3개월 이내에 발행된 것이어야 합니다. 법인등기사항증명서는 전자공탁시 요청에 의하여 등기정보공동이용시스템을 통한 면제가 가능합니다.
- 공탁물출급청구권자가 법인 아닌 사단 또는 재단인 경우

  법인 아닌 사단이나 재단은 전자공탁을 신청할 수 없습니다.
- 자격자대리인에 의하여 출급청구하는 경우

  법정대리인(예컨대, 공탁금출급청구권자가 미성년자이어서 그 부모가 출급하는 경우)이 출급청구를 하는 경우에는 전자공탁이 불가합니다. 변호사, 법무사 등 자격자대리인에 의한 출급청구의 경우 청구인의 전자서명이 포함된 위임장을 첨부하여야 합니다.

2-2-4. 위임승인(대리인 신청시)

대리인이 위임을 받아 지급신청서를 작성하고 제출하기 위해서는 위임인 또한 사용자등록을 하여야 합니다. 이는 위임인 본인에게 대리인이 첨부한 위임서류 확인 및 본인계좌조회를 직접 수행하게 함으로써 금융사고를 방지하고자 하기 위함입니다.

1. 위임승인 요청
- 대리인이 첨부서류 등록까지 완료되면 자동으로 위임승인 요청상태가 됩니다.

2. 위임승인 수행
- 위임인은 인증서 로그인 후 나의공탁〉위임승인현황 메뉴를 클릭하여 입력된 지급계좌번호에 대한 지급계좌검증을 수행하고 해당사건에 첨부된 위임장, 사전

동의서를 확인 후 승인버튼을 눌러 인증서로 서명합니다.

3. 신청서 제출

- 위임인이 지급계좌검증 과 문서에 대한 승인을 끝냈을 경우 대리인은 제출버튼을 눌러 인증서 서명 후 제출하면 됩니다. (단, 공탁자가 다수인전자공탁사건을 회수신청 할 경우 모든 공탁자의 위임승인 절차 진행 후회수신청서를 제출 할 수 있습니다.)

2-3. 회수청구서 작성

2-3-1. 개요

공탁물의 회수란, 법에서 정하고 있는 일정한 회수원인이 있을 때 공탁관계를 더이상 존속시킬 필요가 없음을 이유로 회수권을 가지는 사람의 청구에 의하여 그에게 공탁물을 되돌려 주는 것을 말하며, 공탁물을 회수하고자 할 때는 전자공탁 시스템에서 제공하는 일정한 양식에 의한 공탁물회수청구서를 작성하여 법령에 의한 소정의 서면을 전자문서로 준비하여야 함은 출급청구와 동일합니다.

2-3-2. 공탁물 회수

① 공탁물 회수 사유

1. 변제공탁의 회수원인

  ⓐ 채권자가 공탁수락을 하기 전

   채권자인 피공탁자 또는 그의 승계인이 공탁자에 대하여 공탁을 승인하거나 공탁소에 공탁을 수락한다는 취지를 기재한 서면 (공탁수락서)을 제출하면 공탁자 등의 회수권이 소멸하므로, 이러한 사실이 있기 전이라야 변제 공탁물의 회수청구가 가능합니다.

  ⓑ 공탁유효판결이 확정되기 전

   공탁자의 변제공탁이 유효한지 여부가 문제가 되어 소송이 제기되었을 경우 그 확정판결 (확정판결과 같은 효력이 인정되는 화해조서 등 각종 조서도 포함)의 주문 또는 이유 중에 공탁의 유효함이 판단되어 있으면 공탁자의 회수권이 소멸되므로 그러한 사실이 있기 전에 회수권을 행사하 여야 합니다.

  ⓒ 공탁으로 질권, 저당권 등이 소멸하지 않아야 함

   저당권 등 담보물권을 소멸시키기 위하여 변제공탁을 하고, 공탁서를 첨부하여 위 담보물권 등의 말소소송을 제기, 승소판결을 받아 담보물권을 말소하였다면 변제공탁물을 회수하지 못함은 당연하다 할 것이고, 담보물권을 소멸시키기 위하여 변제공탁을 한 것은 사실이지만 특별한 원인이 있어 담보물권을 소멸시키지 못하였다면 재판서 등에 의하여 확정적으로 담보물권이 소멸하지 않음을 증명하여 변제공탁물을 회수할 수 있을 것입니다.

2. 모든 공탁물의 공통적인 회수원인

ⓐ 착오공탁

공탁물을 수령할 자를 잘못 지정한 경우, 공탁을 해야할 아무런 이유가 없음에도 불구하고 공탁한 경우, 채무액이 1,000만원 임에도 500만원만 공탁한 경우, 공탁관이 지정한 공탁물 납입기한 내에 공탁물을 납입하지 못하였기 때문에 공탁이 실효된 후에 공탁물을 납입한 경우 등의 사유가 있을 때 이러한 사실을 증명하고 공탁물을 회수할 수 있습니다.

ⓑ 공탁원인이 소멸

공탁 후에 공탁을 지속시킬 원인이 소멸한 경우에는 공탁물을 회수할 수가 있는데, 가압류권자가 상대방의 손해를 담보하기 위하여 가압류보증공탁을 하였지만 손해가 발생하지 않았을 경우 등이 그 실례입니다.

② 회수청구권을 가지는 자의 공탁물 회수

통상적으로 공탁물의 회수청구권은 공탁자에게 있지만 공탁자의 일반승계인 또는 특정승계인이 회수청구권을 가지는 경우도 있을 수 있습니다. 그러나 전자공탁시스템에서는 반드시 공탁자와 회수청구권자가 동일한 경우에만 신청이 가능합니다. 그 이외의 경우는 관할 공탁소를 방문하여 청구하여야 합니다.

2-3-3. 공탁물회수청구서

청구서의 제출 및 작성요령은 출급청구서의 경우와 동일하며, 다만 회수청구사유란은 아래와 같이 구분되어 있으므로 해당란에 체크표시를 하면 됩니다.

1. 변제공탁의 회수 : '민법 제489조에 의함'으로 기재
2. 착오공탁을 원인으로 한 회수 : '착오공탁'으로 기재
3. 보증공탁 및 집행공탁물의 회수 : '공탁원인 소멸'로 기재

2-3-4. 공탁물회수청구서 첨부서류

① 공탁소로부터 교부 받은 공탁서의 면제

전자신청에 의하여 공탁금을 회수하는 경우 5,000만원 이하의 공탁금 회수청구만 가능하며, 공탁서를 첨부할 필요가 없습니다.

② 회수청구권이 있음을 증명하는 서면

ⓐ 어떠한 것이 회수청구권이 있음을 증명하는 서면인가는 구체적인 사안에 따라 개별적으로 결정할 수밖에 없지만, 회수원인에 따라 대체적으로 다음의 원칙에 따름이 상당할 것입니다.

1. 민법 제489조에 의한 변제공탁의 회수

공탁서의 기재 그 자체에 의하여 공탁자에게 회수청구권이 있음이 명백하므로

별도의 회수청구권증명서면을 첨부할 필요가 없습니다.

2. 착오공탁의 회수

이 경우에는 착오사실을 증명하기에 족한 서면을 첨부하여야 하는 바, 어떠한 서면이 이러한 서면에 해당하는가는 구체적인 경우에 따라 다를 것 입니다. 예컨대, 착오공탁임이 재판으로 판명되었다면 그 재판서, 채권양도를 했음에도 불구하고 종전의 채권자인 양도인을 피공탁자로 한 경우에는 채권양도통지서, 채무이행지가 아닌 곳에서 공탁한 경우에는 채권증서(금전소비대차계약서 등)와 채권자의 주민등록표 등본 등이 이에 해당될 것입니다.

3. 공탁원인소멸로 인한 회수

사안에 따라 다를 것이지만 변제공탁의 경우에는 원인이 소멸되었음을 소명하여야 하고, 보증공탁의 경우 담보취소결정정본과 확정증명서가 필요할 것이며, 집행공탁의 경우 집행법원이 한 사유신고불수리결정이 이를 증명하는 서면이 될 것입니다.

ⓑ 전자공탁시스템을 통한 공탁금 회수청구는 공탁자 본인만이 청구 가능합니다. 대리에 의한 신청의 경우에는 위임장에 대리인의 전자서명 정보 외에 공탁자 본인의 전자서명 정보가 필요합니다.

ⓒ 전자공탁시스템을 통한 지급 및 회수청구시 첨부서면 원본을 제출하여야 하는 경우에는 관할 공탁소로 오셔서 신청할 수 밖에 없다는 것을 유의하시기 바랍니다.

2-4. 지급신청

2-4-1. 개요

신청서와 첨부서류는 전자공탁시스템을 통하여 전자적으로 제출하여야 합니다. 공탁신청서와 첨부서류를 등록한 후 별도의 제출이라는 행위를 통하여 공탁자가 신청 의사를 표현한 것으로 갈음하게 됩니다.

2-4-2. 상세

① 청구방법은 공탁신청과 유사합니다. 다만 전자신청의 경우 공탁금 지급 방법을 선택하여야 합니다.

② 전자문서 제출 시에는 등록된 공인인증서로 전자서명을 해야 합니다. 전자서명은 기명날인 또는 서명을 대신하는 정보이기 때문에 전자공탁 시 필수 정보입니다. 개인인 경우 개인용 공인인증서, 법인인 경우 법인용 공인인증서, 공무원이 직무상 공탁하는 경우에는 행정전자서명용 인증서로 전자서명을 해야 합니다.

③ 공탁신청과 마찬가지로 전자공탁홈페이지에서 사용자등록 후 공인인증서를 등록하면 전자적인 지급청구가 가능합니다. 전자공탁홈페이지에서 제공하는 청구서 양식과 첨부서류를 등록한 후에 공탁금 지급방법을 선택할 수 있습니다.

1. 인터넷 뱅킹을 통한 계좌지급 방법
- 10개의 보관은행에 인터넷 뱅킹이 가능한 본인 명의의 계좌가 있는 경우 선택 가능합니다. 두개 이상의 계좌가 있는 경우 지급받고자 하는 계좌의 은행을 특정하면 됩니다.
2. 관할 공탁금보관은행의 지점 방문 방법
- 관할 공탁소의 공탁금보관은행이 지점방문이 가능한 은행이면, 지점방문을 통한 계좌지급을 선택할 수 있습니다. (각 은행 정책에 따라 온라인 지급만 가능한 보관은행이 있음)

2-5. 접수

① 신청인이 전자적으로 제출한 공탁사건은 전자공탁시스템에서 접수하게 됩니다.
② 전자신청의 경우 신청서를 제출하기 전에 공탁유형에 따라 필수정보의 입력 여부를 체크하여 미입력된 정보가 있으면 제출할 수 없도록 되어 있습니다. 시스템 상에서 성공적으로 제출이 완료되면 접수확인서를 출력할 수 있습니다.

2-6. 심사

2-6-1. 개요

공탁물의 지급청구를 받은 공탁관은 그 청구서와 첨부서면에 의하여 해당 청구가 적법한 것인가를 심사하게 됩니다. 그러나 해당 사건이 장기미제 공탁사건, 고액 공탁사건, 이자만 남아있는 공탁사건 및 불확지 공탁사건인 경우 별도의 확인절차가 더 필요하게 됩니다.

2-6-2. 상세

① 일반적인 지급청구 사건
공탁관은 다음과 같은 기준으로 지급청구를 심사하게 됩니다.
1. 청구서가 소정 서식과 기재사항에 의하여 적법하게 작성되었는가
2. 첨부서류가 완비되었는가
3. 청구서와 첨부서류가 상호 부합하는가
4. 청구서의 청구사유 기재와 첨부서류의 기재내용으로 보아 해당 청구자가 실체

상 청구권자인가

5. 반대급부 조건부 변제공탁에 있어서는 그 조건이 이행되었는가

6. 공탁소에 보관되어 있는 해당 공탁기록과 대조하여 압류·양도 여부 등의 처분이나 지급제한 또는 소멸시효완성 여부 등을 확인

② 장기미제 공탁사건 등의 공탁금 지급청구

1. 장기미제 공탁사건 등의 종류

– 공탁 후 5년이 지나도록 출급 또는 회수청구가 없는 공탁사건

– 공탁금이 10억원 이상인 금전공탁사건

– 공탁원금 전액이 지급된 채 이자만 남아있는 공탁사건

– 토지수용보상금을 절대적 불확지 공탁한 경우로서 공탁금이 1,000만원 이상이고 공탁일로부터 만 3년이 경과한 공탁사건

2. 장기미제 공탁사건 지급청구시 유의사항

– 장기미제 공탁사건과 고액공탁사건은 전자신청이 가능하나 절대적 불확지 공탁사건은 관할 등기소를 방문하여 청구하여야 합니다.

– 장기미제 사건에 대한 지급청구는 공탁관이 이를 인가하기 전에 내부결재 절차를 거쳐야 합니다. 따라서 해당사건에 대한 지급청구 시 다른 일반 사건에 비하여 지연이 있을 수 있습니다.

2-7. 취하

공탁관이 신청사건을 수리하기 전에, 신청인은 취하를 신청할 수 있습니다. 취하를 하고자 할 때에는 신청인의 기본 정보와 신청사건번호, 취하사유를 적어 취하서를 제출합니다. 취하서를 접수하면 공탁관은 심사를 중단하고 해당 사건을 취하처리 합니다. 전자신청 사건은 전자적으로만 취하신청 할 수 있습니다.

2-8. 이의신청

2-8-1. 개요

공탁관이 공탁신청 또는 그 출급·회수청구를 부적법하다고 인정하여 불수리처분한 경우, 이해관계인은 공탁법에서 정하고 있는 절차에 따라 불복신청을 함으로써 권리를 구제 받을 수 있습니다.

2-8-2. 상세 절차

1. 불수리처분 및 통지

- 공탁관이 공탁서 또는 지급(출급·회수)청구서를 심사한 결과 부적합하다고 인정한 때에는 불수리이유 등을 기재한 '공탁불수리통지서'를 작성하여 전자적으로 통지하고, 신청인은 전자공탁홈페이지에서 이를 확인 및 출력할 수 있습니다.

2. 처분에 대한 이의신청

- 이해관계인은 공탁관의 불수리처분이 부당하다고 인정될 경우 관할지방법원에 이의할 수 있는데, 구체적으로는 이의신청서를 공탁소에 제출해야 합니다.

- 전자신청 사건에 대한 이의신청은 전자공탁홈페이지를 통하여 전자적으로 할 수도 있고, 관할 공탁소를 방문하여 신청할 수 있습니다.

3. 이의신청에 관한 서류를 받은 공탁관의 조치

- 공탁관은 이의가 이유 있다고 인정되면 종전의 불수리처분을 변경(즉 수리결정을 함)하고 그러한 사실을 이의신청인에게 통지하여 주지만, 이의가 이유 없다고 인정할 때에는 5일 이내에 의견을 첨부하여 관할지방법원에 이의에 관한 서류를 송부하여야 합니다.

4. 이의에 대한 결정

- 관할지방법원에서는 이의가 이유 없다고 인정될 경우에는 이의를 각하 또는 기각결정하고, 이유가 있다고 인정될 경우에는 공탁관에게 상당한 처분을 할 것을 명합니다.

5. 이의에 대한 결정과 항고

- 법원의 이의각하 또는 기각결정에 대하여는 비송사건절차법에 의하여 항고할 수 있습니다.

2-9. 결정 및 통지

공탁관의 심사가 완료되면 청구인에게 공탁금 지급청구 절차에 따라 결정사항을 통지하게 됩니다. 수리결정을 한 경우에는 신청인 뿐 아니라 공탁물 보관자에도 결정사항을 통지하게 됩니다. 전자공탁시스템에서는 공탁관의 수리, 인가, 불수리 결정사항을 사전에 신청인이 설정한 방식에 따라 전자우편 또는 휴대전화 단문메시지 등으로 통지하게 됩니다.

1. 지급청구의 인가

- 공탁관이 심사결과 공탁물의 출급 또는 회수청구가 이유 있다고 인정하면 이를 인가하고, 청구인은 전자공탁홈페이지에서 공탁관의 직인이 찍힌 지급청구서를

출력할 수 있습니다. 이때 인터넷뱅킹에 의한 계좌이체 방식과 관할 공탁금보관자의 지점방문을 통한 지급 방식에 대한 안내를 전자적으로 받게 됩니다.

2. 지급청구의 불수리

- 공탁관이 공탁물 지급청구를 불수리하는 경우에는 방문공탁과 마찬가지로 불수리결정으로 하게 되는데, 전자신청 사건의 불수리결정은 전자적으로 통지받게 됩니다.

- 전자공탁시스템에서는 공탁관의 수리, 인가, 불수리 결정사항을 사전에 신청인이 설정한 방식에 따라 전자우편 또는 휴대전화 단문메시지 등으로 통지하게 됩니다.

2-10. 공탁물 지급

① 공탁물을 찾고자 하는 자는 지급청구 신청시 선택한 지급방법에 따라, 계좌지급 또는 관할 공탁금보관은행 지점을 방문하여 공탁금 지급을 받을 수 있습니다.

② 지급청구 신청 시에 선택한 지급 방법에 맞추어 절차를 진행하면 됩니다.

③ 인터넷 뱅킹을 통한 계좌지급 방법을 선택한 경우 신청시 특정한 은행의 인터넷 뱅킹이 가능한 본인 명의의 계좌를 등록하고 OTP 카드(또는 보안카드) 번호 인증을 거쳐 공탁금을 지급받을 수 있습니다. 이런 경우 별도의 첨부서류는 필요하지 않습니다.

④ 관할 공탁소 공탁금보관은행의 지점 방문을 통한 지급 방법을 선택한 경우 신청시 선택한 은행의 지점으로 전자공탁홈페이지에서 출력한 공탁물 지급청구서를 신분증과 함께 지참하여 방문하면, 창구에서 확인을 거쳐 지급을 받을 수 있습니다.

⑤ 인터넷뱅킹을 통한 지급 방법을 선택하려면 반드시 청구인 명의의 인터넷 뱅킹 계좌이어야만 합니다. 대리인이나 청구권 승계인 등 공탁자/피공탁자 본인이 아닌 청구의 경우 전자신청이 불가능합니다.

2-11. 공탁물 지급 확인

① 공탁물보관자가 공탁물을 지급한 때에는 공탁서에 수령인을 받은 후 지급사실을 공탁관에 전송합니다. 공탁관은 지급사실을 확인하고, 이자를 포함하여 전체 공탁물 지급이 확인되면 사건을 종결합니다.

② 공탁물보관자가 공탁물을 지급한 때에는 공탁청구서에 공탁물 수령 확인을 받습니다. 인터넷 뱅킹을 통한 계좌지급의 경우는 공탁청구서를 제출하지 않으므로, 별도 수령확인을 받지 않습니다. 공탁물을 지급한 사실에 대하여 공탁물 보관자가 공탁

관에게 통지함으로써 지급청구건이 마무리 됩니다.

③ 공탁소에서는 이자를 포함한 모든 공탁물 지급이 완료가 확인되면, 공탁사건을 종결처리합니다. 만일 일부 지급 또는 공탁금 원금만 지급이 된 경우에는 공탁사건은 마무리 되지 않고 지급청구가 또 발생할 수 있습니다.

3. 전자열람 및 증명 청구절차

3-1. 개요

① 공탁은 등기와는 달리 공시하기 위한 제도는 아니지만, 당사자나 이해관계인은 공탁에 관한 서류를 열람하여 권리상태를 알아볼 필요가 있고, 공탁에 관한 사항의 사실증명을 발급받아 재판 등 입증자료로 제출할 필요도 있습니다. 따라서 일정한 경우에 한하여 공탁당사자 및 이해관계인은 공탁관에게 공탁관계서류의 열람 및 사실증명의 교부청구를 할 수 있고, 사본의 교부청구도 할 수 있습니다.

② 전자공탁시스템을 통하여 공탁관계서류의 열람 및 증명청구를 하고자 하는 사람은 전자공탁홈페이지에서 제공하는 열람신청서(사실증명청구서)를 작성하여 제출하여야 합니다.

③ 전자신청 사건에 한하여 전자공탁시스템을 통한 열람 및 증명청구가 가능하며, 방문신청 사건은 전자공탁시스템에서 열람 및 증명청구가 불가능합니다.

④ 공탁관은 열람 및 증명청구를 요청한 사람이 적법한 자격을 갖추었는지를 심사하여 인가여부를 결정하게 됩니다. 열람과 증명청구는 시효중단 사유가 되므로 각 신청 내역은 전산시스템에 입력되어 관리됩니다.

3-2. 신청서 작성

3-2-1. 개요

열람신청 또는 증명청구를 하기 위해서는 전자공탁홈페이지에서 제공하는 양식에 맞추어 열람신청서 또는 증명청구서를 작성하여 제출하여야 합니다. 공탁당사자, 이해관계인 등이 신청할 수 있으며, 공탁당사자가 아닌 경우 신청자격을 증명하는 서면을 첨부해야 합니다.

3-2-2. 상세

① 열람신청 및 증명청구 시 기재사항

열람 및 증명의 대상을 특정할 수 있도록 공탁사건번호, 열람/증명의 목적, 대상 공탁관계서류의 종류 등이 필요합니다. 또한 신청인이 해당 공탁사건에 어떠한 관계가 있는지, 즉 공탁당사자인지, 이해관계인인지를 명시하여야 합니다.

② 사실증명의 종류

공탁사실증명, 공탁물 지급사실증명, 공탁물의 출급 또는 회수의 인가가 있었다는 사실증명(공탁관이 인가한 출급 또는 회수청구서를 가지고 은행에 가서 공탁물을 지급받기 전에 분실한 경우 증명을 받아 은행에 지급청구하는 경우), 미지급사실증명 등이 있습니다.

③ 인지

수수(인지)료는 첨부하지 않습니다.

3-3. 제출(신청)

3-3-1. 개요

신청서와 첨부서류는 관할 공탁소에 제출하여야 합니다. 관할 공탁소 이외 공탁소에 제출하는 경우 사건이 불수리될 수 있습니다. (각 유형별 관할의 정보는 이용안내->공탁개요->공탁의 관할 메뉴를 참고하면 됩니다)

3-3-2. 상세

① 전자적인 열람 및 증명청구가 가능한 사건

- 전자공탁홈페이지에서도 열람 및 증명청구를 할 수 있습니다. 다만 전자신청 사건에 대해서만 전자적인 열람 및 증명청구가 가능합니다.

- 가령 공탁신청은 전자공탁홈페이지를 통하여 하고, 지급청구는 공탁소를 통하여 방문신청 하였다면, 공탁서와 관계서류는 전자적인 열람 및 증명청구가 가능하며, 지급청구에 대해서는 공탁소를 방문하여야 합니다.

② 전자공탁홈페이지를 통한 사실증명 청구

전자적인 사실증명 청구 시에는 증명을 받고자 하는 수만큼 별도의 증명청구를 하여야 합니다. 가령 공탁사실에 대한 증명서가 2통이 필요하면, 두 번의 별도의 증명청구를 하여야 합니다.

③ 제출시 신청서의 확인

전자신청의 경우 신청서를 제출하기 전에 공탁유형에 따라 필수정보의 입력 여부를 체크하여, 미입력된 정보가 있으면 제출을 할 수 없도록 되어 있습니다. 시스템상에서 성공적으로 제출이 완료되면, 접수확인서를 출력할 수 있습니다.

3-4. 접수

① 신청인이 전자적으로 제출한 공탁사건은 전자공탁시스템에서 접수하게 됩니다.

② 전자신청의 경우 신청서를 제출하기 전에 공탁유형에 따라 필수정보의 입력 여부를 체크하여 미입력된 정보가 있으면 제출할 수 없도록 되어 있습니다. 시스템 상에서 성공적으로 제출이 완료되면 접수확인서를 출력할 수 있습니다.

3-5. 심사 및 처리

3-5-1. 개요

공탁관은 열람신청서를 접수한 후 정당한 열람청구권자임을 확인한 후에 열람을 인가합니다. 사실증명을 청구받은 경우에는 정당한 청구권자인지, 증명청구가 이유가 있는지를 심사하여 증명서 발급 여부를 결정합니다.

3-5-2. 상세

공탁관은 열람 및 증명청구 사건에 대하여 신청가능자인지, 열람 및 증명청구가 가능한 사건인지를 검토하여 인가 여부를 결정하게 됩니다.

1. 열람 및 증명청구 가능 대상 서류

 - 열람의 대상이 되는 서류는 공탁관계서류로서, 공탁서와 그 첨부서류, 공탁물 지급청구서와 가압류, 가처분, 양도 등에 관한 서류 등 공탁기록상의 서류를 의미합니다.

 - 즉 공탁기록에 편철되어 있는 공탁서, 지급 청구서와 그 첨부서류 등 모든 서류(불복서류 포함)가 이에 해당하지만, 공탁소의 내부 문서인 원표, 일계표 및 공탁관계 장부 등은 공탁관계서류에 해당하지 않으므로 열람의 대상이 되지 않습니다.

2. 신청가능자

 - 당사자(공탁자, 피공탁자) 및 공탁시스템의 당사자로 등록이 되어 있는 이해관계인에 한정시키고 있으며 이해관계인이 아닌 제3자가 공탁물을 압류 또는 가압류하기 위해서 열람 등을 신청 할 수 없습니다.

 - 단, 이미 공탁사건에 대하여 압류나 가압류 등을 한 자는 이해관계인에 포함되므로 열람, 증명사항 등을 청구할 수 있습니다.

3-6. 열람 및 증명사항 취득

공탁관의 심사가 완료되면 신청인에게 열람 및 증명사항을 제공합니다. 열람 및 증명청구에 대해서도 불수리될 수 있습니다.

1. 열람 시 유의 사항

- 열람신청에 대하여 공탁관이 정당한 열람청구권자임을 확인하면 해당 문서에 대한 열람을 허용합니다. 열람 화면에서 화면 캡쳐 등이 금지되나, 열람이 허용된 문서에 대하여 열람용 문서임을 알 수 있도록 표시된 형태로 출력이 가능합니다. 이렇게 출력된 문서는 증명용으로는 활용할 수 없습니다.

- 열람문서는 열람신청이 수리된 날로부터 1주 이내에 재열람이 가능합니다.

2. 사실증명 절차

- 사실증명청구를 받은 공탁관이 정당한 청구권자의 증명청구가 이유가 있으면 이를 수리하고, 청구인은 공탁관의 직인이 찍힌 사실증명서를 발급할 수 있습니다.

- 전자공탁홈페이지를 통하여 출력한 사실증명서는 발급확인번호를 통하여 원본임을 확인할 수 있습니다.

- 사실증명서는 재발급할 수 없으므로 재신청을 하여야 합니다.

4. 전자정정신청절차

4-1. 개요

① 공탁이 수리된 후에 공탁서의 착오기재를 발견한 공탁자는 공탁의 동일성을 해하지 아니하는 범위 내에서 공탁서의 정정을 신청할 수 있습니다. 공탁서의 기재사항이 객관적 사실과 다른 착오기재라 하여 함부로 정정을 허용하는 것은 공탁상의 이해 관계인에게 중대한 영향을 미치기 때문에 필수요건을 갖추어야 정정 신청할 수 있습니다.

② 다음과 같은 경우 공탁서 정정이 가능합니다.
   1. 공탁수리 전부터 존재한 것으로서 공탁수리 후에 발견된 명백한 착오기재
   2. 본래 공탁에 의하여 형성된 실체관계(공탁의 동일성)에 변동이 생기지 아니하는 범위내에 정정
   3. 정정금지사항(예:공탁금액란 정정)이 아닐 것
   4. 공탁자의 적법한 정정신청이 있을 것
   5. 피공탁자의 성명의 명백한 오기

③ 피공탁자의 성명을 정정함으로써 사람 자체가 변경되는 경우에는 공탁의 동일성이 유지되는 것이 아니므로 정정이 허용될 수 없으나, 성명을 정정하여도 사람 자체가 변경되는 것이 아닌 경우에는 정당한 성명으로 정정할 수 있습니다.

④ 전자공탁 사건에 대한 정정신청은 전자적으로만 신청이 가능합니다. 방문신청 사건은 공탁소를 방문하여야 정정신청이 가능합니다.

4-2. 공탁서 정정 신청서 작성

① 수리의 뜻이 적힌 공탁서 정정신청서는 공탁서의 일부가 되므로(공탁규칙 30조5항), 공탁서가 전자문서인 경우, 즉 전자신청한 공탁사건인 경우 정정신청도 전자적으로만 신청이 가능합니다. 이는 하나의 원본인 공탁서와 정정신청서가 서로 다른 형태로 존재하는 것을 방지하기 위해서 입니다.

② 신청서 작성

   전자공탁 사건의 공탁서 정정신청을 하려는 신청인은 전자공탁홈페이지에서 제공하는 양식에 맞추어 공탁서 정정신청서를 작성하여야 합니다.

③ 자격을 증명하는 서면 첨부

   대리에 의한 신청의 경우 위임장을 제출하여야 하며, 자격자 대리인이 아닌 다른 대리인의 경우 전자신청이 불가합니다.

4-3. 정정신청

신청서와 첨부서류는 전자공탁시스템을 통하여 전자적으로 제출하여야 합니다. 공탁신청서와 첨부서류를 등록한 후 별도의 제출이라는 행위를 통하여 공탁자가 신청 의사를 표현한 것으로 갈음하게 됩니다.

4-4. 접수

① 신청인이 전자적으로 제출한 공탁사건은 전자공탁시스템에서 접수하게 됩니다.

② 전자신청의 경우 신청서를 제출하기 전에 공탁유형에 따라 필수정보의 입력 여부를 체크하여 미입력된 정보가 있으면 제출할 수 없도록 되어 있습니다. 시스템 상에서 성공적으로 제출이 완료되면 접수확인서를 출력할 수 있습니다.

4-5. 정정신청 수리

4-5-1. 공탁서 정정신청의 수리 절차

① 공탁관이 공탁서 정정신청을 수리한 때에는 신청인은 전자공탁홈페이지에서 공탁관의 직인이 찍힌 공탁서 정정서를 출력할 수 있습니다.

② 공탁관의 직인이 찍힌 공탁서 정정서는 공탁서의 일부이므로, 공탁서 원본을 관공서 등에 제출하여야 하는 경우에는 수리된 공탁서 정정서 원본도 함께 제출하여야 합니다.

③ 공탁서 정정의 요건을 갖추지 못한 경우에는 정정신청이 불수리 될 수 있습니다.

4-5-2. 공탁서 정정의 효력

공탁서 정정신청이 적법하게 수리된 경우에는 그 정정의 효력이 당초 공탁시로 소급하여 발생하는 것이 원칙이나, 반대급부 조건을 철회하는 공탁서 정정신청을 수리한 경우에는 그때부터 반대급부 조건이 없는 변제공탁으로서의 효력을 갖게 됩니다. (당초의 공탁시로 소급되지 않음)

공탁법

[시행 2019. 6. 19] [법률 제15971호, 2018. 12. 18, 일부개정]

제1장 총칙

제1조(목적) 이 법은 법령에 따라 행하는 공탁(供託)의 절차와 공탁물(供託物)을 효율적으로 관리하고 운용하기 위한 사항을 정함을 목적으로 한다.

제2조(공탁사무의 처리) ①법령에 따라 행하는 공탁사무는 지방법원장이나 지방법원지원장이 소속 법원서기관 또는 법원사무관 중에서 지정하는 자가 처리한다. 다만, 시·군법원은 지방법원장이나 지방법원지원장이 소속 법원주사 또는 법원주사보 중에서 지정하는 자가 처리할 수 있다.
② 법원행정처장이 지정·고시하는 공탁소의 공탁사무는 대법원규칙으로 정하는 바에 따라 전산정보처리조직을 이용한 전자문서로 처리할 수 있다.

제3조(공탁물보관자의 지정) ① 대법원장은 법령에 따라 공탁하는 금전, 유가증권, 그 밖의 물품을 보관할 은행이나 창고업자를 지정한다.
② 대법원장은 제1항에 따라 공탁금 보관은행을 지정할 때에는 공익성과 지역사회 기여도 등 해당 지역의 특수성이 반영될 수 있도록 해당 지방법원장의 의견을 듣고, 제15조에 따른 공탁금관리위원회의 심사를 거쳐야 한다.
③ 제1항에 따라 지정된 은행이나 창고업자는 그의 영업 부류(部類)에 속하는 것으로서 보관할 수 있는 수량에 한정하여 보관하며 선량한 관리자의 주의(注意)로써 보관하여야 한다.

제2장 공탁 절차

제4조(공탁 절차) 공탁을 하려는 자는 대법원규칙으로 정하는 바에 따라 공탁서를 작성하여 제2조에 따라 공탁사무를 처리하는 자{이하 "공탁관(供託官)"이라 한다}에게 제출한 후 공탁물을 지정된 은행이나 창고업자에게 납입하여야 한다.

(관련판례) 공탁불수리처분에대한이의

[대법원 1996. 10. 2., 자, 96마1369, 결정]

공탁서의 정정은 공탁신청이 수리된 후 공탁서의 착오 기재가 발견된 때에 공탁의 동일을 해하지 아니하는 범위 내에서만 허용되는 것인데, '갑' 1인으로 되어 있는 피공탁자 명의를 '갑 또는 을'로 정정하는 것은 단순한 착오 기재의 정정에 그치지 아니하고 공탁에 의하여 실체관계의 변경을 가져오는 것으로서 공탁의 동일성을 해하는 내용의 정정이므로 허용될 수 없다.

제5조(외국인등을 위한 공탁의 특례) ① 국내에 주소나 거소(居所)가 없는 외국인이나 재외국민(이하 "외국인등"이라 한다)을 위한 변제공탁(辨濟供託)은 대법원 소재지의 공탁소(供託所)에 할 수 있다.

② 외국인등이 공탁하는 절차나 외국인등을 위하여 공탁하는 절차, 그 밖에 필요한 사항은 대법원규칙으로 정할 수 있다.

제6조(공탁금의 이자) 공탁금에는 대법원규칙으로 정하는 이자를 붙일 수 있다.

제7조(이자 등의 보관) 지정된 은행이나 창고업자는 공탁물을 수령할 자가 청구하는 경우에는 공탁의 목적인 유가증권의 상환금, 이자 또는 배당금을 수령하여 이를 보관한다. 다만, 보증공탁(保證供託)을 할 때에 보증금을 대신하여 유가증권을 공탁한 경우에는 공탁자가 그 이자나 배당금을 청구할 수 있다.

제8조(보관료) 공탁물을 보관하는 은행이나 창고업자는 그 공탁물을 수령하는 자에게 일반적으로 같은 종류의 물건에 청구하는 보관료를 청구할 수 있다.

제9조(공탁물의 수령·회수) ① 공탁물을 수령하려는 자는 대법원규칙으로 정하는 바에 따라 그 권리를 증명하여야 한다.

② 공탁자는 다음 각 호의 어느 하나에 해당하면 그 사실을 증명하여 공탁물을 회수할 수 있다.

1. 「민법」 제489조에 따르는 경우
2. 착오로 공탁을 한 경우
3. 공탁의 원인이 소멸한 경우

③ 제1항 및 제2항의 공탁물이 금전인 경우(제7조에 따른 유가증권상환금, 배당금과 제11조에 따른 물품을 매각하여 그 대금을 공탁한 경우를 포함한다) 그 원금 또는 이자의 수령, 회수에 대한 권리는 그 권리를 행사할 수 있는 때부터 10년간 행사하지 아니할 때에는 시효로 인하여 소멸한다.

④ 법원행정처장은 제3항에 따른 시효가 완성되기 전에 대법원규칙으로 정하는 바에 따라 제1항 및 제2항의 공탁금 수령·회수권자에게 공탁금을 수령하거나 회수할 수 있는 권리가 있음을 알릴 수 있다.

(관련판례) 추심금

[대법원 2013. 7. 25., 선고, 2012다204815, 판결]

공탁관의 처분에 대하여 불복이 있는 때에는 공탁법이 정한 바에 따라 이의신청과 항고를 할 수 있고, 공탁관에 대하여 공탁법이 정한 절차에 의하여 공탁금지급청구를 하지 아니하고 직접 민사소송으로써 국가를 상대로 공탁금지급청구를 할 수는 없다.

제10조(반대급부) 공탁물을 수령할 자가 반대급부(反對給付)를 하여야 하는 경우에

는 공탁자의 서면 또는 판결문, 공정증서(公正證書), 그 밖의 관공서에서 작성한 공문서 등에 의하여 그 반대급부가 있었음을 증명하지 아니하면 공탁물을 수령하지 못한다.

(관련판례) 공탁불수리처분에대한이의

[대법원 2001. 6. 5., 자, 2000마2605, 결정]

[1] 공탁사무의 처리와 관련한 공탁공무원의 처분에 대한 이의에 있어서는 즉시항고와 같은 신청기간의 제한은 없으나, 이의의 이익이 있고 또한 존속하고 있는 동안에 신청하여야 하므로, 공탁공무원의 처분에 대한 이의에 의하여 그 처분의 취소 등 상당한 처분을 명하여 줄 것을 구하는 경우, 공탁공무원이 당해 공탁사무와 관련하여 더 이상 어떠한 처분을 할 수 없게 된 경우에는 이미 그 이의의 이익이 없어 이의의 신청을 할 수 없다.

[2] 공탁금회수청구권에 대한 압류·전부채권자가 공탁공무원에게 전부금액에 해당하는 공탁금회수청구를 하였으나 공탁공무원이 선행하는 가압류가 존재한다는 이유로 이를 불수리하고 민사소송법 제581조, 공탁사무처리규칙 제52조에 따라 압류의 경합을 이유로 사유신고를 한 경우, 특단의 사정이 없는 한 집행법원은 배당절차를 개시하게 되고, 그 이후에는 공탁공무원으로서는 집행법원의 배당절차에 따라 공탁금을 각 채권자들에게 분할 지급할 수 있을 뿐 당해 공탁사건에 관하여 더 이상 어떠한 처분을 할 지위에 있지 않게 되는 것이므로 이 경우 공탁공무원의 처분에 대한 이의신청은 그 이익이 없어 부적법하게 된다.

제11조(물품공탁의 처리) 공탁물 보관자는 오랫동안 보관하여 공탁된 물품이 그 본래의 기능을 다하지 못하게 되는 등의 특별한 사정이 있으면 공탁 당사자에게 적절한 기간을 정하여 수령을 최고(催告)하고 그 기간에 수령하지 아니하면 대법원규칙으로 정하는 바에 따라 공탁된 물품을 매각하여 그 대금을 공탁하거나 폐기할 수 있다.

제3장 이의신청 등

제12조(처분에 대한 이의신청) ①공탁관의 처분에 불복하는 자는 관할 지방법원에 이의신청을 할 수 있다.

②제1항에 따른 이의신청은 공탁소에 이의신청서를 제출함으로써 하여야 한다.

제13조(공탁관의 조치) ① 공탁관은 제12조에 따른 이의신청이 이유 있다고 인정하면 신청의 취지에 따르는 처분을 하고 그 내용을 이의신청인에게 알려야 한다.

② 공탁관은 이의신청이 이유 없다고 인정하면 이의신청서를 받은 날부터 5일 이내에 이의신청서에 의견을 첨부하여 관할 지방법원에 송부하여야 한다.

제14조(이의신청에 대한 결정과 항고) ① 관할 지방법원은 이의신청에 대하여 이유를 붙인 결정(決定)으로써 하며 공탁관과 이의신청인에게 결정문을 송부하여야 한다. 이 경우 이의가 이유 있다고 인정하면 공탁관에게 상당한 처분을 할 것을 명하여야 한다.

② 이의신청인은 제1항의 결정에 대하여 「비송사건절차법」에 따라 항고(抗告)할 수 있다.

제4장 공탁금관리위원회

제15조(공탁금관리위원회의 설립) ① 공탁금의 보관·관리 등과 관련된 다음 각 호의 사항을 효율적으로 처리하기 위하여 공탁금관리위원회(이하 "위원회"라 한다)를 설립한다.

1. 공탁금을 보관하는 은행의 지정 심사 및 적격 심사
2. 제19조에 따른 출연금 및 위원회 운영비의 심의·확정
3. 그 밖에 대법원규칙으로 정하는 사항

② 위원회는 법인으로 한다.

③ 위원회의 주된 사무소의 소재지는 정관(定款)으로 정한다.

④ 위원회는 그 주된 사무소의 소재지에서 설립등기를 함으로써 성립한다.

⑤ 위원회는 제1항 각 호의 사항에 관한 업무를 독립하여 수행한다.

제16조(공탁금관리위원회의 구성 등) ① 위원회는 위원장 1명을 포함하여 9명의 위원으로 구성한다.

② 위원장과 위원은 법원행정처장이 다음 각 호의 기준에 따라 임명하거나 위촉한다.

1. 법관 또는 3급 이상의 법원공무원 3명
2. 기획재정부장관이 추천하는 3급 이상의 국가공무원 또는 고위공무원단에 속하는 일반직공무원 1명
3. 법무부장관이 추천하는 검사 또는 3급 이상의 국가공무원 또는 고위공무원단에 속하는 일반직공무원 1명
4. 금융위원회가 추천하는 3급 이상의 국가공무원 또는 고위공무원단에 속하는 일반직공무원 1명
5. 공탁제도에 관하여 학식과 경험이 풍부한 변호사, 공인회계사, 대학교수 중 3명

③ 위원장과 위원의 임기는 2년으로 하되, 연임할 수 있다.

④ 위원이 임기 중 제2항제1호부터 제5호까지에 규정된 직이나 자격을 상실하는 경우에는 위원의 신분을 상실한다.

⑤ 위원장은 위원회를 대표하며 위원회의 사무를 총괄한다.

⑥ 위원회의 업무를 지원하기 위하여 대법원규칙으로 정하는 바에 따라 사무기구(事務機構)를 둘 수 있다.

⑦ 그 밖에 위원회의 운영에 필요한 사항은 정관으로 정한다.

제17조(정관) ① 위원회의 정관에는 다음 각 호의 사항을 적어야 한다.

1. 목적
2. 명칭
3. 사무소의 소재지
4. 업무 및 그 집행
5. 재산 및 회계
6. 사무기구의 설치
7. 위원의 임명·위촉과 해임·해촉
8. 정관의 변경
9. 공고의 방법

② 위원회는 정관을 작성하고 변경할 때에는 법원행정처장의 승인을 받아야 한다.

제18조(등기사항) 위원회의 등기사항은 다음 각 호와 같다.

1. 목적
2. 명칭
3. 사무소의 소재지
4. 위원의 성명, 주민등록번호 및 주소

제19조(출연금) ① 공탁금을 보관하는 은행은 매년 공탁금 운용수익금의 일부를 위원회에 출연(出捐)할 수 있다.

② 공탁금을 보관하는 은행이 제1항에 따라 위원회에 출연하는 경우 수익금의 범위·방법·조건 등에 필요한 사항은 대법원규칙으로 정한다.

제20조 삭제 <2015. 12. 15.>

제21조 삭제 <2015. 12. 15.>

제22조 삭제 <2015. 12. 15.>

제23조 삭제 <2015. 12. 15.>

제24조(공무원의 겸직) 법원행정처장은 위원장의 요청에 따라 그 소속 공무원을 위원회에 겸직근무하게 할 수 있다.

제25조(감독) ① 법원행정처장은 위원회를 지휘하고 감독하며 필요하다고 인정하면 위원회에 그 사업에 관한 지시나 명령을 할 수 있다.

② 법원행정처장은 필요하다고 인정하면 위원회에 그 업무·회계 및 재산에 관한 사항을 보고하게 하거나 소속 공무원에게 위원회의 장부·서류나 그 밖의 물건을

검사하게 할 수 있다.

③ 제2항에 따라 검사를 하는 공무원은 그 권한을 나타내는 증표를 지니고 이를 관계인에게 내보여야 한다.

제25조의2 삭제 <2015. 12. 15.>

제26조(벌칙 적용 시의 공무원 의제) 위원회의 위원 중 공무원이 아닌 위원은 「형법」이나 그 밖의 법률에 따른 벌칙을 적용할 때에는 공무원으로 본다.

제27조 삭제 <2015. 12. 15.>

제5장 사법서비스진흥기금

제28조(기금의 설치) 법원은 사법제도를 개선하고 법률구조 등 국민들에 대한 사법서비스 수준을 향상시키기 위한 자금을 확보·공급하기 위하여 사법서비스진흥기금(이하 "기금"이라 한다)을 설치한다.

제29조(기금의 조성) ① 기금은 다음 각 호의 재원(財源)으로 조성한다.

1. 제2항에 따른 위원회의 출연금
2. 다른 회계 또는 기금으로부터의 전입금
3. 위원회 이외의 자가 출연 또는 기부하는 현금, 물품 그 밖의 재산
4. 기금의 운용으로 인하여 생기는 수익금
5. 그 밖에 대법원규칙으로 정하는 수입

② 위원회는 제19조에 따라 위원회에 출연된 출연금 중 위원회의 운영비를 제외한 나머지 자금을 기금에 출연하여야 한다.

③ 제1항제3호에 따라 위원회 외의 자가 출연 또는 기부하는 경우 그 용도를 지정하여 출연 또는 기부할 수 있다.

제30조(기금의 관리·운용) ① 기금은 법원행정처장이 관리·운용한다.

② 법원행정처장은 기금에 여유자금이 있을 때에는 다음 각 호의 방법으로 이를 운용할 수 있다.

1. 국가·지방자치단체 또는 금융기관에서 직접 발행하거나 채무이행을 보증하는 유가증권의 매입
2. 「은행법」에 따른 은행 및 「우체국예금·보험에 관한 법률」에 따른 체신관서에 예치(預置) 또는 단기 대여
3. 그 밖에 대법원규칙으로 정하는 자금증식 방법

③ 기금의 관리·운용에 관하여 그 밖에 필요한 사항은 대법원규칙으로 정한다.

제31조(기금의 용도) 기금은 다음 각 호에 해당하는 용도에 사용한다.

1. 공탁제도 개선 및 공탁전산시스템의 개발과 운용

2. 국선변호인제도 및 소송구조제도의 운용

3. 조정제도의 운용

4. 법률구조사업 및 범죄피해자법률지원사업의 지원

5. 기금의 조성·관리 및 운용

6. 그 밖에 소년보호지원, 민원서비스개선 등 사법제도 개선이나 국민에 대한 사법서비스 향상을 위한 공익사업으로서 제32조에 따른 심의회의 의결을 거쳐 대법원규칙으로 정하는 사업이나 활동

제32조(기금운용심의회) ① 기금의 관리·운용에 관한 다음 각 호의 사항을 심의하기 위하여 법원행정처에 사법서비스진흥기금운용심의회(이하 "심의회"라 한다)를 둔다.

1. 기금의 관리 및 운용에 관한 주요 정책

2. 「국가재정법」 제66조에 따른 기금운용계획안의 수립

3. 「국가재정법」 제70조제2항에 따른 주요항목 지출금액의 변경

4. 「국가재정법」 제8조제3항에 따른 기금 성과보고서 및 같은 법 제73조에 따른 기금 결산보고서의 작성

5. 「국가재정법」 제79조에 따른 자산운용지침의 제정 및 개정

6. 기금의 관리·운용에 관한 중요 사항으로서 대법원규칙으로 정하는 사항과 그 밖에 심의회의 위원장이 필요하다고 인정하여 부의하는 사항

② 심의회 위원은 위원장 1명을 포함하여 10명의 위원으로 구성하되, 다음 각 호의 기준에 따라 법원행정처장이 임명 또는 위촉한다.

1. 법관 또는 3급 이상의 법원공무원 3명

2. 기획재정부장관이 추천하는 3급 이상의 국가공무원 또는 고위공무원단에 속하는 일반직공무원 1명

3. 법무부장관이 추천하는 검사 또는 3급 이상의 국가공무원 또는 고위공무원단에 속하는 일반직공무원 1명

4. 사법서비스에 관하여 학식과 경험이 풍부한 변호사, 공인회계사, 대학교수 중 5명

③ 심의회의 구성 및 운영, 그 밖에 필요한 사항은 대법원규칙으로 정한다.

제33조(기금의 회계기관) 법원행정처장은 기금의 수입과 지출에 관한 사무를 처리하게 하기 위하여 소속 공무원 중에서 기금수입징수관, 기금재무관, 기금지출관 및 기금출납공무원을 임명한다.

제34조(기금의 회계연도) 기금의 회계연도는 정부의 회계연도에 따른다.

제35조(기금의 회계처리) 기금은 기업회계의 원칙에 따라 회계처리한다.

제36조(기금의 일시차입) 법원행정처장은 기금의 운용상 필요한 때에는 기금의 부담으로 한국은행, 그 밖의 금융기관으로부터 자금을 일시 차입할 수 있다.

제37조(기금의 목적 외 사용금지 및 반환) ① 제31조에 따라 지원받은 기금은 지원받은 목적 외의 용도에 사용하지 못한다.

② 법원행정처장은 기금을 지원받은 자가 거짓이나 그 밖의 부정한 방법으로 기금을 지원받거나 지원받은 기금을 목적 외의 용도에 사용하였을 경우에는 지원을 취소하고 기금의 전부 또는 일부를 반환하게 할 수 있다.

제38조(보고 및 감독) ① 기금을 지원받는 자는 기금사용계획과 기금사용결과를 대법원규칙으로 정하는 바에 따라 법원행정처장에게 보고하여야 한다.

② 법원행정처장은 필요하다고 인정하면 소속 공무원으로 하여금 기금을 지원받은 자의 장부·서류 등의 물건을 검사하게 할 수 있다.

제39조(이익 및 결손의 처리) ① 기금의 결산상 이익금이 생긴 때에는 이를 전액 적립하여야 한다.

② 기금의 결산상 손실금이 생긴 때에는 제1항에 따른 적립금으로 보전하고, 그 적립금으로 부족한 때에는 정부가 예산의 범위에서 이를 보전할 수 있다.

제40조(벌칙 적용에서의 공무원 의제) 심의회의 위원 중 공무원이 아닌 위원은 「형법」제129조부터 제132조까지의 규정을 적용할 때에는 공무원으로 본다.

제41조(대법원규칙) 이 법 시행에 필요한 사항은 대법원규칙으로 정한다.

부칙 <제15971호, 2018. 12. 18.>

이 법은 공포 후 6개월이 경과한 날부터 시행한다.

공탁규칙

[시행 2019. 9. 17] [대법원규칙 제2859호, 2019. 9. 17, 일부개정]

제1장 총칙

제1조(목적) 이 규칙은 「공탁법」(이하 "법"이라 한다)에서 위임한 사항과 그 밖에 공탁사무에 필요한 사항을 정함을 목적으로 한다.

제2조(시·군법원 공탁관의 직무범위) 시·군법원 공탁관(供託官)의 직무범위는 해당 시·군법원의 사건과 관련된 다음 각 호의 업무에 한한다.

1. 변제공탁(辨濟供託)

    해당 시·군법원에 계속 중이거나 시·군법원에서 처리한 「소액사건심판법」의 적용을 받는 민사사건과 화해·독촉·조정사건에 대한 채무의 이행으로서 하는 「민법」 제487조, 제488조에 따른 변제공탁

2. 재판상 보증공탁(保證供託)

    가. 「민사소송법」 제117조제1항에 따른 소송비용의 담보와 관련된 공탁

    나. 「민사소송법」 제213조에 따른 가집행선고와 관련된 공탁

    다. 「민사소송법」 제500조제1항에 따른 재심(再審)이나 상소(上訴)의 추후보완신청으로 말미암은 집행정지(執行停止)와 관련된 공탁

    라. 「민사소송법」 제501조, 제500조제1항에 따른 상소제기나 변경의 소제기로 말미암은 집행정지와 관련된 공탁

    마. 「민사집행법」 제34조제2항, 제16조제2항에 따른 집행문부여 등에 관한 이의신청과 관련된 공탁

    바. 「민사집행법」 제46조제2항, 제44조에 따른 청구에 관한 이의의 소의 잠정처분(暫定處分)과 관련된 공탁

    사. 「민사집행법」 제46조제2항, 제45조에 따른 집행문부여에 대한 이의의 소의 잠정처분과 관련된 공탁

    아. 「민사집행법」 제280조, 제301조에 따른 가압류·가처분명령과 관련된 공탁

    자. 「민사집행법」 제286조제5항, 제301조에 따른 가압류·가처분 이의에 대한 재판과 관련된 공탁

    차. 「민사집행법」 제288조제1항, 제307조에 따른 가압류·가처분 취소와 관련된 공탁

3. 집행공탁(執行供託)

    「민사집행법」 제282조에 따른 가압류 해방금액(解放金額)의 공탁

4. 몰취공탁(沒取供託)

「민사소송법」 제299조제2항에 따른 소명(疏明)에 갈음하는 보증금의 공탁

제3조(공탁관계 장부와 양식) ① 공탁관은 다음 각 호의 장부(帳簿)를 전산정보처리조직을 이용하여 기록·관리하여야 한다.

1. 공탁물의 종류에 따른 원장(元帳)
2. 공탁물의 종류에 따른 출납부
3. 공탁물의 종류에 따른 사건부
4. 불수리사건 관리부
5. 문서건명부

② 이 규칙의 시행에 필요한 문서의 양식은 대법원 예규로 정한다.

제4조(원장) ① 공탁관은 원장(각 공탁사건에 관한 주요사항을 전산 등록한 기본 장부를 말한다. 이하 같다)을 사건별로 작성하여야 한다.

② 공탁관은 공탁을 수리(受理)하거나 공탁물의 출급·회수를 인가(認可)한 때에는 이를 원장에 등록하여야 한다.

제5조(출납부) ① 출납부는 공탁물의 종류에 따라 연도별로 작성한다.

② 공탁관은 공탁물보관자가 보내온 공탁물의 납입 및 지급결과에 관한 내용을 일자순으로 등록하여야 한다.

③ 제2항의 공탁물의 납입 및 지급결과에 관한 내용은 원장에도 등록하여야 한다.

제6조(사건부) ① 사건부는 공탁물의 종류에 따라 연도별로 작성한다.

② 사건부에는 공탁신청사건의 접수사실을 등록하고, 공탁물의 지급 등으로 공탁사건이 완결된 때에는 완결일자를 등록하여야 한다.

③ 사건부에 등록할 공탁번호는 연도, 부호문자와 진행번호에 따라 부여한다. 부호문자는 금전공탁은 "금"으로, 유가증권(「주식·사채 등의 전자등록에 관한 법률」제63조제1항에 따라 발행된 전자등록증명서를 포함한다. 이하 같다)공탁은 "증"으로, 물품공탁은 "물"로 하고, 진행번호는 접수순서에 따르며 매년 그 번호를 새로 부여한다.

제7조(불수리사건 관리부) 공탁관은 불수리사건 관리부에 다음 각 호의 사항을 등록하여야 한다.

1. 제48조의 불수리 결정을 한 경우 결정연월일과 고지연월일
2. 불수리 결정에 대한 이의신청이 있는 경우 이의신청일 및 결과

제8조(문서건명부) ① 문서건명부에는 공탁신청과 불수리 결정의 고지 이외의 공탁관련 모든 문서의 접수 및 발송사실을 등록 한다.

② 문서건명부의 진행번호는 접수문서와 발송문서를 구분하지 않고 등록순서에 따르며 매년 그 번호를 새로 부여한다.

제9조(일계표) 공탁관은 납입 및 지급된 공탁사건에 관하여 매일 일계표를 전산정보처리조직으로 출력하여 법원장(지방법원 지원에서는 지원장, 시·군법원에서는 시·군법원 판사)의 결재를 받아야 한다.

제10조(공탁기록 및 서류철) ① 공탁사건을 접수한 공탁관은 사건마다 공탁기록을 만들고, 공탁에 관한 서류를 접수순서에 따라 해당 공탁기록에 편철한다.
② 제1항 이외의 서류는 아래와 같이 구분하여 편철한다.
1. 일계표철
2. 월계대사표철
3. 우편발송부
4. 기타 문서철

제11조(날인에 갈음하는 서명 등) ① 공탁관에게 제출하는 서면에 날인하여야 할 경우에는 서명으로 갈음할 수 있고, 날인이나 서명을 할 수 없을 때에는 무인으로 할 수 있다.
② 제1항은 제출하는 서면에 인감을 날인하고 인감증명서를 첨부하여야 하는 경우에는 적용하지 아니한다.

제12조(기재문자의 정정 등) ① 공탁서, 공탁물 출급·회수청구서 그 밖에 공탁에 관한 서면에 적는 문자는 자획(字劃)을 명확히 하여야 한다.
② 공탁서, 공탁물 출급·회수청구서, 지급위탁서·증명서에 적은 금전에 관한 숫자는 정정(訂正), 추가나 삭제하지 못한다. 그러나 공탁서의 공탁원인사실과 청구서의 청구사유에 적은 금전에 관한 숫자는 그러하지 아니하다.
③ 정정, 추가나 삭제를 할 때에는 한 줄을 긋고 그 위쪽이나 아래쪽에 바르게 적거나 추가하고, 그 글자 수를 난외(欄外)에 적은 다음 도장을 찍어야 하며, 정정하거나 삭제한 문자는 읽을 수 있도록 남겨두어야 한다.
④ 제3항에 따라 정정 등을 한 서류가 공탁서이거나 공탁물 출급·회수청구서인 때에는 공탁관은 작성자가 도장을 찍은 곳 옆에 인감(제55조제2항의 인감을 말한다. 이하 같다)도장을 찍어 확인하여야 한다.

제13조(계속 기재) ① 공탁관에게 제출하는 서류에 관하여 양식과 용지의 크기가 정하여져 있는 경우에 한 장에다 전부 적을 수 없는 때에는 해당 용지와 같은 크기의 용지로서 적당한 양식으로 계속 적을 수 있다.
② 제1항의 경우에는 계속 용지임을 명확히 표시하여야 한다.

제14조(서류의 간인) ① 공탁관에게 제출하는 서류가 두 장 이상인 때에는 작성자는 간인을 하여야 한다.
② 서류의 작성자가 여러 사람인 경우에는 그 중 한 사람이 간인을 하면 된다.
③ 제1항 및 제2항의 서류가 공탁서이거나 공탁물 출급·회수청구서인 때에는

공탁관이 인감도장으로 간인을 하여 확인하여야 한다.

제15조(원본인 첨부서면의 반환) ① 공탁서, 공탁서 정정신청서, 대공탁·부속공탁 청구서, 공탁물출급·회수청구서 등에 첨부한 원본인 서면의 반환을 청구하는 경우에 청구인은 그 원본과 같다는 뜻을 적은 사본을 제출하여야 한다.

② 공탁관이 서류의 원본을 반환할 때에는 그 사본에 원본을 반환한 뜻을 적고 도장을 찍어야 한다.

제16조(자격증명서 등의 유효기간) 공탁관에게 제출하는 다음 서면은 발급일로부터 3월 이내의 것이어야 한다.

1. 대표자나 관리인의 자격 또는 대리인의 권한을 증명하는 것으로서 관공서에서 발급받은 서면
2. 제21조제3항의 주소를 소명하는 서면으로서 관공서에서 발급받은 서면
3. 인감증명서

제17조(장부 등의 보존기간) ① 공탁관은 공탁에 관한 장부와 서류를 다음과 같이 구분하여 보존하여야 한다. 그러나 관계서류를 합철하였을 경우에는 그 서류 중 보존기간이 가장 긴 서류에 따라 보존한다.

1. 제3조제1항 각호의 장부
   사건별 완결연도의 다음해부터 10년
2. 공탁기록
   완결연도의 다음해부터 5년
3. 일계표철, 월계대사표철, 우편발송부, 기타 문서철
   각 해당 연도의 다음해부터 2년

② 제1항의 장부와 서류는 보존기간이 끝난 후에도 보존하여야 할 특별한 사유가 있는 때는 그 사유가 존재하는 동안 보존하여야 한다.

제18조(장부 등의 폐기절차) 공탁관이 보존기간이 끝난 장부나 서류를 폐기하려면 그 목록을 작성하여 소속 지방법원장 또는 지원장의 인가를 받아야 한다.

제19조(완료되지 않은 서류 등의 반출금지) 공탁에 관한 서류로서 지급이 완료되지 않은 것은 천재지변(天災地變) 등 긴급한 상황에서 서류의 보존을 위하여 필요한 경우가 아니면 사무실 밖으로 옮기지 못한다.

제2장 공탁 절차

제20조(공탁서) ① 공탁을 하려는 사람은 공탁관에게 공탁서 2통을 제출하여야 한다.

② 제1항의 공탁서에는 다음 각 호의 사항을 적고 공탁자가 기명날인(記名捺印)하여야 한다. 그러나 대표자나 관리인 또는 대리인이 공탁하는 때에는 그 사람

의 주소를 적고 기명날인하여야 하며, 공무원이 그 직무상 공탁하는 경우에는 소속 관서명과 그 직을 적고 기명날인하여야 한다.

1. 공탁자의 성명(상호, 명칭)·주소(본점, 주사무소)·주민등록번호(법인등록번호)
2. 공탁금액, 공탁유가증권의 명칭·장수·총 액면금(액면금이 없을 때에는 그 뜻)·기호·번호·부속이표·최종상환기, 공탁물품의 명칭·종류·수량
3. 공탁원인사실
4. 공탁을 하게 된 관계법령의 조항
5. 공탁물의 수령인(이하 "피공탁자"라 한다)을 지정해야 할 때에는 피공탁자의 성명(상호, 명칭)·주소(본점, 주사무소)·주민등록번호(법인등록번호)
6. 공탁으로 인하여 질권, 전세권, 저당권이 소멸하는 때는 그 질권, 전세권, 저당권의 표시
7. 반대급부를 받아야 할 경우에는 그 반대급부의 내용
8. 공탁물의 출급·회수에 관하여 관공서의 승인, 확인 또는 증명 등을 필요로 하는 경우에는 해당 관공서의 명칭
9. 재판상의 절차에 따른 공탁의 경우에는 해당 법원의 명칭과 사건명
10. 공탁법원의 표시
11. 공탁신청 연월일

제21조(첨부서면) ① 공탁자가 법인인 경우에는 대표자 또는 관리인의 자격을 증명하는 서면, 법인 아닌 사단이나 재단일 경우에는 정관 이나 규약과 대표자 또는 관리인의 자격을 증명하는 서면을 공탁서에 첨부하여야 한다.

② 대리인이 공탁하는 경우에는 대리인의 권한을 증명하는 서면을 첨부하여야 한다.

③ 변제공탁을 하는 경우에 피공탁자의 주소를 표시하는 때에는 그 주소를 소명하는 서면을, 피공탁자의 주소가 불명인 경우에는 이를 소명하는 서면을 첨부하여야 한다.

제22조(첨부서면의 생략) 같은 사람이 동시에 같은 공탁법원에 여러 건의 공탁을 하는 경우에 첨부서면의 내용이 같을 때에는 1건의 공탁서에 1통만을 첨부하면 된다. 이 경우 다른 공탁서에는 그 뜻을 적어야 한다.

제23조(공탁통지서 등 첨부) ① 공탁자가 피공탁자에게 공탁통지를 하여야 할 경우에는 피공탁자의 수만큼 공탁통지서를 첨부하여야 한다.

② 제1항의 경우「우편법 시행규칙」제25조제1항제4호다목에 따른 배달증명을 할 수 있는 우편료를 납입하여야 한다.

③ 공탁관은 제1항의 공탁통지서를 발송하기 위한 봉투 발신인란에 공탁소의 명칭과 그 소재지 및 공탁관의 성명을 적어야 한다.

제24조(기명식유가증권을 공탁하는 요건) 기명식(記名式)유가증권을 공탁하는 경우에는 공탁물을 수령하는 자가 즉시 권리를 취득할 수 있도록 유가증권에 배서(背書)를 하거나 양도증서를 첨부하여야 한다.

제25조(공탁신청서류 조사) 공탁관이 공탁신청서류를 접수한 때는 상당한 사유가 없는 한 지체 없이 모든 사항을 조사하여 신속하게 처리하여야 한다.

제26조(수리절차) ① 공탁관이 공탁신청을 수리할 때에는 공탁서에 다음 각 호의 사항을 적고 기명날인한 다음 1통을 공탁자에게 내주어 공탁물을 공탁물보관자에게 납입하게 하여야 한다.
1. 공탁을 수리한다는 뜻
2. 공탁번호
3. 공탁물 납입기일
4. 납입기일까지 공탁물을 납입하지 않을 경우에는 수리결정의 효력이 상실된다는 뜻
② 공탁관이 제1항에 따라 공탁신청을 수리한 때에는 주요사항을 전산등록하고, 공탁물보관자에게 그 내용을 전송하여야 한다. 다만, 물품공탁의 경우에는 공탁물보관자에게 전송하는 대신 공탁자에게 공탁물품납입서 1통을 주어야 한다.
③ 공탁자가 제1항제3호의 납입기일까지 공탁물을 납입하지 않을 때는 그 수리결정은 효력을 상실한다.
④ 제3항의 경우에는 원장에 그 뜻을 등록하여야 한다.

제27조(공탁물 납입절차) 공탁물보관자가 공탁물을 납입받은 때에는 공탁서에 공탁물을 납입받았다는 뜻을 적어 공탁자에게 내주고, 그 납입사실을 공탁관에게 전송하여야 한다. 다만, 물품을 납입 받은 경우에는 공탁물품납입통지서를 보내야 한다.

제28조(계좌입금에 의한 공탁금 납입) ① 공탁관은 금전공탁에서 공탁자가 자기의 비용으로 계좌납입을 신청한 경우 공탁금보관자에게 가상계좌번호를 요청하여 그 계좌로 공탁금을 납입하게 하여야 한다.
② 제1항의 방법으로 공탁금이 납입된 경우 공탁금보관자는 공탁관에게 공탁금이 납입된 사실을 전송하여야 한다.
③ 제2항의 전송을 받은 공탁관은 공탁서에 공탁금이 납입되었다는 뜻을 적어 공탁자에게 내주거나 배달증명 우편으로 보내야 한다.
④ 삭제 <2012. 10. 30.>

(관련판례) 배당이의

[대법원 2005. 5. 13., 선고, 2005다1766, 판결]

[1] 채무액을 공탁한 제3채무자가 구 민사소송법(2002. 1. 26. 법률 제6626호로 전문 개정되기 전의 것) 제581조 제3항에 따라 그 사유를 법원에 신고하면 배당절차가 개시되는 것이 원칙이지만 법원이 사유신고서를 접수한 결과 배당절차에 의할 것이 아니라고 판단될 경우 그 신고서를 각하하는 결정을 할 수 있고, 이 경우에는 배당절차가 개시되는 것이 아니므로 그 사유신고에는 새로운 권리자의 배당가입을 차단하는 같은 법 제580조 제1항 제1호 소정의 효력이 없다.

[2] 대공탁(代供託)은 공탁유가증권의 상환기가 도래하였을 때 공탁자 또는 피공탁자의 청구에 기하여 공탁기관이 공탁유가증권의 상환금을 받아 종전 공탁유가증권에 대신하여 그 상환금을 공탁함으로써 종전 공탁의 효력을 지속하게 하는 공탁이므로 대공탁을 하게 되면 공탁의 목적물은 유가증권에서 금전으로 변경되나 공탁의 동일성은 유지된다 할 것이고, 부속공탁은 공탁유가증권의 이자 또는 배당금의 지급기가 도래하였을 때 공탁기관이 그 이자 또는 배당금을 수령하여 공탁유가증권에 부속시켜 공탁함으로써 기본공탁의 효력을 그 이자 또는 배당금에 의한 금전공탁에도 일체로서 미치게 하는 것이므로, 당초 공탁된 유가증권 인도청구권에 대한 압류 및 배당요구의 효력은 공탁기관이 그 유가증권을 환가하여 현금화한 원금과 이자에 대한 대공탁과 부속공탁에 미친다.

제29조(공탁통지서의 발송) ① 공탁관은 제27조의 전송이나 공탁물품납입통지서를 받은 때에는 제23조의 공탁통지서를 피공탁자에게 발송하여야 한다.

② 제1항의 통지서에는 공탁번호, 발송연월일과 공탁관의 성명을 적고 직인을 찍어야 한다.

③ 공탁통지서를 발송한 경우 그 송달정보는 전산정보처리조직에 의하여 관리하여야 한다.

④ 공탁통지서가 반송된 경우에는 이를 공탁기록에 편철하여야 한다.

(관련판례) 손해배상(기)

[대법원 2010. 2. 25., 선고, 2009다82831, 판결]

[1] 공탁공무원은 공탁물회수청구서와 그 첨부서류만으로 공탁당사자의 공탁금지급청구가 공탁관계 법령에서 규정하는 절차적, 실체적 요건을 갖추고 있는지 여부를 심사하여야 하는 형식적 심사권만을 가진다 할 것이나, 그러한 심사 결과 공탁금회수청구가 소정의 요건을 갖추지 못하였다고 볼만한 상당한 사정이 있는 경우에는 만연히 그 청구를 인가하여서는 안 된다.

[2] 공동공탁자 중 1인이 다른 공동공탁자에게 공탁금회수청구권을 양도한 후 채권양도통지를 하였으나 그 후 제3자가 위 공동공탁자의 공동 명의로 공탁금회수청구서를 작성한 후 위조하거나 부정발급받은 서류를 첨부하여 공탁금회수청구를 한 사안에서, 공탁공무원에게는 형식적 심사권만 있다고 하더라도 채권양도통지 사실이 기재된 공탁사건기록과 공동공탁자 공동 명의의 위 공탁금회수청구서를 대조하여 보는 것만으

로도 위 공탁금회수청구가 진정한 권리자에 의한 것인지에 관하여 의심을 할 만한 사정이 있었다고 할 것임에도, 절차적 요건이나 실체적 요건을 갖추지 못한 위 공탁금회수청구를 인가한 공탁공무원에게는 공탁관련 법령이 요구하는 직무상 주의의무를 위반하여 그 직무집행을 그르친 과실이 있다고 한 사례.

[3] 구 공탁사무처리규칙(2005. 9. 21. 대법원규칙 제1957호로 개정되기 전의 것) 제32조는 공탁물을 회수하려고 하는 사람은 공탁물회수청구서에 공탁서뿐만 아니라 '회수청구권을 갖는 것을 증명하는 서면'을 첨부하도록 규정하고 있는바, 이는 공탁공무원으로 하여금 공탁금회수청구서 및 그 첨부서면의 확인을 통하여 공탁금회수청구의 절차법적 요건은 물론 실체법적 요건도 함께 심사할 의무를 부과한 것으로서 그러한 심사를 통하여 진정한 공탁금회수청구권자가 아닌 무권리자에게 공탁금이 귀속되는 것을 방지하기 위한 것이다. 따라서 공탁공무원으로서는 공탁금회수청구권자에게 회수청구권이 있다는 것이 첨부서면에 의하여 증명되지 않는 한 그 회수청구를 불수리하여야 하고, 그와 같이 회수청구권이 서면에 의하여 증명되지 아니하였음에도 공탁금회수청구를 인가하는 경우에는 진정한 공탁금회수청구권자가 아닌 무권리자에게 공탁금이 귀속됨으로써 진정한 공탁금회수청구권자가 불측의 손해를 입게 될 개연성이 크다고 할 수 있다.

제30조(공탁서 정정) ① 공탁신청이 수리된 후 공탁서의 착오(錯誤) 기재를 발견한 공탁자는 공탁의 동일성(同一性)을 해하지 아니하는 범위 내에서 공탁서 정정(訂正)신청을 할 수 있다.

② 제1항의 신청을 하려는 사람은 공탁서 정정신청서 2통과 정정사유를 소명하는 서면을 제출하여야 한다.

③ 제21조제1항 및 제2항, 제22조, 제59조제2항은 공탁서 정정신청에 준용한다.

④ 공탁관이 공탁서 정정신청을 수리한 때에는 공탁서 정정신청서에 그 뜻을 적고 기명날인한 후 그 신청서 1통을 신청인에게 내준다. 이 경우 공탁관은 원장의 내용을 정정등록하여야 한다.

⑤ 수리의 뜻이 적힌 공탁서 정정신청서는 공탁서의 일부로 본다.

⑥ 피공탁자의 주소를 정정하는 경우에는 제23조를 준용한다.

(관련판례) 소유권확인·공탁물수령권자확인

[대법원 2007. 2. 9., 선고, 2006다68650, 판결]

[1] 확인의 소에 있어서는 권리보호요건으로서 확인의 이익이 있어야 하고 확인의 이익은 확인판결을 받는 것이 원고의 권리 또는 법률상의 지위에 현존하는 불안·위험을 제거하는 가장 유효적절한 수단일 때에 인정되는 것이므로, 확인의 소에 있어서는 원고의 권리 또는 법률상의 지위에 불안·위험을 초래하고 있거나 초래할 염려가 있는 자가 피고로서의 적격을 가진다.

[2] 보상금을 받을 자가 주소불명으로 인하여 그 보상금을 수령할 수 없는 때에 해당함을 이유로 하여 공익사업을 위한 토지 등의 취득 및 보상에 관한 법률 제40조 제2항 제1호의 규정에 따라 사업시행자가 보상금을 공탁한 경우에 있어서는, 변제공탁제도가 본질적으로는 사인 간의 법률관계를 조정하기 위한 것이라는 점, 공탁공무원은 형식적 심사권을 가질 뿐이므로 피공탁자와 정당한 보상금수령권자라고 주장하는 자 사이의 동일성 등에 관하여 종국적인 판단을 할 수 없고, 이는 공탁공무원의 처분에 대한 이의나 그에 대한 불복을 통해서도 해결될 수 없는 점, 누가 정당한 공탁금수령권자인지는 공탁자가 가장 잘 알고 있는 것으로 볼 것인 점, 피공탁자 또는 정당한 공탁금수령권자라고 하더라도 직접 국가를 상대로 하여 민사소송으로써 그 공탁금의 지급을 구하는 것은 원칙적으로 허용되지 아니하는 점 등에 비추어 볼 때, 정당한 공탁금수령권자이면서도 공탁공무원으로부터 공탁금의 출급을 거부당한 자는 그 법률상 지위의 불안·위험을 제거하기 위하여 공탁자인 사업시행자를 상대방으로 하여 그 공탁금출급권의 확인을 구하는 소송을 제기할 이익이 있다.

제31조(대공탁 또는 부속공탁 청구) ① 공탁유가증권의 상환금의 대공탁이나 이자 또는 배당금의 부속공탁을 청구하려는 사람은 대공탁·부속공탁청구서 2통을 제출하여야 한다.

② 유가증권공탁에 관하여 대공탁과 부속공탁을 동시에 청구하는 경우에는 하나의 청구서로 할 수 있다. 이 경우 공탁관은 대공탁과 부속공탁을 별건으로 접수·등록하되 1개의 기록을 만든다.

③ 공탁관이 제1항의 청구를 수리할 때에는 대공탁·부속공탁청구서에 그 뜻과 공탁번호를 적고 기명날인한 다음, 그 중 1통을 유가증권·이표출급의뢰서와 함께 청구인에게 내주어야 한다.

④ 제21조제1항 및 제2항과 제22조는 제1항의 경우에 준용한다.

⑤ 공탁유가증권이 기명식인 때에는 청구인은 제1항의 청구서에 공탁물보관자 앞으로 작성한 상환금 추심 위임장을 첨부하여야 한다.

⑥ 대공탁과 부속공탁 청구절차의 추심비용은 청구인이 부담한다.

⑦ 대공탁과 부속공탁은 금전공탁사건으로 접수하고, 대공탁을 수리하는 경우에는 동시에 유가증권공탁사건부와 원장에 유가증권의 출급 사항을 등록하여야 한다.

　　　제3장 출급 또는 회수절차

제32조(공탁물 출급·회수청구서) ① 공탁물을 출급·회수하려는 사람은 공탁관에게 공탁물 출급·회수청구서 2통을 제출하여야 한다.

② 제1항의 청구서에는 다음 각 호의 사항을 적고 청구인이 기명날인하여야 한

다. 다만, 대표자나 관리인 또는 대리인이 청구하는 때에는 그 사람의 주소를 적고 기명날인하여야 하며, 공무원이 직무상 청구할 때에는 소속 관서명과 그 직을 적고 기명날인하여야 한다.

1. 공탁번호
2. 출급·회수하려는 공탁금액, 유가증권의 명칭·장수·총 액면금·액면금(액면금이 없을 때는 그 뜻)·기호·번호, 공탁물품의 명칭·종류·수량
3. 출급·회수청구사유
4. 이자의 지급을 동시에 받으려는 경우 그 뜻
5. 청구인의 성명(상호, 명칭)·주소(본점, 주사무소)·주민등록번호(사업자등록번호)
6. 청구인이 공탁자나 피공탁자의 권리승계인인 경우 그 뜻
7. 제41조제1항이나 제2항에 따른 출급·회수청구의 경우 그 서류를 첨부한 뜻
8. 공탁법원의 표시
9. 출급·회수청구 연월일

제33조(공탁물 출급청구서의 첨부서류) 공탁물을 출급하려는 사람은 공탁물 출급청구서에 다음 각 호의 서류를 첨부하여야 한다.

1. 제29조에 따라 공탁관이 발송한 공탁통지서 다만, 다음 중 어느 하나의 사유가 있는 경우에는 그러하지 아니하다.
    가. 출급청구하는 공탁금액이 5000만원 이하인 경우(유가증권의 총 액면금액이 5000만원 이하인 경우를 포함한다) 다만, 청구인이 관공서이거나 법인 아닌 사단이나 재단인 때에는 그 금액이 1000만원 이하인 경우
    나. 공탁서나 이해관계인의 승낙서를 첨부한 경우
    다. 강제집행이나 체납처분에 따라 공탁물 출급청구를 하는 경우
    라. 공탁통지서를 발송하지 않았음이 인정되는 경우
2. 출급청구권이 있음을 증명하는 서면 다만, 공탁서의 내용으로 그 사실이 명백한 경우에는 그러하지 아니하다.
3. 공탁물 출급을 위하여 반대급부를 하여야 할 때는 법 제10조에 따른 증명서류

제34조(공탁물 회수청구서의 첨부서류) 공탁물을 회수하려는 사람은 공탁물 회수청구서에 다음 각 호의 서류를 첨부하여야 한다.

1. 공탁서 다만, 다음 중 어느 하나의 사유가 있는 경우에는 그러하지 아니하다.
    가. 회수청구하는 공탁금액이 5000만원 이하인 경우(유가증권의 총 액면금액이 5000만원 이하인 경우를 포함한다) 다만, 청구인이 관공서이거나 법인 아닌 사단이나 재단인 때에는 그 금액이 1000만원 이하인 경우
    나. 이해관계인의 승낙서를 첨부한 경우
    다. 강제집행이나 체납처분에 따라 공탁물 회수청구를 하는 경우
2. 회수청구권이 있음을 증명하는 서면 다만, 공탁서의 내용으로 그 사실이 명

백한 경우에는 그러하지 아니하다.

제35조(공탁물 출급·회수의 일괄청구) 같은 사람이 여러 건의 공탁에 관하여 공탁물의 출급·회수를 청구하려는 경우 그 사유가 같은때에는 공탁종류에 따라 하나의 청구서로 할 수 있다.

제36조(각종 부기문의 기재) ① 공탁서와 청구서 등에 적을 부기문은 그 서면의 여백에 적을 수 있다. 그러나 다른 용지에 적을 때는 직인으로 간인을 하여야 한다.

②제1항의 서면 중 1통을 제출자나 공탁물보관자에게 내주는 때에는 두 서면에 직인으로 계인(契印)을 찍어야 한다.

제37조(인감증명서의 제출) ① 공탁물 출급·회수청구를 하는 사람은 공탁물 출급·회수청구서 또는 위임에 따른 대리인의 권한을 증명하는 서면에 찍힌 인감에 관하여「인감증명법」제12조와「상업등기법」제16조에 따라 발행한 인감증명서를 제출하여야 한다.

② 제1항은 법정대리인, 지배인, 그 밖의 등기된 대리인, 법인·법인 아닌 사단이나 재단의 대표자 또는 관리인이 공탁물 출급·회수청구를 하는 경우에는 그 법정대리인, 지배인, 그 밖의 등기된 대리인, 대표자나 관리인에 대하여 준용한다.

③ 제1항과 제2항은 다음 각 호의 경우에는 적용하지 아니한다.

1. 본인이나 제2항에서 말하는 사람이 공탁금을 직접 출급·회수청구하는 경우로써, 그 금액이 1000만원 이하(유가증권의 총 액면금액이 1000만원 이하인 경우를 포함한다)이고, 공탁관이 신분에 관한 증명서(주민등록증·여권·운전면허증 등을 말한다. 이하 "신분증"이라 한다)로 본인이나 제2항에서 말하는 사람임을 확인할 수 있는 경우

2. 관공서가 공탁물의 출급·회수청구를 하는 경우

④ 공탁관이 제3항에 따라 공탁금 출급·회수청구를 인가한 때에는 청구인의 신분증 사본을 해당 공탁기록에 편철하여야 한다.

제38조(자격증명서 등의 첨부) ① 제21조제1항 및 제2항과 제22조는 공탁물 출급·회수청구에 준용한다.

② 출급·회수청구인이 법인 아닌 사단이나 재단인 경우에는 대표자 또는 관리인의 자격을 증명하는 서면에 그 사실을 확인하는데 상당하다고 인정되는 2명 이상의 성년인 사람이 사실과 같다는 뜻과 성명을 적고 자필서명한 다음, 신분증 사본을 첨부하여야 한다.

③ 변호사나 법무사[법무법인·법무법인(유한)·법무조합·법무사법인·법무사법인(유한)을 포함한다. 이하 "자격자대리인"이라 한다]가 대리하여 청구하는 경우에는 자격자대리인이 제2항의 서면에 사실과 같다는 뜻을 적고 기명날인하는 것

으로 갈음할 수 있다.

제39조(출급·회수의 절차) ① 공탁관이 공탁물 출급·회수청구서류를 접수한 때에는 상당한 사유가 없는 한 지체 없이 모든 사항을 조사하여 신속하게 처리하여야 한다.

② 공탁관은 제1항의 청구가 이유 있다고 인정할 때에는 청구서에 인가의 뜻을 적어 기명날인하고 전산등록을 한 다음 청구서 1통을 청구인에게 내주고, 공탁물보관자에게는 그 내용을 전송하여야 한다.

③ 제2항의 경우 공탁관은 청구인으로부터 청구서 수령인을 받아야 한다.

(관련판례) 공탁공무원처분에대한이의

[대법원 2000. 3. 2., 자, 99마6289, 결정]

공탁사무처리규칙 제39조는 공탁물의 지급이 배당 기타 관공서의 결정에 의하여 이루어지는 경우 그 공탁물의 출급절차에 관한 특별 규정이므로, 집행법원이 배당이의 소송을 제기당한 채권자에 대한 배당액을 민사소송법 제589조 제3항에 의하여 공탁한 경우, 위 배당이의소송에서 청구를 일부 인용하는 판결이 확정된 후 채권자가 그 공탁금 중 경정된 배당표에 따른 자신의 배당액을 출급받기 위해서는, 같은 규칙 제39조가 정하는 바에 따라 우선 집행법원에 배당이의소송의 판결이 확정된 사실 등을 증명하여 배당금의 교부를 신청하여야 하고, 그 신청을 접수한 집행법원은 공탁공무원에게 그 채권자에 대한 배당액에 상당한 금액의 지급위탁서를 송부하고 그 채권자에게는 그의 지급을 받을 자격에 관한 증명서를 교부하면, 그 채권자는 이 증명서를 첨부하여 공탁공무원에게 공탁금의 출급을 청구하여야 하고, 한편 채권의 압류·전부명령은 피압류채권의 귀속자에 대한 변경을 가져올 뿐 그 피압류채권의 행사절차에는 아무런 변경을 가져오지 아니하므로, 그 채권자가 갖게 되는 공탁금 출급청구권에 대하여 압류·전부명령을 받은 자가 전부받은 그 공탁금 출급청구권을 행사함에 있어서도 역시 같은 규칙 제39조가 정하는 절차에 따라야 할 것이다.

제40조(예금계좌 입금신청 등) ① 공탁금 출급·회수청구인이 공탁금을 자기의 비용으로 자신의 예금계좌에 입금하여 줄 것을 공탁관에게 신청한 경우에는 공탁금을 신고된 예금계좌에 입금하여 지급하여야 한다.

② 제1항의 신청을 하려는 사람은 공탁금계좌입금신청서를 공탁관에게 제출하여야 한다.

③ 제1항의 경우에 공탁관은 그 계좌번호를 전산등록한 후 공탁금 출급·회수인가와 신청계좌로의 입금지시를 공탁물보관자에게 전송하여야 한다.

④ 공탁관으로부터 계좌입금지시를 받은 공탁물보관자는 그 처리결과를 공탁관에게 즉시 전송하여야 한다.

⑤ 삭제 <2012. 10. 30.>

제41조(공탁통지서·공탁서를 첨부할 수 없는 경우) ① 공탁물 출급·회수청구서에 제33조제1호의 공탁통지서나 제34조제1호의 공탁서를 첨부할 수 없는 때에는, 공탁관이 인정하는 2명 이상이 연대하여 그 사건에 관하여 손해가 생기는 때에는 이를 배상한다는 자필서명한 보증서와 그 재산증명서(등기사항증명서 등) 및 신분증 사본을 제출하여야 한다.

② 제1항의 청구인이 관공서인 경우에는 청구하는 공무원의 공탁물 출급·회수 용도의 재직증명서를 보증서 대신 제출할 수 있다.

③ 출급·회수청구를 자격자대리인이 대리하는 경우에는 제1항의 보증서 대신 손해가 생기는 때에는 이를 배상한다는 자격자대리인 명의의 보증서를 작성하여 제출할 수 있다. 보증서에는 자격자대리인이 기명날인하여야 한다.

제42조(일부 지급) ① 공탁물의 일부를 지급하는 경우에는 공탁관은 청구인이 제출한 공탁통지서나 공탁서에 지급을 인가한 공탁물의 내용을 적고 기명날인한 후 청구인에게 반환하여야 한다.

② 제1항의 경우에는 출급·회수청구서의 여백에 공탁통지서나 공탁서를 반환한 뜻을 적고 수령인을 받아야 한다.

제43조(배당 등에 따른 지급) ① 배당이나 그 밖에 관공서 결정에 따라 공탁물을 지급하는 경우 해당 관공서는 공탁관에게 지급위탁서를 보내고 지급을 받을 자에게는 그 자격에 관한 증명서를 주어야 한다.

② 제1항의 경우에 공탁물의 지급을 받고자 하는 때에는 제1항의 증명서를 첨부하여 제32조에 따라 출급·회수청구를 하여야 한다.

제44조(양도통지서 등) ① 공탁관은 제49조제1항의 서면, 제49조제2항의 판결등본 또는 공탁물 출급·회수청구권에 관한 가처분명령서, 가압류명령서, 압류명령서, 전부(轉付) 또는 추심(推尋)명령서, 압류취소명령서, 그 밖에 이전 또는 처분제한의 서면을 받은 때에는 그 서면에 접수연월일, 시, 분을 적고 기명날인하여야 한다.

② 제1항의 서면을 받은 경우 공탁관은 그 내용을 해당 기록표지에 적은 다음 원장에 등록하여야 한다.

제45조(공탁물보관자의 처리) 공탁물보관자는 출급·회수청구가 있는 때에는 공탁관이 전송한 내용과 대조하여 청구한 공탁물과 그 이자 나 이표를 청구인에게 지급하고 그 청구서에 수령인을 받는다.

제46조(위와 같다) 공탁물보관자는 제45조의 공탁물을 지급한 후에 지급사실을 공탁관에게 전송한다. 다만, 물품공탁의 경우 지급결과통지서에 지급한 내용을 적어 공탁관에게 보낸다.

제47조(공탁물품의 매각·폐기 등) ①「공탁법」제11조에 따라 보관중인 공탁물품을 매각하거나 폐기하고자 할 경우에는 공탁물보관자의 신청으로 해당 공탁사건의 공탁소 소재지나 공탁물품의 소재지를 관할하는 법원의 허가를 받아야 한다.

② 법원은 직권 또는 공탁물보관자의 신청으로 제1항의 허가재판을 변경할 수 있다.

③ 공탁물품의 매각은「민사집행법」에 따른다. 다만, 공탁물보관자는 법원의 허가를 받아 임의매각 등 다른 방법으로 환가(換價)할 수 있다.

④ 법원은 제1항부터 제3항까지의 허가나 변경재판을 하기 전에 공탁물보관자, 공탁자 또는 피공탁자를 심문할 수 있다. 그 밖에 재판절차는「비송사건절차법」에 따른다.

⑤ 제1항부터 제3항까지의 허가나 변경한 재판에 대하여는 불복 신청을 할 수 없다.

⑥ 공탁물보관자가 법원의 허가를 받아 공탁물품을 폐기할 때에는 개인정보가 유출되지 않도록 하여야 한다.

제48조(불수리 결정) ① 공탁관이 공탁신청이나 공탁물 출급·회수청구를 불수리할 경우에는 이유를 적은 결정으로 하여야 한다.

② 제1항의 불수리 결정에 관하여 필요한 사항은 대법원 예규로 정한다.

제49조(공탁수락서 등의 제출) ① 공탁소에 대한 민법 제489조제1항의 승인이나 통고는 피공탁자가 공탁을 수락한다는 뜻을 적은 서면을 공탁관에게 제출하는 방법으로 하여야 한다.

② 공탁유효의 확정판결이 있는 경우 공탁자의 회수를 제한하기 위해서는 피공탁자는 그 판결등본을 공탁관에게 제출하여야 한다.

제50조(공탁물보관자 장부와의 대조) ① 공탁관은 출납부를 공탁물보관자 장부와 대조하기 위하여 전월분 월계대사표를 매달 초에 공탁물보관자에게 보내고, 공탁물보관자는 이를 확인한 후 공탁관에게 보내야 한다. 그러나 물품공탁의 경우에는 전년분에 관하여 매년 초에 이를 할 수 있다.

② 공탁관이 제1항의 확인을 마친 때에는 지체 없이 증빙서류와 대조를 하여야 한다.

③ 공탁관은 제2항의 대조 결과를 매달 초 소속 지방법원장에게 보고하여야 한다.

　　　제4장 이자

제51조(공탁금의 이자) 공탁금의 이자에 관하여는「공탁금의 이자에 관한 규칙」에서 정하는 바에 따른다.

제52조(공탁금의 이자지급) 공탁금의 이자는 원금과 함께 지급한다. 그러나 공탁금과 이자의 수령자가 다를 때에는 원금을 지급한 후에 이자를 지급할 수 있다.

(관련판례) 공탁불수리처분에대한이의

[대법원 2001. 6. 5., 자, 2000마2605, 결정]

[1] 공탁사무의 처리와 관련한 공탁공무원의 처분에 대한 이의에 있어서는 즉시항고와 같은 신청기간의 제한은 없으나, 이의의 이익이 있고 또한 존속하고 있는 동안에 신청하여야 하므로, 공탁공무원의 처분에 대한 이의에 의하여 그 처분의 취소 등 상당한 처분을 명하여 줄 것을 구하는 경우, 공탁공무원이 당해 공탁사무와 관련하여 더이상 어떠한 처분을 할 수 없게 된 경우에는 이미 그 이의의 이익이 없어 이의의 신청을 할 수 없다.

[2] 공탁금회수청구권에 대한 압류·전부채권자가 공탁공무원에게 전부금액에 해당하는 공탁금회수청구를 하였으나 공탁공무원이 선행하는 가압류가 존재한다는 이유로 이를 불수리하고 민사소송법 제581조, 공탁사무처리규칙 제52조에 따라 압류의 경합을 이유로 사유신고를 한 경우, 특단의 사정이 없는 한 집행법원은 배당절차를 개시하게 되고, 그 이후에는 공탁공무원으로서는 집행법원의 배당절차에 따라 공탁금을 각 채권자들에게 분할 지급할 수 있을 뿐 당해 공탁사건에 관하여 더 이상 어떠한 처분을 할 지위에 있지 않게 되는 것이므로 이 경우 공탁공무원의 처분에 대한 이의신청은 그 이익이 없어 부적법하게 된다.

제53조(위와 같다) ① 공탁금의 이자는 공탁금 출급·회수청구서에 의하여 공탁금보관자가 계산하여 지급한다.

② 이자를 별도로 청구하려는 사람은 공탁관에게 공탁금이자청구서 2통을 제출하여야 한다.

③ 제2항의 청구에는 제35조, 제37조부터 제39조까지, 제45조, 제46조를 준용한다.

제54조(이표의 청구) ① 공탁유가증권의 이표를 받으려는 사람은 공탁관에게 공탁유가증권이표청구서 2통을 제출하여야 한다.

② 제1항의 청구에는 제53조제1항과 제3항을 준용한다.

제5장 보칙

제55조(대리공탁관 지정 등) ① 지방법원장이나 지원장은 공탁관이 직무를 수행할 수 없는 경우에 대비하여 대리공탁관을 지정할 수 있다.

② 지방법원장이나 지원장이 공탁관이나 대리공탁관을 지정한 때에는 공탁물보관자에게 그 성명과 인감을 알려 주어야 한다.

(관련판례) 공탁금출급청구권확인등

[대법원 2007. 3. 30., 선고, 2005다11312, 판결]

[1] 채권의 소멸시효가 완성된 경우 이를 원용할 수 있는 자는 시효로 인하여 채무가 소멸되는 결과 직접적인 이익을 받는 자에 한정되고, 그 채무자에 대한 채권자는 자기의 채권을 보전하기 위하여 필요한 한도 내에서 채무자를 대위하여 이를 원용할 수 있을 뿐이므로 채무자에 대하여 무슨 채권이 있는 것도 아닌 자는 소멸시효 주장을 대위 원용할 수 없다.

[2] 공탁금출급청구권은 피공탁자가 공탁소에 대하여 공탁금의 지급, 인도를 구하는 청구권으로서 위 청구권이 시효로 소멸한 경우 공탁자에게 공탁금회수청구권이 인정되지 않는 한 그 공탁금은 국고에 귀속하게 되는 것이어서(공탁사무처리규칙 제55조 참조) 공탁금출급청구권의 종국적인 채무자로서 소멸시효를 원용할 수 있는 자는 국가이다.

[3] 구 토지수용법(2002. 2. 4 법률 제6656호 공익사업을 위한 토지 등의 취득 및 보상에 관한 법률 부칙 제2조로 폐지) 제61조 제2항에 의하여 기업자가 하는 손실보상금의 공탁은 같은 법 제65조에 의해 간접적으로 강제되는 것이고, 이와 같이 그 공탁이 자발적이 아닌 경우에는 민법 제489조의 적용은 배제되어 피공탁자가 공탁자에게 공탁금을 수령하지 아니한다는 의사를 표시하거나 피공탁자의 공탁금출급청구권의 소멸시효가 완성되었다 할지라도 기업자는 그 공탁금을 회수할 수 없는 것이어서, 그러한 공탁자는 진정한 보상금수령권자에 대하여 그가 정당한 공탁금출급청구권자임을 확인하여 줄 의무를 부담한다고 하여도 공탁금출급청구권의 시효소멸로 인하여 직접적인 이익을 받지 아니할 뿐만 아니라 채무자인 국가에 대하여 아무런 채권도 가지지 아니하므로 독자적인 지위에서나 국가를 대위하여 공탁금출급청구권에 대한 소멸시효를 원용할 수 없다.

제56조(재정보증) 법원행정처장은 공탁관의 재정보증에 관한 사항을 정하여 운용할 수 있다.

제57조(현금 등의 취급 금지) ① 공탁관은 지정된 공탁물보관자에게 공탁금과 공탁유가증권에 관한 계좌를 각 설치하여야 하며, 공탁금 등을 직접 납부 받거나 보관할 수 없다.

② 대리공탁관은 별도의 계좌를 설치하지 아니하고 공탁관의 계좌를 이용한다.

제58조(사유신고) ① 공탁금 출급·회수청구권에 대한 압류의 경합 등으로 사유신고를 할 사정이 발생한 때에는 공탁관은 지체 없이 사유신고서 2통을 작성하여 그 1통을 집행법원에 보내고 다른 1통은 해당 공탁기록에 편철한다.

② 제1항에 따라 사유신고를 한 때에는 공탁관은 원장에 사유신고한 뜻과 연월일을 등록하여야 한다.

제59조(열람 및 증명청구) ① 공탁당사자 및 이해관계인은 공탁관에게 공탁관계서류의 열람 및 사실증명을 청구할 수 있다.

② 위임에 따른 대리인이 제1항의 청구를 하는 경우에는 대리인의 권한을 증명

하는 서면에 인감도장을 찍고 인감증명서를 첨부하여야 한다.

③ 제2항은 자격자대리인 본인이 직접 열람 및 사실증명을 청구하는 경우에는 적용하지 아니한다.

④ 제1항의 청구를 하는 사람은 열람신청서나 사실증명청구서를 제출하여야 한다. 사실증명을 청구하는 때에는 증명을 받고자 하는 수에 1통을 더한 사실증명 청구서를 제출하여야 한다.

⑤ 삭제 <2012. 10. 30.>

⑥ 공탁관은 제1항의 열람신청이나 사실증명청구에 대하여 전산정보처리조직을 이용하여 열람하게 하거나 증명서를 발급해 줄 수 있다.

제60조(공탁금의 소멸시효 조사) 공탁관은 공탁원금 및 이자의 출급·회수청구권의 소멸시효 완성시기 등을 조사하기 위하여 법원, 그 밖의 관공서에 공탁원인의 소멸여부와 그 시기 등을 조회(照會)할 수 있다.

제60조의2(소멸시효 완성 전 안내) ① 법원행정처장은 「공탁법」제9조에 따른 시효가 완성되기 전에 우편 등으로 공탁금 출급·회수에 관한 안내를 할 수 있다.

② 제1항에 따른 업무는 법원행정처 사법등기국 사법등기심의관이 담당한다.

③ 제1항에 따른 안내의 절차 및 방법 등 필요한 사항은 대법원예규로 정한다.

제61조(소멸시효 완성 후의 공탁금) 소멸시효가 완성된 공탁금에 대하여 출급·회수청구가 있는 경우 공탁관은 국고수입 납부 전이라도 출급·회수청구를 인가하여서는 안된다.

제62조(공탁금국고귀속조서의 송부) ① 공탁관은 출급·회수청구권의 소멸시효가 완성되어 국고귀속되는 공탁원금이나 이자가 있는 때에는 해당 연도분을 정리한 다음 공탁금국고귀속조서를 작성하여 다음해 1월 20일까지 이를 해당 법원의 세입세출외 현금출납공무원(이하 "출납공무원"이라한다)에게 보낸다.

② 출납공무원이 제1항의 조서를 받은 때에는 1월 31일까지 해당 법원의 수입징수관에게 보내야 한다.

③ 공탁관은 제1항 이외의 사유로 국고귀속되는 공탁원금이나 이자가 있는 때에는 그때마다 공탁금국고귀속조서를 작성하여 출납공무원에게 보내고, 출납공무원은 지체 없이 해당 법원의 수입징수관에게 보내야 한다.

제63조(납부고지와 납부) ① 수입징수관은 제62조에 따른 조서를 받은 때에는 조사한 후 총액에 대한 납부고지서 2통을 해당 출납공무원에게 보낸다.

② 출납공무원은 제1항의 납부고지서를 받은 때에는 지체 없이 그 중 1통을 첨부하여 해당 공탁관에게 하나의 청구서로 한꺼번에 지급청구를 하여야 한다.

③ 공탁관이 제2항의 청구를 받은 때에는 제35조와 제39조에 따라 인가한다.

④ 출납공무원이 제3항의 인가를 받은 때에는 지체 없이 그 금액을 해당 수입

징수관 앞으로 납부하여야 한다.

제64조(착오로 국고 귀속된 공탁금의 반환) 공탁관이 착오로 국고귀속조치를 취한 공탁금의 반환절차와 수입징수관의 사무처리절차에 관하여는「국고금관리법 시행규칙」을 준용한다. 이 경우 공탁관을 과오납부자로 본다.

제64조의2(대법원예규에의 위임) 공탁절차와 관련하여 필요한 사항 중 이 규칙에서 정하고 있지 아니한 사항은 대법원예규로 정할 수 있다.

제6장 외국인 등을 위한 공탁사무처리 특례

제65조(용어의 정의) 이 장에서 외국인과 재외국민은 다음 각 호의 사람을 말한다.
1. 외국인
   가. 대한민국의 국적을 가지지 않은 사람
   나. 외국법에 따라 설립된 법인 또는 이에 준하는 단체
2. 재외국민 : 대한민국의 국민으로서 외국의 영주권을 취득한 자 또는 영주할 목적으로 외국에 거주하고 있는 자

제66조(관할의 특례) 국내에 주소나 거소가 없는 외국인이나 재외국민을 위한 변제공탁은 지참채무(持參債務)의 경우에 다른 법령의 규정이나 당사자의 특약이 없는 한 서울중앙지방법원의 공탁관에게 할 수 있다.

제67조(공탁통지) ① 공탁자가 피공탁자의 외국주소로 공탁통지를 하여야 할 경우에는 수신인란에 로마문자(영문)와 아라비아 숫자로 피공탁자의 성명과 주소를 적은 국제특급우편 봉투와 우편요금을 첨부하여야 한다.
② 제1항의 우편요금은「국제우편규정」제12조제1항제3호에 의한 배달통지가 가능한 외국에 공탁통지를 할 경우는 배달통지로 할 수 있는 금액이어야 한다.
③ 공탁관은 제1항의 봉투 발신인란과 배달통지서의 반송인란에 로마문자(영문)와 아라비아 숫자로 공탁소의 명칭과 그 소재지 및 공탁관의 성명을 적어야 한다.

제7장 전자신청

제68조(용어의 정의) 이 장에서 사용하는 용어의 뜻은 다음과 같다.
1. "전자문서"란 컴퓨터 등 정보처리능력을 가진 장치에 의하여 전자적인 형태로 작성되거나 변환되어 송신·수신 또는 저장되는 정보를 말한다.
2. "전자공탁시스템"이란 법원행정처가 법에 따른 공탁·출급·회수 등의 절차에 필요한 전자문서를 작성·제출·송달하거나 관리할 수 있도록 하드웨어·소프트웨어·데이터베이스·네트워크·보안요소 등을 결합시켜 구축·운영하는 전산정보

처리조직을 말한다.

3. "전자공탁홈페이지"란 이 규칙에서 정한 바에 따라 전자문서를 이용하여 공탁절차를 진행할 수 있도록 전자공탁시스템에 의하여 구축된 인터넷 활용공간을 말한다.

제69조(전자문서에 의한 공탁 등의 수행) 금전공탁사건에 관한 신청 또는 청구는 이 규칙에서 정하는 바에 따라 전자공탁시스템을 이용하여 전자문서로 할 수 있다. 다만, 5천만원을 초과하는 공탁금에 대한 출급 또는 회수 청구의 경우에는 그러하지 아니하다.

제70조(사용자등록) ① 전자공탁시스템을 이용하려는 자는 전자공탁시스템에 접속하여 다음 각 호의 회원 유형별로 전자공탁홈페이지에서 요구하는 정보를 해당 란에 입력한 후 대법원예규로 정하는 전자서명을 위한 인증서를 사용하여 사용자등록을 신청하여야 한다. 이 경우 등록한 사용자 정보는 인증서의 내용과 일치하여야 한다.

1. 개인회원
2. 법인회원
3. 변호사회원
4. 법무사회원

② 제1항의 신청인(법인인 경우 법인의 대표자)이 외국인인 때에는 다음 각 호의 어느 하나에 해당하는 요건을 갖추어야 한다.

1. 「출입국관리법」제31조에 따른 외국인등록
2. 「재외동포의 출입국과 법적 지위에 관한 법률」제6조, 제7조에 따른 국내거소신고

③ 대법원예규로 정하는 법인회원은 공탁소에 출석하여 대법원예규로 정하는 사항을 적은 신청서를 제출하여야 하며, 그 신청서에는 「상업등기법」제16조에 따라 신고한 인감을 날인하고 그 인감증명과 자격을 증명하는 서면을 첨부하여야 한다.

④ 사용자등록을 신청하는 변호사회원 또는 법무사회원은 공탁소에 출석하여 그 자격을 증명하는 서면을 제출하여야 한다.

제71조(사용자등록의 변경 및 철회) 제70조제1항에 따라 사용자등록을 한 자는 전자공탁시스템에 접속하여 사용자등록의 변경 또는 철회의 취지를 입력함으로써 사용자등록을 변경하거나 철회할 수 있다. 다만, 이미 전자공탁시스템을 이용하여 이루어진 신청이 계속 중인 경우에는 그 신청에 대한 처리가 종료된 이후에만 사용자등록을 철회할 수 있다.

제72조(사용자등록의 말소 등) ① 법원행정처장은 다음 각 호의 어느 하나에 해당하는 사유가 있는 경우에는 등록사용자의 사용을 정지하거나 사용자등록을 말

소할 수 있다.

1. 등록사용자의 동일성이 인정되지 아니하는 경우

2. 사용자등록을 신청하거나 사용자정보를 변경할 때 거짓의 내용을 입력한 경우

3. 다른 등록사용자의 사용을 방해하거나 그 정보를 도용하는 등 전자공탁시스 템을 이용한 공탁업무의 진행에 지장을 준 경우

4. 고의 또는 중대한 과실로 전자공탁시스템에 장애를 일으킨 경우

5. 그 밖에 위 각 호에 준하는 경우로서 대법원예규로 정하는 사유가 있는 경우

②법원행정처장은 제1항 각 호 가운데 어느 하나에 해당하는지 여부를 결정하기 위하여 필요하다고 인정하는 경우에는 당사자·이해관계인의 신청에 따라 또는 직권으로 해당 등록사용자의 사용을 일시적으로 정지할 수 있다. 이 경우 법원행정처장은 등록사용자에게 적당한 방법으로 그 사실을 통지하여야 한다.

③ 법원행정처장은 제1항에 따라 사용자등록을 말소하기 전에 해당 등록사용자에게 미리 그 사유를 통지하고 소명할 기회를 부여하여야 한다.

④ 등록사용자가 전자공탁시스템을 마지막으로 이용한 날부터 5년이 지나면 사용자등록은 효력을 상실한다.

제73조(전자문서의 작성·제출) ① 등록사용자의 전자문서 제출은 전자공탁시스템에서 요구하는 사항을 빈칸 채우기 방식으로 입력한 후 나머지 사항을 해당란에 직접 입력하거나 전자문서를 등재하는 방식으로 하여야 한다.

② 등록사용자가 제출하는 전자문서에는 대법원예규로 정하는 전자서명을 하여야 한다.

③ 공동의 이해관계를 가진 여러 당사자나 대리인이 공동으로 공탁·출급·회수 등을 신청하는 경우에는 다음 각 호 가운데 어느 하나의 방법에 따라 공동명의로 된 하나의 전자문서를 제출할 수 있다.

1. 해당 전자문서에 공동명의자 전원이 공인전자서명을 하여 제출하는 방법

2. 해당 전자문서를 제출하는 등록사용자가 다른 공동명의자 전원의 서명 또는 날인이 이루어진 확인서를 전자문서로 변환하여 함께 제출하는 방법(공탁금을 출급 또는 회수하는 경우에는 제외한다)

④ 제2항 및 제3항의 전자서명은 공탁에 적용되거나 준용되는 법령에서 정한 서명 또는 기명날인으로 본다.

⑤ 제1항의 경우 제22조 및 제35조는 적용하지 아니한다.

⑥ 제1항의 경우 제20조제1항, 제30조제2항, 제32조제1항, 제53조제2항, 제59조제4항에도 불구하고 하나의 전자문서로 제출할 수 있다.

제74조(전자문서의 파일 형식) ① 법원행정처장은 전자공탁시스템을 이용하여 제출할 수 있는 전자문서의 파일 형식, 구성 방식 그 밖의 사항을 지정하여 전자공탁홈페이지에 공고하여야 한다.

② 제1항에 따라 지정된 파일 형식을 사용하지 아니한 전자문서는 부득이한 사정을 소명하지 아니하는 한 전자공탁시스템을 이용하여 제출할 수 없다.

③ 전자문서는 전자공탁시스템에서 요구하는 방식에 따라 각 별도의 파일로 구분하여 제출하여야 하고, 이를 합하여 하나의 파일로 제출하여서는 아니 된다.

제75조(전자신청의 접수시기) 전자문서에 의한 신청은 그 신청정보가 전자공탁시스템에 저장된 때에 접수된 것으로 본다.

제76조(정정신청 등) 전자공탁시스템에 의한 공탁사건에 대한 정정신청 또는 보정은 전자공탁시스템을 이용하여 하여야 한다.

제77조(전자신청사건의 수리 등) ① 전자공탁시스템에 의한 공탁사건에 대하여 공탁관이 수리, 인가 등의 처분을 하는 경우, 그 전자문서에 수리, 인가 등의 뜻을 기재하고,「법원 행정전자서명 인증업무에 관한 규칙」제2조제2항에 따라 설치된 법원 행정전자서명 인증관리센터에서 발급받은 행정전자서명 인증서에 의한 사법전자서명을 하여야 한다.

② 공탁관은 신청인에게 제1항의 처분결과를 대법원예규로 정하는 방법에 따라 고지하여야 한다.

제78조(전자신청사건의 공탁금 납입) ① 전자공탁시스템을 이용하여 공탁을 하는 경우 공탁관은 공탁물보관자에게 가상계좌번호를 요청하여 그 계좌로 공탁금을 납입하게 하여야 한다.

② 제1항의 공탁금이 납입된 경우 공탁물보관자는 공탁관에게 공탁금이 납입된 사실을 전송하여야 한다.

③ 제2항의 전송을 받은 공탁관은 공탁서에 공탁금이 납입되었다는 뜻을 전자적으로 확인하여야 한다.

④ 공탁금을 납입한 공탁자는 전자공탁시스템에 접속하여 공탁서를 출력하여야 한다.

제79조(전자문서에 의한 공탁금 출급·회수청구의 특례) ① 전자문서에 의하여 공탁금의 출급 또는 회수를 청구하는 경우 제37조제1항 및 제2항의 인감증명서는 첨부하지 아니한다.

② 변호사회원 또는 법무사회원이 전자문서에 의하여 공탁금의 출급 또는 회수를 청구하는 경우에는 청구인의 전자서명도 함께 제출하여야 한다.

③ 전자문서에 의한 공탁금의 출급 또는 회수청구에 따라 공탁금을 예금계좌에 입금하여 지급하는 경우 그 예금계좌는 청구인 본인의 예금계좌이어야 한다.

부칙 <제2859호, 2019. 9. 17.>
이 규칙은 공포한 날부터 시행하되, 2019년 9월 16일부터 적용한다.

공탁용어

가상계좌번호

공탁금을 보관은행에 납부할 때 현금 또는 자기앞수표 지참시 도난/분실 등의 위험을 방지하기 위하여 계좌입금에 의하여 공탁금을 납부할 수 있도록 2006년 10월 9일부터 시행한 제도

가압류해방공탁

민사집행법 제282조에 의거하여 가압류채무자가 가압류의 집행정지나 집행한 가압류를 취소하기 위하여 가압류명령에 정한 금액을 공탁하는 것

개인회생

재정적 어려움으로 인하여 파탄에 직면하고 있는 개인채무자로서 장래 계속적으로 또는 반복하여 수입을 얻을 가능성이 있는 자에 대하여 채권자 등 이해관계인의 법률관계를 조정함으로써 채무자의 효율적 회생과 채권자의 이익을 도모하기 위하여 총- 채무액이 무담보채무의 경우에는 5억원, 담보부채무의 경우에는 10억원 이하인 채무자가 3년 내지 5년간 일정한 금액을 변제하면 나머지 채무의 면제를 받을 수 있는 제도

건명

영업보증 공탁서의 특유한 기재사항으로 공탁물의 출급 또는 회수에 관하여 관공서의 승인, 확인 또는 증명 등을 필요로 하는 경우에 공탁서에 입력해야 하는 관공서의 허가번호

공인인증서

거래자의 신원 확인 및 증명을 위해 사용되는 일종의 전자 서명으로 공인 인증 기관이 발행한 인증서

공정증서

공탁의 반대급부이행 증명서면으로 반대급부 이행사실이나 반대급부채권 포기 또는 면제 등이 기재된 공증인이나 공증인가 합동법률사무소 또는 법무법인에서 작성한 문서

공탁관

법령의 규정에 의하여 지방법원장 또는 지방법원지원장이 소속 법원서기관 또는 법원사무관 중에서 지정하여 공탁사무를 처리하는 공무원

공탁물

법령의 규정에 따른 원인에 의하여 공탁소에 맡겨 두는 금전, 유가증권, 기타의 물품 1) 금전은 법률에 의하여 강제통용력이 부여된 우리나라의 통화에 한함. 따라서 외국의 통화는 금전공탁의 목적물이 아니라 물품공탁의 목적물임 2) 유가증권은 사법상의 재산권을 표시하는 증권으로 증권 상에 기재된 권리의 행사·이전 등 이용에 있어서 증권의 소지 또는 교부를 필요로 하며 국내에서 유통이 가능하여야 함. 따라서, 우표, 수입인지, 증거증권(차용증서등), 면책증권(은행예금증서등)은 이에 해당되지 아니함. 3) 기타의 물품에는 보관하기에 적합한 것이면 그 종류를 불문하고 공탁이 가능함. 다만, 일부 농산물 등 쉽게 변질될 수 있는 것은 그 자체를 공탁하기에 부적당하므로 변제자는 법원의 허가를 얻어 이를 경매하거나 시가로 팔아 그 대금을 공탁할 수 있음.

공탁사건번호

공탁관이 공탁신청의 심사결과 적법한 공탁신청으로 인정하여 공탁신청을 수리할 때에는 공탁서에 공탁을 수리한다는 뜻, 공탁번호, 공탁물 납입기일, 공탁물을 납입기일까지 납입하지 않을 경우에는 수리결정의 효력이 상실된다는 뜻을 적고 기명날인합니다. 이때 공탁서 또는 공탁통지서에 기재되어 있는 공탁번호가 공탁사건번호입니다.

공탁사실통지서

금전채권의 일부 또는 전부에 대하여 가압류가 있는 경우 제3채무자는 가압류된 채권액 또는 가압류와 관련된 금전채권책 전액을 공탁할 수 있고, 이 때 공탁근거 법령조항은 민사집행법 제291조 및 제248조제1항으로 합니다. 공탁서의 피공탁자란에는 가압류채무자를 기재하고, 공탁신청 시 가압류결정문 사본과 공탁규칙 제23조에서 정한 공탁통지서를 첨부하여야 하며, 위 피공탁자(가압류채무자)에 대한 공탁통지서의 발송과 가압류채권자에 대하여 예규에서 정한 양식의 공탁사실 통지를 위해 우편료를 납부하여야 합니다. 공탁을 수리한 공탁관은 공탁금 출급청구권에 대한 가압류가 있는 경우에 준하여 처리하여야 하며, 피공탁자(가

압류채무자)에게 공탁통지서를 발송하고, 가압류채권자에게는 공탁사실을 통지하여야 하는 데, 이때 소정의 양식이 공탁사실통지서입니다.

공탁서

공탁 신청 후 공탁관이 심사를 하여 수리를 한 경우 확정되는 공탁의 내용이 포함된 문서로 공탁서를 기반으로 은행에 공탁금을 납부하면 공탁의 효력이 발생하게 됨

공탁서 양식

문서양식에 관한 예규(행정예규)의 문서양식에 정해진 공탁을 위한 양식

공탁서 정정

공탁서에 공탁수리 전부터 존재하는 명백한 표현상의 착오가 있음을 공탁수리 후에 발견한 경우에, 정정전후의 공탁의 동일성을 해하지 아니하는 범위 내에서 공탁자의 신청에 의하여 그 오류를 시정하는 것

공탁소

지방법원장 또는 지방법원지원장이 지정한 공탁관이 단독제 국가기관으로 공탁절차를 주재하고 공탁물을 보관하는 공탁사무의 관장기관

공탁원인사실

실제 공탁 신청하게 된 원인이 되는 사실요건으로 공탁원인사실은 개별사안마다 다를 것이나 출급절차를 적정하게 할 수 있을 정도로 구체적이어야 함. 예를 들어 변제공탁의 경우 "공탁자(채무자)는 피공탁자(채권자)에게 어떤 채무를 지고 있는바(채권발생원인, 채무액, 이행기, 이행지, 특약유무 등), 변제기에 채무를 현실 제공하였으나 그 수령을 거부하므로 공탁함" 등으로 기재하여야 함

공탁일자

공탁서를 현실로 제출하는 연월일

공탁종류

공탁의 종류는 공탁원인에 의한 분류로 변제공탁, 담보공탁, 집행공탁, 보관공탁, 몰취공탁, 혼합공탁이 있고, 공탁목적물에 의한 분류로 금전

공탁, 유가증권공탁, 물품공탁이 있으며, 공탁의 시간적 단계에 의한 분류로 기본공탁, 대공탁, 부속공탁이 있음

공탁통지서

피공탁자에게 변제공탁의 내용과 공탁물 출급청구권이 발생하였음을 알려주는 기능을 하는 공탁 통지는 본래 공탁자가 하여야 합니다. 그렇지만, 공탁규칙은 공탁통지를 확실하게 하기 위하여 공탁신청 시 공탁자로 하여금 공탁통지서를 제출하도록 하고 공탁물이 납입된 후에 공탁관이 공탁자를 대신하여 피공탁자에게 공탁통지서를 발송하도록 하고 있습니다. 따라서 공탁자가 피공탁자에게 공탁통지를 하여야 할 경우에는 공탁통지서를 피공탁자의 수에 따라서 첨부하고 우편료를 납입하여야 합니다. 전자공탁홈페이지에서 전자공탁을 제출한 경우에는 공탁금과 함께 공탁통지서 우편료(송달료)를 계좌입금 방식으로 납부하시면 됩니다.

관공서명

영업보증 공탁서의 특유한 기재사항으로 공탁물의 출급 또는 회수에 관하여 관공서의 승인, 확인 또는 증명 등을 필요로 하는 경우에 공탁서에 입력해야 하는 관공서의 명칭

관련사건번호

재판상의 절차와 관련된 공탁에 있어서 그 공탁을 명한 법원의 명칭과 사건명 및 사건번호 중 사건번호를 관련사건번호라고 함. 예컨대, 강제집행정지를 위한 담보공탁의 경우에는 "ㅇㅇ법원 20 .카단ㅇㅇ호 강제집행정지 신청사건"등으로 기재함.

관할

채무자가 신청한 공탁사건을 처리하는 공탁소의 직무범위 지역을 말하며 금전공탁을 신청할 때 일정한 경우를 제외하고는 채권자의 주소지를 관할하는 공탁소에 신청을 하여야 함.

국고귀속

공탁물이 금전일 경우에 피공탁자 또는 공탁자가 공탁물의 출급청구 또는 회수청구를 할 수 있을 때로부터 10년간 이를 행사하지 아니하면 공탁금출급청구권 또는 회수청구권이 시효소멸되므로 국고에 귀속되게 됨.

특히 공탁일로부터 15년이 경과된 미제 공탁사건의 공탁금은 편의적으로 소멸시효가 완성된 것으로 보아 국고귀속 조치를 취하게 되나 그 후 소멸시효가 완성되지 아니한 사실을 증명하여 공탁금 지급청구를 한 경우에는 착오 국고귀속 공탁금의 반환 절차에 따라 반환받을 수 있음.

국고귀속예정공탁사건

국고귀속 예정인 사건에 대한 목록으로 전자공탁홈페이지에서 제공함

납부은행

전자공탁홈페이지에서 공탁신청 시 공탁금을 납입(납부)할 은행(납부은행)으로 보관은행(농협, 우리은행, SC제일은행, 대구은행, 부산은행, 광주은행, 전북은행, 경남은행, 하나은행, 신한은행) 10개소 중 한 곳을 선택하여야 함.

납세담보공탁

국세나 지방세 등의 징수유예나 상속세 및 증여세의 연부연납 허가 시 그 세금의 징수나 납부를 담보하기 위한 공탁으로 금전, 「자본시장과 금융투자업에 관한 법률」 제4조 제3항에 따른 국채증권 등 대통령령으로 정하는 유가증권(단, 지방세의 경우 지방자치단체장이 확실하다고 인정하는 유가증권)이 공탁물이 될수 있음

납입기한

공탁관이 공탁 수리 시 지정한 공탁물을 납입하는 기간으로 납입기한 내에 공탁을 하지 않는 경우 공탁은 실효되며 납입기한 내에 납입한 경우 공탁의 효력이 발생함. 실효된 이후 공탁물을 납입하더라도 그 공탁은 원천 무효임

납입일자

공탁물보관자가 공탁물을 납입받은 일자를 말하며 공탁서 하단에 나타남

당사자

공탁 사건의 공탁자와 피공탁자를 의미하며 공탁서 기재에 의해 형식적으로 결정되므로 실체법상의 채권자, 채무자와는 별개의 개념임

대공탁

공탁한 유가증권의 상환기가 도래한 경우에 공탁자 또는 피공탁자의 청구에 의하여 공탁소가 공탁유가증권의 상환금을 수령하여 이를 종전의 공탁유가증권에 대신하여 보관함으로써 종전 공탁의 효력을 지속하게 하는 공탁

대리공탁관

지방법원장이나 지원장 공탁관이 질병, 출장, 교육훈련 그 밖의 부득이한 사유로 인한 공탁업무의 공백을 대비하기 위하여 임명하는 법원 공무원임. 대리공탁관은 원공탁관의 대리인이 아니라 대직기간 동안 자기 명의로 공탁사무를 처리하는 독립한 공탁관임

대리인

공탁당사자의 공탁 신청 등을 대리하는 사람으로 권한 위임을 증명하는 위임장을 필수로 첨부하여야 하며 전자공탁 신청 시에는 대리 신청 전에 미리 공탁소를 방문하여 자격대리인 승인번호를 발급받아야 신청이 가능함. 전자공탁홈페이지를 통한 공탁 또는 출급청구 시 법정대리인의 경우는 전자신청을 허용하지 않으며 이런 경우는 공탁소에 직접 방문하여 신청하여야 함.

대표자

법인의 대표자를 말하는 것으로 공탁 신청 시 법인등기사항증명서 등 대표자 또는 관리인의 자격을 증명하는 서명을 공탁서에 첨부하고 양식서에 대표자명을 기재하여야 함. 전자공탁홈페이지를 통한 공탁 또는 출급청구 시 비법인 사단이나 재단인 경우는 전자신청을 허용하지 않으며 이런 경우는 공탁소에 직접 방문하여 신청하여야 함.

몰취공탁

일정한 사유가 발생하였을 때에는 공탁물을 몰취할 수 있도록 하기 위하여 인정된 공탁을 말하며, 국가에 대하여 자기의 주장이 허위인 때에는 공탁물을 몰취 당하여도 이를 감수한다는 취지의 공탁을 말함.

문서발급번호(발급확인번호)

전자공탁홈페이지에서 출력한 문서의 발급을 증명하는 번호로 공탁서, 출급회수청구서, 정정서, 사실증명서 등의 문서를 출력하면 문서 하단에 나타나며 발급확인번호로 전자공탁홈페이지 열람/발급의 발급확인 메뉴에서 해당 문서의 발급 정보(법원, 사건번호, 문서명, 발급일자, 발급확인일시 등)를 확인할 수 있음

물품

금전공탁의 목적물인 금전과 유가증권공탁의 목적물인 유가증권을 제외한 것

반대급부

"동시이행의 관계"에 있는 채무를 변제공탁할 경우 피공탁자가 이행하여야만 공탁지급을 할 수 있는 내용으로 피공탁자는 반대급부 이행증명서면을 첨부하지 않으면 공탁물을 수령할 수 없음.

발급일자(발행일)

전자공탁홈페이지에서 공탁서, 출급회수청구서, 정정서, 사실증명서 등의 문서를 출력한 일자로 문서 하단에 나타남

방문공탁

공탁을 신청하려고 하는 사람은 소정의 사항을 기재한 공탁서 2통을 작성하여 첨부서면과 함께 관할법원의 공탁관에게 제출하여야 하고, 공탁관은 이를 접수하여 심사한 후 공탁수리여부를 결정하게 됨.

보관공탁

목적물을 단순히 보관하기 위하여 하는 공탁으로(공탁근거법령이 있어야 함) 피공탁자가 존재하지 않음.

보관은행

대법원장은 법령의 규정에 의하여 공탁하는 금전, 유가증권 또는 기타의 물품을 보관할 은행 또는 창고업자를 지정하고, 지정된 은행이나 창고업자는 이를 보관할 의무를 부담하게 되는데, 이와 같이 공탁물 보관업무를 수행하도록 지정 받은 은행 또는 창고업자를 말하고 공탁물보관자로 지정 받은 은행을 보관은행이라고 함

보정권고

공탁 신청 시 불수리할 만한 요건이 아닌 신청내용의 추가 등이 필요한 경우 공탁관이 보정을 권고하고 일정기한내에 보정하여 재신청하는 경우 재심사를 하는 절차

부속공탁

부속공탁이란 공탁유가증권의 이자 또는 배당금의 지급기가 도래하였을 때 공탁자 또는 피공탁자의 청구에 의하여 공탁소가 그 이자 또는 배당금을 수령하여 종전의 공탁유가증권에 부속시켜 하는 공탁으로 기본공탁의 효력을 그 이자 또는 배당금에 의한 금전공탁에도 일체로서 미치도록 하는 공탁임

불수리

공탁관이 신청된 공탁신청 혹은 지급신청에 관해 신청서의 기재내용 부족 혹은 오신청 등의 사유로 신청에 대해 처리불가를 표현하는 것

사실증명

공탁서 혹은 공탁통지서를 당사자가 분실한 경우 해당 공탁사실 증명을 위해 공탁소가 발급한 문서

상대적 불확지

채무를 변제할 피공탁자가 분명하지 않은 경우를 말하며 공탁서의 피공탁자란에 아무개 혹은 아무개로 특정되지 않게 표현됨

소멸시효

공탁금의 출급 도는 회수청구권을 행사할 수 있음에도 불구하고 이를 일정 기간 행사하지 않는 경우에 그 권리를 소멸시키는 것

송달

법원의 문서(판결문, 결정문, 통지서 등)를 해당 대상에게 등기우편으로 보내는 행위

수리

공탁당사자의 공탁신청에 대하여 절차상, 실체상 일체의 법률적 요건을 구비하고 있는 여부를 심사하여 신청에 대하여 처리가능을 표현하는 것

열람

공탁관련 서류를 확인하는 것으로 열람신청서를 제출하여야 함.

영업보증공탁

거래의 상대방이 불특정 다수인이고 거래가 광범위하고 번잡하게 행해지므로 영업자의 신용이 사회 일반에 대하여 보장되지 않으면 안되는 영업이나, 기업의 규모와 내용이 주위의 토지, 건물 등에 손해를 끼치는 것이 불가피한 산업에 관하여 그 영업거래상 채권을 취득하는 거래의 상대방이나 그 기업활동에 의하여 손해를 입을 피해자를 보호하기 위하여 특별히 인정되는 보증공탁이며 피공탁자가 없음

위임장

자격자대리인(법무사,변호사)이 공탁 또는 출급청구 신청 시에는 권한위임을 증명하기 위하여 제출하는 서류로 양식이 특별히 규정된 바 없으므로 위임하는 공탁사건과 위임인이 구체적으로 특정되고 위임하고자 하는 내용과 위임의 취지가 기재되면 됨

유가증권

사법상의 재산권을 표시하는 증권으로 증권상에 기재된 권리의 행사·이전등 이용에 있어서 증권의 소지 또는 교부를 필요로 하며 또 국내에서 유통이 가능하여야 하므로 우표, 수입인지, 증거증권(차용증서등), 면책증권(은행예금증서등)은 이에 해당되지 아니함

이의신청

공탁관의 불수리처분에 이의가 있음을 이유로 법원에 청구하는 신청

이해관계인

공탁사건의 처분에 이해관계가 있는 사람으로 공탁에 있어서는 법률상 이해관계인에 한정되므로 공탁기록에 나타난 압류채권자, 양수인 등의 특정승계인, 상속인 등의 일반승계인을 의미하고 공탁물 지급청구권에 대하여 가압류나 압류하려고 하는 자는 이해관계인이 아님

자격자대리인

공탁신청을 대리할 수 있는 일정한 자격을 갖춘 법무사, 변호사로 공탁소를 방문하여 자격 여부를 인증받은 대리인에 한하여 공탁사건을 대리할 수 있음.

재외국민

대한민국 국적을 유지하면서 가지고 국외에 거주하는 국민

재항고

항고법원 등의 결정에 이의가 있는 경우 대법원에 다시 항고하는 것

전자공탁

전자공탁을 신청하려고 하는 사람은 전자공탁홈페이지에서 제공하는 양식에 맞추어 공탁신청서를 작성하여 첨부서면과 함께 전자문서 형태로 제출하여야 하고, 공탁관은 이를 접수하여 심사한 후 공탁수리여부를 결정하게 됨.

전자서명

종이문서에 사용되는 서명이나 인감과 같이 전자문서에 서명한 사람의 정보 및 위변조 여부를 알 수 있도록 전자문서에 부착되는 특수한 형태의 디지털 정보

전자신청

방문을 통하여 이루어지는 신청행위를 인터넷을 통하여 전자적으로 이루어지도록 하는 행위

절대적 불확지

절대적 불확지공탁이란 변제공탁에서 공탁물수령자인 피공탁자가 누구인가를 공탁자가 전혀 알 수 없는 경우에 하는 공탁으로 공탁에서는 원칙적으로는 신청이 불가함

접근번호

변호사 및 법무사인 자격자대리인이 전자공탁홈페이지에 사용자등록을

하기 위해서 부여받는 번호로 공탁소에 직접 출석하여 사용자등록 신청서를 작성하고 자격을 증명하는 서면의 사본을 첨부하여 제출하여 발급받음

지급제한

공탁이 성립한 후 공탁금에 대하여 압류결정 등으로 인하여 피공탁자(채권자)의 공탁금출급에 제한이 발생하는 것. 지급제한으로 모든 지급신청이 불가한 것이 아니라 신청건에 대하여 공탁관이 판단한 후 수리여부를 결정하게 됨

집행공탁

민사집행법상의 강제집행이나 보전집행절차의 어느 단계에서 집행기관이나 집행당사자 또는 제3채무자가 강제 집행법상의 권리·의무로서 집행의 목적물을 공탁소에 맡겨 그 목적물의 관리와 집행당사자에의 교부를 공탁절차에 따라 이행하도록 하기 위한 공탁으로 예를 들면, 갑이 을에 대하여 500만원의 대여금 채권이 있는데, 갑에 대하여 각각 500만원, 1,000만원의 채권을 가지고 있는 병과 정이 그들의 채권을 확보하기 위하여 갑의 을에 대한 채권(500만원) 전액에 대하여 채권압류를 하였고 위 두 채권압류명령이 을에게 송달되었을 경우, 을은 누구에게 얼마의 돈을 주어야 할지 판단하기가 어려우므로 을은 민사집행법 제248조 제1항에 따라 변제기에 위 500만원을 법원에 맡겨(공탁) 법원에서 배당절차를 거쳐 정당한 권리 자에게 나누어주게 함으로써 자기의 책임을 면하는 것

출급청구

공탁이 성립된 공탁물에 대하여 출급을 청구하는 것

취하

공탁 신청 후 공탁의 원인 제거 등을 이유로 공탁자가 공탁신청을 취소하는 것으로 수리되기 전 까지만 가능하며 수리 이후에는 불가능함

편의적 국고귀속

공탁규칙 제62조에 따라공탁일로부터 15년이 경과된 미제 공탁사건의 공탁금은 편의적으로 소멸시효가 완성된 것으로 보아 시행하는 국고귀속

포괄계좌

법인이 은행을 방문하여 공탁과 관련된 모든 금전지급을 처리하기 위한 계좌로 각 법원에 독립적으로 등록을 하여야 함

항고

불수리 결정에 대하여 이의신청 후 법원에서 인용되지 않는 경우 당사자가 제기할 수 있는 절차

항고보증공탁

무익한 항고를 제기하여 절차를 지연시키는 것을 방지하기 위한 공탁으로 모든 항고인에 대하여 보증금을 공탁하도록 되어 있으며 이 규정은 매각허가결정에 대한 항고 시에 적용되는 것이므로, 매각불허가결정의 항고에 대하여는 보증의 제공을 요하지 않음.

행정정보공동연계

공탁서에 첨부하여야 하는 첨부서면 중 「전자정부법」 제36조제1항에 따른 행정정보의 공동이용을 통하여 공탁관이 확인할 수 있는 첨부서면에 대해서는 정보주체의 사전동의를 받아 그 제공을 면제하는 제도로 행정정보공동이용 대상 서면은 주민등록표등초본, 외국인등록사실증명, 국내거소신고사실증명, 사업자등록증명임

형사공탁

형사사건의 가해자가 피해자와 합의를 도출하려 하였으나 피해자의 과도한 합의금 요구 등의 사유로 인해 합의가 성립되지 못한 경우 가해자가 재판 상 유리한 판결을 이끌어내기 위하여 하는 공탁

혼합공탁

혼합공탁이란 공탁원인사실 및 공탁근거법령이 다른 실질상 두 개 이상의 공탁을 공탁자의 이익보호를 위하여 하나의 공탁절차에 의하여 하는 공탁

회수

민법 제489조, 착오공탁, 공탁원인 소멸 등의 원인으로 공탁자가 신청

한 공탁금을 회수하는 것

회수제한

공탁 신청 시 특별한 사유에 의하여 특히 형사공탁의 경우 공탁자가 공탁금을 회수하지 않겠다는 취지를 밝히는 것으로 형사공탁의 경우 "피공탁자의 동의가 없으면 형사사건에 대하여 불기소결정(단, 기소유예는 제외)이 있거나 무죄판결이 확정될 때까지 회수청구권을 행사하지 않겠다"는 취지를 기재한 서면(공탁금 회수제한신고서)을 제출함

전자공탁시스템
사용자설명서

전자공탁시스템
사용자설명서

전산정보관리국

<목 차>

I. 개요

○ "대법원 전자공탁"은 공탁업무에 필요한 모든 서비스를 법원 방문 없이 인터넷으로 처리 가능하도록 지원하고 있으며, 공탁신청, 지급신청, 열람신청, 사실증명서 발급 신청 등의 각종 신청과 신청현황, 나의 공탁사건 등의 각종 조회기능 및 각종 안내기능을 제공하고 있습니다.

[전자공탁홈페이지 제공서비스]

구분	설명	주요서비스
공탁신청	법원을 방문하지 않고 인터넷을 통해 금전에 대한 공탁신청을 할 수 있고 신청현황에 대해 확인할 수 있다. 대리인의 경우 다량신청과 정정신청을 추가로 할 수 있다.	● 신청서작성 ● 다량신청서작성 ● 정정신청 ● 신청현황
지급신청	법원을 방문하지 않고 인터넷을 통해 지급신청을 할 수 있고 신청현황에 대해 확인할 수 있다. 기관사용자의 경우 해당기관이 출급한 내역을 출급현황에서 조회할 수 있다.	● 신청서작성 ● 신청현황 ● 출급현황
열람/발급	인터넷으로 사건기록을 열람하고, 사실증명서를 발급할 수 있습니다.	● 열람신청 ● 열람신청현황 ● 발급신청 ● 발급신청현황 ● 발급확인
사건검색	공탁사건을 검색하고 국고귀속 예정대상인 공탁사건을 검색할 수 있습니다.	● 사건검색 ● 국고귀속예정공탁사건
이용안내	공탁의 절차, 공탁의 안내, 예규, 용어, 공탁소 등 공탁과 관련된 정보를 확인	● 공지사항/FAQ ● 공탁개요

		<ul><li>공탁절차</li><li>전자공탁서비스</li><li>국고귀속</li><li>공탁용어/양식</li><li>공탁관련법률</li><li>공탁소안내</li><li>프로그램설치</li><li>발급가능프린터등록</li><li>고객의소리</li></ul>
	할 수 있습니다. 또한 사용시 문의사항을 등록할 수 있는 고객의 소리기능이 있습니다.	
사용자/ 인증관리	전자공탁 홈페이지 사용을 위하여 사용자등록, 인증서 등록, 자격대리인 등록, 법인등록 등을 할 수 있습니다.	<ul><li>로그인</li><li>아이디/비밀번호 찾기</li><li>사용자등록</li><li>사용자정보수정</li><li>사용자명변경</li><li>비밀번호변경</li><li>인증센터</li><li>자격대리인등록</li><li>법인등록</li><li>사용자탈퇴</li></ul>
나의공탁	나의 공탁사건을 통해 자신과 관련된 공탁사건을 상세하게 조회할 수 있고 대리인을 통한 지급사건을 조회하여 인증서를 통해 서명할 수 있습니다.	<ul><li>나의공탁사건</li><li>위임승인현황</li></ul>
공통	메인화면, 통합설치관리 등을 업무 필수 사항을 확인 할 수 있습니다.	<ul><li>메인화면</li><li>통합설치관리</li></ul>

II. 관련 규칙/예규/지침

순번	규칙/예규/지침 명	규칙/예규 번호
1	가상계좌에 의한 공탁금 납입절차에 관한 업무처리지침	행정예규 제936호
2	계좌입금에 의한 공탁금출급·회수절차에 관한 업무처리지침	행정예규 제742-1호
3	공탁 신청 및 출급·회수에 대한 불수리결정 업무처리지침	행정예규 제743호
4	공탁관의 사유신고에 관한 업무처리지침	행정예규 제950호
5	공탁관이 배당금수령채권에 대한 압류명령서 등을 접수한 경우의 업무처리지침	행정예규 제951호
6	공탁규칙	공탁규칙 제2429호
7	공탁금 보관은행 지정절차 등에 관한 예규	행정예규 제941-1호
8	공탁금 출급·회수청구 안내문 발송에 관한 업무처리지침	행정예규 제947호
9	공탁금관리위원회 규칙	규칙 제2312호
10	공탁금관리위원회의 지원금 취급규칙	규칙 제2233호
11	공탁금관리위원회의 지원금 취급규칙의 시행에 따른 업무처리지침	행정예규 제812호
12	공탁금관리위원회의 지원금으로 취득한 물품의 관리지침	행정예규 제874호
13	공탁금의 이자에 관한 규칙	규칙제2231호
14	공탁금지급청구권의 양도통지가 있는 경우 주요업무처리지침	행정예규 제779호
15	공탁물 출급·회수의 일괄청구에 관한 업무처리지침	행정예규 제954호
16	공탁물관리위원회규칙	규칙 제1968-1호
17	공탁물품의 매각·폐기에 관한 예규	행정예규 제937호
18	공탁법	공탁법 제10537호
19	공탁사무 문서양식에 관한 예규	행정예규 제939호

20	공탁서 기타 부속서류의 사본 교부에 관한 지침	행정예규제230호
21	공탁통지서가 반송된 경우의 업무처리지침	행정예규 제745호
22	관할공탁소 이외의 공탁소에서의 공탁사건처리 지침	행정예규 제887호
23	국가를 피공탁자로 하는 변제공탁의 업무처리지침	행정예규제130호
24	국민저축조합저축 미환급잔액의 일괄 공탁에 관한 업무처리지침	행정예규 제953호
25	금전변제공탁의 경우 관할공탁소 이외의 공탁소에서의 공탁사건처리 지침	행정예규 제868-1호
26	변제공탁자가 회수청구권의 행사에 조건을 붙이는 경우의 처리지침	행정예규 제896호
27	손해담보를 목적으로 하는 보증공탁서 작성에 관한 업무처리지침	행정예규 제129호
28	신분확인에 의한 공탁금 출급·회수 업무처리지침	행정예규 제744호
29	외국인 등을 위한 공탁신청에 관한 지침	행정예규 제596호
30	인지 첨부 및 공탁 제공에 관한 특례법	법률 제9807호
31	재외국민 등의 공탁금 지급 청구시 첨부서면에 관한 예규	행정예규 제694호
32	재판상 담보공탁금의 지급청구절차 등에 관한 예규	행정예규 제952호
33	전산정보처리조직에 의한 공탁사무처리지침	행정예규 제938호
34	전자공탁시스템에 의한 공탁사무처리지침	행정예규 제933호
35	제3채무자의 권리공탁에 관한 업무처리절차	행정예규 제935호
36	집행공탁금 출급청구서 교부에 관한 예규(재민 2001-4)	재판예규 제823호
37	집행사건에 있어서 배당액등의 공탁 및 공탁배당액등의 관리절차에 관한 예규(재민 92-2)	재판예규 제1260호
38	토지수용보상금 채권의 공탁사무처리지침	행정예규 제90호
39	토지수용보상금의 공탁에 관한 사무처리지침	행정예규 제526호
40	행정정보 공동이용에 따른 공탁사무처리지침	행정예규 제934호

Ⅲ. 주요 업무흐름도

1. 전자 공탁신청절차

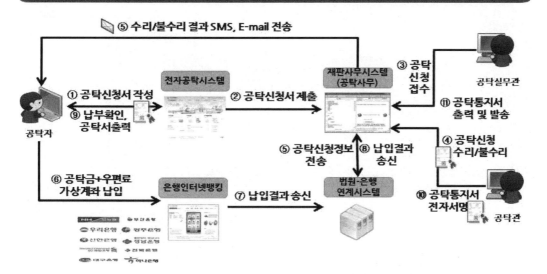

2. 전자 지급신청절차

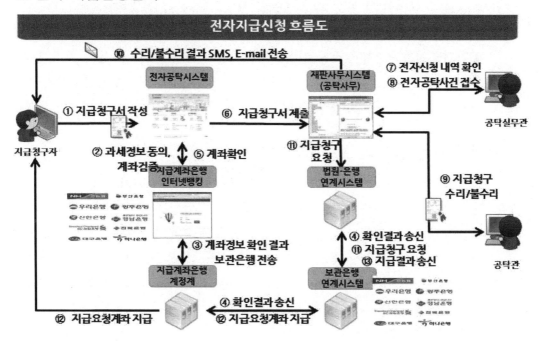

3. 전자 열람신청절차

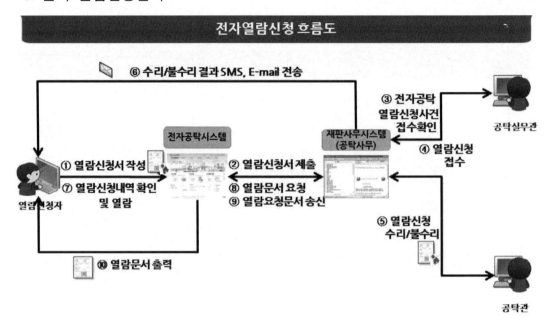

Ⅳ. 자주하는 질문(FAQ)

○ 인증서발급 절차는 어떻게 진행합니까?

- "대법원 전자공탁"의 모든 서비스(특히, 각종 신청)를 이용하기 위해서는 공인인증서(또는 행정전자서명용 인증서)가 필요합니다. 현재 공인인증서를 사용하고 계신 경우에는 그대로 사용이 가능하며, 공인인증서가 없는 사람은 신규로 발급받아야 합니다.

○ 전자공탁에서 사용가능한 인증서는 어떤것이 있습니까?

- 공인인증서(NPKI) : 공인인증서는 은행, 증권사, 신용카드사 등의 금융기관에서 발급을 대행하며 기존에 발급받은 공인인증서가 있는 경우 그대로 사용이 가능하고, 공인인증서가 없는 경우에는 금융기관을 방문하여 공인인증서를 발급받아야 합니다. 공인인증서는 사용용도에 따라 일반은행용 공인인증서와 범용공인인증서로 구분되며, 사용자에 따라 개인의 주민번호로 발급받는 개인용 인증서와 법인이나 단체의 사업자등록번호로 발급받는 법인인증서가 있습니다.
- 행정전자서명인증서(GPKI) : 행정전자서명 인증서는 행정기관, 보조기관,

보좌기관, 행정정보 공동이용기관과 소속공무원에게 발행하는 인증서로, 인증서가 없는 경우에는 소속기관의 인증담당자에게 문의하셔야 합니다. 행정전자서명 인증서는 기관의 부서단위로 발급하는 기관(전자관인용)인증서와 개인별로 발급하는 개인인증서가 있으나 전자공탁홈페이지에서는 전자관인용 인증서만 사용가능합니다. (단, 인증서 비밀번호찾기, 인증서 사건검색을 하는 개인 사용자는 개인용 GPKI 이용 가능함)

- 교육부 행정전자서명인증서(EPKI) : 교육부 행정전자서명 인증서는 교육부 산하기관과 소속공무원에게 발행하는 인증서로, 인증서가 없는 경우에는 소속기관의 인증담당자에게 문의하셔야 합니다. 교육부 행정전자서명 인증서는 기관의 부서단위로 발급하는 기관(전자관인용)인증서와 개인별로 발급하는 개인인증서가 있으나 전자공탁홈페이지에서는 전자관인용 인증서만 사용가능합니다.

- 법인 전자증명서(RPKI): 인터넷등기소에서 법인 전자신청을 할 수 있는 인증서로 인증서에 대표자등의 정보가 포함되어 있습니다. 법인사용자의 경우 사용할 수 있으며 해당인증서 사용시 법원을 방문하여 사용자접근번호 발급 등의 절차없이 인증서 등록을 통하여 바로 전자공탁 서비스를 이용할 수 있습니다. 단, 등기소에 방문하여 유료로 발급할 수 있습니다.

○ 전자공탁에서 사용가능한 사용자별 인증서는 어떤것이 있습니까?

사용자유형	세부유형	사용가능 인증서
개인	개인(내국인)	일반/범용 공인인증서(개인용)
	외국인	일반/범용 공인인증서(개인용)
	재외국민	일반/범용 공인인증서(개인용)
법인	법인	일반/범용 공인인증서(법인용), 전자증명서
	법무법인	일반/범용 공인인증서(법인용), 전자증명서
	법무사법인	일반/범용 공인인증서(법인용), 전자증명서
변호사	변호사	일반/범용 공인인증서(개인용)
법무사	법무사	일반/범용 공인인증서(개인용)
기관	국가	행정전자서명인증서(기관용), 교육부 행정전자서명인증서(교육부 산하 기관용)
	지방자치단체	행정전자서명인증서(기관용) 교육부 행정전자서명인증서(교육부 산하 기관용)

- 단, 사용가능 인증서라 하더라도 금융거래 이외에 용도가 제한되어 있는

경우(예:전자세금계산전용) 사용이 불가할 수 있음을 참고바랍니다.

- 전자소송용 인증서는 전자공탁 홈페이지에서 사용할 수 없습니다.

○ 전자공탁 홈페이지에서 전자문서는 무엇입니까?

- 전자공탁홈페이지에서는 모든 서류를 전자문서로 제출하게 됩니다. 제출할 서류의 특성을 고려하여 모든 서류를 전자문서로 준비하거나 스캐너를 준비하여야 합니다.

○ 전자문서의 유형에는 어떤것이 있습니까?

- 작성서류 : 제출할 공탁서류가 한글(hwp)이나 MS-Word(doc) 등의 프로그램을 이용하여 작성한 경우에는 작성된 문서파일 원본 그대로 제출하거나 PDF 파일로 변환하여 제출할 수 있습니다. PDF 파일 변환은 개인이 보유하고 있는 변환 프로그램을 사용하여도 무방하나 아래의 제출가능한 파일형식의 파일은 등록시 홈페이지에서 자동으로 PDF 변환되므로 별도의 변환과정 없이 등록이 가능합니다.
- 제출가능한 파일형식 : PDF, HWP, DOC, DOCX, XLS, XLSX, TXT, JPG, GIF

○ 전자공탁에서 종이서류는 어떻게 첨부합니까?

- 제출할 증서나 첨부서류의 원본이 종이서류인 경우에는 해당 종이서류를 스캐너로 스캔한 후에 저장된 파일을 제출하여야 합니다. 스캔 후 저장된 파일이 JPG, BMP, TIF 등의 이미지 파일인 경우에는 PDF 파일 형식으로 변환하여 제출하여야 합니다.

○ 전자공탁 전자문서 첨부시 스캔방법은 무엇입니까?

- 전자공탁 홈페이지에서 스캐너를 사용하는 경우 200dpi의 해상도로 고정되어 있으므로 최소 200dpi의 해상도가 지원되어야 합니다.
- 스캔 후에는 반드시 저장된 이미지 파일을 확인하여 스캔된 이미지의 품질을 확인해야 합니다.
- 동일 문서를 페이지별로 스캔하여 여러 개의 이미지파일(JPG, BMP, TIF 등)이 생성된 경우에는 각각의 파일을 PDF 파일로 변환하지 말고, 반드시 하나의 PDF 파일로 병합하여 제출하여야 합니다.

- 위임장과 같이 날인이나 서명이 필요한 문서의 경우에는, 서명이나 날인이 포함된 상태에서 스캔하여 제출하여야 합니다.

○ 전자문서의 용량제한이 있습니까?

- 파일 하나의 크기는 10메가바이트(MB)를 초과할 수 없으며, 10메가바이트를 초과하는 전자문서는 여러 개의 파일로 분리하여 제출할 수 있습니다. 또한 공탁신청 당 첨부할 수 있는 파일 사이즈의 총합은 50메가바이트로 50메가바이트를 초과하는 경우에는 법원을 방문하여 제출해야 합니다.

- 하나의 사용자 아이디에 대한 별도의 용량제한은 없습니다.

V. 프로그램별 사용안내

1. 사용자등록

가. 사용자등록안내

(1) 사용자유형

○ 대법원 전자공탁에서는 사용자 유형을 개인, 법인, 변호사, 법무사, 기관 사용자로 구분하고 있으며 각 유형에는 세부 유형이 구분되어 있으므로, 본인이 해당하는 유형을 선택한 후 사용자로 등록해야 정상적인 공탁절차진행이 가능합니다.

사용자유형	세부유형	설　　　　명
개인	개인(내국인)	만 20세 이상의 자연인으로서 국내에 거주하는 대한민국 국민을 의미합니다.
	외국인	출입국관리법에 의하여 외국인등록을 완료하거나 국내에 체류 중인 외국인으로서 사전에 공인인증서를 발급받아야 합니다.
	재외국민	주민등록이 말소된 해외거주 재외국민을 의미합니다. ※ 재외국민은 국내거소신고증 효력상실로 국내거주에 대한 주민등록증 발급 후 "개인(내국인)" 유형으로 회원가입이 필요합니다.
법인	법인	법인등기가 되어있는 법인을 의미합니다. ※ 개인사업자의 경우 개인사용자로 등록해야 합니다.
	법무법인	법무사법에 의한 변호사 법인을 의미합니다.
	법무사법인	법무사법에 의한 법무사법인을 의미하며, 법무사합동사무소는 해당되지 않습니다.
변호사	변호사	대한변호사협회에 등록된 변호사로서 변호사 자격이 유효한 사용자를 의미합니다. ※ 법무법인 소속의 변호사는 법무법인 사용자의 소속사용자로 등록해야 합니다.
법무사	법무사	대한법무사협회에 등록된 법무사로서 법무사 자격이 유효한 사용자를 의미합니다.

사용자유형	세부유형	설 명
기관	국가	대한민국이며 일반적으로 몰취공탁의 당사자가 이에 해당합니다.
	지방자치단체	지방자치단체에서 공탁을 담당하는 각 단체나 그 하부소속 기관을 의미합니다.

(2) 사용자아이디 복수 등록

○ 전자공탁 홈페이지의 사용자는 사용자 유형별로 복수의 사용자아이디를 등록해야 하는 경우가 있습니다.(단, 사용자아이디는 모두 다르게 지정해야함) 예를 들어 변호사 사용자로 등록한 사용자가 당사자로서 공탁을 진행하기 위해서 개인 사용자로 등록하는 경우가 이에 해당하며 각 사용자등록 시 각각 신원확인 절차를 수행하게 됩니다.

○ 복수 사용자아이디 등록이 가능한 사례
 - 변호사 사용자가 당사자로서 공탁을 신청할 경우 => 개인사용자로 별도 등록
○ 복수 사용자아이디 등록이 불가능한 사례
 - 개인 사용자가 내국인, 외국인, 재외국민으로 중복 등록하는 경우

(3) 사용자등록 및 서비스이용 제한 유형

○ 전자공탁 홈페이지에서는 아래와 같은 일부사용자 유형에 대하여 사용자등록 및 서비스이용을 제한하고 있습니다.
 - 사단, 재단 등 전자적으로 개인과 조직간의 관계를 증명할 수 없는 경우 사용자등록이 불가함
 - 공동대표인 법인의 경우 일부대표자로 사용자등록을 할 수 있으나, 법인사용자 등록을 위한 접근등록번호 발급이 불가하므로 전자공탁 서비스이용이 제한됨

나. 사용자등록절차

(1) 사용자유형선택

○ 사용자 유형 선택 전 하단의 이용안내 중 필수 안내사항을 반드시 확인하여야 하며 확인하지 않을 경우 '하단의 이용안내 [필수 안내사항 확인] 링크를 클릭하여 내용 확인 후 사용자 등록하시기 바랍니다.' 메시지가 출력됩니다.

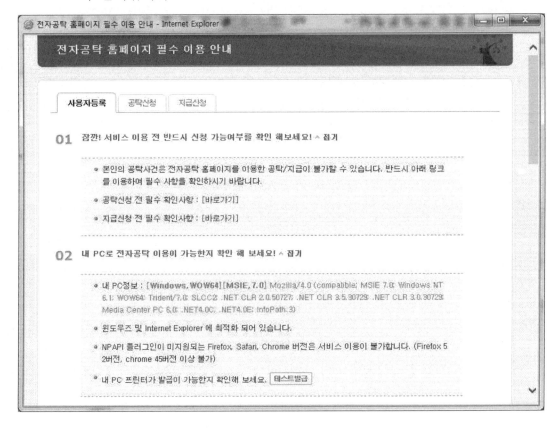

○ 등록하시고자 하는 사용자의 유형을 선택합니다.

사용자등록

| 01. 사용자유형선택 | 02. 약관동의 | 03. 실명확인 | 04. 사용자정보입력 |

전자공탁은 사용자유형에 따라 가입절차에 차이가 있으니, 해당되는 사용자유형으로 가입해 주시기 바랍니다.
각 신청 및 신청조회 기능은 사용자등록후에만 사용 가능합니다.

● 사용자유형선택

개인	• 내국인 사용자	법인	• 일반법인 사용자	변호사	사용자등록
만19세 이상의	• 외국인 사용자	법인소속인 경우	• 법무법인 사용자	법인 소속이 아닌 변호사	
개인인 경우	• 재외국민 사용자		• 법무사법인 사용자		
		공공기관	사용자등록	**법무사**	사용자등록
		국가 또는 지방자치단체일 경우		법인 소속이 아닌 법무사	

❗ 이용안내

- 사용자 등록 전 필수 안내 사항을 반드시 확인 하시기 바랍니다. [필수 안내사항 확인]
- 출입국관리사무소에 외국인등록이 되어 있는 외국인은 사용자등록이 가능합니다.
- 강제탈퇴 사용자는 3년간 사용자등록이 불가합니다.
- 법인(NPKI 인증서 이용 법인), 변호사, 법무사 사용자는 사용자등록 후 대표자 확인 및 자격검증을 위하여 공탁소에서 사용자접근
  번호를 발급받아 홈페이지에 등록하는 절차가 필요합니다.
- 재외국민인 경우 '재외국민 주민등록 제도'에 따라 주민등록을 하신 후 내국인으로 사용자 등록을 하시기 바랍니다.
  '재외국민 주민등록 제도' 안내 [바로가기]

(2) 약관 등 동의

○ 이용약관과 개인정보처리방침을 확인하고 동의 체크박스를 선택 후 [확인] 버튼을 누르면 사용자등록 화면으로 이동합니다. 개인사용자의 경우, 하단에 별도로 생성되는 별도의 고유식별정보 처리에 대한 동의여부를 선택할 수 있는 바, 동의하지 않을 경우에도 사용자등록은 가능하나 각종 신청 및 조회를 할 수 없습니다. 동의하지 않고 사용자등록을 한 후 신청 및 조회를 하려는 경우 탈퇴한 후 재등록하여야 합니다.

(3) 실명확인

(가) 개인(내국인)사용자 실명확인

○ 내국인 유형 선택 시 성명, 주민등록번호 입력 후 [확인] 버튼을 눌러 실명확인을 합니다. 중복등록여부를 확인하여 중복이 아닌 경우에 한하여 실명확인을 합니다.

* 내국인 실명확인

실명확인	휴대폰인증
*성명	
*주민등록번호	-

확인

○ 휴대폰인증 탭 선택 시 휴대폰 인증 화면이 나타납니다.

* 내국인 실명확인

실명확인	휴대폰인증

휴대폰 인증으로 실명확인을 진행하려면 '휴대폰 본인 인증' 버튼을 클릭해 주세요.

휴대폰 본인 인증

▶ 휴대폰 인증 이란?
  주민등록번호 없이 휴대폰번호를 통해 본인확인이 가능하며 본인 명의의 휴대폰번호로 인증해야 합니다.

○ 휴대폰 인증 화면에서 [휴대폰 본인 인증] 버튼을 누르면 휴대폰 인증을 할 수 있는 화면이 팝업으로 나타납니다. 본인 명의의 휴대폰이 있는 경우 해당 통신사를 선택하여 실명인증을 진행하면 됩니다.

(나) 개인(외국인)사용자 실명확인

○ 외국인 유형 선택 시 성명(SURNAME, GIVEN NAME), 외국인등록
번호 입력 후 [확인] 버튼을 눌러 실명확인을 합니다. 중복등록여부를
확인하여 중복이 아닌 경우에 한하여 실명확인을 합니다.

○ 휴대폰인증 탭 선택 시 휴대폰 인증 화면이 나타납니다.

● 외국인 실명확인

실명확인 　　휴대폰인증

휴대폰 인증으로 실명확인을 진행하려면 '휴대폰 본인 인증'버튼을 클릭해 주세요.

휴대폰 본인 인증

▶ 휴대폰 인증 이란?

주민등록번호 없이 휴대폰번호를 통해 본인확인이 가능하여 본인 명의의 휴대폰번호로 인증해야 합니다.

○ 휴대폰 인증 화면에서 [휴대폰 본인 인증] 버튼을 누르면 휴대폰 인증을 할 수 있는 화면이 팝업으로 나타납니다. 본인 명의의 휴대폰이 있는 경우 해당 통신사를 선택하여 실명인증을 진행하면 됩니다.

(다) 법인(일반법인)사용자 실명확인

○ 일반법인 유형 선택 시 법인명(상호), 법인등록번호, 사업자등록번호, 대표자명, 대표자 주민등록번호 입력 후 [확인] 버튼을 눌러 실명확인을 합니다. 중복등록여부를 확인하여 중복이 아닌 경우에 한하여 실명확인을 합니다.

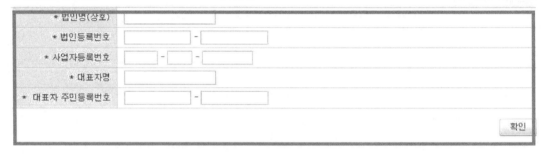

(라) 법인(법무법인)사용자 실명확인

○ 법무법인 유형 선택 시 법인명(상호), 법인등록번호, 사업자등록번호, 대표자명, 대표자 주민등록번호 입력 후 [확인] 버튼을 눌러 실명확인을 합니다. 중복등록여부를 확인하여 중복이 아닌 경우에 한하여 실명확인을 합니다.

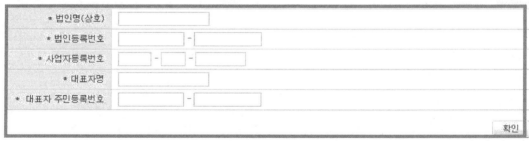

(마) 법인(법무사법인)사용자 실명확인

○ 법무사법인 유형 선택 시 법인명(상호), 법인등록번호, 사업자등록번호, 대표자명, 대표자 주민등록번호 입력 후 [확인] 버튼을 눌러 실명확인을 합니다. 중복등록여부를 확인하여 중복이 아닌 경우에 한하여 실명확인을 합니다.

※ 법무사법인 실명확인

* 법인명(상호)	
* 법인등록번호	☐ - ☐
* 사업자등록번호	☐ - ☐ - ☐
* 대표자명	☐
* 대표자 (주민)등록번호	☐ - ☐

확인

(바) 기관사용자 실명확인

○ 기관 유형 선택 시 기관명, 부서명, 사업자등록번호, 국가기관여부 입력 후 [확인] 버튼을 눌러 실명확인을 합니다. 중복등록여부를 확인하여 중복이 아닌 경우에 한하여 실명확인을 합니다.

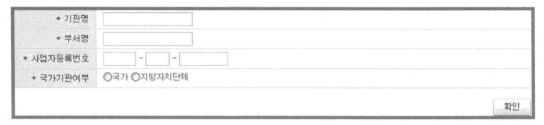

(사) 변호사 사용자 실명확인

○ 내국인 변호사는 성명, 주민등록번호, 외국인은 성, 이름, 외국인등록번호 와 변호사등록번호 입력 후 [확인] 버튼을 눌러 실명확인을 합니다. 중복등록을 확인 후 중복이 아닌 경우 실명확인을 합니다.

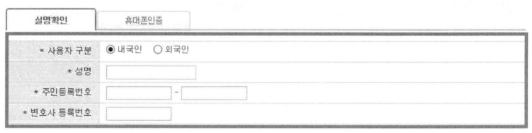

◈ 변호사 실명확인

실명확인	휴대폰인증

* 사용자 구분	◯ 내국인 ◉ 외국인	
* 성명	성(Surname)	이름(Given name)
* 외국인등록번호		—
* 변호사 등록번호		

    ○ 휴대폰인증 탭 선택 시 휴대폰 인증 화면이 나타납니다.

◈ 변호사 실명확인

실명확인	휴대폰인증

* 변호사 등록번호		변호사 등록번호를 기입 후, '휴대폰 본인 인증'으로 실명 확인을 진행해 주세요.
		휴대폰 본인 인증

    ○ 휴대폰 인증 화면에서 [휴대폰 본인 인증] 버튼을 누르면 휴대폰 인증
      을 할 수 있는 화면이 팝업으로 나타납니다. 본인 명의의 휴대폰이 있
      는 경우 해당 통신사를 선택하여 실명인증을 진행하면 됩니다.

(아) 법무사 사용자 실명확인

    ○ 내국인 법무사는 성명, 주민등록번호, 외국인은 성, 이름, 외국인등록
      번호 와 법무사등록번호 입력 후 [확인] 버튼을 눌러 실명확인을 합니
      다. 중복등록을 확인 후 중복이 아닌 경우 실명확인을 합니다.

● 법무사 실명확인

실명확인	휴대폰인증

* 사용자 구분	◉ 내국인 ○ 외국인
* 성명	
* 주민등록번호	―
* 법무사 등록번호	

확인

● 법무사 실명확인

실명확인	휴대폰인증

* 사용자 구분	○ 내국인 ◉ 외국인
* 성명	성(Surname) 이름(Given name)
* 외국인등록번호	―
* 법무사 등록번호	

○ 휴대폰인증 탭 선택 시 휴대폰 인증 화면이 나타납니다.

● 법무사 실명확인

실명확인	휴대폰인증

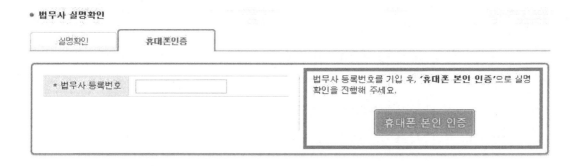

○ 휴대폰 인증 화면에서 [휴대폰 본인 인증] 버튼을 누르면 휴대폰 인증을 할 수 있는 화면이 팝업으로 나타납니다. 본인 명의의 휴대폰이 있는 경우 해당 통신사를 선택하여 실명인증을 진행하면 됩니다..

(4) 관련홈페이지 사용자정보 제공

○ 전자소송 및 인터넷등기소 홈페이지에 이미 사용자등록이 되어 있는 경우 관련홈페이지 사용자정보 제공 화면에서 선택하여 사용자등록정보를 재사용할 수 있습니다. 전자소송 혹은 인터넷등기소를 선택 후 [조회] 버튼을 누르면 해당 홈페이지에 이미 등록된 정보가 있는 지 확인을 하여 화면에 보여주고 [다음] 버튼을 누르게 되면 등록여부와 상관없이 새로 사용자등록을 할 수 있도록 사용자정보 입력화면이 나타나게 됩니다.

대한민국법원 관련 홈페이지	선택
전자소송 (http://ecfs.scourt.go.kr)	조회
인터넷등기소 (http://www.iros.go.kr)	조회

다음

(5) 사용자정보입력

(가) 내국인

① 아이디 항목은 필수입력 사항이며 [중복확인] 버튼을 누르면 아이디중복확인 팝업화면이 나타나고 아이디를 입력 후 [중복확인] 버튼을 누르면 아이디의 중복여부를 확인할 수 있습니다. 아이디는 7자리 이상 14자리 이하의 숫자와 문자의 조합으로 생성이 가능합니다.

② 비밀번호는 필수입력사항이며 8자리 이상 15자리 이하의 대문자, 소문자, 숫자, 특수문자의 조합으로 생성할 수 있으며 세 가지 이상 조합한 경우 8자리로 생성이 가능하고 두 가지만 조합을 하는 경우에는 10자리 이상으로 생성이 가능합니다.

③ 비밀번호 확인은 필수입력 사항이며 ②번 항목에 입력한 비밀번호와 동일하게 입력해야 합니다.

④ 비밀번호 질문은 필수입력 사항이며 사용자등록 후 비밀번호 찾기 기능을 이용하는 경우 필수적으로 입력을 해야 하는 항목이므로 기억하기 쉬운 것으로 선택하여야 합니다.

⑤ 비밀번호 답변은 필수입력 사항이며 사용자등록 후 비밀번호 찾기 기능을 이용하는 경우 필수적으로 입력을 해야 하는 항목이므로 기억하기 쉬운 것으로 입력하여야 합니다.

⑥ 성명은 필수입력사항이나 실명확인 시 입력된 정보가 자동으로 입력되며 수정할 수 없습니다.

* 기본정보

①	* 아이디	중복확인	(7~14자의 영문자와 숫자조합, 대/소문자 구분, 한글사용불가)
②	* 비밀번호		
③	* 비밀번호 확인		
④	* 비밀번호 질문	가장 좋아하는 색상은?	
⑤	* 비밀번호 답변		
⑥	* 성명	이태경	

⑦ * 주소

※ 도로명 상세주소 입력예시
서울 서초구 서초로 10, 101동 102호 (서초동 개나리아파트)
서울 서초구 서초로 10, 102 (서초동)
충남 금산군 금산읍 육일1길 1

⑧	휴대전화번호	선택 - -	☐ SMS수신 동의함
⑨	집전화번호	선택 - -	
⑩	* 이메일	@	직접입력 ☐ 이메일수신 동의함

⑪ 저장

⑦ 주소는 필수입력사항이며 [돋보기](주소찾기) 버튼을 클릭하면 다음과 같은 화면이 팝업으로 나타납니다.

주소를 입력하고 [검색] 버튼을 누르면 일치하는 주소가 하단에 리스트로 나타나고 선택을 하면 팝업창이 닫히면서 본 화면에 선택한 주소가 입력이 됩니다. 기본주소가 자동으로 입력된 후에 상세주소를 입력해야 합니다.
[도로명새주소]탭을 누르면 도로명으로 주소를 입력할 수 있는 화면이 나타납니다.

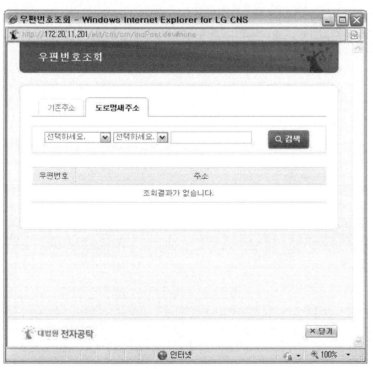

⑧ 휴대전화번호는 필수입력 사항은 아니지만 신청 등의 결과를 SMS로 전달받기 위해서는 입력을 하여야 하고 [SMS수신 동의함]을 체크하여야 합니다.

⑨ 집전화번호는 필수입력 사항이 아닙니다.

⑩ 이메일은 필수입력 사항이며 신청 등의 결과를 이메일로 전달받기 위해서는 입력을 하여야 하고 [이메일수신 동의함]을 체크하여야 합니다.

⑪ 저장버튼을 누르면 전자공탁홈페이지에 입력한 사용자정보로 사용자등록이 되고 다음과 같은 로그인화면이 나타납니다.

✓ 사용자등록이 완료되었습니다.

아이디	nourishing	사용자명	조상복
사용자유형	내국인	이메일주소	whehd5@naver.com
휴대전화번호			

● 아이디로그인

아이디			
비밀번호		로그인	
아이디/비밀번호 찾기			

▶ 개인정보 보호를 위하여 다시한번 로그인해주세요.

▶ 공인인증서를 등록하시려면 로그인 한 후, 로그인/인증센터 > 인증선택에서 공인인증서등록을 하시기 바랍니다.

(나) 외국인

① 아이디 항목은 필수입력 사항이며 [중복확인] 버튼을 누르면 아이디중복확인 팝업화면이 나타나고 아이디를 입력 후 [중복확인] 버튼을 누르면 아이디의 중복여부를 확인할 수 있습니다. 아이디는 7자리 이상 14자리 이하의 숫자와 문자의 조합으로 생성이 가능합니다.

② 비밀번호는 필수입력사항이며 8자리 이상 15자리 이하의 대문자, 소문자, 숫자, 특수문자의 조합으로 생성할 수 있으며 세 가지 이상 조합한 경우 8자리로 생성이 가능하고 두 가지만 조합을 하는 경우에는 10자리 이상으로 생성이 가능합니다.

③ 비밀번호 확인은 필수입력 사항이며 ②번 항목에 입력한 비밀번호와 동일하게 입력해야 합니다.

④ 비밀번호 질문은 필수입력 사항이며 사용자등록 후 비밀번호 찾기 기능을 이용하는 경우 필수적으로 입력을 해야 하는 항목이므로 기억하기 쉬운 것으로 선택하여야 합니다.

⑤ 비밀번호 답변은 필수입력 사항이며 사용자등록 후 비밀번호 찾기 기능을 이용하는 경우 필수적으로 입력을 해야 하는 항목이므로 기억하기 쉬운 것으로 입력하여야 합니다.

* 기본정보

①	* 아이디		중복확인 (7~14자의 영문자와 숫자조합, 대/소문자 구분, 한글사용불가)
②	* 비밀번호		
③	* 비밀번호 확인		
④	* 비밀번호 질문	가장 좋아하는 색상은? ▾	
⑤	* 비밀번호 답변		
⑥	* 성명	PUCHAO 성(Surname) TUNG 이름(Given name)	성명은 대문자로 입력해야 합니다.
⑦	* 외국인등록번호	710307 - ●●●●●●●	
⑧	* 주소	※ 도로명 상세주소 입력예시 서울 서초구 서초로 10, 101동 102호 (서초동 개나리아파트) 서울 서초구 서초로 10, 102 (서초동) 충남 금산군 금산읍 폭설1길 1	
⑨	휴대전화번호	선택 ▾ - - □SMS수신 동의함	
⑩	집전화번호	선택 ▾ - -	
⑪	* 이메일	@ 직접입력 ▾ □이메일수신 동의함	

⑫ 저장

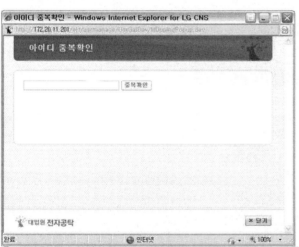

⑥ 성명은 필수입력사항이나 실명확인 시 입력된 정보가 자동으로 입력되면 수정할 수 없습니다.

⑦ 외국인등록번호는 필수입력사항이나 실명확인 시 입력된 정보가 자동으로 입력되며 수정할 수 없습니다.

⑧ 주소는 필수입력사항이며 [돋보기](주소찾기) 버튼을 클릭하면 다음과 같은 화면이 팝업으로 나타납니다.

주소를 입력하고 [검색] 버튼을 누르면 일치하는 주소가 하단에 리스트로 나타나고 선택을 하면 팝업창이 닫히면서 본 화면에 선택한 주소가 입력이 됩니다. 기본주소가 자동으로 입력된 후에 상세주소를 입력해야 합니다.

[도로명새주소]탭을 누르면 도로명으로 주소를 입력할 수 있는 화면이 나타납니다.

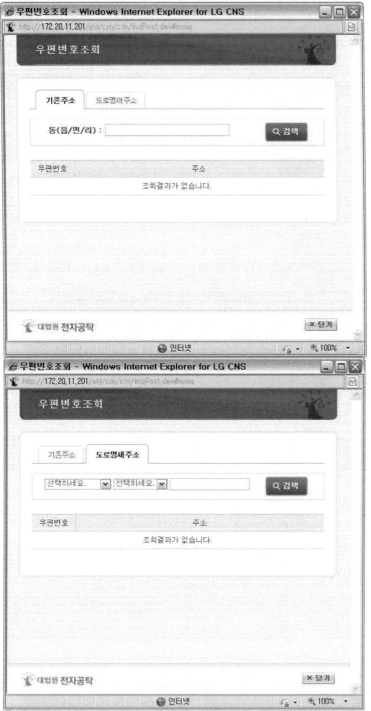

⑨ 휴대전화번호는 필수입력 사항은 아니지만 신청 등의 결과를 SMS로 전달받기 위해서는 입력을 하여야 하고 [SMS수신 동의함]을 체크하여야 합니다.

⑩ 집전화번호는 필수입력 사항이 아닙니다.

⑪ 이메일은 필수입력 사항이며 신청 등의 결과를 이메일로 전달받기 위해서는 입력을 하여야 하고 [이메일 수신 동의함]을 체크하여야 합니다.

⑫ 저장버튼을 누르면 전자공탁홈페이지에 입력한 사용자정보로 사용자등록이 되고 다음과 같은 로그인화면 이 나타납니다.

(다) 법인

● 기본정보

①	* 아이디		중복확인	(7~14자의 영문자와 숫자조합, 대/소문자 구분, 한글사용불가)
②	* 비밀번호			
③	* 비밀번호 확인			
④	* 비밀번호 질문	가장 좋아하는 색상은? ▼		
⑤	* 비밀번호 답변			
⑥	* 법인명(상호)	강남주식회사		
⑦	* 법인등록번호	131111 - 0131795		
⑧	* 사업자등록번호	106 - 81 - 06439		
⑨	* 주소	[🔍] ※ 도로명 상세주소 입력예시 서울 서초구 서초로 10, 101동 102호 〈서초동 개나리아파트〉 서울 서초구 서초로 10, 102 〈서초동〉 충남 금산군 금산읍 죽실1길 1		
⑩	휴대전화번호	선택 ▼ - -	☐ SMS수신 동의함	
⑪	집전화번호	선택 ▼ - -		
⑫	* 이메일	@	직접입력 ▼	☐ 이메일수신 동의함

⑬ [저장]

① 아이디 항목은 필수입력 사항이며 [중복확인] 버튼을 누르면 아이디중복확인 팝업화면이 나타나고 아이디를 입력 후 [중복확인] 버튼을 누르면 아이디의 중복여부를 확인할 수 있습니다. 아이디는 7자리 이상 14자리 이하의 숫자와 문자의 조합으로 생성이 가능합니다.

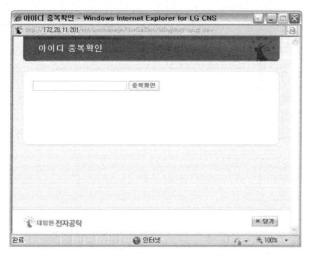

② 비밀번호는 필수입력사항이며 8자리 이상 15자리 이하의 대문자, 소문자, 숫자, 특수문자의 조합으로 생성할 수 있으며 세 가지 이상 조합한 경우 8자리로 생성이 가능하고 두 가지만 조합을 하는 경우에는 10자리 이상으로 생성이 가능합니다.

③ 비밀번호 확인은 필수입력 사항이며 ②번 항목에 입력한 비밀번호와 동일하게 입력해야 합니다.

④ 비밀번호 질문은 필수입력 사항이며 사용자등록 후 비밀번호 찾기 기능을 이용하는 경우 필수적으로 입력을 해야 하는 항목이므로 기억하기 쉬운 것으로 선택하여야 합니다.

⑤ 비밀번호 답변은 필수입력 사항이며 사용자등록 후 비밀번호 찾기 기능을 이용하는 경우 필수적으로 입력을 해야 하는 항목이므로 기억하기 쉬운 것으로 입력하여야 합니다.

⑥ 법인명(상호)은 필수입력사항이나 실명확인 시 입력된 정보가 자동으로 입력되면 수정할 수 없습니다.

⑦ 법인등록번호는 필수입력사항이나 실명확인 시 입력된 정보가 자동으로 입력되며 수정할 수 없습니다.

⑧ 사업자등록번호는 필수입력사항이나 실명확인 시 입력된 정보가 자동으로 입력되며 수정할 수 없습니다.

⑨ 주소는 필수입력사항이며 [돋보기](주소찾기) 버튼을 클릭하면 다음과 같은 화면이 팝업으로 나타납니다.

주소를 입력하고 [검색] 버튼을 누르면 일치하는 주소가 하단에 리스트로 나타나고 선택을 하면 팝업창이 닫히면서 본 화면에 선택한 주소가 입력이 됩니다. 기본주소가 자동으로 입력된 후에 상세주소를 입력해야 합니다.

[도로명새주소]탭을 누르면 도로명으로 주소를 입력할 수 있는 화면이 나타납니다.

⑩ 휴대전화번호는 필수입력 사항은 아니지만 신청 등의 결과를 SMS로 전달받기 위해서는 입력을 하여야 하고 [SMS수신 동의함]을 체크하여야 합니다.

⑪ 집전화번호는 필수입력 사항이 아닙니다.

⑫ 이메일은 필수입력 사항이며 신청 등의 결과를 이메일로 전달받기 위해서는 입력을 하여야 하고 [이메일 수신 동의함]을 체크하여야 합니다.

⑬ 저장버튼을 누르면 전자공탁홈페이지에 입력한 사용자정보로 사용자등록이 되고 다음과 같은 로그인화면 이 나타납니다.

(라) 법무법인

＊ 기본정보

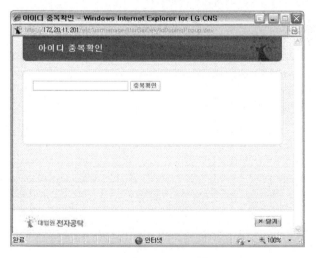

①	＊ 아이디	[중복확인] (7~14자의 영문자와 숫자조합, 대/소문자 구분, 한글사용불가)	
②	＊ 비밀번호		
③	＊ 비밀번호 확인		
④	＊ 비밀번호 질문	가장 좋아하는 색상은? ▾	
⑤	＊ 비밀번호 답변		
⑥	＊ 법인명(상호)	해산 주식회사	
⑦	＊ 법인등록번호	131111 - 0133866	
⑧	＊ 사업자등록번호	104 - 81 - 37225	
⑨	＊ 주소	※ 도로명 상세주소 입력예시 서울 서초구 서초로 10, 101동 102호 (서초동,개나리아파트) 서울 서초구 서초로 10, 102 (서초동) 충남 금산군 금산읍 족실1길 1	
⑩	휴대전화번호	선택 ▾ - - □SMS수신 동의함	
⑪	집전화번호	선택 ▾ - -	
⑫	＊ 이메일	@ 직접입력 ▾ □이메일수신 동의함	

⑬ [저장]

① 아이디 항목은 필수입력 사항이며 [중복확인] 버튼을 누르면 아이디중복확인 팝업화면이 나타나고 아이디를 입력 후 [중복확인] 버튼을 누르면 아이디의 중복여부를 확인할 수 있습니다. 아이디는 7자리 이상 14자리 이하의 숫자와 문자의 조합으로 생성이 가능합니다.

② 비밀번호는 필수입력사항이며 8자리 이상 15자리 이하의 대문자, 소문자, 숫자, 특수문자의 조합으로 생성할 수 있으며 세 가지 이상 조합한 경우 8자리로 생성이 가능하고 두 가지만 조합을 하는 경우에는 10자리 이상으로 생성이 가능합니다.

③ 비밀번호 확인은 필수입력 사항이며 ②번 항목에 입력한 비밀번호와 동일하게 입력해야 합니다.

④ 비밀번호 질문은 필수입력 사항이며 사용자등록 후 비밀번호 찾기 기능을 이용하는 경우 필수적으로 입력을 해야 하는 항목이므로 기억하기 쉬운 것으로 선택하여야 합니다.

⑤ 비밀번호 답변은 필수입력 사항이며 사용자등록 후 비밀번호 찾기 기능을 이용하는 경우 필수적으로 입력을 해야 하는 항목이므로 기억하기 쉬운 것으로 입력하여야 합니다.

⑥ 법인명(상호)은 필수입력사항이나 실명확인 시 입력된 정보가 자동으로 입력되면 수정할 수 없습니다.

⑦ 법인등록번호는 필수입력사항이나 실명확인 시 입력된 정보가 자동으로 입력되며 수정할 수 없습니다.

⑧ 사업자등록번호는 필수입력사항이나 실명확인 시 입력된 정보가 자동으로 입력되며 수정할 수 없습니다.

⑨ 주소는 필수입력사항이며 [돋보기](주소찾기) 버튼을 클릭하면 다음과 같은 화면이 팝업으로 나타납니다.

주소를 입력하고 [검색] 버튼을 누르면 일치하는 주소가 하단에 리스트로 나타나고 선택을 하면 팝업창이 닫히면서 본 화면에 선택한 주소가 입력이 됩니다. 기본주소가 자동으로 입력된 후에 상세주소를 입력해야 합니다.

[도로명새주소]탭을 누르면 도로명으로 주소를 입력할 수 있는 화면이 나타납니다.

⑩ 휴대전화번호는 필수입력 사항은 아니지만 신청 등의 결과를 SMS로 전달받기 위해서는 입력을 하여야 하고 [SMS수신 동의함]을 체크히여야 합니다.

⑪ 집전화번호는 필수입력 사항이 아닙니다.

⑫ 이메일은 필수입력 사항이며 신청 등의 결과를 이메일로 전달받기 위해서는 입력을 하여야 하고 [이메일 수신 동의함]을 체크하여야 합니다.

✓ **사용자등록이 완료되었습니다.**

아이디	nourishing	사용자명	강남주식회사
사용자유형	법무법인	이메일주소	whehd5@naver.com
휴대전화번호			

● **아이디로그인**

⑬ 저장버튼을 누르면 전자공탁홈페이지에 입력한 사용자정보로 사용자등록이 되고 다음과 같은 로그인화면 이 나타납니다.

(마) 법무사법인

* 기본정보

①	* 아이디	[　　　] [중복확인] (7~14자의 영문자와 숫자조합, 대/소문자 구분, 한글사용불가)
②	* 비밀번호	[　　　]
③	* 비밀번호 확인	[　　　]
④	* 비밀번호 질문	가장 좋아하는 색상은? ▼
⑤	* 비밀번호 답변	[　　　]
⑥	* 법인명(상호)	강남종합법무법인
⑦	* 법인등록번호	115046 - 0000204
⑧	* 사업자등록번호	212 - 81 - 34780
⑨	* 주소	🔍 [　　　] ※ 도로명 상세주소 입력예시 서울 서초구 서초로 10, 101동 102호 (서초동,개나리아파트) 서울 서초구 서초로 10, 102 (서초동) 충남 금산군 금산을 폭설1길 1
⑩	휴대전화번호	선택 ▼ - [　] - [　] □SMS수신 동의함
⑪	집전화번호	선택 ▼ - [　] - [　]
⑫	* 이메일	[　] @ [　] 직접입력 ▼ □이메일수신 동의함

⑬ [저장]

① 아이디 항목은 필수입력 사항이며 [중복확인] 버튼을 누르면 아이디중복확인 팝업화면이 나타나고 아이디를 입력 후 [중복확인] 버튼을 누르면 아이디의 중복여부를 확인할 수 있습니다. 아이디는 7자리 이상 14자리 이하의 숫자와 문자의 조합으로 생성이 가능합니다.

② 비밀번호는 필수입력사항이며 8자리 이상 15자리 이하의 대문자, 소문자, 숫자, 특수문자의 조합으로 생성할 수 있으며 세 가지 이상 조합한 경우 8자리로 생성이 가능하고 두 가지만 조합을 하는 경우에는 10자리 이상으로 생성이 가능합니다.

③ 비밀번호 확인은 필수입력 사항이며 ②번 항목에 입력한 비밀번호와 동일하게 입력해야 합니다.

④ 비밀번호 질문은 필수입력 사항이며 사용자등록 후 비밀번호 찾기 기능을 이용하는 경우 필수적으로 입력을 해야 하는 항목이므로 기억하기 쉬운 것으로 선택하여야 합니다.

⑤ 비밀번호 답변은 필수입력 사항이며 사용자등록 후 비밀번호 찾기 기능을 이용하는 경우 필수적으로 입력을 해야 하는 항목이므로 기억하기 쉬운 것으로 입력하여야 합니다.

⑥ 법인명(상호)은 필수입력사항이나 실명확인 시 입력된 정보가 자동으로 입력되면 수정할 수 없습니다.

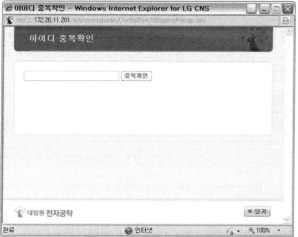

⑦ 법인등록번호는 필수입력사항이나 실명확인 시 입력된 정보가 자동으로 입력되며 수정할 수 없습니다.

⑧ 사업자등록번호는 필수입력사항이나 실명확인 시 입력된 정보가 자동으로 입력되며 수정할 수 없습니다.

⑨ 주소는 필수입력사항이며 [돋보기](주소찾기) 버튼을 클릭하면 다음과 같은 화면이 팝업으로 나타납니다.

주소를 입력하고 [검색] 버튼을 누르면 일치하는 주소가 하단에 리스트로 나타나고 선택을 하면 팝업창이
닫히면서 본 화면에 선택한 주소가 입력이 됩니다. 기본주소가 자동으로 입력된 후에 상세주소를 입력해야
합니다.

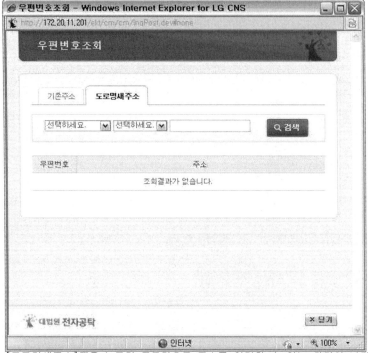

[도로명새주소]탭을 누르면 도로명으로 주소를 입력할 수 있는 화면이 나타납니다.

⑩ 휴대전화번호는 필수입력 사항은 아니지만 신청 등의 결과를 SMS로 전달받기 위해서는 입력을 하여야 하고 [SMS수신 동의함]을 체크하여야 합니다.

⑪ 집전화번호는 필수입력 사항이 아닙니다.

⑫ 이메일은 필수입력 사항이며 신청 등의 결과를 이메일로 전달받기 위해서는 입력을 하여야 하고 [이메일수신 동의함]을 체크하여야 합니다.

⑬ 저장버튼을 누르면 전자공탁홈페이지에 입력한 사용자정보로 사용자등록이 되고 다음과 같은 로그인화면이 나타납니다.

(바) 기관

① 아이디 항목은 필수입력 사항이며 [중복확인] 버튼을 누르면 아이디중복확인 팝업화면이 나타나고 아이

✓ 사용자등록이 완료되었습니다.

아이디	nourishing	사용자명	강남종합법무법인
사용자유형	법무사법인	이메일주소	whehd5@naver.com
휴대전화번호			

● 아이디로그인

아이디 [   ]
비밀번호 [   ]

[로그인]

아이디/비밀번호 찾기

▶ 개인정보 보호를 위하여 다시한번 로그인해주세요.
▶ 공인인증서를 등록하시려면 로그인 한 후, 로그인/인증센터 > 인증센터에서 공인인증서등록을 하시기 바랍니다.

● 기본정보

① * 아이디 [   ] [중복확인] (7~14자의 영문자 또는 숫자, 대/소문자 구분, 한글사용불가)
② * 비밀번호 [   ]
③ * 비밀번호 확인 [   ]
④ * 비밀번호 질문 [가장 좋아하는 색상은? ▼]
⑤ * 비밀번호 답변 [   ]
⑥ 대표자명 [   ]
⑦ * 기관명 [기관명]
⑧ * 사업자등록번호 [123] - [12] - [12345]
⑨ * 부서명 [부서명] * 국가기관여부 [Y]
⑩ * 주소 [🔍]
[   ]
※ 도로명 상세주소 입력예시
서울 서초구 서초로 10, 101동 102호 (서초동 개나리아파트)
서울 서초구 서초로 10, 102 (서초동)
충남 금산군 금산읍 죽남1길 1
⑪ 휴대전화번호 [선택 ▼] - [   ] - [   ] ☐ SMS수신 동의함
⑫ 집전화번호 [선택 ▼] - [   ] - [   ]
⑬ * 이메일 [   ] @ [   ] [직접입력 ▼] ☐ 이메일수신 동의함

⑭ [저장]

디를 입력 후 [중복확인] 버튼을 누르면 아이디의 중복여부를 확인할 수 있습니다. 아이디는 7자리 이상 14자리 이하의 숫자와 문자의 조합으로 생성이 가능합니다.

② 비밀번호는 필수입력사항이며 8자리 이상 15자리 이하의 대문자, 소문자, 숫자, 특수문자의 조합으로 생성할 수 있으며 세 가지 이상 조합한 경우 8자리로 생성이 가능하고 두 가지만 조합을 하는 경우에는 10자리 이상으로 생성이 가능합니다.

③ 비밀번호 확인은 필수입력 사항이며 ②번 항목에 입력한 비밀번호와 동일하게 입력해야 합니다.

④ 비밀번호 질문은 필수입력 사항이며 사용자등록 후 비밀번호 찾기 기능을 이용하는 경우 필수적으로 입

력을 해야 하는 항목이므로 기억하기 쉬운 것으로 선택하여야 합니다.

⑤ 비밀번호 답변은 필수입력 사항이며 사용자등록 후 비밀번호 찾기 기능을 이용하는 경우 필수적으로 입력을 해야 하는 항목이므로 기억하기 쉬운 것으로 입력하여야 합니다.

⑥ 대표자명은 필수입력사항이며 실제 사용할 사용자의 정보를 입력하여야 합니다.

⑦ 기관명은 필수입력사항이나 실명확인 시 입력된 정보가 자동으로 입력되며 수정할 수 없습니다.

⑧ 사업자등록번호는 필수입력사항이나 실명확인 시 입력된 정보가 자동으로 입력되며 수정할 수 없습니다.

⑨ 부서명 및 국가기관여부는 필수입력사항이나 실명확인 시 입력된 정보가 자동으로 입력되며 수정할 수 없습니다.

⑩ 주소는 필수입력사항이며 [돋보기](주소찾기) 버튼을 클릭하면 다음과 같은 화면이 팝업으로 나타납니다.

주소를 입력하고 [검색] 버튼을 누르면 일치하는 주소가 하단에 리스트로 나타나고 선택을 하면 팝업창이 닫히면서 본 화면에 선택한 주소가 입력이 됩니다. 기본주소가 자동으로 입력된 후에 상세주소를 입력해야 합니다.

[도로명새주소]탭을 누르면 도로명으로 주소를 입력할 수 있는 화면이 나타납니다.

⑪ 휴대전화번호는 필수입력 사항은 아니지만 신청 등의 결과를 SMS로 전달받기 위해서는 입력을 하여야 하고 [SMS수신 동의함]을 체크하여야 합니다.

⑫ 집전화번호는 필수입력 사항이 아닙니다.

⑬ 이메일은 필수입력 사항이며 신청 등의 결과를 이메일로 전달받기 위해서는 입력을 하여야 하고 [이메일 수신 동의함]을 체크하여야 합니다.

⑭ 저장버튼을 누르면 전자공탁홈페이지에 입력한 사용자정보로 사용자등록이 되고 다음과 같은 로그인화면이 나타납니다.

우편번호조회 – Windows Internet Explorer for LG CNS

http://172.20.11.201/ekt/cm/cm/inqPost.dev#none

우편번호조회

| 기존주소 | 도로명새주소 |

동(읍/면/리) : [　　　　　　　　　　] 　 [🔍 검색]

우편번호	주소
	조회결과가 없습니다.

🏛 대법원 전자공탁　　　　　　　　[✕ 닫기]

🌐 인터넷　　　　　🔍 100%

우편번호조회 – Windows Internet Explorer for LG CNS

http://172.20.11.201/ekt/cm/cm/inqPost.dev#none

우편번호조회

| 기존주소 | 도로명새주소 |

[선택하세요. ▼] [선택하세요. ▼] [　　　　　　] 　 [🔍 검색]

우편번호	주소
	조회결과가 없습니다.

🏛 대법원 전자공탁　　　　　　　　[✕ 닫기]

🌐 인터넷　　　　　🔍 100%

(사) 변호사

✓ 사용자등록이 완료되었습니다.

아이디	nourishing	사용자명	dps기관
사용자유형	기관	이메일주소	whehd5@naver.com
휴대전화번호			

● **아이디로그인**

아이디			
비밀번호		**로그인**	▶ 개인정보 보호를 위하여 다시한번 로그인해주세요.
아이디/비밀번호 찾기			▶ 공인인증서를 등록하시려면 로그인 한 후, 로그인/인증센터 > 인증설정에서 공인인증서등록을 하시기 바랍니다.

❙ ● **기본정보**

①	* 아이디		중복확인 (7~14자의 영문자와 숫자조합, 대/소문자 구분, 한글사용불가)
②	* 비밀번호		
③	* 비밀번호 확인		
④	* 비밀번호 질문	가장 좋아하는 색상은? ▼	
⑤	* 비밀번호 답변		
⑥	* 성명	최종길	
⑦	* 주민등록번호	640823 - ●●●●●●●	
⑧	* 등록번호		
⑨	* 주소	🔍 ※ 도로명 상세주소 입력예시 서울 서초구 서초로 10, 101동 102호 (서초동 개나리아파트) 서울 서초구 서초로 10, 102 (서초동) 충남 금산군 금산읍 옥길1길 1	
⑩	휴대전화번호	선택 ▼ - - ☐ SMS수신 동의함	
⑪	집전화번호	선택 ▼ - -	
⑫	* 이메일	@ 직접입력 ▼ ☐ 이메일수신 동의함	

⑬ **저장**

① 아이디 항목은 필수입력 사항이며 [중복확인] 버튼을 누르면 아이디중복확인 팝업화면이 나타나고 아이디를 입력 후 [중복확인] 버튼을 누르면 아이디의 중복여부를 확인할 수 있습니다. 아이디는 7자리 이상 14자리 이하의 숫자와 문자의 조합으로 생성이 가능합니다.

② 비밀번호는 필수입력사항이며 8자리 이상 15자리 이하의 대문자, 소문자, 숫자, 특수문자의 조합으로 생성할 수 있으며 세 가지 이상 조합한 경우 8자리로 생성이 가능하고 두 가지만 조합을 하는 경우에는 10자리 이상으로 생성이 가능합니다.

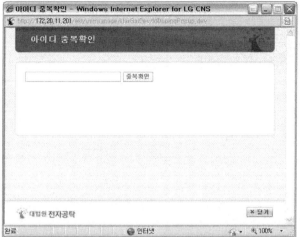

③ 비밀번호 확인은 필수입력 사항이며 ②번 항목에 입력한 비밀번호와 동일하게 입력해야 합니다.

④ 비밀번호 질문은 필수입력 사항이며 사용자등록 후 비밀번호 찾기 기능을 이용하는 경우 필수적으로 입력을 해야 하는 항목이므로 기억하기 쉬운 것으로 선택하여야 합니다.

⑤ 비밀번호 답변은 필수입력 사항이며 사용자등록 후 비밀번호 찾기 기능을 이용하는 경우 필수적으로 입력을 해야 하는 항목이므로 기억하기 쉬운 것으로 입력하여야 합니다.

⑥ 성명은 필수입력사항이나 실명확인 시 입력된 정보가 자동으로 입력되며 수정할 수 없습니다.

⑦ 주민등록번호는 필수입력사항이나 실명확인 시 입력된 정보가 자동으로 입력되며 수정할 수 없습니다.

⑧ 등록번호는 필수입력사항이나 실명확인 시 입력된 정보가 자동으로 입력되며 수정할 수 없습니다.

⑨ 주소는 필수입력사항이며 [돋보기](주소찾기) 버튼을 클릭하면 다음과 같은 화면이 팝업으로 나타납니다.

주소를 입력하고 [검색] 버튼을 누르면 일치하는 주소가 하단에 리스트로 나타나고 선택을 하면 팝업창이 닫히면서 본 화면에 선택한 주소가 입력이 됩니다. 기본주소가 자동으로 입력된 후에 상세주소를 입력해야 합니다.

[도로명새주소]탭을 누르면 도로명으로 주소를 입력할 수 있는 화면이 나타납니다.

⑩ 휴대전화번호는 필수입력 사항은 아니지만 신청 등의 결과를 SMS로 전달받기 위해서는 입력을 하여야 하고 [SMS수신 동의함]을 체크하여야 합니다.

⑪ 집전화번호는 필수입력 사항이 아닙니다.

⑫ 이메일은 필수입력 사항이며 신청 등의 결과를 이메일로 전달받기 위해서는 입력을 하여야 하고 [이메일 수신 동의함]을 체크하여야 합니다.

⑬ 저장버튼을 누르면 전자공탁홈페이지에 입력한 사용자정보로 사용자등록이 되고 다음과 같은 로그인화면

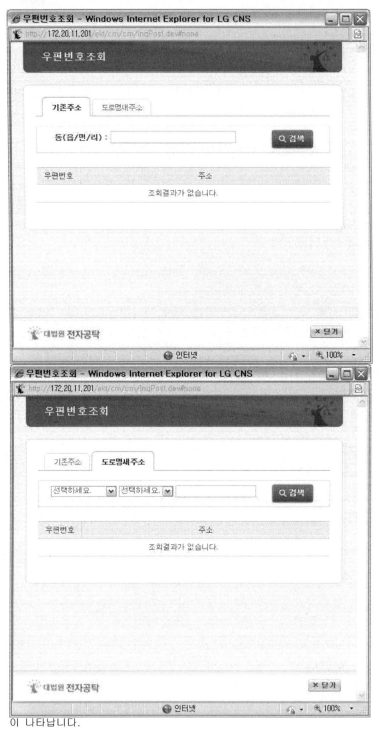

이 나타납니다.

✓ 사용자등록이 완료되었습니다.

아이디	nourishing	사용자명	조상복
사용자유형	변호사	이메일주소	whehd5@naver.com
휴대전화번호			

◦ **아이디로그인**

아이디		
비밀번호		로그인
아이디/비밀번호 찾기		

▶ 개인정보 보호를 위하여 다시[한번 로그인해주세요.

▶ 공인인증서를 등록하시려면 로그인 한 후, 로그인/인증센터 > 인증센터에서 공인인증서목록을 하시기 바랍니다.

(아) 법무사

◦ **기본정보**

①	* 아이디	[　　　] 중복확인 (7~14자의 영문자와 숫자조합, 대/소문자 구분, 한글사용불가)
②	* 비밀번호	
③	* 비밀번호 확인	
④	* 비밀번호 질문	가장 좋아하는 색상은? ▼
⑤	* 비밀번호 답변	
⑥	* 성명	정혜림
⑦	* 주민등록번호	340612 - ●●●●●●●
⑧	* 등록번호	
⑨	* 주소	🔍 ※ 도로명 상세주소 입력예시 서울 서초구 서초로 10, 101동 102호 (서초동, 개나리아파트) 서울 서초구 서초로 10, 102 (서초동) 충남 금산군 금산읍 속살1길 1
⑩	휴대전화번호	선택 ▼ - 　 - 　 ☐ SMS수신 동의함
⑪	집전화번호	선택 ▼ - 　 -
⑫	* 이메일	@ 　　 직접입력 ▼ ☐ 이메일수신 동의함
⑬		저장

① 아이디 항목은 필수입력 사항이며 [중복확인] 버튼을 누르면 아이디중복확인 팝업화면이 나타나고 아이디를 입력 후 [중복확인] 버튼을 누르면 아이디의 중복여부를 확인할 수 있습니다. 아이디는 7자리 이상 14자리 이하의 숫자와 문자의 조합으로 생성이 가능합니다.

② 비밀번호는 필수입력사항이며 8자리 이상 15자리 이하의 대문자, 소문자, 숫자, 특수문자의 조합으로 생성할 수 있으며 세 가지 이상 조합한 경우 8자리로 생성이 가능하고 두 가지만 조합을 하는 경우에는 10자리 이상으로 생성이 가능합니다.

③ 비밀번호 확인은 필수입력 사항이며 ②번 항목에 입력한 비밀번호와 동일하게 입력해야 합니다.

④ 비밀번호 질문은 필수입력 사항이며 사용자등록 후 비밀번호 찾기 기능을 이용하는 경우 필수적으로 입력을 해야 하는 항목이므로 기억하기 쉬운 것으로 선택하여야 합니다.

⑤ 비밀번호 답변은 필수입력 사항이며 사용자등록 후 비밀번호 찾기 기능을 이용하는 경우 필수적으로 입력을 해야 하는 항목이므로 기억하기 쉬운 것으로 입력하여야 합니다.

⑥ 성명은 필수입력사항이나 실명확인 시 입력된 정보가 자동으로 입력되며 수정할 수 없습니다.

⑦ 주민등록번호는 필수입력사항이나 실명확인 시 입력된 정보가 자동으로 입력되며 수정할 수 없습니다.

⑧ 등록번호는 필수입력사항이나 실명확인 시 입력된 정보가 자동으로 입력되며 수정할 수 없습니다.

⑨ 주소는 필수입력사항이며 [돋보기](주소찾기) 버튼을 클릭하면 다음과 같은 화면이 팝업으로 나타납니다.

주소를 입력하고 [검색] 버튼을 누르면 일치하는 주소가 하단에 리스트로 나타나고 선택을 하면 팝업창이 닫히면서 본 화면에 선택한 주소가 입력이 됩니다. 기본주소가 자동으로 입력된 후에 상세주소를 입력해야 합니다.

[도로명새주소]탭을 누르면 도로명으로 주소를 입력할 수 있는 화면이 나타납니다.

⑩ 휴대전화번호는 필수입력 사항은 아니지만 신청 등의 결과를 SMS로 전달받기 위해서는 입력을 하여야 하고 [SMS수신 동의함]을 체크하여야 합니다.

⑪ 집전화번호는 필수입력 사항이 아닙니다.

⑫ 이메일은 필수입력 사항이며 신청 등의 결과를 이메일로 전달받기 위해서는 입력을 하여야 하고 [이메일 수신 동의함]을 체크하여야 합니다.

⑬ 저장버튼을 누르면 전자공탁홈페이지에 입력한 사용자정보로 사용자등록이 되고 다음과 같은 로그인화면
이 나타납니다.

✓ **사용자등록이 완료되었습니다.**

아이디	nourishing	사용자명	조상복
사용자유형	법무사	이메일주소	whehd5@naver.com
휴대전화번호			

❊ **아이디로그인**

아이디	[ ]	
비밀번호	[ ]	[로그인]
	아이디/비밀번호 찾기	

▸ 개인정보 보호를 위하여 다시한번 로그인해주세요.
▸ 공인인증서를 등록하시려면 로그인 한 후, 로그인/인증센터 > 인증센터에서
공인인증서등록을 하시기 바랍니다.

2. 공탁신청

가. 신청서작성(일반인)

(1) 기본정보입력

○ 공탁신청을 하는 신청인정보와 공탁종류별 기본정보를 입력합니다. 아래
의 화면예시는 변제공탁을 기본으로 하며, 공탁종류에 따라 각 단계별
입력항목의 구성이 달라집니다.

① 신청인의 상황 별 사례를 통하여 공탁 종류를 알려주는 팝업창을 보여 줍니다.

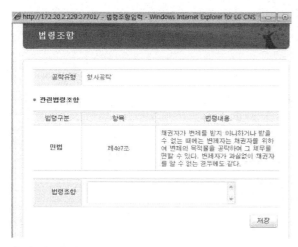

② 공탁종류별 관련 법령조항을 입력 할 수 있는 팝업창을 보여 줍니다.

③ 입력한 공탁기본정보를 임시저장 합니다.

④ 공탁기본정보입력 화면을 마치고 당사자정보입력화면으로 이동합니다.

(2) 당사자정보입력

○ 공탁신청의 당사자정보(공탁자, 피공탁자)를 입력 할 수 있습니다.

① 당사자 정보를 초기화 합니다.

② 입력한 당사자 정보를 추가합니다.

③ 추가된 당사자 정보를 수정합니다.

④ 추가된 당사자 정보를 삭제합니다.

⑤ 입력된 당사자 정보를 임시 저장 합니다.

⑥ 기본정보입력화면으로 이동합니다.

⑦ 당사자정보입력화면을 마치고 상세정보입력화면으로 이동합니다.

⑧ 주소 및 우편번호를 조회할 수 있는 우편번호조회 팝업창을 보여 줍니다.

(3) 상세정보입력

○ 공탁신청의 상세정보(보관은행, 납부은행 등)를 입력 할 수 있습니다.

① 보관은행을 선택 할 수 있습니다.

② 납부은행을 선택 할 수 있습니다.

③ 소멸권리가 있을 경우 '있음'을 선택하고 입력합니다.

④ 반대급부가 있을 경우 '있음'을 선택하고 입력합니다.

⑤ 공탁원인사실 기재례 팝업창을 보여 줍니다.

⑥ 공탁원인사실을 입력합니다.

⑦ 입력된 상세정보를 임시 저장 합니다.

⑧ 이전화면인 당사자 정보입력 화면으로 이동합니다.

⑨ 첨부서류를 등록 할 수 있는 화면으로 이동합니다.

(4) 첨부서류등록

○ 공탁신청의 필요한 첨부서류를 등록 할 수 있습니다.

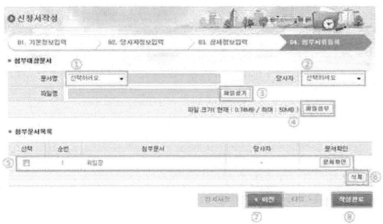

① 첨부할 문서명을 선택 할 수 있습니다.

② 당사자를 선택 할 수 있습니다.

③ 파일 선택 창에서 첨부할 문서를 선택합니다.

④ 첨부문서목록에 선택된 파일이 등록되어 아래목록에 보입니다.

⑤ 등록된 문서를 선택하여 문서를 확인할 수 있습니다.

⑥ 선택한 문서를 삭제합니다.

⑦ 상세정보입력 화면으로 이동합니다.

⑧ 작성완료버튼을 클릭하면 공탁신청서 및 첨부서류 확인 화면으로 이동합니다.

(5) 제출

○ 작성된 신청서 및 첨부서류를 미리보기 한 후 제출할 수 있습니다.

① 첨부서류등록 화면으로 이동합니다.

② 서류목록이 화면에 보여 지면 서류의 내용을 확인 후 제출 버튼을 선택합니다.

③ 선택한 문서작성단계로 이동합니다.

④ 작성된 신청서 및 등록된 문서에 전자서명할 인증서를 선택하고 인증서 암호를 입력한 후 확인버튼을 선택합니다.

(6) 제출완료

○ 제출완료 후 처리결과를 확인 할 수 있는 화면입니다.

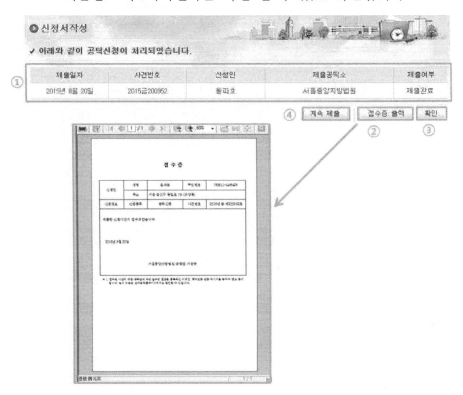

① 완료된 공탁신청의 정보를 보여 줍니다.

② 접수증 출력 버튼을 선택 시 접수증 팝업창이 보여 집니다.

③ 공탁신청현황의 공탁신청 탭으로 이동합니다.

④ 이전 조회조건으로 공탁신청현황의 작성중 탭으로 이동합니다.

나. 신청서작성(대리인)

(1) 신청정보입력

○ 대리인이 공탁신청 시 신청정보를 입력할 수 있습니다.

① 공탁신청을 하는 대리인 정보를 입력합니다. (법무법인/법무사법인 사용자의 경우 신청인 정보에 담당변호사/담당법무사 입력란이 보여지고 입력이 가능합니다.)

② 공탁기본정보를 입력합니다.

③ 상세정보를 입력합니다.

④ 당사자입력 버튼을 클릭 시 당사자 입력항목이 보여지며, 당사자정보(공탁자, 피공탁자)를 입력 합니다.

⑤ 입력한 신청인정보를 임시저장 합니다.

⑥ 입력한 신청인정보를 저장 후 첨부서류등록화면으로 이동합니다.

⑦ 변제, 재판상보증 공탁에 한하여 다수당사자 파일등록 버튼이 보이며 버튼 클릭 시 다수당사자 파일등록 팝업이 보입니다.

    – 양식파일 및 견본파일을 다운로드 합니다

    – 파일선택 버튼을 클릭하여 작성된 파일을 선택합니다.

    – 검증 및 등록 버튼을 클릭하여 다수당사자를 저장합니다.

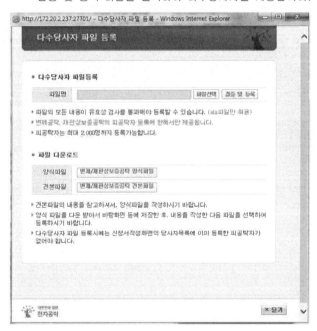

⑧ 변제, 재판상보증 공탁에 한하여 다수당사자 일괄삭제 버튼이 보이며 버튼 클릭 시 다수당사자가 일괄 삭제됩니다.

(2) 첨부서류등록

○ 공탁신청의 필요한 첨부서류를 등록 할 수 있습니다.

① 첨부할 문서를 선택 할 수 있습니다.

② 당사자를 선택 할 수 있습니다.

③ 파일찾기 버튼을 클릭합니다.

④ 파일 선택 창에서 첨부할 문서를 선택합니다.

⑤ 첨부문서 목록에 선택된 파일이 등록되어 아래목록에 보입니다.

⑥ 상세정보입력 화면으로 이동합니다.

⑦ 작성완료버튼을 클릭하면 공탁신청서 및 첨부서류 확인 화면으로 이동합니다.

* **첨부문서목록**

선택	순번	첨부문서	당사자	문서확인
⑧ ☐	1	주민등록등초본	이우섭	문서확인

삭제 ⑨

임시저장   < 이전   다음 >   작성완료

⑧ 등록된 문서를 선택하여 문서를 확인할 수 있습니다.

⑨ 선택한 문서를 삭제합니다.

(3) 제출

○ 작성된 신청서 및 첨부서류를 미리보기 한 후 제출할 수 있습니다.

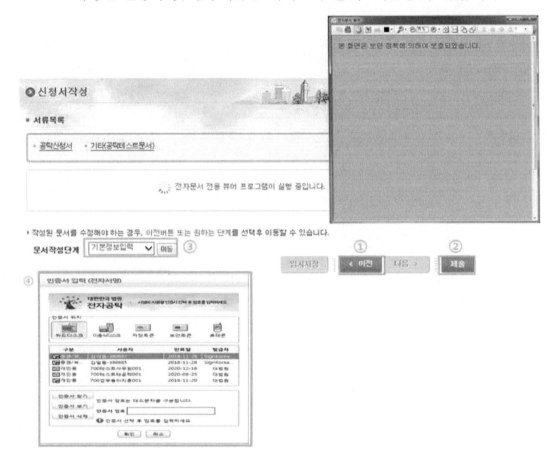

① 선택한 문서작성단계로 이동합니다.

② 서류목록이 화면에 보여 지면 서류의 내용을 확인 후 제출 버튼을 선택하여 다음화면으로 이동합니다.

③ 선택한 문서작성단계로 이동합니다.

④ 작성된 신청서 및 등록된 문서에 전자서명할 인증서를 선택하여 인증서 암호를 입력한 후 확인버튼을 선택합니다.

(4) 제출완료

○ 제출완료 후 처리결과를 확인 할 수 있는 화면입니다.

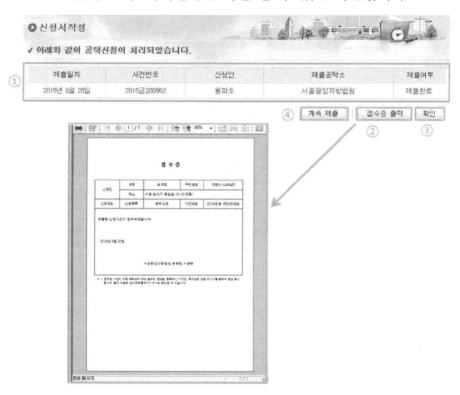

① 완료된 공탁신청의 정보를 보여 줍니다.

② 접수증 출력 버튼을 선택 시 접수증 팝업창이 보여 집니다.

③ 공탁신청현황의 공탁신청 탭으로 이동합니다.

④ 이전조회조건으로 공탁신청현황의 작성중 탭으로 이동합니다.

다. 다량신청서작성

(1) 공통정보입력

○ 다량신청은 공탁자가 동일하고, 피공탁자가 다른 다수의 사건을 편리하
게 등록할 수 있는 기능입니다. 변제, 재판상보증 공탁을 다량신청 할
수 있으며, 제출은 해당 건별로 제출하여야 합니다. 다음은 다량신청 공
탁건의 첫화면인 공통된 정보를 입력하는 화면입니다.

① 신청인정보를 입력합니다. (법무법인/법무사법인 사용자의 경우 신청인 정보에 담당변호사/담당법무사 입력란이 보여지고 입력이 가능합니다.)

② 공탁자입력을 클릭하면 공탁자를 입력 할 수 있는 화면이 보입니다.

③ 보관은행, 납부은행, 공탁원인사실을 입력합니다.

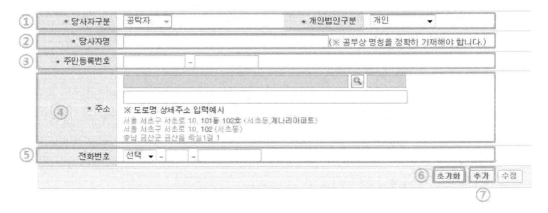

① 당사자구분, 개인법인구분을 선택 할 수 있습니다.

② 당사자명을 입력 할 수 있습니다.

③ 당사자의 주민(법인)등록번호를 입력 할 수 있습니다.

④ 당사자의 주소를 입력 할 수 있습니다.

⑤ 당사자의 전화번호를 입력 할 수 있습니다.

⑥ 입력된 당사자정보를 초기화 합니다.

⑦ 입력된 당사자정보를 추가 합니다.

(2) 개별정보 파일등록

○ 다량신청 각 사건의 정보를 작성한 엑셀(cvs)파일을 등록합니다. 공탁종
류별 해당양식을 다운로드 받아서 등록해야 합니다.

① 양식파일 및 견본파일을 다운로드 합니다.

② 파일찾기버튼을 클릭하여 작성된 파일을 선택합니다.

③ 개별정보 파일을 저장합니다.

④ 공통정보입력화면으로 이동합니다.

⑤ 첨부서류등록화면으로 이동합니다.

(3) 첨부서류등록

○ 다량신청의 첨부문서 등록편의를 위하여 엑셀로 등록한 피공탁자를 변

경하면서 첨부문서를 등록할 수 있는 화면입니다.

① 엑셀로 등록된 각 신청건의 피공탁자 선택 후 선택버튼을 클릭을 하면 관련된 사건정보를 보여줍니다.

② 첨부할 문서를 선택 할 수 있습니다.

③ 엑셀로 등록된 다수의 피공탁자를 당사자를 선택 할 수 있습니다.

④ 파일찾기 버튼을 클릭합니다.

⑤ 파일 선택 창에서 첨부할 문서를 선택합니다.

⑥ 첨부문서 목록에 선택된 파일이 등록됩니다.

⑦ 개별정보 파일등록화면으로 이동합니다.

⑧ 작성이 완료 된 후 다음화면으로 넘어갑니다.

라. 정정신청(일반인)

○ 정정신청은 납입완료된 공탁사건에 한하여 착오기재를 발견한 경우 공탁의 동일성을 해치지 않는 범위내에서 신청할 수 있습니다. 신청현황>공탁신청(탭) >사건상세보기 하단의 정정신청 버튼을 이용하여 신청할 수 있습니다.

(1) 정정신청정보입력

○ 먼저 정정신청할 사건의 기본정보를 확인하고 정정신청서를 작성합니다.

① 공탁사건의 기본정보를 보여줍니다.

② 정정신청 신청내용을 입력 합니다.

③ 정정신청을 하는 신청인 이메일 정보를 입력합니다.

④ 정정신청을 하는 신청인 휴대전화번호를 입력합니다.

⑤ 정정신청을 임시저장 합니다.

⑥ 정정신청정보입력을 저장하고 첨부서류등록 화면으로 이동합니다.

(2) 첨부서류등록

○ 첨부서류를 등록합니다.

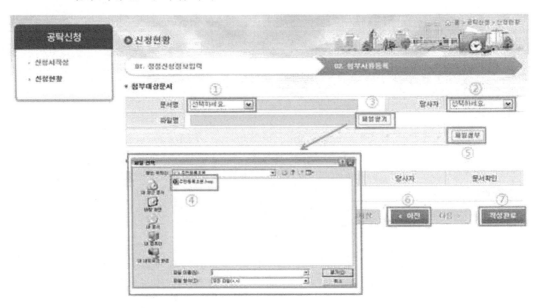

① 첨부할 문서를 선택 할 수 있습니다.

② 당사자를 선택 할 수 있습니다.

③ 파일찾기 버튼을 클릭하여 첨부할 파일을 선택합니다.

④ 파일 선택 창에서 첨부할 문서를 선택합니다.

⑤ 첨부문서 목록에 선택된 파일이 등록됩니다.

⑥ 정정신청정보입력 화면으로 이동합니다.

⑦ 작성이 완료 된 후 제출화면으로 넘어갑니다.

(3) 제출

○ 작성된 신청서 및 첨부서류를 미리보기 한 후 제출할 수 있습니다.

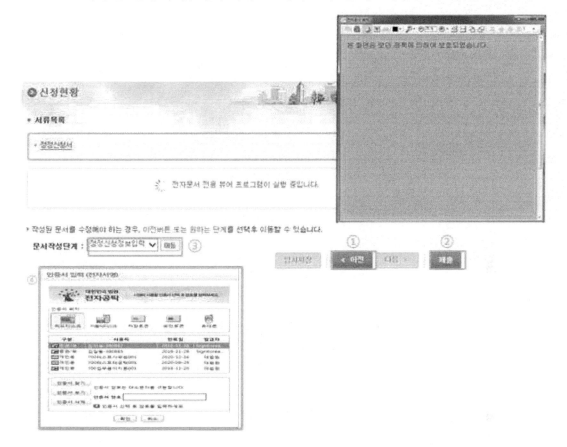

① 첨부서류등록 화면으로 이동합니다.

② 서류목록이 화면에 보여 지면 서류의 내용을 확인 후 제출 버튼을 선택합니다.

③ 선택한 문서작성단계로 이동합니다.

④ 전자서명을 위해 본인 인증서를 선택하고 인증서 암호를 입력한 후 확인버튼을 선택하면 다음화면으로 이동합니다.

마. 정정신청(대리인)

○ 대리인의 경우 정정신청은 신청현황>공탁신청(탭)>사건상세보기 하단의 정정신청 버튼을 이용하여 신청할 수 있고, 별도로 제공되는 공탁신청>정 정신청 메뉴를 이용하여 사건검색 수 정정신청 할 수 있습니다.

(1) 신청정보입력

○ 대리인이 정정신청 하려는 사건을 검색합니다.

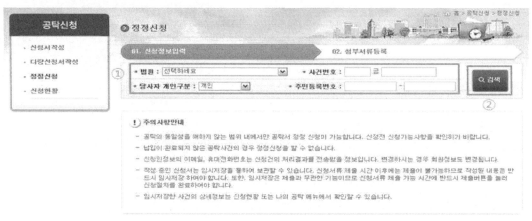

① 법원, 사건번호, 당사자 개인구분, 주민등록번호를 입력합니다.
② 입력된 정보로 검색하여 신청정보입력화면을 보여줍니다.

① 공탁사건의 기본정보를 보여줍니다.

② 정정신청 신청내용을 입력 합니다.

③ 정정신청을 하는 신청인 이메일 정보를 입력합니다. (법무법인 사용자의 경우 신청인 정보에 담당변호사 입력란이 보여지고 입력이 가능합니다.)

④ 정정신청을 하는 신청인 휴대전화번호를 입력합니다.

⑤ 정정신청을 임시저장 합니다.

⑥ 정정신청정보입력을 저장하고 첨부서류등록 화면으로 이동합니다.

(2) 첨부서류등록

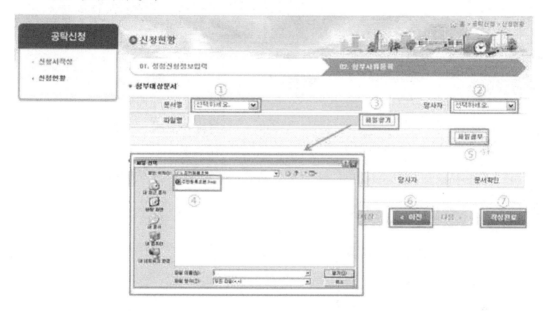

① 첨부할 문서를 선택 할 수 있습니다.

② 당사자를 선택 할 수 있습니다.

③ 파일찾기 버튼을 클릭합니다.

④ 파일 선택 창에서 첨부할 문서를 선택합니다.

⑤ 첨부문서 목록에 선택된 파일이 등록됩니다.

⑥ 정정신청정보입력 화면으로 이동합니다.

⑦ 작성이 완료 된 후 제출화면으로 넘어갑니다.

(3) 제출

○ 작성된 신청서 및 첨부서류를 미리보기 한 후 제출할 수 있습니다.

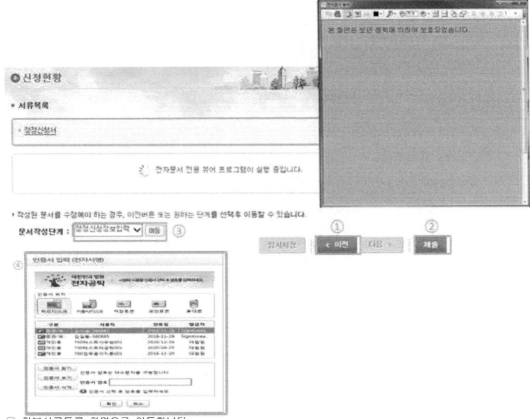

① 첨부서류등록 화면으로 이동합니다.

② 서류목록이 화면에 보여 지면 서류의 내용을 확인 후 제출 버튼을 선택합니다.

③ 선택한 문서작성단계로 이동합니다.

④ 전자서명을 위해 본인 인증서를 선택하고 인증서 암호를 입력한 후 확인버튼을 선택하면 다음화면으로 이동합니다.

바. 이의신청

○ 공탁관의 공탁신청 불수리처분에 대하여 불복이 있는 때 이의신청을 할 수 있습니다. 이의신청은 불수리된 사건에 한하여 신청할 수 있으며 신청현황>공탁신청(탭)>사건상세보기 하단의 이의신청 버튼을 이용하여 신청할 수 있습니다.

(1) 이의신청기본정보입력

① 공탁사건의 기본정보를 보여 줍니다.

② 이의신청이유를 입력합니다.

③ 신청인 이메일을 입력합니다. (법무법인 사용자의 경우 신청인 정보에 담당변호사 입력란이 보여지고 입력이 가능합니다.)

④ 신청인 휴대전화번호를 입력합니다.

⑤ 이의신청정보입력을 임시로 저장 합니다.

⑥ 이의신청정보입력을 저장하고 첨부서류등록 화면으로 이동합니다.

(2) 첨부서류등록

① 첨부할 문서를 선택 할 수 있습니다.

② 당사자를 선택 할 수 있습니다.

③ 파일찾기 버튼을 클릭합니다.

④ 파일 선택 창에서 첨부할 문서를 선택합니다.

⑤ 첨부문서 목록에 선택된 파일이 등록됩니다.

⑥ 이의신청정보입력 화면으로 이동합니다.

⑦ 작성이 완료 된 후 제출화면으로 넘어갑니다.

(3) 제출

① 완료된 공탁이의신청의 정보를 보여 줍니다.

② 서류목록이 화면에 보여 지면 서류의 내용을 확인 후 제출 버튼을 선택합니다.

③ 선택한 문서작성단계로 이동합니다.

④ 전자서명을 위해 본인 인증서를 선택하고 인증서 암호를 입력한 후 확인버튼을 선택하면 다음화면으로 이동합니다.

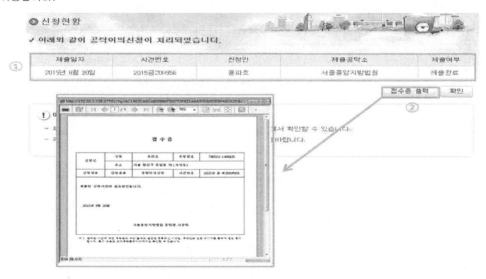

① 완료된 공탁이의신청의 정보를 보여 줍니다.

② 접수증 출력 버튼을 선택 시 접수증 팝업창이 보여 집니다.

사. 취하신청

○ 취하신청은 공탁신청 및 공탁기타신청이 수리되기 이전에 취하할 수 있으며 취하신청 메뉴 또는 신청현황>공탁신청(탭)/공탁기타신청(탭)>사건상세보기 하단의 취하신청 버튼을 이용하여 신청할 수 있습니다.

(1) 공탁/이의/정정 취하신청

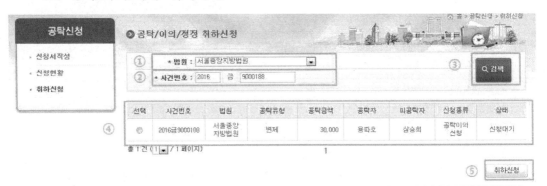

① 법원을 선택 할 수 있습니다.

② 사건번호를 입력 합니다.

③ 검색버튼을 누르면 입력된 법원과 사건번호로 검색을 합니다.

④ 검색 시 조회 조건에 사건이 있다면 사건들이 목록에 보여 집니다.

⑤ 취하신청 버튼을 클릭하면 취하신청 정보입력화면으로 이동된다.

(2) 취하신청기본정보입력

① 공탁사건의 기본정보를 보여 줍니다.

② 취하신청이유를 입력합니다.

③ 신청인 이메일을 입력합니다. (법무법인 사용자의 경우 신청인 정보에 담당변호사 입력란이 보여지고 입력이 가능합니다.)

④ 신청인 휴대전화번호를 입력합니다.

⑤ 작성완료 버튼을 누르면 다음화면으로 이동합니다.

(3) 제출

① 첨부서류등록화면으로 이동합니다.

② 서류목록이 화면에 보여 지면 서류의 내용을 확인 후 제출 버튼을 선택합니다.

③ 선택한 문서작성단계로 이동합니다.

④ 전자서명을 위해 본인 인증서를 선택하고 인증서 암호를 입력한 후 확인버튼을 선택하면 다음화면으로 이동합니다.

◉ 신청현황

✓ 아래와 같이 공탁취하신청이 처리되었습니다.

①

제출일자	사건번호	신청인	제출공탁소	제출여부
2015년 8월 20일	2015금200953	용파호	서울중앙지방법원	제출완료

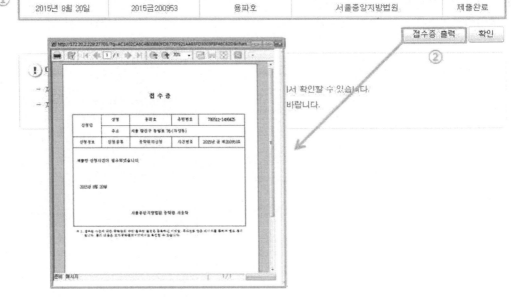

② ① 완료된 공탁취하신청의 정보를 보여 줍니다.

② 접수증 출력 버튼을 선택 시 접수증 팝업창이 보여 집니다.

아. 공탁신청현황

(1) 작성중

○ 작성중 탭에서는 신청서를 제출하기 전의 모든 신청건에 대해서 확인할 수 있습니다.

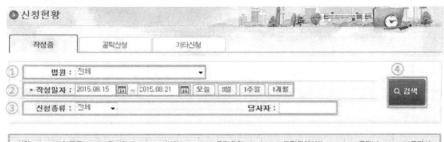

① 법원을 선택할 수 있습니다.

② 공탁서 작성 일자를 선택할 수 있습니다. 조회기간은 30일을 넘을 수 없습니다.

③ 자격자대리인인 경우 신청 종류와 당사자 조회 조건이 보입니다.

④ 일반인인 경우 1,2번 조건으로 검색이 가능하고 자격대리인인 경우 1,2,3 조건으로 검색이 가능합니다.

⑤ 검색 시 조회 조건에 사건이 있다면 임시 저장된 사건들이 목록에 보여 집니다.

⑥ 해당 사건을 선택하여 필요하지 않는 내용은 삭제를 할 수 있습니다. 단, 보정 처리중인 사건은 삭제할 수 없으며 보정기한이 지난 후 실효처리 되면 삭제할 수 있습니다.

⑦ 조회된 목록 중에 임시 저장된 사건을 수정할 수 있습니다.

(2) 공탁신청 제출완료

- 공탁신청 탭은 공탁신청 작성에서 제출 완료된 목록을 볼 수 있습니다.

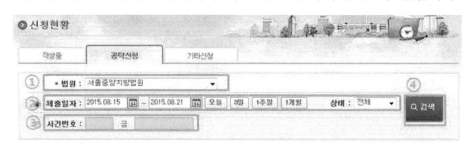

① 법원을 선택할 수 있습니다.

② 제출일자 기준으로 선택을 하면 제출일자, 상태의 선택 값으로 조회를 할 수 있습니다. 조회기간은 30일을 넘을 수 없습니다.

③ 사건번호 기준으로 선택을 하면 해당 사건번호를 입력 후 검색할 수 있습니다.

④ 입력한 조건으로 공탁신청정보 목록을 조회합니다.

⑤ 조회된 각 사건의 기본적인 정보의 목록입니다.

⑥ 해당 사건의 목록의 상세 조회를 확인할 수 있습니다.

⑦ 각 상태를 클릭하면 제출 후 진행상태 및 설명을 확인 할 수 있습니다.

(3) 공탁신청 상세조회

○ 제출 완료된 사건의 상세 내용을 확인할 수 있습니다.

① 상세 화면에서는 기본정보, 납입정보, 당사자정보, 공탁상세정보, 첨부문서가 보입니다.

② 취하신청 작성 화면으로 이동합니다.

③ 공탁서 작성 접수를 하였다는 확인서 내용을 팝업 창으로 확인이 가능합니다.

④ 계좌 납입에 대한 상세 내역을 팝업창으로 확인이 가능합니다.

⑤ 정정 신청 화면으로 이동합니다.

⑥ 해당 사건의 공탁서를 발급할 수 있는 창이 열립니다. 공탁서는 공탁서발급, 공탁서재발급신청, 공탁서재

발급신청중, 공탁서재발급으로 버튼명이 변경됩니다. 공탁서를 발급하고 나면 공탁서재발급신청 버튼이 나타나고 공탁서재발급신청을 하면 공탁서 재발급신청중 버튼이 비활성화되어 나타나며 이때 사용자지원센터에 연락을 하여 승인이 되면 공탁서재발급 버튼이 활성화되며 재발급을 할 수 있습니다. 공탁서를 재발급하고나면 공탁서는 더 이상 발급이 되지 않고 공탁관련한 증명은 사실증명발급을 통해서 하여야 합니다.

⑦ 불수리 결정에 대한 상세 내역을 팝업 창으로 확인을 할 수 있습니다.

⑧ 해당 사건의 불수리결정서를 발급할 수 있는 창이 열립니다.

⑨ 이의신청 화면으로 이동합니다.

⑩ 해당사건을 재신청할 수 있습니다. 재신청은 해당사건에 대한 내용이 임시 저장됩니다.

⑪ 보정조치 화면으로 이동 됩니다.

⑫ 보정권고에 대한 상세 화면을 팝업 창으로 확인을 할 수 있습니다.

⑬ 해당 사건의 보정권고문을 발급할 수 있는 창이 열립니다.

⑭ 공탁신청현황목록으로 이동합니다. 목록에서 검색했던 내용으로 다시 조회가 됩니다.

(4) 기타신청 제출완료

○ 정정신청, 이의신청, 취하신청 등 공탁신청을 제외한 기타신청의 목록을 볼 수 있습니다.

① 법원을 선택할 수 있습니다.

② 제출일자 기준으로 선택을 하면 제출일자, 상태의 선택 값으로 조회를 할 수 있습니다. 조회기간은 30일

을 넘을 수 없습니다.

③ 사건번호 기준으로 선택을 하면 해당 사건번호를 입력 후 검색을 할 수 있습니다.

④ 입력한 조건으로 기타신청정보 목록을 조회합니다.

⑤ 조회된 각 사건의 기본적인 정보의 목록입니다.

⑥ 해당 사건의 목록의 상세 조회를 확인할 수 있습니다.

(5) 기타신청 상세조회

○ 제출 완료된 기타사건(정정신청, 이의신청, 취하신청)의 상세 내용을 확인할 수 있습니다.

① 기타신청현황 상세는 공탁의 기본정보와 기타신청(정정신청, 이의신청, 취하신청)의 내용이 보입니다.

② 기타신청(정정신청, 정정취하신청, 이의신청, 이의취하신청, 공탁취하신청)작성 접수를 하였다는 확인서 내용을 새로운 창으로 확인이 가능합니다.

③ 정정신청 시 송달료가 있으면 버튼은 활성화 됩니다.

④ 해당 사건의 정정신청서발급 할 수 있는 창이 열립니다. 정정신청서는 정정서발급, 정정서재발급신청, 정정서재발급신청중, 정정서재발급으로 업무 버튼이 변경됩니다.

정정서재발급신청을 하면 공탁서 정정서재발급신청중 으로 버튼이 비활성화 되며 이때 사용자지원센터에 연락을 하여 승인이 되면 정정서재발급 버튼이 활성화 되며 재발급을 할 수 있습니다. 정정서재발급 후에는 더 이상 정정서를 재발급할 수 없으며 정정과 관련된 사항을 증명하기 위해서는 사실증명서를 발급받아야 합니다.

정정신청서발급 ➡ 정정서재발급신청 ➡ 정정서재발급신청중 ➡ 정정서재발급

⑤ 불수리 결정에 대한 상세 내역을 새로운 창으로 확인을 할 수 있습니다.

⑥ 해당사건을 재신청할 수 있습니다. 재신청은 해당사건에 대한 내용이 임시 저장됩니다.

⑦ 공탁신청현황목록으로 이동됩니다. 목록에서 검색 했던 내용으로 다시 조회가 됩니다.

3. 지급신청

가. 신청서작성

(1) 일반인 지급신청

○ 납입완료된 공탁사건의 공탁금을 수령하기위해 인증서로 로그인한 사용
자만 지급신청을 할 수 있는 기능을 제공합니다.

○

(가) 사건검색

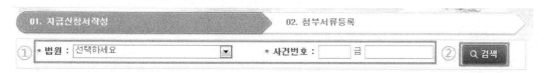

① 사용자가 공탁자 또는 피공탁자인 공탁사건의 법원을 선택합니다.

사용자가 공탁자 또는 피공탁자인 공탁사건의 사건번호를 입력합니다.

② 검색버튼을 누르면, 전자공탁 홈페이지에 입력한 공탁사건 정보와 지급신청 입력양식이 화면으로 이동합
니다.

일반법인은 공탁사건의 법원에 등록된 포괄계좌가 있어야 지급신청할 수 있습니다.

기관은 전국공통포괄계좌 또는 공탁사건의 법원에 등록된 포괄계좌가 있어야 지급신청할 수 있습니다.

개인은 등록된 포괄계좌가 있다면, 사용여부를 선택할 수 있습니다.

(나) 내국인 외국인 재외국민의 지급신청

● **기본정보**

법원	서울중앙지방법원	공탁사건번호	2015금200816
공탁자	법인회사	피공탁자	용파호
공탁금	1,234,567 원	공탁종류	변제

● **지급 당사자 정보**

당사자명	용파호	당사자구분	피공탁자
주민등록번호	780511-1496425	개인법인구분	개인
주소		전화번호	

● **청구자 정보**

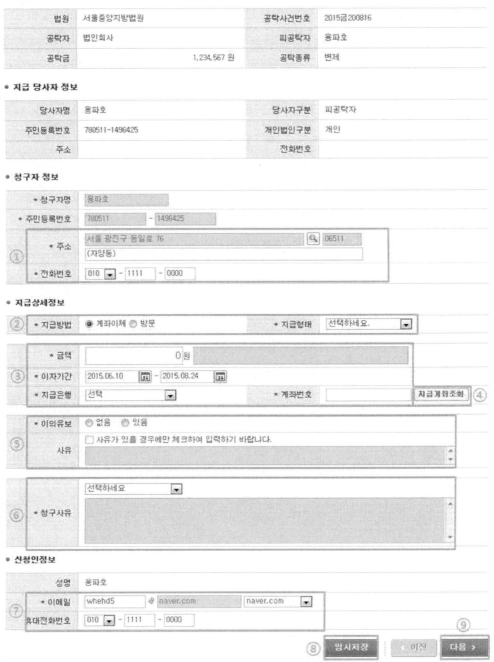

● **신청인정보**

① 청구자 정보의 주소는 필수입력사항이며 [돋보기](주소찾기) 버튼을 클릭하면 사용자등록 화면과 동일한 주소검색 팝업으로 나타납니다.

주소를 입력하고 [검색] 버튼을 누르면 일치하는 주소가 하단에 리스트로 나타나고 선택을 하면 팝업창이 닫히면서 본 화면에 선택한 주소가 입력이 됩니다. 기본주소가 자동으로 입력된 후에 상세주소를 입력해야 [도로명새주소]탭을 누르면 도로명으로 주소를 입력할 수 있는 화면이 나타납니다.

② 지급방법은 계좌이체와 방문을 선택해야합니다. 단 포괄계좌를 사용한다면, 계좌이체만 가능합니다.

방문인 경우, 아래의 지급은행과 계좌번호는 입력할수 없습니다.

계좌이체인 경우, 아래의 지급은행과 계좌번호는 필수 입력사항입니다.

지급형태는 필수입력 사항이며, 전체지급, 일부원금및이자지급, 원금만지급, 이자만지급에서 선택해야 합니다.

공탁자가 지급신청 하는 경우, 전체지급 만 가능합니다.

공탁잔액이 0₩ 인 경우, 이자만지급 만 가능합니다.

③ 금액은 필수입력 사항이며, 공탁금을 초과할 수 없습니다.

전체지급, 일부원금및이자지급, 이자만지급은 이자기간이 필수 입력사항입니다.

전체지급인 경우 공탁금액으로 입력되며 수정되지 않습니다, 공탁일에서 현재일이 이자기간이 됩니다.

④ 포괄계좌를 사용하지 않으면, 지급계좌조회가 반드시 이루어져야 합니다.

⑤ 이의유보는 필수 선택입니다. 이의유보가 있는 경우 청구사유는 선택 할 수 없습니다. 이의유보사유가 있을 경우 이의유보사유를 체크하면 입력이 가능합니다.

⑥ 청구사유는 필수 입력 사항입니다.

피공탁자가 지급신청을 할 경우, 청구사유를 아래에서 선택한다.

       공탁을 수락하고 출급함

       이의를 유보하고 출급함

       담보권실행

       배당에 의함

       채권양수에 의함

       기타 (기타를 선택하면 청구사유를 입력해야 한다.)

공탁자가 지급신청을 할 경우, 청구사유를 아래에서 선택한다.

       민법 제489조에 의하여 회수

       착오공탁 (착오증명서면 첨부 필요)

       공탁원인소멸 (담보취소, 본압류이전, 가압류취하 취소 해제 등)

⑦ 로그인한 사용자의 이메일이나 전화를 수정하려면, 수정입력한다.

⑧ 임시저장버튼을 누르면 지급신청 정보를 임시로 저장합니다.

⑨ 다음버튼을 누르면 지급신청 정보를 저장한 후 첨부서류등록 화면으로 이동합니다.

(다) 법인의 지급신청

* 기본정보

법원	서울중앙지방법원	공탁사건번호	2015금200760
공탁자	홍파호	피공탁자	법인회사외 1명
공탁금	7,777,777 원	공탁종류	변제

* 지급 당사자 정보

당사자명	법인회사	당사자구분	피공탁자
법인등록번호	161521-0002610	개인법인구분	법인
사업자등록번호	104-81-28838	주소	
대표자명		전화번호	

* 청구자 정보

* 청구자명	법인회사		
* 법인등록번호	161521 - 0002610		
* 사업자등록번호	104 - 81 - 28838		
* 대표자명	테스일	* 대표자직책명	사내이사
* 대표자주민등록번호	550101 - 1000000		
① * 주소	성남시 분당구 야탑로65번길 23 🔍 13496 (야탑동, 대법원전산정보센터)		
* 전화번호	019 ▾ - 1234 - 1234		

* 지급상세정보

② * 지급방법	계좌이체	* 지급형태	선택하세요. ▾
③ * 금액	0 원		
* 이자기간	2015.05.12 📅 - 2015.08.24 📅		
* 지급은행	국민은행 ▾	* 계좌번호	09920104000579 [지급계좌조회] ④
⑤ * 이의유보	⊙ 없음 ◉ 있음 □ 사유가 있을 경우에만 체크하여 입력하기 바랍니다.		
사유			
⑥ * 청구사유	선택하세요 ▾		

* 신청인정보

성명	법인회사		
⑦ * 이메일	bubin1111 @ paran.com paran.com ▾		
휴대전화번호	019 ▾ - 1234 - 1234		

⑧ [임시저장]   [◂ 이전]   [다음 ▸] ⑨

① 청구자 정보의 주소는 필수입력사항이며 [돋보기](주소찾기) 버튼을 클릭하면 사용자등록 화면과 동일한 주소검색 팝업으로 나타납니다.

주소를 입력하고 [검색] 버튼을 누르면 일치하는 주소가 하단에 리스트로 나타나고 선택을 하면 팝업창이 닫히면서 본 화면에 선택한 주소가 입력이 됩니다. 기본주소가 자동으로 입력된 후에 상세주소를 입력해야 [도로명새주소]탭을 누르면 도로명으로 주소를 입력할 수 있는 화면이 나타납니다.

② 지급방법은 계좌이체만 가능합니다.

지급형태는 필수입력 사항이며, 전체지급, 일부원금및이자지급, 원금만지급, 이자만지급에서 선택해야 합니다.

공탁자가 지급신청 하는 경우, 전체지급 만 가능합니다.

공탁잔액이 0₩ 인 경우, 이자만지급 만 가능합니다.

③ 금액은 필수입력 사항이며, 공탁금을 초과할 수 없습니다.

전체지급, 일부원금및이자지급, 이자만지급은 이자기간이 필수 입력사항입니다.

전체지급인 경우 공탁금액으로 입력되며 수정되지 않습니다, 공탁일에서 현재일이 이자기간이 됩니다.

④ 이의유보는 필수 선택입니다. 이의유보가 있는 경우 청구사유는 선택 할 수 없습니다. 이의유보사유가 있을 경우 이의유보사유를 체크하면 입력이 가능합니다.

⑤ 청구사유는 필수 입력사항입니다.

피공탁자가 지급신청을 할 경우, 청구사유를 아래에서 선택한다.

    공탁을 수락하고 출급함

    이의를 유보하고 출급함

    담보권실행

    배당에 의함

    채권양수에 의함

    기타 (기타를 선택하면 청구사유를 입력해야 한다.)

공탁자가 지급신청을 할 경우, 청구사유를 아래에서 선택한다.

    민법 제489조에 의하여 회수

    착오공탁 (착오증명서면 첨부 필요)

    공탁원인소멸 (담보취소, 본압류이전, 가압류취하 취소 해제 등)

⑥ 로그인한 사용자의 이메일이나 전화를 수정하려면, 수정입력한다.

⑦ 임시저장버튼을 누르면 지급신청 정보를 임시로 저장합니다.

⑧ 다음버튼을 누르면 지급신청 정보를 저장한 후 첨부서류등록 화면으로 이동합니다.

(2) 대리인 지급신청

○ 인증서로 로그인한 법무법인 법무사법인 변호사 법무사 사용자가 의뢰인을 대리해 공탁금을 수령하기위해 지급신청을 할 수 있는 기능을 제공합니다.

(가) 사건검색

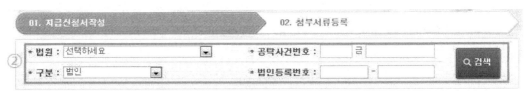

① 공탁자 또는 피공탁자인 공탁사건의 법원을 선택합니다.

사용자가 공탁자 또는 피공탁자인 공탁사건의 사건번호를 입력합니다.

구분을 개인, 법인, 국가, 지방자치단체에서 선택한다. 개인인 경우, 주민등록번호는 필수 입력사항입니다.

검색버튼을 누르면, 전자공탁 홈페이지에 입력한 공탁사건 정보와 지급신청 입력양식이 화면으로 이동합니다.

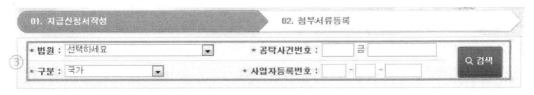

② 공탁자 또는 피공탁자인 공탁사건의 법원을 선택합니다.

사용자가 공탁자 또는 피공탁자인 공탁사건의 사건번호를 입력합니다.

구분을 개인, 법인, 국가, 지방자치단체에서 선택한다. 법인인 경우, 법인등록번호는 필수 입력사항입니다.

검색버튼을 누르면, 전자공탁 홈페이지에 입력한 공탁사건 정보와 지급신청 입력양식이 화면으로 이동합니다. 검색버튼을 누르면, 전자공탁 홈페이지에 입력한 공탁사건 정보와 지급신청 입력양식이 화면으로 이동합니다.

② 공탁자 또는 피공탁자인 공탁사건의 법원을 선택합니다.

사용자가 공탁자 또는 피공탁자인 공탁사건의 사건번호를 입력합니다.

구분을 개인, 법인, 국가, 지방자치단체에서 선택한다. 국가인 경우, 사업자등록번호가 필수 입력사항입니다.

검색버튼을 누르면, 전자공탁 홈페이지에 입력한 공탁사건 정보와 지급신청 입력양식이 화면으로 이동합니다.

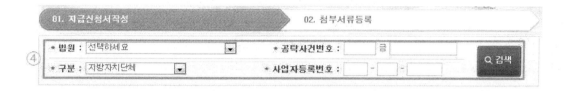

④ 공탁자 또는 피공탁자인 공탁사건의 법원을 선택합니다.

사용자가 공탁자 또는 피공탁자인 공탁사건의 사건번호를 입력합니다.

구분을 개인, 법인, 국가, 지방자치단체에서 선택한다. 지방자치단체인 경우, 사업자등록번호가 필수 입력사

항입니다. 검색버튼을 누르면, 전자공탁 홈페이지에 입력한 공탁사건 정보와 지급신청 입력양식이 화면으로

이동합니다.

(나) 지급신청

＊ 기본정보

법원	서울중앙지방법원	공탁사건번호	2015금200816
공탁자	법인회사	피공탁자	홍파호
공탁금	1,234,567 원	공탁종류	변제

＊ 지급당사자정보

당사자명	홍파호	당사자구분	피공탁자
주민등록번호	780511-1496425	개인법인구분	개인
주소		전화번호	

＊ 청구자 정보

* 청구자명	홍파호
* 주민등록번호	780511 - 1496425
① * 주소	성남시 분당구 이팜로65번길 23 🔍 13496 (야탑동, 대법원전산정보센터)
* 전화번호	010 ▼ - 1111 - 2222

＊ 지급상세정보

②	* 지급방법	● 계좌이체 ○ 방문	* 지급형태	일부원금및이자지급 ▼

③	* 금액	100 원		일백 원
	* 이자기간	2015.06.10 📅 - 2015.08.24 📅		
	* 지급은행	SC은행 ▼	* 계좌번호	11223344

④	* 이의유보	● 없음 ○ 있음
	사유	☐ 사유가 있을 경우에만 체크하여 입력하기 바랍니다.

⑤	* 청구사유	공탁을 수락하고 출급함 ▼

＊ 신청인정보

	성명	도로명심사
⑥	* 이메일	hkdvivas @ naver.com naver.com ▼
	전화번호	010 ▼ - 6410 - 3655

⑦ [임시저장] [＜ 이전] ⑧ [다음 ＞]

① 청구자 정보의 주소는 필수입력사항이며 [돋보기](주소찾기) 버튼을 클릭하면 사용자등록 화면과 동일한 주소검색 팝업으로 나타납니다.

주소를 입력하고 [검색] 버튼을 누르면 일치하는 주소가 하단에 리스트로 나타나고 선택을 하면 팝업창이 닫히면서 본 화면에 선택한 주소가 입력이 됩니다. 기본주소가 자동으로 입력된 후에 상세주소를 입력해야 [도로명새주소]탭을 누르면 도로명으로 주소를 입력할 수 있는 화면이 나타납니다.

② 지급방법은 계좌이체와 방문을 선택해야합니다. 단 포괄계좌를 사용한다면, 계좌이체만 가능합니다.

방문인 경우, 아래의 지급은행과 계좌번호는 입력할수 없습니다.

계좌이체인 경우, 아래의 지급은행과 계좌번호는 필수 입력사항입니다.

지급형태는 필수입력 사항이며, 전체지급, 일부원금및이자지급, 원금만지급, 이자만지급에서 선택해야 합니다.

공탁자가 지급신청 하는 경우, 전체지급 만 가능합니다.

공탁잔액이 0₩ 인 경우, 이자만지급 만 가능합니다.

③ 금액은 필수입력 사항이며, 공탁금을 초과할 수 없습니다.

전체지급, 일부원금및이자지급, 이자만지급은 이자기간이 필수 입력사항입니다.

전체지급인 경우 공탁금액으로 입력되며 수정되지 않습니다, 공탁일에서 현재일이 이자기간이 됩니다.

④ 이의유보는 필수 선택입니다. 이의유보가 있는 경우 청구사유는 선택 할 수 없습니다. 이의유보사유가 있을 경우 이의유보사유를 체크하면 입력이 가능합니다.

⑤ 청구사유는 필수 입력사항입니다.

피공탁자가 지급신청을 할 경우, 청구사유를 아래에서 선택한다.

        공탁을 수락하고 출급함

        이의를 유보하고 출급함

        담보권실행

        배당에 의함

        채권양수에 의함

        기타 (기타를 선택하면 청구사유를 입력해야 한다.)

공탁자가 지급신청을 할 경우, 청구사유를 아래에서 선택한다.

        민법 제489조에 의하여 회수

        착오공탁 (착오증명서면 첨부 필요)

        공탁원인소멸 (담보취소, 본압류이전, 가압류취하 취소 해제 등)

⑥ 로그인한 사용자의 이메일이나 전화를 수정하려면, 수정입력한다.

⑦ 임시저장버튼을 누르면 지급신청 정보를 임시로 저장합니다.

⑧ 다음버튼을 누르면 지급신청 정보를 저장한 후 첨부서류등록 화면으로 이동합니다.

나. 지급신청현황

(1) 작성중

○ 작성중 탭에서는 신청서를 제출하기 전의 모든 신청건에 대해서 확인할 수 있습니다.

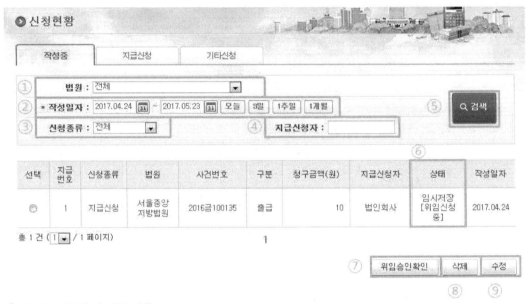

① 법원을 선택할 수 있습니다.

② 사건의 임시 저장된 내용을 날짜구간으로 조회할 수 있습니다. 조회구간은 30일을 넘을 수 없습니다.

③ 사건의 신청 종류(지급청구신청,이의신청,취하신청)을 선택하여 조회 할 수 있습니다. 신청 종류는 자격대리인 경우 화면이 활성화가 됩니다.

④ 사건의 지급신청자를 적어 조회 할수 있습니다. 지급신청자는 자격대리인 경우 화면이 활성화가 됩니다.

⑤ 자격대리인이 아닌 경우 1,2번의 검색 조건을 통해 목록을 조회할 수 있습니다.

⑥ 상태는 대리인인 경우 위임에 관한 내용을 확인 할 수 있습니다.

⑦ 위임 승인 여부를 위임승인 확인 팝업을 통해 확인이 가능 합니다.

⑧ 해당 사건을 선택하여 필요하지 않는 내용은 삭제를 할수 있습니다.

⑨ 해당 사건을 선택 하여 작성중인 내용을 수정 할 수 있는 화면으로 이동 합니다.

(2) 지급신청

○ 제출 완료된 사건의 목록을 보여주는 화면입니다. 사건을 선택하여 상세 내용을 확인할 수 있습니다.

선택	구분	법원	사건번호	청구금액	청구자	상태	제출일자
○	출급	서울중앙지방법원	2012금1001143	10,000	이지훈	지급청구수리	2012.09.26
○	출급	서울중앙지방법원	2012금1001087	5,540,000	이지훈	접수대기	2012.09.25
○	출급	서울중앙지방법원	2012금1001097	6,300,000	이지훈	접수대기	2012.09.25
○	출급	서울중앙지방법원	2012금1001097	30,000	이지훈	접수	2012.09.25
○	출급	서울중앙지방법원	2012금1001057	5,420,000	이지훈	접수대기	2012.09.24
○	출급	서울중앙지방법원	2012금1001087	15,000	이지훈	접수	2012.09.24
○	출급	서울중앙지방법원	2012금1001083	637,790	용파호	지급불수리	2012.09.24
○	출급	서울중앙지방법원	2012금1001083	3,210	이지훈	지급완료	2012.09.24
○	출급	서울중앙지방법원	2012금1001064	2,997,000	이지훈	접수	2012.09.21
○	출급	서울중앙지방법원	2012금1001032	100,000	이지훈	접수	2012.09.21

⑤ 상세조회

총 10건 (1 ▼ / 1 페이지)   1

① 법원을 선택할 수 있습니다.

② 제출일자 선택 시 사건번호는 비활성화 되고 제출일자와 상태를 선택하여 목록을 검색할 수 있습니다.

③ 사건번호 선택 시 제출일자와 상태는 비활성화되며 사건번호로 목록을 검색할 수 있습니다.

④ 입력한 조회 조건으로 사건의 목록을 검색할 수 있습니다.

⑤ 해당 사건의 상세 내용을 확인할 수 있습니다.

(3) 지급신청현황 상세화면

○ 지급신청현황 상세 화면은 지급신청 상태에 때라 버튼이 활성화됩니다.

① 지급신청현황 상세는 사건의 기본정보, 청구자정보, 지급상세정보, 첨부문서 등의 내용이 보여집니다.

② 지급신청 접수를 한 확인서 내용을 확인할 수 있는 팝업창이 열립니다.

③ 취하신청 작성을 할 수 있는 페이지로 이동합니다.

④ 해당 사건의 지급청구서를 발급할 수 있는 창이 열립니다. 지급청구서 신청서는 지급청구서발급, 지급청구서재발급신청, 지급청구서재발급신청중, 지급청구서재발급으로 업무 버튼이 나뉘어 집니다.

지급청구서재발급신청을 하면 공탁서 지급청구서 재발급신청중으로 버튼이 비활성화되며 이때 사용자지원센터에 연락을 하여 승인이 되면 정정서재발급 버튼이 활성화되며 재발급을 할 수 있습니다.

⑤ 이의신청 작성을 할 수 있는 페이지로 이동합니다.

⑥ 지급신청서 작성을 할 수 있는 페이지로 이동합니다. 이동 시 사건이 임시저장이 됩니다.

⑦ 불수리결정서 상세를 볼 수 있는 팝업창이 열립니다.

⑧ 지급신청현황 목록으로 이동합니다. 목록에서 검색 했던 내용으로 다시 조회가 됩니다.

(4) 기타신청

○ 이의신청, 취하신청 등 지급신청을 제외한 기타신청의 목록을 볼 수 있습니다.

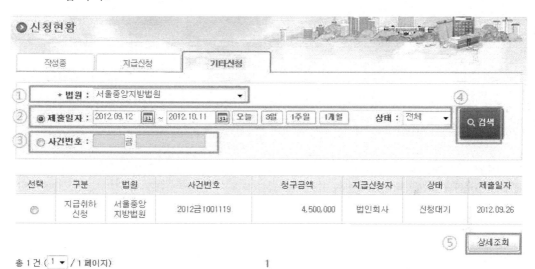

① 법원을 선택할 수 있습니다.

② 제출일자를 선택 시 사건번호는 비활성화되고 제출일자와 상태를 선택하여 목록을 검색할 수 있습니다.

③ 사건번호 선택 시 제출일자와 상태는 비활성화 되며 사건번호로 목록을 검색할 수 있습니다.

④ 입력한 조회 조건으로 사건의 목록을 검색할 수 있습니다.

⑤ 해당 사건의 상세 내용을 확인 할 수 있습니다.

(5) 지급기타신청현황 상세화면

○ 지급기타신청현황 상세 화면은 기타신청 상태에 때라 버튼이 활성화 됩니다.

◐ 신청현황 ①

◦ 지급신청정보

법원	서울중앙지방법원	공탁사건번호	2012금1001119
지급신청자		지급신청일	2012.09.26
금액	4,500,000 원	보관은행	신한은행
이체은행	신한은행	이체계좌	100000000449

◦ 지급취하신청정보

제출일자	2012.09.26	신청상태	신청대기
신청인명	법인회사	개인법인구분	법인
주민등록번호		전화번호	010-111-1111
주소	서울시 *********		
신청내용	신청인이 법인, 국가, 지방자치 단체일 경우 웹공탁 신청인정보에 법인등록번호 혹은 사업자등록번호가 잘못 들어감. 모두 다시 테스트 요망		

지급기타신청 처리상태 코드	신청대기,신청	②	접수증 출력	④	목록
	이의신청	③	취하신청		

① 지급기타신청현황 상세는 지급신청정보, 기타신청(지급취하, 지급이의신청, 지급이의취하)의 내용이 보여집니다.

② 지급기타신청(지급취하, 지급이의신청, 지급이의취하)을 제출한 후 접수내용 확인 및 출력 할 수 있는 팝업창이 열립니다.

③ 이의신청이 신청대기, 신청 상태일 경우 취하신청 할 수 있는 화면으로 이동합니다.

④ 입력한 조회 조건으로 사건의 목록을 검색할 수 있습니다.

다. 출급현황

(1) 출급현황

○ 출급현황은 기관(국가/지방자치단체)사용자에만 보이는 메뉴로서 인증서로 로그인한 기관의 공탁금 출급현황을 보여주는 화면입니다.

구분	법원	사건번호	지급일자	지급자명	계좌지급은행	계좌번호	지급금액(원)	대리인명
전자	전주지방법원	2012금100 27	2012.10.25	분할합병 넷주식회사	전북은행	711130330455	50,000,000	-
전자	수원지방법원 성남지원	2012금100 37	2012.10.25	분할합병 넷주식회사	우리은행	100680222136 9	50,000,000	-
전자	전주지방법원	2012금100 12	2012.10.30	분할합병 넷주식회사	전북은행	711130330455	3,020,000	-

① 법원을 선택할 수 있습니다.

② 조회기간을 선택 시 사건번호는 비활성화 됩니다. 조회기간은 30일 이내로 선택해야 합니다.

③ 사건번호 선택 시 조회기간은 비활성화 되고, 법원선택은 필수입니다.

④ 입력된 조회조건으로 출급현황을 조회 합니다.

⑤ 조회된 결과를 엑셀로 다운로드 받을 수 있습니다.

라. 이의신청

(1) 이의신청기본정보입력

○ 공탁관의 지급신청 불수리처분에 대하여 불복이 있는 때 이의신청을 할 수 있습니다. 이의신청은 불수리된 사건에 한하여 신청할 수 있으며 신청현황>지급신청(탭)>사건상세보기 하단의 이의신청 버튼을 이용하여 신청할 수 있습니다.

① 공탁사건의 기본정보를 보여 줍니다.
② 이의신청이유를 입력합니다.
③ 신청인 이메일을 입력합니다.
④ 신청인 휴대전화번호를 입력합니다.
⑤ 이의신청정보입력을 임시로 저장 합니다.
⑥ 이의신청정보입력을 저장하고 첨부서류등록 화면으로 이동합니다.

(2) 첨부서류등록

① 첨부할 문서를 선택 할 수 있습니다.

② 당사자를 선택 할 수 있습니다.

③ 파일찾기 버튼을 클릭합니다.

④ 파일 선택 창에서 첨부할 문서를 선택합니다.

⑤ 첨부문서 목록에 선택된 파일이 등록됩니다.

⑥ 이의신청정보입력화면으로 이동합니다.

⑦ 작성이 완료 된 후 제출화면으로 넘어갑니다.

(3) 제출

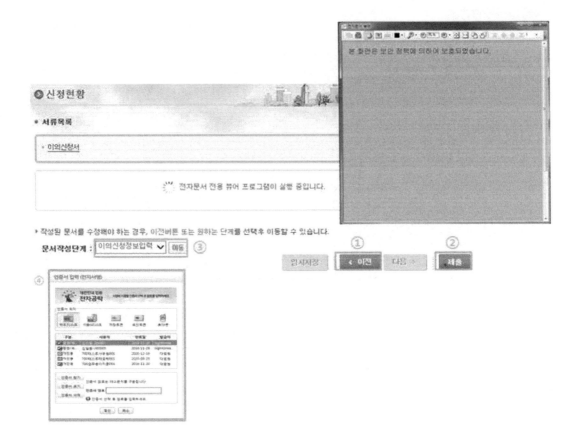

① 첨부서류등록화면으로 이동한다.

② 서류목록이 화면에 보여 지면 서류의 내용을 확인 후 제출 버튼을 선택합니다.

③ 선택한 문서작성단계로 이동합니다.

④ 전자서명을 위해 본인 인증서를 선택하고 인증서 암호를 입력한 후 확인버튼을 선택하면 다음화면으로 이동합니다.

① 완료된 지급이의신청의 정보를 보여 줍니다.

② 접수확인서출력 버튼을 선택 시 접수확인서 팝업창이 보여 집니다.

마. 취하신청

○ 취하신청은 지급신청 및 지급기타신청 제출 후 신청상태가 접수, 접수대기인 사건에 한하여 신청할 수 있습니다. 신청현황>지급신청(탭)>사건상세보기 하단의 취하신청 버튼 또는 지급신청 > 취하신청 메뉴를 이용하여 신청할 수 있습니다.

(1) 지급/이의 취하신청

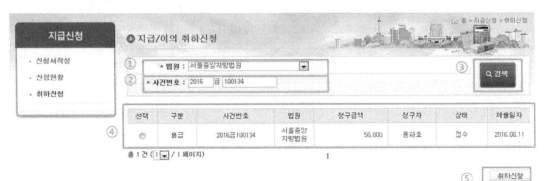

① 법원을 선택 할 수 있습니다.

② 사건번호를 입력 합니다.

③ 검색버튼을 누르면 입력된 법원과 사건번호로 검색을 합니다.

④ 검색 시 조회 조건에 사건이 있다면 사건들이 목록에 보여 집니다.

⑤ 취하신청 버튼을 클릭하면 취하신청 정보입력화면으로 이동된다.

[2] 취하신청 기본정보입력

① 공탁사건의 기본정보를 보여 줍니다.

② 취하신청이유를 입력합니다.

③ 신청인 이메일을 입력합니다.

④ 신청인 휴대전화번호를 입력합니다.

⑤ 작성완료 버튼을 누르면 다음화면으로 이동합니다.

(3) 제출

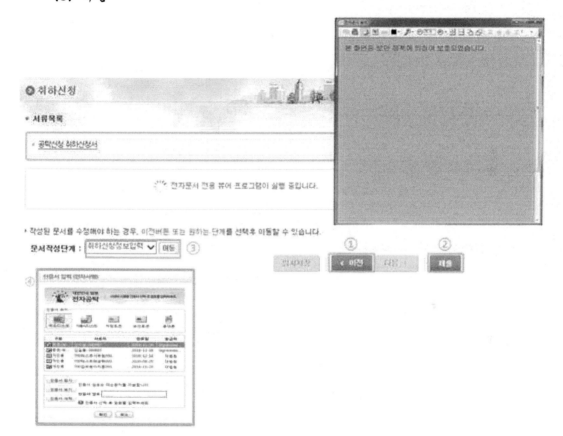

① 취하신청거본정보입력 화면으로 이동한다.

② 서류목록이 화면에 보여 지면 서류의 내용을 확인 후 제출 버튼을 선택합니다.

③ 선택한 문서작성단계로 이동합니다.

④ 전자서명을 위해 본인 인증서를 선택하고 인증서 암호를 입력한 후 확인버튼을 선택하면 다음화면으로 이동합니다.

① 완료된 지급취하신청의 정보를 보여 줍니다.

② 접수확인서출력 버튼을 선택 시 접수확인서 팝업창이 보여 집니다.

4. 열람/발급

가. 열람신청

○ 열람신청은 전자신청사건에 한하여 신청할 수 있으며 공탁자, 피공탁자 및 직접적인 이해관계인을 제외한 사람은 신청할 수 없습니다. 또한 자격 대리인도 열람신청이 불가합니다.

(1) 사건검색

○ 일반인

① 열람신청정보입력 화면에서 열람하고자 하는 공탁사건의 법원을 선택합니다.

② 공탁사건번호를 입력합니다.

③ 검색버튼을 선택합니다.

(2) 열람신청정보 입력

○ 열람신청정보를 입력합니다.

① 공탁사건의 기본정보가 화면에 출력되며 열람할 문서목록이 출력됩니다.

② 열람할 문서를 선택하고 비고사항이 있을 경우 입력한 후 다음버튼을 선택합니다.

(3) 첨부서류등록

○ 첨부서류를 등록합니다.

① 첨부할 문서명을 선택합니다.

② 첨부분서의 당사자를 선택합니다.

③ 파일찾기 버튼을 선택합니다.

④ 파일 선택창에서 첨부할 파일을 선택 후 열기 버튼을 선택합니다.

⑤ 파일첨부 버튼을 선택하면 첨부문서 목록에 해당 파일이 등록됩니다.

(2) 첨부된 문서를 확인한 후 작성을 완료합니다.

① 첨부문서목록에 파일이 정상적으로 첨부 되었는지 확인합니다.

② 작성완료 버튼을 선택합니다.

(4) 제출

○ 작성한 내용을 확인한 후 신청서를 제출합니다.

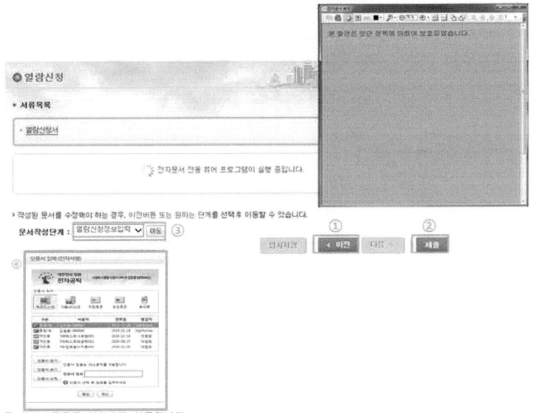

① 첨부서류등록 화면으로 이동합니다.

② 화면에서 서류의 내용을 확인 후 제출 버튼을 선택합니다.

③ 선택한 문서작성단계로 이동합니다.

④ 전자서명을 위해 본인 인증서를 선택하고 인증서 암호를 입력한 후 확인버튼을 선택하면 다음화면으로 이동합니다.

○ 제출완료 후 처리현황을 확인합니다.

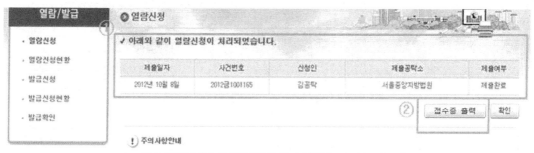

① 열람신청 처리내역입니다.

② 접수증 출력버튼을 선택합니다.

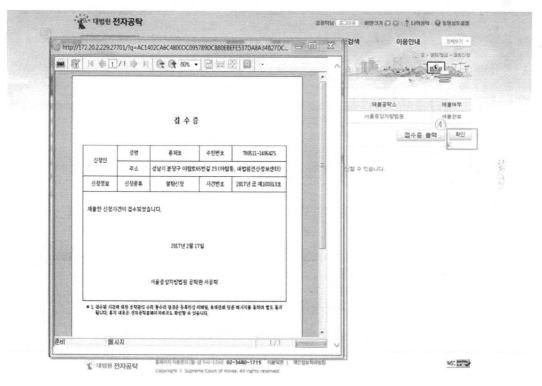

③ 접수증을 확인 후 출력합니다.

④ 확인버튼을 선택하면 열람신청현황의 제출화면으로 이동합니다.

나. 열람신청현황

(1) 작성중

○ 임시저장된 열람신청서 목록을 확인할 수 있습니다.

○ 임시저장된 신청서를 삭제하려면 해당 목록에 라디오버튼에 체크한 후 삭제버튼을 선택합니다.

① 사건을 선택합니다.

② 삭제버튼을 클릭하여 삭제합니다.

○ 임시저장된 신청서를 계속 작성하려면 해당 신청서의 라디오버튼에 체크한 후, 수정버튼을 선택합니다.

① 사건을 선택합니다.

② 수정버튼을 클릭하여 수정합니다.

(2) 제출완료 조회

○ 열람신청현황에서 제출완료 탭을 선택합니다.

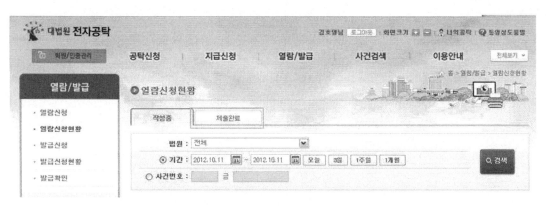

○ 제출완료는 첫화면에서 작성된 신청서를 조회하지 않습니다.

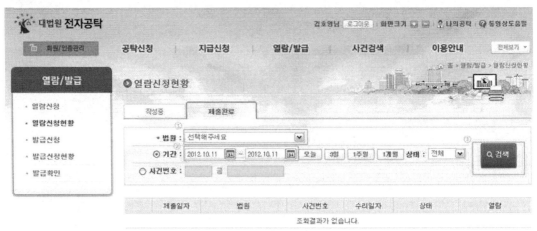

① 법원을 선택합니다.

② 기간 라디오버튼을 선택하여 날짜를 입력하거나(달력을 이용하거나 오늘,3일,1주일,1개월 버튼을 이용하여 1개월 사이의 날짜를 입력합니다.) 사건번호 라디오 버튼을 선택한 후 사건번호를 입력합니다. 기간은 30일을 초과할 수 없습니다.

③ 검색버튼을 선택합니다.

○ 제출완료된 열람신청목록이 보여집니다.

① 열람 버튼을 선택하면 열람팝업화면에서 열람신청 문서를 조회할 수 있습니다.

② 접수증 출력 버튼을 클릭하면 접수증출력 팝업화면에서 접수증을 출력할 수 있습니다.

③ 신청서보기 버튼을 클릭하면 열람신청시 작성한 열람신청서를 조회할 수 있습니다.

○ 열람화면에서는 열람신청한 문서를 확인할 수 있습니다. 서류목록에 서류제목을 선택하면 각 열람신청문서를 확인할 수 있습니다.

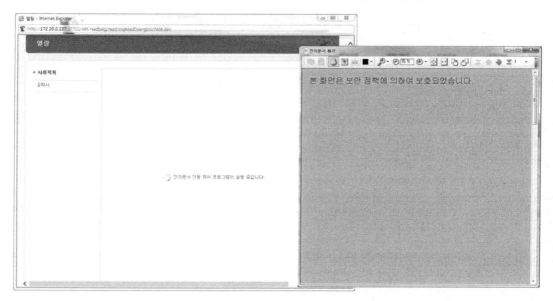

○ 접수증화면에서는 신청인정보, 신청정보 등을 확인할 수 있습니다. 인쇄버튼을 누르면 프린트창이 열리고, 프린터로 출력을 할 수 있습니다.

○ 신청서보기 화면에서는 열람신청에서 작성한 신청서를 확인할 수 있습니다.

다. 발급신청

○ 전자로신청된 사건에 한하여 발급신청이 가능하며, 자격대리인은 신청이 불가합니다.

(1) 사건검색

○ 일반인

① 법원을 선택합니다.

② 공탁사건번호를 입력합니다.

③ 검색버튼을 선택합니다.

(2) 발급신청정보 입력

○ 발급신청정보를 입력합니다.

① 선택한 공탁사건의 기본정보가 화면에 출력되며 신청정보란의 증명의 목적과 증명을 받고자 하는 내용을 입력합니다.

② 사실증명용 발급요청 문서 목록에서 발급하려는 문서를 선택합니다.

③ 다음버튼을 눌러 다음화면으로 이동합니다.

(3) 첨부서류등록

○ 첨부서류를 등록합니다.

① 첨부할 문서명을 선택합니다.

② 첨부분서의 당사자를 선택합니다.

③ 파일찾기 버튼을 선택합니다.

④ 파일 선택창에서 첨부할 파일을 선택 후 열기 버튼을 선택합니다.

⑤ 파일첨부 버튼을 선택하면 첨부문서 목록에 해당 파일이 등록됩니다.

○ 첨부된 문서를 확인한 후 작성을 완료합니다.

① 첨부문서목록에 파일이 정상적으로 첨부 되었는지 확인합니다.

② 작성완료 버튼을 선택합니다.

(4) 제출

○ 작성한 내용을 확인한 후 신청서를 제출합니다.

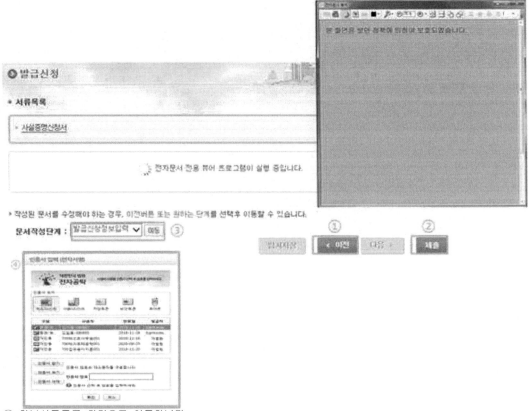

① 첨부서류등록 화면으로 이동합니다.

② 화면에서 서류의 내용을 확인 후 제출 버튼을 선택합니다.

③ 선택한 문서작성단계로 이동합니다.

④ 전자서명을 위해 본인 인증서를 선택하고 인증서 암호를 입력한 후 확인버튼을 선택하면 다음화면으로 이동합니다.

○ 제출완료 후 처리현황을 확인합니다.

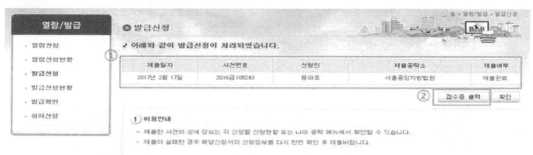

① 발급신청이 완료되었습니다.

② 접수증 출력버튼을 선택합니다.

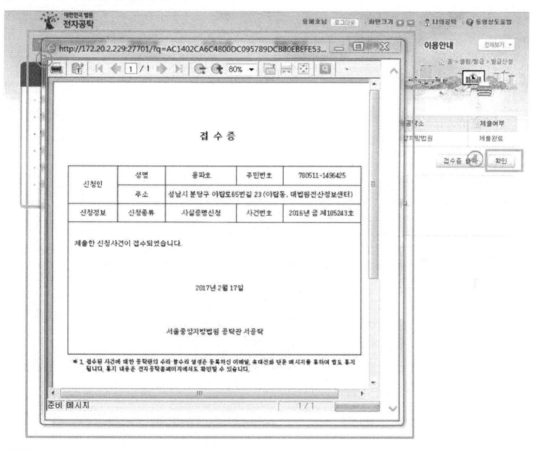

③ 인쇄버튼을 클릭하면 접수증을 출력합니다.

④ 확인버튼을 선택하면 발급신청현황의 제출화면으로 이동합니다.

라. 발급신청현황

(1) 작성중

○ 임시저장된 발급신청서 목록을 확인 할 수 있습니다.

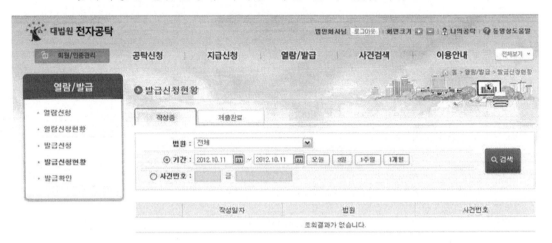

○ 임시저장된 신청서를 삭제 하려면 해당 목록에 라디오버튼에 체크한 후 삭제버튼을 선택합니다.

○ 임시저장된 신청서를 계속 작성하려면 해당 신청서의 라디오버튼에 체크한 후, 수정버튼을 선택합니다.

(2) 제출완료 조회

○ 발급신청현황에서 제출완료 탭을 선택합니다.

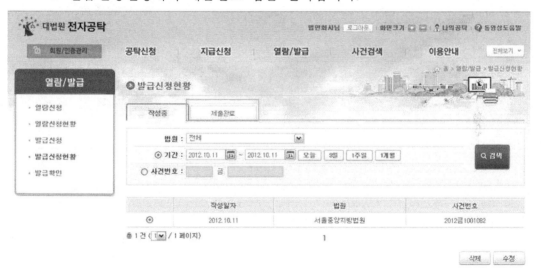

○ 제출완료는 첫화면에서 작성된 신청서를 조회하지 않습니다.

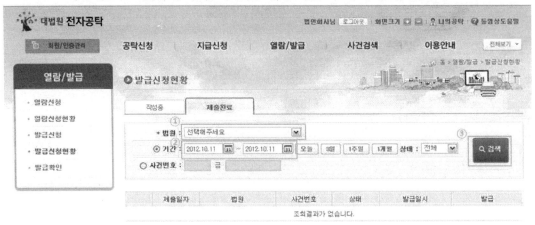

① 법원을 선택합니다.

② 기간 라디오버튼을 선택하여 날짜를 입력하거나(달력을 이용하거나 오늘,3일,1주일,1개월 버튼을 이용하여 1개월 사이의 날짜를 입력합니다.) 사건번호 라디오 버튼을 선택한 후 사건번호를 입력합니다.

③ 검색버튼을 선택합니다.

○ 제출완료된 발급신청목록이 보여집니다.

① 발급 버튼을 선택하면 전자문서 발급화면이 나타납니다.(발급신청이 완료된 후 발급신청현황의 목록 상태는 신청대기 상태입니다. 공탁관이 해당 신청사건을 수리하면 신청상태가 수리로 바뀌고 발급버튼이 생성되어 발급이 가능하게 됩니다.)

② 접수증출력 버튼을 클릭하면 접수증 팝업화면에서 접수증을 출력할 수 있습니다.

③ 신청서보기 버튼을 클릭하면 발급신청시 작성한 발급신청서를 조회할 수 있습니다.

○ 전자문서 발급시에는 테스트발급을 먼저 수행하여 발급에 문제가 없는
지 확인하고 진행을 합니다.(발급은 한번만 수행되므로 테스트발급을 반
드시 수행하여 발급에 문제가 없는지 먼저 확인하여야 합니다.)

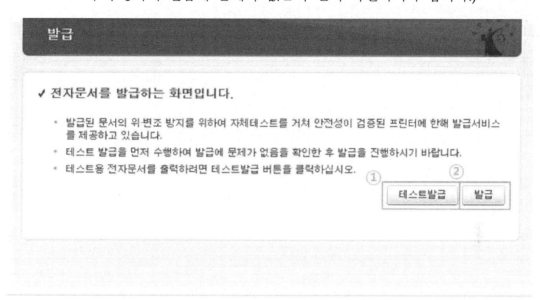

① 테스트발급 버튼을 선택하면 프린트창이 나타나고 테스트발급용 문서를 출력할 수 있습니다.

② 발급 버튼을 선택하면 프린트창이 나타나고 사실증명서와 사실증명대상문서를 출력할 수 있습니다.

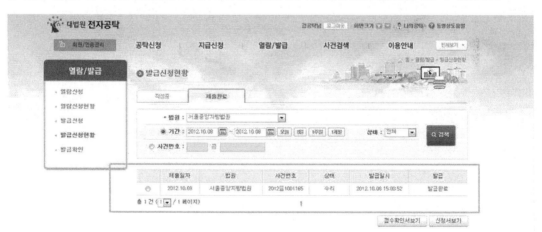

③발급완료 후 발급신청현황에서 신청상태는 발급완료상태가 됩니다.

○ 접수증화면에서는 신청인정보, 신청정보 등을 확인 할 수 있습니다. 인쇄버튼을 누르면 프린트창이 열리고, 프린터로 출력을 할 수 있습니다.

접 수 증

신청인	성명	용파호	주민번호	780511-1496425
	주소	성남시 분당구 아탑로65번길 23 (아탑동, 대법원전산정보센터)		
신청정보	신청종류	사실증명신청	사건번호	2016년 금 제105243호

제출한 신청사건이 접수되었습니다.

2017년 2월 17일

서울중앙지방법원 공탁관 서공탁

※ 1. 접수된 사건에 대한 공탁관의 수리·불수리 결정은 등록하신 이메일, 휴대전화 당문 메시지를 통하여 별도 통지됩니다. 통지 내용은 전자공탁홈페이지에서도 확인할 수 있습니다.

○ 신청서보기 화면에서는 사실증명신청에서 작성한 신청서를 확인할 수 있습니다.

마. 발급확인

○ 발급확인은 전자문서로 발급받은 문서가 정상적으로 발급된 문서인지 문서하단의 발급확인번호를 입력하여 확인할 수 있는 기능입니다.

(1) 발급확인

○ 발급확인요청정보를 입력합니다.

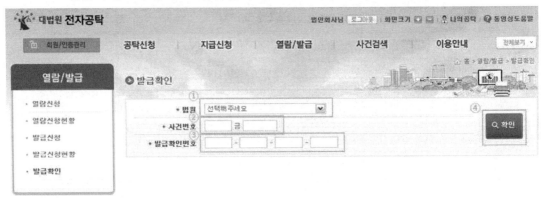

① 법원을 선택합니다.

② 사건번호를 입력합니다.

③ 발급확인번호를 입력합니다. (발급확인 번호는 숫자와 영문으로 이루어져 있으며 영문은 대문자로만 입력해야 합니다.)

④ 검색버튼을 선택합니다.

바. 취하신청

○ 취하신청은 열람신청 및 발급신청 제출 후 신청상태가 접수, 접수대기인
사건에 한하여 신청할 수 있습니다. 지급신청 > 취하신청 메뉴를 이용하
여 신청할 수 있습니다.

(1) 열람/발급 취하신청

① 법원을 선택 할 수 있습니다.

② 사건번호를 입력 합니다.

③ 검색버튼을 누르면 입력된 법원과 사건번호로 검색을 합니다.

④ 검색 시 조회 조건에 사건이 있다면 사건들이 목록에 보여 집니다.

⑤ 취하신청 버튼을 클릭하면 취하신청 정보입력화면으로 이동된다.

(2) 취하신청 기본정보입력

① 공탁사건의 기본정보를 보여 줍니다.

② 발급신청/열람신청 정보를 보여 줍니다.

③ 취하신청이유를 입력합니다.

④ 신청인 이메일을 입력합니다.

⑤ 신청인 휴대전화번호를 입력합니다.

⑥ 작성완료 버튼을 누르면 다음화면으로 이동합니다.

(3) 제출

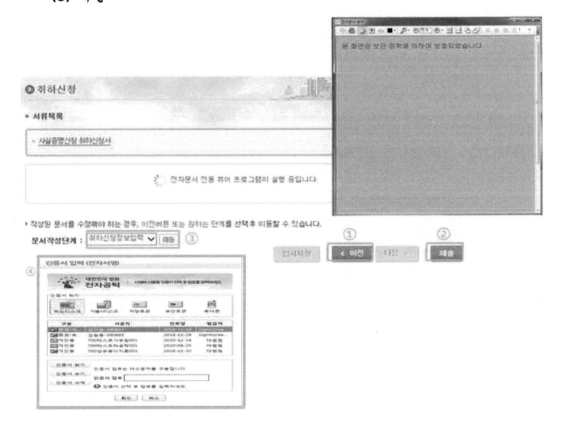

① 취하신청기본정보입력 화면으로 이동한다.

② 서류목록이 화면에 보여 지면 서류의 내용을 확인 후 제출 버튼을 선택합니다.

③ 전자서명을 위해 본인 인증서를 선택하고 인증서 암호를 입력한 후 확인버튼을 선택하면 다음화면으로 이동합니다.

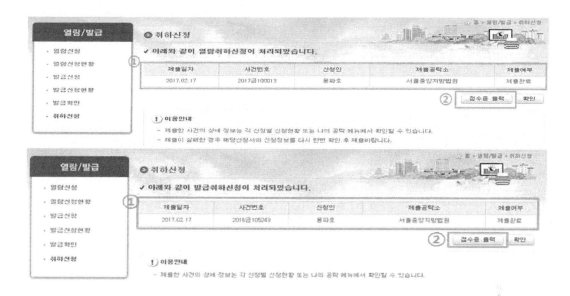

① 완료된 열람/발급취하신청의 정보를 보여 줍니다.

② 접수증 출력 버튼을 클릭하면 접수증출력 팝업화면에서 접수증을 출력할 수 있습니다.

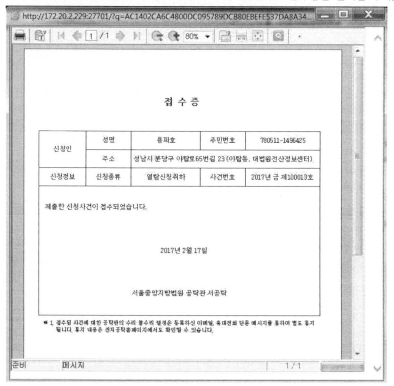

5. 이용안내

가. 공지사항/FAQ

(1) 공지사항

○ 관리자에서 등록된 공지사항을 보여줍니다.

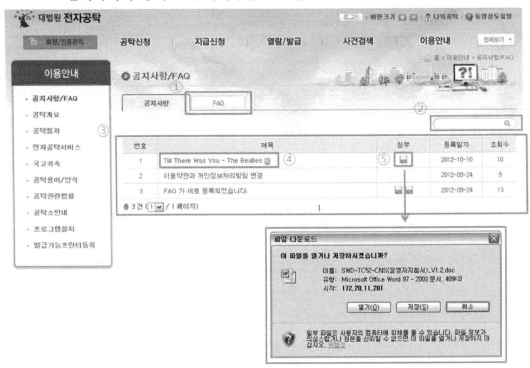

① FAQ탭을 누르면 FAQ화면으로 이동합니다.

② 검색어를 입력하지 않았을 경우 전체 조회를 하고 검색어를 입력하였을 경우 조건 검색 합니다.

③ 검색결과를 화면에 보여줍니다.

④ 링크된 제목을 클릭 시 상세화면으로 이동됩니다.

⑤ 파일을 클릭 시 파일을 다운로드 받을 수 있습니다.

(2) 공지사항 상세정보

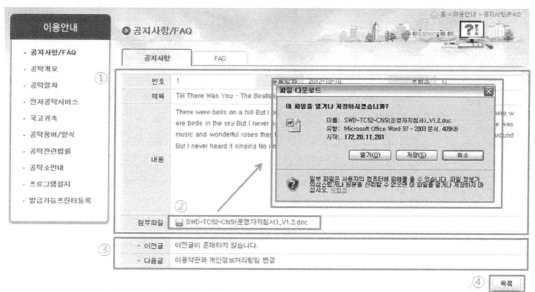

① 선택된 공지사항의 상세정보를 보여줍니다.

② 첨부파일을 클릭 할 경우 파일을 다운로드 할 수 있습니다.

③ 이전글, 다음글을 보여주고 이전글, 다음글이 있을 경우 링크를 클릭하면 상세정보화면으로 이동 됩니다.

④ 공지사항 조회화면으로 화면이 이동됩니다.

(3) FAQ

○ 관리자에서 등록된 FAQ를 보여줍니다.

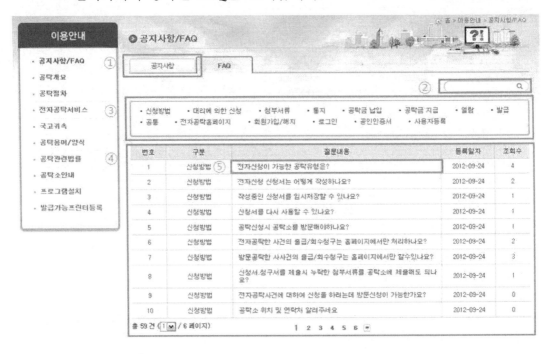

① 공지사항 탭을 누르면 공지사항으로 이동합니다.

② 검색어를 입력하지 않았을 경우 전체 조회를 하고 검색어를 입력하였을 경우 조건 검색 합니다.

③ 구분값을 클릭 시 구분값으로 검색 합니다.

④ 검색결과를 화면에 보여줍니다.

⑤ 질문내용을 클릭 시 FAQ상세조회로 이동합니다.

(4) FAQ상세조회

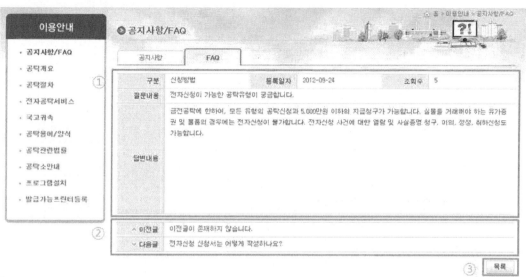

① 선택된 FAQ의 상세정보를 보여줍니다.

② 이전글, 다음글을 보여주고 이전글, 다음글이 있을 경우 링크를 클릭하면 상세정보화면으로 이동 됩니다.

③ FAQ조회화면으로 화면이 이동됩니다.

나. 공탁용어

(1) 공탁용어 검색

● 공탁용어/양식

| 공탁용어 | 관련양식 |

용어검색 : _____ ① **Q 검색**

ㄱ ㄴ ㄷ ㄹ ㅁ ㅂ ㅅ ㅇ ㅈ ㅊ ㅋ ㅌ ㅍ ㅎ

② **1.가상계좌번호**

공탁금을 보관은행에 납부할 때 현금 또는 자기앞수표 지참시 도난·분실 등의 위험을 방지하기 위하여 계좌입금에 의하여 공탁금을 납부할 수 있도록 2006년 10월 3일부터 시행한 제도

2.가압류해방공탁

민사집행법 제282조에 의거하여 가압류채무자가 가압류의 집행정지나 집행한 가압류를 취소하기 위하여 가압류명령에 정한 금액을 공탁하는 것

3.개인회생

재정적 어려움으로 인하여 파탄에 직면하고 있는 개인채무자로서 장래 계속적으로 또는 반복하여 수입을 얻을 가능성이 있는 자에 대하여 채권자 등 이해관계인의 법률관계를 조정함으로써 채무자의 효율적 회생과 채권자의 이익을 도모하기 위하여 총 채무액이 무담보채무의 경우에는 5억원, 담보부채무의 경우에는 10억원 이하인 채무자가 3년 내지 5년간 일정한 금액을 변제하면 나머지 채무의 면제를 받을 수 있는 제도

4.건명

영업보증 공탁서의 특유한 기재사항으로 공탁물의 출급 또는 회수에 관하여 관공서의 승인, 확인 또는 증명 등을 필요로 하는 경우에 공탁서에 입력해야 하는 관공서의 허가번호

5.공인인증서

거래자의 신원 확인 및 증명을 위해 사용되는 일종의 전자 서명으로 공인 인증 기관이 발행한 인증서

총 73 건 (1 ▼ / 15 페이지)   1 2 3 4 5 6 7 8 9 10 ▶ ▶

① 용어검색란에 검색어 없이 검색버튼을 선택하게 될 경우 전체조회를 하고 검색어를 입력하고 검색버튼을 선택하게 되는 경우 검색어가 포함된 용어제목 또는 용어내용을 조회합니다.

① 용어검색의 자음버튼을 선택합니다.

◎ 공탁용어/양식

| 공탁용어 | 관련양식 |

용어검색 : [   ] 🔍 검색

ㄱ ㄴ ㄷ ㄹ ㅁ ㅂ [ㅅ] ㅇ ㅈ ㅊ ㅋ ㅌ ㅍ ㅎ

1.사실증명

공탁서 혹은 공탁통지서를 당사자가 분실한 경우 해당 공탁사실 증명을 위해 공탁소가 발급한 문서

2.상대적 불확지

채무를 변제할 피공탁자가 분명하지 않은 경우를 말하며 공탁서의 피공탁자란에 아무개 혹은 아무개로 특정되지 않게 표현됨

3.소멸시효

공탁금의 출급 또는 회수청구권를 행사할 수 있음에도 불구하고 이를 일정 기간 행사하지 않는 경우에 그 권리를 소멸시키는 것

4.송달

법원의 문서(판결문, 결정문, 통지서 등)를 해당 대상에게 등기우편으로 보내는 행위

5.수리

공탁당사자의 공탁신청에 대하여 절차상, 실체상 일체의 법률적 요건을 구비하고 있는 여부를 심사하여 신청에 대하여 처리가능를 표현하는 것

총 5건 (1 ▼ / 1 페이지)   1

② 용어구분은 자음으로 구분됩니다. 자음 중 하나를 선택을 하면 자음에 해당된 제목을 조회하여 목록에 보여줍니다.

다. 공탁양식

(1) 관련양식 선택

○ 관련양식 탭을 누르면 관련양식 조회 화면이 나타납니다.

(2) 관련양식 조회

① 검색어를 입력합니다.

② ①의 검색어를 입력한 후 검색버튼을 누르면 해당 검색어를 포함한 서식이 조회되고 검색어 없이 검색
버튼을 누르면 전체 서식이 조회됩니다.

③ 해당 신청서서식이 한글파일로 다운로드 됩니다.

④ 해당 신청서서식이 워드파일로 다운로드 됩니다.

⑤ 해당 신청서서식이 PDF파일로 다운로드 됩니다.

라. 공탁 관련법률

○ 검색어를 입력한 후 [검색] 버튼을 누르면 해당 검색어를 포함한 법규/규칙이 조회됩니다.

번호	법규/규칙	구분
1	가상계좌에 의한 공탁금 납입절차에 관한 업무처리지침	편람
2	계좌입금에 의한 공탁금출급 회수절차에 관한 업무처리지침	편람
3	공탁 신청 및 출급 회수에 대한 불수리결정 업무처리지침	편람
4	공탁공무원의 사유신고에 관한 업무처리지침	편람
5	공탁공무원이 배당금수령채권에 대한 압류명령서 등을 접수한 경우의 업무처리지침	편람
6	공탁규칙	편람
7	공탁금 보관은행 지정절차 등에 관한 예규	편람
8	공탁금 출급 회수청구 안내문 발송에 관한 업무처리지침	편람
9	공탁금관리위원회 규칙	편람
10	공탁금관리위원회규칙	편람

총 47 건 (1 / 5 페이지)   1 2 3 4 5

○ 법규/규칙을 누르면 해당 법규/규칙이 있는 페이지가 팝업으로 호출됩니다.

마. 공탁소안내

(1) 공탁소안내 목록

○ 법원명칭 입력없이 검색을 하면 전체 공탁소 목록이 나타나며 법원명을
입력하고 검색을 하면 입력된 값을 포함하는 법원의 목록이 나타납니다.

(2) 공탁소안내 상세조회

○ 목록에서 관할 법원명을 선택하면 해당 공탁소의 상세화면으로 이동합
  니다.

○ 상세화면에서는 법원명과 법원약칭명, 연락처, FAX, 법원홈페이지, 주소,
  법원 찾아오시는길, 법원약도를 확인하고 출력이 가능합니다.

6. 사용자인증관리

가. 아이디/비밀번호 찾기

(1) 아이디 찾기

(가) 개인사용자

● 개인사용자

사용자유형 : ⦿ 내국인, 변호사, 법무사 ① ○ 외국인	▸ 공공 I-PIN으로 등록한 아이디인 경우, 아이핀 인증버튼을 클릭하세요.
* 성명 : [ ] ②	[아이핀 인증] ⑤
* 주민등록번호 : [ ] - [ ] ③	
[아이디찾기] ④	

① 사용자유형을 선택합니다.

② 성명은 필수입력 사항입니다.

③ 주민등록번호는 필수입력 사항이며 주민등록번호 앞자리는 숫자 6자리만 입력할 수 있고, 주민등록번호 뒷자리는 숫자 7자리만 입력할 수 있습니다.

④ [아이디찾기] 버튼을 누르면 다음과 같은 아이디찾기 결과화면이 나타납니다.

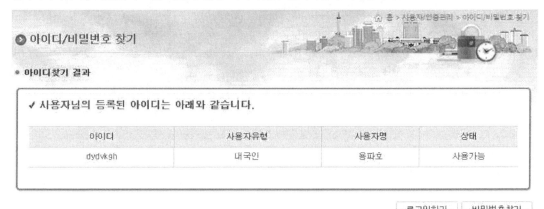

❯ 아이디/비밀번호 찾기

● 아이디찾기 결과

✓ 사용자님의 등록된 아이디는 아래와 같습니다.

아이디	사용자유형	사용자명	상태
dydvkgh	내국인	용파호	사용가능

[로그인하기] [비밀번호찾기]

⑤ [아이핀 인증] 버튼을 누르면 아이핀 인증을 할 수 있는 화면이 팝업으로 나타납니다. 아이핀 아이디와 비밀번호를 입력하여 실명인증을 하면 됩니다.

(나) 법인사용자

● 법인사용자

사용자유형 : 법인(법무법인, 법무사법인, 일반법인)	
* 법인명 : ①	* 사업자등록번호 : □ - □ - □ ③
* 법인등록번호 : □ - □ ②	대표자명 : ④
	대표자등록번호 : □ - □ ⑤
⑥ [아이디찾기]	

① 법인명은 필수입력 사항이며 공부상에 기재된 정보로 정확하게 입력하여야 합니다.

② 법인등록번호는 필수입력 사항이며 공부상에 기재된 정보로 정확하게 입력하여야 합니다. 법인등록번호 앞자리는 숫자 6자리만 입력할 수 있고, 법인등록번호 뒷자리는 숫자 7자리만 입력할 수 있습니다.

③ 사업자등록번호는 필수입력 사항이며 공부상에 기재된 정보로 정확하게 입력하여야 합니다. 사업자등록번호 앞자리는 숫자 3자리만 입력할 수 있고, 사업자등록번호 중간자리는 숫자 2자리만 입력할 수 있고, 사업자등록번호 뒷자리는 숫자 5자리만 입력할 수 있습니다.

④ 대표자명은 법인 사용자 등록을 마친 법인인 경우 필수입력 사항입니다.

⑤ 대표자등록번호는 법인 사용자 등록을 마친 법인인 경우 필수입력 사항입니다. 대표자등록번호 앞자리는 숫자 6자리만 입력할 수 있고, 대표자등록번호 뒷자리는 숫자 7자리만 입력할 수 있습니다.

⑥ [아이디찾기] 버튼을 누르면 다음과 같은 아이디찾기 결과화면이 나타납니다.

(다) 기관사용자

* **공공기관사용자**

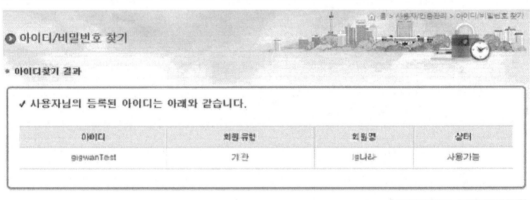

① 기관명은 필수입력 사항입니다.

② 부서명은 필수입력 사항입니다.

③ 사업자등록번호는 필수입력 사항이며 사업자등록번호 앞자리는 숫자 3자리만 입력할 수 있고, 사업자등록번호 중간자리는 숫자 2자리만 입력할 수 있고, 사업자등록번호 뒷자리는 숫자 5자리만 입력할 수 있습니다.

④ [아이디찾기] 버튼을 누르면 다음과 같은 아이디찾기 결과화면이 나타납니다.

◑ 아이디/비밀번호 찾기

* **아이디찾기 결과**

✔ 사용자님의 등록된 아이디는 아래와 같습니다.

아이디	회원유형	회원명	상태
gigwanTest	기관	홍나라	사용가능

| 로그인하기 | 비밀번호찾기 |

(2) 비밀번호 찾기

(가) 개인사용자

* 개인사용자

① 사용자유형을 선택합니다.

② 아이디는 필수입력 사항이며 7자리 이상의 숫자와 문자의 조합으로 입력합니다.

③ 성명은 필수입력 사항입니다.

④ 주민등록번호는 필수입력 사항이며 주민등록번호 앞자리는 숫자 6자리만 입력할 수 있고, 주민등록번호 뒷자리는 숫자 7자리만 입력할 수 있습니다.

⑤ [질문답변으로 찾기] 버튼을 누르면 다음과 같은 비밀번호찾기 질문/답변 화면이 나타납니다.

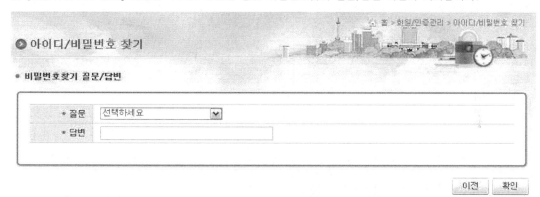

⑥ [공인인증서로 찾기] 버튼을 누르면 공인인증서 선택 화면이 나타납니다.

⑦ 아이디는 필수입력 사항이며 아이디를 입력합니다. 아이디는 7자리 이상의 숫자와 문자의 조합으로 입력합니다.

⑧ [아이핀 인증] 버튼을 누르면 아이핀 인증을 할 수 있는 화면이 팝업으로 나타납니다. 아이핀 아이디와 비밀번호를 입력하여 실명인증을 하면 됩니다.

(나) 법인사용자

* 법인사용자

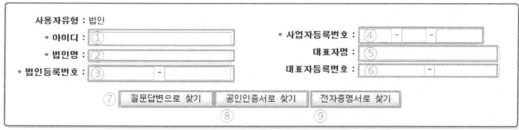

① 아이디는 필수입력 사항이며 아이디를 입력합니다. 아이디는 7자리 이상의 숫자와 문자의 조합으로 입력합니다.

② 법인명은 필수입력 사항이며 법인명을 입력합니다.

③ 법인등록번호는 필수입력 사항이며 법인등록번호 앞자리는 숫자 6자리만 입력할 수 있고, 법인등록번호 뒷자리는 숫자 7자리만 입력할 수 있습니다.

④ 사업자등록번호는 필수입력 사항이며 사업자등록번호 앞자리는 숫자 3자리만 입력할 수 있고, 사업자등록번호 중간자리는 숫자 2자리만 입력할 수 있고, 사업자등록번호 뒷자리는 숫자 5자리만 입력할 수 있습니다.

⑤ 대표자명은 법인 사용자 등록을 마친 법인인 경우 필수입력 사항입니다.

⑥ 대표자등록번호는 법인 사용자 등록을 마친 법인인 경우 필수입력 사항입니다. 대표자등록번호 앞자리는 숫자 6자리만 입력할 수 있고, 대표자등록번호 뒷자리는 숫자 7자리만 입력할 수 있습니다.

⑦ [질문답변으로 찾기] 버튼을 누르면 다음과 같은 비밀번호찾기 질문/답변 화면이 나타납니다.

⑧ [공인인증서로 찾기] 버튼을 누르면 공인인증서 선택 화면이 나타납니다.

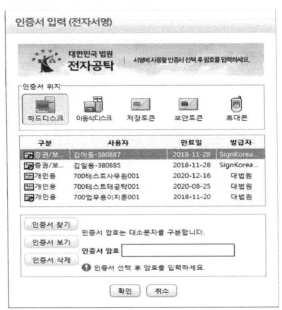

⑨ [전자증명서로 찾기] 버튼을 누르면 전자증명서 선택 화면이 나타납니다.

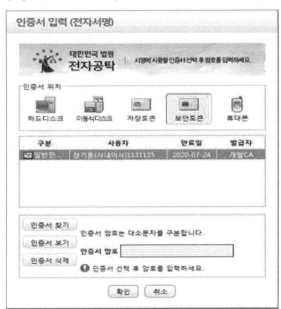

(다) 기관사용자

● **공공기관사용자**

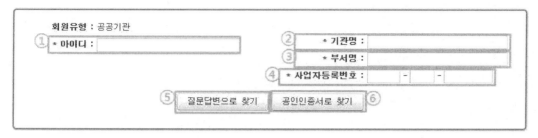

① 아이디는 필수입력 사항이며 아이디를 입력합니다. 아이디는 7자리 이상의 숫자와 문자의 조합으로 입력합니다.

② 기관명은 필수입력 사항이며 기관명을 입력합니다.

③ 부서명은 필수입력 사항이며 부서명을 입력합니다.

④ 사업자등록번호는 필수입력 사항이며 사업자등록번호 앞자리는 숫자 3자리만 입력할 수 있고, 사업자등록번호 중간자리는 숫자 2자리만 입력할 수 있고, 사업자등록번호 뒷자리는 숫자 5자리만 입력할 수 있습니다.

⑤ [질문답변으로 찾기] 버튼을 누르면 다음과 같은 비밀번호찾기 질문/답변 화면이 나타납니다.

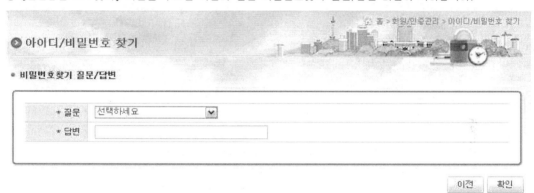

⑥ [공인인증서로 찾기] 버튼을 누르면 공인인증서 선택 화면이 나타납니다.

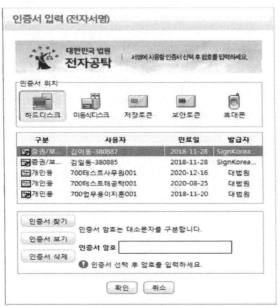

(3) 비밀번호찾기 질문/답변

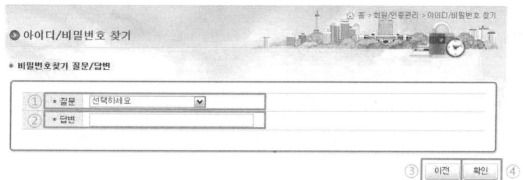

① 질문은 필수입력 사항입니다.

② 답변은 필수입력 사항입니다.

③ [이전] 버튼을 누르면 비밀번호찾기 화면으로 이동합니다.

④ [확인] 버튼을 누르면 질문과 답변을 확인하여 맞으면 사용자등록 시 입력한 이메일 주소로 임시비밀번호가 전송됩니다.

(4) 비밀번호찾기 공인인증서/전자증명서

나. 사용자정보수정

(1) 내국인

○ 아이디 성명 주민번호는 수정할 수 없습니다.

• 아이디	dydvkgh
성명	몽파호
주민등록번호	780511-*******
① • 비밀번호 질문	우리집 애완동물의 이름은? ▼
② • 비밀번호 답변	떠피
③ • 주소	서울 서초구 명달로9길 61-13 🔍 06706 (방배동, 유림빌라) ※ 도로명 상세주소 입력예시 서울 서초구 서초로 10, 101동 102호 (서초동,개나리아파트) 서울 서초구 서초로 10, 102 (서초동) 충남 금산군 금산읍 삼천1길 1
④ 휴대전화번호	010 ▼ - 1111 - 0000 ☑SMS수신 동의함
⑤ 집전화번호	선택 ▼ - -
⑥ • 이메일	hkdvivas @ lgcns.com 직접입력 ▼ ☐이메일수신 동의함
⑦ • 비밀번호	

⑧ 저장

①비밀번호 질문은 필수입력 사항이며 사용자등록 후 비밀번호 찾기 기능을 이용하는 경우 필수적으로 입력을 해야 하는 항목이므로 기억하기 쉬운 것으로 선택하여야 합니다.

②비밀번호 답변은 필수입력 사항이며 사용자등록 후 비밀번호 찾기 기능을 이용하는 경우 필수적으로 입력을 해야 하는 항목이므로 기억하기 쉬운 것으로 입력하여야 합니다.

③주소는 필수입력사항이며 [돋보기](주소찾기) 버튼을 클릭하면 사용자등록 화면과 동일한 주소검색 팝업으로 나타납니다.

주소를 입력하고 [검색] 버튼을 누르면 일치하는 주소가 하단에 리스트로 나타나고 선택을 하면 팝업창이 닫히면서 본 화면에 선택한 주소가 입력이 됩니다. 기본주소가 자동으로 입력된 후에 상세주소를 입력해야 합니다.

[도로명새주소]탭을 누르면 도로명으로 주소를 입력할 수 있는 화면이 나타납니다.

④ 휴대전화번호는 필수입력 사항은 아니지만 신청 등의 결과를 SMS로 전달받기 위해서는 입력을 하여야 하고 [SMS수신 동의함]을 체크하여야 합니다.

⑤ 집전화번호는 필수입력 사항이 아닙니다.

⑥ 이메일은 필수입력 사항이며 신청 등의 결과를 이메일로 전달받기 위해서는 입력을 하여야 하고 [이메일수신 동의함]을 체크하여야 합니다.

⑦ 비밀번호는 필수입력 사항입니다.

⑧ 저장버튼을 누르면 전자공탁 홈페이지에 입력한 사용자정보로 수정되고 초기화면으로 이동합니다.

(2) 외국인

○ 아이디 성명 외국인등록번호는 수정할 수 없습니다.

* 아이디	hongsunghoon	
성명	HONGSUNGHOON	
외국인등록번호	700103-*******	
① * 비밀번호 질문	가장 좋아하는 색상은? ▼	
② * 비밀번호 답변	red	
③ * 주소	서울 서초구 명달로9길 61-13 [🔍] 06706 (방배동, 유림빌라) ※ 도로명 상세주소 입력예시 서울 서초구 서초로 10, 101동 102호 (서초동,가나리아파트) 서울 서초구 서초로 10, 102 (서초동) 충남 금산군 금산읍 특철1길 1	
④ 휴대전화번호	선택 ▼ - [ ] - [ ] □ SMS수신 동의함	
⑤ 집전화번호	선택 ▼ - [ ] - [ ]	
⑥ * 이메일	dkltew @ dflakife.com 직접입력 ▼ ☑ 이메일수신 동의함	
⑦ * 비밀번호	[ ]	

⑧ 저장

①비밀번호 질문은 필수입력 사항이며 사용자등록 후 비밀번호 찾기 기능을 이용하는 경우 필수적으로 입력을
해야 하는 항목이므로 기억하기 쉬운 것으로 선택하여야 합니다.

②비밀번호 답변은 필수입력 사항이며 사용자등록 후 비밀번호 찾기 기능을 이용하는 경우 필수적으로 입력
을 해야 하는 항목이므로 기억하기 쉬운 것으로 입력하여야 합니다.

③주소는 필수입력사항이며 [돋보기](주소찾기) 버튼을 클릭하면 사용자등록 화면과 동일한 주소검색 팝업으
로 나타납니다.

주소를 입력하고 [검색] 버튼을 누르면 일치하는 주소가 하단에 리스트로 나타나고 선택을 하면 팝업창이
닫히면서 본 화면에 선택한 주소가 입력이 됩니다. 기본주소가 자동으로 입력된 후에 상세주소를 입력해야
합니다.

[도로명새주소]탭을 누르면 도로명으로 주소를 입력할 수 있는 화면이 나타납니다.

④ 휴대전화번호는 필수입력 사항은 아니지만 신청 등의 결과를 SMS로 전달받기 위해서는 입력을 하여야
하고 [SMS수신 동의함]을 체크하여야 합니다.

⑤ 집전화번호는 필수입력 사항이 아닙니다.

⑥ 이메일은 필수입력 사항이며 신청 등의 결과를 이메일로 전달받기 위해서는 입력을 하여야 하고 [이메일
수신 동의함]을 체크하여야 합니다.

⑦ 비밀번호는 필수입력 사항입니다.

⑧ 저장버튼을 누르면 전자공탁 홈페이지에 입력한 사용자정보로 수정되고 초기회면으로 이동합니다.

(3) 재외국민

○ 아이디 성명 국내거소신고번호는 수정할 수 없습니다.

* 아이디	jodongnryui	
성명	조동률	
국내거소신고번호	490203-*******	
① * 비밀번호 질문	가장 좋아하는 색상은? ▼	
② * 비밀번호 답변	red	
③ * 주소	서울 서초구 명달로9길 61-13 🔍 06706 (방배동, 유림빌라) ✕ 도로명 상세주소 입력예시 서울 서초구 서초로 10, 101동 102호 (서초동,개나리아파트) 서울 서초구 서초로 10, 102(서초동) 충남 금산군 금산읍 죽실1길 1	
④ 휴대전화번호	선택 ▼ -　　　- 　　　☐ SMS수신 동의함	
⑤ 집전화번호	선택 ▼ -　　　-	
⑥ * 이메일	testtest @ naver.com　　naver.com ▼ ☑ 이메일수신 동의함	
⑦ * 비밀번호		

⑧ 저장

①비밀번호 질문은 필수입력 사항이며 사용자등록 후 비밀번호 찾기 기능을 이용하는 경우 필수적으로 입력을 해야 하는 항목이므로 기억하기 쉬운 것으로 선택하여야 합니다.

②비밀번호 답변은 필수입력 사항이며 사용자등록 후 비밀번호 찾기 기능을 이용하는 경우 필수적으로 입력을 해야 하는 항목이므로 기억하기 쉬운 것으로 입력하여야 합니다.

③주소는 필수입력사항이며 [돋보기](주소찾기) 버튼을 클릭하면 사용자등록 화면과 동일한 주소검색 팝업으로 나타납니다.

주소를 입력하고 [검색] 버튼을 누르면 일치하는 주소가 하단에 리스트로 나타나고 선택을 하면 팝업창이 닫히면서 본 화면에 선택한 주소가 입력이 됩니다. 기본주소가 자동으로 입력된 후에 상세주소를 입력해야 합니다.

[도로명새주소]탭을 누르면 도로명으로 주소를 입력할 수 있는 화면이 나타납니다.

④ 휴대전화번호는 필수입력 사항은 아니지만 신청 등의 결과를 SMS로 전달받기 위해서는 입력을 하여야 하고 [SMS수신 동의함]을 체크하여야 합니다.

⑤ 집전화번호는 필수입력 사항이 아닙니다.

⑥ 이메일은 필수입력 사항이며 신청 등의 결과를 이메일로 전달받기 위해서는 입력을 하여야 하고 [이메일수신 동의함]을 체크하여야 합니다.

⑦ 비밀번호는 필수입력 사항입니다.

⑧ 저장버튼을 누르면 전자공탁 홈페이지에 입력한 사용자정보로 수정되고 초기화면으로 이동합니다.

(4) 법인사용자

○ 일반법인 사용자, 법무법인 사용자, 법무사법인 사용자는 동일하게 사용자정보 수정이 이루어진다.

○ 아이디 법인명 법인등록번호 사업자등록번호 대표자명 직급 주민등록번호 이용등록 유효기간은 수정할 수 없습니다.

＊ 회원정보수정

아이디	bubin2222		
법인명(상호)	도로명실사 주식회사		
법인등록번호	180111-0006684		
사업자등록번호	209-82-06311		
대표자명(성명)	이우섭	직급	사내이사
주민등록번호	870117-*******		
이용등록 유효기간	2014.10.14 ~ 2017.10.13		
① ＊ 비밀번호 질문	가장 좋아하는 색상은? ▼		
② ＊ 비밀번호 답변	red		
③ ＊ 주소	서울 서초구 명달로9길 61-13 🔍 06706 (방배동, 유림빌라) ✕ 도로명 상세주소 입력예시 서울 서초구 서초로 10, 101동 102호 (서초동 개나리아파트) 서울 서초구 서초로 10, 102 (서초동) 충남 금산군 금산읍 역성1길 1		
④ 휴대전화번호	010 ▼ - 6410 - 3655 ☑ SMS수신 동의함		
⑤ 집전화번호	선택 ▼ - -		
⑥ ＊ 이메일	hkdvivas @ naver.com naver.com ▼ □ 이메일수신 동의함		
⑦ ＊ 비밀번호			
		⑧ 저장	

①비밀번호 질문은 필수입력 사항이며 사용자등록 후 비밀번호 찾기 기능을 이용하는 경우 필수적으로 입력을 해야 하는 항목이므로 기억하기 쉬운 것으로 선택하여야 합니다.

②비밀번호 답변은 필수입력 사항이며 사용자등록 후 비밀번호 찾기 기능을 이용하는 경우 필수적으로 입력을 해야 하는 항목이므로 기억하기 쉬운 것으로 입력하여야 합니다.

③주소는 필수입력사항이며 [돋보기](주소찾기) 버튼을 클릭하면 사용자등록 화면과 동일한 주소검색 팝업으로 나타납니다.

주소를 입력하고 [검색] 버튼을 누르면 일치하는 주소가 하단에 리스트로 나타나고 선택을 하면 팝업창이 닫히면서 본 화면에 선택한 주소가 입력이 됩니다. 기본주소가 자동으로 입력된 후에 상세주소를 입력해야 합니다.

[도로명새주소]탭을 누르면 도로명으로 주소를 입력할 수 있는 화면이 나타납니다.

④ 휴대전화번호는 필수입력 사항은 아니지만 신청 등의 결과를 SMS로 전달받기 위해서는 입력을 하여야 하고 [SMS수신 동의함]을 체크하여야 합니다.

⑤ 집전화번호는 필수입력 사항이 아닙니다.

⑥ 이메일은 필수입력 사항이며 신청 등의 결과를 이메일로 전달받기 위해서는 입력을 하여야 하고 [이메일

수신 동의함]을 체크하여야 합니다.

⑦ 비밀번호는 필수입력 사항입니다.

⑧ 저장버튼을 누르면 전자공탁 홈페이지에 입력한 사용자정보로 수정되고 초기화면으로 이동합니다.

(5) 기관사용자

○ 아이디 기관명 부서명 사업자등록번호 국가기관여부는 수정할 수 없다.

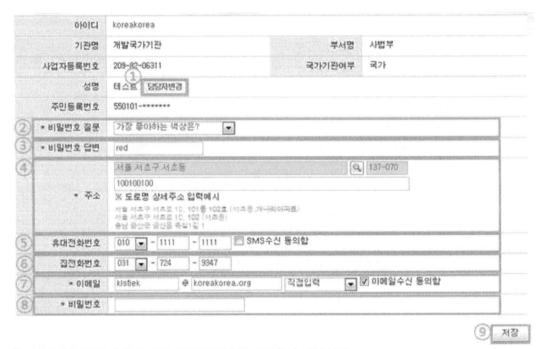

① 담당자변경버튼을 누르면 성명 주민등록번호를 입력할 수 있습니다.

② 비밀번호 질문은 필수입력 사항이며 사용자등록 후 비밀번호 찾기 기능을 이용하는 경우 필수적으로 입력을 해야 하는 항목이므로 기억하기 쉬운 것으로 선택하여야 합니다.

③ 비밀번호 답변은 필수입력 사항이며 사용자등록 후 비밀번호 찾기 기능을 이용하는 경우 필수적으로 입력을 해야 하는 항목이므로 기억하기 쉬운 것으로 입력하여야 합니다.

④ 주소는 필수입력사항이며 [돋보기](주소찾기) 버튼을 클릭하면 사용자등록 화면과 동일한 주소검색 팝업으로 나타납니다.

주소를 입력하고 [검색] 버튼을 누르면 일치하는 주소가 하단에 리스트로 나타나고 선택을 하면 팝업창이 닫히면서 본 화면에 선택한 주소가 입력이 됩니다. 기본주소가 자동으로 입력된 후에 상세주소를 입력해야 합니다.

[도로명새주소]탭을 누르면 도로명으로 주소를 입력할 수 있는 화면이 나타납니다.

⑤ 휴대전화번호는 필수입력 사항은 아니지만 신청 등의 결과를 SMS로 전달받기 위해서는 입력을 하여야 하고 [SMS수신 동의함]을 체크하여야 합니다.

⑥ 집전화번호는 필수입력 사항이 아닙니다.

⑦ 이메일은 필수입력 사항이며 신청 등의 결과를 이메일로 전달받기 위해서는 입력을 하여야 하고 [이메일 수신 동의함]을 체크하여야 합니다.

⑧ 비밀번호는 필수입력 사항입니다.

⑨ 저장버튼을 누르면 전자공탁 홈페이지에 입력한 사용자정보로 수정되고 초기회면으로 이동합니다.

⑩ 성명은 담당자의 성명을 입력하여야 합니다.

⑪ 담당자변경취소버튼을 누르면 기존 담당자정보가 보여집니다.

⑫ 주민등록번호는 담당자의 주민등록번호를 입력하여야 합니다.

다. 사용자명변경

(1) 내국인

사용자명변경

* **사용자명변경**

현재 사용자명	용파호	
* 변경할 사용자명		①
* 비밀번호		②

③ 실명확인 ④ 아이핀인증

① 변경할 사용자명은 필수입력사항입니다.

② 비밀번호는 필수입력사항이며 최소 8자리 이상 입력하여야 합니다.

③ [실명확인] 버튼을 누르면 전자공탁 홈페이지에 입력한 사용자명 정보로 수정되고 초기회면으로 이동합니다.

④ [아이핀 인증] 버튼을 누르면 아이핀 인증을 할 수 있는 화면이 팝업으로 나타납니다. 아이핀 아이디와 비밀번호를 입력하여 실명인증을 하면 됩니다.

(2) 법인

사용자명변경

사용자명변경

현재 사용자명	도로명심사
★ 변경할 사용자명	①
★ 비밀번호	②

③ 확인

① 변경할 사용자명은 필수입력사항입니다.

② 비밀번호는 필수입력사항이며 최소 8자리 이상 입력하여야 합니다.

③ 확인버튼을 누르면 전자공탁 홈페이지에 입력한 사용자명 정보로 수정되고 초기회면으로 이동합니다.

라. 비밀번호변경

비밀번호변경

사용자명	이지훈	아이디	diwigns
① ★ 현재비밀번호			
② ★ 변경할 비밀번호			
③ ★ 변경할 비밀번호 확인			

④ 저장

① 현재비밀번호는 사용중인 비밀번호를 입력해야 합니다.

② 비밀번호는 필수입력사항이며 8자리 이상 15자리 이하의 대문자, 소문자, 숫자, 특수문자의 조합으로 생성할 수 있으며 세 가지 이상 조합한 경우 8자리로 생성이 가능하고 두 가지만 조합을 하는 경우에는 10자리 이상으로 생성이 가능합니다.

③ 비밀번호 확인은 필수입력 사항이며 ②번 항목에 입력한 비밀번호와 동일하게 입력해야 합니다.

④ 저장버튼을 누르면 전자공탁 홈페이지에 입력한 비밀번호 정보로 수정되고 초기회면으로 이동합니다.

마. 인증센터

(1) 일반사용자

○ 로그인을 한 후 사용자/인증관리의 인증센터를 선택합니다.

① 공인인증서 등록 및 갱신 버튼을 누르면 공인인증서 선택화면이 나타납니다.

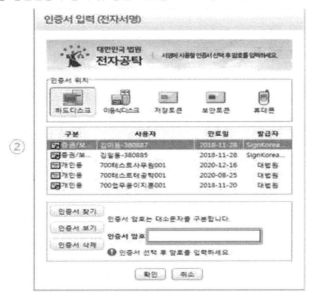

② 암호 입력 후 확인버튼 선택하면 등록이 성공하고 로그아웃됩니다.

(2) I-PIN/휴대폰인증 사용자

○ 로그인을 한 후 사용자/인증관리의 인증센터를 선택합니다.

① 기존 I-PIN 또는 휴대폰인증사용자의 경우 사용자등록 시 주민등록번호를 입력받지 않기 때문에 인증서 등록 및 갱신 시 주민등록번호를 꼭 입력하셔야 합니다.

② 공인인증서 등록 및 갱신 버튼을 누르면 공인인증서 선택화면이 나타납니다.

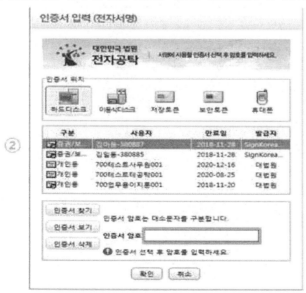

③ 암호 입력 후 확인버튼 선택하면 등록이 성공하고 로그아웃됩니다.

(3) 법인사용자

○ 로그인을 한 후 사용자/인증관리의 인증센터를 선택합니다.

① 인증서구분은 필수선택사항입니다. 전자증명서를 인증서로 등록하는 경우 별도의 법인 등록 절차를 수행할 필요가 없습니다.

② 대표자직책은 전자증명서를 인증서로 등록하는 경우만 필수입력사항입니다.

③ 대표자명은 전자증명서를 인증서로 등록하는 경우만 필수입력사항입니다.

④ 법인 대표자가 내국인인 경우 등록번호 앞자리는 숫자 6자리만 입력할 수 있고, 등록번호 뒷자리는 숫자 7자리만 입력할 수 있습니다.

⑤ 법인 대표자가 외국인(재외국민)인 경우 등기부 상의 대표자 생년월일 정보를 입력 할 수 있습니다.

⑥ 공인인증서 등록 및 갱신 버튼을 누르면 공인인증서 선택화면이 나타납니다.

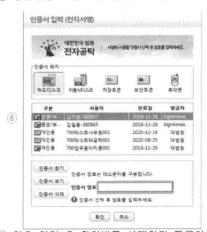

⑦ 암호 입력 후 확인버튼 선택하면 등록이 성공하고 로그아웃됩니다.

바. 자격대리인등록

사용자유형	법무사
*법원명	선택하세요 ① ▾
*접근등록번호	② ('-'없이 입력하세요.)

③ 대리인등록

① 법원명은 필수입력 사항입니다.

② 웹공탁에서 발급받은 접근등록번호를 16자리의 대문자와 숫자의 조합으로 '-'없이 입력합니다.

③ [대리인등록] 버튼을 누르면 자격대리인으로 등록이 되나 공탁소에서 안내받은 등록가능일자가 현재일자보다 앞인 경우 공탁소를 방문하여 재발급받아야 합니다. 성공한 경우 입력항목과 버튼이 비활성화됩니다.

사. 법인등록 절차

◉ 법인등록

• 등록정보

접근등록번호	ROHU-QW4L-L21J-V13W
대표자정보	사내이사 이우섭

• 법인등록

①	*법원명	선택하세요 ▾
②	*접근등록번호	('-'없이 입력하세요.)

☐ 고유식별번호(주민등록번호, 외국인등록번호, 국내거소신고번호) 수집에 동의합니다.

③ 법인등록

① 법원명은 필수입력 사항이며 법원명을 선택합니다.

② 웹공탁에서 발급받은 접근등록번호를 16자리의 대문자와 숫자의 조합으로 '-'없이 입력합니다.

③ [법인등록] 버튼을 누르면 등록이 되나 공탁소에서 안내받은 등록가능일자가 현재일자보다 앞인 경우 공탁소를 방문하여 재발급받아야 합니다. 성공한 경우 다음과 같은 화면처럼 입력항목과 버튼이 비활성화됩니다.

아. 사용자탈퇴 절차

① 비밀번호는 필수입력사항이며 8자리 이상 입력합니다.

◉ 사용자탈퇴

| * 비밀번호 | ① |

② 사용자탈퇴

② [사용자탈퇴] 버튼을 누르면 해당 사용자가 신청한 사건 중에 신청 중인 사건이 없으면 탈퇴됩니다. 신청 중인 사건이 있는 경우 사용자탈퇴가 제한됩니다.

자. 접근번호 갱신

(1) 법인

❶ 접근번호 유효기간이 만료 예정입니다.

● 등록정보

접근번호	OJTH-V42B-S21P-O16V
접근번호 유효기간	2012.10.06 ~ 2016.10.05
대표자정보	대표이사 이우섭
① * 대표자 주민등록번호	[ ] - [ ]
② * 사업자등록번호	[ ] - [ ] - [ ]

③ 다음에하기   갱신 ④

① 대표자 주민등록번호는 필수 사항이며 앞자리는 숫자 6자리만 입력할 수 있고, 등록번호 뒷자리는 숫자 7자리만 입력할 수 있습니다.

② 사업자등록번호는 필수 사항이며 앞자리는 숫자 3자리만 입력할 수 있고, 중간자리는 숫자 2자리만 입력할 수 있고 뒷자리는 숫자 5자리만 입력할 수 있습니다.

③[다음에하기] 버튼을 누르면 메인화면으로 이동된다.

④[갱신] 버튼을 누르면 공인인증서 선택화면이 나옵니다.

⑤인증서 암호를 입력하고 확인버튼을 클릭하면 접근등록번호가 갱신되고 자동 로그아웃이 됩니다.

(2) 자격대리인

① 자격대리인 등록번호는 필수 사항입니다.

② 주민등록번호는 필수 사항이며 앞자리는 숫자 6자리만 입력할 수 있고, 등록번호 뒷자리는 숫자 7자리만 입력할 수 있습니다.

③[다음에하기] 버튼을 누르면 메인화면으로 이동된다.

④[갱신] 버튼을 누르면 공인인증서 선택화면이 나옵니다.

⑤인증서 암호를 입력하고 확인버튼을 클릭하면 접근등록번호가 갱신되고 자동 로그아웃이 됩니다.

7. 나의공탁

가. 나의공탁사건

(1) 나의공탁사건 목록 조회

○ 내가 당사자인 공탁사건을 조회합니다. 신청한 공탁사건이 수리된 이후부터 종결되기 전까지만 조회할 수 있습니다.

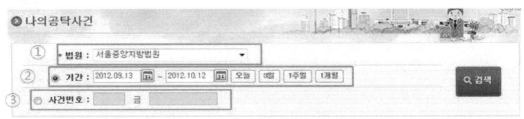

구분	제출일자	법원	공탁종류	사건번호	당사자구분	공탁금(원)
전자	2012.10.12	서울중앙지방법원	변제	2012금1001215	피공탁자	1,000,000
방문	2012.10.12	서울중앙지방법원	변제	2012금1001212	공탁자	5,000
방문	2012.10.12	서울중앙지방법원	변제	2012금1001210	공탁자	50,000,000
방문	2012.10.12	서울중앙지방법원	변제	2012금1001211	공탁자	1,111
전자	2012.10.10	서울중앙지방법원	변제	2012금1001198	공탁자	200,000
전자	2012.10.09	서울중앙지방법원	변제	2012금1001195	공탁자	100,000
방문	2012.10.08	서울중앙지방법원	변제	2012금1001178	공탁자	50,000
방문	2012.10.08	서울중앙지방법원	변제	2012금1001177	공탁자	10,000
전자	2012.10.08	서울중앙지방법원	변제	2012금1001171	공탁자	10,000
전자	2012.09.27	서울중앙지방법원	형사	2012금1001160	피공탁자	4,997,000

총 41 건 (1 ▼ / 5 페이지)   1 2 3 4 5 »

① 나의 공탁사건을 조회하기 위해서 법원선택은 필수사항입니다. 법원을 선택하지 않고 검색을 한 경우 "법원선택은 필수입니다."라는 메시지를 보여줍니다.

② 기간으로 조회
 – 기간을 선택하여 조회할 경우 검색기간은 최대 30일까지만 조회가 가능합니다.
 – 기간선택 종료일이 시작일보다 이전일 수 없습니다.
 – 기간선택시 사건번호 입력란은 비활성화 됩니다.

③ 사건번호로 조회
 – 사건번호 앞자리, 뒷자리는 올바른 숫자형식으로만 입력되어야 합니다.
 – 사건번호 선택시 기간 입력란은 비활성화 됩니다.

④ 나의공탁사건 상세조회로 이동
 – 사건번호를 클릭하여 상세조회 화면으로 이동합니다.
 – 당사자 구분이 공탁자인 경우 공탁자 상세화면으로, 피공탁자인 경우 피공탁자 상세화면으로 이동합니다.

(2) 나의공탁사건 상세조회(공탁자)

○ 당사자가 공탁자인 사건의 상세정보를 보여줍니다.

* **기본정보**

법원	서울중앙지방법원	공탁상태	납입완료
공탁사건번호	2012금1001062	공탁종류	형사
제출일자	2012.09.18	수리일자	2012.09.18

* **공탁금/납입정보**

공탁금		1,442,112 원	잔액		1,442,112 원
납입은행	신한은행		납입(예정)금액		1,445,172 원
납입가상계좌	56206650370905				

▸ 납입(예정)금액은 공탁금 + 송달금액 입니다.

① 대리인에 의한 신청인 경우 대리인 정보가 보여집니다.

* **대리인정보**

성명	권오용	주소	성남시**********

* **기타신청내역**

② 기타신청내역이 있는 경우 기타신청 목록과 수리/불수리 상태에 따라 「불수리 결정서 보기」 또는 「송달료 추가납입 안내문」 버튼이 활성화되어, 각각 버튼을 클릭하여 확인할 수 있습니다.

* **기타신청내역**

당사자구분	대리인	신청종류	상태
이민호		정정신청	수리 / 송달료 추가납입 안내문
이민호		정정신청	불수리 결정서 보기

목록   공탁서발급   정정신청

③ 재판상보증, 형사, 해방 공탁의 경우 공탁신청시 작성한 관련사건정보를 확인 할 수 있습니다.

* **관련사건정보**

법원 및 사건번호	서울중앙지방법원 2015카기5		
사건명	결정경정		
신청인	대한민국	피신청인	한채무

④ 송달내역이 존재하는 경우 송달내역정보를 조회하여 보여주고 송달내역이 존재하지 않는 경우에는 보여주지 않습니다.

● 송달내역

송달생성일자	송달물명칭	송달자	송달일자	송달불능사유
2016.03.29	출급청구안내문	용파호		
2016.03.29	출급청구안내문	이우섭		

⑤ 공탁상태가 '진행'인 경우 「납입계좌 안내문 출력」 버튼이 활성화 됩니다.

공탁상태가 '납입완료'인 경우 「공탁서 발급」, 「정정신청」, 「회수신청」 버튼이 활성화 됩니다. 하지만, 해당 사건이 이미 지급신청 내역이 있을 경우 「회수신청」 버튼은 비활성화 됩니다.

공탁서를 이미 발급한 경우 「재발급 신청」 버튼이 활성화 되어 재발급 신청이 가능합니다. 공탁서 재발급 신청후 승인이 되면 다시 「공탁서 발급」 버튼이 활성화 됩니다.

| 목록 | 공탁서발급 | 정정신청 | | 목록 | 재발급신청중 | 정정신청 |
| 목록 | 재발급신청 | 정정신청 | | 목록 | 공탁서발급 | 정정신청 |

(3) 나의공탁사건 상세조회(피공탁자)

○ 당사자가 피공탁자인 사건의 상세정보를 보여줍니다.

● 기본정보

법원	서울중앙지방법원	공탁상태	납입완료
공탁사건번호	2012금1001083	공탁종류	변제
제출일자	2012.03.21	수리일자	2012.03.21

● 공탁금정보

공탁금	641,000	잔액	637,790
보관은행	신한은행		

① 해당 사건의 공탁자 목록을 보여줍니다.

● 공탁자목록

성명	주소
이민호	서울 **********

② 지급신청 내역이 있는 경우 지급내역 목록을 보여주며, 지급청구서 발급 항목에서 「발급」버튼을 눌러 청구서를 발급할 수 있습니다.

* 지급신청내역

번호	신청구분	청구자	제출일자	지급상태	지급청구서 발급
1	전자	용파호	2012.09.24	지급불수리	발급

목록   지급신청

③ 해당 사건에 관련사건이 있는 경우, 관련사건의 정보를 보여줍니다.

* 관련사건정보

법원 및 사건번호	서울중앙지방법원 2012가단6410	
사건명	테스트사건	
신청인		피신청인

④ 선택한 사건의 상태가 '납입완료'인 경우에만 「지급신청」버튼이 활성화 되어, 지급신청 화면으로 이동할 수 있습니다.

나. 위임승인현황

○ 대리인에 의한 지급신청일 경우, 당사자가 대리인이 승인을 요청한 사건 기본정보, 지급계좌정보, 위임장 및 행정정보공동이용연계승인 목록을 보여줍니다.

(1) 신청사건

○ 대리인이 승인을 신청한 사건에 대한 목록이 보여집니다. 사용자는 해당 사건번호를 클릭하여 목록 아래에 해당사건의 지급계좌정보와 사전동의서 및 위임장의 정보를 확인할 수 있습니다.

＊ 신청사건

순번	사건번호	법원	지급일련번호	지급신청자	승인요청자	지급신청액	상태
1	2012금1000590	서울중앙지방법원	1	이지훈	권오용	20,000,000	임시저장
2	2012금1001087	서울중앙지방법원	4	이지훈	권오용	1,000	임시저장
3	2012금1001032	서울중앙지방법원	11	이지훈	권오용	0	임시저장
4	2012금1001032	서울중앙지방법원	12	이지훈	권오용	100	임시저장
5	2012금1001032	서울중앙지방법원	1	이지훈	김호영	4,353,432	임시저장

＊ 승인신청사건정보 : 2012금1000590 지급일련번호 : 1

＊ 지급계좌정보

은행	신한은행	계좌번호	123456789	계좌확인 완료

＊ 위임장 및 행정정보공동이용연계승인

문서명	일자	문서확인	승인여부
사전동의서	2012.08.01	문서보기	승인완료

(2) 지급계좌정보

○ 선택한 사건의 은행명과 계좌번호를 보여줍니다. 계좌검증이 안되어 있
을 경우 「계좌확인」버튼이 활성화 되고, 「계좌확인」버튼을 눌러 해
당 은행을 통해 지급계좌 검증을 할 수 있습니다.

＊ 지급계좌정보

은행	농협	계좌번호	12312	계좌확인

(3) 위임장 및 행정정보공동이용연계승인

○ 대리인이 승인 요청한 위임장과 사전동의서가 보여집니다. 「문서보기」
버튼을 클릭하여 문서를 확인할 수 있으며, 「승인」버튼을 눌러 선택문
서를 승인처리 할 수 있습니다. 승인이 정상적으로 처리되면 '승인완료'
라고 표시됩니다.

• 위임장 및 행정정보공동이용연계승인

문서명	일자	문서확인	승인여부
위임장	2012.09.21	문서보기	승인완료
사전동의서	2012.09.21	문서보기	승인

8. 공통업무

가. 메인화면

(1) 메인화면 조회

○ 전자공탁 홈페이지를 접속하면 보이는 첫 메인 화면이다. 메뉴 이동 및
인증서 사건검색을 수행 할 수 있습니다. 또한 공지사항을 확인 할 수
있으며 법원 관련 사이트 링크를 연결 할 수 있습니다. 필수 설치 프로
그램이 미설치 된 경우에는 로딩바와 함께 통합설치관리 화면으로 이동
합니다.

나. 통합설치관리

(1) 통합설치관리 화면 조회

○ 키보드 보안 프로그램 등 Non-ActiveX 프로그램이 미설치 된 경우 설치하는 통합설치 관리 화면입니다. 프로그램을 다운로드 받고 이용할 수 있습니다.

프로그램 설치 및 이용안내

편리하고 안전한 전자공탁 서비스 이용을 위하여 아래와 같이 미설치된 필수 프로그램을 설치 하여야 합니다. 또한 홈페이지 서비스 시간을 참고하시어 이용에 불편함이 없도록 유의 하시기 바랍니다. 감사합니다.

- 인증서 로그인 및 신청서 작성(제출불가) : **03시 ~ 24시**
- 신청서 제출 가능 시간 : **09시 ~ 18시**(주말 및 공휴일 제외)
- 이용안내 등 기타서비스 : **24시간 이용가능**

● 필수프로그램 설치 목록

프로그램	설치상태	다운로드	고객센터
키보드 보안 (AhnLab Safe Transaction)	설치완료	키보드 보안프로그램 다운로드	1588-1803 [고객지원바로가기]
문서발급 및 PDF뷰어 (ezPDF Reader)	설치완료	PDF뷰어 다운로드	02-715-6622 [고객지원바로가기]
보안 및 공인인증 (AnySign4PC)	설치완료	AnySign4PC 다운로드	1644-0128 [고객지원바로가기]
발급가능 프린터 업데이트 MarkAny(마크애니)	미설치	발급가능프린터 모듈 다운로드	1544-1204 [고객지원바로가기]

(!) 이용안내

- ★ 다운로드 시 **[키보드 보안프로그램 다운로드]**를 권장하며, 다운로드 불가시 **[다운로드 링크]**를 이용하시기 바랍니다.
- ★ 다운로드 시 **[AnySign4PC 다운로드]**를 권장하며, 다운로드 불가시 **[다운로드 링크]**를 이용하시기 바랍니다.
- ★설치 완료 후 전자공탁 첫 화면으로 이동하지 않을 경우 **새로고침**을 선택하여 정상적으로 접속되는지 확인합니다.
- **새로고침** 후에도 장시간 화면이 멈춰있거나 설치가 반복될 경우 다음을 확인하시기 바랍니다.
- 필수프로그램 설치가 정상적으로 되지 않은 경우에는 사용중인 브라우저를 모두 종료한 뒤 [제어판]의 [프로그램 추가제거]에서 해당 프로그램 삭제 후에 재설치 후 이용하십시오.
- PC 접속 정보 : **[Windows, WOW64][MSIE, 7.0]** Mozilla/4.0 (compatible; MSIE 7.0; Windows NT 6.1; WOW64; Trident/7.0; SLCC2; .NET CLR 2.0.50727; .NET CLR 3.5.30729; .NET CLR 3.0.30729; Media Center PC 6.0; .NET4.0C; .NET4.0E; InfoPath.3)
- 그 외 전자공탁 이용 문의는 사용자지원센터(02-3480-1715)로 문의해 주시기 바랍니다.

■ 편 저 이창범 ■

□ 경희대 법정대학 법률학과 졸업
□ 서울지방경찰청 근무
□ 광주지방검찰청 사건과 근무

□ 저서 : 수사서류작성 실례집
□ 저서 : 진정서·탄원서·내용증명·고소장
　　　　 사례실무
□ 저서 : 수사해법과 형벌사례 연구
□ 저서 : 바뀐형벌법

■ 감 수 김태균 ■

□ 1989. 용산고등학교 졸
□ 1993. 고려대학교 철학과 졸
□ 1997. 고려대학교 법학과 졸
□ 제43회 사법시험(제33기 사법연수원 수료)
　 현 법무법인 겨레 대표변호사
□ 인천지방법원 개인파산관재인(2013~2016)
□ 인천지방법원 법인파산관재인
□ 인천시 소방심사위원회(2016~2018)
□ 인천시 치과의사회 고문변호사(2017~2019)

스마트한
공탁신청절차와 방법

초판 1쇄 인쇄 2020년 1월 15일
초판 1쇄 발행 2020년 1월 20일

편 저 이창범
감 수 김태균
발행인 김현호
발행처 법문북스
공급처 법률미디어

주소 서울 구로구 경인로 54길4(구로동 636-62)
전화 02)2636-2911~2, **팩스** 02)2636-3012
홈페이지 www.lawb.co.kr

등록일자 1979년 8월 27일
등록번호 제5-22호

ISBN 978-89-7535-801-2 (13360)

정가 70,000원

이 도서의 국립중앙도서관 출판예정도서목록(CIP)은 서지정보유통지원시스템 홈페이지(http://seoji.nl.go.kr)와 국가
자료종합목록 구축시스템(http://kolis-net.nl.go.kr)에서 이용하실 수 있습니다. (CIP제어번호 : CIP2019053133)